DE GAULLE
MON PÈRE

**

PHILIPPE DE GAULLE

DE GAULLE MON PÈRE

**

Entretiens avec
Michel Tauriac

ÉDITIONS FRANCE LOISIRS

Édition du Club France Loisirs,
avec l'autorisation des Éditions Plon.

Éditions France Loisirs,
123, boulevard de Grenelle, Paris.
www.franceloisirs.com

ISBN 2-7441-7266-9

Quand un jour, tôt ou tard, il faut qu'on disparaisse,
Quand on a plus ou moins vécu, souffert, aimé
Il ne reste de soi que les enfants qu'on laisse
Et le champ de l'Effort où l'on aura semé.

C'est signé [de] Moi

Lettres, Notes et Carnets, 1924.

AVANT-PROPOS

Un cordon barre le passage. Interdiction d'accéder à l'escalier menant à l'étage de La Boisserie, de monter les marches de chêne qui craquaient sous les lourds pas familiers. Quand il me permit pour la première fois de les gravir, s'arrêtant devant la porte de la chambre de ses parents qu'il entrebâillait, il me commanda : « Jetez un œil, mais n'entrez pas. Moi-même, jadis, je restais sur le seuil. » C'était un dimanche après-midi. Au rez-de-chaussée, dans un silence d'église, glissaient les pèlerins traditionnels jusqu'à la porte transparente du bureau qu'il a fait placer là pour regarder sans rien profaner, comme on enferme des reliques dans leur châsse.

Car s'il consentait à nous ouvrir la maison de Gaulle, c'était pour nous contraindre à demeurer dans l'antichambre. Pour ne nous laisser approcher que le chef charismatique, l'homme de génie, le grand homme, mais pas l'homme tout court dans lequel nous aurions pu peut-être nous reconnaître, nous les hommes du tout-venant. Pas le villageois sur sa terre, le promeneur de la forêt des Dhuits, le patriarche au milieu des siens, le mari amoureux de sa femme. C'était pour nous dérober les battements de son cœur et le moindre chuchotement de sa conscience. Coûte que coûte, il tenait à garder son père pour lui.

Jusqu'au jour où il veut bien reconnaître enfin que le Français qui s'est incarné dans la France appartient à tous les Français. Alors, il m'autorise à me glisser tout entier derrière le portrait officiel, à fouler le Saint des Saints. Alors, survient le magique pouvoir d'un livre. L'auteur nous délivre tout de son géniteur et le voilà délivré à son tour. Libéré du caparaçon de condescendance et de suspicion qui l'engonçait dans le mutisme. Le voilà en pleine lumière, révélé. Méconnaissable. Oublié, le dépositaire jaloux des mille souvenirs de famille, l'impassible gardien de la pensée gaullienne qui se voulait d'airain comme la statue des Champs-Elysées ! Ce fils ressemblant qui se fondait si bien dans l'ombre paternelle qu'il n'était que l'ombre de l'ombre.

Aujourd'hui, vœux exaucés, il se réjouit d'être devenu l'éveilleur de nos compatriotes. De ceux qui veulent se rappeler Charles de Gaulle pour vivre ce qu'ils regrettent de ne pas avoir pu ou voulu vivre en son temps et des fidèles avides de se replonger à corps perdu dans la scintillante écume de son sillage. Et l'éveilleur de la jeune génération en quête d'amarre pour les avis de tempête et de pâture pour espérer. Tant pis, après tout, s'il échauffe la bile des historiens qui, s'accaparant l'histoire du père, n'admettent pas que le fils y apporte sa pierre sans leur blanc-seing et l'appui de leurs recherches. Et tant mieux s'il rend cramoisis ceux d'entre eux que la fringale de se différencier de leurs confrères pousse à détraquer les pendules en vidant les poches des faiseurs d'almanach et en maquillant mots et faits comme de faux passeports. Il n'obéit là qu'à son devoir filial et à sa mission de témoin, et quel témoin !

Voici donc, racontées par un fils aimant et admiratif, la suite et la fin du récit de la vie d'un père, d'un mari et d'un grand-père dont la notoriété égale celle des plus grands hommes de l'histoire du monde.

Michel TAURIAC

1

UNE INTIMITÉ PRÉSERVÉE

« Yvonne et moi sommes ensemble dans une solitude qui ne nous est pas pesante après beaucoup de tumultes. »

Lettres, Notes et Carnets. 13 novembre 1969.

Le Général passait pour être très proche des siens. Rares sont les hommes d'Etat qui, comme lui, ont accordé une telle importance aux liens du sang et aux traditions familiales. Comment pouvait-il surmonter les situations les plus complexes sans déroger à cette disposition d'esprit ?

— La meilleure réponse est dans sa bouche : « Quand les traditions familiales sont bien établies, elles permettent de faire face à toutes les situations, ou alors, c'est que le système n'est pas bon. » Et le nôtre était très bon. Elles lui donnaient donc la possibilité de braver les difficultés dans tous les cas de figure. Quand il rentrait chez lui, il changeait de portage. Ce n'était plus tout à fait le même homme. Il reprenait sa place à la tête de la tribu, son rôle de *pater familias*. Il pouvait alors agir d'une façon très différente, se laisser aller, par exemple, à quelques confidences ou commentaires. Mais, attention, il ne fallait pas lui poser de questions, et en général on s'en abstenait. C'est ce qui l'agaçait le plus chez sa sœur Marie-Agnès qu'il aimait pourtant beaucoup. Quand elle venait à La Boisserie, elle l'interrogeait à tout bout de champ et lui rapportait les doléances des uns et des autres. Alors, très vite, ma mère ou moi ou d'autres essayions de détourner la conversation. L'entourage de mon père était composé d'un petit cercle regroupant les membres de sa famille les plus proches auxquels s'ajoutaient quelquefois des cousins plus lointains. On avait pour consigne de préserver au maximum son intimité. Dans ce contexte, personne n'était autorisé à parler de sa vie privée d'ailleurs exemplaire ni à faire des confidences sur son caractère. Tout collatéral éloigné ou neveu se livrant à une imprudence était rapidement rappelé à l'ordre et ramené à la discrétion. Fuyant les attroupements familiaux, mon père savourait les rencontres entre quatre yeux ou au moins avec peu d'interlocuteurs. Et parmi eux, il préférait de beaucoup ceux qui étaient plus soucieux du rôle qu'ils avaient à tenir que des buts qu'ils voulaient atteindre.

— Comment se passaient les rapports en famille en sa présence ? On les disait un peu compassés...

— Certainement pas. Ils étaient même assez souvent très décontractés. Mon père avait des gestes délicats et affectueux avec tout le monde sans toutefois en être prodigue. Je ne l'ai jamais surpris dans des accolades ou des embrassades. En fait, il n'étreignait personne en public, même pas ma mère. Mais ses attentions n'étaient pas rares. Par exemple, il ne serait jamais resté assis à l'arrivée d'une dame dans le salon, aidait chacun à mettre son manteau, se levait pour réveiller le feu s'il sentait que quelqu'un avait froid, offrait le verre de porto ou de liqueur, servait à boire autour de lui, à table, à ses proches ou aux invités, avec d'autant plus d'empressement qu'il trouvait que le service assuré par des femmes, à Colombey, n'avait pas toujours la promptitude voulue. Il n'aurait jamais laissé tomber la conversation. Il avait toujours le mot approprié pour mettre son invité à l'aise. Mais il aimait souvent nous provoquer au cours d'un dialogue quelconque. Par exemple, il lâchait tout à coup une réflexion ou une question qui était à l'opposé de ce qu'il pensait vraiment afin de jauger notre réaction. Si on avait le malheur de ne pas répondre comme il le souhaitait, il nous écartait immédiatement. C'est ainsi qu'il me lança un jour à brûle-pourpoint : « Je crois que l'aéronautique navale n'a plus beaucoup d'avenir maintenant. Le matériel est vieux. Est-ce que tu ne penses pas que tu pourrais faire autre chose pendant qu'il en est encore temps ? » Evidemment, je protestai. C'est la réaction qu'il espérait. Si j'avais répondu : « Ah ! oui, vous avez raison », je me serais fait rembarrer. Il a mis de cette façon à l'épreuve nombre de ses ministres ou de personnalités. Certains ont pris ces provocations pour argent comptant et les chroniqueurs qui les ont rapportées, parfois en les agrémentant d'inventions, ont fini par les transformer en vérités historiques. Il appréciait qu'on lui donne un avis différent du sien mais détestait qu'on lui fasse des objections stériles, c'est-à-dire sans portée pratique. N'oubliez pas que c'était un hobereau d'origine et un militaire de formation, par conséquent, un concret. Il méprisait les utopies et les théories.

— Vous m'avez déjà affirmé, je crois, qu'on pouvait le contredire, mais à certaines conditions. Etait-ce aussi le cas en famille ?

— Il admettait la contradiction ou un avis différent du sien, mais dans la mesure où il était qualifié, c'est-à-dire étayé par l'expérience, la compétence et la sagesse. Je me souviens qu'il prisait assez les petits jeux intellectuels qui faisaient appel à son savoir, surtout ceux qui prétendaient pouvoir prendre sa mémoire en défaut. Un jour de 1969, reçu à l'Elysée, l'historien Raymond Escholier, auteur de *Victor Hugo, cet inconnu* et d'autres œuvres qu'il avait remarquées, essaya de le piéger en lui glissant un papier sur lequel il avait écrit la devinette suivante : « Légiférer ne lui suffisait pas... il visitait... il inaugura vers... une vie de déplacements constants. Il circula en octobre dans le X... En novembre dans le Y... En décembre dans la région de Z... Et désormais, on le verra, d'année en année, promenant son œil de maître et la main de justice. De qui s'agit-il ? » Réponse immédiate de mon père sur le billet qu'il lui rendit : « De Saint Louis, texte de Joinville. » Et Raymond Escholier en est resté ébahi.

— Il paraît qu'il ne tutoyait personne. Même ses proches ?

— Il tutoyait très peu. Il n'a jamais tutoyé son père ni sa mère. Il tutoyait parfois affectueusement ma mère pour dire un petit mot gentil, en passant, comme ça, au détour d'une phrase, mais c'était extrêmement rare. En revanche, ma mère le vouvoyait toujours. Pas une seule fois je ne l'ai entendue le tutoyer. Il disait « vous » aux femmes. Par exemple, il vouvoyait ma sœur Elisabeth. Mais il me tutoyait. Il aurait fait de même avec d'autres garçons s'ils m'avaient accompagné. Il tutoyait sa sœur et ses frères mais pas ses beaux-frères et belles-sœurs. Moi, j'ai toujours vouvoyé mes parents, mais je disais « tu » à ma sœur. De même que le tutoiement est quasi général dans mon propre foyer. A vrai dire, hors de son entourage direct, mon père ne disait « tu » à personne. On peut compter sur les doigts d'une seule main ceux qui ont eu droit à cette faveur. Il s'agissait de quelques camarades de Saint-Cyr ou, par exemple, de ce brave commandant, ancien du 33e d'infanterie, qu'il rencontra un jour, avec moi, enfant, et qui fréquentait le même mess que lui. On a soutenu qu'on ne l'entendait jamais appeler quelqu'un par son prénom. C'est faux. Il désignait les membres de son petit cercle par leur prénom, mais, je l'ai déjà dit, il bannissait les surnoms et les diminutifs. Deux personnes échappaient à la règle : ma mère, qui signait parfois « Vonne » quand elle lui écrivait, et Marie Vendroux, sa belle-sœur, que l'on avait affectueusement baptisée Cada pour une raison que j'ai toujours ignorée.

— Pourquoi ne voulait-il pas que l'on souhaite les anniversaires ?

— Dans la famille de mon père comme dans celle de ma mère, c'était la coutume. On souhaitait l'anniversaire des enfants jusqu'à leurs dix ans, et après, c'était fini. On allumait une bougie pour marquer la première dizaine et on n'en parlait plus jamais de la vie entière. Il estimait que l'on n'avait pas à fêter quelqu'un parce qu'il venait d'ajouter une année à son existence. Ce n'était donc pas par délicatesse à l'égard des dames qui craignaient d'avouer leur âge, non. Il trouvait au contraire cette pudeur ridicule. Il s'irritait notamment que le *Bottin mondain*, qui donne tant de références familiales, taise généralement les âges de sorte que l'on ne peut reconnaître à quelle génération les gens présentés appartiennent, surtout lorsque plusieurs portent le même prénom. Passer sur les anniversaires n'empêchait pas mon père de connaître la date de naissance de chacun, ou au moins approximativement quand ils lui étaient moins proches. Les lettres qu'il leur écrivait le prouvaient. S'il ne souhaitait pas les anniversaires, il n'oubliait pas, en revanche, les fêtes, mais agissait d'une manière brève, sans cérémonie. Ainsi, un 14 août, alors que les Vendroux, ses beau-frère et belle-sœur, avaient été invités à Colombey, il est rentré dans le salon, une rose à la main. Il venait de la cueillir dans le jardin. Il l'a donnée à ma tante Cada Vendroux à qui l'on souhaitait la Sainte-Marie. Parfois, il embrassait, encore que je ne l'aie jamais vu faire que pour sa femme, ses enfants, ses nièces et ses neveux. D'autre part, aucun événement familial, petit ou grand, ne lui échappait. Bien sûr, Noël était celui qui lui importait le plus. A La Boisserie, on le voyait, son approche le remplissait d'un vif plaisir. Il s'inquiétait toujours de savoir qui serait présent ou absent ce jour-là, si ma sœur, son mari et sa fille Anne, et « les Philippe » (Henriette, ma femme, mes enfants et moi) pourraient se réunir à temps autour de lui afin de participer à ce grand rendez-vous traditionnel.

— Un rendez-vous qui a toujours été respecté après guerre ?

— Oui, sauf en 1946, après avoir quitté le pouvoir en janvier de la même année. La Boisserie venait d'être restaurée. Le 30 mai. Il avait pu enfin retrouver sa demeure avec son confort d'avant guerre après tant d'années d'épreuves. Aussi, cette fête passée en famille devait revêtir pour mes parents une signification particulière. Hélas ! les circonstances voulurent qu'il n'y eût personne à leurs côtés. Ma sœur Elisabeth était malade. Elle était restée à Paris avec son mari. Quant à moi, j'étais en opération en Méditerranée avec l'aviation embarquée. Je n'ai pu rejoindre Colombey que deux jours après. Mes parents ont donc passé ce Noël sans leurs enfants. Le lieutenant Guy, l'aide de camp, qui était présent, n'était pas très gai non plus parce qu'il avait compté sur moi pour le remplacer. Ils sont allés à la messe de minuit à pied, sous la neige, une lanterne à la main, car à l'époque, l'éclairage public n'existait pas. La bise soufflait. La lumière vacillait. Ils sont revenus chez eux de la même façon pour un réveillon bien morose. Le dîner fut, on s'en doute, très sommaire. Louise, la cuisinière, dut remettre son idée de pâté en croûte et de dinde aux marrons à l'année suivante. Je sais que le souvenir de ce Noël solitaire a pesé longtemps sur leur cœur. « Pas de chance, soupirait ma mère, nous qui croyions pouvoir enfin passer un Noël ensemble après toutes ces années d'exil ! »

— On connaît quelques photos où l'on voit votre père en famille un jour de fête. Il lui arrivait donc de se laisser photographier ?

— Non. Je vous l'ai dit : il rechignait à se faire prendre en photo. Par conséquent, nombre de ces clichés ont été faites plus ou moins clandestinement ou après avoir négocié difficilement avec lui. Je suis parvenu, une fois, à le filmer avec une petite caméra de 8 mm que j'avais achetée aux Etats-Unis, à l'exemple d'un Américain qui m'avait montré un film où l'on voyait son père mort depuis dix ans, ce qui m'avait impressionné. J'ai donc tourné plusieurs films de mon père pendant la « traversée du désert », puis beaucoup plus tard, à l'Elysée, dans le parc. Ma prise de vues ne durait que deux ou trois minutes, pas plus. Car il me prévenait au préalable sur un ton assez sec : « Bon, prends vite ton film, et puis ensuite, on n'en parlera plus. » A Colombey comme à l'Elysée, les appareils photo étaient proscrits. Cependant, on a pu le prendre sur de très rares clichés après lui en avoir demandé l'autorisation. Mais cela le rendait chaque fois de mauvaise humeur. Il ronchonnait : « Je voudrais vivre avec les miens sans être mitraillé par un objectif comme un animal dans sa cage au Jardin des plantes. » Alors, on n'insistait pas trop. Et il fallait avertir les membres de notre famille qui venaient en visite et voulaient évidemment conserver pour la postérité un souvenir familial en sa compagnie. Nombre de nos photos de famille ont été volées pendant la guerre ou indûment prêtées par des proches à des journalistes qui les ont ensuite reproduites sans notre permission. On imagine donc le désagrément que je peux ressentir de les redécouvrir parfois en illustration de textes hostiles à la personne de mon père. Aujourd'hui, rares sont les clichés de notre vie privée qui n'ont pas été livrés à la curiosité publique. Dans quelle fureur serait entré mon père si un seul avait été publié de son vivant ! Chaque photographe peu scrupuleux y est allé, bien sûr, de ses contretypes et les a exploités à qui mieux mieux pour son plus grand profit. C'est au point qu'une importante agence photographique en est arrivée un jour à me réclamer des droits d'auteur pour une photo dont j'étais à l'origine et que j'étais seul à détenir !

— Votre père n'aimait pas regarder ses vieilles photos de famille ?

— Je ne l'ai vu que très rarement et accidentellement regarder des photos d'avant guerre où il était enfant ou adolescent avec ses frères. Je me souviens qu'il appréciait particulièrement celle où on le voit avec ses trois frères revenant de la guerre de 14-18, sanglés dans leur uniforme. C'était la photo du miracle, disait ma grand-mère, celle des quatre frères les plus chanceux de France puisque, je l'ai raconté, ils avaient réussi à échapper à la grande tuerie après avoir été tous blessés. Je sais aussi que deux portraits de ses parents émouvaient beaucoup mon père. En revanche, les photos de son mariage et de ses premières années de jeune marié ne semblaient pas plus l'intéresser que ma mère. Avouez qu'il est rare que l'on ne conserve pas chez un couple quelques clichés de cette cérémonie et du voyage de noces. Or, je l'ai déjà dit, il n'en existe qu'un, où n'apparaissent d'ailleurs que les mariés seuls, et aucun de ce bref séjour au bord des lacs italiens qui a suivi le mariage à Calais et dont ma mère n'a voulu garder qu'une note de restaurant. Je n'ai jamais vu d'album de photos chez nous. Je pense que mes parents n'en ont jamais possédé. Les photographies étaient entreposées en vrac dans une armoire et n'en bougeaient pas. A La Boisserie, mis à part quelques portraits intimes dans les chambres, n'étaient exposés que ceux des chefs d'Etat alliés de la guerre, offerts par eux et dédicacés à son nom. Il les avait placés dans la bibliothèque, en rang d'oignon sur une des étagères supérieures garnies de livres, tandis qu'une collection de lampes de mineur, don des « gueules noires » de la région lilloise chère à son cœur, était présentée sur une autre partie du meuble.

— Comment se déroulait une journée à Colombey ?

— Première couchée et première levée vers 7 h 30, ma mère apparaissait vers 9 heures, habillée et déjà impatiente, après avoir pris son petit déjeuner vers 8 heures ou 8 h 30 avec mon père dans leur chambre. Une vieille tradition, ce tête-à-tête. Elle allait chercher le plateau à la cuisine en robe de chambre, seule fois où l'on pouvait la surprendre vêtue de cette façon, et le déposait sur une petite table devant la fenêtre. J'ai lu quelque part que mon père se contentait d'une biscotte et d'une tasse de thé. Non. On a confondu avec ce qu'il prenait à 5 heures : un thé léger et deux biscuits (une vieille habitude londonienne). Au contraire, le petit déjeuner était solide. Pour mon père : un grand bol de café au lait à la chicorée (souvenir du Nord) et plusieurs tartines de pain taillées dans un grand morceau de baguette et accompagnées de beurre et de confiture. Du pain frais. On ne grillait le pain que lorsqu'il était rassis. On n'aurait jamais pu lui servir de toasts à base de pain de mie, « ce pain sans âme bon pour les Anglo-Saxons ». Il exigeait que son petit déjeuner fût « très français ». En dehors du café, point de laitage. Il en avait horreur depuis son enfance où on le forçait à manger du fromage blanc à la cassonade. Ma mère prenait parfois en plus un œuf à la coque frais de la veille au soir, qu'elle était allée chercher elle-même au poulailler. Une fois habillée, elle proclamait : « Je descends à l'office pour mettre tout en route, pour qu'on ne traîne pas. » C'était son expression habituelle. Le ménage devait être terminé avant que mon père ne rejoigne le rez-de-chaussée car il ne voulait rencontrer aucun aspirateur ou balai pendant son parcours, comme aucun tapis dans lequel il aurait pu se prendre les pieds. Place nette !

— Il avait, dit-on, la manie du rangement...

— Il voulait surtout ne pas avoir à s'encombrer de choses matérielles. Il aimait donc le rangement à condition de ne pas être obligé de s'en occuper. A d'autres de veiller à remettre là où il les avait pris les papiers et documents dont il s'était servi pour la rédaction de ses *Mémoires*. Il glissait, pince-sans-rire : « J'ai toujours souffert de ne pas disposer d'une très grande table pour y étaler d'un seul coup et définitivement tous mes papiers et toutes mes cartes de façon à ne rien avoir à déplacer et à pouvoir reprendre chaque jour mon travail sans délai. » A l'entendre, il se serait contenté pour tout meuble d'une grande table de trois ou quatre mètres de long et d'une chaise. « Sans les femmes, ironisait-il parfois, nous, les hommes, nous vivrions à l'hôtel avec un costume et un carnet de chèques. Si l'on fabrique des commodes Louis XV, c'est pour nos compagnes. Il n'y a qu'elles qui soient vraiment attachées aux meubles. » D'autre part, il réagissait très mal si on laissait traîner quelque chose devant lui, un vêtement ou un livre, sur un siège. « Un fauteuil, c'est fait pour s'asseoir », rappelait-il alors un peu aigrement, surtout si par aventure le chat osait enfreindre la consigne. Agacé de voir ma mère oublier son tricot et ses aiguilles un peu partout, il avait applaudi lorsque la ville de Colmar, où il avait été en visite avec elle, lui avait offert une travailleuse décorée aux armes de la cité à l'occasion de sa libération. Il faisait le vide sous ses pas. Aucun objet inutile ne devait lui obstruer la vue. Il ne pouvait supporter que l'on ait bougé et omis de remettre à sa place quoi que ce fût dans sa chambre, dans la bibliothèque, et surtout, bien sûr, dans son bureau. Il ne descendait de sa chambre que vers 9 h 30 ou 10 heures après avoir lu la presse qui lui était apportée de Bar-sur-Aube par le chauffeur. Une fois assis dans un confortable fauteuil sans style près de son lit et face à la fenêtre, tous les journaux lui passaient sous les yeux, sauf ceux qu'il excluait à certains moments, tels que *le Républicain lorrain* (je ne sais pour quelle raison) et *la Croix,* qu'il a banni définitivement parce qu'il ne pardonnait pas aux catholiques dits de gauche « d'interpréter l'Evangile à leur manière en oubliant qu'il faut rendre à César ce qui est à César et à Dieu ce qui est à Dieu, et que Jésus-Christ n'a jamais été un révolutionnaire ». Ensuite, après avoir fait sa toilette et s'être habillé avec soin, il prenait sa canne et allait faire le tour du jardin. En n'importe quelle saison. A la demi-saison ou en été, il était toujours en costume trois-pièces et nu-tête. En hiver, il portait un chapeau bordé, un manteau et des gants. Sa promenade solitaire durait environ un quart d'heure.

— Toujours le même parcours ?

— Toujours. Dans le sens des aiguilles d'une montre. Si le temps le permettait, il descendait le long de la haie, à partir du bout de l'allée des lilas jusqu'à un petit bois de pins situé de l'autre côté de la jolie prairie et du verger où, l'après-midi, ses petits-enfants, ses petits-neveux et nièces en visite avec leurs parents avaient l'habitude de s'égailler et où, l'été, on dressait à leur intention une piscine gonflable en plastique qu'il avait surnommée la « grenouillère ». Puis, passant sous les peupliers, il remontait jusqu'à l'endroit d'où il pouvait profiter de la première vue sur la forêt des Dhuits et les vallées de l'Aujon et de l'Aube, vers Clairvaux et Bar-sur-Aube, et recommençait le circuit deux fois ou trois fois, selon sa fantaisie. S'il faisait mauvais, il abrégeait sa promenade en redescendant par l'allée dite des charmilles depuis le calvaire jusque derrière son bureau. C'était la direction qu'il prenait en famille lors de sa promenade de l'après-midi s'il y avait des femmes qui marchaient difficilement ou des personnes âgées, ou bien encore de jeunes enfants. Il ne voulait pas les obliger à faire le grand tour. Il rentrait alors par cette allée. C'était une manière de les accompagner directement à la grille de la propriété pour leur dire adieu. Il s'arrêtait parfois devant l'un des bancs de pierre fixés au sol. Mais, attention, pas pour s'y asseoir.

— Il existe pourtant une photo très connue où on voit vos parents assis tous les deux, côte à côte...

— C'est vrai. Le représenter en photo assis sur ce banc en train de regarder le paysage à côté de ma mère était le rêve des photographes. Il n'a été réalisé que cette fois-là, pour le seul reportage que mon père ait autorisé à La Boisserie. Car il détestait le spectacle de ces personnes âgées que l'on voit assises dans un square, appuyées sur leur canne et regardant le vide. Les bancs de La Boisserie, il s'en servait uniquement comme d'un escabeau afin de pouvoir mieux capter l'horizon. Il lui arrivait aussi de conseiller aux personnes qui l'accompagnaient d'en faire autant, quoique le matin, en général, il emmenât rarement quelqu'un avec lui, même un très proche. Il souhaitait être seul avec ses pensées pour parcourir son cher jardin dont il a dit un jour qu'il en avait fait quinze mille fois le tour. Vers 11 heures ou 11 h 15, si aucun déplacement n'était prévu, il recevait la personne qui était chargée de lui apporter le courrier de Paris et il disparaissait avec elle dans son bureau pendant un moment. Il commençait ensuite à travailler, soit sur les lettres et les documents qu'on lui avait apportés, soit sur ses *Mémoires*. Quelques minutes avant midi, il quittait son bureau pour la bibliothèque et allait s'asseoir dans son fauteuil habituel, genre Louis XIII, dossier et siège garnis de tapisserie et bras terminés par une tête de fauve. (C'est celui dans lequel il s'écroulera le 9 novembre 1970.) Il écoutait alors les nouvelles à la radio. Dès que la télévision a été installée, assis dans ce même fauteuil, il faisait ses réussites sur une table de bridge en regardant plus ou moins le journal sur le petit écran. Il recommençait la même chose le soir.

— Peut-on dire qu'il était un passionné de télévision ?

— Sûrement pas. Il n'y avait d'ailleurs qu'un seul poste à La Boisserie. Dans la bibliothèque. Le soir, il ne l'allumait que si le programme lui plaisait ou si ma mère était intéressée par une émission qu'on lui avait signalée. Sinon, il demeurait éteint. Parfois, il s'attardait à regarder un match de football. Plus rarement une émission de variétés avec Bourvil ou Noël-Noël, ou bien quelque numéro de chanteurs tels que Gilbert Bécaud, Yves Montand ou Edith Piaf, autant d'artistes de talent qui, jugeait-il, faisaient honneur à la France. Je pense que c'était surtout cet aspect-là qui l'attirait vers ce genre de divertissement populaire. Ces spectacles distrayants faisant partie de la vie des Français, il considérait qu'il était intéressant de les voir, même s'il ne les regardait jamais très longtemps. Quant aux commentaires politiques, il les suivait rarement sans montrer des signes d'agacement, et quant à se voir lui-même sur le petit écran, cela l'insupportait au plus haut point. Vous savez qu'il aimait aussi beaucoup le cinéma et qu'il souffrait de ne pas pouvoir aller dans une salle. C'était avant guerre sa distraction favorite en dehors des promenades dans Paris et la région parisienne que nous faisions ensemble. En garnison à Metz, il ne manquait jamais un bon film. Je me souviens avoir vu notamment avec lui *Robin des Bois*, qui était alors l'un des premiers films en couleurs. Encore une fois, seuls les grand artistes l'intéressaient. Citons au passage : Louis Jouvet, Pierre Fresnay, Pierre Brasseur, Pierre Larquey, Jean Gabin. Il ne détestait pas non plus certains comiques ou fantaisistes de l'époque tels que Bourvil et Louis de Funès, même s'il déplorait que « les vrais », c'est-à-dire ceux qu'il considérait comme les meilleurs (Milton et Bach et Laverne), aient disparu. Quand il n'était pas devant la télévision, il retournait travailler dans son bureau ou bien lisait un livre, assis dans l'un des deux fauteuils club en cuir marron qui encadrent la cheminée de la bibliothèque garnie d'un très beau bronze représentant « un homme tirant de l'eau l'épave de la France ». Derrière lui, ma mère tricotait ou brodait en silence sous la lampe torchère qui les inondait tous deux de sa lumière, un œil aux aguets dans sa direction.

— Comment acceptait-il cette sollicitude presque maternelle, lui qui aimait tellement son indépendance ?

— Il l'acceptait tant qu'elle était discrète. Et ma mère savait l'être. Elle savait le couver du regard sans qu'il s'en aperçoive. Son attitude me touchait beaucoup. J'entends encore le cliquetis de ses aiguilles et je la vois lever les yeux sur lui en catimini, comme si elle voulait continuellement s'assurer de sa présence. Elle ne tricotait jamais devant des visiteurs qui n'étaient pas vraiment des familiers, comme ses belles-sœurs Cada Vendroux ou Marie-Agnès. On a raconté souvent qu'elle passait sa vie avec ses travaux et qu'elle rythmait la conversation avec ses doigts. C'est ridicule. Elle écoutait la conversation ou y participait, et c'était tout. Par ailleurs, elle avait d'autres occupations, ne serait-ce que celle de tenir la maison, ce qui n'était pas une mince affaire. Et puis, toujours attentive aux faits et gestes de son mari et de la maisonnée, il lui arrivait aussi de s'installer à son secrétaire pour répondre à ses nombreux correspondants d'un mot bref et de son écriture aux grands jambages. Ou elle se plongeait dans la lecture d'un roman. Tout cela baignait dans un silence que ne troublaient que le craquement du feu de bois dans la cheminée, le ronronnement du chat ou les grognements du chien impatient de se faire servir sa pitance. Une ambiance ouatée qu'elle entretenait avec le même souci que ses serviettes et ses nappes, et que mon père savourait avec délices.

— Il entrait parfois, a-t-on rapporté, dans d'impénétrables silences. En famille également ?

— Souvent. Je pense que c'était moins pour réfléchir aux grands problèmes de l'heure que pour un face-à-face avec lui-même. Dans ces moments de solitude et de silence, il en profitait certainement pour prier. On sait qu'il n'aimait pas la religion expansive et ostensible. La foi ne devait se manifester qu'au plus profond de soi. « C'est comme dans une prise d'armes, faisait-il remarquer. En ces instants, il y a beaucoup de sentiments, mais tout le monde les garde pour soi. Rien même n'apparaît sur les visages. On est de marbre. » Une des coutumes des gens du Nord veut que le père et le fils soient assis l'un à côté de l'autre en fixant l'horizon sans qu'aucun dise rien, et finalement se comprennent. J'ai connu cela avec mon père. Notamment en forêt après une longue marche. S'asseyant à côté de moi sur un tronc d'arbre, il allongeait ses jambes devant lui sur la mousse et il demeurait ainsi bouche close pendant au moins dix minutes, admirant la frondaison ou le regard perdu dans le vague, en communion complète avec la nature. J'attendais alors qu'il revienne à lui en écoutant sa paisible respiration, comme un murmure. « Toutes ces têtes d'arbres, ce peuple d'arbres », a-t-il noté un jour dans un de ses carnets personnels après sans doute une évasion silencieuse de ce genre.

— Ce comportement insolite survenait souvent ?

— Quelquefois. Ça ne surprenait pas. J'ai d'ailleurs fini, moi aussi, par en prendre l'habitude. Je me souviens du silence qui l'envahissait quand, au sommet d'une colline, il venait de me raconter en détail la bataille qui s'était déroulée à nos pieds plusieurs siècles auparavant ou pendant la Première Guerre mondiale. Cela survenait d'un coup après sa dernière phrase, comme si l'écho des hommes et des armes entrechoquées bourdonnait encore en lui, et s'éternisait jusqu'au moment où je l'entendais lancer d'une voix décidée, en se reprochant peut-être d'avoir été si longtemps absent : « Allons ! Il faut rentrer. On nous attend. » Le silence pouvait aussi surgir en pleine conversation dans le salon ou dans son bureau. Tout à coup, quittant son interlocuteur et fixant des yeux le tableau face à lui ou les livres rangés sur les étagères, ou bien encore les braises rougeoyantes dans la cheminée, il entrait dans une méditation dont il semblait ne pouvoir ressortir. Dans ces instants, on le sentait habité par une solitude profonde dont toute présence, même la plus chère, était exclue, au point de se demander s'il ne nous considérait pas comme de trop. Parfois, on pouvait le surprendre pendant un laps de temps les yeux fermés et la tête légèrement inclinée comme s'il savourait un morceau de musique. Quand il reprenait la parole, le débit était plus rapide, ce qui pouvait faire supposer que ce temps d'arrêt lui avait permis de remettre ses pensées en ordre. De la même façon, à son bureau, on pouvait le voir, une ou deux fois dans l'après-midi, délaisser son texte et, appuyé contre le dossier de son fauteuil, contempler la vue sur le jardin, la ligne grise de la forêt lointaine ou le ciel, allez savoir, dans une immobilité qui aurait pu effrayer si l'on n'y avait pas été habitué. On me dira que tous les écrivains sont coutumiers du fait. Possible. Mais chez lui, ces interruptions se prolongeaient au-delà de ce que peut normalement imposer la réflexion. Il pouvait aussi se taire subitement en pleine conversation. Ce qui voulait signifier : « Je ne veux pas entrer plus avant dans la discussion. Vous croyez peut-être que je vous écoute, mais vous vous trompez, ce n'est pas la peine que vous continuiez à me parler. L'affaire est enregistrée, n'insistez pas. » Si l'interlocuteur n'avait pas compris ces paroles muettes, une mimique rébarbative venait les compléter. Je me rappelle à ce sujet les conseils qu'il m'a donnés à la veille d'un oral d'examen, conseils que j'ai retrouvés après sa mort, presque mot à mot, dans son carnet de notes de 1916 alors qu'il était prisonnier des Allemands : « Il faut parler peu mais juste, ne pas se perdre dans le verbiage, même s'il est brillant. Chez l'homme de valeur, la parole doit être laconique et la réflexion concentrée. » Dans *le Fil de l'épée*, on lit ce précepte : « Rien ne rehausse l'autorité mieux que le silence. »

— Jamais de fond musical, jamais de radio ?

— Jamais. Mes parents n'étaient musiciens ni l'un ni l'autre. Pendant sa jeunesse, mon père avait détesté le solfège et toujours refusé d'apprendre à jouer d'un instrument. Ma mère avait appris le piano parce que son enseignement était obligatoire pour les filles de son époque et de son milieu, mais elle jouait d'une façon mécanique et avait abandonné le clavier dès son mariage. A La Boisserie, il n'y avait pas de piano. Il n'y avait pas non plus de tourne-disques, ou plutôt, il y en avait un au-dessus du poste de radio, mais on ne l'ouvrait jamais. Quant à la radio, on ne l'autorisait à fonctionner que pour donner les informations. Pourtant, mon père ne détestait pas la musique,

« cette sublime entremetteuse », telle qu'il la qualifie dans un de ses carnets de notes de jeunesse. Mais ce qu'il appréciait, c'était surtout les grandes partitions jouées avec de nombreux instruments, les symphonies, les opéras et surtout les opérettes, souvenirs de sa jeunesse, dont il fredonnait les morceaux de bravoure en se rasant ou parfois en marchant après les avoir captés au hasard à la radio ou à la télévision. De l'entendre si souvent m'a fait garder en mémoire les paroles qui lui revenaient dans ses moments de délassement. Je peux ainsi chantonner à son imitation des bribes de *la Belle Hélène*, de *l'Auberge du cheval blanc*, de *Dédé*, de *la Grande-Duchesse de Gerolstein* et, comme je l'ai déjà raconté, de *Mignon*, l'opéra-comique de Louis Varney, qu'il avait voulu voir plusieurs fois. Quand il était d'humeur particulièrement joyeuse, le couplet des *Mousquetaires au couvent* avait sa faveur :

Pour faire un brave mousquetaire
Il faut avoir l'esprit joyeux
Bon cœur et mauvais caractère...

Dans la musique, ce qu'il admirait avant tout, c'était, expliquait-il, « la tactique et la stratégie des compositeurs, toutes leurs combinaisons astucieuses ». Il considérait d'autre part que le chef d'orchestre représentait l'un des sommets de l'intelligence humaine. Il louait son aptitude à conduire un ensemble si complexe. Il ne fallait pas lui parler de musique contemporaine. « Pierre Boulez, s'exclamait-il, une ébauche ! » Mais à tout fond musical, je le répète, il préférait la lecture au coin du feu, après le dîner, bien enfoncé dans son fauteuil club. Parfois, délaissant son livre, il se replongeait dans une réussite jusqu'au moment où, le sommeil approchant, il allait rejoindre sa chambre. Mes parents montaient se coucher à des heures différentes : ma mère vers 22 h 30 ou 23 heures et mon père une heure après. Il fermait la porte de son bureau, puis on entendait son pas pesant dans l'escalier. Il n'aimait pas que quelqu'un restât derrière lui. Il voulait être le dernier à éteindre la lumière. Il avait un excellent sommeil, « celui des sages », et ne lisait jamais une fois allongé sur son lit, ni livre ni journal. Bien sûr, aucun poste de radio ou de télévision n'avait le droit d'entrer là non plus, et le seul téléphone qui était accroché près de son lit servait, par une ligne intérieure, à appeler l'aide de camp ou le chauffeur. Aussitôt qu'il avait fermé les yeux, rien ne pouvait le réveiller. Même les bombardements aériens à Londres, pendant la guerre. Le lendemain matin, quand on lui apprenait que des bombes étaient tombées pas loin, il n'en riait pas, mais c'était tout juste.

— L'avez-vous jamais vu rire aux éclats ?

— Aux éclats, sûrement pas. Toutes dents dehors, très rarement. Quand il exprimait son rire d'une manière sonore, il n'était surtout pas tonitruant. C'était un rire intérieur que le visage transposait en une espèce de rictus et auquel la gorge donnait un son d'arrière-souffle. Il avait différentes formes de rires, comme on le voit chez les Chinois. Le rire de l'étudiant quand il mettait son interlocuteur en boîte, le rire ricanant du mépris quand il voulait couper une réflexion ou descendre quelqu'un en flammes, le rire persifleur quand il adressait un reproche, une critique. Ou bien, si cela concernait la France, le rire d'orgueil : « Allons ! La France n'en est quand même pas à ce stade ! » C'était un rire impétueux et parfois foudroyant. Mais son rire de franche gaieté était, répétons-le, plutôt discret. Cela ne l'empêchait pas de saluer comme il convenait les histoires drôles qu'on lui racontait ou celles qu'il racontait lui-même. Des histoires comiques de situation ou de propos mais jamais insultantes ni grossières. Il usait aussi d'un humour très britannique. Ainsi, dans une lettre au docteur Lichtwitz, sachant que cet ami adore la montagne et qu'il se trouve certainement aux sports d'hiver, il lui écrit en 1963 : « Je suppose que vous êtes en ce moment dans la montagne, mais que vous en redescendrez. » Il lui arrivait pareillement de faire des remarques un peu acides. Un jour, alors qu'on lui rapportait que Robert Schuman était un célibataire endurci, je l'ai entendu lancer avec un ricanement de nez : « Ou bien il ne peut pas, ou bien il a une petite amie qu'on ne connaît pas. »

— Votre mère a ri ? Elle passait pour quelqu'un de très prude qui n'admettait pas les blagues un peu lestes, pour quelqu'un de plutôt coincé. Encore une légende ?

— Il ne faut pas croire qu'elle ne supportait pas les plaisanteries de ce genre. Elle a ri avec les autres alors qu'elle avait le rire plutôt rare. Les propos un peu légers ne lui faisaient donc pas peur, mais ce qu'elle n'admettait pas, c'était la vulgarité et l'indécence. Elle cachait alors difficilement sa désapprobation. Elle changeait aussitôt de physionomie. C'est ce qui est arrivé en août 1966 quand mon père s'est rendu avec ma mère en visite officielle au Cambodge. Le souverain cambodgien actuel, le roi Norodom Sihanouk, les a très amicalement reçus chez lui en privé. Chaleureux et spirituel comme d'habitude, et il faut ajouter assez facétieux, il a cru bon de leur raconter, entre autres, quelques aventures de jeunesse dues à son charme. C'était un peu trop confidentiel et gênant pour les dames. Alors, le visage de ma mère s'est aussitôt fermé. Elle a manifesté l'impassibilité et la froideur qu'on lui connaissait quand la contrariété la prenait au cours d'une conversation. Je me souviens d'un autre trait d'esprit qui a fusé après un déjeuner à La Boisserie au moment de la mirabelle ou de l'armagnac et qu'elle a trouvé de très mauvais goût. L'auteur en était un ministre. Il racontait que lorsque le président malgache Philibert Tsiranana venait à Paris, il avait l'habitude de fréquenter, le soir, un cabaret qui s'appelait « la Boule blanche », et cela en utilisant sa voiture officielle. Ce qui n'était évidemment pas le moyen de transport le plus discret. Jusque-là, ma mère a souri. Mais elle s'est arrêtée net quand elle a entendu la suite. Quand le ministre a ajouté pour paraître drôle : « On devrait changer le nom de cette boîte et l'appeler "les Boules noires". » Ce que mon père a salué, lui, de cet autre petit rire bien personnel qui se terminait par un reniflement.

— Quand il se mettait en colère en famille, comment cela se passait-il ?

— Il ne se mettait pas vraiment en colère. Il nous faisait part de son irritation.

— Il lui arrivait bien quand même d'avoir un mouvement d'humeur un peu brutal, non ?

— Alors, il élevait le ton et ses mots cinglaient. Parce que quelqu'un émettait avec insistance un avis contraire au sien ou parce qu'il reprochait que telle chose n'ait pas été faite comme il le souhaitait ou l'ait été sans son consentement. Mais il ne manifestait jamais rien devant un tiers ou à table. Tout se déroulait entre nous, une fois la porte refermée. Il lui est arrivé plusieurs fois de perdre son calme parce qu'un membre collatéral s'était permis de raconter un petit secret de famille à la cantonade, de rapporter un de ses propos ou même de l'inventer. Jugé peu fiable, l'intéressé devenait alors – je l'ai déjà dit – étranger au cercle familial, au moins pour quelques années. Le chef de cette tribu, c'était lui, il ne fallait pas qu'on l'oublie, et tout devait être en ordre sous son toit. Si quelque chose parvenait également à le faire monter sur ses grands chevaux, c'est ce qui pouvait contrarier les convenances. Il lançait aussitôt d'une voix forte : « Un peu de tenue, s'il vous plaît ! » Toute conduite devait être en accord avec les usages de la bonne société. Ainsi, sans courir après les dîners en ville et les repas officiels, mes parents veillaient à ce qu'il n'y ait jamais de faute de goût chez eux. Mon père avait l'habitude de dire : « Nous ne sommes pas des gens du monde, mais nous en avons l'usage, ce qui est beaucoup mieux. » A Colombey comme à l'Elysée, quand la table était prête pour un repas officiel, ma mère vérifiait du premier coup d'œil la manière dont elle était mise et faisait éventuellement rectifier les choses, même s'il y avait cent couverts. Pour elle, une faute de goût, c'était, par exemple, ce qu'elle appelait des pratiques de restaurant : des cendriers sur la table, des couverts mal posés, des garnitures ou des salières manquantes. Tout cela allait bien sûr avec le souci – je dirais même l'obsession – que mon père avait de la netteté. Elevée dans le respect des bienséances et de la parfaite correction, ma mère ne pouvait que satisfaire ses exigences sur ce point. Taches et poussière étaient chassées avec une énergie qui frisait la férocité. Toute chose à la maison devait apparaître propre sous les yeux de l'un comme de l'autre. Je garde le souvenir, enfant, du spectacle de ma mère lavant dans une cuvette les gants blancs du colonel de Gaulle en garnison à Metz. A l'époque, les officiers en portaient toujours et mon père tenait à ce que les siens fussent immaculés. Je l'ai souvent vu les laver lui-même avant de les placer sur des formes afin qu'ils ne rétrécissent pas. C'était notamment le cas à Londres, dans le lavabo de sa chambre d'hôtel, quand il y vivait seul. « La netteté est le vernis des maîtres, me répétait-il en citant Vauvenargues. Cela vaut pour la parole comme pour l'écrit et la tenue. »

2

LES ANNÉES ÉLYSÉENNES

« Les institutions nouvelles sont en place. Du sommet de l'Etat, comment vais-je les façonner ? »

Mémoires d'espoir.

Il a été maintes fois écrit que le Général n'aimait pas l'Elysée, qu'il avait voulu s'installer ailleurs quand il a été élu président de la République en 1958. Pour expliquer cette inappétence, on a prétendu entre autres qu'il ne trouvait pas ce palais assez royal. Votre mère y était-elle pour quelque chose ?

— Il est vrai que mon père n'aimait pas l'Elysée et ma mère encore moins. Non que cet endroit la rebutât spécialement, mais il lui répugnait d'aller habiter une résidence officielle. Lui considérait que les souvenirs historiques qui y étaient attachés manquaient de prestige, si ce n'était l'abdication de Napoléon dont il n'y avait pas à se vanter. (Il y a encore sa table.) Il disait : « Cette maison n'est pas celle de l'Histoire. Elle est celle des petites histoires. » Il voulait parler notamment de la conduite scabreuse de Félix Faure. Se souvenait-il que l'idée lui était venue un jour, à vingt-six ans – pourquoi donc ? – de noter sur le carnet qui recueillait ses pensées intimes : « L'Elysée, ancien hôtel d'Evreux, fut acheté sous Louis XVI par Beaujon, le financier ; puis par le roi qui voulait y établir la résidence des princes étrangers » ? Il reprochait aussi à ce palais d'être « emprisonné dans la ville » en étant entouré de petites rues, de manquer d'espace. « C'est étriqué et mesquin, notait-il. Ça manque d'air. Un palais doit avoir une autre allure. On doit pouvoir l'admirer avec le recul, en bordure d'une grande place ou au bout d'une large avenue. La majesté du peuple français l'exige. » Il faut dire que passant du « bon monsieur Coty » à Charles de Gaulle, la présidence de la République avait changé de volume. Au lieu d'avoir dix conseillers, il y en avait tout à coup quarante. Car ce palais avait cessé d'être la résidence « où l'on inaugurait les chrysanthèmes » pour devenir le siège de l'Etat. C'est pour cette raison que mon père avait pensé au château de Vincennes. Mais une étude rapide avait démontré qu'il aurait fallu y entreprendre d'énormes travaux. Il avait donc reculé devant l'importance des frais. Il nous raconta les difficultés que l'on aurait dû surmonter pour faire passer tous les fils et les conduites à travers les murs extrêmement épais de cet ancien fort.

— Il aurait paraît-il préféré Versailles ou le grand Trianon...

— Dans son esprit, il n'a jamais été question ni de l'un ni de l'autre. Ce sont ses détracteurs qui lui ont prêté cette intention pour faire croire qu'il voulait se comparer au Roi-Soleil. Il ne se voyait pas pousser le ridicule en essayant de succéder à Louis XIV qui fut, affirmait-il, « le patron de la plus grande puissance du monde ». Les Invalides lui auraient mieux convenu. De grands états-majors s'y étaient installés jadis, ce qui n'était pas pour lui déplaire. Mais n'était-ce pas d'abord la maison des mutilés de guerre, ceux qu'un texte datant de Louis XIV appelait les « soldats vieux et caducs » ? Et puis, n'était-ce pas le musée militaire par excellence ? « Trop de gloire, trop de deuils et trop de souffrances sont rassemblés là pour y mettre un gouvernement, remarqua-t-il devant moi, une fois. Et puis, il ne vaut rien d'aller troubler le sommeil des morts. » Peut-être pensait-il à l'Empereur.

— Est-il vrai qu'il a dû faire un certain ménage avant de s'installer à l'Elysée ?

— Dès le début, effectivement, plusieurs problèmes matériels se posèrent à lui. Des errements, et par conséquent des abus, s'y étaient petit à petit produits au temps de ses prédécesseurs et il a fallu y remédier. D'abord, on a dû demander à une soixantaine de personnes d'abandonner le logement qu'elles occupaient indûment dans les dépendances présidentielles, quai Branly ou ailleurs, et même à l'intérieur du palais, avec femme, parenté ou maîtresse parfois célèbre : anciens ministres, anciens collaborateurs présidentiels, fonctionnaires en retraite, personnalités du monde des arts et des lettres, actrices notoires, amis politiques. Ensuite, faute de place à l'intérieur, mon père décida d'annexer un des immeubles de la rue de l'Elysée, situé à gauche du palais. (Un voisinage qui d'ailleurs posait des problèmes de sécurité.) Et ce rattachement ne fut pas facile. Habitaient là des gens qui y étaient locataires ou propriétaires et des occupants assez curieux comme ces permanents du parti communiste qui y tenaient depuis la Libération une certaine « Maison de la pensée française » où étaient entreposées des tonnes d'écrits d'inspiration marxiste. Chassés, ces « intellectuels » ont crié à la spoliation et la presse a fait chorus. On a mis à leur place les Affaires africaines et malgaches dirigées par Jacques Foccart. Aussi malaisé fut de déplacer les personnels qui s'étaient incrustés dans les services de la présidence grâce au copinage et aux syndicats, et qui considéraient leur fonction comme un véritable fermage. Tel ce sommelier vexé de l'exigence de mes parents pour l'inventaire des crus de prix qui dormaient dans la cave présidentielle. Mon père s'était ouvert à moi du remplacement de ces fonctionnaires. C'est ainsi qu'avec un camarade, le capitaine de vaisseau François Flohic, nous lui avons fait engager un commissaire et des personnels de la marine qui officièrent dans le service intérieur et à la gérance de la Présidence.

— A entendre certains chroniqueurs, vos parents menaient une vie relativement modeste à l'Elysée. Etait-ce vraiment le cas ?

— Tout est relatif. Disons seulement qu'ils évitaient au maximum le luxe qui engendre de grandes dépenses et dont ils ne voulaient pas encombrer leur existence. Le contraire aurait juré avec la tradition de leur famille respective. D'autres qu'eux auraient peut-être perdu la tête en se retrouvant sous ces lambris dorés. Ma mère n'en avait cure et mon père non plus. Elle nous a plusieurs fois laissé entendre qu'elle préférait de beaucoup son salon de La Boisserie à celui de l'Elysée et qu'elle n'en voudrait même pas si on lui en faisait cadeau. Dès leur arrivée au palais, ils ont choisi d'habiter le premier étage plutôt que le rez-de-chaussée comme leurs prédécesseurs. C'est la vue sur le jardin qui décida mon père. Ce fut sa joie, me rapporta ma mère, quand il découvrit la pièce qui allait être leur chambre et, à côté, celle dite du « salon doré » qu'il destinait à son bureau. Je l'entends encore lui lancer, pince-sans-rire, face à l'une des trois hautes fenêtres que renvoyait un miroir au fond de la pièce : « Regardez Yvonne, nous aurons pour voisins des canards et des cygnes ! » Inquiète à l'idée que le chauffage aurait pu être déficient, ce qui aurait provoqué rhumes et maux de gorge, ma mère fit aussitôt vérifier l'étanchéité de la vitrerie. Quand il a fallu meubler leur appartement privé, mon père a mis tout de suite les points sur les i avec les responsables qui s'apprêtaient à apporter quantité de meubles de style, de divans, de paravents, d'horloges, de cartels et de tableaux de maîtres : « Nous voulons un appartement confortable, mais sans fioritures, les a-t-il avertis. Pas un musée. Ce qui est nécessaire. » Il se contenta donc de quelques meubles de style classique mais disparate. Les fauteuils, il les avait voulus « avant tout confortables ». C'était sa marotte : « Je me fiche de savoir si Napoléon le premier ou le troisième s'est assis dedans du moment que l'on y est bien assis soi-même. » Je me rappelle que dans leur chambre à coucher relativement grande, mes parents ont refusé les lits de style qu'on leur proposait pour deux divans accolés tout simples. Mon père aimait pouvoir dormir sans être obligé, ironisait-il, de « se plier en deux pour avoir la même taille que l'Empereur ». Deux ou trois petits tableaux, des « marines », décoraient discrètement les murs.

— Votre mère n'avait pas un coin bien à elle ?

— Pas plus que mon père, elle n'éprouvait de gêne à se trouver à l'Elysée, mais elle ne se sentait nulle part vraiment chez elle. Il y avait quand même un endroit où, nous avouait-elle, « je me sens un peu moins étrangère dans cette maison ». C'était le petit salon attenant au salon-bibliothèque. Elle avait fait installer là son secrétaire. Elle y lisait ou y rédigeait sa correspondance pendant que non loin, assis derrière une table à jeu, « comme chez nous », mon père regardait la télévision. Ainsi pouvait-elle le garder sous son œil comme à La Boisserie. Une demi-douzaine d'autres pièces composaient cet appartement, dont une salle à manger, une lingerie qui a servi parfois à coucher un de mes enfants ou ma nièce Anne quand ils étaient bébés, et une chambre d'amis que j'ai dû occuper exceptionnellement pendant vingt-quatre heures entre deux affectations et où Adenauer a vécu quatre jours, je crois, lors d'un séjour à Paris en visite privée. Dans cet appartement, on ne trouvait pas d'objets personnels. Il me souvient que dans leur chambre, par exemple, on ne voyait que leur réveil et deux ou trois photos de leurs petits-enfants. C'est tout. Pas de bibelots et surtout pas de pendule de valeur sur les cheminées parce que ma mère aurait été agacée de voir quelqu'un pénétrer chez elle pour la remonter, car elle excluait tout le monde, excepté le maître d'hôtel-valet de chambre de mon père, le premier-maître de la marine Hennequin, et son épouse la femme de chambre, puis, plus tard, Jeanne Prudhomme, venue de Calais et connue de la famille depuis longtemps. En dehors de ces personnes, pas question d'osmose avec le personnel ni avec les collaborateurs de mon père. Cloisons étanches !

— Alors, pourquoi votre père avait-il voulu installer à côté de cet appartement son bureau et ceux du secrétaire général de la Présidence et des aides de camp ?

— Pour être à pied d'œuvre, ne pas avoir à parcourir de couloirs ou d'escaliers et ne rencontrer personne avant d'entrer dans son bureau. Il avait horreur d'être interrompu dans son trajet, ne serait-ce que par la simple vue de quelqu'un. D'autre part, il a veillé personnellement à ce que la table de son bureau fût placée non loin des fenêtres à sa gauche, afin de pouvoir apercevoir les frondaisons du jardin. Il me dit qu'on lui avait fait valoir que ce meuble de palissandre avait pour auteur un ébéniste célèbre, mais qu'il n'en avait cure, exigeant seulement, encore une fois, qu'il fût confortable. Sur ce bureau se dressaient, à droite, la lampe de vermeil à abat-jour de cuivre utilisée par Napoléon et à gauche, le globe terrestre tournant sur son pivot offert par Michel Debré et d'autres collaborateurs, qu'il a placé par la suite dans son bureau à Colombey à côté d'un bronze d'Antoine Bourdelle. Rien ne devait traîner autour du sous-main de maroquin rouge et doré, à part un tampon buvard, un porte-papier avec pendulette incorporée, visible seulement de l'intéressé, un ouvre-lettres, et parfois un dossier secret dont il se débarrassait aussitôt après l'avoir consulté. Bien sûr, pas de cendrier. Personne d'ailleurs n'aurait osé fumer en sa présence. A gauche, en retrait sur une tablette, les téléphones branchés en liaison directe avec les principaux ministres. Sauf circonstance exceptionnelle, il était interdit d'appeler le Général au téléphone. Dans un placard, derrière une boiserie décorée à l'ancienne, étaient installées les transmissions à destination de Taverny et des autres centraux de la force nucléaire.

— Est-il vrai qu'on ne devait pas lui téléphoner après 20 heures sauf en cas de crise ?

— Généralement, il ne se servait en effet de son téléphone ni pour appeler ni pour répondre. A Colombey, c'était connu, il n'y avait pas d'appareil sur son bureau. Il était sous l'escalier avec la réserve de bois de chauffage. C'est dire à quel point il le négligeait ! Il m'est arrivé de répondre pour lui alors qu'on l'appelait d'Afrique équatoriale. Pour une fois, il a consenti à se déranger. Quand la sonnerie se déclenchait, c'était mon beau-frère, le malheureux aide de camp ou moi-même qui allait décrocher. Rarement ma mère. Elle ne méprisait pas pour autant le téléphone. Elle l'utilisait pour appeler des commerçants ou répondre à des membres de la famille. Mais attention ! C'étaient des communications, non des conversations. C'est pourquoi sa plus jeune sœur Suzanne Vendroux, toujours trop bavarde, l'irritait. Elle lui lançait : « Suzanne, on parlera de ça plus tard. » Et elle coupait la conversation. Chez nous, quand on avait envie de vraiment se parler, on prenait rendez-vous pour se rencontrer.

— Comment faisait votre père pour séparer sa vie privée de sa vie officielle ?

— C'était réglé comme du papier à musique. A partir de 20 heures, sauf repas officiel ou soirée, il n'était plus là pour personne. Il entrait dans son appartement privé et n'en sortait plus. Chacun savait cela autour de lui et nul ne se serait permis de le déranger. D'ailleurs, au premier étage, ne se trouvaient que ses plus proches collaborateurs : les aides de camp dans un bureau en antichambre du sien, la secrétaire, le directeur, le chef de cabinet et le secrétaire général de l'Elysée. Tous les autres occupaient le rez-de-chaussée car il ne supportait pas d'être entouré de trop de monde. Il appelait cela des « caravansérails ». Quand il passait l'inspection des troupes, il refusait d'être accompagné d'une camarilla de préfets et de généraux. S'il n'était pas tout seul, on ne voyait avec lui que le chef de corps et son aide de camp et, à la rigueur, le commandant des troupes ou le gouverneur militaire. Les officiels de la suite restaient loin en arrière. La démarche était la même à l'Elysée. Une fois, j'ai rencontré Xavier de Beaulaincourt, son secrétaire particulier, au premier étage. Très embarrassé, il tenait une lettre qu'il voulait lui montrer avant de l'envoyer de toute urgence. Il devait être 20 heures passées d'une minute ou deux. Je lui ai proposé : « Venez avec moi, on va le lui demander. » Quand mon père l'a aperçu, il s'est exclamé : « Comment ! Beaulaincourt, vous ici ? » Vers 12 h 30, même procédure. Mon père quittait son bureau et rejoignait ma mère. On ne le voyait plus jusqu'à 14 h 30, à moins qu'il ne fût pris par le Conseil des ministres au-delà de midi ou bien par quelque déjeuner ou visite officielle.

— Comment votre mère pouvait-elle veiller comme à Colombey à ce que sa tranquillité soit respectée ?

— Son filtrage était sans faille. Pour toute question qu'elle devait résoudre à l'intérieur ou à l'extérieur du palais, elle avait un interlocuteur privilégié : le capitaine Sabot, un ancien de la France Libre. Elle s'efforçait de faire en sorte que mon père retrouvât, une fois son travail terminé, la même ambiance sereine qu'à La Boisserie, loin de l'appareil et des soucis du palais. Et surtout, pas de mélange : ce qui appartient à l'Etat appartient à l'Etat et non aux de Gaulle, et vice versa. Ainsi, par exemple, dès son arrivée à l'Elysée, elle est allée acheter de la vaisselle au Bon Marché de façon à ne pas devoir se servir de celle marquée aux armes de l'Etat dans sa salle à manger particulière. De même que mon père mettait un point d'honneur à régler avec son chéquier les moindres dépenses sortant de l'ordinaire. « Pas de confusion des caisses », recommandait-il. L'un et l'autre tenaient à ce que la vie familiale continuât « comme si de rien n'était ». Alors, mon père recevait ses très proches le dimanche à midi et au début de l'après-midi. Etaient invités là, pour un déjeuner à trois ou quatre, sa sœur ou l'un de ses frères ou bien un beau-frère. Mais n'allez pas croire que la famille occupait les lieux par des visites incessantes. Chacun d'entre nous savait que mon père aurait détesté pareille attitude de notre part. La consigne était : « discrétion ». Ce mot suffisait. On n'avait pas besoin d'y ajouter l'adjectif « absolue ». Nous nous disions entre nous : « La résidence d'un chef d'Etat n'est pas une auberge. » J'en connais quelques-uns qui, dans la famille, en ont voulu à mes parents de ne pas avoir pu venir plus souvent les voir dans leur palais républicain.

— Vous voulez dire que seuls un certain nombre de privilégiés avaient le droit de venir le voir à l'Elysée ?

— Non, mais on n'entrait pas à l'Elysée par le seul fait de s'appeler de Gaulle ou Vendroux. On pouvait aussi bien s'appeler Honorine Mansoni, être la cuisinière de La Boisserie et se voir conviée par la première dame de France à visiter les lieux. Ce jour-là, le chauffeur de l'Elysée alla chercher la visiteuse à la gare de Lyon et ma mère lui montra son appartement privé et les plus belles pièces du palais avant de l'inviter à déjeuner. On imagine la joie de notre brave Honorine ! Charlotte Marchal, la femme de chambre, a, elle aussi, bénéficié de ces honneurs. Mes parents ne recevaient la famille à l'Elysée qu'une fois toutes les trois semaines. Ils ne voyaient donc qu'une cinquantaine de parents chaque année. Toutes ces visites étaient une source de plaisir pour ma mère. Elle les préparait avec minutie. Comme la tradition familiale l'exigeait – et elle n'aurait jamais voulu la transgresser –, elle souhaitait qu'une visiteuse puisse toujours disposer d'une pièce pour se changer ou simplement vérifier sa toilette. Ainsi, quand ma tante Cada Vendroux ou ma tante Marie-Agnès arrivait, elle la conduisait vers la chambre d'amis. A Colombey, les dames étaient reçues de la même manière. Elles ne posaient jamais leur manteau sur une patère à l'entrée. Elles allaient l'accrocher dans une chambre. L'ensemble de la famille, qui était nombreuse, venait généralement le jeudi à tour de rôle, parce que c'était à l'époque le jour de congé des écoliers. La convivialité régnait ce jour-là et, avec des enfants autour de lui, mon père semblait bien loin des affaires de l'Etat.

— On les entendait courir dans les couloirs ?

— Sûrement pas. Mes parents ne l'auraient pas admis. Les enfants déjeunaient avec nous, dans la salle à manger, autour d'une table ovale qui n'a jamais réuni plus de dix ou douze personnes. Après, ils faisaient un tour dans le jardin, toujours accompagnés de mes parents ou de leur mère. Parfois, quand ils s'approchaient trop près de la pièce d'eau pour donner à manger aux cygnes, mon père s'écriait : « Attention, les enfants, ce n'est pas parce qu'ils sont beaux qu'ils sont gentils. Ils mordent, et très fort ! » Il craignait toujours, là ou ailleurs, que mes fils commettent une imprudence. Pendant mon enfance, c'était toujours lui qui veillait sur ma sécurité. Combien de fois l'ai-je entendu s'exclamer au bord du bassin des Tuileries sur lequel je faisais évoluer mon beau voilier. « Ne te penche pas comme ça, tu vas finir par tomber à l'eau ! » Les plus petits des enfants déjeunaient à part. Ensuite, ils venaient dire bonjour à tout le monde, puis ma mère les envoyait faire la sieste dans la lingerie, la pièce voisine. Ma femme et moi, nous nous souvenons avec émotion de ces moments passés en famille dans l'intimité et la simplicité en dépit du faste de la résidence. Devant la satisfaction visible de mes parents, nous devions faire un effort pour concevoir où nous étions, surtout quand un vent un peu fort venait à secouer le navire. Je voyais mon père vivre un vrai bonheur comme n'importe quel grand-père entouré de ses petits-enfants, tandis qu'à quelques pas de là, dans son bureau, l'attendait peut-être l'annonce d'une nouvelle tempête qu'il devrait affronter. Quel contentement s'épanouissait dans le regard de ma mère ! On y lisait : pour l'instant, il est ici, bien avec nous, le monde peut s'écrouler, on n'a pas le droit de nous le prendre, attendez son retour...

— Son rôle de première dame de France, ne le jouait-elle pas à contrecœur ?

— On ne peut pas dire cela, mais elle ne courait pas après. Elle le remplissait par devoir en tant qu'épouse du chef de l'Etat et également par amour pour mon père, parce que c'était sa seule façon de l'épauler sur le plan national. C'est pourquoi elle s'efforçait de faire partout bonne figure, même si cela lui coûtait. Jamais nous ne l'avons entendue se plaindre ou simplement soupirer. « Je fais ce que je dois » était son seul commentaire, assorti d'un petit sourire. Il ne fallait pas non plus lui demander de battre tambour chaque fois qu'elle apparaissait officiellement. Elle se mêlait rarement à la foule. La femme du président de la République formait naturellement le couple avec lui, mais elle n'était pas le président et n'était pas destinée à devenir la régente. Mon père était d'accord avec elle sur ce point. Quand quelqu'un prétendait représenter le général de Gaulle dans une cérémonie, on pouvait être certain que c'était faux.

— Il n'a jamais chargé votre mère de le représenter quelque part ?

— Jamais. Quand ma mère se rendait seule dans telle ou telle cérémonie officielle, elle y allait en tant que Madame de Gaulle. Ou bien ils sortaient en couple. Jamais l'un n'a représenté l'autre. Il me disait : « Personne ne me représente, comme personne ne te représente. » Il trouvait tout à fait abusif que dans le protocole de la République une haute autorité puisse se faire remplacer par un membre de son cabinet ou un ambassadeur, auquel cas ce dernier a droit à la place d'honneur. « C'est une anomalie du protocole, faisait-il remarquer, si quelqu'un est finalement chargé de représenter une personnalité, eh bien ! il doit se mettre au rang qui est le sien et non pas à celui de la personnalité. » Son rôle de première dame de France, ma mère le remplissait avec une discrétion extrême. « Un frisson d'eau sur de la mousse », disait mon père avec Verlaine quand il la voyait agir. Ainsi a-t-elle visité plus de trois cents hôpitaux, maternités, maisons de retraite dans l'anonymat. Refusant tout média, elle prévenait ses futurs hôtes : « Vous gardez le silence. Je veux que l'on sache que si ça transpire, je ne viendrai pas. » Et les photographes ignoraient tout. Peut-être quand même a-t-elle été prise en photo deux ou trois fois chez des bonnes sœurs en Polynésie, au Canada et dans le Pas-de-Calais, des clichés d'amateurs que la presse a ensuite publiés, mais c'est tout. A l'annonce de la présence du moindre photographe, elle faisait aussitôt demi-tour. Jamais non plus elle n'a eu de contact avec un journaliste. Vous devez vous en souvenir vous-même puisqu'elle a répondu négativement à la lettre que vous lui aviez écrite et que j'ai accepté un jour de lui faire parvenir.

— On mettait ce mutisme sur le compte de sa timidité ou de sa méconnaissance des choses...

— On avait tort. Ma mère savait dire ce qu'il fallait quand il le fallait et ne s'intéressait pas seulement à son tricot comme on a souvent voulu le faire croire. Elle suivait la vie des Français et des Françaises sûrement mieux que beaucoup de femmes, même si on la voyait rarement dans une cérémonie officielle et encore moins dans des manifestations politiques. Bien sûr, avec les chefs de gouvernement ou d'Etat, elle remplissait au mieux son devoir de maîtresse de maison, surtout lorsqu'ils étaient accompagnés de leur épouse. Elle les accueillait à l'entrée des salons et les raccompagnait jusqu'au perron en papotant avec l'un ou l'autre. Mais ces mondanités l'ennuyaient profondément. Elle aurait voulu que cela ne dure pas, que l'on se dise bonjour et au revoir, et c'est tout. Il ne fallait pas non plus lui demander d'escorter des invitées étrangères dans Paris. Elle laissait ce « pensum » – c'était son expression – à l'épouse d'un ministre. Il lui arrivait également de manquer d'enthousiasme dans certaines sorties où elle se trouvait sans mon père. Ce fut notamment le cas lors de la croisière inaugurale du *France*, en 1962, où je jouais auprès d'elle le rôle de chevalier servant. Fatiguée de devoir se prêter aux bienséances, elle décida de débarquer à la première escale, aux Canaries. « Je ne suis pas mondaine, soupirait-elle un peu lasse, je ne suis vraiment pas faite pour les salutations. » Mais elle se gardait bien de le faire comprendre à qui que ce fût, à plus forte raison à mon père. Elle n'aurait pas voulu qu'il fût chagriné à l'idée de la voir souffrir sous le poids des obligations quotidiennes alors que lui-même devait si souvent s'y prêter.

— Il ne devait jamais l'en prier ?

— Elle n'aurait jamais voulu qu'il s'en croie obligé. De toute façon, elle tenait à être toujours présente au côté de mon père, je dirais – et ce n'est pas un vain mot – comme son ombre. Alors, que ce fût là ou ailleurs, peu lui importait. Ce qui comptait pour elle était de pouvoir le seconder le mieux possible et d'être capable d'intervenir en sa faveur si nécessaire. Ce qu'elle a fait plusieurs fois l'hiver quand des invités auxquels le Général venait de montrer le jardin lanternaient avec lui sur le perron au risque de lui occasionner un refroidissement. D'une voix qu'elle souhaitait la plus aimable bien qu'assez autoritaire, elle lançait par exemple, comme je l'ai entendu une fois : « Si nous rentrions maintenant ? Il fait quand même plus chaud à l'intérieur. » De même jetait-elle discrètement un œil sur les menus des repas officiels afin que rien n'aille trop contredire les habitudes alimentaires que mon père avait adoptées grâce à elle en famille. Mais elle ne se serait pas permis pour autant de contrarier l'étiquette et les usages. Elle s'est quand même autorisée un jour à demander que les dîners officiels ne comportent plus qu'une entrée et un plat principal, non pas, comme on l'a faussement rapporté, à cause des reproches de la presse qui parlait de dîners fastueux, mais parce qu'elle souhaitait alléger le menu et la durée à table, pour mon père comme pour ses invités de marque. Précaution assez superflue, reconnut-elle par la suite, car dans ces sortes de dîners, il y avait d'une part les traditions culinaires d'apparat et d'autre part le fait qu'il n'avait guère le temps de toucher aux plats, obligé comme il l'était de parler à l'un et à l'autre, de penser plus à ses voisins et voisines qu'à ce qu'il avait dans son assiette. Mais ma mère ne se contentait pas de monter la garde auprès de lui. Dans le concert, elle jouait sa partition aussi bien que toute hôtesse stylée.

— Pourtant, a-t-on dit, elle montrait parfois dans ces occasions un air gauche et emprunté...

— Médisance. Elle savait être à la hauteur et se tenir à son niveau à elle. Sachez que malgré sa modestie naturelle, elle ne se considérait jamais comme inférieure à personne, homme ou femme, même prince ou agrégé de philosophie, sauf devant des souverains âgés de famille très ancienne. Avant de se retrouver à côté d'un visiteur important, elle s'informait chaque fois consciencieusement de sa personnalité, comme mon père du reste. Mais uniquement en ce qui concernait sa vie familiale et privée. Il fallait la voir à La Boisserie, pendant le week-end, lire et relire les coupures de presse et parfois le livre qui devaient la renseigner. Le mal qu'elle se donnait notamment pour se documenter sur Adenauer, allant jusqu'à interroger ses proches sur sa personne, mais assez peu mon père qu'elle ne voulait pas importuner ! Je garde notamment le souvenir du soin qu'elle prit à s'enquérir des faits et gestes de Jacqueline Kennedy, à faire la part du vrai et du faux dans tout ce que l'on racontait sur son compte et sur celui de son mari. Elle s'attacha particulièrement à la personnalité de Fabiola, la reine des Belges, qu'elle apprécia au plus haut point. « Nous avons, nous confia-t-elle, beaucoup d'affinités l'une et l'autre. » Dans un dîner officiel, elle savait toujours si son voisin ou sa voisine de table avait des enfants et des petits-enfants, où il habitait et quels étaient ses goûts en matière de littérature ou d'art, et lui donnait quelques conseils pour mieux profiter de son séjour parisien. Considérant que la politique n'était ni son fort ni son domaine, elle s'abstenait de l'aborder. Très avertie, elle ne se laissait jamais entraîner sur ce terrain. Réserve qu'elle observait de la même façon à Colombey avec tout visiteur en se méfiant des plus curieux. Constamment sur le qui-vive à ce propos, elle m'a avoué un jour : « Je préfère passer pour ignorante plutôt que de gêner ton père par une réflexion malencontreuse. » Mais cela ne l'empêchait pas d'écouter attentivement tous les propos qui s'échangeaient autour d'elle afin de lui en répéter la teneur quand elle pensait qu'elle aurait pu lui être utile. Ce fut le cas, une fois, avec la remarque un peu critique qui tomba de la bouche de l'épouse d'un chef d'Etat éminent sur la manière dont ils avaient été accueillis à leur résidence. Cela permit au service responsable à l'Elysée de faire modifier les choses dans le bon sens.

— On a cru comprendre que la plupart des soirées artistiques auxquelles le Général était obligé de se rendre l'empoisonnaient parce qu'il était fermé à toutes les formes de l'art. Qu'en disait-il lui-même ?

— De là à le faire passer pour un ignare ! Non, le concert, l'opéra, le théâtre ne le laissaient pas insensible. Enfant ou adolescent, il m'est arrivé souvent de le suivre au spectacle. Une comédie ou une tragédie classique à la Comédie-Française lui plaisaient. Mais il aimait surtout le cinéma. Ce qui l'ennuyait dans ces soirées, ce n'était pas le genre ou le sujet des représentations que l'on donnait. C'était leur répétition et leur durée. D'autant qu'il imaginait déjà toutes les poignées de main et les compliments qu'il allait devoir distribuer à l'entrée, à l'entracte et à la fin. Souvent je l'ai entendu grogner : « Ah ! on va en avoir encore jusqu'à quelle heure ? » Si cet aspect des choses rebutait aussi ma mère, c'était surtout parce qu'elle voulait lui éviter toute fatigue excessive. On était donc prévenu : quelle que fût l'heure où la soirée commençait, elle se terminait pour eux avant minuit. Les organisateurs se savaient obligés d'agir en ce sens. Un opéra ou un opéra-comique ne devait pas durer pour l'Elysée plus de deux heures. Même programme pour les réceptions à Versailles ou ailleurs. A l'heure dite, si l'on semblait avoir oublié la consigne, mon père lançait un signe convenu à ma mère ou, s'il était à côté d'elle, lui soufflait quelque chose comme « on rentre ». Et dix minutes après, ils emmenaient leurs invités vers la sortie. Aussi préférait-il ne pas avoir à se déplacer. Ils étaient plus vite couchés.

— C'est pour cette raison qu'il faisait parfois transformer en cinéma la salle où avaient lieu les conférences de presse ?

— Effectivement. Il avait demandé au Service cinématographique de l'armée d'équiper cette salle en conséquence au moment voulu. Ainsi, il y a fait projeter *le Ballon rouge* au Premier Ministre britannique, Harold MacMillan. Parfois, le dimanche après-midi, en famille il a pu voir, entre autres, les premiers James Bond, *le Tour du monde en 80 jours* et *Vingt mille lieues sous les mers* en version moderne. C'étaient des films qui passaient en même temps dans les salles des Champs-Elysées et dont on lui apportait aimablement la copie. Ses petits-enfants s'asseyaient à ses côtés tandis qu'une cinquantaine de personnes de la Présidence s'invitaient derrière lui. Cela lui permettait d'aller au cinéma sans se montrer car il n'aurait jamais voulu se mêler aux spectateurs d'une salle, sachant le dérangement et les complications qu'il aurait causés à tout le monde. Ah ! le cinéma ! Souvent, il en était vraiment privé. Je me souviens que pendant la « traversée du désert », on lui avait trouvé un projecteur et on lui passait des films de 16 mm à La Boisserie. Mais l'expérience ne dura pas. Le son était difficile à régler. L'appareil était si bruyant que l'on entendait à peine les paroles. Et pour répondre aux préférences de mon père pour les films romantiques ou policiers, et les comédies bien jouées que ma mère aimait tout autant, le brave Bonneval et moi, qui faisions aussi les projectionnistes, n'arrivions pas à trouver dans un tel format de film autre chose que des poncifs d'avant 1939. Cela allait de *la Bataille* et des *Lumières de la ville*, en passant par *la Bandera, la Kermesse héroïque, la Grande Illusion*, jusqu'à une rare copie rescapée de la guerre du *Congrès s'amuse*, film osé à l'époque, qui, je l'ai bien noté, ne fut pas apprécié de mes parents à cause de leurs petits-enfants.

— A-t-il vraiment, comme on l'a raconté maintes fois, interdit la porte de l'Elysée à nombre de gens à cause de leur vie privée ? Et n'était-ce pas plutôt le fait de votre mère ?

— On va probablement penser que je manque d'objectivité, mais je puis assurer que ni mon père ni ma mère n'avaient l'esprit si étroit qu'ils refusaient leur porte à telle ou telle personne parce que divorcée ou en concubinage. Si cela avait été le cas, ne croyez-vous pas que beaucoup n'auraient jamais pu les rencontrer, ni à Colombey, ni à l'Elysée ? Tout le monde connaissait, par exemple, la vie privée de Malraux. Ce dernier a-t-il jamais souffert de ce genre d'ostracisme ? A-t-il jamais senti une réticence quelconque chez l'un ou chez l'autre ? S'il en avait souffert, il ne se serait pas gêné pour l'écrire.

— On a pourtant évoqué à ce sujet des noms célèbres : Chaban-Delmas qui n'aurait pas pu remplacer Pompidou à Matignon à cause de sa vie conjugale, le général Catroux écarté des déjeuners et des dîners à cause de son deuxième mariage...

— Des histoires ! Mon père n'aurait jamais tenu compte d'un tel critère pour choisir son Premier ministre. Comment peut-on imaginer une telle chose ? Un jour qu'on lui parlait en Grande-Bretagne d'un général valeureux qui n'en finissait pas, avant guerre, de tromper sa femme, il eut cette réflexion : « S'il fallait faire la guerre uniquement avec des maris irréprochables, mieux vaudrait signer tout de suite l'armistice ! » Jacques Chaban-Delmas est venu souvent à l'Elysée en tant que président de l'Assemblée nationale et en vieux fidèle. Et voyez-vous le général de Gaulle repousser un homme parce qu'une feuille infâme l'a accusé un jour d'avoir organisé l'accident de voiture au cours duquel son épouse a péri ? Quant au général Catroux, remarié sur le tard, nous l'avons rencontré à diverses reprises à l'Elysée avec sa femme ou tout seul. Il faut savoir quelle reconnaissance lui témoignait mon père. Je l'entends à Londres, quand il apprend son ralliement à sa cause, s'émerveillant : « Avec toutes ses étoiles, venir me rejoindre sans réserve ! » Non, il n'était pas capable de pareilles mesquineries.

— Mais votre mère qui paraissait être si à cheval sur les principes ?

— Peut-être, en effet, peut-on soupçonner ma mère d'avoir désapprouvé deux ou trois personnes qui se présentaient chaque fois avec une femme différente. Mais que pouvait-elle faire en dehors d'une réflexion entre nous du genre : « Quand même ! C'est un peu abusif. » Aurait-elle pu pour autant demander à mon père d'interdire de séjour telle ou telle personne parce qu'il lui déplaisait de la recevoir ? On la voyait aussi renvoyer chez elle la visiteuse arrivant à l'Elysée avec un décolleté d'entraîneuse de boîte de nuit. Qu'elle ait jeté un regard critique devant pareil cas, c'est très vraisemblable, mais c'est tout. A entendre la presse satirique, l'Elysée, avec mon père, c'était l'Inquisition. Tout ça, ce sont des ratiocinations pour feuilles de chou. Mon père a des préjugés de petit-bourgeois et ma mère est une bigote pudibonde ! Faute de savoir, on invente ou on caricature. Cela me fait penser aux menus de l'Elysée que la presse trouvait trop royaux ou pas assez. En fait, il arrivait qu'un journal modifiât la composition du menu qui était communiquée chaque fois aux médias. Il y ajoutait tel ou tel hors-d'œuvre ou mets dispendieux, cela pour démontrer que mon père ne lésinait pas sur les dépenses quand il s'agissait de se remplir l'estomac. Découvrant un jour ces suppléments fantaisistes dans sa revue de presse, il lança à ma mère : « Quand je vous soupçonnais de ne pas vouloir me faire passer tous les plats à table ! »

— Quand votre père a quitté l'Elysée, après le référendum perdu de 1969, votre mère était-elle aussi heureuse qu'on l'a rapporté ?

— Heureuse, non, mais soulagée. Disons qu'elle l'a quitté sans regret. Mais elle l'eût mieux quitté si mon père avait décidé de partir après le premier septennat car, à ce moment-là, il l'aurait fait sans subir un échec. Parce que, je n'ai pas besoin de vous le rappeler, elle vivait à travers mon père. En conséquence, tout ce qu'il ressentait se répercutait en elle. Et ce jour-là, mon père était triste. Elle ne pouvait donc pas être heureuse.

— La petite histoire raconte qu'ils ont tout laissé derrière eux, comme s'ils allaient revenir...

— C'est presque vrai. Oh ! ils ont bien emporté quelques affaires, mais quoi, au juste ? Pour ma mère, quelques robes, car il fallait bien qu'elle s'habille de temps en temps pour les réceptions officielles et les voyages à l'étranger. Elle disait que si cela n'avait tenu qu'à elle, elle aurait bien sorti la même toilette quatre jours de suite. C'étaient cependant toujours les mêmes robes qui tournaient. On sait qu'elle avait Jacques Heim pour couturier. Avant guerre, quand on devait se faire faire une robe habillée, dans la famille, on allait toujours chez lui. Elle a repris cette habitude après la Libération, d'autant que, contrairement à d'autres, il n'avait pas habillé les compagnes des Allemands et la faune qui tournait autour. C'était un détail qui plaisait chez nous. De plus, remarquait-elle, « il est capable de travailler une fourrure ou de la reprendre aussi bien qu'une robe du soir ou un tailleur ». Elle a donc emporté les robes auxquelles elle s'était attachée et des affaires personnelles. Mon père, ses costumes et ses uniformes, et les livres qui étaient sur sa tablette, dans la bibliothèque, et dans son bureau. Je ne suis même pas sûr que ma mère n'ait pas laissé derrière elle certaines de ses robes du soir et des smokings de mon père. Parce que, vous savez, tout s'est passé très vite. A Colombey, à 0 h 20, je crois, constatant les résultats définitifs du référendum, mon père a publié un communiqué où il annonçait qu'il quittait ses fonctions et que cette décision prenait effet « aujourd'hui à midi ». Après, c'était fini. Il n'est jamais retourné à l'Elysée. Ma mère non plus.

— Jamais plus ?

— Jamais plus. Ce qui fait que beaucoup de choses sont restées derrière eux. Notamment des objets personnels et des cadeaux qu'ils avaient reçus des uns et des autres. Ils ne s'en sont pas préoccupés. Et l'on doit à Jacques Foccart d'avoir pensé aux archives et aux papiers de toutes sortes. Avec des militants gaullistes, il s'est chargé de vider les bureaux pendant la nuit, et vers 8 heures du matin, tout était enlevé et les pièces nettoyées, balayées. Dans la matinée, Xavier de Beaulaincourt, chargé du secrétariat particulier, a déménagé les archives personnelles, avant midi, donc, puisque c'était l'heure fixée par mon père. Ce jour-là, une camionnette militaire chargée par de braves types d'affaires appartenant au Général a tourné en rond dans Paris sans savoir où les déposer. Ils ont fini par me téléphoner à Brest où j'étais en service : « Alors, qu'est-ce qu'on fait de tout ça ? » Il y avait notamment trois cents livres pour la plupart dédicacés, des tas de photos et des papiers divers. Je leur ai demandé de les déposer au 5, rue de Solferino, dans le bureau de mon père.

— Arrivait-il parfois à votre père de parler de son séjour élyséen ?

— Jamais. Sauf peut-être d'un mot ironique lorsque, regardant la télévision, mes parents voyaient, d'un œil curieux et critique sinon amusé, des gens évoluer dans leur ancienne résidence du faubourg Saint-Honoré que l'un comme l'autre n'avaient pas, je le répète, de regret d'avoir quittée, si ce n'est qu'ils auraient préféré que ce fût d'une autre manière. Je suis sûr en tout cas que toute la fierté que ma mère a dû quand même éprouver de temps en temps de se voir avec l'homme qu'elle aimait le plus au monde sous le plus prestigieux toit de France ne valait pas le bonheur de se retrouver seule avec lui, après coup, sans devoir le partager avec d'autres, au coin du feu de leur chère maison.

3

LA POLITIQUE ET LES POLITICIENS

« L'essentiel, voyez-vous, en politique, est de ne jamais transiger sur nos certitudes. »

Discours et Messages.

Il est une question que l'on se pose souvent quand on analyse l'homme politique. Pourquoi a-t-il pu fasciner des hommes de gauche alors qu'il paraissait *a priori* loin des républicains de stricte obédience et de ceux que l'on appelle les progressistes ?

— Il répondait que pour les hommes de gauche, il ne correspondait pas à l'idée préconçue qu'ils se faisaient de lui. « Ils me classent comme un homme de droite alors que je ne suis l'homme de personne. Ils sont donc très étonnés et en même temps contrariés de me voir marcher sur leurs plates-bandes. Comment, se demandent-ils, un aristocrate comme moi, faussement réputé maurrassien par-dessus le marché, peut-il en arriver là ? Numéroté comme je le suis dans leur esprit, je n'ai pas le droit de quitter mon rang. Je dois demeurer à la place qu'ils m'ont fixée. » Mais il pensait qu'il y avait une explication plus profonde. Celle-ci : « Les hommes de gauche ont rarement un grand projet. Ils font de la démagogie et se servent des mouvements d'opinion du moment. Quand ils sont bons – ou pas trop mauvais, corrigeait-il, parce qu'ils ne sont jamais bons – c'est parce qu'ils perçoivent jusqu'où leur démagogie peut aller. Ils se considèrent alors comme des hommes d'Etat. » Tandis que lui faisait l'inverse. Quand il s'adressait aux Français, il leur parlait toujours de grandes choses, d'ambitions nationales, de leurs qualités. Il leur faisait des compliments sur ce qu'ils étaient capables de faire. Il ne leur tenait pas un discours sur la Sécurité sociale, bien qu'il s'en occupât tous les jours. Il expliquait : « Si je leur tiens ce langage, ils ne voleront pas haut. Ils ne vont me parler que de cela. Ils n'auront aucune ambition. Et par conséquent, ils ne feront aucun progrès. » Il disait des progressistes : « Ce sont ceux qui courent après le lièvre des courses de lévriers : ils n'arrivent jamais nulle part. Aussi sont-ils d'éternels insatisfaits et des utopistes. Et s'ils sont parfois très intelligents, il leur manque un ingrédient indispensable pour s'occuper des choses publiques : le sens des réalités. » Quand on pense que c'est le Général qui a créé la Sécurité sociale alors que la gauche et tous les syndicats étaient contre et qu'ils ne cessent, depuis, en général, de s'en approprier la création ! « C'est quelque chose d'inadmissible pour un syndicat qu'un avantage soit accordé ou donné, regrettait-il. Il faut qu'un avantage soit arraché sinon il perd sa raison d'être. »

— On lui a fait dire un jour : « La droite ignore ce qu'est la nécessité de la générosité et la gauche se refuse à la nécessité de la puissance. » Vous pensez que cette formule est de lui ?

— C'est très vraisemblable. Je l'ai souvent entendu déplorer le manque de générosité des possédants. Et ma mère n'était pas la dernière à fustiger l'égoïsme de certains nantis de sa connaissance. « Ils ont une pierre à la place du cœur », s'insurgeait-elle. S'il y avait des patrons sociaux – comme on dirait à l'usine – c'étaient bien mes parents. Leur petit personnel a pu en témoigner après leur mort. Mais mon père regrettait aussi l'outrance dans le social des gens de gauche. Je me souviens de l'image maritime qu'il utilisa un jour à ce propos, en octobre 1961, alors que je venais d'être nommé capitaine de frégate : « Si la frégate n'appareille pas, tu le sais, l'équipage ne vaut rien, il reste à quai et il se dissout en se morfondant. A gauche, on croit que la frégate appareille pour l'équipage, alors que c'est l'inverse. » Il voulait toujours que les gens fassent des progrès. « Il faut tirer le bas vers le haut, répétait-il, alors que la gauche tire le haut vers le bas par égalitarisme. C'est comme cela que l'on finit dans l'abîme, comme en 1940. » Il s'exclamait encore : « Quand admettra-t-on que la prospérité ne se sépare pas de la grandeur ? Lorsqu'on refuse la puissance, on retourne en arrière. » Combien de fois, enfant, j'ai entendu cette leçon : « Méfie-toi des démagogues. Il y en a plein les rues. Ceux-là te mèneront toujours vers l'impasse. Suis les grands, ils te conduiront au sommet. C'est à partir des puissants que l'on fait des progrès. On fait des progrès avec Charlemagne, avec Louis XIV ou avec Napoléon. On ne fait pas de progrès avec Marat, avec la Fronde, avec les écorcheurs ou les jacqueries, au contraire. »

— Que disait-il des socialistes ?

— Qu'ils étaient d'éternels utopistes, des déphasés et des « apatrides mentaux ». C'étaient ses mots. « Selon eux, expliquait-il, les hommes sont irresponsables. C'est la société qui est coupable. Ils pensent que tous se valent, les incompétents et les compétents, les paresseux et ceux qui se donnent du mal, les veules et les courageux. » Il faisait cet autre commentaire à leur propos : « Depuis que les socialistes existent, on ne les a jamais vus dépenser efficacement des crédits. Ils en gaspillent toujours la plus grande partie par démagogie congénitale et finalement sans bénéfice réel pour personne. D'autres encouragent la sagesse populaire mais la plupart d'entre eux excitent la bêtise de cette "partie du peuple qui ne raisonne pas", selon les mots de Robespierre. » Je l'ai entendu dire aussi : « Ce sont des Kerenski incapables de sortir de leur idéologie prolétarienne et égalitaire qui, lorsqu'elle réussit à prendre le pouvoir, le donne à une très petite oligarchie jusqu'au moment où un dictateur la balaie. Dans le cas contraire, elle se traîne dans la démagogie et le noyautage, fige l'administration après l'avoir noyée dans le corporatisme et l'alourdit jusqu'à l'inefficacité. »

— Il a eu des mots durs pour Léon Blum, l'ancien chef du Front populaire. Ce dernier a pourtant été de ceux qui ont appuyé la France Libre pendant la guerre en adressant, de la prison où Vichy l'avait jeté, une lettre à Roosevelt en sa faveur...

— Il faut remonter l'Histoire. Léon Blum est en 1934 l'opposant le plus virulent à mon père qui préconise à cette époque la création d'un corps de manœuvre indépendant doté de chars de combat soutenus par une infanterie et une artillerie mobiles et appuyés par l'aviation. La sortie de *Vers l'armée de métier* va déchaîner cet utopiste pour qui les hommes sont tous frères et veulent la paix. Le Général connaissait par cœur ses écrits inconsidérés dans l'organe de son parti, *le Populaire* : « Non à cette conception napoléonienne ! écrivait-il entre autres. L'armée de métier sera celle du pronunciamiento. Le tout réduisant à néant toute possibilité de désarmement général ! » Et encore : « Comment me déclarer pacifiste en laissant fabriquer des armes offensives ? » A la Libération, délivré de la captivité, Léon Blum repartira dans ses utopies démagogiques en désespérant encore une fois mon père. Se référant à la Convention de 1793, il suggère que l'on instaure une Assemblée parlementaire unique et omnipotente. Dès lors, il fera ouvertement ou insidieusement campagne contre le « pouvoir personnel » de De Gaulle. Il représentait pour mon père le socialiste type. Après sa mort, en mars 1950, je suis en permission à Colombey avec ma petite famille, depuis la presqu'île de Crozon où est installée la nouvelle Ecole navale. Mon père vient de fermer le poste de radio qui a diffusé la nécrologie de Blum. Il me parle du disparu comme s'il vivait encore : « Léon Blum, c'est toujours : "Je suis déçu... Je suis profondément troublé... C'est avec une désolation confondue que... Je déplore de ne pas pouvoir... Je ne saurais dire... Je suis navré de n'avoir pas mieux compris..." » Il considère qu'il a été un homme courageux et apte à tout... sauf à diriger un gouvernement. « J'estime, me précise-t-il, qu'il porte une grande responsabilité dans notre défaite de 1940. Il a laissé croire au peuple français qu'il pouvait se contenter d'attendre à l'abri derrière la ligne Maginot sans avoir à combattre vraiment. De cette manière, il a permis à Hitler de penser qu'il avait toute possibilité d'agir sans risque. Les porteurs des pancartes "Non aux fauteurs de guerre !" ont été en réalité ces fauteurs-là. Quant à la République d'après guerre, Blum a une responsabilité capitale dans ce raté qu'est la IVe. »

— Il n'avait pas meilleure opinion de François Mitterrand. Il le connaissait bien ?

— Il avait fait sa connaissance en décembre 1943 à Alger. C'était alors un jeune homme de vingt-sept ans. Conscient de l'importance que mon père avait prise aux yeux de tous les Français en tant que chef du Comité français de la libération nationale (CFLN), il lui avait fait parvenir plusieurs documents analysant la résistance intérieure en affirmant qu'il en faisait partie après s'être évadé d'Allemagne et en prenant soin de faire référence à mon cousin germain Michel Cailliau, un des fils de ma tante Marie-Agnès, qu'il avait connu dans un stalag. On se souvient qu'évadé lui-même de ce camp de prisonniers, Michel aidait les fugitifs comme lui vivant dans la clandestinité en leur procurant notamment de faux papiers. Rien à voir donc avec le reclassement des prisonniers rapatriés officiellement dont s'est occupé Mitterrand pendant un temps à Vichy, après avoir été employé à la Légion des combattants où il rédigeait des fiches sur les « antinationaux » communistes et gaullistes. On sait qu'il a faussé compagnie au Maréchal en novembre 1943 après avoir été décoré par lui de la francisque pour services signalés. Autant de choses qu'il cachait également. A Alger, mon père a jugé bons les rapports qu'il lui soumettait. « Ils corroboraient ce que je savais déjà par ailleurs de la Résistance française, se rappelait-il, alors que souvent on me fournissait des renseignements utopiques ou inventés de toutes pièces. Alors, je me suis dit : “Ce type-là a peut-être de l'avenir. Voyons un peu ce qu'il a dans le ventre.” » Mais au fur et à mesure de l'entretien, la perplexité de mon père se mit à grandir. Il le trouvait, en fin de compte, sinon habile du moins difficile à saisir et même un peu outrecuidant. Qu'y avait-il de sincère chez ce jeune interlocuteur ? « Une anguille, se souvenait-il. Il me glissait entre les doigts. » Renseigné par Passy (pseudonyme d'André Dewavrin, chef du 2e bureau des FFL) sur le côté « très multiple » du personnage – il aurait offert ses services à Giraud, aux Anglais et aux Américains avant de s'adresser à lui –, le Général lui conseilla, puisqu'il était sergent-chef, d'entrer à l'école des officiers de réserve de Cherchell afin de rejoindre l'armée comme sous-lieutenant. Ce qui lui a fait raconter après la guerre que de Gaulle avait voulu l'envoyer à la mort plutôt que de lui confier un poste digne de ses compétences !

— Peut-on situer ici l'origine de sa haine pour lui ?
— Elle a dû probablement commencer à cette occasion. Elle

se confirma très vite. D'après ce que l'on croit savoir, Mitterrand a rallié la Résistance dès la fin de 1943, sous le pseudonyme de Paul Morland, et a fait un bref séjour en Angleterre, au début de 1944, pendant lequel ses activités sont demeurées assez imprécises. Il se raccroche de nouveau à mon père dès la Libération, grâce encore une fois à Michel Cailliau. C'est ainsi qu'on le retrouve, peu après, secrétaire général par intérim du secrétariat d'Etat des Prisonniers, Déportés et Réfugiés tenu par le grand résistant Henri Frenay, fondateur du réseau Combat. Il n'a donc jamais été ministre du général de Gaulle, comme on l'a prétendu, ni même secrétaire d'Etat. Il ne restera pas longtemps à son poste. Un beau matin, mon père apprend avec fureur qu'il a pris la tête, dans la rue, d'une manifestation d'anciens prisonniers et déportés soi-disant mal accueillis en France. Il convoque immédiatement ce haut fonctionnaire et ses adjoints dans son cabinet, rue Saint-Dominique, et lui reproche d'exciter contre son propre ministère les gens dont il est lui-même chargé. Il est particulièrement facile de susciter le mécontentement de malheureux anciens prisonniers ou déportés qui sont, à leur retour de captivité, des insatisfaits par définition. Quelques minutes plus tard, on a pu voir François Mitterrand dans un bureau attenant, s'appliquer à rédiger un texte qui lui a été littéralement dicté par le Général, faute de quoi il aurait été arrêté dans l'heure qui suivait... J'entends encore mon père me parler de lui aux environs de Pâques 1970, alors que nous discutions des papiers qu'il me faudrait porter aux Archives nationales : « Je le trouvais insaisissable, cynique, mais aussi astucieux et séducteur. Ce qui m'a surtout frappé, c'est son manque de sincérité et le mépris qu'il avait de ses interlocuteurs. Il ne croyait à rien qu'en lui-même, et n'avait d'ambition que pour lui-même. »

— Qu'est-ce que le Général a pensé de cette rocambolesque tentative d'attentat de l'Observatoire dont il disait avoir été l'objet en octobre 1959 ?

— Que voulez-vous qu'il en pense ? Dès le début, il se demandait si cette affaire n'avait pas été montée de toutes pièces par « monsieur Mitterrand » lui-même. (Mon père l'appelait toujours ainsi avec une pointe d'ironie.) Il expliquait :

« Sa cote était au plus bas depuis mon retour au pouvoir contre lequel il avait voté, Dieu sait avec quelle véhémence, et il avait besoin de redorer un peu son blason. Alors, il a inventé ce stratagème ou on l'a piégé. » Quand l'enquête a confirmé ses soupçons, il a ajouté avec le sourire de celui qui salue l'adresse d'un prestidigitateur : « C'est bien digne de lui. Il a tout pour être un excellent comédien. Il a la voix, le jeu, les mimiques. Je pense sincèrement qu'il aurait fait une très belle carrière au théâtre et au cinéma, peut-être même internationale, et aurait de cette façon bien servi son pays. Je l'aurais sûrement beaucoup applaudi. » Par la suite, on l'a vu, la levée de l'immunité parlementaire de Mitterrand, qui était sénateur, est largement votée par le Sénat. « Mitterrand nous a trompés une fois de plus », dira-t-on alors. Ensuite, il est inculpé. Mais sur instruction de mon père, plus généreux que cet adversaire haineux, le garde des Sceaux ne donne pas de suite judiciaire à l'affaire. Je pensais que l'on en avait terminé avec lui. Nous étions à Colombey. Je m'en ouvris à mon père. « Détrompe-toi, s'exclama-t-il avec un rire moqueur qui fit se retourner ma mère [elle était occupée à broder son chiffre sur des chemises], il en faut davantage à un homme comme lui pour couler. »

— Et la droite, pour votre père ?

— En 1947, me parlant d'elle, il a fait ce commentaire (et je pense qu'il n'en aurait pas changé un mot aujourd'hui) : « A droite, nous trouvons les petites, moyennes et grandes entreprises, les catholiques et nationalistes traditionnels, les patrons du commerce et de l'industrie, les cultivateurs. Tous ces gens disent : “Pas de pagaille, il y va de l'intérêt de tous et de notre pays. Enrichissons-nous par le travail et l'épargne.” Mais nous trouvons également la grande masse de la population dont les préoccupations s'élèvent rarement au-delà de l'immédiat. Attentiste, elle peut très bien virer à gauche selon l'humeur ou l'impression du moment, et du même coup, faire chavirer le charroi dans le fossé. » C'est pourquoi il avait peu d'estime pour les centristes qui « penchent d'un côté ou de l'autre suivant leur seul intérêt et s'en remettent souvent à l'étranger pour régler les affaires nationales qui au demeurant ne les préoccupent guère ». C'était le cas de Jean Lecanuet, maire de Rouen. Il l'avait empêché d'être élu dès le premier tour lors des élections présidentielles déterminant son second septennat, en décembre 1965. N'ayant aucun véritable programme à lui opposer, il avait surenchéri sur l'Europe, sujet facile et indéfini, entité à l'époque encore très nébuleuse. Mon père n'appréciait pas Lecanuet. Il le jugeait trop politicien. Après le premier tour de ces élections où il a été mis en ballottage avec 43,8 % des voix, il m'expose, en week-end à Colombey, au cours d'une promenade en forêt dont la vivacité de l'allure m'indique son irritation : « Une partie de l'électorat de Lecanuet ressemble à ces Français qui, pendant la guerre, pensaient que seuls les autres étaient capables de prendre en main les problèmes de la France. Il en est ainsi depuis Fachoda. C'est la Grande-Bretagne qui a conduit notre politique étrangère jusqu'en 1919. A ce moment-là, les Etats-Unis ont pris le relais et nous les avons suivis avant qu'ils ne s'isolent de nouveau et que les Anglais reprennent la suite jusqu'à la Deuxième Guerre mondiale. Pendant l'Occupation, beaucoup de gens de bonne foi se sont résignés à ce que les Allemands règlent leur sort. Ensuite, les mêmes se sont rués vers les Américains pour soutenir leur économie, leur demander d'ouvrir leur parapluie atomique et de diriger leur existence. Il est vrai que d'autres étaient prêts à se placer sous la tutelle des Soviets. Aujourd'hui, les mêmes encore s'en remettent à l'Europe en croyant qu'elle va pouvoir faire ce que nous ne pouvons et ne voulons pas faire. M. Lecanuet ferait nager Kitchener[1] dans le bonheur. » Sur le dernier carnet de notes et de citations de mon père, on relève, concernant les partis politiques, ces mots griffonnés dont je respecte la présentation :

« Socialistes : Parti du lâche soulagement.
Modérés : Concours à acheter. Trahisons à vendre.
Radicaux : Places ! Places ! (« Places » au pluriel naturellement !)
Mouvement républicain populaire : Enfants de chœur qui ont bu les burettes. »

1. Chef de l'expédition britannique en 1898, Lord Horatio Kitchener somma les Français d'évacuer Fachoda et fit reconnaître, l'année suivante, l'autorité anglaise sur la totalité du bassin du Nil.

— Et Valéry Giscard d'Estaing qui lui reprochera son « exercice solitaire du pouvoir » ?

— Je l'ai entendu proférer un jour à son sujet, en s'accompagnant d'un gloussement assez gouailleur et de ce curieux battement de coude au ras de la table qui était un signe de satisfaction : « Le problème de Giscard, c'est le peuple. » Je sais que l'on a douté de l'authenticité de cette boutade. Je la certifie ici. Mon père pensait qu'il ne réussissait jamais à avoir de vrais rapports avec les plus modestes et que cela le desservait toujours. Une autre fois, après avoir assisté avec moi à une des prestations de Giscard à la télévision, il a observé : « Il dépasse tout le monde de cent coudées, mais il le fait trop voir. Quand on a une pareille envergure, il faut toujours donner aux autres l'illusion qu'ils sont au moins aussi intelligents que vous. » Il avait constaté en Grande-Bretagne que les parlementaires et les ministres étaient souvent volontairement hésitants dans leurs paroles. C'était ce que l'on appelait « le ton d'Oxford ». Il leur était recommandé de ne jamais donner l'impression d'en remontrer. Mon père répétait de son côté : « Gardez-vous de jamais paraître le plus intelligent. » Cela étant, il savait gré à Giscard de l'avoir aidé à remettre les finances à flot en dix-huit mois après son retour au pouvoir en 1958. « En réalité, soulignait-il, ce n'était pas le bon monsieur Pinay qui travaillait le plus, mais son secrétaire d'Etat, Valéry Giscard d'Estaing. Pinay venait au Conseil des ministres avec son chapeau, poussait des grognements quand je l'interrogeais, puis remettait son chapeau et s'en allait en poussant des grognements. Et Giscard d'Estaing faisait tout le boulot derrière lui. Je n'ai jamais eu meilleur grand argentier que lui. »

— Est-il vrai que le Général s'est comparé un jour à Napoléon « trahi par des maréchaux félons qu'il avait engraissés » quand Giscard a fait voter contre lui au référendum de 1969 ?

— Allons donc ! Encore un bon mot apocryphe. Mon père, croyez-moi, n'allait jamais chercher l'Empereur ni tout autre grand personnage historique pour se comparer à eux. Mais on l'a fait pour lui, et combien de fois ! Jusqu'à Roosevelt qui fit courir le bruit en 1943 qu'il l'avait entendu se prendre pour Jeanne d'Arc. Il n'empêche qu'il a été très amer quand il a vu la frénésie de Giscard pour le pousser dehors, lui l'homme qui, comme l'a avoué VGE lui-même, lui avait « tout appris. » Peu de temps avant sa mort, sans rancune, il est revenu sur cette défaite avec cette observation, songeur, le regard fixe, en mordillant son ongle de pouce, ce qu'il faisait souvent quand il approfondissait sa réflexion : « Giscard ne pense qu'à l'Elysée. Il y arrivera. Pas trop tôt, je l'espère pour lui. Il a ce qu'il faut pour cela. Je le sais depuis dix ans. C'est inscrit sur son grand front. »

— S'il y avait un homme politique qu'il aimait bien, n'était-ce pas son ancien Premier ministre, Michel Debré ?

— Il le trouvait loyal et ferme dans ses convictions. Il savait qu'il pouvait compter sur lui. Il avait du caractère, mais quelquefois un peu trop. Il le disait « susceptible comme un professeur en conférence ». Il remarquait aussi que son intelligence vive manquait parfois un peu d'ouverture. Qu'il y avait des choses qu'il refusait de voir et que son principal défaut était de ne pas être un orateur. « Il parle en martelant les vérités qu'il veut inculquer, comme s'il faisait un cours. Le ton n'est pas oratoire, le cœur semble ne pas suivre alors qu'il en a beaucoup. » Mon père l'a souvent ménagé. Je crois que la seule fois où je l'ai vu pester contre lui – cela va peut-être vous étonner –, c'est quand la Constitution de la Ve République a paru selon les directives qu'il lui avait données, et qu'il a vu le texte de son préambule. Il était furieux contre lui car le préambule qu'il avait prévu lui-même était extrêmement bref. Il stipulait en substance : « Le peuple français proclame son attachement aux droits de l'homme et du citoyen, et aux principes de la souveraineté nationale. » Point final. Aussi, quand il a vu ce texte qui faisait référence aux Constitutions antérieures de 1946, 1848, 1791 ou 1793, il est entré dans une colère noire. Ma mère et moi l'avons entendu vitupérer contre Debré avec une telle brutalité que Charlotte, qui balayait dans l'entrée, est apparue, saisie d'inquiétude. « Il s'est laissé avoir par les juristes qui grenouillent autour de lui, tempêtait-il. Article 1er : la Constitution garantit l'égalité devant la loi à tous les citoyens. Je dis bien "tous les citoyens", pas les autres. Pour les autres, c'est aux citoyens d'en juger. La Constitution garantit l'égalité devant leur loi aux seuls citoyens. Alors maintenant, à partir de ce préambule, ils vont tous bêtifier sur *les droits de l'hommisme*. S'il n'y a pas les droits du citoyen, il n'y a plus de droits de l'homme. Il n'y a plus que les droits de l'*hommisme*, de l'internationalisme, du cosmopolitisme et de l'*apatridisme* ! » Les droits de l'*hommisme*... Et l'on a parfois ironisé en prétendant que mon père n'était pas en avance sur son temps et en le traitant de diplodocus ! Quelques minutes après ce coup de sang, comme s'il voulait s'excuser de l'avoir laissé échapper, il prit un ton presque paternel pour nous reparler de Michel Debré. « C'est le meilleur de tous, murmura-t-il, apaisé, je l'aime bien. » Ma mère qui l'aimait bien aussi l'approuva alors d'un sourire.

4

UN ÊTRE DÉSINTÉRESSÉ

« Pour le manuscrit de *la Condition humaine*, il faut dire à M. André Malraux ce que j'ai entendu qu'il soit fait [1]. »

Lettres, Notes et Carnets. 27 juin 1969.

Le Général passait pour un homme complètement désintéressé des biens de ce monde. Que ce soit à l'Elysée ou à Colombey, il fuyait l'opulence. Même ses pires adversaires répétaient avec les autres : « Au moins, lui, il est honnête. Pas de danger qu'il mélange sa caisse personnelle avec celle de l'Etat. » Que représentait l'argent pour lui ?

— Chez nous, on ne parlait jamais d'argent. Ce mot était tabou dans notre milieu, tant du côté de ma mère que de celui de mon père. Un jour, j'ai osé demander à table : « Combien papa gagne-t-il ? » Je devais avoir huit ou dix ans. On m'a immédiatement rétorqué : « On ne parle pas d'argent à table, et de toute façon, les enfants n'ont rien à en dire car, n'en gagnant pas, ça ne les regarde pas. » L'argent de poche, nous n'en avions jamais. Plus grand, à Stanislas, en préparation de Navale, je recevais de ma mère la somme de cinquante francs par mois pour payer les tickets de métro, les timbres-poste, les crayons

1. Malraux lui ayant fait don de ce manuscrit, il a demandé qu'il soit remis aussitôt à la Bibliothèque nationale.

et une place de cinéma de quartier à deux francs cinquante deux fois par mois. Les dépenses courantes et la gestion du budget du ménage, c'était l'affaire des femmes ou, comme le précisait mon père, « le privilège des femmes ». Il aurait trouvé de très mauvais goût d'avoir à s'en mêler. S'il n'avait jamais d'argent sur lui, il avait en revanche un chéquier de la Banque de France. Cette habitude datait d'avant guerre. On l'avait alors obligé à disposer d'un compte bancaire pour le versement de sa solde et de ses délégations à sa famille. Elles arrivaient à la succursale de son quartier, celui de la Croix-Rouge, puisqu'il habitait boulevard Raspail. C'est pourquoi il est toujours resté fidèle à cet établissement. Posséder de l'argent et des biens matériels lui était en réalité complètement indifférent. Il ne voulait pas en être tributaire. En fait, il ne possédait que son esprit. Augmenter son capital n'a jamais été son objectif. Très prudent, il n'aurait jamais joué quelque argent à la Bourse, même s'il en avait eu les moyens. Il admettait le placement, mais désapprouvait la spéculation. Il plaignait beaucoup les milliardaires du genre d'Onassis d'être, jour et nuit, accrochés à leur magot. Ce qui ne veut pas dire qu'il méprisait les gens à cause de leur fortune. Non. Il pensait, au contraire, qu'être riche réclamait beaucoup de qualités que lui peut-être n'avait pas, alors que la pauvreté n'en exigeait aucune. La richesse lui était donc égale. Le seul avantage qu'il lui attribuait, c'était « de pouvoir changer de chemise et de sortir de la foule ».

— Son désintérêt pour l'argent a dû lui jouer des tours. Vous n'en avez jamais été inquiet vous-même ?

— Je me suis en effet inquiété plusieurs fois de la situation financière de mes parents, car ils ne semblaient pas eux-mêmes s'en soucier autant qu'il aurait fallu. Mais je me gardais bien de poser des questions, car on ne l'aurait pas admis. C'est ainsi qu'en janvier 1946, alors que mon père venait de quitter le pouvoir, il s'est retrouvé sans revenu, sans retraite et sans indemnités pour La Boisserie qui était à restaurer. Sans doute avait-il fait quelques économies en Grande-Bretagne ou en Afrique sur l'allocation accordée par la France Libre, puisqu'il ne dépensait pas grand-chose, mais elles ne devaient pas être très importantes.

— Il possédait pourtant des biens propres ?

— Oui, mais ils avaient presque tous disparu pendant la guerre ou avaient été saisis, ou bien ne rapportaient aucun dividende. Ses fermages étaient au plus bas et il se refusait à les faire réévaluer. Il s'exclamait : « Tu ne me vois quand même pas en train de réclamer cette augmentation à mes fermiers ! » Il s'agissait de deux propriétés. Celle de Coulogne, aux environs de Calais, comportant une quinzaine d'hectares et appartenant à ma mère, et celle de Hallennes-lez-Haubourdin, aux environs de Lille, de douze ou treize hectares, héritée de ma grand-mère paternelle. Et puis, son seul logis, La Boisserie, était vide, ravagé, partiellement incendié. Avec quoi allait-il pouvoir la restaurer ? On a raconté que l'assurance couvrant cette maison, qui avait été saisie sur ordre de Vichy, avait été réglée pendant toute l'Occupation. Par qui, mon Dieu ? C'est une légende. Comme je l'ai déjà rapporté, à la Libération, la compagnie d'assurances lui a notifié l'annulation de son contrat faute de versement des primes depuis 1941. Il aurait pu certainement toucher des dommages de guerre, mais il s'est refusé à réclamer quoi que ce soit. Je n'ai pas eu connaissance qu'il ait constitué un seul dossier. Une fois réglés ces arriérés de prime d'assurance, il n'a plus voulu entendre parler du passé. Haussant les épaules, il s'est contenté de dire à ma mère : « Plaie d'argent n'est pas mortelle. » Tout de suite après son retrait du gouvernement, en 1946, en attendant que La Boisserie puisse redevenir habitable, il s'est installé, on s'en souvient, à Marly-le-Roi, dans un pavillon appartenant à l'Etat. Eh bien ! Plus tard, quand je suis rentré des Etats-Unis, après mon stage dans l'aéronavale, j'ai été très étonné de retrouver dans ses papiers une facture de quinze mille francs de l'époque pour un trimestre payé aux Domaines en règlement de la location de cette résidence. Car il se faisait un point d'honneur de tout régler sur sa cassette, de n'avoir jamais aucune dette à l'égard de l'Etat et des Français. Il répétait souvent : « Je ne veux rien leur devoir, pas même une retraite ou une pension. » Je n'étais pas le seul à m'inquiéter de cette situation. En 1946, fidèle entre tous, Edmond Michelet, qui était alors ministre des Armées sous la IVe République et redevint ministre à plusieurs reprises sous la Ve, s'est demandé publiquement : « De quoi le Général va-t-il vivre ? Il n'a pas d'argent. » Alors, il a fait en sorte que le Service des pensions de l'armée adresse à mon père un formulaire de reconstitution de carrière qui l'aurait fait passer automatiquement de son grade de général à titre temporaire de 1940 à celui de général d'armée, ce qui lui aurait permis de toucher les arriérés de solde correspondants et une pension. Le Général n'a même pas répondu. Michelet a voulu aussi lui faire « un train de maréchal », c'est-à-dire mettre à sa disposition la maison militaire du maréchal Pétain ou celle que l'on avait laissée au général Maxime Weygand. Cet arrangement lui aurait permis de vivre sur un pied confortable sans souci du lendemain. Il a refusé. Après coup, hochant la tête en signe de mépris, il m'a lancé : « Comment peut-on m'imaginer dans les bottes de ces gens-là et mangeant dans leur assiette ? »

— Cette attitude à l'égard des finances familiales, votre mère ne la regrettait pas un peu ?

— Elle n'avait pas son mot à dire. De toute façon, en quoi a-t-elle jamais été en désaccord avec lui ? L'avons-nous une seule fois entendue s'opposer à lui autrement que par une réflexion bénigne ou un regard ? Elle entérinait toutes ses décisions sans discussion.

— Devant vous. Mais une fois leur porte refermée ?

— Elle avait son jugement et son bon sens, et savait défendre ses convictions. Mais je ne pense pas qu'ils se soient adressé dans la vie beaucoup de paroles dissonantes. Je l'ai déjà raconté : quand il donnait l'ordre de lever l'ancre, on levait l'ancre, même si la mer était mauvaise ou le temps bouché. Son indifférence à l'argent, ma mère s'y est faite dès le lendemain de son mariage.

— Les de Gaulle et les Vendroux n'avaient pas de fortune ?

— Il y avait des fortunes de famille, mais au lendemain de la Première Guerre, qui en bénéficiait encore en France ? Tout était à reconstruire, à vendre et à solder. Et puis, la vie était dure pour les familles d'officiers. Décidé à faire fondre les effectifs de l'armée pour des raisons économiques, l'Etat avait abaissé le montant des soldes le plus possible. D'ailleurs, rares étaient ceux qui voulaient encore entendre parler de carrière militaire. Mon père connaissait des camarades de l'Ecole de guerre qui, la nuit, allaient laver des voitures dans des garages pour arrondir leurs fins de mois. La vie de l'officier d'avant guerre était petitement bourgeoise pour ne pas dire pauvrement. Ce n'est que lorsque mon père a été muté de nouveau à l'armée du Rhin, à Trèves, en 1927, au 19e bataillon de chasseurs, qu'il a pu, avec un emprunt familial, acheter sa première voiture, une Citroën B14. Mais quand il est rentré en France, deux ans après, il l'a vendue à un parent car elle pesait trop lourdement dans son budget. Je l'ai regrettée. J'aimais bien cette auto. Ma mère pareillement. Nous faisions de belles promenades grâce à elle dans la campagne allemande et au bord du Rhin. Je suis sûr qu'il a eu lui-même quelque mal à s'en séparer. Mais il y était obligé. Avec une moue de dédain, il m'a expliqué : « Et puis, ça m'ennuyait d'avoir à m'en occuper. Le niveau d'eau, l'huile des freins, la pression des pneus, tout ça, très peu pour moi. Ces questions matérielles m'ennuient profondément. » Boulevard Raspail, l'appartement que mes parents ont habité après leur séjour au Levant était vétuste et sans chauffage central. Ils ont donc dû faire installer chaudière et radiateurs à leurs frais. J'ai entendu ma mère préciser en soupirant : « Cette somme est une avance sur loyer, mais tout de même, il faut la payer. » En attendant la fin des travaux, on s'est chauffé comme on le pouvait, en s'emmitouflant dans des couvertures. Ma mère craignait beaucoup qu'Anne, notre petite sœur infirme, attrape un refroidissement. Dans son cas, cela aurait pu être fatal. Certes, mon père avait bénéficié d'une double solde pendant son séjour au Liban, mais la présence permanente d'une personne venue de France auprès d'Anne avait empêché la moindre économie.

— Dans ces conditions, comment a-t-il pu acheter la propriété familiale de Colombey-les-Deux-Eglises ?

— Cela n'a pas été facile. Il faut savoir qu'une période dépressive était survenue en 1931 ou 1932, causée par la crise de Wall Street de 1929 qui s'était répercutée en France. Si bien qu'à cette époque, mon père avait déjà dû emprunter à une partie de sa famille et notamment à son frère Pierre qui avait la meilleure situation de tous puisqu'il était l'un des directeurs de la Banque de l'Union parisienne, l'ancêtre de la Banque de Paris et des Pays-Bas, la plus grande banque d'affaires de l'époque. Après une longue prospection, en 1934, il jette son dévolu sur La Boisserie. Une demeure de quatorze pièces assortie d'un terrain de trois hectares un quart et d'une petite maison de gardien avec un jardin miniature, située de l'autre côté de la route. Veuve d'un architecte parisien et âgée de plus de soixante-dix ans, Mme Alice Bombal en avait proposé la vente en viager au prix de quarante-cinq mille francs au total. A titre de comparaison, à l'époque, faisait remarquer mon père, « une voiture 7 CV Citroën valait dix-sept mille sept cents francs, soit environ cinquante mille francs de 1990. La Boisserie a donc été acquise pour le prix de deux 7 CV Citroën et demie ! ». Il lui a fallu encore emprunter avec parcimonie à droite et à gauche. C'était le premier bien personnel de sa vie, ce dont il avait toujours rêvé avec ma mère : un toit à eux. Dès la première année, il a dû verser onze mille francs. Une somme qui a pesé sur ses finances. D'autant plus qu'il s'est vu contraint de régler quelques milliers de francs de dettes que l'ancienne propriétaire avait laissées derrière elle pour l'électrification de la maison et des travaux de menuiserie ou de plomberie. Pour compliquer les choses, après notre emménagement, j'ai eu une appendicite avec péritonite et il a été obligé d'assumer les frais de l'opération dans une clinique de la Croix-Rouge, dans les environs, où l'une de mes tantes était infirmière. Or, à l'époque, la Sécurité sociale et les allocations familiales n'existaient pas encore. Tout cela s'est donc greffé sur l'achat de La Boisserie. Cependant, mes parents n'ont eu à régler que trois annuités car, en 1937, cette dame est morte accidentellement. Je me rappelle les avoir représentés à son enterrement. Cette même année, promu commandant du 507ᵉ régiment de chars, mon père met son mobilier au garde-meuble pour s'installer à Metz. Deux ans plus tard, la guerre éclate.

— C'est alors l'occupation allemande. Tous les biens des De Gaulle sont saisis. Rien n'a échappé à cette saisie ?

— Si, par miracle. Je vais vous raconter. Tout est donc saisi et en principe vendu, encore que personne n'ait acheté La Boisserie, mais à l'intérieur tout a été vidé et nous n'avons rien retrouvé. Heureusement, placés en garde-meuble, comme je l'ai déjà dit, le mobilier et les archives ont été sauvegardés. On peut rendre hommage à la société Bedel qui, à ses risques et périls, les a conservés sous un faux nom dans son entrepôt pour qu'ils échappent aux Allemands et à la saisie. Mes parents n'ont eu à payer que les cinq années de location. En Grande-Bretagne, le train de maison de mon père était militaire. Comme je l'ai déjà rapporté, ma mère a vécu dans différents logements loués à des conditions très avantageuses. Le premier, celui de Pettswood, était un petit cottage meublé de la classe moyenne anglaise. Comme il était situé dans le Kent, une banlieue de Londres que tout le monde fuyait à cause de la proximité des grands aérodromes de Croydon et de Biggin Hill, cibles inévitables de l'aviation allemande, mes parents n'ont pas eu de mal à le louer pour un prix assez bas : environ soixante-dix livres par mois. Ensuite, obligés d'aller se réfugier aux confins du pays de Galles, à Ellesmere, ils ne paient pas plus cher la location de cette maison formée de trois pavillons accolés de style rustique tudorien qui n'a ni électricité ni gaz. (J'ai rejoint pour ma part l'Ecole navale des Forces françaises libres.) Fin 1941, voulant se rapprocher de l'endroit où ma sœur Elisabeth poursuit ses études, ma mère emménage à Berkhamsted, à quarante-cinq kilomètres au nord-ouest de Londres, dans une résidence de même style heureusement plus confortable, mais au loyer également mesuré. Enfin, l'année suivante, nouveau déménagement, cette fois-ci pour Hampstead, quartier périphérique de Londres, dans une bâtisse spacieuse, toujours de style Tudor, entourée d'un jardin de belle dimension. Elle y demeurera jusqu'à son départ définitif de la Grande-Bretagne pour Alger, en 1943, où elle rejoindra mon père. L'endroit n'est pas plus ruineux, car pendant la guerre, en Angleterre, il était aisé de louer ce genre de demeures. Leurs propriétaires, souvent de grands bourgeois ou des aristocrates, se trouvaient obligés de passer par la location pour faire face à leurs dettes aggravées par la mobilisation des leurs et l'augmentation considérable de l'impôt sur le revenu, l'Etat ne leur laissant qu'un quarantième des ressources qui n'étaient pas des soldes ou des salaires. Le logement pesait donc moins lourd dans notre budget que la charge imposée par la présence permanente de la personne s'occupant de notre sœur infirme et par celle de la cuisinière.

— Ces frais auraient, dit-on, contraint votre mère à faire des travaux de couture à domicile. Fable ?

— J'ai vu en effet cela écrit un jour par un auteur fantaisiste. Encore heureux qu'il n'ait pas raconté qu'elle faisait des ménages ! A partir de 1943, mes parents connaîtront à Alger leur dernier foyer d'exil : la villa des Oliviers, dominant la rade du haut de la colline d'El-Biar. Une résidence dont mon père tiendra, selon son habitude, à assumer la charge, mais qui ne mettra pas pour autant ses finances en péril. Un an plus tard, c'est le débarquement en Normandie et la Libération en août 1944. Datant de cette époque, un souvenir me revient. Il montre à quel point mon père s'est parfois trouvé, comme on dit, « à court ». A Paris, cantonné pendant un moment rue de Rennes avec mon régiment de fusiliers marins, j'ai pu faire un saut jusqu'au collège Stanislas où, je l'ai déjà signalé, j'avais commencé à préparer Navale en 1939-1940. C'est alors que le comptable du collège m'a discrètement fait remarquer : « A toutes fins utiles, je vous signale que votre pension de l'année 1939-1940 n'a pas été payée. » J'ai préféré la régler immédiatement sur ma solde.

— Sans revenu ou presque, ses biens saisis et vendus en partie pendant l'Occupation, de quelle façon a-t-il pu s'en sortir à son retour en France ?

— Il a vécu d'emprunts jusqu'à ce que les droits d'auteur du premier tome de ses *Mémoires* viennent heureusement et largement les rembourser, à partir d'octobre 1954. Des recoupements m'ont permis par la suite, malgré la discrétion qui entoure ce genre de situation, d'établir petit à petit une liste non exhaustive de ses prêteurs : des banques privées dont les présidents comptaient au nombre de ses partisans pendant la guerre. Dès la parution des *Mémoires de guerre*, elles ont été remboursées au fur et à mesure. Je n'ai appris ces faits qu'après sa mort car, à ma connaissance, il ne les avait confiés à personne, même pas à ma mère. Il avait dans son tiroir fermé à clef sa propre comptabilité qu'il tenait à jour. Mais la fortune du peuple français lui importait davantage que la sienne. Aussi, lui avoir fait dire – combien de fois ! – « l'intendance suivra » est encore une de ces nombreuses légendes qui ont la vie dure et qui sont en complète contradiction avec ce qu'il pensait. Je l'ai souvent vu évaluer sur tout carnet ou papier qui lui tombait sous la main le montant des budgets, des coûts, comme il le faisait avant guerre, à la tête de son régiment, du prix d'un char, de l'équipement d'une division blindée en personnels et en matériels. L'économie était sa préoccupation permanente. Il se renseignait parfois sur le coût des choses de la vie courante afin d'avoir des repères. Ainsi, il lui arrivait de demander à ma mère, de retour du marché, combien coûtait la livre de beurre ou le kilo de sucre, ou bien à un aide de camp, le prix du voyage aller-retour Paris-Chaumont. C'était une préoccupation normale de gouvernant. De la même façon, je l'ai entendu plusieurs fois s'enquérir auprès de visiteurs amis ou même de son chauffeur de leur opinion à l'égard des différentes charges et impositions dont ils étaient frappés.

— A ce propos, quelle appréciation portait-il sur les impôts ?

— Il disait : « Refuser de payer l'impôt, c'est porter atteinte aux intérêts de la patrie. » Alors, je demandais : « D'accord, mais jusqu'à quel plafond peut-on nous imposer ? » C'est une question que je lui ai posée plusieurs fois au cours des décennies. Sa réponse a toujours été : « Plus de 50 % tout compris, quelle que soit la fortune de l'intéressé, c'est une spoliation. » L'impôt sur les successions, pour lui, c'était « l'héritage du rachat des biens de la noblesse ». Il expliquait : « A la mort du détenteur de titres et d'une terre, ses héritiers voyaient arriver le bailli ou le sénéchal qui leur réclamait le rachat, c'est-à-dire environ la valeur du tiers de la terre ou du château. S'ils ne pouvaient pas le payer, ils perdaient la terre et le titre, et le roi ou le duc les attribuait à quelqu'un d'autre. Il ne leur restait que le nom. » Les droits de succession étaient donc considérés par lui comme un prélèvement abusif. Il pensait qu'on aurait pu les remplacer par une sorte d'impôt à faible taux, chacun payant 1 % de son capital pendant trente ans de sa vie. Peut-être a-t-il été dans ses intentions d'instituer cette réforme lorsqu'il était à la tête du pays. Mais il était obligé d'avancer très lentement à cause de l'extrême sensibilité du problème. « C'est le domaine, expliquait-il, où la démagogie se déploie le plus, par envie sociale, par jalousie, le moment où l'on mesure avec aigreur le jardin du voisin, la partie la plus basse et la plus mesquine de la démocratie. L'envie étant, c'est bien connu, le vice national des Français. » Il assurait également : « Les gens qui inventent un impôt nouveau pour quelques-uns, croient-ils, ou qui votent pour sa création devraient toujours se méfier, car cela se retourne immanquablement contre eux, un jour ou l'autre. Tôt ou tard, tout le monde doit le payer. »

— Il passe quand même pour avoir inventé l'impôt sur la fortune...

— On le lui a, en effet, souvent reproché par la suite, mais en se trompant. Rappelons qu'à la Libération, il n'y avait plus de registres d'impôts. Par conséquent, sans l'impôt sur le revenu, l'Etat était complètement privé de ressources. Alors, en attendant qu'on rétablisse les registres, le Gouvernement provisoire de la République a créé un impôt proportionnel à la fortune. C'était, en réalité, un calcul approximatif d'impôt sur le revenu par rapport aux biens et non l'impôt sur la fortune que l'on connaît aujourd'hui. Celui-ci a été créé par le régime socialiste, quarante ou cinquante ans après, dans le but de satisfaire sa clientèle, notamment le milliardaire rouge Jean-Baptiste Doumeng qui, accusé de ne pas payer cet impôt malgré sa fortune, lui qui habitait une suite à l'hôtel Intercontinental à Paris, rétorqua devant moi et une vingtaine d'autres à peu près ceci, avec son accent rocailleux : « L'impôt sur les prétendues grandes fortunes est payé par les imbéciles [il employait un autre terme], conçu par des pervers afin de satisfaire l'envie sociale des plus bêtes. » Pour sa part, mon père payait scrupuleusement toutes les impositions : les impôts fonciers, ceux sur le revenu et sur la succession quand il pouvait y en avoir, et c'est lui-même qui remplissait les déclarations. Peut-être en faisait-il remplir certaines lignes par des aides de camp, et encore ! En tout cas, il prenait soin de les faire expédier à temps et réglait le tiers provisionnel à la minute où il lui parvenait. La taxe d'habitation, c'est ma mère qui s'en chargeait. Il réglait les grandes dépenses familiales sur son carnet de chèques. Le reste, c'était l'affaire de son épouse. Il lui faisait entièrement confiance. Sans argent de poche, sauf pour la quête de la messe dominicale, il lui arrivait d'en demander à ma mère, à ma sœur ou à moi. Ceux qui ont soutenu qu'il a parfois attendu qu'un ministre ou une autre personnalité le « dépanne » racontent des histoires. Comme on a voulu absolument faire croire que, très près de leurs sous, mes parents vivaient chichement à Colombey.

— Votre mère avait malgré tout la réputation de tenir serrés les cordons de la bourse, au contraire du Général que les largesses, disait-on, n'effrayaient pas...

— Certes, ma mère avait le souci de dépenser le moins possible, mais elle ne faisait pas pour autant d'économies de bouts de chandelle. Mon père ne l'aurait pas admis. Elle ne voulait pas que l'on gaspille, c'est tout. Cela faisait partie de son éducation. Elle n'aurait pas jeté une chemise de mon père sans savoir si l'on ne pouvait pas en retourner les poignets. Le poulet ou le veau pouvait être mangé froid le lendemain pour ce qu'il en restait, et l'on ne se défaisait de rien de ce qui était utile. Jeter du pain aurait été considéré comme un sacrilège. D'autre part, je le répète, elle n'accumulait pas les choses pour les choses, comme le font certaines femmes qui ont peur de manquer, surtout quand elles deviennent âgées. Payé comme il convenait, le personnel de La Boisserie était traité avec déférence. Charlotte, la femme de chambre, et Honorine, la cuisinière, qui ont succédé à Philomène et à Louise, faisaient partie de la famille. Le menu du jour était le même pour tout le monde, à la salle à manger comme à la cuisine, et mon père n'oubliait pas d'aller saluer l'une et l'autre à l'office. Il leur demandait des nouvelles de leur famille et s'enquérait de leur santé. A Noël, invitées à rejoindre tout le monde devant le sapin décoré, elles avaient droit, comme chacun et chacune, à des cadeaux. Ma mère leur offrait un sac ou un foulard. Le jour où Honorine, qui était italienne de naissance, a obtenu sa nationalité française, elle a reçu de mes parents un petit presse-papier tricolore en cristal. Lorsque l'une ou l'autre partait en congé, ils assumaient les frais de transport.

— Au marché de Chaumont, on savait votre mère attentive aux étiquettes...

— C'est vrai. Bonne ménagère, elle attendait parfois qu'une primeur ou un autre produit baisse un peu. Mais elle ne marchandait jamais. Ce n'était pas du tout dans sa culture. Elle observait à ce propos, ce que mon père approuvait : « Un commerçant doit donner son plus juste prix du premier coup, sinon il n'est pas digne d'être commerçant. » Mon père, lui, n'achetait rien de lui-même. Il la laissait se charger de tout. Elle aimait d'ailleurs assez fréquenter les magasins, notamment le Bon Marché, et passait parfois la journée à la recherche de tel ou tel article ou d'un vêtement pour l'un de ses petits-enfants. Mon père ne se mêlait jamais de son choix. Il savait qu'elle n'exagérait pas, qu'elle achetait ce qu'il fallait et jamais plus. Elle avait sa propre comptabilité et surveillait le budget familial avec conscience. Sans être dépensier, mon père aimait parfois la combler. Un jour, il lui a commandé une robe de couturier pour les réceptions, au temps de l'Elysée. Il lui est arrivé aussi plusieurs fois de lui offrir une montre. Elle la choisissait parmi une collection qui lui était présentée sur un plateau apporté chez elle par un bijoutier. Car il ne se rendait pas lui-même dans une boutique de manière à ne pas ameuter les gens et à ne pas risquer d'être photographié. Ces bracelets-montres ne sortaient pas de quelque maison de renom de la rue de la Paix, mais étaient de première qualité. Je ne me souviens pas avoir jamais vu mon père offrir quelque bijou à ma mère. Le jour de sa fête, il rentrait souvent avec un bouquet de fleurs, et cette simple attention avait le don de l'émouvoir au point d'illuminer son regard. De son côté, peut-être remettait-elle de temps en temps un cadeau à mon père, mais elle devait le faire discrètement car je ne m'en suis jamais aperçu.

— « Le Général avait un compte numéroté dans une banque suisse ! » C'est le bruit qui a couru un jour. Vous l'avez entendu ?

— Evidemment, et mon père en a bien ri. C'était en 1969. Les gens de Colombey racontaient qu'un notaire de Lausanne était venu le voir à La Boisserie, porteur, assurait-on, d'une mallette en cuir noir. Sans doute pour transporter force coupures ! La presse locale s'est mise aussitôt à enquêter. De quoi s'agissait-il ? Ce notaire était venu tout simplement apporter à mon père le cadeau qu'une vieille admiratrice habitant la Suisse avait voulu lui léguer : une croix de Légion d'honneur remise par Napoléon Ier lui-même à l'un de ses ascendants, car ce souverain était celui qui avait le plus d'Helvètes dans son armée.

— Il paraît qu'il n'aimait pas recevoir de cadeaux. Il lui arrivait de les refuser ?

— Jamais. On savait seulement, à l'étranger notamment, qu'il préférait ne pas en recevoir, mais comment voulez-vous empêcher un chef d'Etat étranger d'en offrir ? En fait, ce n'était pas tant le fait de recevoir des cadeaux qu'il n'aimait pas, c'était leur nombre. Je vois encore le chauffeur déballer l'amas hétéroclite d'objets encombrant le coffre arrière de la DS au retour d'un déplacement en province, au temps du RPF. Il y avait à boire et à manger, et pour tous les goûts. Autant de choses qui échouaient sans délai dans d'autres mains que les siennes et que les nôtres. Posséder des objets, je le rappelle, n'intéressait ni mon père ni ma mère. Ils ne voulaient pas en être esclaves. Tout cela revenait donc généralement à des tiers qui souhaitaient avoir un souvenir, à des aides de camp qui le quittaient, à des parents à qui on voulait faire plaisir ou à des familiers, mais presque jamais aux enfants de la famille. Ces derniers ne se seraient d'ailleurs pas avisés de demander quoi que ce fût. Mon père remarquait : « C'est la valeur sentimentale du cadeau qui compte et non le cadeau lui-même. » Par conséquent, s'il en faisait don à quelqu'un d'autre, il considérait qu'il lui transmettait en même temps ce sentiment. Ainsi, le Spoutnik d'un kilo, sans doute en argent massif, que Khrouchtchev lui avait apporté, a fini dans les mains d'un des chauffeurs sans qu'il s'occupât de savoir quelle en était la valeur. Un jour, André Malraux a voulu lui offrir le manuscrit original de son roman fétiche, *la Condition humaine*. Après l'avoir chaudement remercié, il lui a dit : « Je n'ai pas le droit d'en priver le patrimoine national. » Et comme il a été officiellement notifié, il l'a fait remettre à la Bibliothèque nationale. Les nombreux animaux, parfois très encombrants, qu'il rapportait de temps à autre de l'étranger (éléphants, ours de Sibérie, panthères, cervidés, chevaux, poneys) allaient évidemment garnir les parcs nationaux et les haras. Il n'y eut qu'une exception : un mouton que l'on gardera à La Boisserie pendant un an pour la grande joie des petits-enfants. Quant aux ordres étrangers qui lui ont été conférés, certains en orfèvrerie de grande valeur, il les enfermait dans une malle spéciale à La Boisserie. Après sa mort, je les ai tous remis à l'ordre de la Libération ou rendus aux pays respectifs quand c'était prévu au décès du titulaire parce que en nombre limité.

— Il ne donnait quand même pas tous les cadeaux qu'il recevait ?

— Il n'aimait pas le cadeau pour l'objet mais pour la main qui le donnait. C'est pourquoi il lui arrivait d'en conserver parfois pour des raisons sentimentales. Tels cette petite tapisserie persane en soie offerte par le chah d'Iran qui reproduit son portrait officiel à l'Elysée avec une fidélité extraordinaire, et ces sabres orientaux venant d'Arabie Saoudite, d'Irak, de Syrie et du Maroc, dont ses petits-fils ont hérité. Ce fut également le cas du coffre à cigares en bois exotique joliment décoré, aussi gros qu'une caisse de bière, que Fidel Castro lui a fait parvenir, rempli de « barreaux de chaise », qui trône encore aujourd'hui dans la bibliothèque, du samovar en argent, don de Brejnev et de Kossyguine, que l'on peut voir dans le salon, et des défenses d'éléphant géantes offertes par le Cameroun. De même cette grande fresque éthiopienne en tissu de trois mètres de long qui raconte sous une forme naïve et charmante la visite officielle du couple élyséen à Addis-Abeba. Elle occupe le mur d'une partie de couloir, au premier étage de La Boisserie, non loin de la chambre à coucher de mes parents.

— Est-il vrai qu'une dame a voulu lui offrir son château ?

— C'est vrai. Je ne peux pas vous dire son nom parce que sa famille désire demeurer dans l'anonymat. C'était une dame âgée habitant la région de Quimper qui avait une grande admiration pour mon père. Elle était largement octogénaire et est morte quelques années plus tard. En 1947, elle lui a fait savoir : « Voilà, j'ai d'autres biens, je n'ai pas tellement de famille, je voudrais vous laisser ma propriété. » Il s'agissait d'un beau château du XIXe siècle avec plusieurs dizaines d'hectares pas très loin de la mer. Il a demandé à Jacques Vendroux, son beau-frère, d'aller la remercier et de lui dire de sa part, le plus gentiment du monde, que le général de Gaulle n'acceptait pas de recevoir de cadeau et qu'il ne pouvait hériter d'une propriété que par héritage familial.

— Il avait paraît-il le pourboire ample, le geste généreux...

— Et comment ! Je l'ai souvent vu envoyer, peut-être pas toujours à bon escient, un chèque à des inconnus qui lui avaient exposé leur misère. Par exemple, aux occupants de sa maison natale de Lille qui se plaignaient d'être dans la dèche et craignaient de la voir tomber en ruine. Il m'a fait remarquer : « C'est plus par intérêt pour ces gens que pour cette maison qui, en réalité, ne m'importe pas tellement. » Il adressait également des dons à la Saint-Cyrienne, l'association d'entraide des saint-cyriens, et à l'école Sainte-Geneviève de Versailles où son père avait enseigné jadis et lui-même étudié, mais chaque fois, à la condition que son geste restât parfaitement anonyme. Cette attitude de grand seigneur lui était coutumière. Au cours de ses déplacements, lorsqu'on refusait de lui présenter la note de son séjour au moment de son départ, il se renseignait sur son montant et offrait l'équivalent en pourboire au personnel. Dans son dernier carnet de notes, on relève : « "Les avares, écrit Chateaubriand, sont presque toujours des gens d'esprit." » Et il ajoute : « Il faut que je sois bien bête... »

— Peut-on dire qu'il était aussi généreux avec les siens ?

— Plus avec des neveux qui en avaient besoin qu'avec ses enfants qui n'avaient rien à réclamer surtout s'ils étaient adultes et responsables. Mais il se renseignait sur leurs conditions d'existence. Quand ma sœur Elisabeth s'est mariée, une pension annuelle de deux cent mille francs de 1946 lui a été attribuée par contrat de mariage « sans obligation » de sa part, ce qui ne faisait pas beaucoup en anciens francs. La mienne se montait à cinquante mille francs de 1947, ce qui n'était que symbolique. D'autre part, mon père nous a aidés pour l'apport initial de notre premier appartement et, plus tard, pour acquérir, chacun, une résidence de vacances. C'est ainsi que, prévoyant que La Boisserie qu'il devait me léguer ne serait qu'une charge, il m'a permis d'acquérir un terrain dans le Midi pour y construire une villa. Il savait que, dans la nouvelle génération, les femmes et les petits-enfants s'accommodent mal d'être confinés dans une campagne sévère et veulent passer leurs vacances au soleil. Il craignait toujours de nous voir vivre au-dessus de nos moyens. Aussi, le jour où je lui ai fait part de mon intention de passer commande d'une Peugeot 202, il m'a écrit immédiatement pour me conseiller : « Fais bien attention d'avoir les fonds nécessaires préalablement. » Car il se refusait à me voir me procurer quoi que ce fût à crédit. Il fallait tout payer comptant. Il est évident qu'il nous aurait tendu la main si nécessaire. Mais élevés comme nous l'étions, nous n'aurions jamais voulu le solliciter de nous venir en aide, même dans une situation difficile.

— On a beaucoup raconté qu'à l'Elysée, votre mère poussait l'économie jusqu'à refuser de se servir de certaines choses appartenant à l'Etat...

— C'est exagéré. Ma mère tenait l'appartement privé comme une bonne maîtresse de maison, avec le même soin et le même souci d'économie qu'elle montrait à La Boisserie. Par conséquent, sans parcimonie mesquine. Elle limitait seulement les dépenses inutiles. Je sais qu'on a beaucoup glosé sur le fait que mon père y avait fait installer un compteur électrique séparé du réseau du palais. Il m'a expliqué à ce sujet qu'il avait été étonné, en arrivant à l'Elysée, du montant considérable des frais d'électricité, et qu'il avait voulu voir quelle était là-dedans la part de l'Etat et celle de son domaine propre de président. On a souvent rapporté qu'en quittant son bureau, il éteignait toujours lui-même la lumière. C'est pareillement vrai. Ce geste, je le sais, faisait sourire et même parfois ricaner, mais c'était pour lui une vieille habitude de famille – jamais une pièce ne demeurait allumée à Colombey si elle n'était occupée –, et il estimait qu'il n'y avait pas de raison de l'oublier parce qu'il était devenu chef de l'Etat. Sur mon incitation et celle de mon camarade Flohic, son aide de camp, je l'ai dit, il avait confié la gérance de son budget personnel à un commissaire de la marine, et des marins remplaçaient les maîtres d'hôtel civils. Ainsi se sentait-il à l'abri de toute surprise. De même avait-il fait venir M. Lefèvre, ancien chef de rang sur le paquebot *Île de*

France, pour mettre les grands dîners en musique, ainsi que des cuisiniers appartenant également à la marine. Evidemment, ces dispositions n'ont pas plu à nombre de gens qui se croyaient assurés de l'inamovibilité, notamment au sommelier qui dépensait des sommes considérables en vin et aux responsables des garages présidentiels. Ceux-ci se permettaient quelques libertés que mon père jugea inadmissibles et auxquelles il fit mettre fin aussitôt, comme le fait de se procurer des pneus pour leur voiture personnelle au tarif préférentiel accordé par les grandes marques à l'Elysée, ou de prêter des voitures à leur initiative.

— Sa famille bénéficiait bien quand même de quelques passe-droits ?

— Jamais. Quand nous nous rendions à l'Elysée, ma sœur et moi, pour y rencontrer nos parents, c'était toujours avec notre propre voiture. Il aurait été très mal vu que l'on demandât quoi que ce fût aux services de la Présidence et surtout pas d'essence pour nos véhicules. Chacun savait dans la famille que mon père avait pour conduite de ne pas mélanger ses affaires personnelles avec celles de l'Etat. Ainsi, à La Boisserie, on n'a jamais utilisé le personnel de la Présidence. Même quand le chancelier Adenauer est venu y loger. On a alors fait venir une troisième personne de l'extérieur rétribuée par nos soins. A l'Elysée, pour la table privée, le cuisinier ne se serait évidemment pas réduit à ne servir que du pot-au-feu ou de la poule au pot, mais le menu était généralement d'une simplicité bourgeoise très classique avec une entrée, un vin (pas de premier cru), un plat principal, du fromage et un dessert. C'est tout. Dire que mes parents campaient à l'Elysée, comme je l'ai souvent vu écrit, est parfaitement faux. Ils se sentaient seulement des invités de l'Etat, et comme tels, de passage. « Un peu comme des voyageurs dans un château-hôtel », m'a expliqué ma mère un jour en riant. Ils n'y possédaient que leur garde-robe et leurs affaires personnelles dont le petit portrait encadré de notre sœur Anne, une pendulette réveil-matin et des livres. Lors de nos visites à nos parents avec leurs petits-enfants, en moyenne une fois tous les quinze jours, nous retrouvions toujours, sous ces lambris dorés, la même ambiance simple et paisible que nous connaissions à La Boisserie. Seul changeait le décor. Dans son appartement privé, loin de son bureau et des affaires du pays, mon père redevenait le « pater familias » toujours à l'écoute des siens que nous connaissions bien et que nous aimions.

— A la mort du Général, le président Georges Pompidou s'est paraît-il inquiété du sort de votre mère. Il craignait qu'elle n'eût pas assez pour vivre normalement. Est-ce exact ?

— Exact. Georges Pompidou a fait adopter des décrets qui accordaient à ma mère la réversion des pensions de conseiller d'Etat et de général d'armée de mon père, alors que de son vivant il n'avait jamais voulu percevoir aucune espèce de retraite. Mais il faut dire aussi qu'il avait veillé à laisser tout en ordre derrière lui. Il y avait donc en droits d'auteur chez Plon l'argent nécessaire à la vie courante et à ses obsèques, plus quelques obligations du dernier emprunt d'Etat. Car chaque fois qu'un emprunt national était émis, il souscrivait par principe dix obligations. Je ne sais pas ce qu'il en faisait par la suite. Et puis, je voudrais ajouter, à la décharge de la nation française qui n'a jamais rien assumé pour le général de Gaulle personnellement, que le Parlement réuni en 1945 a voté en sa faveur une motion, la même que pour Clemenceau après la Première Guerre mondiale, selon laquelle « il avait bien mérité de la patrie ». Cette décision gouvernementale devait suspendre du même coup tout droit de succession sur ses avoirs. Mais fallait-il encore qu'elle fût assortie d'un décret d'application. Ce qui n'était pas le cas le 9 novembre 1970. Mais ce le fut trois jours après l'enterrement, grâce encore une fois à la diligence de Georges Pompidou. De son vivant, mon père ne s'était évidemment jamais préoccupé de cette question et n'aurait pas voulu qu'on lui en parle. Aussi me suis-je toujours bien gardé d'aborder la moindre question touchant à la situation financière que je trouverais derrière lui. Ma mère était-elle seulement au courant ? Partiellement sans doute, mais je l'ai déjà dit : le mot « argent » était banni à la maison.

5

LE PRAGMATISME AVANT TOUT

« Le rôle du chef est toujours de concevoir d'après les circonstances, de décider et prescrire en forçant sa nature et celle des autres. »

Vers l'armée de métier.

Rien dans sa formation ne prédisposait le Général à s'occuper des questions économiques, et pourtant il a toujours excellé dans ce domaine. Ce ne sont pas les ministres des Finances qui se sont succédé à ses côtés qui auraient pu le démentir Comment peut-on expliquer cela ?

— Je l'ai entendu un jour faire cette réflexion : « On a l'habitude de dire que la guerre est trop sérieuse pour la confier aux militaires, eh bien ! moi, je dirais que l'économie est trop sérieuse pour qu'on la confie aux financiers et aux économistes, parce que je pense comme John Galbraith que l'économie, c'est d'abord l'application du bon sens aux réalités du moment et à celles de l'avenir, la satisfaction des besoins humains personnels et collectifs, et non pas des théories ou des idéologies. » Alors, on peut affirmer que si mon père ne s'est jamais occupé ou si peu de ses propres affaires – vous savez qu'il ne voulait pas en entendre parler, même à la maison où il fallait que ma mère s'en débrouille –, il n'a cessé de se soucier de celles des Français. Sa formation historique était pour beaucoup dans sa science de l'économie. Je me souviens qu'il enseignait à l'adolescent que j'étais : « L'histoire, ce n'est pas uniquement des batailles. C'est l'économie des pays, c'est leurs ressources. Les batailles découlent d'ailleurs des ressources. Les guerres de la monarchie ont eu pour but de s'étendre vers les plaines, vers le nord, vers le charbon, car nous en manquions alors que nous avions du fer. La puissance de la France a tenu beaucoup à son agriculture et au fer que les autres n'avaient pas. » Il avait une certaine admiration pour l'économie britannique, au moins jusqu'à la guerre. Avant la guerre de 1914, la City représentait quand même à elle toute seule la première force financière. Ensuite, elle était restée la seconde, très loin devant toutes les autres. Et puis, les Anglais ont eu des théoriciens mythiques de l'économie. Dès qu'il est revenu en France en 1944, l'économie s'est imposée dramatiquement à lui quand il a vu dans quel état étaient le pays et ses habitants. Il l'a déclaré, je crois, aux Lillois et aux Nancéens qu'il est allé voir en parlant d'un « dur avenir » devant les mutilations de toutes sortes dont la France était victime. Partout des ruinés, des affamés, la pénurie, la désolation. Je garde le souvenir à ce propos des confidences que me fit ma mère, quand je les retrouvai en permission en 1945, sur le chagrin qu'il éprouvait lors de ses déplacements en province. Elle se désolait : « Chaque fois, on dirait qu'il revient de visiter un grand malade à l'hôpital. » Malheureusement, après la Libération, obligé de quitter le pouvoir faute d'avoir obtenu les moyens de gouverner, il devra attendre douze ans avant de s'occuper de nouveau des affaires des Français.

— On l'accusa alors de privilégier les affaires internationales au détriment des besoins essentiels de ses compatriotes, d'être insensible à leur détresse...

— « Mon éternel procès ! s'exclamait-il quand il lisait ce genre de grief dans les journaux. Si l'on savait combien, au contraire, la condition de la population m'occupe chaque jour l'esprit. » Comme ma mère, j'en suis le témoin en septembre 1946 à mon retour des Etats-Unis après mon stage d'aéronavale. Depuis quatre mois, mes parents ont regagné leur maison de Colombey. Las et résignés, les Français se préparent à adopter par référendum un projet de constitution dont mon père ne veut pas. Près d'un électeur sur trois s'apprête à voter communiste ! Après le déjeuner auquel se sont ajoutés Claude Mauriac, son secrétaire, et Claude Guy, son aide de camp, il m'entraîne dans le jardin à grands pas après avoir écrasé sa énième cigarette (à l'époque, il en fume une quarantaine par jour en plus de un ou deux cigares). Il me prend à témoin d'un air sombre : « Tu n'as pas eu beaucoup de temps depuis ton retour en France, mais tu as certainement vu comme nous où en est ce pauvre pays. Quand René Capitant était mon ministre de l'Education nationale, il était spécialement venu me voir pour me faire un état des écoles après la Libération. Toutes étaient à réparer et la plupart à reconstruire. Elles étaient comme les ponts : aucune n'était intacte ! Elles en sont toujours là puisque j'ai dû quitter le gouvernement avant d'avoir pu les faire réparer. Il pleut dedans. » Il s'arrête, scrute un instant l'horizon, la forêt, comme à la recherche d'un mot, puis, bouleversé, reprend : « Celle de Colombey au moins, on a pu s'en occuper. » Il fait la comparaison avec la campagne anglaise qu'il a connue, assez pimpante malgré la guerre. A présent, dans ce jardin d'automne où je vois ma mère occupée à planter je ne sais quel rhizome, il maugrée : « Tant de choses à refaire et de plaies à panser ! Soixante-quinze départements sinistrés ! Par où commencer ? » Il décrit sa feuille de route. Tout faire à la fois : boucler le budget de 1945 et pourvoir à alimenter celui de 1946, s'opposer à l'inflation et procurer au Trésor des ressources exceptionnelles, rebâtir maisons d'habitation, routes, ponts, chemins de fer, relancer l'industrie lourde, reloger les sinistrés végétant dans des baraques, reclasser les prisonniers de guerre revenus dans leur foyer... Alors que, libérés – sans que la majorité d'entre eux y ait été pour quelque chose, rappelons-le –, les Français ont une tendance générale à consommer davantage. Il tape le sol de sa canne comme s'il voulait écraser quelque insecte. Et véhément, avec un rire amer : « Comment leur faire comprendre qu'un nouvel effort est nécessaire si l'on veut que la France redevienne un pays moderne ? »

— 28 % des dépenses consacrées à la Défense dans le projet du budget de 1946, n'était-ce pas beaucoup trop pour un pays en convalescence ?

— Il faut être dans l'armée à l'époque pour se rendre compte à quel point ce pourcentage est justifié. C'est mon cas. Sortie de la guerre, notre armée a un matériel à bout de souffle. D'autre part, nous nous devons d'assumer le coût de la guerre d'Indochine. Il faut aussi se porter à l'aide des soldats démobilisés. Mon père avait espéré que, profitant des conditions favorables de démobilisation du moment, je quitterais la marine pour embrasser la carrière diplomatique. Mon avenir ne cesse de l'inquiéter : « N'est-ce pas pour toi la meilleure solution ? » Il revient ainsi sur le projet qu'il avait formé pour moi à la veille de la guerre et que je n'avais pas suivi en m'obstinant à entrer à Navale. Il me laisse clairement entendre que l'arme aérienne de la flotte n'a jamais eu la cote et qu'y servir après un conflit, avec des budgets restreints, des unités dissoutes, des matériels usés et des personnels diminués, constituerait un risque presque aussi important qu'en opération. La suite lui donnera raison : sur la trentaine d'officiers pilotes servant à l'aviation embarquée depuis septembre 1946 et dont je serai, neuf disparaîtront en deux ans et demi ! Je manquerai, pour ma part, de me tuer par deux fois également à cause de matériels défectueux. Nombreux sont mes camarades qui, devant des accidents répétés, ont abandonné le métier. Toujours est-il que, voulue par les socialistes et les communistes, la réduction de 20 % du budget de la Défense sera la goutte d'eau qui fera déborder le vase. « Comment permettre que l'on clochardise ce qui reste de notre armée ? » s'exclame mon père pendant sa revue de presse matinale. Non, il ne peut continuer à diriger le gouvernement. Il choisira alors, comme il l'écrira plus tard, de « quitter la barre en silence ». Il aura quand même eu le temps de nationaliser la production et la distribution du gaz et de l'électricité, les charbonnages, la construction de moteurs d'avions Renault, les transports aériens, les principales banques, et de créer l'Ecole nationale d'administration, c'est-à-dire l'ENA, la Sécurité sociale, et d'établir un protocole charbon-acier avec la Sarre.

— Certains lui reprocheront cette « socialisation » du capital qu'ils diront inspirée par les marxistes. Comment lui, issu de la bourgeoisie, expliquait-il cette réforme révolutionnaire si étrangère à son milieu ?

— Révolutionnaire, vous avez dit le mot. C'est ainsi qu'il se considérait. Mais il ne faut pas s'y tromper : il n'a jamais été pour ou contre les puissances d'argent, le capitalisme en tant que tel, etc. Il voulait seulement réformer le système socio-économique qui nous avait amenés à la faillite. Il cherchait une troisième voie entre le capitalisme et le socialisme. Or, il avait une grande admiration pour Colbert et pour son système qui a donné à l'industrie et à ses exportations un essor considérable, grâce à un dirigisme direct et à une certaine réglementation. De l'époque où j'apprenais le règne de Louis XIV à Stanislas, ses mots me reviennent : « S'il est une tradition historique qui a imprégné la France, c'est bien le colbertisme. C'est-à-dire que l'Etat a le devoir d'intervenir là où il n'y a aucune autre initiative. Et c'est ainsi que Colbert est intervenu pour que nous fabriquions de la porcelaine, qui n'existait pas chez nous. On la faisait venir de Chine ou d'Allemagne. Les Français mangeaient dans des assiettes en terre ou en argent selon leur condition. Colbert a donné les moyens et l'orientation pour que l'économie de Louis XIV devienne la première du monde. » C'est donc en pensant à Colbert longtemps auparavant, à Londres et à Alger, qu'il a lancé ces réformes en 1945-1946. En me faisant cette confidence, il a ajouté en caricaturant : « Tu comprends, si je ne m'occupe pas de l'industrie lourde et que je laisse faire les Français, ils vont tous se mettre à fabriquer des porte-clefs, parce que ça se vend bien et que c'est facile à faire. Mais il nous faut aussi des poutres d'acier pour les immeubles, les rails, les ponts, des pièces d'artillerie, des coques de bateau. »

— Dès son retour au pouvoir, le Général fait venir, rue de Rivoli, un homme qui se révélera providentiel : Antoine Pinay. On dira alors que c'est lui qui a sauvé le franc. Etait-ce l'avis de votre père ?

— Sûrement pas. Deux mots sur Pinay d'abord. Cet homme au célèbre petit chapeau incarne assez ce qui lui déplaît chez les politiciens de la République défunte : leur piètre envergure, leur côté franchouillard. Et puis, le maire de Saint-Chamond a été pour une bonne part dans la désagrégation du RPF. Mais une réussite le rehausse, et c'est ce qui attire mon père en plus de son bon sens et de la popularité qu'il a acquise auprès des petits épargnants : son fameux emprunt de 1952. Après le retour au pouvoir de mon père en juin 1958, un nouvel emprunt Pinay jugule l'inflation, rétablit notre équilibre budgétaire, contribue à sauver l'économie du désastre. Tout le monde crie alors « Vive Pinay ! ». Mais qui sait combien le Général est le vrai sauveur ? Je l'ai entendu s'exclamer un jour, dans les années soixante, avec un rire sarcastique : « On parle toujours du franc Pinay et jamais du franc de Gaulle ! » En 1956, les caisses étaient à sec. Nous n'avions plus que six cent trente millions en dollars et en or, soit la valeur de cinq semaines d'importations. Je vois mon père à La Boisserie en décembre 1958, au lendemain de la soirée de gala à l'Opéra où nous avons, ma femme et moi, entendu chanter Maria Callas dans *Norma.* C'était la dernière sortie officielle de René Coty. Le général de Gaulle allait lui succéder un mois après à l'Elysée. Dans son bureau, mon père est perdu dans les chiffres. A La Boisserie, d'épais classeurs encadrent son sous-main couleur fauve. J'aperçois des colonnes de chiffres et de multiples opérations au crayon. Il soupire en me montrant ses papiers : « Le budget de la France. 1936, le Front populaire, Juin 40, la débâcle, 1946, la pagaille des partis... Et maintenant la facture à payer ! »

— Une autre révolution va faire grincer bien des dents en 1960 : l'adoption d'un « franc lourd ». Ces réformes, comment s'imposaient-elles à lui ?

— Pour cette entreprise essentielle sans laquelle rien n'aurait pu se faire après coup, mon père avait dû se battre encore une fois très durement car personne n'en voulait, se rappelait-il avec amertume : « Ni les socialistes qui criaient à l'injustice à cause des impôts nouveaux et de la dévaluation de 17,5 %, ni les modérés qui paient la plupart des impôts et redoutaient des réactions sociales, ni le patronat que tracassait l'ouverture des frontières. » Un plan était à l'origine de cette initiative. A ce propos, écoutez cette histoire. Un soir de juin 1945, juste avant mon départ pour mon stage aux Etats-Unis, mon père revient sur son voyage en URSS en novembre-décembre de l'année précédente. Le 18 juin, nous avons assisté ensemble, place de la Concorde, au grand défilé de la victoire des Français Libres, et plus spécifiquement de celle de leur chef. Au milieu de nombreux officiers alliés, nous avons vu passer, entourés des représentants de nos Alliés et des chefs des territoires ou protectorats de notre Empire, les unités d'une armée française issue des champs de bataille, dont mon régiment de fusiliers marins. Est-ce la présence de généraux soviétiques dans la tribune qui le fait soudain se retrouver à Moscou en 1944 ? Toujours est-il qu'il se met à observer : « En Russie, la seule chose qu'ils ont de bien, c'est qu'ils ont un plan. Bien sûr, avec aussi peu de sincérité que possible dans un régime pareil, mais il n'empêche que cela leur permet d'aller de l'avant. » Bien plus tard, après sa seconde visite en URSS de juin 1966, il réitère ironiquement cette référence soviétique avec jubilation : « Chaque fois que j'ai rencontré Nikita Khrouchtchev, Nicolaï Podgorny, Alexis Kossyguine ou Leonid Brejnev, ils m'ont lancé en riant : "Moi, je n'ai rien à faire, j'ai le plan. Le plan réglera tout." Malheureusement, dans un régime totalitaire, le plan devient parfois une machine très artificielle, car il n'est pas relayé par la réaction biologique qui est l'offre et la demande. » Ces souvenirs l'amènent ensuite à ce genre de réflexion : « L'animal perçoit le présent et l'exploite. Il a une certaine mémoire, parce que pour exploiter le présent, il faut quelques repères. Mais l'animal ne prévoit rien. Et moins les gens prévoient leur propre existence, plus ils sont proches des animaux. Et c'est là où l'Etat doit intervenir en essayant de voir comment la société et l'individu vont se développer plus tard et grâce à quels moyens. Parce que, en principe, on élit à la tête de l'Etat des gens qui sont plus intelligents que vous et qui sont donc capables de prévoir pour vous. C'est leur boulot. On attend ça d'eux. » Et il ajoute, faisant rire ma mère en train de redresser le tableau représentant les bords de la Sarthe que Charlotte a déplacé en l'époussetant : « Moi j'ai toujours voté pour quelqu'un de plus intelligent que moi, ce qui fait que je n'ai jamais voté pour moi. » Alors, c'est vrai, ce plan de décembre 1958, qui a donné naissance au franc lourd en 1960, a fait grincer les dents, et de belle manière ! Il avait pour but de tuer l'inflation en comprimant les dépenses et en augmentant les recettes de l'Etat, puis de rendre à notre monnaie une valeur immuable et convertible reconnue par l'étranger.

— Est-il exact que devant l'obstruction d'Antoine Pinay, il a mis sa démission en jeu ?

— « Simple tactique », m'a-t-il avoué. Pour éviter la propre démission de Pinay qui n'arrivait pas à digérer ce projet mis au point par un autre, l'habile, talentueux et très libéral Jacques Rueff. « Mais en aucun cas, a-t-il ajouté, je n'aurais laissé l'attelage au milieu du gué. » Il ne faut pas oublier qu'il venait tout juste d'être élu président de la République. Pinay avait brandi sa menace la veille de Noël. A La Boisserie où le sapin est dressé, c'est la consternation : que va devenir notre petite fête familiale ? Ma mère, elle, s'inquiète surtout de la fatigue accumulée par son mari. Dès mon arrivée en permission, j'ai droit à ce genre de supplication : « Comment pourrais-tu parvenir à le décider à ce qu'il en fasse moins ? Quand prendra-t-il du repos ? Il est tous les jours sur la brèche à cause de ce maudit budget ! » C'est le lendemain même de Noël qu'aura lieu ce fameux Conseil interministériel qui va durer plus d'une dizaine d'heures et décider l'adoption de ce que mon père aura la subtilité d'appeler « Plan Pinay-Rueff »... « Parmi toutes les batailles politiques que j'ai dû mener dans ma vie, m'a-t-il confié plus tard, celle-ci peut se comparer par son âpreté à mon affrontement avec Giraud à Alger. Je savais que je l'emporterais. C'était obligatoire. Il y allait de notre raison d'être. Mais quelle empoignade ! Nous n'avions devant nous que d'aimables sceptiques, muets désapprobateurs ou opposants virulents. Quand la partie a été gagnée, Jacques Rueff et Georges Pompidou m'ont dit : "Mon général, nous revenons de loin." » Le 8 janvier 1959, il entre à l'Elysée avec le budget qu'il a voulu. Trois ans après, nos réserves de change tombées à moins d'un million de dollars en 1958 ont atteint quatre milliards de dollars après remboursement des dettes extérieures. Il a conservé longtemps l'intention de brocarder dans ses *Mémoires* un certain nombre de ratiocineurs, tous brillants spécialistes de l'économie appartenant au monde de la politique et de la presse, qui le voyaient déjà battre sa coulpe devant un fiasco retentissant. « C'est la charité chrétienne qui m'a fait oublier cette liste », m'a-t-il glissé un jour d'un air narquois. Et avec ce ton en fausset qui faisait déraper sa voix en fin de parcours : « Et l'on dit que je manque de générosité ! »

— La petite histoire raconte que jusqu'à sa mort votre père a continué à calculer en francs anciens. C'est vrai ?

— Pas du tout. Au contraire. Mon père, comme ma mère, ne voulait plus parler en anciens francs dès lors que le nouveau avait été adopté, même s'il leur arrivait parfois, comme à nous tous au début, d'avoir le réflexe intellectuel de comparer les grosses sommes en francs d'avant. Quand, le 1er janvier 1960, le franc lourd entre en vigueur, je me souviens d'une conversation que j'ai eue avec lui, dix-huit mois auparavant. Je lui avais ni plus ni moins suggéré la même mesure, c'est-à-dire de diviser par dix ou par cent notre unité de monnaie de façon à susciter chez les Français une certaine fierté économique et la confiance dans la devise nationale. Mal m'en avait pris. Une réponse sèche était tombée : « Ridicule ! » Il ne m'a jamais précisé après coup s'il était revenu de lui-même sur cette idée ou s'il avait été inspiré par Rueff. En tout cas, il s'en attribuait la paternité. Je suppose que beaucoup de Français, et bien sûr les experts du comité qu'il avait constitué autour de Rueff, comme Jean-Marcel Jeanneney et Jean Guyot de la Banque Lazard, avaient eu la même idée. Mais qui sait si finalement elle n'est pas aussi venue à l'esprit de mon père à la suite d'un entretien avec Aimé Césaire, le maire socialiste de Fort-de-France, venu le voir à l'Elysée avec ses jérémiades autonomistes et ses réclamations intempestives ? Après l'avoir écouté avec patience et attention présenter ses doléances, il a fait apporter un grand registre où les sommes comblant les déficits de la Martinique s'étalaient en anciens francs sur les deux pages du livre de comptes. Puis, traçant une grande barre au crayon rouge en travers de ces pages, il lui a annoncé : « Monsieur le Président, l'indépendance, vous l'avez ! » Il n'en a plus été question, mais la longueur des chapitres inscrits avec beaucoup de zéros sur toute la largeur du document avait dû l'irriter suffisamment pour que le projet de les réduire au centième ne lui ait plus paru aussi saugrenu qu'avant.

— Capitaliste, le Général ? Libéral, social ? Comment se définissait-il lui-même ?

— Ces notions n'avaient pour lui guère de sens. Mais il avait dans ce domaine des idées simples, très simples, qui peuvent sans doute répondre à cette question. Je l'ai souvent entendu les livrer en famille à destination de ma mère qui aimait bien être éclairée sur ces questions économiques et sociales. Je vous les livre à mon tour. Il expliquait, par exemple, qu'il fallait prévoir les bénéfices de manière à pouvoir faire des progrès, parce que, depuis l'âge de pierre, il n'y a pas de progrès dans la société sans la capitalisation. Si on ne laisse aucun héritage à la génération suivante, elle devra repartir de zéro. Par conséquent, le devoir d'un individu et le devoir d'une nation, c'est de se constituer un capital envers et contre tout en dépit des pillages, des destructions, des guerres. C'est là où il était, je dirais, libéral ou capitaliste. En même temps, il était social (et non socialiste !). Il répétait : « Il faut être généreux vis-à-vis des gens qui n'arrivent pas à se constituer un patrimoine, même s'ils ne le méritent pas. Il faut essayer de les aider à capitaliser le peu d'argent qu'ils possèdent. » C'est là également où il différait complètement des marxistes et des socialistes. Il n'avait de vue égalitaire ni pour l'individu ni pour la société. Il remarquait aussi : « La constitution d'un capital, la rigueur de la gestion, la monnaie forte, tout cela est vieux comme le monde. Il n'y a pas d'autres recettes. On essaie toujours d'imaginer autre chose, mais c'est de la blague. C'est toujours la même chose depuis les Romains et les Grecs ou même peut-être depuis les Babyloniens ou les Juifs. »

— Que rétorquait-il quand on lui reprochait sa politique dite « de prestige » ?

— Il levait les yeux au ciel comme je l'ai vu faire en janvier 1960 à l'abbaye de La Celle, près de Brignoles, dans le Var, où il était descendu avec ma mère de façon à pouvoir méditer au calme et se reposer tout en étant près de nous. Car, cinq mois auparavant, j'avais pris la fonction de chef d'état-major d'une division d'escorteurs d'escadre à Toulon. En mars 1959, ma mère a baptisé la Caravelle. Alors que cet avion était un moyen-courrier, mes parents tiendront à l'utiliser systématiquement dans leurs déplacements en France comme à l'étranger, au besoin à la limite de son rayon d'action (cinq mille kilomètres) en réduisant sa charge à un petit nombre de passagers. Ainsi, en 1964, invité au Mexique, mon père s'envole avec ma mère de Paris en Boeing, se pose à Merida, à deux cents kilomètres de Mexico, et atterrit dans la capitale mexicaine, devant les caméras internationales, à bord de la Caravelle du GLAM qu'il avait fait venir de France par étapes de trois à quatre mille kilomètres à travers l'Islande, le Canada et l'Amérique du Nord. En cours de remise à neuf par les soins de l'Institut Charles-de-Gaulle, à la tête duquel se trouve Yves Guéna, président du Conseil constitutionnel, cet avion est aujourd'hui exposé au musée de l'Air du Bourget. Son obstination à vouloir utiliser à tout prix ce biréacteur a été payante. Car il a fini par démontrer malgré les oppositions qu'une Super Caravelle n'était pas une utopie. En 1960, dans le jardin de l'hôtellerie rouverte à son intention et où nous venons de nous retrouver, il hausse les épaules en s'indignant des propos du P-DG de la SNCASE, le constructeur de Caravelle – propos que je lui ai répétés –, selon lesquels « le général de Gaulle est atteint d'ambitions démesurées en matière d'aéronautique ». Et raille : « Il me fait penser à tous ceux qui, dans l'armée, avant guerre, ricanaient devant les chimères du "colonel Motors" ! » En 1961, grâce à son insistance, le projet du biréacteur Super Caravelle est mis en œuvre, tandis que, l'année suivante, il décide les Anglais à entreprendre la construction avec nous du supersonique Concorde, puis les Allemands celle de l'Aérobus devenu ensuite Airbus. L'un et l'autre voleront avant qu'il ne nous quitte. Rappelons – et c'est important – que c'est lui et les Français qui furent les avionneurs de ces deux appareils et non les Anglais et les Allemands, comme ces derniers essaient parfois de le faire croire en exagérant leur collaboration technique. N'oublions pas non plus les hélicoptères Alouette et les célèbres Mirage. Voilà les ambitions démesurées du général de Gaulle !

— Il passait également pour un fanatique de l'espace, ce qui était étonnant pour un homme de sa génération...

— Pourquoi étonnant ? Il pensait que c'était bon pour la France et c'est pour cette raison que cela enflammait son esprit. A Colombey, pendant les week-ends, ou à l'Elysée, il ne manquait jamais les retransmissions télévisées des lancements des premiers vaisseaux inhabités en 1960, puis celles des premiers vols humains à partir de l'année suivante. Avec les aînés de ses petits-fils, c'était à celui qui montrerait le plus d'enthousiasme. En décembre 1961, il se dépêche de créer le Centre national d'études spatiales. Lorsqu'il a découvert les images des premiers hommes marchant sur la Lune en juillet 1969 (il fallait voir, m'a raconté ma mère, avec quelle passion il était accroché pour une fois au petit écran !), elles lui ont paru tellement artificielles qu'il s'est un moment demandé s'il n'y avait pas un habile montage. Plus tard, son excitation s'était tempérée par un peu de regret. Il remarquait : « Si les Français avaient eu la même puissance qu'au temps de mon grand-père sous Napoléon Ier, ils auraient été les premiers à réaliser cet exploit. Nous en sommes loin avec notre pauvre fusée Diamant et son modeste satellite Astérix [en 1965]. Enfin, heureusement, nous avons aujourd'hui notre base de lancement de Kourou en Guyane. Sans elle, nous aurions été minables et moi coupable vis-à-vis du peuple français. » Il enviait toutes les grandes réussites étrangères. Il rêvait d'un spationaute français dans chaque vaisseau. « Un peuple sans ambition, c'est comme une fusée en bois, énonçait-il. Elle est uniquement faite pour les expositions. » Quand ma mère et moi revenons de la croisière inaugurale du *France*, en février 1962, lui qui a fait activer la construction de ce paquebot, le plus grand du monde mis en cale en 1957, avant lui, il nous harcèle de questions. Il veut tout savoir sur les performances de ce géant des mers de soixante-six mille huit cents tonneaux, sur l'aménagement intérieur, le confort des passagers, et aussi sur l'accueil que lui a réservé le public. Quel intérêt est le sien ! A la fin, satisfait de nos réponses, il a ces mots : « Comme je voudrais que chaque Français ressente la même fierté que celle que vous avez ressentie à bord de ce bateau en pensant, à votre exemple, au rayonnement de leur pays ! » Heureusement, il nous avait quittés depuis longtemps quand le *France* a abandonné notre pavillon à cause de conflits sociaux aussi abusifs que stériles.

— Mais toutes ces idées modernes, comment lui venaient-elles ? C'est vrai qu'il était entouré d'experts, mais fallait-il encore qu'il y pense...

— Il y pensait tout le temps. Il ne cessait de se demander : quelles sont les possibilités des Français, que peuvent-ils faire ?

Et ont-ils les moyens de le faire ? Car il ne faut pas mener des programmes qui finissent par vous ruiner. Il ne nous a pas lancés dans le nucléaire avant d'avoir vu si cela n'obérerait pas le développement industriel de la France. Même chose pour le « plan calcul » et pour l'espace. Quand il a créé le Comité interministériel de la Recherche scientifique et technique, qui regroupait des experts et les ministres concernés, il a voulu placer la recherche auprès du Premier ministre pour qu'on ne croie pas que les recherches naissent uniquement d'un exercice intellectuel, comme le font les mathématiques pures. Selon lui, les intellectuels avaient trop tendance à s'amuser à philosopher. « On peut toujours philosopher, répétait-il, mais ce n'est pas la peine d'avoir le verbe s'il n'y a pas l'action. Notre seule possibilité de conserver un niveau de vie enviable, nous l'obtiendrons grâce à notre savoir-faire, à notre technique, à nos recherches. C'est cela qui nous assurera un revenu national digne de notre rang, et non pas le maintien de choses que le tiers monde est capable de faire. Aussi nous faut-il des idées, toujours des idées. » Au P-DG de Citroën qui lui annonçait fièrement, au cours de la visite d'une de ses usines, que ses ministres allaient être dotés de voitures DS, on se souvient qu'il a lancé ce jeu de mots en évoquant l'ID, un autre modèle de cette marque : « Donnez-leur plutôt des idées. » Cette boutade est authentique. Des idées, quand il n'en avait pas, il en cherchait partout. Pour cette raison, il rencontrait un nombre considérable de gens. Par exemple, je l'ai entendu discuter longuement avec Jean-Luc Lagardère, alors directeur général de Matra, lors d'une partie de chasse à Rambouillet. Les chasses présidentielles lui donnaient justement l'occasion de parler en particulier avec de grands patrons d'industrie sans avoir à les convoquer. Entre deux coups de fusil, lui-même ne chassant pas, il s'entretenait avec l'un ou l'autre d'un sujet qui lui tenait à cœur. A Pierre Dreyfus, le patron de la Régie Renault, il a dit, une autre fois : « Il faut que nous, Français, nous gagnions les 24 heures du Mans et les championnats du monde. Je vous en charge. » Ce dernier a répondu : « Il me faut des moyens et je n'ai pas de moteur. » Mon père a rétorqué : « Eh bien ! nous allons vous en donner. » Ce qui a été fait. Et quand, huit ans après sa mort, Renault-Alpine a gagné les 24 heures du Mans, ses petits-fils qui regardaient la télévision se sont écriés : « C'est la victoire de grand-père ! » Ils ont été les seuls à le remarquer. Qui se souvient aussi qu'il a été à l'origine de la politique de l'environnement en étant le premier à se préoccuper de la protection et de l'embellissement des sites ?

— Comment en a-t-il été inspiré ?

— Mon père, il faut bien s'en souvenir, n'était pas un théoricien. C'était un homme concret. Il voulait voir sur le terrain, se rendre compte des choses par lui-même. Ses nombreux déplacements tant en province qu'à l'étranger lui ont beaucoup appris en matière de protection de la nature et d'environnement. Souvent, à son retour, il maugréait en famille à propos de telle ou telle atteinte au paysage ou de la mauvaise qualité de vie constatée au cours de son voyage. Nous l'avons entendu parler des régions sinistrées par l'industrie en URSS et en Roumanie, comme des villes reconstruites avec goût et souci de l'individu en Allemagne de l'Ouest. Comme nous l'entendions aussi pester contre les vieilles machines agricoles abandonnées dans les rues des villages français et les tas de fumier devant les maisons. Je me souviens de sa consternation lorsqu'il partait vers le nord et qu'il voyait, à la sortie de Paris, les grands gazomètres des usines de Saint-Denis. Il s'exclamait : « Saint-Denis, le tombeau des rois et la cathédrale magnifique, et toute cette population qui vit là-dedans ! » Il était très préoccupé par la condition de vie des Français. Quand il a pensé au nouvel aéroport qui porte aujourd'hui son nom à Roissy, il a prévenu : « Attention, personne ne doit venir habiter à côté. » Mais après lui, les préfets ont laissé faire. A propos des autoroutes dont il était le premier chef de l'Etat français à faire établir le plan de développement, il m'a rapporté : « On m'assure que les régions traversées ne souffriront pas du bruit et de la pollution, mais je me méfie. Et puis, à quoi va ressembler le paysage ? Il faut que je me rende sur place. » Et hop ! il trouvait le moyen d'aller avec ma mère se promener par là et faisait ensuite des observations en conséquence aux responsables.

— Le bruit a couru un jour, avec un concert de moqueries, qu'il voulait interdire aux poids lourds de circuler sur les autoroutes...

— Bien sûr que non ! Mais il pensait que l'autoroute ne devait pas être accaparée par les poids lourds, qu'il fallait les transporter par train. Il était toujours un peu choqué en voiture quand il les voyait se dépasser en faisant la course. « Ils doivent rester à droite, protestait-il. Ça n'est que dans un cas absolument extrême qu'il peut y avoir un poids lourd qui en dépasse un autre. En tout cas, la troisième voie, ce n'est pas pour eux. » Il stipulait : « Il faut faire plus de transports par voie ferrée. C'est plus rapide et moins polluant. J'ai fait le nucléaire pour cela. » C'est sous sa direction que s'imposera l'idée du TGV. Il voulait aussi faire construire des tunnels partout afin de protéger les riverains et la nature des nuisances de la circulation et de la laideur des infrastructures. Mais chaque fois on lui objectait : « Mon général, ça va coûter très cher. » Alors, il répliquait : « Calculez-m'en le coût au lieu de dresser une barrière ! » Quand il a imposé la construction d'un périphérique de Paris, je confirme « imposé » car ce dernier était l'objet de discussions interminables, il s'en est fait présenter les plans à plusieurs reprises. J'ai pu les voir une fois à cette occasion. Il demandait : « Les gens qui sont autour ne vont-ils pas être gênés ? » Ou alors : « Est-ce que ça ne va pas détruire Paris ? » Et à moi, il a fait remarquer, inquiet : « D'après les plans, ce périphérique ne passe pas très loin de chez toi, près du bois de Boulogne, côté Paris. C'est ennuyeux. » J'ai répondu : « Si ça me gêne trop, je déménagerai. » Alors, après avoir étudié l'affaire en se rendant sur place, il a expliqué aux concepteurs : « Si l'on construit le périphérique près de la Seine, les voitures continueront à traverser le bois de Boulogne indéfiniment. Nous allons donc le mettre le plus près possible des boulevards extérieurs de façon à préserver les taches vertes de Paris. » Mais il ne s'en tenait pas à ce seul périphérique, il préconisait qu'il fallait en commencer un autre plus loin, en Ile-de-France, pour mieux contourner la capitale et la desservir. Quarante ans après lui, on n'est toujours pas venu à bout de ce grand projet. Lorsqu'il venait déjeuner chez nous avec ma mère, il lui arrivait d'ouvrir la fenêtre et d'aller sur le balcon. De là, il jugeait avec satisfaction du peu de bruit que produisait la circulation et tentait d'apercevoir le moutonnement lointain des arbres du Bois qui, à l'entendre, n'étaient jamais assez nombreux. Il voulait en voir partout et les souhaitait toujours bien vivaces. Lorsque nous nous promenions en forêt ou dans la campagne et que nous rencontrions un tronc couché, mort et pourrissant sur le bord du chemin, il semblait le regarder avec les yeux de celui qui a perdu un ami.

6

UN PATRIARCHE TRÈS ENTOURÉ

> « Aux vacances, nos enfants, nos petits-enfants, nous entourent de leur jeunesse, à l'exception de notre fille Anne qui a quitté ce monde avant nous. »
>
> *Mémoires d'espoir.*

Il est étonnant de constater que le Général a toujours été très proche de ses enfants, en particulier de vous, son fils, malgré les lourdes responsabilités qui étaient les siennes et les multiples aléas qu'il devait affronter. Mais jusqu'où allaient ses préoccupations à votre sujet ? Quand vous avez songé à vous marier, après la guerre, par exemple, a-t-il été pour quelque chose dans le choix de votre fiancée ?

— Ni mon père ni ma mère ne sont intervenus. Un jour, ma mère m'a simplement questionné de cette façon : « Quand songeras-tu à te marier ? Maintenant que la guerre est finie, c'est peut-être le moment. Je serais heureuse quand même d'avoir une descendance. » De son côté, mon père m'a fait cette remarque : « Il faut choisir quelqu'un en rapport avec ton milieu, tes buts et tes ambitions. » Une autre fois, il a ajouté : « Dans le choix, il faut se souvenir que la jeune fille, c'est comme un papillon... Au départ, ses couleurs ne rayonnent pas beaucoup. C'est d'ailleurs tant mieux. Et puis, une fois qu'elle est mariée, elle devient une femme et à ce moment-là, elle s'épanouit et cela l'embellit. » J'ai eu connaissance de ma future femme par un aumônier de la France Libre, l'abbé de Dartein, qui m'a écrit un jour : « J'ai une nièce. Elle porte un beau nom de l'histoire de France. Peut-être pourriez-vous la rencontrer ? Elle habite la région de Lyon. » J'ai montré la lettre à mon père. Il m'a déclaré sur le ton de l'officier qui vient d'examiner sa carte d'état-major : « Les coordonnées ont l'air favorables. Il faut voir. » Il pensait au général Espinasse qui avait été tué à la bataille de Magenta, car les Espinasse-Dartein comptaient parmi les parents maternels d'Henriette. En réalité, il s'agissait des Montalembert. Mais qu'elle s'appelât Espinasse ou Montalembert, c'était sans importance. Seule la personne l'intéressait. Il a donc invité Henriette avec sa mère et l'abbé Louis de Dartein à Colombey-les-Deux-Eglises. Ils ont passé là quarante-huit heures. Ma future femme était terrorisée. Elle n'osait ouvrir la bouche. Mes parents l'ont jaugée et ils ont été d'accord tous les deux sans pour autant s'étendre. Ils étaient satisfaits de mon choix et n'avaient pas besoin d'épiloguer. Toutefois, mon père m'a fait comprendre qu'Henriette lui paraissait apte à mener l'existence souvent inconfortable d'un foyer nomade d'officier de marine aux moyens financiers limités, et que c'était bien ainsi. « Elle est, m'a-t-il dit, le contraire de ces femmes sophistiquées et artificielles dont le genre ne me séduit guère. » Il a particulièrement apprécié sa simplicité. Il n'est pas resté non plus insensible à son aspect physique. Elle est grande, blonde. Elle a hérité des yeux gris-bleu de son père et d'un certain type alsacien. Manifestement, elle lui a plu immédiatement. A ma mère de même. Après l'avoir très discrètement observée des pieds à la tête, elle m'a laissé entendre que son jugement n'était pas défavorable en évitant sans doute d'avoir l'air de faire pression sur moi. S'il l'avait été, elle me l'aurait alors formellement dit. Le jour de mon mariage, en décembre 1947, avant notre départ, elle m'a soufflé : « Il faut être bon avec une jeune femme parce que la transformation de la fiancée en épouse, en maîtresse de maison et en mère de famille se fait en peu de temps et n'est pas facile. Tu dois donc être indulgent. » Dès la glace brisée, ma future fiancée s'est sentie en confiance, surtout avec mon père.

— Quel genre de beau-père a-t-il été ?

— Il a accueilli sa belle-fille comme toutes les jeunes femmes, à la fois avec un peu d'affection, un peu de courtoisie et aussi un peu de condescendance. Et Henriette s'est tout de suite bien entendue avec lui, mieux peut-être qu'avec ma mère qui avait souvent l'état d'esprit que l'on reproche parfois aux belles-mères à l'égard de leur belle-fille. Entre lui et elle, les propos étaient francs. Au point que lorsqu'elle était en retard au dîner – car il est resté à cheval sur les horaires jusqu'à la fin de sa vie –, il ne craignait pas de le lui faire remarquer gentiment, alors qu'il n'adressait jamais d'observation à ma sœur Elisabeth de peur de la vexer. Pourtant, elle arrivait souvent après Henriette.

— Et votre mère, quelle belle-mère était-elle ?

— Généreuse, mais assez froide, elle avait peut-être de moins bons rapports avec mon épouse que mon père. Mais posez plutôt cette question à ma femme puisqu'elle est là.

— C'est également votre impression, Madame ?

— Parfaitement. Je n'enlève rien à ce que vient de dire mon mari. Ma belle-mère était généreuse à mon égard et n'a jamais cessé de me témoigner de l'attention. Rares sont les fois où elle revenait d'un magasin sans un petit cadeau pour moi, un linge quelconque, un foulard. Je pense qu'elle m'estimait autant que je l'estimais moi-même. Elle m'était très reconnaissante de lui avoir donné quatre beaux petits-enfants et elle s'est toujours beaucoup préoccupée de leur confort matériel, me demandant constamment de leurs nouvelles et les couvant avec sollicitude lorsqu'ils passaient leurs vacances à Colombey. Mais comme vous le savez, elle n'était pas démonstrative et quand on la connaissait mal – ce qui était évidemment mon cas au début de mon mariage – on la prenait pour quelqu'un de distant, je dirais même d'insensible. Il faut dire qu'il était difficile d'engager le dialogue avec elle. On devait toujours être de son avis et faire ce qu'elle avait décidé que l'on ferait. Elle évitait les conversations suivies en dehors des problèmes matériels quotidiens. Et puis, elle n'aimait pas les conseils amicaux qu'une femme peut donner à une autre sur tel ou tel achat de vêtement qu'elle avait projeté ou sur telle ou telle question de la vie familiale. Il était souvent difficile de percer ses pensées ou ses intentions. En fait, quand elle vous fixait de ses yeux gris-bleu, on ne savait jamais sur quel pied danser, et cela avait le don de me mettre mal à l'aise.

— Avec votre beau-père, vous n'éprouviez pas le même désagrément ?

— Sûrement pas. Avec le Général, c'était toujours clair et net. Il ne biaisait pas. Quand quelque chose le gênait, on l'entendait dire : « Je préfère ne pas vous répondre. » Je pense qu'il avait une réelle affection pour moi. Et j'ai toujours été persuadée qu'il en avait d'autant plus qu'il voulait compenser l'isolement et le silence dans lesquels je me réfugiais parfois à La Boisserie et qu'il percevait avec regret. Son air trahissait ouvertement ce sentiment.

— C'était ce que vous ressentiez aussi, Amiral ?

— Sûrement. Ma mère n'a certainement pas été une belle-mère facile. C'était une femme de tête et ses rapports avec ses semblables posaient souvent problème. Il ne lui arrivait jamais de manifester de l'affection sauf, peut-être, parfois, à l'égard de ma sœur quand elle parlait d'elle en son absence. Elle montrait alors une certaine tendresse à son propos quand elle prononçait : « Ma fille Elisabeth. » Mais il faut ajouter qu'elle et mon père ont finalement été, avec leurs différences, des beaux-parents dévoués, toujours prêts à se mettre en quatre. Ils ont beaucoup facilité la vie de notre jeune couple. Souvent, ils recueillaient ma femme et mes enfants entre deux déménagements, quand la marine me déplaçait pour m'envoyer dans un autre poste avec parfois seulement quarante-huit heures de délai. Pas une fois je n'ai su à l'avance où j'allais me retrouver, à Toulon, en Bretagne, en Indochine, au Maroc ou en Algérie. Et mon père ne manquait pas de nous donner de leurs nouvelles tout en s'inquiétant de notre sort.

— Il vous suivait partout par la pensée ?

— Partout. Sa correspondance en fait foi. Il se souciait surtout de notre confort. Ainsi, en 1951, sa plume m'avertit : « Je ne sais pas ce que les Russes vont faire. Peut-être serais-tu mieux au Maroc qu'en Europe à l'heure actuelle. » A ce moment-là, les Allemands de l'Est continuaient leur blocus du secteur ouest de Berlin. La dernière chance de Staline d'attaquer l'Europe. Il y avait des grèves insurrectionnelles en France et dans le reste de l'Europe, visiblement suscitées, *via* les communistes, par l'URSS. Dans une autre lettre, il m'écrit au Maroc pour m'annoncer qu'il est heureux d'apprendre que nous avons trouvé un logement. « Assez petit, il est vrai, juge-t-il, mais digne, moderne et confortable. » C'est à cette époque que notre second fils est né. Le baptême devait avoir lieu à Rabat. Il tenait absolument à y assister. Il est donc parti au Maroc avec ma mère et le colonel de Bonneval, son aide de camp, en voyage privé, tout à fait incognito. La cérémonie a eu lieu à la paroisse de l'Océan dont le curé était un ancien aumônier de la France Libre. Il fallait voir la joie du grand-père, ce jour-là, de tenir son petit-fils dans ses bras au moins pendant quelques secondes ! En 1954, il propose de se renseigner pour nous aider à nous loger à Toulon. Conscient des problèmes que peut rencontrer un jeune ménage avec des enfants très jeunes obligé de se trimbaler d'un endroit à un autre – il avait tellement connu cela lui-même –, il voulait sans cesse m'encourager.

— Maurice Schumann a dit après la Libération : « La seule fois où de Gaulle a tremblé pendant la guerre, ce fut lorsqu'il apprit que son fils se battait en première ligne. » Il devait manifester beaucoup d'inquiétude à votre sujet. Par exemple, le jour où on a annoncé votre disparition en mer...

— Bien sûr qu'il était parfois inquiet. Mais il ne le marquait pas, ma mère non plus. L'histoire dont vous parlez s'est passée près des côtes françaises en mai 1943. Cette nuit-là, les Allemands nous avaient tendu un guet-apens, et notre vedette lance-torpilles s'est retrouvée coincée entre deux lignes de quatre ou cinq dragueurs et de vedettes rapides allemandes dites *Schnellboots*. Mon commandant a été sérieusement blessé et j'ai dû prendre sa suite en quelques secondes. La moitié de l'équipage était hors de combat et, traversé de toute part, notre bateau menaçait de sombrer, l'étrave s'enfonçant peu à peu jusqu'à la passerelle. A Londres, on nous considérait comme disparus. Nous avons quand même réussi à rejoindre la côte anglaise à vitesse réduite. Nous avons su après notre arrivée à Dartmouth que les Allemands avaient annoncé à Radio-Paris, leur radio « française », qu'ils avaient coulé ma vedette et qu'ils avaient fait prisonnier le fils de De Gaulle. Alors, mon père a dû avoir un peu d'inquiétude pendant vingt-quatre heures, mais il ne m'en a pas fait part.

— Vous n'en avez pas été choqué ?

— Pourquoi l'aurais-je été ? Que pouvais-je attendre de lui ? Qu'il me plaigne *a posteriori*, qu'il me félicite ? Inutile de vous redire que ce n'était pas son genre d'en rajouter. Plusieurs mois après, il s'est contenté de remarquer : « Tu auras probablement été l'un de ceux qui, dans les marines alliées, s'est battu le plus près des forces de surface de l'ennemi. »

— Vous avez risqué bien d'autres fois votre vie. Il ne s'en est jamais ému davantage ?

— Si, sans doute. Mais il apprenait la nouvelle quand tout était terminé. C'est le cas à Portsmouth en février 1941. Le bateau de l'Ecole navale sur lequel j'étais embarqué avait envoyé à terre une équipe d'incendie dans l'arsenal bombardé. J'ai été pris sous l'effondrement d'un bâtiment en feu. Coincé sous une poutre, j'ai été dégagé par un pompier anglais. Finalement, je n'ai heureusement eu qu'une côte enfoncée. Comme les hôpitaux étaient pleins, j'ai dû me soigner avec les moyens du bord. Le bruit a alors couru que j'avais été grièvement blessé. Quand mon père m'a retrouvé, il m'a simplement demandé : « Alors, maintenant, tu es remis ? » Je crois que la seule fois peut-être où il n'a pu dissimuler son inquiétude à mon sujet, c'était en août 1944 au moment de la libération de Paris, à la gare Montparnasse où se trouvait le PC du général Leclerc. Je savais qu'en route vers Paris, mon père avait fait cette réflexion le matin même : « Je me demande où est mon fils. » C'est pourquoi je suis persuadé, quand je reçois l'ordre de me rendre à la gare Montparnasse, que c'est seulement pour le rencontrer. Je suis rempli de joie. Je ne l'ai pas revu depuis le fameux dîner du 5 juin, à Londres, pendant lequel, on s'en souvient, il m'a annoncé, à minuit sonnant, que le débarquement en Normandie venait de commencer. Mais il y a eu méprise. Ignorant le désir paternel, le PC m'a réservé la mission de porter un ordre de reddition à quelque réduit nazi. Mon père n'en sait rien. En m'apercevant, il me lance, assez joyeux : « Viens avec nous ! Tu m'accompagnes. » Il est trop tard. Je ne peux me défausser d'une tâche que l'on vient de me confier. D'autant plus que Leclerc lui annonce : « Mon général, l'enseigne de vaisseau de Gaulle a une mission. Il faut qu'il aille la remplir. » Alors, une lueur de déception, sinon de désarroi, passe dans le regard de mon père. Sans un mot il m'embrasse, ce qu'il ne fait pas habituellement et jamais en public. Je le sens conscient du nouveau danger que je vais devoir encore affronter. Peut-être se demande-t-il s'il me reverra. Quelques instants plus tard, je me suis retrouvé seul devant un groupe d'Allemands armés jusqu'aux dents dans le Palais-Bourbon. Ils se sont heureusement rendus sans histoire... Plus tard, en décembre 1944, pendant la campagne d'Alsace, à Ebermunster, alors que j'étais en train de me raser devant une fenêtre ouverte, un Allemand posté de l'autre côté de la rivière l'Ill m'a visé avec un fusil à lunette. Savait-il qui j'étais ? C'est possible, m'ont assuré des civils après coup. Dès la Grande-Bretagne, j'avais recommandé à mes équipages de tanks destroyers : « Ne dites jamais mon nom à personne. Vous ne savez pas qui je suis. » Mon père m'avait conseillé de prendre cette précaution avant le débarquement en Normandie. Quand je lui ai raconté tout cela longtemps après, il a conclu : « Finalement, le Ciel nous a été propice pendant toute la guerre. »

— Votre beau-frère, Alain de Boissieu, a écrit que le Général ressentait de l'inquiétude de savoir que vous apportiez sur porte-avions après la guerre. Vous l'avez su ?

— Ma mère me l'a rapporté. Il faisait pourtant bien attention de la lui dissimuler en ne lui parlant jamais de mes activités. Mais elle avait surpris des conversations qui lui avaient fait comprendre qu'il s'en souciait. Il avait ainsi appris que j'avais connu plusieurs incidents. Un jour, à Hyères, à l'entraînement, à cause d'une panne de moteur, j'atterris « sur le ventre » assez brutalement. J'ai le réflexe de couper le contact pour éviter tout risque d'incendie et reste assommé sur mon siège durant un moment. Comment mon père a-t-il eu vent de cela ? Je me suis pourtant bien gardé de le lui raconter. Je connais par la suite deux autres aléas d'appontage sur l'un de nos trois porte-avions en service, *Arromanches*, *La Fayette* et *Bois-Belleau*, ces deux derniers « si courts, nous disent les Américains, qu'à moins d'être en guerre, il faut être français pour s'y poser de nuit ». Il est arrivé aussi que, lors d'un exercice de tir sur cible au sol, je reçoive la roquette en fonte d'un autre avion. Elle est heureusement inerte. Je dois rentrer me poser en urgence, des fuites d'huile chaude envahissant ma carlingue. Inutile de vous dire que je me suis bien gardé de rapporter tous ces incidents à la maison. Mais mon père finissait par le savoir. Un jour, excédé, il a fait remarquer à ma mère : « Voilà deux ans déjà qu'il commande cette flottille d'avions d'attaque, j'espère bien qu'il va en terminer. » S'interrogeant sur les risques que je courais, j'ai su par la suite qu'il avait saisi l'occasion de se faire expliquer par un capitaine de vaisseau le problème de l'appontage de nuit d'un avion sur un porte-avions. Mais il n'est intervenu en rien et n'a été tranquille que lorsque j'ai changé d'affectation.

— Cette inquiétude à votre sujet ne venait-elle pas également du fait qu'il pensait que vous pourriez peut-être lui succéder ? A plusieurs reprises, il le laisse entendre. Dans une lettre, par exemple, en 1951, il voit sur vous « la marque du destin ». Dans une autre, la même année, il écrit : « Mon vieux garçon en qui j'ai mis toutes mes espérances. » Que faut-il vraiment comprendre ?

— J'ai toujours pensé que ce n'étaient que des encouragements. Jamais je n'ai pris ces mots pour argent comptant. Mon père voulait qu'on ait une ambition au-dessus de celle qu'on se forge. « Le destin peut être ce qu'il est, m'a-t-il expliqué un jour, il ne faut pas barrer quelqu'un d'avance en lui faisant savoir : "Vous êtes limité à ça." Car personne ne sait, lui-même pas davantage, si ses propres qualités et les événements ne pourront pas le porter au-dessus de ce qu'il était en droit d'escompter au départ. »

— Mais dans une troisième lettre, toujours en 1951, il y a quand même cette phrase qui paraît tout à fait extraordinaire : « C'est toi mon fils qui vas devenir le de Gaulle du nouveau drame. » Que voulait-il dire par là ?

— Rien de plus que ceci : « Quand j'aurai disparu, il subsistera un de Gaulle et ce sera toi. » Il faut se souvenir du contexte. Cette lettre date d'une époque où il craignait qu'une troisième guerre mondiale pût éclater. L'URSS faisait des préparatifs pour envahir l'Europe occidentale. L'Occident était en émoi. De Gaulle déclarait alors aux Américains : « Vous avez la bombe atomique. Si vous tenez ferme, ils resteront tranquilles. Si vous ne l'êtes pas, je ne donne pas cher de l'Europe. Cela ne tient qu'à vous. » Il voulait donc me signifier : « Je pense qu'on va vers des événements graves et que si la situation s'envenime, tu devras prendre tes responsabilités. » Ce qui ne voulait pas dire, bien sûr : « ma succession », mais « moi, je ne suis plus dans le coup. » Car je me rappelle qu'à l'époque, ma mère avait déclaré sur un ton solennel assez étonnant : « Si les Soviets envahissent la France, cette fois, nous ne bougerons pas. Nous resterons au combat sur place. Et rassure-toi ce ne sera pas pour recommencer ce qu'a fait Vichy en 1940. » Devant mon étonnement, elle avait ajouté : « De toute façon, toi, tu seras mieux ailleurs s'il fallait continuer comme ton père l'a fait. »

— Et qu'en est-il du testament secret qu'il aurait remis à Foccart et au docteur Lichtwitz, disant : « Debré, Foccart, Philippe doivent me succéder » ?

— Je suis très étonné. Je n'ai jamais eu connaissance d'un testament secret. Je ne vois pas pourquoi il en aurait remis un à Jacques Foccart qui était un homme très dévoué, certes, mais que son désir de servir poussait souvent à se placer là où on ne lui avait rien demandé. C'est trop souvent le cas dans ses livres posthumes où, je le répète, il n'aurait sans doute pas laissé passer, de son vivant, tout ce que le Général est supposé avoir fait ou dit. A ma connaissance mon père avait confié un pli fermé au docteur André Lichtwitz, son médecin et ami depuis 1940, avant ses opérations de la cataracte en 1952 et 1953. La lettre lui a été restituée scellée sans que personne en sache le contenu. Je suppose qu'il s'agissait de dispositions personnelles et médicales à prendre en cas de décès ou d'état l'empêchant d'assumer ses responsabilités. A moins que ce ne soit pour prévenir tout acharnement thérapeutique en cas de coma. Il y a eu une autre lettre qui, celle-là, m'a été confiée avant son opération de la prostate en avril 1964, accompagnée d'un petit mot affectueux me prescrivant, au cas où il disparaîtrait, de faire connaître publiquement qui il souhaiterait voir élu président de la République dans l'immédiat... en espérant qu'« ensuite ce soit toi qui veuilles prendre cette charge ». J'interprète naturellement cette dernière invitation comme un bienveillant encouragement, et pas plus, car en république, avouons-le, il faudrait quand même un concours de circonstances vraiment exceptionnel pour qu'un fils puisse succéder à son père à la Présidence ! Une troisième lettre de sa part m'a encore été adressée en mai 1968, juste avant son départ pour Baden-Baden. C'était un pli cacheté, entièrement manuscrit y compris l'enveloppe. Je le lui ai restitué après coup sans savoir ce qu'il contenait.

— Pensez-vous que le contenu de toutes ces lettres était identique ?

— Chacune correspondant à une conjoncture différente, on peut donc supposer qu'aucune n'était semblable. Pour la première où mon père n'était pas au pouvoir, il s'agissait sans doute de dispositions médicales et personnelles pour éviter des interférences politiques. C'est connu, quand des hommes importants décèdent, il y a toujours des gens qui se manifestent pour imposer des modalités d'obsèques qui les servent ou même pour se déclarer successeurs. On a vu cela en URSS pour Lénine et Staline, ou ailleurs d'une façon similaire. C'est pourquoi j'ai de bonnes raisons de supposer, mais sans certitude aucune, que dans les deuxième et troisième cas, le successeur souhaité – car il y aurait fallu de plus l'élection du peuple français – était Georges Pompidou, quoique dans la dernière hypothèse, je doute que ce dernier eût pu tenir longtemps seul face aux désordres de mai 68 si le général de Gaulle avait été vraiment absent. Quoi qu'il en soit, à l'élection présidentielle de juin 1969, mon père avait écrit à Pompidou qui lui avait fait part de sa candidature : « Vous êtes fondé de penser que vous pouvez être mon successeur. » Il ne m'a pas contré sur ce point quand je lui en ai parlé à son retour d'Irlande.

— Vous êtes sénateur depuis 1986. Le Général souhaitait-il vraiment que vous fassiez de la politique ?

— Mon père n'a pas exclu que j'entre en politique, mais il ne m'y a pas poussé. J'étais militaire et c'était très bien ainsi. Il ne faisait aucune prévision en ce qui me concernait, si ce n'est pour spécifier : « Si tu as un destin, c'est à toi de le trouver. Il est peut-être meilleur que celui que tu as. Je ne fais pas de barrage. » En tout cas, si j'étais entré en politique de son vivant, comme quelque parent que ce fût (à ce propos, je dois rendre hommage à Jacques Vendroux qui a mené sa carrière politique avec beaucoup de discrétion et a été pour le Général un beau-frère presque parfait), je pense que cela l'aurait gêné. Un jour que nous abordions ce sujet après le déjeuner, à l'heure du café, tout en vérifiant que l'on remplissait sa tasse presque à ras bord – c'était la consigne habituelle –, il m'a fait remarquer, sans pour autant en tirer quelque conclusion, que c'était arrivé à Churchill avec son fils. Cela arrivera plus tard avec son petit-fils. Par conséquent, tant qu'il était en vie, et en tout cas au pouvoir, j'ai tenu à m'abstenir complètement de toucher de près ou de loin à la politique. C'est ainsi que lorsque je suis entré au Sénat en 1986 avec le Rassemblement pour la République (RPR), pour aider Jacques Chirac à monter au créneau, parce que c'était le seul qui faisait référence au général de Gaulle, mon père était mort depuis seize ans.

— Que penserait-il de votre présence au Sénat, lui qui n'était pas toujours d'accord avec cette institution ?

— Pourquoi n'était-il pas toujours d'accord avec le Sénat ? Parce qu'il estimait que le Sénat se croyait encore sous la IIIe ou la IVe République, que cette Assemblée n'avait donc pas compris que l'on avait changé de République, et qu'il lui fallait donc se décider à s'adapter pour devenir enfin utile à la nation. Cela a été le cas dès que le nombre de gaullistes, qui y était trop faible (dix-sept sur trois cent douze), a augmenté en masse jusqu'à être le groupe le plus important. Quant à affirmer à longueur d'ouvrages que mon père voulait supprimer le Sénat, ce n'est pas exact. C'est le Conseil économique et social dont il voulait la fin, car il considérait que cette Assemblée était un héritage de la IVe République, ce qui pour lui était une tare originelle. Je l'ai entendu un jour s'écrier : « Qu'est-ce que c'est que cette Assemblée qui ne donne son avis que quand on le lui demande ? Et d'ailleurs, on ne le lui demande pas ou presque jamais. En plus, c'est une espèce de chaudière dans laquelle les syndicalistes font monter la vapeur à longueur d'année. »

— Y a-t-il des moments où il a changé d'avis grâce à vous ?

— Je ne pense pas qu'il ait jamais changé d'avis grâce à moi, ni grâce à quelqu'un d'autre. Mais mon avis a sans doute compté dans la somme. Ce fut ainsi en mai 68, quand je lui ai lancé : « Votre avenir est terminé. » Je crois que j'ai été le seul à le lui dire. Ce qui l'a rendu très mécontent. Peut-être, après tout, ma mère lui a-t-elle fait la même réflexion. En tout cas, je crois que personne d'autre n'a osé lui jeter de telles paroles à la tête. J'ai eu également une opinion plus réservée que les gens qui étaient autour de lui en ce qui concerne l'Algérie. On circulait partout avec mon petit escorteur rapide, on allait dans de nombreux endroits de la côte algérienne, on voyait beaucoup de monde et beaucoup venaient aussi nous rendre visite, et j'avais une perception plus pessimiste que celle de l'état-major de l'armée de terre. Je rapportais donc à mon père : « J'ai l'impression que vous n'arriverez pas à faire basculer les Arabes de notre côté parce que nous nous trouvons dans une situation d'occupants. » Et pour mieux me faire comprendre, je lui ai raconté que me trouvant un jour dans les environs d'Oran et prenant contact avec la commune de Sainte-Barbe du Tletat qui comptait six mille habitants dont une trentaine d'Européens, ces derniers m'avaient avoué que leur conseil municipal était composé de dix-huit Européens et de trois autochtones seulement. Ce qui m'avait fait me récrier en déclenchant leur fureur : « Et vous croyez que ça va durer longtemps comme ça ? » Ils ne comprenaient pas. En m'écoutant, mon père secouait la tête sans mot dire. Ce genre de témoignage a-t-il pesé dans la réflexion paternelle ? C'est possible. Mais encore une fois, personne, je dis bien personne, ne peut se targuer d'avoir assez influencé sa décision pour lui faire adopter une opinion différente.

— Même pas son fils ?

— Même pas son fils qu'il savait pourtant désintéressé, qui n'était pas en concurrence avec lui et qui avait peut-être des perceptions différentes qu'il comprenait toutefois implicitement par identité biologique ou atavique. Celui qui prétend le contraire n'est qu'un vantard. Il se donne un rôle qu'il n'a pas eu. Mon père écoutait les objections et n'en faisait ensuite qu'à sa tête. Parfois, c'est vrai, on pouvait peut-être s'imaginer avoir été à l'origine d'un changement de son opinion. Mais c'était ignorer son travail de raisonnement et les discussions qu'il avait pu entretenir avec d'autres.

— Et le 5 décembre 1965, au soir du premier tour de l'élection du président de la République au suffrage universel, lorsqu'il se retrouve en ballottage avec 44,64 % des suffrages exprimés et qu'il veut tout laisser tomber ? Vous n'êtes pas pour quelque chose dans sa décision finale ?

— Ce soir-là, il est hors de lui. Nous sommes à Colombey, en famille, dans la bibliothèque. Elisabeth et son mari, Alain de Boissieu, nous ont rejoints pour le week-end. Nous venons de rentrer d'une courte promenade. Le vent souffle. Il fait très froid dehors et le feu de bois renforce péniblement le chauffage dispensé par les radiateurs. Mon père est assis dans son fauteuil habituel, celui qui est placé devant la table de bridge. Il contemple le jeu des « flammes lascives », une image qui lui était venue pendant sa captivité en Allemagne. Soudain, dans le silence, il lance, sourcils froncés et poing droit dressé devant lui, menaçant : « Comment ! Ce n'est quand même pas pour moi que j'ai voulu cette élection. Moi, à la limite, je n'en ai pas besoin. Il me suffit de demander de temps en temps au peuple son approbation sur un sujet quelconque et de donner tous les trois mois une conférence de presse. La Constitution n'est pas faite pour moi, mais pour mes successeurs, parce qu'ils n'auront pas le charisme du seul Français vainqueur de la guerre. » Puis, laissant fléchir ses grands bras comme s'il abandonnait sur la table une charge épuisante, il ajoute : « Si les Français n'ont pas compris cela, ils ne comprendront jamais rien. Je n'ai plus rien à faire avec eux. Je m'en vais. » Et de nouveau, le silence. Pan ! Comme après une détonation. Je regarde mon beau-frère. Il semble aussi décontenancé que moi. Ma mère paraît en revanche soulagée. Visage détendu, elle attend la suite. Aspirant comme toujours à une vie plus tranquille, elle ne peut qu'être satisfaite d'entendre mon père vouloir déposer le fardeau à soixante-quinze ans.

— Vous-même, qu'en pensiez-vous vraiment ?

— J'avoue que j'éprouvais à ce moment-là la même impression. Je me disais : n'est-ce pas à d'autres enfin de monter en première ligne ?

— Répondez-moi franchement : vous auriez souhaité le voir quitter l'Elysée ? Quand on a un père président de la République, ne souhaite-t-on pas le voir garder sa fonction éternellement ?

— En réfléchissant davantage, j'ai fini, comme mon beau-frère sans doute, par formuler cette objection en moi-même : l'élection du président de la République au suffrage universel risque de ne pas entrer dans les mœurs si son inventeur ne se soumet pas d'abord lui-même à la nouvelle règle, d'autant plus que tous les politiciens cherchent à retrouver un passé qui favorisera mieux leur jeu. Mon père ne doit donc pas dételer. Alors, peu après, m'approchant de lui, je me suis permis de lui donner ce conseil le plus calmement possible malgré le trouble que je ressentais : « Ecoutez, Papa, vous ne pouvez pas faire cela. Vous savez bien que les Français sont ainsi, qu'ils sont toujours sujets à des caprices momentanés. Si vous continuez, vous verrez, vous allez obtenir une victoire écrasante. Les autres candidats vont se diluer, ils n'existeront plus. » Il s'est mis à réfléchir. Je l'ai vu alors fixer des yeux pendant un moment le simple globe lumineux accroché au plafond de la bibliothèque puis les arabesques décorant l'abat-jour du lampadaire éclairant ma mère. Sur la table de bridge, geste habituel, il massait sa main gauche avec insistance comme pour calmer quelque douleur. A l'époque où il fumait, il aurait plutôt tourné indéfiniment sa cigarette dans ses doigts avant de l'allumer. Il devait confronter mon avis à ceux qu'il avait déjà entendus. Nous sûmes plus tard qu'il avait déjà rédigé sa lettre de démission. Il l'avait cachetée et il allait sans doute la remettre à l'aide de camp qui n'aurait plus eu qu'à la porter à Paris. Peut-être s'en est-il fallu de peu ce jour-là que les Français n'élisent Lecanuet ou je ne sais qui à la place du général de Gaulle.

— On vous sait jalousement attaché au respect de sa mémoire. Combien de fois êtes-vous allé en justice pour la défendre ?

— Peut-être huit ou dix fois. Mais je me suis aperçu de l'inefficacité de la chose. Mon adversaire payait une amende symbolique, mais se rattrapait par la publicité dont il héritait à l'occasion. Cela ne l'empêchait en aucun cas de continuer à mentir. Par conséquent, c'était un système inefficace. Il se trouve en outre que les tribunaux ont une certaine propension à ne jamais complètement rendre justice aux gens qui, disons, portent un nom notoire. Il ne faut jamais tout à fait leur donner raison parce que l'on ne doit pas écraser les autres. Il faut toujours offrir à son prochain une espèce de compensation juridique, si bien que la calomnie, la diffamation, le mensonge, l'omission volontaire et l'invention n'ont pas fini d'attaquer la mémoire de mon père. Peu avant sa mort, il affirmait que l'on aurait pu constituer une bibliothèque entière avec toutes les pensées et toutes les paroles qu'on lui avait indûment prêtées !

— Comment continue-t-il à vivre en vous ? Vous le voyez, vous l'entendez ?

— Ah ! oui, il est toujours présent en moi. J'ai même dans l'oreille le son de sa voix. Il me conseille : « Dans cette affaire, ce n'est pas tout à fait ainsi, ce n'est pas comme cela que je me serais orienté. » Je l'entends conclure sa réflexion par cette tournure de phrase coutumière : « Au fond, voyez-vous... » Je l'entends également donner son opinion sur l'événement du jour, se réjouir avec son rire de gorge ou pester en explosant à l'annonce d'une initiative de politique intérieure ou internationale. Et je vois ses gestes. Je le vois en uniforme glisser ses pouces dans les boutonnières de ses poches de poitrine et vous considérer de haut, yeux baissés, comme si vous étiez devenu vous-même d'une taille très modeste. Ou intervenant tout à coup dans un débat politique que nous suivons à la radio ou à la télévision, baisser les bras sous l'effet de la consternation ou du découragement. Ou bien encore, lors d'une de ses conférences de presse à l'Elysée, pour appuyer son argumentation, lancer sa main en direction de son auditoire, index légèrement recourbé, coude maintenu sur la table. A mes oreilles tinte de temps en temps l'une de ses expressions favorites : « Les choses étant ce qu'elles sont » ou, avec une certaine ironie, poussant le raisonnement des autres : « Alors, on me dit », « Il y en a qui prétendent que », « On voudrait me faire dire que », « Allons donc ! ». Il est présent dans ma vie, dans mes pensées, comme s'il ne nous avait jamais quittés. Le plus souvent, je l'aperçois en train de marcher, à Colombey, dans le jardin, s'arrêter pour contempler une fois de plus la « Victoire » de Bourdelle recouverte de son beau vert-de-gris, scruter au loin l'horizon, ou encore parler à des gens du village qui passent sur la route, de l'autre côté de la haie. Je le sens marcher à côté de moi en forêt et perçois les coups de sa canne ferrée sur le chemin. Je le retrouve aussi à l'occasion d'une cérémonie à laquelle je suis invité, en uniforme, cette fois. Il surgit tout à coup dans mes pensées et s'impose en surimpression de la scène que je suis en train de vivre, effaçant tous les personnages qui se meuvent devant moi. C'est un phénomène connu : les morts se prolongent en nous, dans l'inconscient. A La Boisserie, il est à mes côtés, stylo à la main, tête légèrement penchée, chaque fois que je jette les yeux sur la garniture de bureau marquée de la croix de Lorraine que nous avons voulu conserver à la même place. Et puis, me souvenant de mon enfance, je le revois défiler fièrement en commandant de chasseurs à la tête du 19e bataillon, à Trèves, au son d'une fanfare entraînante. C'est l'image qui émerveillait le plus le petit garçon que j'étais. J'apercevais alors un homme très grand sur un cheval qui avait l'air petit, trop petit, alors qu'en réalité il était de taille normale. Au fond, c'est toujours de cette façon que mon père m'est apparu dans la vie.

7

LES FRANÇAIS TELS QU'ILS SONT

> « Le Français, qui met dans son esprit tant d'ordre, et si peu dans ses actes, ce logicien qui doute de tout, ce laborieux nonchalant... »
>
> *Vers l'armée de métier.*

Quelqu'un a dit un jour : « Le Général aime la France, mais il n'aime pas les Français. » Il est vrai qu'il était parfois très sévère à l'égard de ses concitoyens. Que pouvait-il répondre à ce genre d'affirmation ? D'abord, l'avait-il entendue ?

— Oui, et il en était assez irrité. Il disait en 1969 : « S'il y a quelqu'un qui s'est occupé des Français toute sa vie, c'est bien moi. Alors, comment aurais-je pu me pencher autant sur le sort de gens que je n'aurais pas aimés ? » Une autre fois, je l'ai entendu faire cette réflexion à ma mère qui lui rapportait à peu près le même commentaire : « La France n'est guère concevable sans les Français. Seulement, les Français sont des gens qui passent et se modifient. Alors, il reste la France. C'est elle qu'il faut préserver. Les équipages changent, le bateau reste. » Il aimait tellement les Français qu'il aurait voulu parfois les voir devenir différents de ce qu'ils sont pour n'entendre des étrangers que des compliments à leur égard. Hélas ! C'étaient surtout des critiques acerbes qui lui arrivaient aux oreilles, et il en souffrait. Il aurait tant voulu pouvoir donner tort à ceux qui les prononçaient ! Cela dit, en privé, il lui arrivait de récriminer contre ses compatriotes, et à juste titre. Au comble de son mécontentement, il soupirait, par exemple, poings serrés à hauteur des tempes : « Les Français ne méritent pas d'habiter un si beau pays ! » Mais on aurait eu tort de prendre cette boutade pour argent comptant.

— Quel défaut majeur nous reprochait-il ?

— Je dirais, en premier lieu, notre peu de souci de l'ordre. Ce travers l'irritait souvent. « La pagaille, voilà la maladie des Français, grommelait-il en fauchant l'air d'une main lasse. Je ne pense pas que l'on arrivera jamais à la guérir. » Dans une rue de Londres, en 1940, il eut un jour ces mots en me montrant avec quelle discipline des Londoniens attendaient leur tour pour entrer dans les boutiques d'alimentation : « Si nous pouvions en prendre de la graine ! » Et son agacement quand nous étions en voiture, sur les routes de France, devant le désordre de la circulation automobile : « Comment voulez-vous conduire des gens qui ne savent pas se conduire entre eux ? Regarde-les se faire la guerre au volant. C'est à celui qui passera devant l'autre ou le poussera dans le fossé ! » Comme il voulait que toute chose soit disposée à l'endroit qui lui était destiné, tout ce qui bougeait ou roulait devait fonctionner sans accroc. Je me souviens de son habitude de questionner, avant le départ, le chauffeur concernant sa voiture : « Alors, elle tourne bien ? Vous l'avez fait réviser ? » Et ses interrogations, au cours d'un voyage, au plus petit grincement ou bruit suspect, non parce qu'il était inquiet, mais parce qu'il voulait s'assurer que tout fût en ordre de marche. Et ses observations sur la route : « Votre clignotant, Marroux ! » A la maison, bien sûr, rien ne pouvait être ailleurs qu'à sa place. Il répétait : « Comme les gens, chaque chose a son espace naturel, et elle ne doit pas le déborder. » De toute façon, ma mère n'avait pas son pareil pour veiller au respect de ces principes. Il n'avait pas à les renouveler. Son amour de l'ordre, on le ressentait aussi dans la conversation. Dès qu'elle devenait confuse, son mécontentement apparaissait. On devait parler l'un après l'autre, ne jamais se couper la parole. Enfant, je connaissais le règlement et m'y conformais à la lettre : chacun son tour. Sinon, ses mots sifflaient. De même fuyait-il les explications trop longues de ses collaborateurs : « Au fait, Messieurs, au fait. » Dans les affaires politiques, il déplorait le moindre dérèglement, condamnait la moindre confusion. Gare au ministre qui s'égarait dans une explication. Certains d'entre eux ont eu droit à une algarade en plein Conseil des ministres. « On ne peut pas faire de progrès dans le désordre, assenait-il. Le rôle de l'Etat est d'y veiller. Il y va du respect de la société établie, du progrès et de la stabilité sociale. » Cependant, c'est l'envie qui était, d'après lui, le plus grave travers des Français.

— Mais lui-même n'était-il jamais envieux ?

— Je ne l'ai jamais vu être envieux autrement que pour la France. Il souhaitait la voir susciter l'envie du monde par ses réussites. « L'envie est notre vice national, énonçait-il. C'est le pire des péchés capitaux, celui qui a jeté les anges aux enfers parce qu'ils en voulaient à Dieu de leur être supérieur. C'est pire que l'orgueil. L'orgueil a une certaine noblesse. L'envie est le sentiment des vaincus et des haineux. C'est le crime de Caïn contre Abel, celui qui a tout raté et qui tue le voisin parce qu'il a réussi. C'est la colère du perdant. Si les Français n'avaient pas ce défaut, on pourrait encore leur pardonner beaucoup de choses. » Et il ajoutait souvent : « Ils estiment toujours que le succès d'autrui se fait à leur détriment, d'où leur sentiment de rendre coupables ceux qui réussissent à leur place. » Combien de fois l'ai-je entendu me recommander alors que j'étais collégien : « Les résultats des autres ne doivent t'intéresser que dans la mesure où tu veux faire mieux qu'eux. N'imite pas les Français qui regardent toujours le niveau du verre de leur voisin. C'est vraiment leur côté le plus bas. » L'envie sociale était selon lui une caractéristique cultivée chez nous. « Ce qui fait, m'expliquait-il encore à Londres, en 1940, que nous sommes très exposés à la lutte des classes, alors que l'Anglais, par exemple, ne sait pas ce que c'est. Certes, l'ouvrier anglais n'aime pas forcément son patron. Il peut même le haïr. Mais il le hait pour des raisons précises. Il ne le hait pas par principe ni par raison sociale ou idéologique. » C'est pourquoi, pensait-il, les Français déclenchent des révolutions. « Le but des révolutions, c'est de faire évoluer les choses. Les Français font la révolution par incapacité, pour détruire l'élite qu'ils se sentent incapables de remplacer, qu'ils désespèrent de jamais pouvoir égaler. Alors, ils souillent les tapis, arrachent les rideaux, cassent les carreaux. C'est la bêtise de l'animal fou, cette espèce d'immaturité qui fait qu'on veut toujours détruire ce que l'on ne peut pas produire soi-même ou se procurer. » Il constatait que ce n'était pas le cas des Anglais. « S'ils se révoltent, ils respectent les pelouses. De même les Allemands. Ils font la révolution en passant par les allées, sans piétiner les plates-bandes, couper les arbres et décapiter les statues comme les Français. » Il remarquait également que l'envie était souvent le seul sentiment qui imposait aux Français de porter le regard sur leur prochain. Sinon, c'était « connais pas ». « A-t-on jamais vu, remarquait-il, un peuple qui se sente si peu lié par la responsabilité partagée et l'intérêt commun ? » Il se désolait de ce manque de solidarité dû à un individualisme forcené et inné, à la tendance ancestrale de ramener tout à soi. Un jour, je l'ai entendu rétorquer à ma mère qui fustigeait je ne sais quel défaut d'initiative du gouvernement en matière sociale : « Si les Français prenaient l'habitude de ne pas desservir leurs voisins mais, au contraire de leur porter assistance quand ils en ont besoin, l'Etat ne passerait pas son temps à jouer les nounous. » Demandons-nous, après ces paroles prononcées il y a si longtemps par mon père, la raison pour laquelle il y a eu tant de morts en France, en 2003, parmi les personnes âgées, du fait de la canicule, et si peu dans les pays anglo-saxons où le sentiment de solidarité est très développé.

— On l'a souvent entendu se plaindre du complexe d'infériorité des Français. Comment expliquait-il cet autre travers ?

— Quelqu'un a dit de mon père, un de ses adversaires de Vichy, pourtant : « Il a *dé-ridiculisé* la France. » C'est vrai que les Français se sont trouvés ridiculisés avant 1945. Ils avaient un terrible complexe. C'était aussi notre cas, à Londres, en juin 1940. Avec quelle honte nous imaginions ce que les Anglais pouvaient penser de nous dans la rue quand ils nous voyaient passer dans notre uniforme après cette déroute historique de nos armées ! Ah ! nous n'étions pas fiers. Il nous a fallu Bir Hakeim, en 1942, pour retrouver notre dignité. Alors, en 1945, combien de Français pouvaient se dire : « J'ai participé à la libération de mon pays » ? Combien de Français qui avaient l'âge de se battre sont sortis de leur trou, tête enfouie dans leurs mains, durant les quatre ans de l'Occupation, ou tout simplement de leur froide indifférence, pour rejoindre les hommes courageux dans les maquis ou chez les FFL ? J'ai souvenance à ce propos de la réflexion de mon père en octobre 1946, alors qu'il a quitté le pouvoir. De retour de mon temps d'instruction aux Etats-Unis, je vais passer deux ou trois jours à Colombey-les-Deux-Eglises. Mes parents ont emménagé à La Boisserie cinq mois auparavant. Les vignes vierges et le lierre n'ont pas encore eu le temps de garnir les murs. C'est le lendemain du deuxième tour du référendum qui a vu malheureusement l'adoption de la Constitution de la IVe République. Je fais avec mon père quelques pas dans l'allée des charmilles jonchée de feuilles mortes qui craquent sous nos pas. Il est irrité par le reproche que l'on est en train de faire à Maurice Schumann. Une lettre ouverte prétend qu'il aurait reculé devant une mission de parachutage en France en juin 1944. Il grommelle : « Si tous les Français avaient pu se comporter comme ce compagnon pendant la guerre ! Regardez-les comme ils se sentent honteux aujourd'hui [et avec son rire de gorge], c'est pour cela qu'ils n'ont plus voulu de moi. La présence de De Gaulle à la tête de l'Etat était pour eux comme un remords vivant. » Il pensait que la défaite de 1940 poursuivrait les Français pendant au moins une génération. « Ils auront longtemps cette casserole à traîner, et s'ils veulent l'oublier, d'autres se chargeront de la leur rappeler. Les Américains les premiers, qui veulent que les Français ne cessent jamais de les remercier de les avoir libérés et de se considérer comme leurs obligés pour l'éternité. Ils n'ont d'ailleurs pas grand effort à faire pour les en persuader. Il faut voir comment nos dirigeants sont à genoux devant les Etats-Unis, comment ils recherchent leur protection divine. » Alors, pensait-il, l'idée de se retrouver tout à coup vainqueurs et défilant à côté des vainqueurs les avait stupéfiés.

— Jean Mauriac, je crois, lui a fait dire une fois : « C'est la trouille qui commande les Français. » L'avez-vous entendu exprimer pareille chose ?

— Plusieurs fois. Il me l'a répété une dernière fois en

septembre 1970, alors que l'on venait justement d'annoncer la mort de François Mauriac, ce qui le chagrinait au plus haut point. La peur, il en avait parlé avec lui, un jour. Il se souvenait lui avoir fait remarquer à cette occasion : « Il ne vous manque qu'une chose, cher Maître, celle d'avoir été confronté au moment de vérité qu'est la guerre. » Tout en tricotant, ma mère suit la conversation. Il passe alors en revue toutes les « trouilles françaises », à commencer par celle que nos concitoyens ont connue au moment de l'invasion de 1940. C'était un peu tard. Et puis, la trouille les a repris au moment où le général Gerd von Rundstedt et ses panzers ont commencé à revenir sur Paris, fin 1944. Mais la 10e division d'infanterie du général Pierre Billotte et deux autres, les 1re et 4e nouvellement constituées de volontaires et équipées d'armes récupérées à l'ennemi, ont été placées sur l'arrière des Alliés pour le cas où les Allemands auraient réussi à percer le front, et les Français tout juste libérés ont fini par abandonner leur grande peur. En 1947, elle revient quand le « grand soir » promis par les communistes plane sur les esprits en même temps que la menace soviétique. Ils se réfugient alors dans les bras du rassembleur que les partis ont renvoyé dans son village un an auparavant. Et puis en 1958, lorsqu'ils se sont écriés en tremblant : « Les paras d'Algérie vont débarquer ! On va avoir la guerre civile ! » Qui sont-ils encore allés chercher ? Même Le Troquer qui était furieusement contre mon père l'a appelé de ses vœux. En mai 68, le scénario s'est répété. Ils se sont aperçus qu'ils étaient en train de partir en morceaux. Ils ne se sont ressaisis que lorsqu'ils ont vu leur sauveur habituel s'envoler pour Baden-Baden. Alors, d'un seul coup, tout est rentré dans l'ordre. On connaît la suite. Après ce bilan, ma mère lui a fait remarquer : « Vous voyez comme ils vous en ont remercié. Vous auriez dû les laisser avec leurs peurs en 1944, après votre *Magnificat* à Notre-Dame, dès votre dernière prière. » Il n'a pas répondu. Il a attendu d'être seul avec moi dans son bureau pour conclure : « Les Français ont été gaullistes toutes les fois que ça les arrangeait. Ça ne les arrange plus. Eh bien ! moi, maintenant, ça m'arrange encore. » Et il a repris son travail d'écriture.

— « Les Français sont des veaux. » Il a réellement employé cette expression ?

— Il l'a souvent employée quand il les voyait ne pas réagir ou se considérer comme battus avant même d'avoir engagé le fer. Au début de juin 1940, par exemple, à Londres, à l'hôtel Connaught, à voix basse pour ne pas être entendu des convives qui dînent à la table voisine. Il vient de stigmatiser l'armistice au micro de la BBC. Je le vois alors serrer son couteau nerveusement avant de le reposer avec délicatesse. Puis il me souffle : « Ce sont des veaux. Ils sont bons pour le massacre. Ils n'ont que ce qu'ils méritent. » Quand j'apprenais l'histoire de France au collège Stanislas et que je m'étonnais de telle ou telle défaite militaire que nous avions essuyée, il me disait : « Les Français sont comme ça depuis les Gaulois. Hannibal qui recrutait des légions pour battre Rome écrivait à son frère Hasdrubal, qui levait des mercenaires en Espagne et dans les pays voisins : "Ne prends pas trop de Gaulois. Ce sont des ivrognes. Ils sont courageux dans l'action, téméraires au combat, mais vite découragés et jamais contents." César disait à peu près la même chose. Il ajoutait : "Ils sont palabreurs et n'arrivent à s'unir que face au danger." Tu vois, concluait-il, deux cents ans avant Jésus-Christ, on définissait assez bien les Français d'aujourd'hui. » De même répétait-il souvent : « La France vacharde. » Cela voulait dire qu'elle tombe dans la veulerie et qu'elle cherche à donner le coup de corne ou le coup de pied de l'animal rétif à ceux qui veulent la faire avancer. Une autre expression lui était familière : « Les Français s'avachardisent. » Termes militaires pour signifier qu'ils s'avachissent en grognant. Dans une lettre au père Bruckberger, le 27 mai 1953, il écrivait avec néanmoins un certain optimisme : « La mollesse française est d'une extrême épaisseur. Mais même en France, elle n'a pas l'Avenir, qui est aux forts. »

— Un autre travers l'irritait tout autant chez nous : notre inconstance. Notre propension à changer brusquement d'avis...

— C'est vrai. Il jugeait les Français versatiles. Une fois, devant moi, il a fait remarquer à ma mère : « Les femmes changent paraît-il souvent d'idée, eh bien ! dans leur ensemble, les Français ne sont guère différents. » Il considérait qu'ils ne pouvaient jamais s'en tenir à une direction définitive, qu'ils étaient toujours prêts à s'esquiver, à croire que c'est en prenant la tangente qu'on évite les problèmes. Je l'entends encore : « Le Français est un cheval qui, au lieu de sauter l'obstacle, essaie chaque fois de passer à côté. S'il ne trouve pas un jockey pour le forcer à aller droit sur la haie, hop ! il l'évite. On peut toujours l'attendre dans les tribunes, il ne fait pas le parcours. » Il me dresse un tableau complet des esquives : en 1940, les gens de Pétain s'entendent avec Hitler et trouvent la tangente de Vichy et de la zone dite libre. L'obstacle de la guerre n'existe plus, pensent-ils ! Après le départ des ministres communistes du gouvernement en mai 1947, plutôt que d'avoir à affronter l'obstacle représenté par de Gaulle, les partis créent une troisième force. Et en avant pour le fiasco ! En 1958, ils viennent chercher de Gaulle parce qu'ils espèrent qu'il va trouver une tangente devant l'Algérie et le problème colonial. De même en 1968, ils veulent la tranquillité sans laquelle il n'y a pas de prospérité, mais en même temps, ils croient pouvoir se défiler de l'effort en bêtifiant dans le laxisme. En 1969, ils prennent de nouveau la tangente avec Pompidou avant de se tourner vers Giscard. « Regarder un problème en face est impossible aux Français, concluait mon père. Qui peut marcher droit les yeux tournés à droite ou à gauche sans se casser le nez contre un mur ? »

— Les intellectuels ont toujours été contre lui, sauf quelques-uns. Quelle explication donnait-il à cet état de fait ?

— Il avait une explication très simple : « Je suis un réaliste et ils ne le sont pas. Ce sont des spéculateurs. On ne peut donc pas s'entendre. » Sans doute vous souvenez-vous de ce que André Frossard a écrit avec son humour habituel après la mort du général de Gaulle : « Il n'aura jamais fallu que vingt ans à nos intellectuels pour comprendre le génie de De Gaulle, que l'humble peuple avait compris tout de suite, et finalement c'est peu quand on songe qu'il leur a fallu quarante ans pour s'apercevoir que Staline n'était pas le petit frère de saint Vincent de Paul. » Le Général admettait cependant qu'il existait des intellectuels réalistes. « Ceux-là, déclarait-il, essaient avec leur intelligence d'analyser les gens et les choses, c'est-à-dire des réalités, pas des utopies. » Mauriac est pour lui un véritable intellectuel réaliste. Bernanos, aussi, même Pierre-Jean Jouve avec sa poésie. Malraux est également un intellectuel réaliste. « Il faut le voir, s'émerveille-t-il, s'occuper des monuments historiques, de la restauration du petit Trianon, de l'Opéra, et d'autres choses concrètes. Il n'est pas du genre à défigurer les places publiques avec des sculptures farfelues. » Et puis, il y a les utopistes. « Ils imaginent le monde comme il n'est pas, selon ce qu'ils veulent qu'il soit. Alors, ils jugent que la peinture est mauvaise, qu'elle doit changer. Ils font donc des tableaux avec des taches dans tous les sens et on les applaudit. La musique n'est pas meilleure. Elle doit revenir à ses sources. A bas Mozart ! On tape sur des casseroles pour essayer de retrouver la cacophonie des cavernes, remonter le chemin que l'on a parcouru quatre mille ans durant pour arriver à lui. » Il caricaturait et s'en amusait beaucoup. Parfois, en voiture, à la vue d'un immeuble nouveau à l'aspect un peu excentrique, il se moquait de cette façon : « Encore un architecte qui joue les intellectuels ! Si on lui demandait de vivre là-dedans, il ferait piètre mine. Je plains les locataires. » Il disait aussi qu'occupés à recréer le monde tous les matins, les intellectuels ne peuvent être qu'à gauche parce que, pour les gens qui ont ces convictions, le monde n'est jamais juste et toute forme d'autorité a ses injustices. « C'est toujours injuste le monde : il y a les bons, les mauvais, il y a les gens qui courent vite et les gens qui ne courent pas du tout. Ah ! ce pauvre malheureux qui arrache le sac à main de la vieille dame ! Le sort est injuste s'il oblige un pauvre malheureux à agir ainsi. S'il était P-DG, il laisserait les vieilles dames tranquilles. Voilà le raisonnement des intellectuels. Or, la question n'est pas de savoir si l'agression est le fait d'un malheureux ou d'un P-DG, mais si on la tolère en attendant pire. » Il lui arrivait donc souvent de railler de la sorte et ma mère n'était pas la dernière à s'en amuser. Pour elle, il fallait se méfier de ceux qui « intellectualisent » les réalités du genre humain, des animaux et des choses. Aussi Malraux se tenait-il discrètement à distance de sa personne pour évoquer les écrivains ou les artistes prétendus progressistes.

— « La France est la lumière du monde, humaine, universelle », a-t-il dit à Alain Peyrefitte, un jour. Comment d'après lui a-t-elle pu devenir ainsi avec de pareils citoyens ?

— « Les Français sont capables de tout, même du meilleur »,

avait-il l'habitude de proclamer avec un sourire en coin. Voilà la réponse. C'est vrai que je l'ai entendu s'exclamer aussi, goguenard : « La France serait si belle sans les Français ! » Un soir de décembre 1947, à l'hôtel La Pérouse, alors que ma mère est en train de coudre sur l'épaule gauche de ma nouvelle veste d'uniforme – je vais me marier à la fin de l'année – le bouton de la fourragère des fusiliers marins dont je suis titulaire à vie, il me dit, comme s'il parlait pour lui-même, debout devant la fenêtre, en regardant l'avenue des Portugais et plus loin l'avenue Kléber tapissées de neige sous un clair de lune magnifique : « Quelle chance nous avons d'habiter un pays pareil ! Il n'y en a pas deux comme lui au monde. Elle a été la mieux équilibrée dans l'art et la culture, les écrits, l'architecture, les jardins, les châteaux, la peinture, même si ça a été un peu plus tardif. Elle a fourni de grands médecins, de grands scientifiques, de grands généraux. » Silence. Il a arrêté son soliloque. Ma mère a fini son travail de couture. Elle s'est assise à son secrétaire. Un lampadaire l'arrose de sa douce lumière. J'ai rejoint mon père devant la fenêtre. Il s'est retourné et regarde ma mère. Toujours enfoui dans sa réflexion, il se reprend à monologuer : « La France a aussi un sens de la femme et de la famille qui a été bien souvent supérieur à celui de beaucoup d'autres pays. Et puis, elle a été une source d'inspiration pour la planète. C'est elle qui a donné le *la* à l'interdiction de l'esclavage, le *la* à l'indépendance des nations, le *la* au droit des peuples à disposer d'eux-mêmes. Et si ce sont les Etats-Unis qui ont proclamé les premiers les droits de l'homme et du citoyen – je dis "du citoyen" et pas seulement les droits de l'homme –, c'est bien la France qui les a inspirés. Car à la différence des autres, elle n'a jamais œuvré uniquement pour elle-même. Son génie a éclairé le monde entier. C'est sa particularité. Elle a toujours travaillé pour l'intérêt général, et parfois, d'ailleurs, contre son propre intérêt. Les Américains qui ne cessent de nous rabâcher qu'on leur doit tout feraient bien d'avoir un peu de mémoire. » Ma mère s'apprête à ajouter son mot quand Claude Guy, l'aide de camp, entre dans le salon et annonce l'arrivée d'André Malraux. « A cette heure-là ? » interroge-t-elle, hérissée. Il n'est pas loin de 22 heures. Elle s'esquive aussitôt et je la suis. Nous avons juste le temps d'entrevoir l'écrivain, l'air sombre, la mèche pendante, enveloppé dans un manteau de poil de chameau, col relevé. « A une heure pareille ! bougonne-t-elle encore. A quelle heure ton père va-t-il pouvoir aller se coucher ? »

— Le Général a été le premier chef de l'Etat, en France, à se mêler aux Français. Comment l'idée lui en est-elle venue ?

— Je me souviens que ce sujet a été abordé par lui avec des visiteurs à La Boisserie, pendant un week-end prolongé de la Toussaint. Il en fit alors un petit historique. Il constata d'abord que ce n'était pas dans la coutume des chefs de l'Etat français de se mêler au peuple avant la guerre, encore que quelques-uns eussent essayé de l'approcher, comme le président Alexandre Millerand, par exemple. Les gens du Front populaire ne se fondaient pas non plus vraiment avec lui. Ils défilaient au premier rang des manifestations comme aujourd'hui, chaque 1er mai. Ensuite, il évoqua Louis XVI qui en avait peur et ne savait pas s'adresser à lui, ce qui, fit-il remarquer, avait provoqué sa perte. Il parla également de Napoléon que l'on vit brièvement au milieu de la foule pendant la Révolution et les Cent-Jours, faubourg Saint-Antoine. D'après mon père, l'idée de faire corps avec les gens était en fait, aussi étonnant que cela puisse paraître, d'origine militaire. « L'officier se retrouve parmi ses hommes, comme le chef des Francs, proclamé sur le pavois, au milieu de ses guerriers. » Le nom de Napoléon revint alors dans sa bouche, entouré de ses grognards. Il nous décrivit plusieurs scènes de l'Empire avec une précision qui nous émerveilla. Puis il rappela qu'à la tête du 507e chars, en 1940, il se joignait lui-même aux équipages des engins, montait dans les tourelles, parlait aux tireurs, aux pilotes. Il avait fait de même au 33e d'infanterie en s'adressant à ses troupiers, en les interrogeant. A l'époque, c'était pourtant loin d'être la mode dans l'armée. « L'officier descendait rarement de son cheval, se souvenait-il, et il parlait souvent à ses hommes avec hauteur. Moi, j'estimais que c'était le devoir de ceux qui avaient, comme on disait alors, “de l'instruction”, de se mettre à la portée de ceux qui n'en avaient pas afin de les sortir de leur isolement. Le chef au milieu des siens. Voilà le premier devoir de l'encadrement. »

— Quand a-t-il connu son premier vrai bain de foule ?

— D'abord, arrivé à Londres, quand il a tenu à rencontrer

les premiers volontaires de la France Libre. On l'a vu aussi assez souvent au milieu de ses partisans dans les réunions publiques organisées par les FFL, notamment à l'Albert Hall. Mais il a surtout compris – au contraire des autres chefs d'Etat étrangers exilés – l'importance du seul moyen dont il disposait pour nouer le contact avec le pays occupé : la radio. « C'était mon obsession avant même de quitter Bordeaux, nous a-t-il expliqué : pouvoir parler à ceux qui allaient demeurer derrière nous afin de les inciter à continuer la lutte. Souffler sur les braises de l'espoir. » Il gardait en mémoire qu'il avait remporté un certain succès avec la première interview de sa vie pendant la bataille de France, à l'époque de la « Grande Muette » où il n'était pas coutume dans l'armée de répondre à un journaliste, et ce souvenir l'avait marqué. Plus tard, à Londres, il eut encore ces mots en rentrant d'un enregistrement à la BBC, celui du 2 juillet 1940 où il commente pourquoi il refuse la double capitulation exigée par l'Allemagne et l'Italie : « Devant un micro, j'ai l'impression de voir tous les Français comme s'ils étaient réellement rassemblés devant moi comme sur une grande photo de famille. » Jamais auparavant en France un homme politique ne s'était pareillement adressé à la population par le moyen des ondes, avec cette constance et sur ce ton si particulier, comme c'était le cas depuis un certain temps en Grande-Bretagne. C'est lui qui inaugura ce style inhabituel. Mais, il le répétait souvent, la présence physique des Français lui manquait. Il la trouve le 8 octobre 1940 à Douala, au Cameroun, où il accoste à bord du *Commandant Duboc* après l'échec de Dakar. Ce sont ses premiers pas sur une terre française libérée et c'est donc la première fois qu'il se jette littéralement dans les bras de tous ces gens qui l'attendaient depuis des heures. Personne ne peut imaginer combien ce bain de foule fut émouvant pour mon père. « Dans ces effusions, nous a-t-il confié un jour, j'avais l'impression de retrouver un vieil ami perdu de vue. » Personne non plus n'a certainement deviné combien ce contact lui a été salutaire après l'amère déconvenue qu'il venait de subir devant Dakar. Cette réflexion recueillie bien après la guerre, au cours d'une balade en forêt à Colombey, alors que rien n'aurait pu me faire soupçonner qu'il allait aborder ce sujet, le démontre mieux qu'un long discours : « Dans la foule de Douala, parmi les vivats et les accolades, j'ai fait comme si je me noyais au milieu de celle de Dakar. »

— Que recherchait-il en se mêlant à la foule ?

— Un consentement populaire. C'était un besoin chez lui : « recueillir l'adhésion de tous comme si j'avais affaire à un seul sans le voir vraiment ». Quand il se retrouvait en haut d'une tribune, au bout d'un moment, il voulait en descendre « pour être plus près du peuple, pour mieux le percevoir ». Séparé de lui, il se trouvait sans approbation populaire, sans pouvoir et sans légitimité, « sans le droit d'exercer mon action ». C'est ce qui l'a déboussolé en mai 68 quand il a vu qu'il n'avait plus le contact avec les gens qui manifestaient dans la rue, jusqu'au moment où, le 30 mai, la France profonde l'a repris dans ses bras. Très souvent, il décidait donc de rompre le protocole, de quitter les rangs officiels, pour établir le contact avec les gens, considérant qu'entre eux et lui il y avait trop de distance. Loin d'eux, il avait l'impression de « parler dans le vide ». Alors, il voulait voir de près le visage des hommes et des femmes, et sentir, comme il l'expliquait, « leur main dans la mienne ». Ce besoin, il ne l'avait pas seulement dans de grands rassemblements. Il pouvait l'éprouver à tout moment, notamment au cours de ses visites en province. Il lui est souvent arrivé dans ces occasions de faire arrêter la voiture et d'aller saluer de braves gens dans un village alors que son programme ne l'y obligeait pas. Ce n'était pas toujours du goût de ma mère qui redoutait de le voir rencontrer des inconnus et peut-être attraper un mauvais coup.

— On a dit parfois que ses gestes étaient calculés et qu'il devait forcer sa nature...

— Rien de plus faux. Tous ses gestes étaient instinctifs. Sa raideur n'était due qu'à son aspect physique. Il n'avait pas à se contraindre. Rien n'aurait pu l'arrêter au moment où il décidait de se jeter dans la foule, ni le risque de chambouler un programme, ni surtout celui de mettre sa vie en danger. Demandez-le donc aux « gorilles » qui l'accompagnaient. Demandez à Roger Tessier combien de fois il a tremblé pour sa sécurité. C'était une véritable impulsion. « Comme la brise force les voiles », décrivait mon père. Il n'aurait pas pu vouloir faire de l'épate. Sa nature le lui aurait interdit. A ce sujet, il n'avait pas l'attitude du général de Lattre qui ne quittait jamais son stick en bambou et en jouait avec tout le monde en le faisant tourner devant lui « comme un prestidigitateur en scène ». Il se moquait de ce comportement, mais sans méchanceté, car il appréciait le soldat au plus haut point. Il m'a cité de même à ce propos le général Douglas MacArthur. Il était à ses yeux un personnage d'envergure pour lequel il avait une grande estime. Mais il l'avait beaucoup déçu quand il avait appris par la presse américaine que rien de ce qu'il faisait devant le public n'était gratuit. Ses uniformes resplendissants, sa façon de patauger dans la mer et d'aborder les troupes, ses gestes et ses paroles, tout était calculé en fonction des caméras de télévision. C'était, affirmait-on, le « cinéma de MacArthur ». Mon père était stupéfait. Il s'exclamait : « Je ne serais jamais capable de faire ça ! Le spectacle, oui, mais pas celui où l'acteur et les spectateurs mêlent leur jeu et leurs applaudissements. »

— Il avait un certain magnétisme sur le public. On est allé, par exemple, jusqu'à lui présenter des malades. Ces démonstrations le touchaient-elles ou l'énervaient-elles ?

— A ma mère qui, un soir, s'était étonnée devant moi d'une scène semblable, du côté de Bordeaux, au cours de laquelle on lui avait tendu un enfant handicapé, il a répondu : « Qu'est-ce que vous voulez ? Quand un homme est mis au sommet, il a immédiatement pour la masse l'onction du Seigneur. Béni des dieux, il est capable d'exercer des pouvoirs extraordinaires, comme de guérir les maladies. » Et dans un soupir : « Si je pouvais de cette façon changer la psychologie des Français ! » Enfin, après un silence, en souriant : « De toute façon, ma présence au milieu d'eux tient du miracle. Je leur dis bonjour, je leur serre la main et, d'un seul coup, les voilà sortis de l'ombre et remontés pour longtemps, et qui sait, devenus riches, car le privilège de la richesse, c'est de pouvoir sortir de la foule. » Je l'entendrai souvent prononcer cette dernière sentence. Une fois, à Lisieux, lors d'une rencontre avec le public, une femme a élevé son nourrisson à bout de bras au-dessus des gens qui la pressaient pour qu'il le touche. Il en gardait un mauvais souvenir. Il avait eu peur de voir le bébé tomber à cause de la bousculade. C'est ce qu'il a confié à ma mère après coup. Il craignait beaucoup d'avoir, un jour de débordement, la mort de quelqu'un, surtout celle d'en enfant, sur la conscience.

— Lui qui était si réservé et si pudique se laissait embrasser sans sourciller par tout le monde. Comment expliquer cela ?

— Ce n'est pas ce qui lui faisait le plus plaisir. Il ne parvenait pas à comprendre le désir qu'avaient les femmes d'appliquer leurs lèvres sur ses joues. Il lui arrivait de demander à son aide de camp de repérer sur son visage les marques rouges laissées par ces admiratrices trop empressées. Ma mère se moquait gentiment quand elle voyait sur le journal ou à la télévision que l'embrasseuse prêtait à la cocasserie. Il disait avec un petit rire rentré, à propos de ces manifestations intempestives : « Quand je remets la Légion d'honneur aux dames et que je leur donne l'accolade, elles ont immanquablement le réflexe de vous embrasser. C'est naturel et on n'y peut rien. »

— Et le risque d'attentats dans la foule ?

— Lui semblait s'en moquer. Moi, je me permettais parfois de lui suggérer la prudence, surtout quand l'affaire algérienne a éclaté. Mais je devais prendre des gants. Il n'y avait pas que ses gardes du corps qui savaient qu'il détestait d'avoir à s'entourer de précautions pour approcher les Français. Il bougonnait : « Tu ne veux quand même pas que je me limite à parler à la radio ! Il me faut bouger. » Alors, je n'insistais pas. Ma mère était évidemment la plus inquiète. Il fallait la voir suivre ses pérégrinations à la télévision quand elle ne l'accompagnait pas en voyage. Mais jamais elle ne nous a fait partager ses craintes. Il faut dire qu'elle avait connu d'autres frayeurs pendant la guerre ! Parfois, il allait même jusqu'à se gausser des histoires plutôt peu rassurantes qu'on rapportait à Colombey après un de ses déplacements, comme celle de ce garde-barrière trop éperdu d'admiration qui faillit lui faire perdre la vie en omettant de fermer le passage à niveau devant sa voiture au moment où elle allait traverser la voie. Le reconnaissant derrière la vitre, le bonhomme avait pensé : « Non, il n'est pas possible que je le fasse attendre. »

— Vous ne l'avez jamais senti énervé, assommé par la foule ?

— Enervé, oui, quand les rencontres avec elle étaient trop répétitives. Et puis elles étaient parfois tellement bruyantes qu'à la fin il en avait les oreilles cassées. Il voulait alors y échapper pour récupérer un peu, se retrouver. Mais quand il se sentait coupé de la foule, je le répète, il n'avait plus de raison d'être. Il n'était plus qu'un individu qui vit sur lui-même. Cela dit, j'ai souvent remarqué qu'il fuyait les gens isolés qui voulaient l'aborder. Somme toute, à la masse il préférait avoir affaire à de petits groupes, surtout pas de deux ou trois personnes, mais d'une vingtaine ou d'une trentaine, et à condition que l'initiative de l'approche vînt de lui et au moment qu'il estimait opportun. Un jour que je lui servais d'aide de camp, il m'a soufflé, alors que deux couples s'étaient détachés du gros de la foule pour courir vers lui l'accrocher personnellement : « Mais qu'est-ce qu'on attend pour les arrêter ? » En fait, il préférait la multitude anonyme. « Ah ! la mer », s'exclama-t-il, souvenez-vous, à la vue de l'immense foule de la libération de Paris sur les Champs-Elysées. La mer dans laquelle on pouvait, seul nageur, plonger avec délices.

— Que pensiez-vous en famille de cette popularité ? Ne ressentiez-vous pas quand même un peu de jalousie ?

— Pas du tout. Nous, nous étions dans le saint des saints. La jalousie ne pouvait nous atteindre. D'abord, c'est un sentiment que nous n'avons jamais éprouvé dans la famille. Quand j'étais adolescent, mon père me disait : « Je n'ai jamais été jaloux sauf pour la France. » Et il m'invitait à être de même.

— Il n'a jamais été jaloux pour lui-même ? En 1953, par exemple, quand Churchill a reçu le prix Nobel de littérature ? Ne pensait-il pas que cette récompense suprême lui revenait davantage ?

— Pour lui-même, il s'en moquait éperdument. Quels étrangers seraient qualifiés pour décerner une récompense au chef de la France ? En revanche, il appréciait que ce prix soit remis à un Français. Il aurait par exemple souhaité qu'un prix Nobel fût attribué à Malraux qui, estimait-il, le valait largement. Or, malheureusement, cela n'a pas été le cas.

— Vous m'affirmez qu'en famille la jalousie ne pouvait vous atteindre. Mais on s'appropriait le mari, le père, non ?

— Non. Nous savions que l'homme profond dans sa nature était avec nous. Ce n'était pas celui que nous voyions sur le petit écran, accaparé par les foules, fêté, adulé, embrassé par les Français. C'était le père, le mari. Ce n'était pas de Gaulle. Quand il rentrait, nous le retrouvions comme s'il n'était jamais parti, avec son regard tantôt songeur, perdu dans la méditation, tantôt vif, méfiant, en alerte ou, encore, sensible, amusé, spirituel, avec ses observations cocasses, ses boutades et ses réponses d'un sérieux imperturbable aux questions naïves de ses petits-enfants. Nous le retrouvions comme si nous ne l'avions pas vu à la télévision.

8

LES ALLEMANDS, SI PROCHES DE NOUS

« Parfois, épuisés par la guerre, les deux peuples semblent se rapprocher, comme s'appuient l'un sur l'autre des lutteurs chancelants. »

Vers l'armée de métier.

L'Allemagne, a-t-on dit, exerçait une sorte de fascination sur le Général. Et lui-même disait que les Allemands étaient les étrangers avec lesquels il avait le plus de points communs. Comment expliquer ce sentiment chez un homme appartenant à une génération qui avait connu deux guerres contre eux ?

— Il est vrai que l'Allemagne et les Allemands le fascinaient. Je l'ai même constaté pendant la guerre, quand ils occupaient la France et que nous les combattions. A Londres, en juin 1940, un soir où nous dînions à l'hôtel Connaught, j'ai entendu cette réflexion jaillir de lui alors que le gouvernement de Pétain venait juste de signer l'armistice à Rethondes. (Il murmurait comme s'il parlait à lui-même) : « Rethondes... Ils nous ont tué plus d'un million trois cent mille hommes pendant la guerre de 14-18, non compris huit cent mille hommes chez les Anglais, non compris soixante-dix-sept mille hommes parmi les éléments étrangers ou indigènes de notre armée, alors qu'ils n'ont eu, si j'ose dire, que neuf cent cinquante mille tués de leur côté. Ils ont donc été des soldats près de deux fois et demie plus efficaces que nous. Voilà des gens courageux ! » Plusieurs fois il a salué ainsi devant moi la valeur militaire des Allemands. A Metz, en 1938, où il est à la tête d'un régiment de chars, après le défilé du 14 juillet, une discussion s'engage entre lui et d'autres officiers. Je suis là. Le thème en est notre voisin de l'Est dont les bruits de bottes sont de plus en plus sonores. Passionné, je l'écoute parler des Allemands. Il est enthousiaste. L'étonnement est général. « Ils ont la même civilisation chrétienne, ils ont les mêmes cathédrales, la même culture, s'écrie-t-il. Il n'y a pas de peuple plus proche des Français que les Allemands. Avec nous, ils constituent l'Europe, alors que c'est moins le cas des autres. Ils sont par excellence auteurs de l'Europe. » Puis il se dit séduit par la précision de leur esprit mélangée avec un immense état d'âme romantique et utopique. « Cette âme orageuse que combat sans répit un amour effréné de l'ordre. » Je n'ai pas assisté à la fin de la discussion. Il aurait, paraît-il, terminé par cette affirmation qui aurait fait sourciller quelques-uns de ses interlocuteurs : « Sachons que malgré tout ce qui nous a séparés et nous séparera encore de nos voisins si proches, notre ennemi héréditaire n'est pas l'Allemagne mais l'Angleterre. » Si tels ont été ses propos, il s'agirait là d'une des provocations dont il était coutumier. J'ai, bien sûr, souvent perçu quelques griefs contre la Grande-Bretagne dans sa bouche comme dans celle de mes grands-parents. Mais il ne se faisait pas faute de mentionner de la même façon ceux des Anglais à l'égard des Français, qui étaient loin d'être injustifiés. Et en 1938, « les choses étant ce qu'elles sont », selon son expression habituelle, ce sont évidemment les Allemands qu'il considérait comme nos adversaires potentiels.

— Peut-on dire que cette attirance pour l'Allemagne lui venait des origines germaniques d'un des ancêtres de sa mère ?

— Jeanne, ma grand-mère paternelle, avait en effet pour grand-père Ludwig Philippe Kolb qui était grenadier dans le régiment suisse alémanique en garnison à Wissembourg, en Alsace. Ayant épousé une Française en 1777, il devint en 1792 directeur des manufactures de tabac de Lille. D'où les origines lilloises des de Gaulle. Est-ce pour cette raison que mon père ira faire son premier voyage à l'étranger, à dix-sept ans, en Allemagne plutôt qu'en Angleterre à l'exemple de beaucoup de ses camarades ? Je pense qu'il veut surtout perfectionner son allemand, parce que c'est la langue obligatoire pour se présenter à Saint-Cyr. Au cours de l'été 1908, aussitôt la deuxième partie de son baccalauréat passée (philosophie mais pas mathématiques, semble-t-il), il se rend donc en Forêt-Noire, à Riedern, Uhlingen, Berau, puis à Fribourg, en pays de Bade, après avoir traversé la Suisse par Lucerne et Bâle, usant d'hébergements tels que couvents ou presbytères, une manière très économique de voyager, parce que ses moyens sont réduits, et de pouvoir parler quotidiennement avec la population. Il est alors frappé par l'ordre, la propreté et le courage au travail de ces gens. En 1916, il écrit, peut-être en pensant à eux, alors qu'il est leur prisonnier : « Un peuple qui aime le travail est et restera un grand peuple. » Il est également impressionné par le côté romantique des Allemands, et en même temps par le sentiment d'hostilité sous-jacent qu'ils manifestent à l'égard de la France, et non, observe-t-il, de voyageurs comme lui. Il en fait part à ses parents. Il leur rapporte que l'on sent que la guerre est inévitable « avec ces bohémiens que sont pour eux les Français, qui aiment le désordre, qui ne s'entendent jamais. C'est un sentiment profond chez ce peuple d'apparence si tranquille ». Au retour de ces vacances, il parle couramment l'allemand et peut lire les grands classiques sans difficulté. Puis ce fut sa captivité en Allemagne, ce « lamentable exil » tel qu'il le décrit à son père. Alors, là, bien sûr, il a tout le temps, entre deux tentatives d'évasion, de se plonger dans la littérature et les études historiques et militaires d'outre-Rhin. Avec ténacité, il s'imprègne au maximum de culture allemande. « Ils nous ont pris, raille-t-il devant ses camarades, à nous de leur prendre ce qu'ils ont de meilleur ! »

— Comment expliquer qu'il considérait que le peuple allemand n'était pas collectivement responsable de l'horreur hitlérienne ?

— Il faut se souvenir de ce qu'il a déclaré en pleine guerre, le 25 novembre 1941, à l'université d'Oxford. Dans ces propos, il revient sur son opinion première, au début de la guerre de 1940, selon laquelle il ne faisait pas de différence entre les Allemands et les nazis. C'est une seule et même entité, déclare-t-il alors, et elle est responsable devant l'Histoire des crimes passés, présents et futurs de la force allemande. Ayant décanté sa pensée, il estime devant ce haut lieu de la culture que la barbarie nazie a pour origine, non la conjugaison de l'ambition d'un tyran avec le dynamisme de son peuple, mais une crise de civilisation. Une civilisation où, souligne-t-il, « la transformation des conditions de vie par la machine, l'agrégation croissante des masses, le gigantesque conformisme collectif qui en sont les conséquences battent en brèche les libertés de chacun... ». Par ce texte, remarquera le germaniste Pierre Maillard, son futur conseiller diplomatique en 1959, il relativise le phénomène totalitaire et « atténue par avance la notion de culpabilité morale et globale du peuple allemand, sans pour autant bien sûr excuser les crimes de ses dirigeants du moment ». J'aime mieux vous dire que pendant la guerre, cette vision de l'Histoire stupéfie plutôt nos volontaires et provoque des critiques acerbes dans le petit cercle des « Français de Londres » qui ne nous ont pas ralliés, critiques d'autant plus gratuites que ces derniers ne fournissent de combattants qu'en paroles. Quand le jeune aspirant en permission que je suis retrouve brièvement ses parents à l'hôtel Connaught à la fin de l'année 1941, mon père me donne cette explication que je vous demande de replacer à la fin d'une période de bombardements allemands quasi continus, au moins de nuit, alors que l'ennemi ne cesse d'avancer partout et que sa guerre sous-marine commence à prendre la Grande-Bretagne à la gorge : « C'est le sentiment chrétien qui a dominé en moi et qui a approfondi ma réflexion. » Et il ajoute ces mots assez étonnants dans la bouche d'un homme si engagé dans le combat contre l'Allemand, ces mots ô combien prophétiques : « Je connais les Allemands, vieux garçon. Un jour, eux et nous marcherons du même pas, car nous avons trop de choses en commun. » Il rappellera cela au chancelier Konrad Adenauer en 1958, à La Boisserie. A propos des Allemands, je l'ai entendu également affirmer, peu après la Libération : « Les fils ne peuvent pas être tenus pour responsables des erreurs de leurs pères bien qu'ils en subissent les conséquences. Qu'ils les réparent, rien de plus normal, mais ils n'ont pas à en assumer la responsabilité. »

— Qui a eu l'idée d'inviter le chancelier allemand chez lui le 14 septembre 1958 ? On a prétendu que c'était Pinay...

— Celui qui a prétendu cela était Jean-Marc Boegner, son conseiller pour les Affaires étrangères. Il n'a pas toujours été de l'avis du général de Gaulle en dépit du fait qu'il a travaillé à ses côtés. Il a souvent prospecté du côté de Jean Monnet. On ne voit pas ce que Pinay aurait pu aller faire là-dedans. Non, c'est bel et bien une idée de mon père, à la suite, je crois savoir, d'ouvertures faites, je dirais, par la bande, au cours de l'été, de la part d'Adenauer qui se montre assez curieux de découvrir qui est ce voisin revenu au pouvoir avec des idées si arrêtées sur tout. Ce Français qui passe en Allemagne pour être un nationaliste fanatiquement germanophobe et un antieuropéen qui juge insuffisamment crédible le bouclier américain représenté par l'OTAN dont dépend la sécurité de la République fédérale de Bonn. Ne vient-il pas, en plus, de dénoncer le Marché commun passé six mois auparavant avec l'Allemagne, mais non suivi d'application, il est vrai, pour le reprendre un peu plus tard à son compte en l'élaguant à sa manière ? N'est-il pas de même le seul Français invaincu de la Seconde Guerre mondiale, ce qui lui donne l'avantage d'être plus estimable que les autres, mais aussi l'inconvénient d'avoir un caractère irréductible ? En revanche, en traitant avec Adenauer, il est le seul à déculpabiliser les Allemands de leur invasion et de leur occupation. Le chancelier est donc sur ses gardes quand il entreprend ses travaux d'approche. Mais ayant compris son message, mon père lui fait savoir qu'il le recevra chez lui, en famille, à Colombey. C'est la première fois, et la dernière d'ailleurs, qu'un chef d'Etat étranger franchira les portes de ce domaine du vivant de son propriétaire. Pourquoi ne l'invite-t-il pas à Paris ? Il sait que l'ensemble de l'opinion française n'est pas préparé à la réconciliation avec les Allemands et il craint de voir son hôte mal accueilli dans la capitale où, récemment, quelques-unes de leurs voitures officielles ont reçu des œufs et des tomates. Il veut aussi montrer à son visiteur combien il souhaite nouer avec lui des liens privilégiés.

— Chez vous, personne ne fait la moue à la perspective de cette invitation à La Boisserie ?

— Je n'ai eu connaissance d'aucune réticence. Pour mon père, néanmoins, ce rapprochement franco-allemand n'apparaît pas si aisé. Il ne faut pas oublier que sa famille a beaucoup souffert de nos voisins d'outre-Rhin : en 1871, en 14-18 et en 39-45. Lui-même a été blessé trois fois avant de se retrouver en forteresse de représailles entre 1916 et 1918. Autant de souvenirs indélébiles. Mais l'homme lui est sympathique. Adenauer a été en camp de concentration, il a connu les mêmes tragédies du siècle que lui : il est catholique, il est rhénan. Il n'est pas prussien. Avant l'arrivée de son visiteur, il a eu ces mots : « S'il y a un Allemand auquel je serai obligé de donner l'accolade, autant que ce soit celui-là. Parce qu'on a beau faire, tout ne s'efface pas d'un seul coup de baguette magique. » Nous sommes donc fin prêts, en ce matin du 14 septembre 1958, pour recevoir le chancelier allemand à La Boisserie. En vacances avec ma famille, je joue les aides de camp.

— Vous avez tous eu alors, je crois, un moment d'appréhension en regardant vos montres : l'heure du rendez-vous est passée et Adenauer n'est toujours pas là...

— Quelle histoire en effet ! Son chauffeur s'était tout simplement trompé de Colombey. Ils avaient échoué à Colombey-les-Belles, en Meurthe-et-Moselle. Il faut dire que, craignant les incidents, le chancelier avait franchi la frontière, de part et d'autre, avec une telle discrétion que les gardes avaient été prévenus au dernier moment. Sa puissante voiture a ensuite filé si rapidement qu'elle a semé son escorte de gendarmes. D'où l'erreur d'itinéraire de son chauffeur qui lui sert à la fois de valet de chambre, de masseur et de garde du corps. C'est à partir de là, d'ailleurs, que mon père a décidé de faire équiper la gendarmerie de motos BMW en échange des Monet-Goyon et Terrot qui ne dépassaient pas le cent cinquante kilomètres à l'heure. (Un détail qui, encore une fois, démontre que le Général n'était pas aussi chauvin qu'on le prétendait.) Enfin, le chancelier allemand arrive accompagné de son *personlich Referent*, son chef de cabinet et interprète. Gaston de Bonneval, aide de camp en titre, et moi-même, sommes là. Mon père apparaît à son tour sur le pas de la porte quand il entend la voiture franchir la grille. Ma mère demeure dans le salon. Car l'étiquette interdit à l'épouse du président d'accueillir qui que ce soit à l'entrée de sa demeure. En revanche, elle l'y raccompagnera. Elle est la maîtresse de maison, elle attend le visiteur chez elle et on vient la saluer en premier.

— Mais comment, elle si jalouse de son intimité, a-t-elle pu accepter qu'un chef d'Etat vienne habiter sous son toit, et qui plus est un Allemand ?

— Je ne cesserai jamais de faire remarquer que ma mère se conformait toujours aux désirs de son mari, même lorsqu'ils contrevenaient à ses propres souhaits. Sa mère en faisait autant avec mon grand-père. Peut-être demandait-elle parfois des explications. Il eût fallu en tout cas une oreille très fine pour surprendre la moindre discussion un peu animée derrière la porte de leur chambre. D'après ce dont j'ai pu me rendre compte, l'attitude de ma mère a été parfaitement naturelle tout au long du séjour de son invité. Avant le déjeuner, elle m'a soufflé en aparté : « C'est quelqu'un de bien élevé et de sympathique. Il semble avoir de la culture. » Néanmoins, après un petit soupir, d'un air pincé, celui qu'elle prenait toujours quand quelque chose la chiffonnait, elle a ajouté : « Mais évidemment, c'est un Allemand. » N'oublions pas que la guerre n'est terminée que depuis treize ans et qu'elle a été dure, très dure. La maîtresse de maison a eu d'ailleurs quelques problèmes avec ses aides ménagères. Louise Camaille, la Lorraine, a carrément déclaré à sa patronne : « Je ne servirai jamais un Allemand. » Et on ne l'a pas vue servir à table. Elle n'a pas délogé de la cuisine. L'autre, Philomène Ziegler, n'était pas contente non plus. Alsacienne, elle avait appris l'allemand à l'école à contrecœur, en échange de son propre parler local. Cependant, l'une comme l'autre finirent par se calmer. Puisque le Général et Madame accueillaient un chef d'Etat, elles n'allaient quand même pas leur faire faux bond. Ne voulant pas avoir à employer du personnel de l'Etat – c'était, personne ne l'ignorait, un principe chez mes parents de ne pas mélanger ce qui leur était personnel avec ce qui était officiel –, ils avaient appelé en renfort une personne de Calais, Marie Nagot, qui travaillait chez les Vendroux. On a raconté que ma mère avait refusé d'utiliser la vaisselle de l'hôtel Matignon. (A l'époque, président du

Conseil, mon père ne prend ses fonctions de président de la République et de la Communauté que le 8 janvier 1959.) Elle n'en avait pas besoin. Elle s'est servie de sa propre vaisselle qui n'avait rien à envier à beaucoup d'autres, et le menu n'était évidemment pas celui de tous les jours, comme on l'a également écrit afin de laisser croire qu'elle n'avait pas voulu faire mieux pour un Allemand. Il était au contraire particulièrement soigné.

— C'était la première fois que les deux hommes se voyaient. On a rapporté qu'Adenauer paraissait soucieux, inquiet, même, à la perspective de cette rencontre. Comment s'est passée leur prise de contact ?

— J'ai souvent parlé de cette visite après coup avec mon père et ma mère. Ils ont effectivement trouvé leur hôte un peu réservé, un peu guindé au début. C'est normal quand on se retrouve chez des inconnus, à plus forte raison à l'étranger. Mais, mes parents aidant, il n'a pas mis longtemps à adopter « le naturel et la liberté des façons allemandes », comme le disait Stendhal. Ma mère eut la même impression que moi : « Très vite, il a donné l'apparence de quelqu'un venu déjeuner chez un de ses amis de longue date. » C'est surtout cela qui a frappé mon père : « J'ai eu l'impression que l'on se connaissait depuis longtemps, et je ne crois pas trop m'avancer en pensant qu'il ressentait la même chose. » Pendant le déjeuner auquel assistent Jean-Marc Boegner, le conseiller diplomatique de mon père, le préfet de la Haute-Marne, les deux interprètes, l'Allemand Gunther Bachman et François Noël Mayer, Gaston de Bonneval et moi-même, j'entends les deux hommes deviser avec ma mère de l'Allemagne et de la France comme de pays européens de même culture : « Est-ce que vous avez visité Bonn ? » demande à un moment Adenauer. Mon père a fait un voyage d'inspection des troupes françaises à Stuttgart, Constance et Augsbourg en mai 1945 mais ne veut pas trop en parler par délicatesse à l'égard de son hôte. Il avouera : « Je voulais éviter tout sujet qui rappelât l'occupation des Français sur la rive gauche du Rhin. »

— Et Adenauer, il a évoqué sa présence en uniforme en France pendant les deux guerres ?

— Il s'en est bien gardé lui aussi. L'un comme l'autre ont esquivé tout ce qui aurait pu remémorer les jours terribles entre les deux pays. Il a été question, à un moment donné, de la Côte d'Azur et du séjour que mon père a effectué en Allemagne, avant guerre, en tant qu'étudiant. Bien sûr, pas un mot sur sa captivité durant la guerre de 14. C'était un terrain miné. Ma femme et mes trois fils – Pierre, le quatrième, est né en 1963 – avaient été priés d'aller prendre leur repas à « La Montagne », l'auberge cotée du village. Après le café, le chancelier se retire un moment dans la chambre qui lui est réservée au premier étage, juste au-dessus du bureau de mon père, dans la tourelle d'angle. C'est une pièce confortable éclairée par deux hautes fenêtres, garnie d'un couvre-lit et de rideaux couleur miel, et meublée d'une importante armoire en chêne et d'une commode en merisier. Après cette courte sieste, il redescendra au rez-de-chaussée vers 16 heures pour demeurer en tête à tête avec mon père dans la bibliothèque puis dans le bureau dont la double porte restera ouverte. Ma mère et moi, nous nous tenons dans le salon à côté. Nous ne les rejoindrons que pour le thé, vers 17 heures, pendant une petite demi-heure. Leur conversation semblait des plus amicales.

— Sans interprète et sans témoin ?

— Un seul témoin : l'interprète François Noël Mayer, qui n'eut pas à intervenir souvent car mon père comprenait couramment l'allemand. Vers 19 heures, il propose à son invité de sortir un peu. Sous un ciel de septembre encore estival, ils font alors un tour de jardin réduit, car mon père craint de fatiguer son hôte sensiblement plus âgé que lui en lui imposant « le grand tour de l'autre côté de la prairie ». Nous ne sommes que trois ou quatre à les suivre à distance pour répondre éventuellement à un appel de leur part. Ils montent par l'allée des charmilles jusqu'au calvaire, suivant à droite l'allée du haut jusqu'à l'endroit d'où l'on a vue sur les forêts qui s'étendent entre Chaumont et Bar-sur-Aube, et redescendent par le même chemin. De temps en temps, on les voit s'arrêter, et par ses gestes on comprend que mon père décrit à son hôte le paysage qui entoure la propriété et au loin la forêt des Dhuits. Après cette courte promenade, le chancelier se retire de nouveau dans sa chambre jusque vers 20 heures, heure du dîner. Les entretiens de l'après-midi ont été fructueux. Par la suite, mon père me confia : « Nous avons examiné ce qui pouvait nous séparer, le Pacte atlantique, la CED [Commission européenne de défense], le Marché commun agricole, la position de la Grande-Bretagne face au problème européen, et nous sommes tombés facilement d'accord sur la façon de tout concilier. Nous savions, l'un et l'autre, qu'il était temps pour nos deux pays de renverser le cours de l'Histoire, et que le temps pressait pour nous aussi, vu nos âges, d'agir vite et bien en conséquence. Il était venu pour me donner la main, je la lui ai prise. Ce fut un grand moment. Je peux même dire un moment émouvant. » Tellement émouvant, me raconta ma mère de son côté, qu'à la fin de leur entretien intime, au moment où ils se serraient la main pour sceller cette réconciliation historique, le vieux chancelier sentit son cœur battre la chamade et dut attendre un peu avant de pouvoir répondre aux paroles du Général. Des paroles bouleversantes qui évoquaient les drames et les sacrifices endurés par leur génération et l'espoir jaillissant de leur bonne volonté commune. Ma mère s'inquiéta un peu pour son repas, car après toutes ces conversations, son hôte ne lui parut pas dans la meilleure forme. Il avait d'ailleurs fait discrètement savoir qu'il souhaitait ne pas veiller trop tard, le voyage en voiture l'ayant assez fatigué. Et vu le nombre de convives – quatorze –, le dîner risquait fort de traîner en longueur.

— Un dîner d'apparat ?

— Non, mais le repas était quand même un peu plus solennel qu'à midi, car sont arrivés de Chaumont, peu de temps auparavant, les deux ministres français et allemand des Affaires étrangères, Couve de Murville et Heinrich von Brentano, et les deux ambassadeurs à Paris et à Bonn. Mais la politique a été pratiquement absente des propos jusqu'au dessert. Mon père et Adenauer ont surtout évoqué l'Histoire en se bornant toujours aux temps reculés. Voilà le récit qu'il nous en a fait : « Qu'est-ce qu'il pouvait y avoir de commun dans l'histoire de chacun ? nous interrogions-nous. Alors, en remontant très haut, nous avons parlé du traité de Verdun où a été scellée l'alliance des Francs de l'Ouest et des Francs de l'Est dans l'empire de

Charlemagne. Nous avons parlé de nos cathédrales respectives qui sont du même style, et le chancelier m'avoua combien la destruction de celle de Cologne l'avait meurtri. Nous avons aussi évoqué la bataille de Bouvines où l'empereur d'Allemagne, Otton, s'est heurté à Philippe Auguste. Cela a été un des grands conflits majeurs, où Otton a fait alliance avec les Flamands, ce qui était déjà l'amorce de l'empire de Charles Quint. » A ce moment-là, nous a-t-il également raconté, ils ont glissé sur des considérations tactiques d'armement. Adenauer a fait remarquer qu'Otton avait fort à faire du côté français, non seulement avec la chevalerie, mais surtout avec les milices des communes françaises. Et mon père a expliqué de son côté que les milices des communes, « contrairement à ce qu'enseignent quelques instituteurs bornés », n'étaient pas les gens du village, mais, en réalité, des soldats de métier, car la technique du combat de l'époque exigeait un réel entraînement pour manier les armes au corps à corps. On ne prenait donc pas les paysans pour les jeter à la défense du foyer, comme certaines littératures populaires veulent bien le montrer. Pour finir, il a voulu faire savoir à son hôte qu'il avait des parentés lointaines d'origine allemande en la personne de Ludwig Philippe Kolb « qui a servi, lui a-t-il appris, dans le Royal Deux-Ponts [Sarre] de Louis XVI ». Et il a donné cette précision qui a excité la curiosité de son interlocuteur : « Comme il était protestant, pour épouser une Française qui a été une de mes arrière-grand-mères, il a dû demander l'autorisation à l'évêque français. Il la lui a donnée à condition qu'il abjure le protestantisme au profit du catholicisme. C'est d'ailleurs dans nos actes de famille. » A 22 heures, le dîner était terminé et Adenauer remontait dans sa chambre, une demi-heure après, suivi de son chauffeur valet de chambre. Contre toute attente, il gravit l'escalier sans peine.

— Votre mère a dû être soulagée...

— C'est elle qui était fatiguée, la pauvre, après tout le travail qui avait été le sien pendant cette longue journée. Elle a préparé la chambre du chancelier avec un soin particulier. Sachant que son invité aimait beaucoup les roses, elle s'est chargée elle-même de cueillir pour lui dans le jardin un magnifique bouquet de sa fleur préférée parmi les derniers rosiers encore garnis. Il ornait la commode en bois fruitier. Elle avait même prévu un bougeoir au cas où il y aurait eu une panne d'électricité, ce qui arrivait parfois à l'époque. Le chauffeur-valet de chambre couchait dans la pièce voisine. Et elle a fait dormir Philomène pas très loin non plus – non sans mal, il faut l'avouer – parce que, parlant allemand, elle aurait été à même de dépanner notre hôte s'il avait eu besoin d'eau minérale ou de toute autre chose. Cette dernière lui monta le plateau du petit déjeuner – il préférait le thé au café –, mais c'est son chauffeur qui le lui porta dans sa chambre. Levé très tôt, le chancelier aurait volontiers pris congé de bonne heure, mais il ne voulait pas déranger la maîtresse de maison ni mon père qui souhaitaient être présents lors de son départ. Il est parti vers 9 heures. Les adieux ont été brefs. Mes parents l'ont accompagné sur le perron. Et au moment où il allait monter dans sa voiture, mon père lui a donné l'accolade. Elle s'est faite spontanément. Adenauer n'a pas été surpris. Je dis l'accolade. Ils ne se sont pas embrassés comme on l'a faussement rapporté. Plus tard, quand nous nous sommes retrouvés seuls, il est revenu sur ce geste de cette façon : « Cela m'est venu instinctivement. Mais je mentirais si je te disais que cela ne m'a pas coûté. J'ai quand même dû prendre sur moi pour étreindre un Allemand moins de quinze ans après l'Occupation, les déportations, après tout ce qui s'est passé entre nous. Mais l'un et l'autre, nous avons compris que nos deux pays devraient s'entendre à jamais pour le bénéfice d'eux-mêmes d'abord et aussi de l'Europe, car elle ne se fera pas sans notre entente confirmée. »

— Alors, européen, le Général, ou pas ?

— Je l'ai entendu une fois répondre ainsi à cette question : « Peuh ! européen, je l'ai été avant tout le monde. » Dans un de ses carnets de notes personnelles, il tient à relever ce que Jean-Jacques Rousseau écrivait déjà à son époque au sujet de l'Europe : « Il n'y a plus aujourd'hui de Français, d'Espagnols, d'Anglais même. Il n'y a plus que des Européens. » Ce carnet date de 1927 ! L'Europe, il y pensait déjà sérieusement trois ans avant la libération du Vieux Continent. En Grande-Bretagne, souvenez-vous de son discours du 11 novembre 1942, à l'Albert Hall, à Londres, alors que la veille, il a demandé au micro de la BBC que, de midi à 19 heures, les Français aillent se recueillir devant les monuments aux morts pour saluer, au-delà de « l'horrible nuit du malheur et de la honte (...) l'aurore de la victoire ». Et souvenez-vous de cet autre discours dont nous avons pu lire le texte dans le journal de la France Libre, à Portsmouth, entre deux patrouilles de nos vedettes lance-torpilles : « La France souhaite, désormais, tout faire pour qu'en Europe ceux dont les intérêts, le souci de leur défense et le besoin de leur développement sont conjugués avec les siens se lient à elle, comme elle-même à eux, d'une manière pratique et durable. » Nous sommes, j'insiste, en novembre 1942. Les Américains et les Britanniques, qui viennent de débarquer en Afrique du Nord, sont en train de traiter avec l'amiral Darlan comme s'il ne se réclamait pas de Pétain. Mon père est encore loin d'avoir gagné la partie. On peut même penser qu'il est en train de la perdre. Mais il envisage déjà la construction européenne d'après guerre ! Mieux encore : quarante-six jours avant le débarquement en Normandie, le 21 avril 1944, à Alger, au cours d'une conférence de presse, il souhaite que se réalise en Europe, après la Libération, « une sorte de regroupement », notamment économique, « dont les critères pourraient être Manche, Méditerranée et Rhin ». Le Marché commun avant la date. Alors, quand on le bassinait avec son « antieuropéanisme », il rappelait ces antécédents. Je peux dire qu'il était au contraire foncièrement pour l'Europe et que le procès de mauvais européen qu'on n'a jamais cessé de lui faire jusqu'à sa mort le révoltait. Je me souviens du mot cinglant qu'il a envoyé devant moi à la tête d'un journaliste anglais qui lui reprochait d'être contre l'union européenne. C'était en septembre 1962, à Cologne, lors de sa visite officielle en Allemagne fédérale. Il lui a lancé : « Vous avez raison, Monsieur, quand je vois l'Europe que veut la Grande-Bretagne, je suis le pire des protectionnistes. »

— Paul-Marie de La Gorce a avancé un jour dans un de ses ouvrages sur votre père que c'était peut-être son insistance à préserver l'indépendance nationale qui l'avait fait passer pour un antieuropéen aux yeux du Vieux Continent. Lui-même en avait-il conscience ?

— Sûrement. Trop de commentaires de la presse revenaient au même raisonnement. Alors qu'il est pour l'union des Etats, une union qui respecte la personnalité de chacun, combien de fois lit-on ou entend-on qu'il est pour l'« Europe des patries » ? Jamais pourtant il n'a prononcé cette expression. En 1962, au cours d'une conférence de presse, il le souligne aux journalistes. Quelques jours après, un magazine reprenait textuellement l'expression en la mettant de nouveau dans sa bouche. Ce qui l'a fait se repentir d'avoir dérogé à son habitude de ne jamais démentir quoi que ce soit. Son souhait était avant tout que chacun des composants de l'Europe conservât ses caractéristiques. Qu'il n'y eût pas de fusion entre les pays de Chateaubriand, de Dante et de Goethe, mais « un concert harmonieux ». Il était contre un système supranational qui aurait mis l'Europe en subordination avec les Etats-Unis, tel que l'aurait voulu Jean Monnet, « le factotum de Washington ». Pas davantage d'Europe intégrationniste à la mode de Robert Schuman et d'Alcide De Gasperi. Mais une « Europe indépendante », une « Europe d'Occident » constituée d'Etats unis politiquement quoique distincts, coopérant entre eux et organisés en confédération. Je puis affirmer que parmi les regrets qu'il éprouvait à la fin de sa vie, il y avait celui de ne pas être parvenu à faire de l'Europe, comme il l'a dit, « l'une des quatre puissances planétaires et, s'il le faut, un jour, l'arbitre entre les deux camps soviétique et anglo-saxon ». A la fin des vacances de Pâques 1969, au bout d'une longue promenade en forêt qui lui a été agréable, il revient sur le sujet avec moi. Il est surtout question de l'incident qui l'a opposé il y a deux mois au gouvernement britannique à la suite de son entretien confidentiel avec l'ambassadeur de Grande-Bretagne à Paris, Christopher Soames, gendre de Churchill. On sait que le Foreign Office n'a pas hésité à divulguer à la presse cette conversation secrète après avoir falsifié les commentaires de mon père dans un sens hostile à l'entrée des Anglais dans le Marché commun. Les coups de canne qu'il donne aux cailloux rencontrés et ses coups de menton hargneux traduisent combien il est encore irrité par ce manque de scrupule des diplomates de la « perfide Albion ». Arrivés non loin de La Boisserie, nous parlons encore de l'Europe, mais de son organisation et de son avenir. C'est alors qu'après avoir croisé un paysan et son troupeau, un homme connu de lui qui l'a salué en enlevant sa casquette, il a eu ces mots : « Tu as vu Untel [je ne me souviens plus de qui il s'agissait], eh bien ! crois-tu qu'il pourrait quitter son troupeau demain pour aller défendre l'arme à la main une Europe enfantée par des technocrates ? Aucun Français ne voudra jamais mourir pour une patrie artificielle. » Puis, après quelques pas : « Adenauer m'a dit la même chose. Aucun Allemand ne voudrait se sacrifier pour une Europe pareille. »

— Alors, trois ans après, en septembre 1962, c'est au chancelier de recevoir le Général chez lui...

— A Rhöndorf, en Rhénanie, exactement. J'étais avec lui. Je lui avais demandé de l'accompagner exceptionnellement, étant curieux de revoir les Allemands autrement que d'une vedette lance-torpilles ou de la tourelle d'un tank destroyer. Il m'a accordé cet honneur sans difficulté. L'émotion des deux hommes était grande de se retrouver autrement qu'entourés d'officiels. Là n'est présente que sa proche famille, un de ses fils, maire de Munich, un autre, prélat d'une paroisse catholique, et Mme Reinhardt, sa fille aînée, qui gère sa maison bourgeoise à un étage entourée d'un petit jardin séparé des voisins par un simple grillage. Veuf, le chancelier y vit seul avec elle. Elle entourera ma mère d'attentions pendant tout notre séjour. On les voit toutes les deux dans les tribunes officielles, à l'arrière – car à l'époque, les femmes n'apparaissaient pas aux côtés des officiels sur le devant de la scène –, conversant avec le peu de mots qu'elles connaissent de la langue de l'autre. Partout où nous passons, à Bonn, à Cologne, à Düsseldorf, à Hambourg, à Stuttgart, et où mon père s'exprime en allemand devant le public (un allemand consciencieusement révisé auparavant, j'en ai été le témoin), c'est un déchaînement d'enthousiasme. Parfois, même, à Munich par exemple, on a peine à contenir la foule qui se précipite pour lui serrer la main. Certains barrages de police sont enfoncés, au grand déplaisir d'Adenauer qui trouve que cela fait désordre. Durant la descente du Rhin, de Cologne à Düsseldorf, sur un bateau qui a hissé un pavillon à croix de Lorraine, le Général doit se lever pour répondre aux acclamations des populations qui se sont massées sur les rives malgré une pluie d'orage. Boppart, Sankt-Goarshausen, la Lorelei, Kaub... Les vieux châteaux forts défilent et les vers d'Apollinaire viennent à ses lèvres :

Le Rhin est ivre où les vignes se mirent...

Debout à ses côtés, j'imagine son bonheur[1]. Dans la cathédrale de Cologne reconstruite à l'identique, il assiste à l'office solennel du dimanche, assis dans une stalle qui, lui a-t-on assuré, était jadis la place attitrée de l'empereur d'Allemagne. Si hostile à sa personne en 1959, la presse allemande le couvre d'éloges. Il n'en revient pas. Il psalmodie avec le poète : « Que peu de temps suffit à changer toute chose ! »

— Il ne s'attendait donc pas à un tel accueil ?

— Il pensait qu'il serait sympathique, mais sans plus. « Parce que, m'avait-il expliqué, les Allemands n'ont pas bonne conscience vis-à-vis de nous et ils ont besoin d'être pardonnés. Ils voudront donc nous montrer qu'ils ont changé. » C'est pourquoi il était rayonnant après avoir connu ce triomphe inattendu : « Ils ont dépassé leurs remords pour applaudir à l'avenir, s'exclamait-il, et ils savent que l'avenir passe par notre réconciliation. » Il revint de son voyage avec une admiration décuplée pour le courage des Allemands : « Tu as vu cette cathédrale ? [Il me parlait de celle de Cologne.] En 1945, c'était un monceau de ruines. Aujourd'hui, elle est comme avant. Splendide. Aujourd'hui également, l'Allemagne est amputée d'un tiers d'elle-même. Pas pour longtemps. Il faut faire confiance à l'énergie de ce peuple. » Plus tard, il sera déçu par le Parlement allemand. Inspiré par Jean Monnet, il va tourner le dos à l'Europe indépendante en ajoutant au traité signé à Paris en 1963 un préambule stipulant que ledit traité ne devrait nuire ni à l'Alliance atlantique, ni à l'intégration économique et politique de l'Europe, ni à l'adhésion future de la Grande-Bretagne au Marché commun. « Jean Monnet, grinçait-il. Il faudra donc que je le retrouve toujours dans mes jambes ! » Lorsque le vieux chancelier quitta le pouvoir, il le reçut pendant plusieurs

1. Voir la photographie illustrant la couverture de cet ouvrage.

jours dans son appartement privé de l'Elysée. Adenauer n'était politiquement plus rien dans son pays, mais il restait un ami personnel auquel il devait ce privilège exceptionnel. Cependant, rien n'effacera jamais le souvenir que mes parents gardaient de leur hôte illustre lors de son séjour à Colombey. De temps en temps, ils l'évoquaient en famille. La magnifique Vierge ancienne en bois offerte par lui et trônant dans la vitrine d'angle du salon était d'ailleurs là pour en témoigner. Alors, un sourire tendre éclairait mon père. Pour sa part, ma mère ne pouvait plus désigner la chambre où Konrad Adenauer avait dormi sans l'appeler autrement que « la chambre du chancelier ». Une fois, revoyant en mémoire le vieil Allemand monter l'escalier sonore de La Boisserie après le dîner, elle exprima cette crainte rétrospective : « J'espère qu'il a quand même bien dormi malgré ces roses de septembre qui embaumaient si fort. »

9

LES RUSSES, CES EUROPÉENS

> « Malgré les accidents de l'Histoire, nos deux nations sont liées en profondeur par une amitié durable, par la conviction de détenir un certain héritage commun. »
>
> *Lettres, Notes et Carnets.* 29 octobre 1964.

Si le Général a été fasciné par l'Allemagne, la Russie a toujours suscité en lui une immense curiosité et beaucoup de pitié pour son peuple qui vivait alors sous le joug d'un régime implacable. Pourquoi d'abord employait-il toujours le nom de Russie plutôt que celui d'URSS ?

— Parce que, expliquait-il, la Russie est éternelle tandis que l'URSS passe. Et, comme on l'a vu, elle devait passer en dépit de tous ceux qui affirmaient que les fameux dominos ne pourraient jamais se renverser dans le sens contraire. Rappelez-vous la réflexion qu'il a faite à Maurice Schumann, à Alain Peyrefitte, à moi-même et à d'autres, et que j'ai déjà citée : « La Russie boira le communisme comme le buvard l'encre. » Cela dit, il ne connaissait pas plus la culture russe que la moyenne des Français cultivés. Bien sûr, il avait lu Tolstoï, Dostoïevski, tous les grands classiques de la littérature et du théâtre russes, mais il en savait moins sur ce peuple que sur les Allemands. Au moment où nous partions ensemble pour Moscou en 1966, il m'a confié combien, peu avant 1914, il avait été étonné par le développement de la technique et de la science dans ce pays. Une autre caractéristique l'avait frappé : le fait que le peuple russe fût un peuple très jeune qui n'avait pas évolué depuis le haut Moyen Age. « Il n'a donc pas de classe moyenne, m'a-t-il expliqué. D'où sa fragilité vis-à-vis de la Révolution. » On sait qu'il avait rencontré des Russes en captivité au cours de la Première Guerre mondiale, notamment le capitaine Toukhatchevski qui servait en France dans un régiment de la garde que le tsar avait détaché d'une manière symbolique sur le front français. Cet officier parlait notre langue à la perfection, comme toute l'aristocratie russe, ce qui avait permis à mon père d'acquérir une certaine connaissance de sa patrie.

— Que disait-il des Russes en général ?

— Il avait une admiration sans borne pour ces gens courageux ployant sous les sacrifices. Il estimait qu'ils avaient été façonnés par l'immensité de leur territoire et par la rigueur du climat. « Ces deux particularités, remarquait-il, les ont isolés et leur ont donné la possibilité de se mieux défendre. Le seul contact qu'ils aient eu avec l'extérieur, c'est par l'Eglise orthodoxe qui rejoint la civilisation grecque lointaine. Malheureusement, ils ont été écartés de la culture de la Méditerranée, de l'Empire romain et même des Turcs auxquels ils se sont opposés. » Une fois, lors de notre voyage à Moscou, je l'ai entendu s'exclamer avec chaleur : « Voilà un peuple jeune, romantique, avec une capacité de souffrance incommensurable et une armée dont la qualité d'endurance du combattant est incomparable, qui n'avait même pas de service digne de ce nom pour ramasser ses blessés et un commandement pour lequel les pertes ne comptaient pas. » Il pensait en outre que, malgré les limites extrêmes de ses frontières touchant l'Asie, la Russie était bel et bien européenne et que, par conséquent, nous aurions à compter sur elle un jour pour faire l'Europe. Faut-il encore prononcer sa formule maintes fois répétée : « L'Europe de l'Atlantique à l'Oural » ? Il considérait donc qu'on ne pouvait se passer d'elle. « Nous sommes sur le même continent, soulignait-il. Les Anglais ne sont pas sur ce continent, les Américains non plus, l'Afrique non plus. La France y est comme la Russie. Nous avons des objectifs spécifiques différents de ceux des Anglo-Saxons. Aussi est-il normal que nous nous tendions la main. »

— En novembre 1941, le Général est prêt à envoyer en URSS l'une des deux divisions dont il dispose en Syrie. De faux bruits destinés à inquiéter Churchill ?

— Pas si faux que cela. Il faut savoir ce qui se passe à ce moment-là. D'abord, le sort du monde est en train de se décider dans la bataille entre Soviétiques et Allemands après la rupture de leur pacte. Le 26 septembre 1941, l'URSS a reconnu le Comité national français. D'autre part, depuis l'affaire de Syrie (de juin à août), mon père se méfie de plus en plus de la bonne foi des Britanniques. Ce sentiment ne le quittera jamais au cours de la guerre. Je me rappelle qu'il m'a confié, fin 1943, au cours d'une de mes permissions à Londres : « Les Anglais dont je reconnais les immenses difficultés qu'ils doivent supporter ont toujours paru en gros d'accord avec moi, mais perfidement, ils n'ont jamais cessé d'essayer de trouver des solutions de rechange dans mon dos. Aujourd'hui comme en 1941, ils veulent m'éliminer en ramassant les morceaux à leur compte. Ils se trompent parce qu'ils ne s'en tireront pas sans moi. Ils peuvent jouer contre nous, ils ne pourront rien faire sans nous en France pas plus qu'en Afrique du Nord et au Moyen-Orient. » Il faut se souvenir également qu'en 1941, ils ont voulu nous évincer de la même façon de Madagascar et peut-être de Dakar et du Niger. Mais voilà que le 22 juin de cette année-là, la veille de l'entrée de De Gaulle à Damas, Hitler déclare la guerre à Staline. Les Soviétiques cessent alors de nous agonir d'insultes sur leur radio. Les Français Libres que nous étions les entendions déblatérer tous les jours sur les ondes moyennes. Ils parlaient dans un français impeccable avec un débit extrêmement lent. Nous étions traités de « judéo-gaullo-capitalistes » et de mercenaires soudoyés par la cavalerie de saint Georges. Nous faisions une guerre impérialiste pour l'asservissement des peuples. Le 22 juin, donc, silence total. Puis, au bout de dix jours, la traduction d'un discours de Staline, une voix monocorde et lointaine qui déclare que la Russie doit se défendre jusqu'au bout contre l'envahisseur allemand. Dans le même temps, Sergueï Bogomolov, leur ambassadeur à Vichy, l'« homme au sourire chiche », comme le dépeignait mon père, se retrouve « comme par enchantement » à Londres, auprès des gouvernements en exil, et fait immédiatement des ouvertures et des bonnes manières aux Français Libres. Des membres de l'ambassade de Russie nous étreignent dans la rue en s'écriant : « Ah ! nos alliés, les Français Libres. » C'est alors que le Général envisage – comme il envisageait toujours tous les cas de figure sans jamais en écarter aucun – de transférer sur le front russe *via* l'Iran une brigade de cinq mille cinq cents hommes prélevée sur les forces commandées par le général Catroux à Beyrouth. A cette époque, si les Britanniques considéraient les FFL comme d'excellents combattants, d'un autre côté, ils les jugeaient trop encombrants en Egypte où mon père avait demandé, en vain, de les renforcer après la campagne de Syrie.

— Churchill devait donc se frotter les mains.

— Pas du tout ! Sa réaction n'a pas tardé. En mai 1942, par l'intermédiaire du général Claude John Auchinleck, son commandant en chef au Proche-Orient, il s'oppose formellement à ce projet en déclarant, cette fois, que les forces françaises n'ont jamais été aussi nécessaires en prévision de la bataille qui se dessine en Afrique ! Mon père ne m'a pas livré le fond de sa pensée à ce sujet, mais il est indéniable que cette idée de corps expéditionnaire en URSS était une menace qu'il voulait faire peser dans la balance avec les Anglais. Il glissait ainsi à l'oreille de Churchill : Puisque vous cherchez toujours l'alternative, moi aussi je peux peut-être en trouver une. Il lui avait même déjà lâché : « Si vous ne me supportez plus, je me retire en Syrie ou en Afrique équatoriale. Je n'ai pas besoin de demeurer à Londres. » A cela, ma mère était préparée. Au premier signal de sa part, elle faisait ses bagages, prête à partir avec mes deux sœurs. Au sommet de sa querelle avec Churchill, il s'est d'ailleurs empressé de monter une radio à Brazzaville avec le matériel acquis aux Etats-Unis avant leur entrée en guerre. De la même façon, ne l'oublions pas, il leur a acheté trois bimoteurs Martin Lockheed PV Harpoon afin de pouvoir assurer ses liaisons sans être entièrement tributaire de la RAF. Il faut également savoir que dès le ralliement de l'Afrique équatoriale, la France Libre a vu ses moyens financiers augmenter sensiblement. Cela grâce aux exportations de bois précieux et de bois durs, matériaux qui entraient pour beaucoup dans la fabrication des hélices d'avion. Et puis, le tiers des bateaux de la marine marchande française d'avant guerre avaient été récupérés avec leur cargaison, dont celle du *Capo Olmo* chargé de cuivre, un métal dont les Anglais n'avaient jamais assez. Nous disposions aussi de l'aluminium de la Nouvelle-Calédonie.

— Si Churchill n'avait pas opposé son veto, votre père aurait envoyé cette brigade en URSS ?

— Je ne crois pas. Je peux me permettre de répondre ainsi en me souvenant de ce qu'il nous a rapporté, un soir, à ma mère et à moi. Je me vois encore en train de l'écouter devant le poêle à bois installé dans la cheminée de Rodinghead, notre cottage de Berkhamsted. Il nous parlait du traitement que subissaient les quarante-deux mécaniciens qui avaient suivi en août 1943 l'envoi en URSS des quatre-vingt-dix-huit pilotes français [1] de Normandie-Niémen en novembre 1942, et que les Russes nous renverront d'ailleurs rapidement : « Ces pauvres garçons ne tiennent pas le coup. Dans les bases russes, la condition de vie est extrêmement dure. Nos mécaniciens sont couchés dans des baraques sommaires, à peine chauffées, ils n'ont pas grand-chose à manger et sont mal équipés. Ils sont obligés de se tailler des bottes dans des peaux de chiens. Par contre, les pilotes sont bien traités. » Alors, il a dû penser que les hommes de la brigade envisagée subiraient le même sort que les troupiers de l'armée Rouge, et qu'il y aurait donc parmi eux autant de pertes par maladie et par épuisement. De plus, les FFL ne possédaient pas assez de moyens de transport et l'on approchait de l'hiver. On a donc abandonné ce projet de transfert qui ne s'avérait rentable ni pour les Russes ni pour nous. En revanche, vous le savez, Moscou a accueilli les pilotes de Normandie-Niémen à bras ouverts. A l'époque, les Soviétiques manquaient tellement d'hommes pour piloter leurs avions qu'il leur arrivait de lâcher les novices sur chasseur après une

1. Deux cent soixante-treize victoires homologuées, quarante-deux morts ou disparus.

instruction à peine suffisante. Mon père aimait souvent préciser que les Français Libres avaient été les seuls étrangers parmi les Alliés à se battre sur le front russe, du bon côté, j'entends, parce que, hélas, il y avait les malheureux de la Légion des volontaires français contre le bolchevisme (LVF), devenue en 1944 la division Charlemagne, qui comptait quelque sept mille volontaires portant l'uniforme allemand. D'ailleurs, il se fera fort de le rappeler à Churchill tout en laissant courir avec insistance le bruit qu'un projet de pacte entre la France Libre et l'URSS, sur le modèle du traité franco-soviétique d'assistance mutuelle conclu en 1935, était dans l'air et qu'il pourrait, en cas de nécessité – pourquoi pas ? –, s'installer à Moscou.

— Il y a sérieusement pensé ?

— Jamais. Il connaissait trop l'atmosphère extrêmement pénible qui existait en URSS, ce qui inquiétait toujours les Français Libres qui devaient s'y rendre en mission. On leur répétait, chaque fois : « Vous n'en reviendrez pas, vous allez disparaître dans un souterrain. » Il me l'a fait comprendre lui-même en catimini quand je l'ai accompagné en URSS, alors que tant de visages méfiants nous entouraient : « Tu me vois ici, pendant la guerre, avec la France Libre ? Brrr ! » En tout cas, dès l'été 1942, Churchill revient à de meilleurs sentiments à l'égard du Général. Si bien que dès le 5 août, il peut enfin quitter la Grande-Bretagne à loisir après avoir été pendant des mois empêché de voyager par mesure de rétorsion. Je me souviens, en septembre 1942, de la joie d'Alfred Etienne Bellenger, directeur de la succursale anglaise de la bijouterie Cartier, et de son épouse Madeleine, les amis de mon père qui, pendant son voyage en Afrique, m'hébergent à Londres durant deux jours de permission avant mon affectation à la 23e flottille de vedettes lance-torpilles. Ils me rapportent, la voix vibrante d'émotion, combien le défilé militaire français du dernier 14 juillet a été célébré avec éclat par les Anglais qui viennent en outre de reconnaître l'appellation de France Combattante à la France Libre. Certes, il y a eu l'exploit des Français Libres à Bir Hakeim, le mois précédent, qui a enthousiasmé la Grande-Bretagne. Mais plus au courant que moi, qui suis retenu sous les armes, du bras de fer qui se joue alors entre de Gaulle et

Churchill, mes hôtes m'apprennent que c'est surtout la menace russe de mon père qui a été payante.

— Du 30 novembre au 11 décembre 1944, c'est son premier voyage en URSS et, le 2 décembre, sa rencontre avec Staline. Quelle a été son impression de se retrouver face à lui ?

— Staline est certainement, parmi tous les « grands » qu'il a rencontrés, celui qui l'a le plus intrigué. Dans ses *Mémoires,* il lui attribue un air de « conquérant à l'air bonhomme » et un « charme ténébreux ». Il lui a donné une impression de force et de ruse, et il a vu dans ses yeux « pétiller l'intelligence ». Mais ce qu'il l'a surtout frappé, c'est de découvrir un homme si petit, beaucoup plus petit que celui qui apparaissait généralement en public sur les photos. « Lorsqu'il se présente sur la tribune de la place Rouge avec ses maréchaux, qui eux sont gigantesques, nous a-t-il raconté, il est toujours perché sur un petit tabouret tandis que les autres doivent se tenir deux marches plus bas. » Raison pour laquelle il s'est montré contrarié de se retrouver face à un personnage de la taille de De Gaulle. Il l'obligeait à lever le nez. « Rencontré dans la foule, on aurait pu le prendre pour quelqu'un d'insignifiant, remarquait encore mon père. Mais la manière dont il parlait – malgré une voix sans ampleur – et ses reparties montraient qu'il avait une grande culture. » Il l'a perçue tout de suite. Il avait récolté quelques renseignements sur sa personne, en particulier, auprès du général Zinovi Pechkoff, fils naturel de Maxime Gorki, qui représentait la France Libre auprès des Chinois. Ce général lui avait notamment rapporté que, contrairement à ce qu'il prétendait, Staline avait appris le grec avec les popes. Il avait donc reçu une éducation soignée comme tout enfant de bourgeois. De plus, il avait voyagé en Europe, ce qui n'était quand même pas donné à tout le monde en Russie, même au temps des tsars. Il fallait une autorisation impériale pour aller à l'étranger et, bien sûr, des moyens financiers. Il était allé en Chine, en France, en Angleterre et en Allemagne. Alors que Hitler, lui, n'avait jamais quitté son pays sauf pour se terrer dans les tranchées de 14. « C'est pour cela, expliquait mon père, qu'il ne pouvait pas comprendre le monde. » Mais naturellement, il était plus utile à Staline de passer pour le fils d'un cordonnier ou d'un marchand de chaussures sans éducation ni culture et de se livrer à des plaisanteries élémentaires. Ce qui surprit également le Général, c'est de constater que le « petit père des peuples » cultivait des manières de gens polis, bien éduqués, comme on pouvait en avoir à la cour des tsars. Des manières qui juraient avec celles de son entourage. Le général Chapochnikov, qui lui servait de chef d'état-major de l'ombre et qui était un ancien tsariste, disait de lui : « C'est un homme qui sait boire le thé. » Cela voulait signifier qu'il savait tenir son rang dans un salon. Mais en sa présence, mon père éprouvait une sorte de malaise. « Quelque chose de pesant, comme une menace suspendue au-dessus de la tête », précisait-il.

— De quelle menace pouvait-il user contre lui ?

— Rien n'était exprimé, mais c'était dans l'atmosphère et sur le visage de Staline avec ses petits sourires vicieux et ses idées derrière la tête. « On sentait, se remémorait-il, un homme complètement dénué de scrupules, pour qui la vie humaine n'a pas de valeur et qui essayait de vous faire entrer dans son jeu, de faire de vous un auxiliaire par toutes sortes d'intimidations et de menaces voilées. » Mon père l'aborda donc avec une circonspection exceptionnelle. « Du début à la fin de nos entretiens, me confia-t-il, le mot d'ordre était pour moi : prudence. » On sait que cet homme particulièrement madré entreprit vainement de l'amener à reconnaître le « comité de Lublin », ce faux gouvernement polonais, monté de toutes pièces par Moscou avec des communistes polonais, qui avait pour fonction de contrer l'armée non communiste des généraux Wladyslav Sikorski et Wladislaw Anders réfugiés à Londres. On voulut presque lui mettre la plume dans les doigts pour obtenir sa signature. Après le dîner qui n'en finissait plus et les trente toasts – mon père les a comptés – portés par Staline à tous les convives (avec quelques galéjades du genre : « Je lève mon verre à Untel, il est commissaire pour le ravitaillement, s'il ne fait pas son métier, je l'enverrai en Sibérie »), c'est la fameuse séance de cinéma à la gloire de l'armée Rouge que doit subir la délégation française. « Une heure de lourde propagande, se souvenait mon père, durant laquelle, je l'avoue, j'ai eu bien du mal à garder les yeux ouverts. » Alors, au bout de la première partie, la lumière revenue, lassé par toute cette comédie et ces heures dépensées pour rien, il quitte brusquement son fauteuil. « Attendez, coupe Staline qui essaie de le retenir, ce n'est pas fini ! » En vain. Il est déjà sorti de la salle et se prépare à rejoindre l'ambassade. A 5 heures du matin, on le rappelle. Il retrouve alors Staline à la Maison des commissaires du peuple pour parapher le pacte franco-soviétique dont le texte a été péniblement mis au point. Cette nouvelle rencontre est arrosée d'autant de rasades de vodka et de vin de Crimée. Mon père, qui ne boit pas, est mort de fatigue et Staline bien imbibé. « Il avait les yeux injectés de sang et sentait l'alcool, me racontera-t-il encore pendant notre visite à Moscou en 1966. Je me demande comment il pouvait montrer en même temps autant de lucidité. Tout ce qu'il cherchait à faire, c'était à m'avoir petit à petit à l'usure. Alors, il laissait passer les heures, inventant tous les subterfuges possibles, y compris l'absorption d'alcool, pour nous tenir à sa merci. J'avais compris sa stratégie dès le départ. C'était vraiment un personnage diabolique. » Après ce voyage épuisant, il lui fallut quelque temps pour se remettre.

— Comment votre mère a-t-elle vécu tout cela, de loin ?

— Quand je l'ai rejointe à la Libération, elle ne m'a pas caché l'inquiétude qui l'avait rongée pendant la quinzaine de jours de la présence de mon père là-bas. Car, évidemment, elle n'avait pu l'accompagner. Pendant la guerre, elle n'a jamais fait un voyage avec lui. C'était trop dangereux. Mon père s'y opposait. De retour d'Alger depuis trois mois seulement avec mes deux sœurs, elle n'avait qu'une hâte : le voir retrouver la France. Vous savez combien tout voyage aérien l'angoissait. On imagine alors l'alarme qui fut la sienne quand elle le vit se rendre dans cet « empire du mal » – c'était son expression – en survolant des territoires en proie au plus furieux déchaînement des armes. Comme tout le monde, elle avait entendu trop d'horreurs sur ce régime terrible pour ne pas envisager le pire. Et puis, il était parti en plein hiver dans un avion qui n'avait de dégivrage que pour les hélices mais pas pour les plans, et devait se poser sur des aérodromes mal équipés qui ne pouvaient mettre en œuvre que des moyens d'approche sommaires, quand ils en étaient pourvus. La nuit dans ce vaste pays de neige et de glace, en pleine opération de guerre, tout cela n'était pas sans risques. Ensuite, il devrait supporter neuf longs jours de voyage, de Bakou à Moscou, confiné dans un train peut-être inconfortable. Elle se tranquillisa un peu, m'avoua-t-elle plus tard, à la pensée qu'il avait pris lui-même des précautions afin de s'équiper en conséquence, instruit par le souvenir qu'il conservait de sa campagne en Pologne en 1919. Il fit notamment ajouter à son manteau un col de fourrure en mouton à l'exemple de celui qu'il portait dans l'armée polonaise. Mais la rigueur des températures sibériennes la tourmentait moins que la fâcheuse réputation du régime soviétique. Seul, à la merci de n'importe quel incident, comment mon père allait-il s'en sortir ? Ah ! elle regrettait vraiment de n'avoir pu l'accompagner. A son retour, il lui promit de l'emmener avec lui le jour où il retournerait à Moscou. Ce qui fut donc le cas vingt-deux ans plus tard.

— Le 23 mars 1960, en pleine guerre froide, Nikita Khrouchtchev vient en France. « Un véritable contact d'homme à homme s'est établi », a dit le Général. Réellement ?

— Mon père a voulu signifier par là qu'il n'avait pas mâché ses mots avec son interlocuteur qui l'avait écouté bon gré mal gré sans trop broncher. Il a été surpris de le voir débarquer à Paris en voulant jouer les pères de famille débonnaires, flanqué de sa femme qui était une bonne grosse dame, de ses deux filles, de son gendre et d'un de ses fils. « Il apparaissait comme un éléphant devant un magasin de porcelaine, prêt à tout casser, se souvenait-il, mais quand il était seul avec moi, il était détendu et désinvolte. » Il a été impressionné par sa forte personnalité, mais aussi par son manque d'éducation et sa roublardise. « Il était très rugueux. A la différence de Staline, il ne savait pas se tenir à table. C'était vraiment un homme né dans le régime, qui n'avait pas connu l'époque du tsar. » Sans-gêne, il n'hésitait pas à prendre les mains de ses interlocuteurs. On a raconté qu'il avait eu ce geste avec mon père, mais ce n'est pas vrai. On n'a jamais essayé de faire cela avec lui ou pire de lui taper sur l'épaule.

— Même en famille ?

— Même en famille. Ce n'était pas l'habitude, chez nous, de

se permettre cette liberté avec l'un ou l'autre. Chacun restait à sa place, sans contact physique. A plus forte raison avec des étrangers. De ma vie, je n'ai vu qu'une seule personne se permettre une familiarité de ce genre avec mon père : Malraux. Il l'a pris un jour par le bras au sortir d'une manifestation du Rassemblement du peuple français.

— Et il s'est laissé faire ?

— Je n'ai pas entendu dire qu'il ait trouvé cette initiative déplacée. Il est vrai qu'il avait de l'indulgence pour lui. Si un autre avait osé pareille chose, il aurait certainement réagi avec humeur. Il voulait toujours observer une certaine distance avec les gens.

— Il s'est quand même laissé emmener en barque par Khrouchtchev et Kossyguine sur l'étang de Rambouillet...

— Mon père rappelle effectivement cette promenade aquatique dans ses *Mémoires d'espoir* en rapportant le dialogue assez cocasse de Khrouchtchev demandant à Kossyguine de prendre les avirons puisque, dit-il, c'est toujours ce dernier qui travaille, lui n'exerçant ses fonctions que quatre jours par semaine ! J'avoue que lorsque nous avons appris en famille qu'il était monté dans une barque (un 1er avril, par-dessus le marché !) avec ses invités soviétiques, nous avons tout de suite cru à une blague. D'autant plus qu'aucune photo n'avait été prise de cette scène. Mais nous en avons eu confirmation par lui-même. Il a bien accompagné ses invités sur cette belle et grande barque en acajou de type vénitien, qui n'existe plus aujourd'hui, dans laquelle quatre personnes pouvaient se tenir et que l'on réservait aux visiteurs de marque pour une promenade sur la pièce d'eau de Rambouillet qui couvre quelque trente-cinq hectares. Mais contrairement à ce qu'un échotier racontera, il n'a pas failli tomber à l'eau, pas plus qu'il ne s'est rattrapé en s'accrochant au cou de Khrouchtchev ni qu'il n'a chanté avec lui les *Bateliers de la Volga* ! Ces poncifs étaient un peu trop faciles. Plus tard, il nous dira après un petit reniflement malicieux : « C'était quand même une croisière originale ! »

— Comment se comportait-il avec un personnage si déroutant ?

— Quand Khrouchtchev faisait trop le zouave, qu'il avait l'air trop jovial tout en lançant des attaques, par exemple, contre la bombe nucléaire française ou contre le refus de la France de reconnaître l'Allemagne de l'Est, il s'enveloppait de glace, comme il l'a écrit dans ses *Mémoires d'espoir*. Il devenait impassible. Ensuite, il attaquait bille en tête. Car il avait compris que « Monsieur K » était quelqu'un qui, brutal lui-même, acceptait les mises au point les plus cinglantes sans se démonter ou se regimber avec violence, en répondant seulement du tac au tac. « Je suis sûr, nous a-t-il expliqué, qu'aucune semonce ni même invective ne lui aurait paru insupportable. Elle aurait fait partie de son éducation rudimentaire. » Aussi ne s'est-il pas privé de lui assener ses quatre vérités quand ils se sont retrouvés seul à seul. Il m'a donné quelques échantillons de ses répliques. Elles n'étaient pas banales. Il lui a signifié, entre autres, que le système soviétique était fondé sur la contrainte, un catéchisme extrêmement primaire, complètement arbitraire et, en plus, contraire à la rentabilité, et qu'il était à l'image des grands empires déchus. Comparant son hôte à César qui dans son palais, entouré de fonctionnaires de plus en plus exigeants et de plus en plus nombreux, publiait des oukases et des lois de plus en plus compliqués que les citoyens comprenaient de moins en moins, il n'a pas eu peur de marteler : « Vous lui ressemblez. Vous vous isolez et en même temps vous sclérosez tout le système à partir du palais, lequel n'a plus de communication avec la périphérie de l'empire parce que l'offre et la demande, qui sont des réactions biologiques de survie, ont cessé d'exister. »

— Et Khrouchtchev supportait ce langage ?

— Ce n'est pas tout. Quand Khrouchtchev est parti dans une longue démonstration sur la supériorité du communisme par rapport au capitalisme, il l'a laissé s'emballer, puis, le sentant au bout de son argumentation, il lui a décoché : « Vous savez, le capitalisme, le communisme, tout ça, c'est dépassé. Comme le nôtre, votre système sera rattrapé par la technologie. C'est ce qu'on appelle aujourd'hui le mondialisme. Les bourgeois d'autrefois ont vécu. Hier, ils vivaient de leurs rentes et aujourd'hui, ils travaillent dur pour gagner leur vie. Alors, la différence entre les deux systèmes est en train de s'approfondir au lieu de s'effacer. Vous pouvez toujours continuer à parler sur la place Rouge et sévir contre vos récalcitrants, les faire disparaître en Sibérie ou autrement, votre régime est condamné à mort et ceux qui le dirigent risquent fort de ne pas s'en tirer beaucoup mieux. »

— Il n'a jamais vraiment pensé qu'il allait trop loin ?

— Il savait qu'il pouvait aller jusque-là car, encore une fois, son interlocuteur appréciait ce style sans fioriture. C'était visible. Plus les paroles étaient dures, plus il rigolait. A un moment, Khrouchtchev lui a même lancé en s'esclaffant plus fort : « Vous, au moins, quand vous avez quelque chose à dire, ça sort bouillant comme d'un samovar. Je préfère ça à l'eau tiède des diplomates. » Il est vrai qu'aucun autre chef d'Etat ne lui parlait de cette façon. On comprend pourquoi il se déclara plus tard admiratif de la détermination de De Gaulle. C'était la première fois qu'un chef de l'Etat soviétique venait à Paris. Alors, sans l'accompagner, mon père a tenu à le faire promener dans toute la France, car il y avait des choses qu'il refusait de croire. Par exemple, à propos de la circulation automobile dans Paris, il lui adressait cette remarque : « Il ne faut pas me la faire. Vous avez plein de voitures, mais vous avez de toutes petites avenues. Et puis, d'abord, d'où viennent toutes ces bagnoles ? Je suis sûr que vous les avez fait rassembler là pour me montrer que même les ouvriers en ont. » Et quand mon père lui répondait qu'ils possédaient aussi des réfrigérateurs et des douches, il haussait les épaules, incrédule. Il l'a fait balader un peu partout, à Marseille, à Lyon, à Nîmes, à Toulouse. Khrouchtchev s'est beaucoup intéressé à l'agriculture, car il était très préoccupé par celle de l'URSS qui était dans un état lamentable, et quand il a vu un exemple de notre production de maïs et de notre cheptel, il a été un peu épaté. De même a-t-il remarqué que l'on construisait beaucoup en France alors que chez lui le bâtiment n'allait pas mieux que l'agriculture. Alors, mon père lui a lancé : « C'est parce que vous n'avez pas de propriétaires. Tant que vous n'aurez que des fonctionnaires ou des commis dans le logement et dans l'agriculture, vous serez toujours à la remorque des autres. C'est dommage pour un grand pays comme le vôtre. Mais ce n'est pas étonnant avec un régime totalitaire. La tyrannie n'aime pas la responsabilité individuelle. » On a su plus tard par nos diplomates à Moscou que - « Monsieur K » avait beaucoup apprécié la franchise du Général. Le mot était faible.

— Un jour de 1962, Sergueï Vinogradov, l'ambassadeur d'URSS à Paris, débarque à Colombey sans s'être annoncé. Comment votre père l'a-t-il reçu ?

— Mal. Car il n'a pas trouvé cela à son goût. J'étais avec lui ce jour-là et je vous garantis qu'il n'était vraiment pas content. Jamais personne ne s'était permis jusqu'alors d'aller tirer la sonnette de La Boisserie à l'improviste. Vinogradov était un vieux Parisien. En 1962, il vivait en France depuis plus de dix ans. Il parlait français comme vous et moi. Il était introduit dans toute la société parisienne. Mon père l'avait déjà reçu à l'Elysée. Il le connaissait bien. Mais de là à lui permettre d'entrer dans sa vie privée sans crier gare ! Or, voilà qu'en plein mois d'août, vers le 15, un peu avant 5 heures de l'après-midi, le gendarme de service devant la grille d'entrée nous prévient que l'ambassadeur d'URSS vient d'arriver et qu'il désire voir le Général. Mon père, que j'alerte – il est en train d'écrire dans son bureau –, montre aussitôt son visage des mauvais jours : « Qu'est-ce que c'est que ça ? Je ne l'ai pas invité. C'est une histoire de fou ! Va voir. » Je trouve Vinogradov devant la grille d'entrée. Descendu de voiture, il attend en faisant les cent pas. Il m'annonce : « J'ai une lettre très urgente du Præsidium du Soviet suprême pour le Général et on m'a chargé de la lui remettre tout de suite en main propre. » J'ai pensé que l'on ne pouvait quand même pas laisser dehors l'ambassadeur de l'Union soviétique. Je l'invite donc à me suivre jusqu'au salon et lui désigne un des fauteuils louis-philippards de velours miel. Puis, je demande à Philomène, la femme de chambre, d'apporter une tasse de thé supplémentaire pour le visiteur puisque le Général va prendre le thé à 5 heures. Mon père est toujours dans son bureau qui, vous l'avez vu, est séparé du salon par la bibliothèque qu'il faut traverser pour arriver jusqu'à lui, et où ma mère se trouve d'ailleurs. Je vais lui confirmer qu'il s'agit bien de Vinogradov et lui donne l'enveloppe qu'il vient de me remettre. Il lit la lettre et fronce les sourcils. Je le sens irrité à sa façon de serrer les poings posés sur son bureau, pouces en l'air. Il va ensuite rejoindre Vinogradov. Ils sont tous les deux face à face. Je reste en retrait. Mon père est poli mais ferme. Il lui déclare : « Monsieur l'ambassadeur, vous devez certainement savoir qu'ici est mon domicile privé et que je n'y reçois personne. » Je vois Vinogradov perdre contenance, puis la retrouver péniblement pour commencer : « Mais, monsieur le Président, j'ai une lettre très urgente du Præsidium... » Mon père le coupe : « J'ai lu cette lettre. Elle est sans objet. Vous nous reprochez la réconciliation avec les Allemands ? Mais vous aussi, vous vous êtes réconciliés avec des Allemands, ceux de la RDA. Et d'ailleurs, les gens du Soviet suprême sont allés à Bonn bien avant moi. Deuxièmement, vous nous dites que nous menaçons l'URSS en faisant la bombe atomique ? Mais on ne peut pas prendre cela au sérieux. De quelle manière l'immense URSS, avec son arsenal de centaines et de milliers de projectiles à charge nucléaire, sans parler des bombardiers, peut-elle être menacée par notre force de frappe ? Quant à la paix dans le monde, je compte bien que votre subordonnée, la République démocratique allemande, ne menacera pas plus notre voisin d'outre-Rhin dans son rapprochement avec nous. »

— Comment tout cela est-il débité ?

— Oh ! fort calmement, mais on sent qu'il pourrait changer de ton en cas de réplique. Interloqué, Vinogradov cherche ses mots. En vain. Mon père ajoute alors : « Monsieur Vinogradov, dites à votre Præsidium que j'ai bien reçu sa lettre. Au revoir et merci. » L'ambassadeur repose précipitamment sa tasse de thé qu'il n'a pu terminer et reprend la porte. Je le raccompagne jusqu'à la grille. Pendant tout le trajet dans l'allée, il ne desserre pas les dents. Avant de remonter en voiture, il lance un dernier regard furieux vers La Boisserie. Cela n'empêchera pas le Général, trois ans après, de le faire rougir de satisfaction en lui adressant un chaleureux hommage en guise d'adieu quand il devra quitter son cher Paris. Le 22 novembre 1969, son remplaçant, Valerian Zorine, tiendra à fêter l'anniversaire de mon père. Le dernier. Par l'un de ses attachés, il lui fera porter à La Boisserie une boîte de caviar béluga et un saumon fumé.

— En juin 1966, invité à Moscou par la troïka Brejnev-Podgorny-Kossyguine, le Général vous demande de l'accompagner dans cette visite qui doit durer dix jours. Pour quelle raison ?

— Je suis en effet très étonné quand il me fait cette proposition pendant les fêtes de Pâques. Il m'explique qu'il veut par ma présence briser l'atmosphère inquiétante supportée par les étrangers en visite en URSS à cause de son régime oppressif et créer avec ma mère une atmosphère familiale autour de lui. Car il sait qu'il sera à peu près coupé de tout au cours de ce déplacement qui doit s'étendre du 20 au 30 juin, et que les Soviétiques sont passés maîtres dans l'art d'isoler les représentants des Etats étrangers afin de mieux peser sur eux psychologiquement. Et comme il sait également que nous ne cesserons pas d'être soumis aux regards et aux « écoutes » partout et à tout moment, il me demande de n'emporter avec moi ni agenda, ni papiers civils ou militaires reproductibles en faux, à l'exception d'un ordre de mission et de ma carte de Sécurité sociale. Lui n'a rien dans ses poches. Il a même laissé en France le code nucléaire qu'il ne quitte habituellement jamais, enfermé dans un médaillon au bout d'une chaîne de cou. Nous logeons dans des palais ou des datchas de haut vol, mais aucune porte ne ferme et la nuit, on nous en a prévenus, on vérifie nos poches. Pour s'entretenir en secret avec l'ambassadeur de France, il doit lui parler à l'oreille dans une petite cabine entièrement constituée de toiles métalliques qui les isolent comme dans une cage de Faraday. Un soir, me promenant avec mon camarade François Flohic, l'aide de camp, nous pouvons apercevoir, par un soupirail, les tables d'écoute installées sous les pièces que nous occupons.

— Votre mère ne devait pas dormir tranquille !

— Elle est en effet assez inquiète. D'autant plus qu'à l'ambassade, un diplomate prudent à l'excès nous a conseillé devant elle de ne pas trop nous écarter de la délégation car, a-t-il expliqué, « dans ce pays-là, on peut disparaître sans laisser de trace ». Alors, mon père, qui prend tout cela à la légère, essaie de la tranquilliser : « Je ne vois pas l'intérêt qu'ils auraient à faire disparaître qui que ce soit. Cela retournerait l'Occident contre eux et apparemment ce n'est pas ce qu'ils souhaitent. » Au Bolchoï, où nous assistons au ballet *Roméo et Juliette* de Prokofiev, ne me voyant plus, mes parents me font immédiatement rechercher. On me retrouve au premier rang où l'on m'a gentiment placé. On me prie de les rejoindre aussitôt dans leur loge officielle. Ma mère se méfie également de ce que l'on nous donne à manger et à boire. Je l'entends souffler à mon père : « C'est un pays où on peut vous coller un poison qui ne ferait de l'effet que dans cinq ans. » Alors, lui, sarcastique : « A l'âge que nous avons atteint, ma chère Yvonne – c'était en 1966, il est mort quatre ans après –, on peut courir des risques. D'ailleurs, nous en avons couru bien d'autres, vous devez sans doute vous en souvenir. » Finalement, comme la presse le rapportera, tout s'est passé merveilleusement. Jamais aucun chef d'Etat étranger n'avait eu droit à une pareille tournée des grands-ducs : Leningrad, Moscou, Kiev, Stalingrad dit Volgograd dans l'après-Khrouchtchev, Novossibirsk de l'autre côté de l'Oural et le centre spatial de Baïkonour où le Général est le premier étranger à pouvoir assister au lancement d'un satellite. A la fin de notre séjour, il ne cachait pas sa satisfaction.

— Pourtant, on a dit par la suite que cette visite n'avait servi à rien...

— Que vouliez-vous que disent les opposants à la politique de De Gaulle ? Je souligne que plusieurs accords ont été signés : sur la coopération scientifique, technique et économique, l'exportation en URSS de nos produits agricoles, l'étude et l'exploration de l'espace à des fins pacifiques. Une déclaration commune traduit ensuite l'accord des deux gouvernements sur la sécurité européenne, la coopération entre nos deux pays et enfin la paix au Vietnam. Bien sûr, les Américains et tous les « atlantistes » de France taxeront le Général de naïveté. Comment, ont-ils demandé, peut-il parler de détente avec un pays voyou comme l'URSS ? Il se trouve que, curieusement, les Soviétiques m'ont permis d'assister, au Kremlin, au premier entretien qu'il a tenu avec la troïka. J'étais assis avec eux au bout de la grande table. Il fallait voir la stupeur pourtant bien contenue de ces trois personnages habituellement si sûrs d'eux quand ils ont entendu le général de Gaulle déclarer en pesant bien ses mots et avec son air de parfaite impassibilité : « Votre système d'occupation d'une grande partie de l'Europe n'est pas admissible. On ne pourra jamais s'entendre si vous persévérez à maintenir ces pays sous votre domination. » Voilà pour la naïveté ! Les trois Soviétiques avaient du mal à conserver leur faciès de marbre. J'étais consterné. Je me suis dit : si ça commence ainsi, ça ne va sûrement pas bien se terminer. Heureusement, pour une fois, ma mère était restée à la résidence qui nous avait été attribuée au Kremlin !

10

UN DRAMATURGE ROMANTIQUE

> « Il me faut fixer le moment, où fermant le théâtre d'ombres, je ferai sortir le "dieu de la machine", autrement dit où j'entrerai en scène. »
>
> *Mémoires d'espoir.*

Héros romantique, le Général écrit l'Histoire et, en même temps, la met en scène. Et quand les trois coups sont frappés, le public retient son souffle. Avant lui, jamais aucun dirigeant français ne s'était pareillement servi de la parole. Il a été aussi le premier président de la République à donner des conférences de presse. Comment l'idée lui en est-elle venue ?

— Dans plusieurs circonstances. D'abord, à Londres, pendant la guerre, il avait pu apprécier la maestria oratoire d'un Churchill face à cette faune redoutable qu'il admirait beaucoup : la presse britannique. Puis en juillet 1944, lors de son premier voyage aux Etats-Unis, au cours duquel, reçu par Roosevelt à la Maison-Blanche, il subit le feu roulant des questions d'un groupe important de journalistes. Il en avait gardé un excellent souvenir. Aimant se battre, il avouait avoir retrouvé dans ces joutes le même plaisir qu'il se rappelait avoir connu à dix-huit ans derrière son masque d'escrime. Il souhaita alors inaugurer cette expérience en France, dès la paix revenue. D'autre part, interdit de radio en 1946 par le pouvoir qu'il avait quitté, il se vit obligé d'utiliser la déclaration de vive voix et les réponses directes aux journalistes – le seul moyen qu'il lui restait – pour expliquer ce qu'on l'empêchait de dire autrement. « C'est un genre que je me suis finalement donné par force, par faute d'autres possibilités de communiquer », remarquait-il en revoyant ce temps où il lui fallait passer à travers la censure ou le filtre de ceux qui se croyaient les maîtres des médias. En 1944, à Washington, il n'aurait pas réussi à retourner l'opinion américaine en sa faveur autrement qu'en lui expliquant qu'il n'était pas l'« infréquentable personnage » que les officiels dépeignaient, et que la France était autre chose qu'un « pays vaincu et souffreteux, végétant dans une station thermale : Vichy ». C'est donc en 1946 qu'il décide de reprendre la parole sous cette forme. Il remarquait : « N'est-ce pas tout simplement la démocratie ? Car le citoyen doit être averti directement des orientations que l'Etat et la chose publique, *res publica*, sont en train d'adopter ou de vouloir adopter, et des options qui se présentent à eux pour que le choix puisse être fait. Sinon, comment peut-il voter et opter pour telle ou telle solution ? » Je me souviens de son obsession permanente : « Il faut réveiller les Français, ne jamais cesser de faire comprendre à ce peuple qui s'est endormi en 1940 et qui en est toujours à ressasser ses idées d'avant guerre, que les temps modernes sont arrivés et qu'il doit se prendre en compte. »

— En évoquant ses conférences de presse, on a parlé d'institution gaullienne et d'exercice de haute voltige politico-historique. Qu'en disait-il lui-même ?

— Il riait généralement beaucoup de ce que l'on pouvait en penser. Les critiques lui démontraient que sa voix avait porté. Parfois, il en était irrité. Il le fut, par exemple, quand *le Monde* qualifia ses conférences de presse de « dictature du verbe » et d'« arme absolue du régime ». C'est, je crois, Raymond Aron qui a parlé de « haute voltige ». Mon père n'appréciait pas toujours ce professeur caustique qui, disait-il, téléphonait au *Figaro* chaque fois que l'envie lui prenait de le critiquer. Mais sa formule lui plaisait assez. Elle correspondait bien à ce véritable combat en mouvement, spécialité des fusiliers voltigeurs, qu'il menait chaque fois à coups de paroles. Des paroles essentiellement créatrices. C'était aussi, expliquait-il, comme autant de cours magistraux, des exercices auxquels il était rompu depuis longtemps puisqu'il en avait donné souvent à l'époque à l'Ecole de guerre et comme professeur à Saint-Cyr.

— Comment est-il parvenu à faire preuve d'un tel talent oratoire, après quel apprentissage ?

— Jeune, il a tenu à voir et à entendre comment se comportaient les professionnels de la parole et les tribuns. Il m'a raconté à ce sujet qu'il était allé plusieurs fois écouter Jean Jaurès à Lille, en civil, bien sûr, dans un costume tout à fait ordinaire, mélangé au public composé en grande partie de « gueules noires » et d'ouvriers. « C'était un vrai spectacle, se souvenait-il. A l'époque, il n'y avait ni micros ni haut-parleurs. Alors, pour haranguer la foule, Jaurès montait sur une borne ou un tonneau. » Il a noté qu'il variait de discours et de ton selon le public qui se présentait à lui. D'autre part, il s'est aperçu que, dans les derniers rangs, les gens n'entendaient que les termes qui ressortaient particulièrement de son texte et que ces derniers, assenés d'une voix plus forte, devenaient ensuite des leitmotive élémentaires qu'ils retenaient et répétaient longtemps après, autour d'eux. D'où l'emploi systématique qu'il fera de certains mots qui devinrent célèbres, tels que « tracassin », « volapuk », « farfadet », « chienlit », des mots qui devaient frapper les esprits par leur caractère peu usuel, insolite. Ou encore ces expressions qui ont marqué l'opinion, comme, au moment de l'affaire algérienne, « l'Algérie de papa », « la paix des braves », « les soldats perdus », « le quarteron de généraux en retraite », etc.

— Ces mots, ces expressions, il les cherchait ou ils lui arrivaient à l'esprit spontanément ?

— N'allez pas croire qu'il consultait un dictionnaire des synonymes au cours de la préparation de ses conférences ou de ses discours. La plupart de ces termes originaux surgissaient à l'improviste au moment où il réfléchissait à ce qu'il allait dire. Car, répétons-le, tous ses textes parlés étaient minutieusement élaborés, parfois pendant plusieurs jours, et avant d'en rédiger l'essentiel, il retenait tout ce qui lui passait par la tête. A Colombey, par exemple, on le voyait garder subitement le silence en déambulant, même lorsqu'on l'accompagnait, puis rentrer dans son bureau pour se mettre à griffonner quelque réflexion. Il n'empêche qu'il lui est arrivé plusieurs fois de se surprendre lui-même en trouvant, dans le feu de l'action, une manière originale de formuler sa pensée. Alors, cela donnait : « nous autres qui vivons entre l'Atlantique et l'Oural », en 1959, « cette lourde machine qu'on appelle l'ONU » ou encore « l'OTAN dont les Américains sont la pièce principale et les autres la garniture autour », en 1960. C'était l'inspiration du moment. « Un phénomène inexplicable », raisonnait-il. Son génie, a-t-on décrété par ailleurs.

— Beaucoup de ses traits d'esprit, de ses maximes et de ses mots historiques seraient apocryphes. Etes-vous d'accord ?

— Il considérait qu'ils étaient faux à 40 %. Et Dieu sait si l'on en a inventé depuis sa mort ! Peut-être puis-je me tromper, mais je pense que l'on peut aujourd'hui aller jusqu'à 50 %. Certains chroniqueurs croient dur comme fer qu'ils sont vrais, mais ils ne font en fait que réécrire ce qu'ils ont entendu en y ajoutant une variante. Je m'en suis souvent rendu compte. Et vous pouvez toujours leur affirmer qu'ils sont dans l'erreur, vous n'avez aucune chance d'être écouté.

— Quelles sont parmi les plus célèbres de ses reparties celles que vous savez fausses ?

— Vous me demandez l'impossible ! Car d'après ce qu'il a pu dire à moi ou ma mère, par la suite, elles sont très nombreuses. Citons-en quand même quelques-unes parmi les plus flagrantes. Par exemple, répondant à Jacqueline Kennedy que Staline était parmi les hommes qu'il avait rencontrés dans sa vie celui qui avait le plus grand sens de l'humour. Ou parlant de la « perfide Albion » toujours prête à se livrer à l'Amérique tout en faisant des risettes à l'Europe : « Je la veux nue ! » Ou à Marie Besnard, l'« empoisonneuse de Loudun », alors qu'elle se présentait à lui : « Eh bien ! Madame, continuez. » Ou le jour de ses soixante-quinze ans : « Je suis prêt à me présenter au Créateur, mais est-il prêt, Lui, à cet affrontement ? » Ou bien en Amérique latine : « Pourquoi les Espagnols ne m'aimeraient-ils pas ? Ils aiment bien don Quichotte ! » Et en Espagne, à

Saint-Jacques-de-Compostelle où il apprend que Pétain est aussi passé par là : « Celui-là, je le trouverai toujours sur ma route. Le diable a toujours aimé barboter dans le bénitier ! » Faux également « Churchill, ce vieux forban », « l'Elysée, c'est moi ! », et ma mère, entendant *la Marseillaise* à la radio « Charles, notre chanson ! »

— Et cette citation si connue : « Comment voulez-vous diriger un pays qui compte plus de trois cents fromages ? »
— Celle-là est vraie, bien que le nombre de fromages ait changé plusieurs fois... Je l'ai souvent entendue dans sa bouche.

— Et sa sortie sur la vague pornographique en 1968 : « Coïter, on croirait qu'ils ne pensent qu'à ça, coïter qu'est-ce que ça signifie ? Le grand frisson au rythme des mitrailleuses ? L'infini à la portée des caniches ? »
— Faux, archifaux. Ma mère, qui avait lu ces inventions après la mort de mon père, était outrée. Elle soupirait en hochant la tête : « Qu'est-ce que l'on ne lui fait pas dire ! » Lui pensait que toutes les réflexions que l'on mettait abusivement dans sa bouche n'étaient pas toujours aussi innocentes qu'elles le paraissaient, que leur côté pittoresque ou amusant pouvait se révéler dangereux. Et il citait en exemple cette petite phrase si fréquemment ressassée : « l'intendance suivra » dont l'opposition s'est souvent servie pour essayer de faire croire qu'il ne se souciait pas des questions économiques et sociales des Français. Mais on riait beaucoup en famille de ses reparties pleines d'humour que la presse reprenait à plaisir après telle ou telle conférence de presse ou à d'autres occasions. Ce fut le cas quand il rétorqua à un journaliste de l'opposition qui lui demandait un peu perfidement comment il se portait : « Je vous remercie, je vais très bien. Mais rassurez-vous, je ne manquerai pas de mourir. » Ou bien quand on l'entendit répondre à Michel Droit qui l'interrogeait sur l'Europe : « Bien entendu, on peut sauter sur sa chaise en disant : "L'Europe ! L'Europe ! L'Europe !" mais cela n'aboutit à rien et cela ne signifie rien. » Quelques-uns de ses bons mots égayaient parfois nos conversations à Colombey, bien sûr hors de sa présence. Par exemple, ce qu'il dit un jour des diplomates : « Ils ne sont utiles que par beau temps fixe.

Dès qu'il pleut, ils se noient dans chaque goutte. » Et des socialistes : « Ces braves socialos sont toujours les mêmes. Ils trichent mais ils coupent à cœur. »

— Est-il vrai qu'il a pris des leçons de diction au début de son septennat ?

— Il a consulté en effet un certain nombre de personnes qui étaient expertes en diction, notamment des sociétaires de la Comédie-Française. Mais c'était bien avant qu'il n'entre à l'Elysée, en 1947, au moment du Rassemblement du peuple français. Il était alors obligé de s'adresser à des foules parfois différentes et la plupart du temps en plein air. A ces professionnels, il a donc demandé quelques conseils, notamment sur la manière dont il faut placer sa voix par rapport à un micro et à un auditoire particulier. Ces consultations ont été rares. Et en bon élève, il n'a pas eu à les poursuivre. N'en déplaise à ceux qui, comme certain publiciste notoire, prétendent l'avoir éduqué jusqu'à lui expliquer comment faire un discours !

— Que pensait-il de son talent oratoire ?

— Il ne faisait pas de commentaires. Je pense seulement qu'il était plus sévère pour lui-même que la plupart des critiques.

— Et de sa voix ?

— Il ne l'aimait pas. Il estimait qu'elle n'était pas assez profonde ni assez harmonieuse. Il aurait aimé être doté d'une voix plus basse, mais moins en tout cas que celle de Chaliapine qu'il trouvait trop profonde. Celle d'un bon baryton comme Roger Barsac, par exemple, célèbre avant guerre à l'Opéra, lui aurait mieux convenu. Un soir, alors qu'il venait de s'entendre à la télévision, il a grommelé en fronçant les sourcils : « Dommage qu'elle n'ait pas les harmoniques ni la puissance des barytons. » Il se plaignait pareillement de manquer de justesse de ton, car, c'était de notoriété publique, il chantait faux. Dans les dernières années de sa vie, il sentait que sa voix se fatiguait vite et que son ton était plus rauque. Tout le monde se rappelle sûrement celui qu'il prenait à la fin de certaines exclamations et qui enchantait tellement ses imitateurs. Sa voix se brisait alors en se colorant d'un accent graillonnant et gouailleur qu'il détestait.

Il a souvent sucé des pastilles d'Euphon pour l'éclaircir. Il agissait de même quand il était saisi d'une quinte de toux nerveuse, ce qui survenait lorsqu'il faisait trop chaud ou qu'il était gêné par la poussière.

— Il avait toujours l'air d'improviser. C'était le cas ?

— Ce n'était en fait qu'une impression. Je le répète, il préparait tout ce qu'il disait, mais comme il ne lisait jamais son texte, il lui arrivait d'être obligé de chercher ses mots. Par conséquent, on pouvait avoir le sentiment qu'il composait son discours au fur et à mesure. Mais ses hésitations n'étaient pas artificielles. Elles étaient dues au fait qu'il essayait de trouver le terme ou le ton le plus juste. Il avouait ne pas être un débatteur qui répond du tac au tac. Cela ne l'empêchait pas d'avoir de très bonnes répliques au cours d'une conférence de presse ou d'un entretien avec un homme politique. On se souvient notamment de celles qu'il lança, fulgurantes, à Churchill pendant la guerre. Mais il préférait ne pas avoir à compter sur le hasard.

— Vous l'avez entendu un jour avouer après coup en famille : « Je n'ai pas été très bon » ?

— Il n'appréciait pas trop certains de ses discours. Il y en a un qui l'agaçait particulièrement. Cela va peut-être paraître étonnant, mais c'était celui qu'il avait prononcé le jour de la libération de Paris : « Paris outragé, Paris brisé, Paris martyrisé... » Il expliquait : « Je n'ai pas été au meilleur de ma forme. J'avais trop d'émotion dans la voix. Et puis ce n'est pas à cet endroit que j'aurais dû parler de cette façon-là. J'ai voulu faire plaisir aux gens qui étaient autour de moi. J'ai eu tort. » Ce discours l'irritait d'autant plus qu'on ne cessait d'en reprendre certains passages en toute occasion. Il lui arrivait parfois en famille de laisser tomber, après s'être entendu à la radio ou à la télévision : « J'aurais pu faire mieux. » En mai 68, après avoir annoncé le référendum, il a admis : « Je suis tombé complètement à côté de la plaque. Je n'avais pas le ton. Ce n'est pas ainsi que j'aurais dû m'adresser aux Français. J'ai été mauvais dans le fond et dans la forme. » Et en soupirant : « De toute façon, il n'y avait personne pour m'entendre. » Habituellement, on attendait les réactions de la presse pour donner son opinion en famille sur telle ou telle prestation paternelle. Ma mère ajoutait son mot. Elle pouvait avoir cette réflexion : « Il aurait peut-être mieux valu ne pas dire ça. » Mais en général, elle était d'accord avec lui. Quand elle avait quelque chose à lui faire remarquer, elle discutait moins du contenu et de la manière dont il s'était exprimé que des circonstances. Par exemple : « Aviez-vous vraiment besoin d'avoir Malraux avec vous place de la République ? Pourquoi la place de la République et pourquoi Malraux ? Ne fallait-il pas plutôt faire ça ailleurs ? » Parfois, mon père s'énervait. Il répliquait sèchement : « Vous n'y entendez rien, Yvonne. » Cela se terminait ainsi. Ou alors, il concédait : « La prochaine fois on en tiendra compte. » Ou encore, avec un bémol : « Vous avez peut-être raison, mais ce n'est pas cela le plus important. » Et il passait à autre chose.

— Claude Guy, son aide de camp, décrit pourtant des scènes assez vives entre eux deux où le Général n'avait pas le plus beau rôle...

— On va peut-être penser que j'ai toujours tendance à défendre mon père quand il est indéfendable, mais je sais combien mes parents protégeaient leur vie privée et je ne les vois pas, mais vraiment pas, se chamailler devant un tiers déjeunant à leur table. Ils se gardaient bien d'agir ainsi devant leurs enfants. Pouvaient-ils déroger à leurs principes devant un étranger ? D'autre part, n'oublions pas que, très apprécié au début, Guy les a quittés en mauvais termes. Ma mère m'a répété plusieurs fois à son propos : « Il ne savait pas rester à sa place. J'ai dû lui en faire l'observation à maintes reprises. » Quant à entendre ma mère discuter de politique avec mon père, c'est risible. Elle ne s'en serait pas sentie qualifiée, faute de connaître les détails de ces questions. La seule audace qu'elle se permettait, je l'ai dit, c'est de lui donner son appréciation sur une situation, un discours ou une allocution. Encore le faisait-elle en quelques mots et avec sa discrétion habituelle.

— Jamais votre père ne lui demandait son avis sur un problème politique, comme le rapporte Claude Guy ?

— Si, mais uniquement quand il s'agissait de problèmes pour lesquels elle pouvait avoir une certaine compétence, comme dans le domaine social ou familial. Quand ils étaient l'un en face de l'autre dans la bibliothèque ou dans le salon, ou quand elle était assise à ses côtés occupée à son courrier, on pouvait entendre de la bouche de mon père ce genre de question : « Une Américaine m'écrit des Etats-Unis pour s'étonner que les Français consomment autant de médicaments et que le gouvernement ne fasse rien contre ça. Qu'est-ce que vous en pensez, Yvonne ? » Et en général, je dois dire qu'elle partageait son avis, souvent d'ailleurs d'une manière plus absolue. Car ne croyez pas qu'elle n'était au courant de rien. Elle suivait l'actualité à la radio et à la télévision, et lisait tous les journaux après lui. Elle fut notamment très curieuse de savoir comment il allait attacher son nom à la bataille contre le cancer. C'est ainsi que je l'ai entendue un jour discuter avec lui du projet d'un organisme international de recherche sur ce fléau qu'il voulait lancer en 1963 et qui a malheureusement échoué à cause des Américains. Il avait suggéré que chaque pays y consacre 0,5 % de son budget militaire, et Washington a refusé ce principe de contribution. De cette idée a quand même été créé, deux ans plus tard, toujours à son initiative, un organisme certes plus modeste mais très efficace : le Centre international de recherche sur le cancer à Lyon. Un autre sujet de conversation entre elle et lui a été, si je me rappelle bien, l'ouverture en 1964 de l'Institut de la santé et de la recherche médicale (INSERM), autre création paternelle, dont la direction scientifique a été confiée au jeune professeur Jean-Pierre Bader. Mais il n'en demeurait pas moins que le seul vrai et grand souci de ma mère était la santé de son mari. Ce qu'il pouvait déclarer à la télévision quand il y donnait une conférence de presse ou au cours d'une autre prestation – je m'en suis souvent rendu compte – l'intéressait moins que la qualité de sa voix et l'aspect de sa mine. Et quand elle osait lui avouer ce qu'elle pensait de son avenir politique, c'était toujours avec son éternelle inquiétude au sujet de son état physique. Ainsi, en mai 1958, en décembre 1965, au moment des présidentielles, et en mai 1968, elle n'a pas craint de lui lancer : « Vous avez assez fait. Vous ne leur devez plus rien. Il est temps pour vous de vous reposer. »

— On s'est souvent moqué des truismes du Général comme, par exemple, « l'avenir est devant nous » ou « la France est la France et les Français sont les Français ». Pourquoi cette manie ?

— Pour assener une vérité. Il expliquait : « Il faut faire entrer certaines choses dans les esprits comme on apprend une leçon à un enfant. On doit donc répéter et répéter jusqu'au moment où il va répéter lui-même sans se tromper. » Si certains truismes frisaient le ridicule comme « Fécamp port de pêche et qui entend le rester » ou « les jeunes évidemment ne sont pas vieux », leur emploi était bien sûr volontaire et cherchait à faire comprendre que « les choses étant ce qu'elles sont » – autre formule gaullienne – elles ne pouvaient être autrement. D'autre part, leur caractère amusant ou insolite n'avait pas d'autres fonctions que celles que possédaient les termes ou expressions originales qu'il envoyait parfois, on l'a dit, comme un coup de trompette : ils étaient destinés à graver les mémoires. « S'ils font la joie des chansonniers, estimait-il, tant mieux pour eux, cela s'ajoute à leur talent. »

— Il a souvent été dit qu'il utilisait le langage militaire à tout bout de champ. Etait-ce le cas en famille ?

— La presse en a beaucoup rajouté là-dessus pour faire plus pittoresque. De là à imaginer qu'il s'exprimait dans son bureau comme dans un corps de garde ! Un militaire ne pouvait évidemment pas avoir un autre langage ! Il est certain qu'avec un personnage comme Jacques Massu, à l'égard de qui il se sentait plus libre, il ne se privait pas de parler de cette façon, mais des deux, c'était encore lui qui respectait le mieux sa langue. Parfois, un vocable un peu rude, la plupart du temps mêlé à des exclamations, lui arrivait sur les lèvres, issu de l'argot militaire. Mais jamais en famille. C'était surtout avec les gens qu'il côtoyait quotidiennement, c'est-à-dire les aides de camp ou les hommes du service de sécurité, autant de personnes avec lesquelles il n'avait pas besoin de faire de périphrases. Alors, les « jean-foutre », les « couillons » et autres « trouillards » pouvaient survenir comme le « merdier », le « rata », les « troufions » et les « canassons ». Rares, cependant, parmi ses collaborateurs, ceux qui ont pu entendre ces termes bien qu'ils lui en aient prêté beaucoup. Lorsqu'il les utilisait dans un commentaire, c'était pour exprimer son irritation. Ce fut le cas notamment quand il a appris en 1942 que les Américains avaient débarqué en Afrique du Nord sans qu'il en eût été prévenu officiellement. Il a lancé : « J'espère que les gens de Vichy vont les flanquer à la mer », et non pas « les foutre à la mer » comme on l'a souvent écrit. De même l'a-t-on entendu commencer un entretien par une provocation. Exhalant son humeur devant son interlocuteur, fût-il Premier ministre, il proclamait : « Tous des veaux ! » Ou : « Tout est foutu ! » Il voulait de cette façon désarçonner son vis-à-vis ou l'entraîner dans le raisonnement contraire qu'il attendait de lui. Parfois, l'incitation à la repartie était plus subtile. Il distillait alors une petite confidence pour susciter chez l'autre une part de vérité. S'il employait le langage populaire, c'était aussi pour détendre l'atmosphère ou faire rire. Il m'a expliqué une fois, alors que l'emploi d'une de ses expressions m'avait étonné au cours d'une conversation à Colombey avec le colonel de Bonneval : « Il suffit parfois d'un mot drôle ou inattendu pour défouler et se défouler, rompre avec une certaine tension. » C'est peut-être d'ailleurs avec cet aide de camp qu'il aimait le plus souvent reprendre son jargon militaire. Vu l'estime qu'ils éprouvaient l'un pour l'autre, je pense que c'était là une forme de complicité. Il lui arriva également de l'enguirlander proprement. Ce fut le cas, un jour, m'a-t-on raconté, à Orléans, alors que l'on célébrait la fête de Jeanne d'Arc. Rabattant un peu vite la portière de la DS décapotée, le pauvre Bonneval ne vit pas que le Général, qui venait de se lever pour saluer la foule, en étreignait l'un des montants. Il lui coinça les doigts. Jaillirent alors quelques tonitruants jurons qu'il ajouta à sa collection. Heureusement, cela se passait au milieu d'une place, loin du public.

— D'où lui venait son esprit caustique, cette propension aux saillies, aux boutades ? De votre grand-père ?

— Ce n'était pas de sa génération. Mais il est vrai qu'il parlait souvent, lui aussi, sur un ton ironique. Par exemple, ayant entendu ma grand-mère demander à ses petits-enfants qui écoutaient du jazz sur le poste de radio ce que pouvait bien être cette musique de sauvages, il lui avait fait gentiment observer :

« Ma chère Jeanne, laissez-les donc se distraire un peu avec des accords qui, pour n'être maintenant que modernes, pourraient bien devenir un jour classiques. » Ses reparties n'allaient pas plus loin. Mon père, lui, était plus incisif. Mais en famille, il faisait attention à ne pas froisser. Il se rendait compte que son ironie pouvait être quelquefois ravageuse. Par conséquent, il ne s'en servait presque jamais, surtout avec les femmes car, remarquait-il, « elles n'ont pas le sens de l'humour ».

— Votre mère y comprise ?

— Détrompez-vous. Il lui arrivait de lui répondre du tac au tac sur le même ton quand, par accident, il avait été un peu mordant avec elle. Mais cela était très bref et très rare. Généralement, les mots que l'on a prêtés à mon père à destination de ma mère sont inexacts, de même que les réponses qu'elle lui faisait. Elle était assez pince-sans-rire et prompte à la réplique. Mais en dépit de ce que l'on a pu raconter, je n'ai jamais surpris de joutes entre eux. Ni l'un ni l'autre ne l'aurait apprécié. Cela n'empêchait pas ma mère de savoir manier la plaisanterie. Par exemple, on l'entendait lancer : « La tante Marie-Agnès [sa belle-sœur] regrette de ne pas avoir été un garçon parce qu'elle aurait été le Général. » Ou à l'adresse de Mme Catroux, dite « la mère Margot », qui se présentait partout en prétendant remplacer le général, son mari, et se servait du personnel militaire pour faire ses courses, ce que mes parents, vous le savez, s'interdisaient : « Elle se prend pour la reine Margot qui en fit tant voir au bon roi Henri ! » Elle avait aussi parfois des réflexions inopinées assez piquantes. Une fois, alors que je tardais à prendre la valise des mains de ma sœur qui allait partir en voyage, elle m'a lancé : « Ce n'est pas aux femmes de porter les valises. Elles ont d'autres fardeaux à porter. »

— Votre père accompagnait tous ses discours de gestes. Depuis quand, par exemple, lui était venue cette habitude de lever les bras en V ?

— Depuis la Libération. C'est la réponse à la foule. C'était le V de la victoire. Par la suite, il a gardé cette habitude. Ce geste pouvait être aussi pour lui un moyen de soulever l'enthousiasme des gens. Loin des masses, il se rendait compte qu'il n'avait pas l'impact qu'il souhaitait produire. C'est pourquoi il m'a demandé, un jour où j'avais eu l'intention d'aller assister à l'une de ses premières réunions publiques, de me placer à une certaine distance de la tribune afin de me rendre compte de l'effet qu'il pouvait avoir alors. C'était à Nice, en septembre 1948. Il y avait une cinquantaine de milliers de personnes. On était loin du demi-million qui viendra le voir au bois de Boulogne, un an plus tard, mais quand même ! Je m'y étais rendu en civil et très discrètement à cause du devoir de réserve des militaires qui n'avaient pas encore le droit de vote. « J'ai peur, m'avait-il expliqué, d'être seulement un petit personnage sur cette tribune lointaine, derrière mon micro, pour tout ce monde qui ne m'entend pas forcément bien. Il faut donc que j'ajoute des gestes qui attirent son attention et qui provoquent sa réaction et son enthousiasme. Des gestes qui lui crient : "Ce que je dis est important, alors, écoutez-moi !" »

— Et son emphase dont on s'est souvent gaussé ?

— Elle datait de sa culture classique. Adolescent, il déclamait souvent du Racine ou du Corneille à la manière des grands tragédiens. Il aimait beaucoup Rostand. A la maison il déclamait des passages entiers de *Cyrano de Bergerac* et de *Chantecler* sur le ton de Sacha Guitry ou de Sarah Bernhardt. Parfois, il s'accompagnait même de gestes comme s'il était sur scène. Ces exercices de mémoire l'amusaient. Il s'y adonnait en privé. Mais ils pouvaient également avoir lieu inopinément devant un visiteur ou un collaborateur. A Londres, pendant la guerre, il lui arrivait de traduire de cette façon son humeur du moment. Du Racine ou du Corneille coulait alors de ses lèvres, à la grande surprise de son interlocuteur. Devant moi, à la même époque, il s'est souvent mis à réciter du Verlaine, du Baudelaire, du Samain ou du Sully Prudhomme dans des circonstances inattendues. Mais c'était surtout Verlaine dont il savourait la magie des mots. En se rendant à pied à la BBC, le 22 juin 1940, par exemple, ou entre deux bombardements aériens, dans notre cottage voisin de l'aéroport de Croydon. A Colombey, cela le prenait de même au cours de quelque promenade en forêt. Des vers de *Phèdre*, de *Bérénice* ou de *Britannicus* fleurissaient inopinément dans sa bouche, notamment cette exclamation de Burrhus :

> *Que cette paix, Seigneur, et ces embrassements*
> *Vont offrir à mes yeux des spectacles charmants* !

Pour cette raison, quand il souhaitait exprimer quelque chose avec une certaine intensité dans une conversation ou mieux dans un discours, sa voix prenait naturellement l'effet un peu grandiloquent du tragédien sur les planches. Il disait d'une simple phrase : « Je l'ai dans l'oreille comme un air de musique. » Une fois, il m'a expliqué : « Les Français sont ainsi : il faut être exclamatif avec eux pour arriver à les toucher. » Quant à ma mère, je le répète, elle ne s'intéressait à la couleur de sa voix qu'en fonction de ce que celle-ci pouvait lui dévoiler de son état de santé. Cela ne l'empêchait pas d'aimer particulièrement ses intonations incantatoires et ses envolées qui soulevaient les foules. Mais que n'aimait-elle pas en lui ?

— Il avait une autre manière de s'exprimer dont il ne s'est pas privé : les lettres. A-t-on jamais connu un chef d'Etat si prolifique dans ce domaine ? Certes, sa génération cultivait l'art épistolaire, mais lui particulièrement. Pourquoi ? Parce qu'il avait horreur du téléphone ?

— Ses contemporains vivaient effectivement la plume à la main et lui plus encore que les autres. Il expliquait : « La France est un pays de droit écrit. Ce qui est dit oralement n'importe pas. C'est ce qui est écrit qui compte. » Alors, il écrivait lettre sur lettre. Leur nombre est incalculable. Car en plus de celles qu'il adressait à chacun, il y a ses réponses à celles qu'il recevait, et elles foisonnent pareillement. Il répondait à tout le monde, à la moindre carte de vœux, au moindre correspondant. Ou il mentionnait sur la lettre reçue : « Faire répondre : merci. » Son secrétaire se chargeait alors de la tâche. Il n'accusait pas uniquement réception à des notoriétés comme le font la plupart de ceux qui se considèrent comme tels ou le sont véritablement. Nombre de gens simples ont eu le plaisir de trouver un jour dans leur boîte aux lettres un mot de la main du général de Gaulle. C'est le cas de son ébéniste, de quelque cultivateur de

Colombey ou d'Augustine, son ancienne cuisinière en Grande-Bretagne. Il connaissait ces personnes et il avait de l'amitié pour elles parce qu'il les avait vues travailler. Ce mot était donc un lien personnel. Des enfants et des jeunes gens ont connu la même joie. L'ensemble de sa correspondance officielle et privée a été réuni et publié par mes soins dans les treize volumes de *Lettres, Notes et Carnets* entre 1980 et 1997. Je n'ai retenu que les plus intéressantes de ces missives, omettant automatiquement celles où ne figurent que quelques lignes telles que des vœux, des remerciements gentils, ou encore des condoléances. Ses lettres personnelles étaient toutes manuscrites. Beaucoup d'enveloppes également sauf lorsqu'il ne connaissait pas l'adresse du destinataire ou qu'il ne voulait pas perdre de temps à la rechercher. Alors, c'était ma mère, ma sœur ou moi, ou un aide de camp qui prenait le relais.

— Comment avez-vous fait pour récupérer autant de lettres manuscrites ? Il en gardait les copies ?

— Il ne manquait jamais de faire un brouillon de ses lettres officielles. J'ai retrouvé la plupart d'entre eux. Il les conservait afin d'avoir des éléments de réponse au cas où il aurait eu à évoquer cette correspondance plus tard. Souvent, il lui arrivait de déchirer une lettre écrite du premier jet et non satisfaisante, destinée à tel ou tel auteur qui lui avait envoyé son ouvrage. Les aides de camp ou moi-même en récupérions parfois les morceaux dans sa corbeille pour qu'ils ne tombent pas dans des mains moins scrupuleuses. Un jour, alors que je venais de faire ce geste devant lui, il m'a lancé en riant : « Mais c'est une trahison ! » Après sa mort, pour recueillir toutes ses lettres manuscrites, je me suis adressé à leurs destinataires. J'ai donc demandé par écrit à chacun de m'en envoyer une photocopie, car personne ne voulait évidemment se séparer de son original. Cela m'a pris une bonne dizaine d'années.

— Et tout le monde vous a répondu ?

— Presque tout le monde. Je suppose que si certains destinataires, très rares, s'en sont abstenus, c'est parce qu'ils ne souhaitaient pas voir leur lettre publiée. Peut-être ont-ils craint que ce que mon père leur avait écrit pût desservir les apparences qu'ils voulaient présenter d'eux-mêmes. Des lettres reçues, je n'ai gardé que celles dont le texte avait une valeur sentimentale ou historique, ou dont le destinataire était quelqu'un de connu. Aux manuscrits publiés dans les *Lettres, Notes et Carnets* ont été ajoutées des lettres tapées à la machine comportant de nombreux repentirs – c'était le mot qu'il employait – de sa main. Par conséquent, au sens légal du terme, c'étaient ses manuscrits. D'ailleurs, il les a bien définis. Il m'a précisé : « Naturellement, à l'exception de mes œuvres personnelles, tous les textes officiels ou même officieux que j'ai signés au propre dans leur version finale et définitive imprimée ou dactylographiée sans rature, c'est à l'Etat qu'ils doivent revenir. Mais dans les versions de brouillons manuscrits, ou même dactylographiés avec mes repentirs, c'est moralement et légalement à moi. » Pour composer les treize volumes, j'ai dû prospecter environ cent dix-huit mille papiers divers. Malheureusement, certaines lettres réclamées se sont fait attendre et il ne m'a donc pas toujours été possible de respecter l'ordre chronologique. D'autre part, aucune des lettres d'appel n'a été retenue. Mon père m'avait prescrit à ce sujet : « Le jour où tu publieras mes lettres, ne tiens compte que de mes réponses. Elles suffiront à expliquer le problème exposé. »

— On vous a reproché de ne pas avoir publié certaines lettres qui, a-t-on dit, auraient pu desservir sa mémoire. D'autres, publiées par vos soins, auraient été tronquées pour la même raison...

— Je m'attendais à ce genre de critique. C'était inévitable. N'en déplaise à certains historiens que cela arrange de prétendre le contraire, je puis vous assurer que toutes les lettres que j'ai pu récupérer ont été publiées et qu'aucune n'a vu une partie ni même un mot de son texte coupé ou modifié. Je suis trop fidèle à la mémoire de mon père pour ne pas l'avoir respectée à la virgule près. Il voulait que tous ses écrits soient livrés au public sans omission ni modification, et, je l'affirme bien haut, tous sans exception l'ont été de cette façon-là.

— Vous n'avez mis de côté aucune de ses lettres ?

— Je persévère : toutes celles que j'ai pu récupérer ont été publiées, et je n'ai procédé à aucune rétention ni censure. Maintenant, il est possible que des missives se soient perdues parce que leurs destinataires ou leurs héritiers ne les ont pas conservées. Sans doute s'étonne-t-on également que parmi cette abondante correspondance rassemblée, les lettres adressées à des chefs d'Etat étrangers aient un caractère uniquement officiel. On pourrait peut-être alors imaginer que j'ai décidé d'écarter celles qui ont un caractère privé. L'explication est tout autre. Mon père n'adressait que des lettres d'Etat à ses homologues.

— Vous n'avez publié que peu de lettres de votre père à votre mère alors qu'ils s'écrivaient beaucoup. N'est-ce pas en contradiction avec ce que vous affirmez ?

— Il est vrai qu'ils s'écrivaient énormément. On se rappelle à ce propos qu'ils se trouvaient souvent séparés, et parfois assez longuement, dans des circonstances où l'un pouvait s'inquiéter fortement du sort de l'autre. Ce fut le cas pendant la guerre, lors des nombreux déplacements du Général à travers le monde, et quand, à partir de 1943, il finit par s'installer à Alger sans ma mère et sans mes sœurs demeurées en Grande-Bretagne. Mais il faut savoir qu'après sa mort, en 1970, ma mère a fait un tri parmi toute sa correspondance personnelle et n'a consenti à me remettre, avant son départ définitif de La Boisserie, que les quelques lettres qu'elle avait sélectionnées avec beaucoup de minutie. L'une d'elles, la plus précieuse à ses yeux, se trouvait dans un coffre de banque. Elle en a brûlé des quantités d'autres parce qu'elle considérait qu'elles étaient trop intimes. Celles que j'ai pu récupérer et que j'ai publiées sont souvent expurgées de leurs formules finales d'affection. La raison en est qu'elle les a soigneusement découpées aux ciseaux. Elle a ainsi tronqué non seulement leur terminaison mais aussi des phrases entières dans le corps du texte. J'ai moi-même procédé pour le même motif, et en souvenir de sa préoccupation, à de rares coupures de passages trop personnels qui avaient échappés à son contrôle. S'il y a un reproche à me faire, cela pourrait en être la seule raison.

— On a quand même avancé que nombre de lettres du Général sont encore inédites. Peut-être sont-elles inconnues de vous ?

— On peut toujours l'imaginer. On a notamment cru pouvoir avancer que toute une correspondance de mon père échangée avec le poète Pierre-Jean Jouve demeurait toujours inaccessible. Si c'est le cas, je n'en ai pas eu connaissance. Je dois ajouter que lorsque j'ai lancé mon appel à tous les destinataires, quelques-uns ont fait silence, en particulier des personnalités. Elles voulaient garder leurs lettres pour les publier elles-mêmes dans leurs propres livres, en oubliant qu'elles n'en avaient pas l'autorisation sans l'accord des ayants droit. Ce qui fait que je n'ai eu ces lettres qu'après coup. Ou bien, certains pensaient les exploiter et n'en ont pas eu le temps, et après leur mort, leurs veuves, qui les ont retrouvées dans leurs affaires, n'ont su qu'en faire et ont fini par me les communiquer. C'est ce qui explique que dans les volumes des *Lettres, Notes et Carnets*, certains additifs ne respectent pas l'ordre chronologique.

— On a également affirmé que votre sœur Elisabeth a refusé de vous confier le courrier que son père lui avait adressé personnellement...

— Il est exact qu'elle n'a pas voulu que j'accède à l'ensemble de cette correspondance. Elle a cependant fait quelques concessions.

— Avec beaucoup de réticence, croit-on savoir.

— Avec la réticence de quelqu'un qui, comme ma mère, tenait à préserver son intimité.

— Changeons de sujet. Quelles sortes de stylo et de papier avaient la faveur votre père ?

— Avant guerre, il se servait d'une plume et d'un encrier. Ce n'était pas une « sergent-major », très courante à l'époque, mais une plume droite plutôt large. Il employait toujours de l'encre noire. Je ne l'ai jamais vu changer de couleur. Il a adopté le stylo à réservoir, un Waterman, quand il est parti en campagne en 1939. A son retour de Grande-Bretagne, tout de suite après la guerre, il a abandonné le système à réservoir parce qu'il provoquait trop de taches et il s'en irritait. Finalement, il a été forcé d'opter pour le stylo à recharge. Il en possédait plusieurs car il s'agaçait quand l'un d'eux arrivait en limite d'encre. Il considérait qu'ils devaient être tous remplis en permanence. Si bien que, dans son bureau, les gens qui l'entouraient veillaient toujours – cela m'est arrivé – à ce qu'aucune cartouche ne soit épuisée. Il n'utilisait que du papier blanc lisse. A Colombey, pour sa correspondance personnelle, son papier à lettres portait l'en-tête gravé en haut à gauche et en petits caractères : « Le général de Gaulle », et c'est tout. Blanches et doublées étaient les enveloppes, et sans aucune inscription.

— Mais comment trouvait-il le temps d'entretenir une telle correspondance ?

— Tous ses moments de liberté étaient occupés à cela. Il fallait le voir à l'Elysée. Aussitôt qu'il avait terminé une lettre pour l'Etat, pendant qu'on la tapait à la machine, il répondait à une lettre personnelle. A Colombey, pendant le week-end, quand il délaissait un instant la rédaction de ses *Mémoires*, c'était pour prendre la plume autrement sur son bloc de papier à lettres. Il arrivait à envoyer plusieurs dizaines de lettres personnelles par mois. J'ai calculé, par exemple, qu'en décembre 1969, il en a écrit trente-huit. Pendant la guerre, malgré ses responsabilités écrasantes et ses soucis, il en adressait à peu près tous les quinze jours à ma mère ou à l'un d'entre nous. Comme on le voit, il n'était pas homme à s'abriter derrière ses occupations pour s'excuser de ne pouvoir donner de ses nouvelles. Et il fallait savoir combien il s'inquiétait de notre sort et dans quels termes affectueux. La plupart de ses missives sont assez brèves. Après la guerre, il sera plus prolixe. Ainsi, en 1957, il ne craint pas de couvrir, une fois, six ou sept pages afin de régler les détails d'un séjour qu'il doit faire à Calais chez son beau-frère Jacques Vendroux.

— Son écriture a dû se modifier au cours des années ?

— La dernière lettre qu'il m'a adressée le 9 novembre 1970, c'est-à-dire le jour même de sa mort, portait la même écriture ou quasiment la même qu'en 1939. Sans doute pourrait-on tout au plus la juger moins ferme, et encore ! Dans sa jeunesse, les caractères étaient un peu plus grands. A l'époque, on calligraphiait. Ce qu'il ne faisait plus depuis la guerre de 14-18. Il ne s'est jamais livré à une analyse graphologique. Et je dois dire que celles que j'ai vues de son écriture, parfois fort doctes, m'ont laissé perplexe. S'agissant d'une personnalité aussi complexe, leurs conclusions m'ont semblé peu crédibles. Il est certain que c'était un homme pressé et sous tension. Sa plume courait donc vite. Pas de ratures ou presque dans ses lettres, mais énormément dans ses autres écrits où certaines lignes étaient reprises quatre ou cinq fois et où certains mots n'étaient pas toujours terminés, comme s'il écrivait en sténo. Je dirais que, pour lui, l'écriture, c'était accessoire. Seules lui importaient l'idée qu'il devait développer et la manière dont il devait l'exprimer.

— Il était sûrement submergé de courrier au moment de sa fête, de son anniversaire ou du jour de l'An. Il répondait quand même à tout le monde ?

— Il répondait de sa main quand il connaissait le correspondant. A partir du moment où il a accédé à la présidence de la République, le volume du courrier était tel qu'il a dû consentir à se faire aider par des collaborateurs. Il appréhendait l'approche des fins d'année, sachant le temps qu'il allait devoir sacrifier aux vœux. Il était agacé par la tradition anglo-saxonne des cartes chargées de sapins enneigés, d'étoiles et autres enluminures ou portant sobrement des souhaits. Cette coutume ne se pratiquait pas en France avant la guerre ou très peu. Elle était plutôt destinée aux enfants, afin de leur apprendre à écrire aux grands-parents, oncles et tantes. A l'Elysée, à la longue, il a fini par utiliser la carte imprimée. Dans les premiers temps de sa présidence, entrant dans une librairie-papeterie, rue du Faubourg-Saint-Honoré, pour acheter je ne sais quelle fourniture, le commerçant qui m'avait reconnu m'a reproché sur un ton assez amer, comme si j'y étais pour quelque chose : « Mais enfin, pouvez-vous nous expliquer pourquoi l'Elysée ne nous commande plus de cartes de vœux ? Au temps du président Auriol, on nous en commandait des milliers. » Ce à quoi j'ai répondu : « Croyez-moi, si vous voulez que l'Elysée vous passe commande aujourd'hui, il vaudrait mieux que vous n'avanciez pas ce genre de référence. » Les vœux qu'il recevait lui réservaient parfois des surprises. La première carte lui arrivait toujours le 2 décembre et elle était signée du maréchal Bernard Law Montgomery. Mon père s'étonnait. Pourquoi « Monty », qui était un de ses vieux amis de la guerre, choisissait-il toujours cette date pour penser à lui ? Quand il eut l'occasion de le rencontrer à Paris, après l'avoir remercié, il lui en a demandé la raison. Le maréchal lui a répondu, pince-sans-rire : « C'est parce que le 2 décembre est non seulement la fête traditionnelle de votre école de Saint-Cyr, mais aussi l'anniversaire de votre victoire d'Austerlitz, une bataille où, pour une fois, les Anglais n'étaient pas. »

11

LA RÉVOLTE DES GÉNÉRAUX

« Vous n'êtes pas l'armée pour l'armée. Vous êtes l'armée de la France. »

Mémoires de guerre.

Dans la nuit du 21 au 22 avril 1961, « un quarteron de généraux en retraite » – les généraux Raoul Salan, Maurice Challe, Edmond Jouhaud et André Zeller – « partisans ambitieux, fanatiques », prennent la tête de ce que de Gaulle appelle un « pronunciamiento militaire ». N'a-t-il pas admis avoir joué au début, comme l'a dit Jacques Massu, un double jeu avec l'Algérie, sachant que s'il avait avoué d'emblée ce qu'il pensait faire réellement, il aurait été balayé ?

— Double jeu. Voilà le grand mot prononcé ! Dans cette affaire, on a souvent essayé de faire passer mon père pour un monstre froid qui n'avait qu'une idée machiavélique en tête en arrivant au pouvoir : se débarrasser d'une patate chaude ! La meilleure réponse à toutes les fausses intentions qu'on lui a prêtées est le récit volontairement schématique qu'il m'a fait lui-même de son action en 1969, un an avant sa disparition, à la suite de mes nombreuses interrogations personnelles. Par sa simplicité délibérée, cet exposé fera mieux comprendre, je l'espère, aux non-spécialistes un peu perdus par toutes les thèses contradictoires, le cheminement de son raisonnement jusqu'à son aboutissement. Dans les derniers mois de sa vie, certains souvenirs marquants – et l'Algérie en était un ! – lui revenaient avec insistance. Ce soir-là, après le dîner en famille, je le retrouve seul dans la bibliothèque, assis dans un fauteuil, pensif. Tout à l'heure, la télévision a évoqué le drame algérien sous la forme d'une rétrospective en images.

— Il regardait souvent ce genre d'émission ?

— Souvent, non. Mais l'Algérie lui tenait à cœur. Fermant le poste au moment du débat qui suivait, il commence à se remémorer à haute voix. Nous sommes le 1er juin 1958. Il vient d'être nommé président du Conseil. Le 3, comme nous l'avons déjà dit, il est en Algérie. Son premier souci est alors de se rendre compte par lui-même de l'état dans lequel est ce pays, s'il n'est pas trop tard, comme il le craint depuis longtemps, pour l'intégrer à la communauté française, s'il ne faut pas regretter de ne pas avoir tenté de le faire tout de suite après la guerre. « Or, se souvenait-il, qu'est-ce que je trouve à mon arrivée ? Un enthousiasme extraordinaire où toutes les foules me crient : "Algérie française !" y compris les Arabes, bien que je sache qu'on en a fait venir beaucoup par camion. Je suis stupéfait et en même temps emballé. Alors, je dis : "Je vous ai compris. A partir de maintenant, il n'y aura qu'une seule catégorie de citoyens et un seul collège." » Et puis, là-dessus, il commence sa tournée. Et qu'est-ce qu'il voit partout ? Une rébellion en désarroi qui lui envoie des émissaires pour lui faire connaître directement qu'ils sont prêts à négocier. « Franchement, je ne le croyais pas au départ. Je pensais que l'intégration était une utopie. Mais après avoir vu ce qui se passait, j'ai pensé qu'il y avait peut-être une chance. Car qui plus que moi voulait que l'Algérie fût française ? Alors, à mon retour à Paris, je décide de mettre le paquet. J'y envoie des troupes, je crée des commandos de chasse. Fini le quadrillage : le mouvement ! On élimine la rébellion. D'autre part, je mobilise toutes les ressources de la métropole disponibles. On agrandit les ports, on construit des logements, on allonge les pistes d'envol, on monte des écoles, etc. » Mais, pendant ce temps-là, alors que les Etats africains accédaient à l'autonomie, il reçoit des rapports qui contredisent ceux des militaires, lesquels sont tous plus optimistes les uns que les autres. Des rapports qui l'avertissent :

l'Algérie ne bascule pas vers la France, ne se sent pas française. Elle refuse le *statu quo*, l'intégration, « l'Algérie de papa ». Il parle alors clairement d'autodétermination, c'est-à-dire d'autonomie de l'Algérie, en septembre 1959, puis, après l'indépendance de tous les autres Etats africains, d'« Algérie algérienne amie avec la France, dans le cadre de la Communauté », en novembre 1960. « Quoi que nous fassions nous n'arrivions pas à faire basculer les Arabes de notre côté. Au contraire, les Français étaient de plus en plus perçus comme des occupants et les haines entre communautés s'accroissaient de jour en jour. »

— Et ce projet de partition à la mode israélienne ?

— Il ne croyait pas à cette solution parce que c'était mettre une zone prospère aux portes de la misère et, par conséquent, susciter l'envie sociale, le terrorisme et l'invasion. Il expliquait qu'il avait envisagé successivement une partition du Sahara qu'il a fallu rayer des projets parce qu'il était trop facile de couper l'accès du pétrole à la mer, puis une partition de l'Algérie en réservant un territoire côtier pour y replier les pieds-noirs et nos partisans. C'était surtout à titre de menace pour le FLN car, remarquait-il, nous aurions ainsi créé une situation similaire à celle d'Israël vis-à-vis de la Palestine, c'est-à-dire une région riche perpétuellement assiégée et infiltrée par des zones pauvres à sa périphérie. Cette menace, le FLN l'a d'autant plus ressentie qu'il était conscient que, séparé des Européens, il allait à la ruine. Qui sait qu'il a même proposé un gouvernement commun pendant dix ans avec des ministres français ? Mais l'OAS a immédiatement saboté ce projet et c'est devenu impossible. « Alors, au fur et à mesure que ces extrémistes européens assassinaient des gens et que certains éléments du FLN en faisaient autant, le seuil des négociations descendait de plus en plus, et on est arrivé à l'Algérie algérienne totalement indépendante. » Lorsqu'il a fini cet exposé, il semblait épuisé. Je l'ai vu à un moment fermer les yeux sous ses lourdes paupières, chose qu'il ne faisait jamais, ce qui a attiré le regard de ma mère, assise non loin de lui, toujours sur le qui-vive. Ces souvenirs l'attristaient. Après un silence assez long au cours duquel seuls ses doigts s'agitaient sur les bras du fauteuil, il a laissé tomber : « Que pouvais-je faire alors ? Continuer la guerre indéfiniment contre un peuple qui voulait être indépendant ? Pendant combien d'années ? Comment auraient réagi les Français devant ce tonneau des Danaïdes sanglant ? » Il est évident que si le général de Gaulle était arrivé sur le Forum d'Alger en criant : « Vive l'Algérie indépendante ! » il aurait été submergé par la foule hostile. Mais comme il l'a expliqué, ce n'était pas cela qu'il voulait faire. Alors, sous prétexte qu'il a été obligé de changer son action parce que la donne était différente, on a affirmé comme Massu qu'il jouait double jeu.

— On a dit aussi qu'il avait souffert dans sa chair de devoir s'opposer à sa famille : l'armée. Ne s'est-il jamais senti responsable de l'avoir trompée ?

— Jamais il ne s'est senti responsable d'avoir trahi je ne sais quelle promesse qu'il aurait faite à je ne sais qui. C'est lui qui s'est senti trompé dans la confiance qu'il avait accordée à des hommes dont il n'attendait que compréhension et obéissance. Je me rappelle qu'il m'a confié encore, en 1969, à la fin de notre longue conversation : « J'ai toujours joué cartes sur table en Algérie. Malheureusement avec des tricheurs. »

— Il leur a quand même assuré que, lui vivant, jamais le drapeau du FLN ne flotterait sur Alger.

— C'est en effet ce qu'ont prétendu certains putschistes devant les tribunaux, mais c'est une grossière invention de Salan, je crois, une interprétation abusive de ses paroles. Ah ! qu'il était irrité quand il entendait ce grief injustifié ! Il s'écriait : « Suis-je le capitaine Bravache ? Croient-ils donc que je sois à ce point ignare de notre histoire pour avancer que jamais tel drapeau ne flottera sur une ville ? Mon grand-père a vu les Alliés, nos ennemis, défiler à Paris en 1814 et en 1815 ! Mon père y a vu les Prussiens en 1871 ! Les Allemands ont failli le faire en 1914 ! Les nazis y ont hissé leurs couleurs en 1940 ! Qui peut jurer que jamais un drapeau ne flottera sur quelque ville que ce soit ? »

— Venons-en à l'affaire de l'interview de Massu dans un journal allemand, le 18 janvier 1959, où il dit que l'armée se sent trahie, et à l'explication orageuse qu'il a eue après coup avec le Général. Massu a écrit par la suite qu'il s'était fait piéger par le journaliste. Qu'en pensait votre père ?

— Qu'il se soit fait piéger, mon père le pensait, mais pas de la manière dont Massu le croyait lui-même. Il s'est fait piéger, expliquait mon père, parce qu'il aurait dû savoir que les Allemands ne soutenaient pas l'Algérie française et qu'en plus, ils aidaient le FLN. On a retrouvé des armes et des équipements débarqués à Tunis qui avaient été fournis par eux. Massu aurait donc dû se méfier, lui qui n'accordait d'interview à personne. Il aurait dû se douter qu'aussi sympathique fût-il, ce journaliste ne poursuivait qu'un but : compliquer la position française, donc celle du général de Gaulle. Trop facile lui a été de certifier après que le Quai d'Orsay puis le général Challe lui avaient poussé dans les bras cet envoyé spécial de la *Süddeutsche Zeitung* de Munich et que cette interview était un coup monté par mon père ou son entourage, en l'occurrence mon beau-frère Alain de Boissieu, pour le faire se démasquer et le dégommer ! Comment imaginer pareille manœuvre de la part du général de Gaulle contre un commandant de corps d'armée ? Mon père était outré par cette calomnie qui lui était arrivée aux oreilles. Il ne voyait pas comment Massu avait pu en être l'auteur. Je l'ai rarement entendu traiter quelqu'un aussi durement. Il n'a pas cru un seul instant tous les démentis que l'on a pu faire par la suite. Il savait que l'interview avait été discrètement enregistrée par l'Allemand. De plus, il connaissait trop l'opinion de Jacques Massu. Il l'avait déjà beaucoup entendu lui signifier de vive voix que l'armée ne le comprenait plus, qu'elle avait peut-être commis une faute en lui accordant sa confiance. Il m'a expliqué : « Massu se trompait de République. Il pensait que l'armée pouvait ne pas obéir au chef de l'Etat. Il aurait dû demeurer le beau soldat qu'il était et ne pas se fourrer dans cette tentative maladroite de sommation. »

— Alors, il le convoque à l'Elysée. Qu'a pensé le Général de cette entrevue qui, a-t-on dit, a été mouvementée ?

— Il l'a d'abord fait lanterner deux ou trois jours parce que, m'a-t-il précisé, il ne voulait pas le recevoir « à chaud ». Non qu'il craignît la fureur de Massu, mais la sienne. Il a même pensé ne pas le recevoir du tout sur le moment, attendre qu'il eût rejoint le nouveau commandement qu'il allait lui confier. Leur tête-à-tête n'a duré qu'un quart d'heure. J'étais curieux de savoir comment il s'était réellement passé. On l'avait tellement commenté à tort et à travers ! Avant de me le rapporter, il a tenu à remonter à l'origine de leur mésentente : « En juin 1958, quand, président du Conseil depuis l'avant-veille, je suis arrivé à Alger, je l'ai approuvé de prendre la tête des "Comités de salut public" locaux pour les contrôler. Il avait gagné la bataille d'Alger et son prestige était grand. Ensuite, j'ai donné l'ordre formel à l'armée de quitter ces comités, la politique n'étant pas son métier. » Mais l'esclandre de Massu dans le journal allemand l'a poussé à bout. « C'est alors, a-t-il ajouté, que j'ai compris à quel point l'armée s'était littéralement laissé intoxiquer en se mêlant de politique locale. » Lorsque Massu s'est présenté à lui, il lui a signifié calmement ce qu'il pensait de son attitude et, en appuyant sur ce terme, il lui a déclaré qu'il n'était pas question qu'il retourne à Alger. Quand il a eu fini de parler, Massu s'est déchaîné. « Il était fou furieux, il tenait des propos exaspérés. Il se levait, se rasseyait. Il ne tenait pas en place. » Se souvenant de ce dernier détail, il eut un petit rire de gorge. Puis il reprit sur un ton plus sérieux : « Croyez-moi, lui ai-je dit pour finir, que vous le vouliez ou non, les Français ne supporteront pas longtemps de voir cinq cent mille de leurs enfants faire la guerre en Algérie pendant cinquante ans. » Et il a mis fin à l'entretien en se levant. Alors, avant de quitter son bureau, Massu lui a lancé d'une voix à la limite de la vocifération : « Mon général, vous êtes entouré de gens qui sont des cons ! » Mon père se rappelait encore : « Il est sorti en claquant la porte et, m'ont rapporté les aides de camp, en grommelant quelques gros mots supplémentaires. » Je ne suis pas sûr qu'ils se soient serré la main comme le rapporte Massu. Mon père a senti au fond de lui-même que rien n'était vraiment cassé entre eux, mais que Massu en avait gardé quelque ressentiment.

— Et l'histoire de la montre-bracelet qu'il aurait brisée dans sa colère en frappant son bureau avec son poing devant Massu ?

— Je me porte en faux. Il savait quand même retenir ses nerfs. Et puis, l'échange n'a pas été aussi violent. Il y a eu des éclats de voix, c'est tout. D'autre part, il eût fallu que mon père portât son bracelet-montre à l'envers, cadran sous le poignet, ce qui n'a jamais été le cas.

— Massu le soutient dans son livre...

— Et alors ? Mon père savait qu'il le racontait à droite et à gauche. Je ne l'ai pas interrogé à ce sujet, mais je n'ai jamais entendu dire en famille qu'il ait dû faire réparer son bracelet-montre ou en changer. Ma mère, en tout cas, l'aurait su, car elle s'en serait occupée. C'est toujours elle qui veillait sur ses affaires. Et tous les bracelets-montres dont j'ai hérité après sa mort étaient intacts.

— Votre père a senti qu'il s'était fait un adversaire ?

— Oui et non. Car Massu avait beaucoup d'attachement pour lui. Il pensait que si l'amour avait tourné à la haine, il n'était pas mort pour autant. Il pensait d'autre part qu'il lui avait rendu service en l'écartant du « chaudron algérien ». « S'il était resté à Alger, m'a-t-il expliqué, il aurait fait des bêtises. Il aurait sûrement risqué de se laisser compromettre. Il se serait peut-être même retrouvé à la tête des mutins. » C'est pourquoi il lui avait interdit de remettre les pieds à Alger où étaient sa femme et ses enfants. Il n'a même pas pu y retourner pour prendre sa valise. Après l'avoir laissé végéter pendant plus d'un an, il l'a muté à un poste ordinaire, à la tête de la 6e région militaire à Metz. Je lui ai demandé ensuite s'il pensait que Massu serait allé jusqu'à vouloir sa mort comme certains putschistes. D'un geste, il a arrêté ma question à mi-chemin pour attester qu'il était quand même autre chose qu'un dissimulateur du style de Salan, qu'il ne fallait pas oublier le héros courageux de la France Libre, de l'Afrique équatoriale, de l'assaut du col du Dabo dans les Vosges. « Des généraux très intelligents, j'en ai vu des quantités en 1940. Mais ils ne savaient pas se battre. Avec lui, je savais à l'avance que les missions que je lui confiais seraient accomplies jusqu'au bout. Malheureusement, comme il me l'a avoué lui-même, il s'est laissé aveugler par un mirage. » N'oublions pas, pour finir, que c'est chez lui qu'il s'est rendu en mai 1968.

— Dans quelle mesure le Général a-t-il prévu cette révolte des généraux du 22 avril 1961 ?

— Il se doutait bien qu'un jour ou l'autre, il pourrait y avoir ici ou là un général ou deux qui réagiraient d'une manière violente, ou en tout cas médiatique, mais il ne pensait pas qu'ils oseraient aller jusque-là. On a raconté qu'il avait été réveillé le 22 avril, à l'aube, à l'Elysée par Michel Debré qui l'avertissait que des putschistes avaient emprisonné au palais d'Eté le délégué général d'Algérie, Jean Morin, les généraux Fernand Gambiez, commandant en chef en Algérie et Adolphe Vézinet, commandant le corps d'armée d'Alger, et Robert Buron, ministre des Travaux publics, de passage en Algérie. En fait, Debré avait été mis au courant des premières rumeurs du putsch et des emprisonnements la veille, pendant la soirée de la représentation de *Britannicus* à la Comédie-Française à laquelle mon père avait invité Léopold Sédar Senghor, président du Sénégal, en visite officielle à Paris. Il prévient donc le Général dès sa sortie du théâtre. Au cours de la nuit, des dispositions spéciales sont prises en conséquence par le gouvernement, et ce n'est que le lendemain matin, à 7 heures, que mon père convoque à l'Elysée le général Jean Olié, chef d'état-major des forces armées, et Louis Joxe, ministre des Affaires algériennes, après s'être habillé de pied en cap, je le précise, car l'un d'entre eux a prétendu qu'il les avait reçus en pyjama ! Il leur demande de partir pour l'Algérie sur-le-champ. Devant la composition exacte du « quarteron » de généraux (Salan, Challe, Jouhaud, Zeller) et la médiocrité du nombre de partisans qu'ils ont pu mobiliser à leurs côtés, il est de plus en plus persuadé que leur affaire ne tiendra pas la route. Il réunit un Conseil des ministres exceptionnel. « Dès le dimanche matin [23 avril], m'a-t-il relaté après coup – car à ce moment-là, j'étais moi-même à Mers el-Kébir –, au vu des derniers messages que l'on me donne à lire et qui me confortent dans mon analyse, je suis sûr que la baudruche va éclater. » Et comme je lui demande pourquoi, malgré cela, il a tenu à se montrer en uniforme à la télévision, le soir même, le visage durci, les poings lourds de colère et de détermination et la voix impérieuse, pour envoyer sa sommation aux putschistes et en appeler au soutien des Français, il me répond : « Il fallait que ces gens qui s'étaient fourvoyés n'aillent pas plus loin dans leur égarement. Il fallait aussi que je leur rappelle que l'exécutif n'était pas je ne sais quel ancien président de la IVe, mais moi, le général de Gaulle revêtu de sa tenue de soldat, et qu'il prendrait des mesures sérieuses s'ils ne cessaient pas leur mauvaise plaisanterie. »

— Des témoins ont rapporté qu'il opposait la dérision à l'inquiétude de ses ministres et aux rodomontades des putschistes...

— Sûrement pas la dérision. Ce n'était pas la psychologie familiale que de se moquer avec mépris. Il n'a pas ricané devant la folie de ces officiers généraux. Il a seulement déclaré à ce Conseil des ministres exceptionnel du 22 avril 1961 : « Ce qui est grave en cette affaire, Messieurs, c'est qu'elle n'est pas sérieuse. » Quant à ses ministres, il leur a opposé son calme traditionnel. Vieux réflexe de l'officier au combat. « Que chacun fasse son devoir à son poste en veillant à ce que les hommes ne tirent que lorsqu'ils en reçoivent l'ordre », articulait-il lorsqu'il racontait à l'enfant que j'étais ses combats en 1914 sur le terrain où ils avaient eu lieu. A quoi servait-il de s'alarmer abusivement ? Il m'a assuré avoir dû « engueuler » deux de ses collaborateurs qui, à l'Elysée, parlaient d'aller chercher leur fusil de chasse pour le défendre, et de même certains de ses ministres qui, au-delà de la garnison de Paris, voulaient mettre toute la France en alerte.

— Il n'a jamais cru à une extension du putsch en métropole ?

— Qu'un commando composé d'un nombre restreint de parachutistes risque un coup sur Paris lui paraissait chose possible, mais il ne croyait pas à une extension de la mutinerie. Pour en être convaincu, m'a-t-il expliqué plus tard, il lui a suffi de répondre à cette simple question d'ordre militaire : de quels effectifs disposent les putschistes ? L'armée d'Algérie ne les suivait pas et celle d'Allemagne non plus. Qui les suivait donc ? Quatre régiments de parachutistes basés en Algérie, dont un seul, le 1er REC, s'était vraiment engagé, officiers en tête, les autres ne bougeant pratiquement pas. Cela, d'ailleurs, on ne l'a jamais fait remarquer. Il fallait également que les « débandés » disposent de moyens de transport adéquats. Or, ils n'en avaient plus car la plupart des avions au sol en Algérie avaient rallié la France à vide pour ne pas risquer d'être utilisés par la rébellion.

Mon père croyait si peu à la « tache d'huile » qu'il a, pendant un moment, refusé d'appliquer l'article 16 de la Constitution malgré les exhortations de quelques-uns de ses ministres. Il finira quand même par s'y résoudre lors du Conseil des ministres du 22 avril. « C'était insensé, se remémorait-il avec vigueur. Sans argent, sans essence, sans vivres, complètement isolés et coupés de tout, les mutins n'avaient pas une chance sur cent de réussir. Se figuraient-ils qu'ils allaient pouvoir tenir tête au peuple français tout entier qui m'accordera, un an plus tard, sur l'indépendance de l'Algérie, un taux d'approbation incroyable dans l'histoire de France avec 99,72 % des suffrages exprimés ? Croyaient-ils que les Français auraient supporté plus longtemps que l'on continue à envoyer leurs enfants en Algérie pour guerroyer ? » Et en secouant la tête : « Comment des généraux de l'armée française ont-ils pu se laisser piéger de cette façon ? On comprend mieux encore pourquoi on s'est retrouvé sur la Loire en 1940 ! » Quand on lui annonce, le dimanche matin 23, que le bruit court à Alger que des paras vont décoller le soir même pour être largués sur Paris, il hausse les épaules. Le lendemain, Michel Debré, le Premier ministre, recevra son « paquet » pour avoir fait suivre sa propre allocution à 20 heures d'une invocation mélodramatique assez ridicule en incitant le peuple de Paris à se rendre à Orly pour riposter aux envahisseurs. « Je ne l'avais pas découragé de s'adresser aux Français, puisqu'il pensait que c'était son devoir de Premier ministre, mais il n'aurait pas dû tirer l'alarme de cette façon si outrée ! »

— Foccart a raconté que le Général avait envisagé de quitter Paris pour ne pas courir le risque de se faire prendre par les insurgés. N'était-ce pas un signe de grande inquiétude ?

— Foccart a-t-il raconté ou lui a-t-on fait raconter ? Je n'ai jamais entendu une histoire pareille. Tout ce que je sais, c'est que la personne avec laquelle il est dit que Foccart aurait préparé ce projet de repli n'était pas un ancien de la France Libre comme cela a été écrit, et que sa veuve, à qui il ne cachait rien, trouve cette version des faits invraisemblable. Peut-être n'était-ce finalement qu'une simple intention de la part de Foccart, comme cette unité de commando marine qui aurait été mobilisée à la défense de l'Elysée et qui en est restée tout autant au stade des rumeurs. De toute façon, si ce projet avait existé, je l'aurais su après coup de la bouche même de mon père à mon retour d'Algérie, car nous avons eu ensemble, par la suite, un long entretien à Colombey à propos du putsch et de la lettre qu'il m'avait écrite le 27 avril 1961 pour s'excuser, en quelque sorte, d'avoir voulu me faire retirer de mon port d'attache.

— Il a vraiment craint que les putschistes vous enlèvent à Mers el-Kébir ?

— Sans aucun doute. C'est pour cette raison qu'il a demandé au chef d'état-major de la marine, l'amiral Jean Cabanier, par une lettre personnelle, le 24 avril, de me faire partir avec mon bateau de ce port où il avait appris que je me trouvais pour une mission de routine, le 22 avril, au moment du putsch, en tant que commandant de l'escorteur rapide *le Picard* qui était à quai. Il m'a confié avoir raisonné de la façon suivante : « Naturellement, il ne va pas rester à bord. Il va bien falloir qu'il aille à terre, ne serait-ce que pour aller voir son amiral ou son central d'opérations. Alors, à cette occasion, il peut être enlevé par les mutins. » Il considérait que ce n'était pas le prix de ma personne qui était en cause. « Cette valeur, tu le sais bien, n'a pas de prix pour moi. Mais pour des raisons de réputation et de prestige, je ne pouvais risquer de voir le fils du président de la République française servir d'otage à des troupes débandées. » Alors, comme je pressentais qu'on allait s'efforcer de m'éloigner d'une façon ou d'une autre, j'ai fait mettre bas les feux et entrepris aussitôt la révision de mes machines. Et pour plus de sûreté, un remorqueur a amarré mon bateau à deux cents mètres du quai. Ainsi n'aurait-on pas pu m'obliger à appareiller. Par la suite, j'ai exposé à mon père pourquoi je n'avais pas voulu lui obéir pour ne pas abandonner l'amiral Kerville seul à Mers el-Kébir, et il n'y a fait aucune objection. Au début de mai, je recevais donc cette lettre du 27 avril qui me souhaitait bonne fête et m'expliquait les raisons de son intervention restée sans effets.

— Et que penser de ces instructions secrètes qu'il a fait remettre à son médecin personnel le 23 avril ?

— Ce jour-là, effectivement, il a fait porter une lettre au docteur André Lichtwitz. Cela a été confirmé par trois témoins de bonne foi. Pourquoi à cette personne ? Ce médecin était, on ne l'oublie pas, le sien depuis la France Libre, et il avait en lui une confiance totale. Quant à savoir ce que contenait ce pli qui a été rendu à mon père quarante-huit heures après par son destinataire, comme il l'avait demandé, le mystère reste entier. Il est probable qu'il avait noté là quelques dispositions à suivre au cas où des « hurluberlus » – c'était son expression – auraient réussi à s'en prendre à lui. Il faut savoir que lorsqu'il se trouvait face à une situation imprévue, il examinait tous les cas de figure avant de se décider à agir et prévoyait même les situations les plus improbables. Je suppose que le message en question devait donc être d'ordre strictement personnel et ne pas revêtir de caractère historique puisqu'il n'a pas jugé utile de me le transmettre avec tous les documents dont j'ai assuré, par la suite, la publication. Lichtwitz pouvait en connaître le texte à moins qu'il n'ait dû en restituer l'enveloppe sans l'avoir ouverte. Je pense que s'il y avait vu malgré tout un intérêt important, il n'aurait pas manqué de m'en faire part puisque je l'ai rencontré à plusieurs reprises avant qu'il ne disparaisse lui-même après mon père, et qu'il savait que je m'efforçais de récupérer tous les textes intéressants du Général.

— Un doute subsiste concernant le suicide du général Edgard de Larminat à qui votre père a confié la présidence de la cour militaire de justice chargée de juger les généraux putschistes. Certains ont affirmé que c'était parce qu'il refusait d'assumer sa mission qu'il s'est donné la mort. Quel était l'avis de votre père ?

— Larminat était un fidèle d'entre les fidèles. Il avait été de tous les combats avec mon père, depuis son passage à la France Libre, depuis la Syrie et le Liban en août 1940 jusqu'à la poche de Royan en avril 1945. Il était président de l'association des Français Libres et compagnon de la Libération. Il se serait fait tuer pour le Général. D'ailleurs, c'est un peu ce qu'il a fait. C'est mon père qui lui a demandé de présider cette Haute Cour sur une suggestion de Pierre Messmer qui avait reçu préalablement l'accord de l'intéressé. Il était, je dirais, d'autant plus l'homme de la situation quand on savait combien il condamnait en privé l'acte de ces généraux félons. Seulement, à cette époque, il souffrait de migraines terribles qui, par moments, étaient intenables. Grièvement blessé, en 1942, sur une route égyptienne où sa voiture avait été mitraillée par un avion ennemi, il avait dû être trépané. Il était parfaitement lucide, mais il ne pouvait pas supporter une audience plus d'une heure. J'étais présent à l'Elysée lors d'un déjeuner familial quand l'aide de camp, le colonel de Bonneval, est entré dans l'appartement privé et a annoncé au Général : « Le général de Larminat vient de se suicider. On l'a trouvé mort ce matin. Il a laissé une lettre. » Sur le moment, mon père est resté interdit. Il a lu la lettre. Il était blême. Nous avons su plus tard qu'elle disait : « Mon Général, je vous suis dévoué, vous m'avez nommé, mais je n'ai pas pu physiquement et mentalement accomplir le devoir qui m'était tracé. Je m'en inflige la peine. » Inutile d'ajouter à quel point mon père était bouleversé. Je ne suis même pas sûr qu'il ait terminé le déjeuner que nous prenions ensemble. Je me souviens seulement qu'il est allé ensuite s'enfermer dans son bureau. Voilà la vérité. Toute autre version est mensongère et porte atteinte à la mémoire d'un grand soldat et d'un grand Français.

— Est-il vrai que votre père voulait absolument que le général Raoul Salan fût passé par les armes ?

— D'après ce qu'il a consenti à m'en faire savoir, je pense qu'il l'aurait gracié. Certes, il le jugeait compliqué et retors, et ses intrigues en coulisse l'avaient toujours agacé. Il ne l'aimait pas et Salan lui rendait bien son antipathie qui allait pour lui, peut-être, sentait-il, jusqu'à la haine. Mais il n'oubliait pas ses états de service. Il s'était bien battu pendant la guerre, en Italie, puis en France, et ensuite en Indochine. Pour mon père, il faisait partie de l'histoire de l'armée française. C'est également pour cette raison, m'a-t-il confié en 1968, qu'il l'a amnistié cette année-là avec d'autres condamnés pour faits de subversion. On a d'ailleurs prétendu à cette époque que son indulgence avait pour but de s'attirer des suffrages au moment des élections et de se réconcilier avec l'armée. On a eu tort de soupçonner un tel calcul. Rappelez-vous sa réflexion : « Ces gens de l'OAS se sont livrés à de bas procédés, mais leurs motifs n'étaient pas bas. » De même que, sortant de ses gonds, a-t-on dit, il aurait projeté de créer une cour martiale pour traîner Salan en justice une seconde fois. Il n'en a jamais été question dans son esprit. J'insiste : il n'avait probablement pas l'intention de le faire fusiller.

— Il n'empêche qu'il a piqué une colère quand le tribunal militaire ne lui a pas infligé le châtiment suprême...

— Il est vrai qu'il est entré en fureur quand il a appris que Salan n'était condamné qu'à la réclusion à perpétuité. Il s'est écrié : « Nous sommes devenus un pays complètement décadent ! N'importe qui serait condamné à mort en Grande-Bretagne, en Allemagne ou aux Etats-Unis pour rébellion armée, assassinats ou multiples tentatives, y compris contre le chef de l'Etat lui-même. Mais en France, on vous envoie jouer au ballon dans la cour de la prison de Tulle ! » Il avait vu avec irritation, à la télévision, les généraux prisonniers Challe, Zeller et Jouhaud jouer au football dans la cour de cette maison d'arrêt. Mais sa fureur était avant tout motivée par la condamnation à mort, près d'un mois auparavant, du général Edmond Jouhaud par ce même tribunal. Quelle était donc cette Haute Cour qui condamnait l'adjoint à mort et laissait la vie à son chef ? De plus, Salan échappait à la peine de mort grâce à la défection d'un des jurés qui aurait compris qu'il appartenait à la même fratrie philosophique que lui par les mots qu'il aurait prononcés en conséquence. Ce qui a fait dire à mon père que ce tribunal s'était dévoyé. Il martelait : « Ces juges se sont fichus de moi. Ils ont fait mon propre procès ! » Pour lui, leurs manœuvres étaient évidentes. Par un raisonnement au second degré, comme les Français en font souvent en politique avec des résultats inverses au but recherché, ils ont condamné à mort Jouhaud en escomptant qu'il lui accorderait la grâce. Mais craignant qu'il n'en fît pas autant pour Salan, ils avaient pris les devants. « Ils veulent me forcer la main, s'est exclamé mon père. Si c'est ainsi, je vais laisser fusiller Jouhaud ! »

— Alors qu'il avait toujours eu l'intention de le gracier...

— C'est ce qu'il m'avait révélé avant que le tribunal ne décidât du sort de Salan : « Je gracierai Jouhaud. C'est un pauvre pied-noir. Ses parents sont enterrés près d'Oran. » Il était très sensible au fait que les pieds-noirs ne puissent pas retourner sur la tombe des leurs. C'est ainsi qu'en 1967, il revint un jour bouleversé de l'hôpital du Val-de-Grâce où il était allé voir le maréchal Juin, son ancien camarade de Saint-Cyr qui était à l'article de la mort. L'Algérie les avait séparés mais ils étaient toujours amis. Juin lui reprochait d'avoir dédaigné l'aide qu'il aurait pu lui apporter dans cette affaire. Mon père m'avait du reste confié à ce propos : « Il y aurait mis trop de cœur pour garder la raison. » A son retour du Val-de-Grâce, il nous raconta que Juin lui avait soufflé, au moment où il allait quitter son chevet : « Tu vois, quand je regarde par la fenêtre, j'aperçois le cimetière de mes parents en Algérie. » Ces mots l'avaient touché au cœur. Mais peut-on gracier Jouhaud si Salan a réussi à sauver sa tête ? Il nous confia par la suite : « Gracier les deux c'était absoudre l'OAS de tous ses crimes [n'oublions pas la tuerie provoquée de la rue d'Isly parmi les Européens et celle de la place du Cheval chez les musulmans], encourager tous les auteurs de pronunciamiento et décourager tous ceux qui avaient pour charge de les poursuivre. » Le bruit a alors couru qu'il recula devant la menace de démission de certains ministres, dont le Premier, Georges Pompidou, et le garde des Sceaux, Jean Foyer. Mais je puis l'assurer : mon père n'écouta personne quant à la décision qu'il avait prise.

— Alors qu'est-ce qui l'a déterminé à accorder sa grâce à Jouhaud ? Son appel aux hommes de l'OAS pour qu'ils mettent bas les armes ?

— Cet appel a certainement été positif, mais non déterminant. De toute façon, – je le répète – il était bien décidé dès le début à lui épargner le peloton d'exécution malgré les menaces que la colère lui a fait proférer. Cette grâce n'a d'ailleurs été rendue officielle que cinq mois plus tard, mais c'était affaire de chancellerie, et plus personne ne doutait que le condamné allait échapper au pire. Il faut savoir que mon père a beaucoup gracié bien que la réciproque n'ait jamais été une seconde envisagée par les coupables dans le cas où mon père serait tombé entre leurs mains. Il a, par exemple, supprimé ou atténué les deux tiers des condamnations prononcées au moment de l'épuration, à la Libération. Je l'ai vu, à cette époque, alors qu'il venait de refuser des grâces. Il était en veille en même temps que les malheureux qui devaient être exécutés le lendemain matin. Il m'a avoué : « La charge de cette prérogative est ce qu'il y a de plus pénible dans l'exercice du chef de l'Etat qui n'a à rendre de comptes qu'à Dieu. C'est horrible, la peine de mort, mais c'est fait pour être horrible. » Bien longtemps après le procès des généraux putschistes, il m'a confirmé qu'il n'aurait jamais refusé le recours en grâce d'Edmond Jouhaud. Et il a ajouté : « Mais étant donné tout ce qui s'est passé, je ne pouvais évidemment pas le déclarer à l'avance. » Ceux qui, avec le journal *le Monde*, ont parlé de volonté de revanche de sa part – ce qui était vraiment mal le connaître – en ont été pour leurs frais. Et cela ne l'a évidemment pas mécontenté.

— Y a-t-il eu par la suite des rapports quelconques entre le Général et les généraux qu'il a graciés ?

— Jamais. Cependant, on ne peut pas dire que leur famille ait été brimée puisque très vite on leur a rétabli leur retraite. En 1963, quand il a appris que la femme d'un ex-général, artisan actif de la tentative de putsch – je n'ai jamais su lequel et je pense qu'il n'aurait jamais voulu me révéler son nom – traversait de sérieuses difficultés financières, il a aussitôt convoqué Jean Foyer et lui a commandé : « Voyez si sur les fonds qui me sont réservés, on ne pourrait pas lui venir en aide, parce que après tout, elle n'a aucune responsabilité dans ce qui s'est passé. Vous veillerez d'autre part à ce que, ni de mon vivant ni après ma mort, personne, à commencer par elle, ne connaisse l'origine du secours qui lui sera accordé. »

— Ne s'agissait-il pas de Mme Challe ?

— C'est vraisemblable, mais elle n'a pas dû être la seule.

— Malgré tout, vous n'êtes pas sans le savoir, une partie de l'opinion a eu l'impression que le Général a traité le drame algérien et ses conséquences humaines en technicien détaché de tout sentiment.

— A ces mots, mon père aurait bondi. Technicien, bien sûr qu'il revendiquait ce titre. Comment traiter les problèmes politiques sans être réaliste ? « On ne fait pas de politique avec des rêves et de bons sentiments », ne cessait-il de répéter à tout le monde. Mais, croyez-moi, il était sensible au malheur de ceux qui souffraient à cause de ce drame. Cependant – je n'ai pas besoin d'insister –, vous savez combien il se refusait à se complaire dans le regret, la nostalgie et les jérémiades, et combien il détestait mettre ses sentiments à nu, ce qui le faisait souvent passer pour un « sans-cœur ». Réaliste, il éludait toujours l'affliction que pouvaient susciter les drames au bénéfice des leçons qui en résultaient. De passage à Paris en décembre 1961, j'ai hâte d'aller rejoindre mes parents à Colombey au cours d'un week-end. Le 8 septembre précédent, ils ont échappé à l'attentat par explosif de Pont-sur-Seine grâce au sang-froid de leur chauffeur qui a foncé à travers un rideau de feu. Comment vais-je les retrouver ? J'ai tort de m'inquiéter. Mon père est d'humeur combative. Il me reparle de l'affaire algérienne. « Plus tard, on se rendra compte que l'un des plus grands services que j'ai pu rendre au pays, ce fut de détacher l'Algérie de la France, et que de tous, ce fut le plus douloureux. » Selon lui, l'armée vivait dans un rêve en Algérie. « Nos officiers se sont monté le bourrichon. C'est ce qui arrive quand on s'enferme hermétiquement dans une pièce pour agiter des idées en se gavant de ses propres paroles. » Et d'ajouter : « Avec sa révolte inutile, cette pauvre armée a manqué une fois de plus de clairvoyance comme en 1940 et 1942. Comment peut-on apercevoir quelque chose avec des jumelles couvertes de buée ? » Mais cela ne l'empêchait pas d'être navré devant la perte de l'Empire et ses conséquences humaines. A combien de reprises l'ai-je entendu m'avouer qu'il avait souffert avec les pieds-noirs arrachés à leur terre et les cadres de l'armée qui vivaient ce drame à leurs côtés ? Un jour, six ans après la révolte des généraux, voyant à la télévision un document d'archives sur l'arrivée des pieds-noirs à Marseille, il a soupiré devant ma mère et moi : « Vous voyez, Yvonne, ils sont comme vous en juin 1940, à votre arrivée sur la côte anglaise, à la différence qu'ils ont des bagages alors que vous n'en aviez pas et que l'on va tout faire pour les aider à retrouver une vie décente. En tout cas, quitter sa terre, c'est le pire des déchirements. »

12

L'ARMÉE, SA FAMILLE

> « L'âme et le sort du pays se reflètent constamment au miroir de son armée. »
>
> *La France et son armée.*

L'armée était tout pour lui. On pouvait affirmer qu'il était né pour elle. Or, il a souvent trouvé moins d'appui pour ses idées dans ses rangs qu'ailleurs, que ce soit avant guerre avec ses théories révolutionnaires et ses livres ou plus tard avec le drame de l'Algérie. Comment expliquait-il cela ?

— Il disait qu'il s'y attendait dès les premiers temps, dès l'instant où il a pris la plume pour écrire *la Discorde chez l'ennemi* publié en 1924. Car il savait que l'armée est comme le syntagme de la phalange ou le rang de la légion : elle tend à rétablir l'ordre dans lequel elle se trouve pour se battre. Et par conséquent, instinctivement, elle revient toujours à cet ordre. Il faisait remarquer que tout ce qui a pu, un jour, modifier le cours des combats, tout ce qui a été considéré comme une idée nouvelle est toujours venu de quelqu'un d'extérieur à elle ou apporté de l'extérieur par l'un des siens, et aussitôt critiqué sinon combattu par les états-majors : « Cela a toujours été comme ça dans toutes les guerres et dans toutes les armées. Ainsi en était-il de Napoléon. Il a dû imposer, avec la Révolution et ses maréchaux qui étaient nouveaux, un autre ordre de bataille controversé par les plus vieux : contourner la ligne ennemie par des mouvements rapides ou la percer en engouffrant la colonne dans la brèche faite par l'artillerie sans s'occuper du reste. » Enfant, puis adolescent, je l'ai souvent entendu s'irriter de l'incompréhension de la hiérarchie militaire. Quand j'avais neuf ans, au Liban où nous vivions, je me souviens qu'il partageait parfois son amertume avec un ami officier. Un jour, sur le chemin du retour de l'école, mes oreilles d'enfant ont saisi des paroles précises. Il se plaignait : « Ils n'y comprennent rien. Il n'y a pas moyen de les sortir de leurs ornières. Tout cela ne peut quand même pas continuer indéfiniment. » Les Français venaient d'évacuer la rive gauche du Rhin, et il protestait contre cette décision qui faisait la part belle à celui qui allait devenir trois ans plus tard le chancelier du Reich allemand. Je me rappelle également ses démêlés, en 1927, avec le colonel Lacombe, son chef de demi-brigade, quand il commandait le 19e bataillon de chasseurs à Trèves. Ses réflexions fusaient contre ce supérieur opposé à ses théories : « Lacombe en est encore en 14. Il refuse de se remuer. Un bataillon de chasseurs, ce n'est pas fait pour se mettre en ligne derrière les barrages d'artillerie. Il faut manœuvrer, traverser des rivières, faire son véritable métier de chasseur. » Je garde en mémoire de nombreuses récriminations de ce genre contre des supérieurs « promenant leurs conceptions dépassées comme Pétain ses étoiles aux Invalides et à l'Ecole militaire où j'étais ».

— Il n'avait pas conscience que son caractère pouvait compliquer les choses ?

— Il s'en rendait compte depuis longtemps. Depuis sa jeunesse. Il avouait : « A l'Ecole de guerre, l'adversaire, c'était mon caractère. » Notons l'appréciation de son professeur de tactique générale, le colonel Moyrand, qui soutenait contre lui la doctrine des fortifications : « Gâte malheureusement d'incontestables qualités par son assurance excessive, sa rigueur pour les opinions des autres et son attitude de roi en exil. » Cela a été écrit le 31 octobre 1924. Le roi en exil... Mon père avait évidemment retenu ce jugement et, tout en ne se reprochant rien, le trouvait parfaitement justifié. Sur le tard, il admettait volontiers qu'il s'était toujours considéré comme le commandeur qui se refusait à entrer dans les considérations des gens de moindre niveau. Il voulait bien reconnaître que son caractère avait pu être jugé un peu odieux ou en tout cas intransigeant, étant donné son âge à l'époque. Il était peut-être même apparu outrecuidant, bien qu'il eût toujours détesté lui-même l'outrecuidance et qu'il reprochât quelquefois aux autres d'en montrer. Regardez toutes ses photos d'avant la Grande Guerre parmi les jeunes officiers qui l'entouraient. Lequel a un air supérieur ? Dans son carnet de notes de 1916, alors que, soulignons-le, il est prisonnier des Allemands, il écrit : « Redressons-nous. Les raisons nous manquent d'être si modeste. » Plus tard, il conviendra : « Tout compte fait, je n'avais pas le caractère qu'il fallait pour être admis à l'Ecole de guerre. » Parfois, quand, rentrant le soir, il protestait contre un instructeur avec lequel il s'était un peu heurté, ma mère lui faisait remarquer : « Ecoutez, ça tient peut-être à vous. Peut-être n'êtes-vous pas assez accommodant. N'oubliez pas qu'ils sont plus vieux, qu'ils sont sur la sortie alors que vous êtes à l'entrée. »

— Il acceptait ce genre de conseil ?

— Je ne pense pas qu'il en tenait grand compte, car il envoyait promener ma mère : « Voyons, Yvonne ! Vous êtes à côté de la plaque. Vous ne les connaissez pas. » Mais elle savait également lui donner raison quand il le fallait, sans trop insister toutefois pour ne pas lui donner l'impression d'un encouragement dont sa force de caractère aurait pu prendre ombrage. Après la publication d'un certain nombre d'articles sur la Défense nationale et l'armée professionnelle, en 1933, et celle de son livre *Vers l'armée de métier*, l'année suivante, il commence à susciter l'intérêt des hommes politiques tels Philippe Serre, député socialiste, et surtout Paul Reynaud à droite. On sait que ce dernier dépose le 31 mars 1935, sur le bureau de l'Assemblée nationale, une proposition de loi pour la création d'un « corps cuirassé spécialisé » préparée par lui avec la collaboration de Gaston Palewski qui rejoindra la France Libre. A la maison, mon père manifeste son contentement. Il a retrouvé le sourire et ma mère est heureuse. Enfin, on va peut-être lui donner raison. Hélas ! C'est compter sans Léon Blum, président du Conseil des ministres du Front populaire, qui le convoque à Matignon le 14 octobre 1936. Le récit que mon père fera de cette rencontre va plonger ma mère dans de nouvelles inquiétudes. Blum l'a gentiment écouté exposer sa stratégie offensive contre ses propres idées qu'il réitérera peu de temps après dans quatre éditoriaux successifs de son journal, *le Populaire*. Puis il a conclu l'entretien par ces mots : « Nous doter d'armes offensives serait en contradiction avec le pacifisme que nous proclamons. » La fureur de mon père est à son comble.

— Vous vous souvenez précisément de son retour de Matignon ?

— Comme si c'était hier. Il faut dire que je ne l'avais jamais vu dans cet état. J'avais quinze ans. Dès qu'il franchit la porte, je comprends ce qui s'est passé. Il a le visage crispé. Après avoir relaté ce tête-à-tête inutile et décevant, il laisse tomber ses bras, comme privés de muscles, et lance : « Léon Blum ! Si sensible et si intelligent ! Apte à tout, sauf à gouverner ! Il fait d'avance savoir à Hitler qu'il ne risque rien et je ne donne pas cher de la France en cas de guerre. En attendant, je n'ai plus qu'à changer de métier ! Mon seul espoir est que Paul Reynaud accède au pouvoir. » Changer de métier ! Mon père abandonnant l'armée, son bel uniforme ! Je suis tout retourné. A présent, le mot de « corps cuirassé » arrive à tout instant dans ses conversations téléphoniques sans que ma mère et moi en saisissions toute la portée. Elle voudrait bien lui venir en aide moralement, mais comment ? Elle s'en ouvre aux siens sans que personne puisse lui prêter main-forte. Mais si elle ne mesure pas toute l'importance du combat qu'il est en train de mener, il n'empêche que sa présence à ses côtés, toute discrète qu'elle soit, sera son meilleur soutien, comme quatre ans plus tard, pendant la guerre.

— D'après lui, comment l'idée de la guerre de mouvement lui est-elle venue ?

— Il disait qu'il y pensait déjà en 1914 où il rêvait de manœuvres prenant les lignes adverses à revers. Malheureusement, les combattants des deux bords se sont rapidement enterrés à cause de leur puissance de feu respective. Son idée a vraiment germé en 1919-1920, en Pologne, lorsqu'il est devenu chef de bataillon par intérim et conseiller militaire auprès des forces de Jozef Pilsudski. Il y remplissait les fonctions, quasi absentes dans ses rangs, de chef d'état-major d'unité opérationnelle, au cours de la guerre contre l'armée soviétique du maréchal Boudienny et de Toukhatchevski, qu'il avait connu, on s'en souvient, en captivité, en 1916. Il y avait là de grands espaces propices au mouvement. Il n'était pas encore vraiment question de blindés. Les Français n'avaient envoyé qu'une trentaine de chars légers FT aux Polonais pour la défense de Varsovie. (Encore fallait-il leur apprendre à s'en servir car, au désespoir de mon père, ils les utilisaient dispersés.) Par contre, les déploiements de cavalerie parsemaient ses souvenirs. Alors, en février 1921, quand il rentre de Pologne, il ne parle que de ce qu'il a vu là-bas et des enseignements qu'il a pu en tirer. Ma mère se rappelait en souriant que, dès leurs fiançailles en novembre 1920, il était déjà question d'« emploi des chars rassemblés », du goût des Polonais pour le cheval et de l'audace de leurs aviateurs. En 1932, alors que j'avais onze ans, il me décrivait, crayon à la main et dessinant sur mon cahier d'écolier, comment, grâce à de savants mouvements tournants de ses chevauchées sus aux cosaques, il avait souvent surpris l'ennemi en débouchant sur ses arrières. Plus tard, dans une discussion avec des officiers, je l'entendrai affirmer que c'était par la guerre de mouvement que les Polonais avaient gagné. « Au début, expliquait-il, ils restaient confinés dans Varsovie en attendant que Boudienny les attaque, et évidemment, ils ne pouvaient pas en sortir. Heureusement, le maréchal Pilsudski et le général Haller, mon commandant polonais de corps d'armée, ont fini par comprendre l'utilité des grands mouvements tournants. » Il racontait cela aux officiers dont il partageait le bureau, face aux Invalides, à la fenêtre duquel j'ai pu suivre un jour de 1932 les obsèques du président Paul Doumer avec des jumelles qu'il avait installées sur un trépied : vingt mille hommes en bataillons carrés d'infanterie et beaucoup de chevaux de cavalerie et d'artillerie, mais pas un seul engin motorisé. « Autrement dit, soupirait-il, désolé, devant ses camarades sourds à ses théories et regardant comme nous la cérémonie, la lourde et archaïque armée de conscription inadaptée au temps. »

— Quelques critiques ont soutenu que, loin de prêcher la guerre de mouvement, en 1925, il vantait le rôle des fortifications. Un document écrit par lui en ferait foi.

— Pour cela, ces détracteurs ont utilisé une étude qui lui avait été demandée par Pétain et dans laquelle il décrit le rôle historique des places fortes. Mais en quoi le fait de dire que la fortification est utile dans un cas déterminé peut-il contrarier son dogme du mouvement ? Cela ne voulait pas signifier qu'il s'en tenait aux forts et aux bastions. Repris après coup par la *Revue militaire française*, ce document fit couler beaucoup d'encre et mon père s'irrita fort longtemps de l'interprétation tendancieuse que certains en firent, d'autant qu'on ira plus tard jusqu'à avancer qu'il avait été à l'origine de la création de la ligne Maginot de si triste mémoire !

— Quelle était sa réaction quand il entendait qu'on lui contestait la paternité de ses idées sur l'emploi offensif des chars ?

— Il haussait les épaules. Car qui peut prétendre que l'Allemand Heinz Guderian est l'inventeur de la division cuirassée et que mon père l'a purement et simplement copié ? Des Allemands bien entendu et des nostalgiques du régime de Vichy toujours prêts à leur emboîter le pas. Ceux-là ont même été jusqu'à affirmer que Pétain avait eu la même idée en 1937. Que ne l'a-t-il donc mise en pratique. Nous eussions peut-être été plus brillants trois ans après ! Mon père admettait volontiers avoir lu le théoricien militaire britannique Liddell Hart pour des raisons techniques. Son étude s'intéressait aux blindés en tant que matériels mais ne parlait pas de corps cuirassé ni de l'utilisation des chars en corps blindés mobiles. Quant à Guderian, la réponse est fournie par les dates respectives des publications de mon père (1933 et 1934) et de la sienne en 1937, et aussi de la traduction de la partie essentielle de *Vers l'armée de métier* par la Wehrmacht sous l'intitulé *Frankreichs Stossarmee*, rédigée par un certain « Deutsch von Gallicus » (*sic*). J'ai dans mon coffre ce petit livre publié en allemand à Potsdam en 1935, c'est-à-dire deux ans avant celui de Guderian, qui reprend des passages entiers de l'ouvrage de mon père. Cet exemplaire est probablement unique, tous les autres ayant été détruits par les soins de la propagande allemande. Au cours de l'année 1935, le maréchal von Blomberg écrira dans un document intitulé *Malheur aux faibles* un chapitre intitulé « Le corps d'élite cuirassé ». On y trouve ces mots : « La même année [1933] un officier français, le colonel de Gaulle, faisant la synthèse de toutes les données du problème, a proposé la création d'un corps mécanique comprenant plusieurs divisions cuirassées à base de chars, d'infanterie et d'artillerie spécialisée, et d'une ou deux divisions légères, qu'il a appelé l'"armée de métier". » Mais pourquoi donner toutes ces preuves ? Comme il en est des autres légendes, celle-ci ne mourra peut-être jamais.

— Il aurait avoué en 1933 ne s'être jamais assis dans un char, cela donc un an avant la publication de *Vers l'armée de métier* dans lequel il se fait l'apôtre de l'emploi massif des blindés...

— Et qu'a-t-il fait en juin 1922 pendant le stage qu'il a effectué au 503e régiment de chars à Satory ? Il a vu là les derniers engins chenillés et blindés que les Français avaient produits et que l'on n'avait pas encore utilisés, et il s'est rendu compte à quel point ces matériels et leurs moteurs avaient fait des progrès depuis la fin de la guerre. Peut-on imaginer alors qu'il soit resté à leur pied sans avoir eu la curiosité de monter dedans ? Il se souvenait d'avoir été étonné du peu d'espace dont le tireur au canon disposait dans la tourelle pour manœuvrer sa culasse. Il est, en revanche, tout à fait vrai qu'il n'a pas fait d'opération dans des blindés avant de devenir le patron du 507e régiment de chars en septembre 1937. Gageons qu'il a eu, au cours du stage effectué à Satory, un œil plus perspicace que l'ensemble de ses condisciples qui, eux, sortaient de la guerre de 14 en refusant d'évoluer. « Après tout, disait-il en imitant ces gens-là devant les matériels dont ils niaient l'efficacité, on en rajoute un peu plus, mais c'est toujours la même soupe. »

— On lui a également fait grief de ne pas avoir attribué à l'aviation, dans *Vers l'armée de métier*, le rôle qu'elle méritait...

— Il en parle, mais pas autant qu'il aurait voulu. Pourquoi ? Parce qu'il avait demandé à un officier de l'armée de l'air plus jeune que lui, le capitaine Christian Jayle, issu des milieux de l'édition, de l'aider à y consacrer tout un chapitre après en avoir longuement débattu ensemble. Cet officier est d'ailleurs cité plusieurs fois dans le treizième volume de *Lettres, Notes et Car-*

nets publié par mes soins. Cela ne s'est donc pas fait. Je ne sais pas si l'homme ne s'est pas retiré, gêné par la polémique suscitée dans l'armée, ou s'il n'a pas été tué accidentellement en avion. Le Général a essayé de le retrouver, mais en vain. Si bien qu'il a publié son livre sans avoir pu traiter le sujet sur tout un chapitre comme il l'avait envisagé. Il n'en reste pas moins que la défense aérienne et l'aviation d'observation organique à la division blindée, sa couverture par la chasse et l'aviation d'appui sont clairement mentionnées dans l'ouvrage. Car, plus que tout autre, il a mesuré l'importance décisive de l'« apparition du moteur » dans le combat moderne. Le 3 mars 1938, il écrit au capitaine Jayle, de Metz où il commande le 507e chars : « Vous-même (et Laurent Eynac) [...secrétaire d'Etat à l'Air] avez tout à fait raison que l'on fasse à l'aviation la part relative plus large. Pour moi, vous le savez, le temps des nations armées touche à son terme. La force militaire va résider dans les éléments mécaniques et d'élite (aviation, marine, unités cuirassées), ne fût-ce que parce que ces éléments prendront tous les crédits et ne laisseront rien à la masse. » Comment aurait-il pu ignorer que l'aviation avait complètement changé les données à la fin de la guerre de 14 ? Un jour, à Verdun où il m'avait emmené, adolescent, il s'est rappelé cette phase de la bataille : « Dès 1916, Mangin et Nivelle ont pu reconquérir une partie de Verdun parce que nous avions repris la maîtrise de l'air et donc les observations aériennes, ce qui a permis de situer exactement toute l'artillerie allemande et les sorties d'abris de son infanterie qui ont été aussitôt contrebattues par nos canons pourtant inférieurs en nombre. Et à la fin de la guerre, dans la grande offensive que les Français n'ont, hélas, pas poussée, on avait prévu un tel concours d'aviation et de blindés que l'on aurait complètement enfoncé les Allemands et provoqué leur déroute. Ce qui nous aurait par la suite évité d'imiter les Allemands en allant à Rethondes ! »

— Il aurait rajouté ce chapitre sur l'aviation dans une réédition de *Vers l'armée de métier* en pleine guerre de 39-40, devant les critiques que cette omission avait provoquées...

— Savez-vous qui a inventé cette histoire en 1945 ? Alfred Fabre-Luce, l'un de ses plus fielleux adversaires vichystes. Ceux qui la reprennent n'ont qu'une intention : lui nuire. Peut-on croire que mon père n'avait pas d'autres choses à faire en 1939 et en 1940 que de penser à son livre ? Il attachait si peu d'importance à l'aviation que, dès 1937, il donne des instructions très précises aux officiers de son régiment de chars sur la nécessité, pour les divisions cuirassées, de l'utilisation non seulement d'une aviation de liaison et d'observation, mais aussi de l'aviation tout court. Il en est de même de sa note du 21 mars 1939 sur « Les caractéristiques et l'emploi des chars modernes », déposée par mes soins aux Archives de France et au Service historique de l'armée de terre à Vincennes. Ce document développe « l'accompagnement des chars de combat par l'aviation » et son utilisation « concurremment avec l'artillerie, pour assurer par des attaques à la bombe ou à la mitrailleuse la protection ou le soutien des unités de chars de manœuvre d'ensemble ».

— Puisque l'on est dans le chapitre des oublis supposés, qu'en est-il de ce « plan de guerre » qu'il a rédigé en 1932 et qu'il aurait pris soin d'occulter parce que l'arme blindée et l'aviation y sont absentes ?

— C'est faire beaucoup d'honneur à ceux qui l'ont exhumé que d'en parler. Il s'agit d'une étude collective qui avait été commandée par le Comité supérieur de la Défense nationale au secrétariat duquel mon père avait un rôle de rédacteur. Une simple étude et non un plan de guerre contrairement à ce qui a été dit. Et s'il n'y parle ni de blindés ni d'aviation, ce n'est pas par oubli comme on feint de le croire, mais parce que ce n'est pas le sujet. Il y traite de géopolitique, de sécurité, d'économie, de production agricole et industrielle, de main-d'œuvre étrangère et même de propagande et de développement de la langue française à travers le monde. Voilà le « plan de guerre » que l'on affirme en plus avoir été censuré pendant soixante-dix ans pour donner plus de relief à la découverte ! S'attarder sur un tel document pour définir la pensée de mon père, c'est, dirait-il lui-même, « avoir la bassesse pour règle de vie ». Vous voyez jusqu'où certains biographes n'hésitent pas à s'aventurer pour se démarquer de leurs concurrents et essayer de compromettre une réputation par trop célébrée à leur goût.

— Comme avant la guerre avec les blindés, l'armée a rechigné devant la constitution de la force de frappe nucléaire. Il s'y attendait ?

— Pas à ce point. Tout le monde était hostile à la force nucléaire. Pas seulement l'armée, mais aussi les politiques, les évêques, les pacifistes, tous les partis à la fois, droite comprise. Tous faisaient chorus avec Mitterrand qui se moquait de « la bombinette » de De Gaulle. A cette époque, j'ai raconté à mon père l'histoire d'un de mes anciens camarades du Centre des hautes études militaires, un colonel artilleur que j'avais vu un jour catastrophé parce qu'on venait de le nommer à la tête d'une unité de fusées Honest John, une arme qui pouvait porter une charge classique ou atomique à cent vingt kilomètres. Je m'étais indigné : « Comment toi, polytechnicien, on te donne la plus belle artillerie de l'armée française, le plus beau régiment, et tu n'es pas content ? » Ce qu'il déplorait, en fait, c'est de ne pas avoir à commander un régiment composé de je ne sais combien de mirotons avec casques, fusils, fanfare et tout le bataclan. Cette histoire a scandalisé mon père. Il n'arrivait pas à y croire. Il levait les bras au plafond comme pour y accrocher quelque chose. Il s'est exclamé pour finir : « J'étais sûr que la force de frappe heurterait la mentalité de l'armée classique. Ça dérange les habitudes, le sempiternel train-train des états-majors. On n'aime donc pas ça. Les vieux régiments ne sont plus considérés de la même façon. On regarde ces techniques nouvelles comme les vieux "scrogneugneux" de 1940 toisaient mes chars du haut de leur cheval. Et puis, il y aura toujours en France un esprit d'abandon, des gens qui, écoutant les sirènes étrangères, celles d'outre-Atlantique, se résigneront en geignant : "Après tout, pourquoi la force de frappe ne serait-elle pas l'affaire des autres ? Nous, nous fournirions l'infanterie d'appui." »

— Que signifiait pour lui le fait de posséder la bombe ?

— La bombe, pour mon père, c'était le refus de devenir des esclaves et aussi une manière de « répondre au hold-up ». Il m'a rapporté, un jour, la conversation qu'il avait échangée avec l'ambassadeur soviétique qui était venu le voir à l'Elysée, assez mécontent d'apprendre que la France était devenue une puissance atomique. Afin de démontrer à son interlocuteur l'utilité de la force de frappe française, il s'était mis à sa place en lui disant : « Vous, Français, vous allez rester tranquilles. Nous allons occuper Hambourg et vous ne bougerez pas, sinon on va vous envoyer une bombe A sur Marseille. » Et reprenant son propre rôle : « Chiche ! Monsieur l'ambassadeur. Moi, je vous envoie une bombe A sur Leningrad et Moscou et nous mourrons ensemble. » Interloqué par ce langage si peu diplomatique, l'ambassadeur n'arrivait plus à trouver ses mots. « Il a préféré changer immédiatement de sujet », a ajouté mon père très satisfait de son petit numéro.

— Qui l'avait initié à l'énergie nucléaire ?

— Il y pensait depuis Londres. Il avait lu beaucoup de choses là-dessus. Et de retour en France, à la Libération, il s'est renseigné auprès d'un certain nombre de savants. J'ai constaté par ses réflexions que l'on n'avait rien à lui apprendre dans ce domaine. Alors, en 1945, rappelez-vous, il a constitué un centre de recherche musclé : le Commissariat à l'énergie atomique. Il m'a confié à l'époque : « Cet organisme de recherches et de réalisations sera séparé des autres car je ne veux pas qu'on l'embête. Je vais le mettre dans le fond d'une cour afin qu'il soit protégé des manifestations de protestataires pacifistes et de certains universitaires qui sont, il faut le dire, sourcilleux et scrupuleux seulement dans ce domaine. » Mais il n'avait pas pour seule préoccupation l'énergie nouvelle. Il pensait déjà que la France devrait se doter au plus vite de quelques bombes au plutonium. Or, ce fut la « traversée du désert ». Pendant tout ce temps, les pour et les contre se disputèrent entre eux sur l'utilité d'un programme militaire nucléaire et tout resta en rade. Dès son retour au pouvoir, en 1958, j'ai partagé avec lui, à ce sujet, une longue discussion à La Boisserie provoquée par l'annonce à la radio du rapport que venaient de publier les Américains sur le très faible taux de radioactivité relevé sur l'île de Bikini au bout de vingt ans. Il était soucieux. Il n'arrêtait pas de se frotter la joue d'un air dubitatif. C'est le geste qu'il faisait souvent quand il se posait des questions et que la réponse tardait à venir. Soudain, il eut ces mots : « Il ne faut pas se laisser dépasser. Il y va non seulement de notre sécurité, mais de notre niveau de vie. Si nous sommes complètement dépendants des autres, eh bien ! nous deviendrons petit à petit des auxiliaires. » Puis, après un temps supplémentaire de réflexion, élevant la voix : « On doit se battre aux côtés d'alliés, certes, mais à notre bénéfice. Et si l'on doit mourir, ce doit être à notre crédit et pas pour autrui. » Sur l'arme nucléaire, je savais qu'il avait interrogé un grand nombre d'experts. Mais il voulait également connaître mon avis d'homme de terrain.

— Il lui arrivait souvent de vous demander votre point de vue sur des questions aussi importantes ?

— Il aimait connaître ce que pensaient les utilisateurs de tel ou tel matériel. C'était sa méthode pour affermir son jugement. Un jour, il m'interrogea de cette façon : « Il y a un porte-avions dont la construction traîne. Est-ce qu'il faut la faire accélérer ? Et que penses-tu du deuxième qui en est encore à ses premières tôles ? Faut-il poursuivre ? Et quel avion mettrais-tu dessus, car ceux que nous avons sont usés jusqu'à la corde. Ce n'est pas ton avis ? » J'ai suggéré des Crusader achetés aux Américains en attendant que nous en fabriquions nous-mêmes et j'ai adhéré à son projet d'une force stratégique basée à terre (soixante-deux Mirage IV dotés de leur bombe atomique seront en service en 1967). Je fis tout pour lui répondre le mieux possible. Il réfléchissait depuis plusieurs jours à ce sujet. Je l'avais vu souvent disparaître dans son bureau et noircir des bouts de papier, aligner des chiffres, additionner. Il a enchaîné : « J'ai calculé que cette dépense ne nuirait pas aux autres développements de notre pays. Au contraire. Nous allons donc faire la bombe A. » Alors, je me suis permis de lui faire observer qu'étant donné notre petit territoire, la première bombe la plus facile à fabriquer devrait être une bombe tactique larguée par un avion ou envoyée par une fusée terrestre. Cela corroborait exactement tout ce que les spécialistes lui avaient indiqué par ailleurs. Nous avons parlé ensuite de sous-marins. D'accord avec moi, il a eu cette réflexion qui était aussi la mienne : « Le sous-marin, c'est l'arme du pauvre. Quand on a perdu la maîtrise de la mer et qu'on ne l'a même plus de l'air et de la terre, il reste toujours cette arme. » Je ne pouvais qu'approuver ce raisonnement. Mais lorsqu'il a décidé la construction du premier sous-marin nucléaire lance-missiles (le *Redoutable* sera lancé en 1967) l'amiral Cabanier, ancien de la France Libre et sous-marinier, n'était pas emballé. Quant aux sous-mariniers eux-mêmes, ils n'en voulaient pas. Alors, mon père a grommelé : « Toujours la même chanson. On voudrait toujours revenir à la dernière guerre, parce qu'on ne veut pas assumer la responsabilité des armes nouvelles. »

— On l'a vu enthousiaste au moment de l'explosion de la bombe de Mururoa à laquelle il a assisté en septembre 1966. Mais après ?

— L'enthousiasme qu'il manifesta sur le moment à bord du croiseur *De Grasse*, Pierre Messmer et Alain Peyrefitte qui l'accompagnaient l'ont fort bien décrit chacun à leur manière. Mais je puis dire que celui qu'il montra un peu plus tard en famille, à son retour, était encore plus fort. Lui toujours si éloquent d'habitude devait chercher ses mots pour exprimer sa satisfaction tant l'émotion le prenait. Nous passions alors Noël à La Boisserie avant mon départ pour Lorient où j'allais prendre le commandement de la frégate lance-missiles *Suffren*. Je venais d'être nommé capitaine de vaisseau après vingt-six ans de service environ, et, pince-sans-rire, il avait salué cette promotion pendant le déjeuner par cette boutade : « C'est à ce stade qu'on commence à vous placer à table au centre. C'est embêtant. On ne peut plus rien dire. Crois-en ma vieille expérience, c'est toujours mieux d'être placé en bout de table, et de toutes les tables successivement. Cela prouve qu'on est resté le plus jeune. » Passant dans la bibliothèque pour prendre le café et se laissant choir dans son habituel fauteuil, il est revenu avec une certaine fougue sur son voyage à Mururoa et sur la force de frappe avec ces mots : « A partir de maintenant, nous sommes une puissance. Avant nous ne l'étions pas. Nous ne l'étions plus depuis 1940. » Ma mère et moi nous réjouissions de le voir si content. Peu après, il a poursuivi sur un autre ton : « Depuis 1945, l'armée n'a connu, en Indochine, en Algérie, que des guerres archaïques. On n'a plus besoin d'une grande armée avec des effectifs pléthoriques, d'innombrables capitaines et sergents qui n'ont plus à encadrer des vagues d'appelés. Une explosion dans l'océan vient de donner à notre défense un autre portage. » Il nous a ensuite longuement rapporté ses impressions au moment de l'explosion de la bombe. Et il a ajouté avec ce petit rire où il avait l'air de se moquer de lui-même : « Dire que j'ai failli louper le spectacle ! » Fatigué par un trop long voyage, et apprenant que l'explosion était retardée, il avait décidé de reprendre l'avion. Pierre Messmer et Alain Peyrefitte l'avaient convaincu de rester un jour de plus. Il a conclu : « Je ne les remercierai jamais assez ! »

— Comment lui, chrétien, peut-il avoir lancé la fabrication d'une bombe qui pourrait tuer d'un seul coup vingt millions d'hommes ?

— La même question m'était venue à l'esprit. C'était lors d'un dimanche précédant ou suivant ce Noël-là. Nous revenions de la messe que nous avions dû aller suivre dans une commune voisine de Colombey à cause d'une nuée de pèlerins belges qui envahissaient le village. Il m'a d'abord répondu qu'il avait tourné et retourné lui-même bien des fois ce même problème de conscience dans sa tête en pensant évidemment à Hiroshima et à Nagasaki. Tous les grands massacres subis par la population civile pendant la guerre, que ce fût ceux-là ou ceux provoqués par les bombardements classiques, avaient le don – nous en avons été les témoins en Angleterre au cours du « blitz » – de l'attrister profondément. Alors, avec nervosité, comme s'il voulait chasser de son esprit la pensée spontanée qu'il venait de formuler, il m'a lancé sur le ton de l'homme sûr de son fait : « N'aurait-on que le droit de se servir d'une arbalète ou d'un fusil contre quelqu'un comme Nikita Khrouchtchev qui menace de tuer plus de vingt millions d'hommes ? La dissuasion n'est pas une riposte équivalente à l'attaque. C'est une riposte qui écrase l'attaque et qui la rend improbable sinon impossible. »

— Qu'aurait-il pensé aujourd'hui de la fin de la conscription ?

— Les circonstances ont changé et nul ne pourrait dire en extrapolant quel serait aujourd'hui son avis sur cette question comme sur beaucoup d'autres. Mais je suis persuadé qu'il a écrit *Vers l'armée de métier* en pensant que, tôt ou tard, la conscription se réduirait, et en tout cas serait supprimée en temps de paix. D'abord, parce qu'elle absorberait bientôt la totalité des crédits de la Défense, ainsi qu'il l'a précisé dans ses *Lettres, Notes et Carnets* à ses correspondants de l'époque. Ensuite, à cause de la lourdeur, du besoin en cadres et du manque d'efficacité technique d'un tel recrutement face aux armes nouvelles qui demandent une préparation poussée et un entraînement permanent. Il en a d'ailleurs eu la confirmation pendant la dernière guerre et même avant quand il a vu que les combats réussis étaient menés avec un esprit commando, c'est-à-dire avec des hommes spécialement entraînés pour une opération. Et d'après lui, c'était déjà ainsi en 14-18. Beaucoup d'unités servaient de remplissage. On garnissait les profondeurs avec des territoriaux. Mais c'étaient souvent les mêmes troupes provenant des régiments sélectionnés qui menaient les assauts. Il pensait que les Allemands nous avaient vaincus en 40, non avec la masse de leur armée, mais avec des troupes d'élite, des professionnels. Il observait également que les Anglais les avaient imités en multipliant les coups de commandos de spécialistes.

— Lui-même aurait mis fin à la conscription ?

— Je le pense. Mais peut-être plus progressivement. D'autant qu'il répétait souvent que nous étions entrés dans le siècle nucléaire, et que plus on faisait de progrès, plus on trouvait des énergies nouvelles, et plus on aurait à se passer de la masse au profit d'un nombre restreint d'hommes pourvus de connaissances approfondies. A ce sujet, je l'entends encore s'exclamer fin décembre 1968, alors que l'on venait de découvrir à la télévision le premier vol humain sur orbite lunaire : « Moi je ne le verrai pas, toi peut-être pas non plus. Mais tes fils probablement. Il y aura un moment où des voitures circuleront dans Paris avec une pile à combustible nucléaire, comme dans les stations spatiales ou les satellites, parce que les panneaux solaires, c'est très bien, mais ça ne suffit pas. Alors, ce n'est pas la peine de renâcler, de défiler dans la rue en bêlant des slogans contre les centrales nucléaires ou le plateau d'Albion. On n'y peut rien : plus on avancera et plus les boutons remplaceront les hommes. Souhaitons seulement que les Français puissent appuyer dessus et pas uniquement les autres ! »

13

UN SACRÉ CARACTÈRE

> « L'homme de caractère confère à l'action la noblesse ; sans lui, morne tâche d'esclave, grâce à lui, jeu divin du héros. »
>
> *Le Fil de l'épée.*

Malraux disait du Général qu'il était « possédé par la France ». Il s'identifiait à elle, lui parlait comme à une personne. On pourrait composer un recueil de citations où il exprime son état affectif à son égard. Avait-il conscience parfois de se l'approprier ?

— Il n'avait pas besoin de le voir écrit pour le reconnaître. Il s'identifiait à la France, non par orgueil, précisait-il, mais « viscéralement ». Etant donné le choix qu'il avait fait, il la sentait incarnée en lui. Et tout ce qui arrivait à la France lui faisait du bien ou du mal comme, m'a-t-il avoué une fois, « une caresse ou un coup sur mon propre corps ». Vous savez qu'il ne portait pas dans son cœur Edward Spears, le général par lequel Churchill l'avait fait cornaquer en juin 1940 et qui lui avait été très hostile à partir d'une certaine période. De même regardait-il sa femme, la romancière américaine Mary Borden (bien qu'ambulancière chez les FFL), avec quelque méfiance. Mais il reconnaissait que ce qu'elle avait écrit plus tard sur lui – à ce propos seulement – était assez juste bien qu'un peu forcé quand même : « Il ressentait le déshonneur de son pays comme peu d'hommes peuvent ressentir quelque chose. Il avait littéralement pris sur lui, endossé cette honte comme le Christ les péchés du monde. » Sans aller jusque-là, j'ai vu plusieurs fois mon père souffrir, je dirais physiquement, à divers moments dramatiques que la France a connus pendant ou après la guerre, comme d'une véritable blessure qu'il aurait reçue au flanc.

— On lui a souvent reproché d'être d'un patriotisme par trop exigeant. Ce qui l'aurait desservi dans ses rapports avec les étrangers, notamment avec les Anglo-Américains pendant la guerre. Ne prenait-il pas cela lui-même pour un travers ?

— Pourquoi un travers ? Son amour pour la France, qui allait parfois jusqu'à la vénération, provenait de son éducation familiale et aussi de l'atavisme. Il affirmait : « Certains nient ce qui est inné, mais il y a des choses innées et il y a des choses acquises. Je sais que ceux qui prétendent tout résoudre par le raisonnement n'aiment pas ça, mais c'est la vérité comme nous l'enseigne Bergson. Il y a une part d'intuition. Tout n'est pas explicable. » Chez les de Gaulle, l'amour de la France était familial depuis des générations et donc pour une bonne part inné. Sa mère, par exemple, portait à la patrie une véritable dévotion, « une passion intransigeante à l'égal de sa foi religieuse », a-t-il écrit dans ses *Mémoires*. Enfant, je l'ai déjà raconté, elle a pleuré à chaudes larmes quand elle a appris que Bazaine avait capitulé. Et quand elle est morte en juillet 1940, en Bretagne, loin de son fils, après une longue agonie, il a dit qu'elle avait offert ses souffrances « pour le salut de la patrie ». A propos du traumatisme de la guerre de 1914, il remarquait qu'étant donné ce que les Français avaient dû supporter et sacrifier pour gagner, « il eût été dommage qu'il n'en fût rien resté au fond des cœurs ». Il expliquait ainsi le patriotisme de notre peuple en soulignant sa lourde contribution pendant le grand massacre et en la comparant à celle des Allemands. Combien de fois l'ai-je entendu s'écrier lors de nos promenades sur les anciens champs de bataille des poilus, en magnifiant l'esprit de sacrifice des nôtres : « Qui n'a pas vu ces hommes quitter leur tranchée, baïonnette au canon, officiers en tête, sous la mitraille et les shrapnells fusant de toutes parts, ou à travers un nuage de gaz moutarde, ne sait pas ce que signifie être patriote. »

— Il disait que patriotisme ne voulait pas dire chauvinisme. Mais n'admettait-il pas qu'il était un peu chauvin ?

— Il est vrai qu'il donnait la primauté à la France. Je l'ai interrogé à ce sujet en 1938 ou 1939 alors que l'on venait de célébrer la fête de Jeanne d'Arc. Il m'a répondu : « Je préfère le chauvinisme à cette forme de patriotisme qui finit par ne plus en être à force d'être pesé, discuté, raisonné. Quand Jeanne d'Arc est montée sur son cheval sus aux Anglais, a-t-elle été chauvine ? Elle a obéi à son cœur. De même Vercingétorix contre les Romains ou Villars contre les Autrichiens. » Et de citer cette profession de foi de Déroulède qu'il me répéta à plusieurs reprises dans mon enfance : « Celui qui n'aime pas sa mère plus que les autres mères et sa patrie plus que les autres patries n'aime ni sa mère ni sa patrie. » A Colombey, dans les années soixante, en fixant le tableau des soldats de l'An II accroché dans le salon, il est revenu de cette façon sur ce propos : « La Constitution de 1958 que j'ai tant voulue, n'est-ce pas la primauté du citoyen sur tout le reste ? Et n'est-ce pas du chauvinisme ? Il n'aurait plus manqué que cela ne le soit pas ! Après tous les sacrifices que les Français ont subis, n'ont-ils pas le droit de se donner la préférence ? » Un jour, je devais avoir huit ans, il m'a lancé comme un commandement : « Porter un nom comme le nôtre implique que l'on donne toujours prééminence à sa patrie. »

— Il pensait que son nom l'avait favorisé ?

— Dès l'enfance, il a estimé que sa consonance lui donnait une sorte de supériorité sur autrui. « Elle rappelle les Gaulois, notait-il, la vieille histoire de notre pays, celle qu'aucun Français ne peut récuser, qui est infiniment sympathique à tout le monde. » Il aimait bien notre nom. Il le trouvait original et plus beau que n'importe quel autre. Il remerciait le Ciel de le lui avoir donné. Enfant, il m'a expliqué une fois : « Il est bref comme est celui de notre patrie, et c'est un avantage à l'égard de l'opinion, parce qu'un nom double ou à tiroir est plus difficile à retenir. Je dirais même qu'il y a des gens méritants à qui leur nom trop compliqué a nui pour cette raison. Le peuple aime bien ne prononcer qu'une ou deux syllabes pour nommer le chef. » Il considérait en effet que de s'appeler de Gaulle l'avait certainement servi.

— Que disait-il de la haine qu'il inspirait à certains ?
— Il savait que la haine existait mais n'en souffrait pas outre mesure. Ce qu'il regrettait, c'est qu'on le haïssait parfois alors qu'il ne l'avait pas mérité, et que ceux qui le haïssaient ne lui savaient pas gré de ce qu'il leur avait apporté, croyant uniquement qu'il leur avait fait du tort. Lui-même ne connaissait pas ce sentiment, comme il ignorait également la rancune.

— On a pourtant souvent répété le contraire...
— Peut-être, mais c'est un fait. Il était trop chrétien pour être haineux. Il avait à ce sujet ce mot très dur : « La haine, c'est le sentiment du raté. » Je l'ai entendu dire plusieurs fois : « Untel a raté son coup. Evidemment, il ne peut maintenant que me haïr. » Il remarquait que ceux qui l'accusaient d'éprouver de la haine étaient justement ceux-là mêmes qui en nourrissaient plus que tous, qui se réjouissaient de toutes les difficultés qu'il rencontrait, qui lui avaient toujours voulu le plus de mal jusqu'à souhaiter parfois son élimination physique. A ce propos, il cite cette sentence de Berlioz dans un de ses carnets de notes : « C'est avec les pierres qu'on vous jette que l'on construit son piédestal. » Quant à la rancune, je ne pense pas qu'il en ait jamais eu. Il n'oubliait pas, c'est tout. Regardez sa correspondance dans les *Lettres, Notes et Carnets*. Regardez le nombre de fois où il a donné une décoration à d'anciens vichystes ou a simplement répondu à leur courrier par un mot aimable, parfois même amical, alors qu'ils l'ont combattu pendant la guerre aux côtés de Pétain ou après, à Alger, avec Weygand (qui, rappelons-le, le 3 août 1940, a signé sa condamnation à mort par contumace) ou Giraud. A des hommes qui se sont ralliés très tard ou ont fait amende honorable lorsqu'ils ont senti le vent tourner. De la rancune, il aurait pu d'abord en éprouver légitimement contre certains personnages historiques qui ne l'ont pas épargné jusqu'en 1945. Notamment contre Roosevelt, pour ne parler que de lui, qui n'a jamais cessé jusqu'à la Libération

de lui opposer son mépris et d'essayer de l'évincer. Or, voit-on une seule trace de ressentiment contre ce président américain dans ses *Mémoires de guerre* ? Et n'a-t-il pas été pareillement indulgent avec son ami Churchill à qui, certes, il devait d'avoir pu être l'homme du 18 Juin, mais qui, de temps en temps, lui en a quand même fait voir de toutes les couleurs ? Sans avoir l'esprit de vengeance, il ne pouvait effacer pour autant le mal qu'on lui avait infligé. Non qu'il se fût senti atteint personnellement, mais il considérait que l'on en avait voulu à la France à travers lui, ce qui était le cas des Allemands au cours des deux guerres mondiales. « J'ai dû faire un effort pour me réconcilier avec eux mais c'était l'intérêt de la France », m'a-t-il avoué au moment de sa rencontre avec le chancelier Konrad Adenauer. Remarquons encore que s'il avait été rancunier, il n'aurait pas non plus gracié tous ces hommes qui, fusil-mitrailleur à l'épaule, ont voulu le tuer, lui et ma mère, au moment de l'OAS, et qui, quarante ans après, se vantent encore à longueur d'ouvrages d'avoir voulu le faire. Et reposons cette question qui, je le sais, déplaît beaucoup aux nostalgiques des rives de l'Allier et de la collaboration : aurait-il été gracié lui-même par Pétain dont il a sauvé aussi la tête si la guerre avait tourné en faveur des Allemands et de Vichy qui l'avaient condamné à la peine capitale ? A Londres, en 1940, il était sûr du contraire.

— Mais que penser alors des jugements sévères qu'il portait parfois sur les hommes ?

— C'étaient des appréciations à l'emporte-pièce, parfois brutales, il est vrai, mais qui ne signifiaient nullement qu'il conservait pour la personne dont il était question un ressentiment quelconque. Avec nous, ses proches, il pouvait être tout aussi dur, même injuste, sans cesser de nous prouver son affection. Il s'interdisait pourtant de blesser quelqu'un, en particulier une dame. Un jour, il m'a conseillé : « Il faut faire spécialement attention avec les femmes, comme avec des objets fragiles, parce qu'elles sont très sensibles. Parfois, elles se sentent humiliées d'être femmes alors qu'elles n'ont pas de raison de l'être. » J'avoue qu'il n'avait pas ce qu'on appelle un caractère facile. Par exemple, à cause de son impatience, il lui arrivait d'avoir une algarade avec son aide de camp ou avec l'un de nous, un de ses enfants, son beau-fils ou son beau-frère. Il grondait alors : « Non, je ne veux plus entendre parler de ce problème. Je croyais pourtant m'être fait comprendre depuis longtemps. » Ou bien : « Vous m'importunez avec cette histoire. Réglez-la vous-même. Laissez-moi tranquille. » On pouvait également l'entendre vitupérer contre ce qu'il avait omis de préciser parce que cela lui paraissait logique : « Bonneval, j'ai demandé à voir Untel ! Pourquoi n'est-il pas encore là ? » Ou bien encore, s'apprêtant à dater un chèque ou une correspondance : « Yvonne ! Quel jour sommes-nous ? » Et si l'intéressée l'avait elle-même oublié : « Vous ne savez jamais rien ! » Quelques minutes plus tard, voulant se faire pardonner sa brutalité, il ajoutait d'une voix radoucie : « Excusez-moi, tout à l'heure j'étais un peu impatient. » Et d'un regard il demandait pardon.

— Certains l'ont parfois accusé de considérer les hommes comme des objets. C'était notamment le cas de son aide de camp Claude Guy...

— Mon père avait des défauts, mais il n'était pas méprisant. Certes, il jugeait les hommes selon ses critères, et il faisait souvent preuve de sévérité, mais jamais personne n'était pour lui indigne d'attention voire d'estime. Quand quelqu'un l'intéressait particulièrement, il mettait toute son attention et toute son acuité à l'étudier avant de se prononcer sur lui. Au besoin, il poussait son examen jusqu'à coucher ses observations sur le papier. Chacun connaît les relations tumultueuses qu'il entretint avant guerre avec Philippe Pétain et qui se traduisirent ensuite par un divorce retentissant. Daté probablement de la fin de 1938, alors que, colonel, il commande le 507e chars, voici, en respectant la ponctuation et la disposition des réflexions, le portrait fouillé qu'il fait de lui sous la forme de notes éparses jetées sur son carnet de poche :

« Drapé d'orgueil, la misère de sa solitude a tout sacrifié à être un chef.

Bien sensible, mais à ce qui le touche.

Assuré de soi, conscient de ce qu'il vaut.

trop assuré pour renoncer,

trop ambitieux pour être arriviste,

Trop personnel pour faire fi des autres,
trop prudent pour ne point risquer.
philosophe en action
Sa philosophie c'est l'ajustement

Artiste par l'aptitude à discerner le trait essentiel

Affranchi de l'entourage
Impénétrable
Et même une ombre d'ironie dont il fait un rempart pour sa pensée et pour son repos.
Fait de l'ironie un moyen de tenir en haleine.
Quitte à froisser ses supérieurs.
Ayant par un long effort imprégné à son caractère et jusqu'à son apparence une froideur qui, le jour venu, lui fera un prestige.
Plus de grandeur que de vertu. »

Aucun de ceux qui ont bien connu Pétain n'aurait pu corriger un seul mot de ce portrait aux fines touches et à l'esprit de subtilité digne d'un Sainte-Beuve. Pétain pour qui il aura encore ce mot féroce au moment où il a accepté par vanité de remplacer Lyautey au Maroc dans la guerre du Rif : « Il est mort en 1925 et il est le seul à ne pas le savoir. »

— Orgueil, solitude, ambitieux, prudent, impénétrable, froideur... Ne s'est-il pas dépeint un peu lui-même ?

— Orgueil, oui, mais plus pour la cause que pour lui-même. En tout cas, l'orgueil, nous l'avons déjà relevé, est capable de noblesse tandis que l'envie, elle, n'est capable que de bassesse. Solitude, ambition, oui. Prudent sans doute pour autrui, mais capable de risquer lui-même. Impénétrable par volonté et entraînement à pouvoir l'être, ce qui ne l'empêchait pas de se manifester clairement. Autrement dit, ni dissimulé ni sournois. Froideur devant l'inutile, mais dans le fond de lui-même, plus sensible qu'il ne veut le montrer.

— Vous n'avez pas répondu à l'accusation de Claude Guy

qui lui reprochait son manque d'attention et de prévenance à l'égard des autres...

— Je peux arriver à comprendre que des étrangers à son monde intime aient pu l'accuser d'indifférence et même de dédain à leur égard. J'aurais pu moi-même à plusieurs reprises ressentir la même chose si je m'étais laissé aller à le juger sommairement. Mais je savais traduire dans la langue appropriée l'apparente absence du regard qu'il lui est parfois arrivé de me réserver. Elle ne signifiait ni du désintérêt ni de l'insensibilité, mais simplement l'effet d'un éloignement momentané que provoquait sa réflexion. Aucune glace épaisse, aucune porte ne vous séparait de lui. Il vous savait là, devant lui, quoi que vous fussiez, ministre, fermier ou femme de chambre, même si vous aviez l'impression du contraire. Du fond de sa pensée, il demeurait à l'écoute. D'ailleurs, un instant après, s'épanouissait souvent le clin d'œil ou le mot qui vous faisait le retrouver. Tout le monde ne pouvait pas comprendre qu'il vivait plusieurs fois par jour dans ce monde à part, apparemment isolé des autres, même des êtres les plus chers, un monde appelé solitude et méditation, et qu'il fallait attendre qu'il en revînt. Un jour, peu de temps après son retour d'Alger, en 1943, il m'a conseillé : « N'oublie pas ce principe : au sommet des affaires, il faut toujours observer un certain détachement à l'égard des gens et des choses. Demeurer assez loin et assez haut. » Dans *le Fil de l'épée*, il dit du chef qu'il doit être distant, « car l'autorité ne va pas sans prestige et le prestige sans l'éloignement ». Dans un de ses carnets de notes, il relève cette pensée de Goethe :

Le talent se forme dans la solitude,
Le caractère dans la société.

— On a souvent affirmé qu'il cultivait la mauvaise foi, qu'il lui arrivait d'être carrément machiavélique. Vous l'admettez ?

— D'une certaine façon, il l'était assurément. Il tablait souvent sur les erreurs de ses adversaires, attendant qu'ils tombent dans son piège à un moment ou à un autre. « L'homme d'action ne se conçoit pas sans une forte dose d'égoïsme, de dureté, de ruse », avoue-t-il encore dans *le Fil de l'épée*. Ce piège pouvait consister à entraîner son interlocuteur sur une fausse piste par des propos à contre-pied de ce qu'il pensait vraiment lui-même. J'ai souvent été témoin de ce genre d'embuscade dans lequel bien des gens se laissaient prendre.

— En famille aussi ?

— En famille aussi. Chez nous, cela ne portait pas à conséquence. Mais quand cette embuscade était tendue à un rival ou à un adversaire politique, elle prenait évidemment un tout autre aspect. C'était encore une fois une forme de stratégie et donc une expérience qu'il avait acquise dans l'armée pendant la guerre. Il en avait une autre qui consistait à ne pas dévoiler ses plans, à cacher l'itinéraire qui lui permettait d'atteindre le but connu de tous. « L'art du chef, me fit-il savoir un jour, alors qu'il évoquait les combats de la guerre de 14-18 et le commandement qu'il avait dû assumer au feu, c'est de ne jamais mettre au courant personne de ses intentions, même le malheureux qui le sert. Il doit le laisser dans l'incertitude complète du sort qui l'attend. Ce qui lui est parfois très cruel. Mais que veux-tu ! C'est l'une des cruautés de l'homme en guerre. » Parmi ses notes de 1916, on trouve encore ce conseil : « Dans l'action, il ne faut rien dire. Le chef est celui qui ne parle pas. » Toujours dans *le Fil de l'épée*, un livre dont tout jeune officier sortant de Saint-Cyr ne devrait jamais se séparer, on peut lire cette apologie du silence : « La sobriété du discours accentue le relief de l'attitude. Rien ne rehausse l'autorité mieux que le silence, splendeur des forts, refuge des faibles, pudeur des orgueilleux et fierté des humbles, prudence des sages et esprit des sots. » Il m'a expliqué un jour que dans la vie militaire, face à l'ennemi, un chef peut parfois vous encourager à vous lancer en avant par un ordre en conséquence tout en sachant que, peu de temps après, vous risquez peut-être de tomber dans une situation dramatique dont il vous sera difficile de sortir. Il a ajouté : « Si l'on commence par décourager tout le monde avant d'aborder l'ennemi en exposant tous les dangers que vous allez devoir affronter, la bataille est perdue d'avance. » Ainsi défendait-il le général Nivelle qui fut relevé de ses fonctions et remplacé par Pétain après l'échec de l'offensive du Chemin des Dames en 1917. « Il avait montré son optimisme en déclenchant cette offensive et il avait raison. Comment aurait-il pu commander en chef s'il avait annoncé à toute l'armée : "Nous ne réussirons pas" ? Il ne lui fallait pas alors accepter le commandement. Il ne pouvait qu'avoir eu un discours optimiste devant les troupes et les politiques. Il s'est d'ailleurs trouvé qu'il a failli gagner. Malheureusement, il n'a pas pu déplacer son artillerie assez vite parce que les moyens de l'époque ne le permettaient pas. La commission chargée d'étudier les causes de l'échec l'a blanchi. Ce n'était que justice. » Cela dit, il y a machiavélisme et machiavélisme, et celui de mon père n'avait rien à voir avec la doctrine du Prince cynique repoussant toute préoccupation morale pour arriver à ses fins.

— Prôner l'Algérie française puis après l'Algérie algérienne, n'est-ce pas suivre cette doctrine ?

— Je vous l'ai déjà expliqué. Dès qu'il a compris, après l'avoir carrément essayée, que la première solution n'était pas viable, il a choisi la seconde. Il a d'ailleurs abattu les cartes devant tout le monde au lendemain du 13 Mai en notifiant ce qu'il considérait comme inéluctable : « A partir d'aujourd'hui, il n'y a plus qu'une seule catégorie de citoyens. » Mais ses adversaires l'ont aussitôt accusé de machiavélisme. Non, le machiavélisme de mon père n'était pas celui-là. Il n'était pas celui que lui attribuaient souvent les professionnels de la politique et des médias qui, écrit-il dans les *Mémoires d'espoir*, « ne considèrent pas l'action publique sans tromperies et reniements ». Mon père avait avant tout un sens inné de la morale. Il a toujours placé les principes devant les moyens. Ce qui ne l'empêchait pas d'avoir ses méthodes de stratège et de tacticien. A ce propos, il formulait les mêmes principes qu'il avait développés dans *le Fil de l'épée* en 1932 : faire naître la surprise, cacher son jeu, laisser planer le mystère, utiliser le stratagème, sont dans toute bataille, qu'elle soit militaire ou politique, des facteurs de succès. Le généralissime ou le chef d'Etat qui excelle en ce sens a du génie. « Sinon, concluait-il, l'un comme l'autre doit changer de métier. »

— Son usage fréquent du « moi » lui a été maintes fois reproché. En usait-il également dans l'intimité ?

— Je ne l'ai jamais entendu s'exprimer ainsi chez nous. Il

expliquait cette habitude de la façon suivante : « Elu au suffrage universel, le président de la République n'est plus ce personnage assez transparent qui n'avait d'autre tâche que de promener sa jaquette et son huit-reflets dans les cérémonies. Le président de la Ve République est la tête de l'Etat et, à ce titre, vraiment responsable. Il est donc logique qu'il s'implique nommément dans son langage comme le souverain du régime monarchique. » (Remarquons au passage que celui qui criait le plus fort contre cet abus du « moi » chez mon père en abusa passablement lui-même dès qu'il fut à sa place.) Aujourd'hui, qui s'offusquerait de cette manière de parler ? Calculez donc le nombre de fois où le « je » arrive dans le discours du leader politique. Si le « moi » n'émaillait pas les paroles paternelles en famille, nous l'avons quelquefois entendu parler du « général de Gaulle » en nous parlant de lui-même. Cela ne nous étonnait pas. Nous comprenions très bien cette façon de se présenter. On a évoqué à ce sujet le dédoublement de la personnalité. J'ai toujours pensé, moi aussi, qu'il y avait deux hommes en lui. Celui qui était sur son piédestal et celui qui était à côté. En famille, à Colombey, le premier ne survenait que rarement, au hasard d'une conversation politique en tête à tête. On aurait dit alors que, tout en parlant, il voyait évoluer ce personnage qui n'était pas lui, comme il l'aurait découvert à la télévision. C'était l'homme idéal, le chef sorti de ses rêves d'enfance et de ses livres, celui qui incarnait la France, qui avait gagné contre tout le monde pendant la guerre, qui avait surmonté bien des épreuves et continuait bravement à en supporter. Ce dédoublement, c'était celui qu'il avait connu sur le pont de Dinant, en Belgique, sabre au clair, sous la mitraille allemande en 1914, un moi, a-t-il écrit, « qui court comme un automate et un autre qui l'observe avec angoisse ». Toute sa vie, mon père a été ces deux hommes à la fois, le hobereau de la Haute-Marne (« moi, pauvre homme », « ton pauvre mari », « ton pauvre père ») regardant le héros sans peur, le chevalier des temps modernes courir sous la mitraille à l'assaut d'un pont qui s'appelait France et qui n'en finissait jamais.

— Quand on vous dit qu'il était orgueilleux, ça vous choque ?

— Pourquoi voulez-vous que ça me choque ? Il était orgueilleux, c'est sûr. Il voulait toujours avoir raison, et il faut dire qu'il avait presque toujours raison, sauf sur des détails. C'est là seulement où l'on pouvait lui donner tort : les détails. Et comme il n'aimait pas avoir tort, au moins dans un premier temps, il était – je me répète – souvent injuste, en particulier avec ses plus proches. Il les envoyait promener sur le moment en dépit du fait qu'il comprenait fort bien qu'on puisse avoir un point de vue raisonnable sur telle ou telle question. En revanche, il n'était absolument pas vaniteux. Tout ce qui était colifichets, faux pouvoir, préséances, il s'en moquait éperdument. Ajoutons qu'il avait une telle présence que, quelles que fussent les préséances et les gens, il n'avait pas besoin de se mettre au premier rang quand il paraissait. Il y était d'office. « Là où je suis est la meilleure place », décrétait-il sans crainte d'apparaître outrecuidant. Et par conséquent, il lui indifférait qu'on lui attribuât des prérogatives, des compliments, des hommages, des titres. Relisons ce qu'il a répondu à Edmond Michelet, ministre des Armées – qu'il estimait beaucoup –, qui envisageait, en 1946, de faire de lui un maréchal de France : « La seule mesure qui soit à l'échelle est de laisser les choses en état. La mort se chargera, un jour, d'aplanir la difficulté, si tant est qu'il y en ait une... » Il était orgueilleux pour la France avec laquelle il se confondait, et non pour lui, parce qu'il se souvenait des paroles du Christ que je lui ai entendu citer plusieurs fois dans mon enfance : « Qui s'élèvera sera abaissé, qui s'abaissera sera élevé. » Il détestait d'ailleurs que l'on parle de « l'homme de Gaulle ». Cet homme-là devait demeurer une personne privée, en quelque sorte secrète. Tout détail sur sa vie intime dans la presse l'irritait. L'a-t-on jamais vu faire des confidences à un journaliste sur ses problèmes personnels ? De la même façon, il ne donnait jamais son appréciation à l'auteur d'un ouvrage dont il était le sujet. Souvenons-nous ce qu'il écrit à Maurice Barrès en 1942, en pleine guerre, alors que cet écrivain venait de lui adresser des louanges dans un livre : « Il est mauvais – aujourd'hui surtout – de se regarder dans la glace, principalement quand cette glace avantage le personnage. »

— Il n'aimait pas les gens qui lui ressemblaient. Il lui arrivait de le reconnaître ?

— Il préférait en effet avoir affaire à des gens différents de lui-même. C'est là où je puis attester qu'il n'aimait pas qu'on lui tienne tête. Il ne pouvait supporter les gens qui osaient le contredire. Mais, au fond, il les appréciait. Une fois, il a consenti à m'avouer : « Généralement je préfère ceux qui me résistent. Ceux-là ont du caractère et des convictions. » Mais il ne pouvait pas travailler avec eux. Mendès France a été dans ce cas au temps du Gouvernement provisoire de la République. Les personnes qu'il prenait pour collaborateurs étaient celles qui lui donnaient raison, même quand parfois elles pensaient le contraire. Rares, finalement, ont été parmi elles celles qui n'ont pas fini un jour par le contrecarrer. On peut, par exemple, affirmer que Couve de Murville a fait partie des exceptions. Devenu gaulliste sur le tard et demeuré fidèle jusqu'au bout, il savait mener la politique étrangère en conformité avec ses vues, et en plus, il était lié par la loi du silence, une qualité que mon père exigeait particulièrement. Pour reparler de son orgueil, je ne sais plus qui a écrit un jour très justement : « Quand l'orgueil atteint des proportions aussi exceptionnelles et aussi cosmiques, ce n'est pas de l'orgueil, c'est de la grandeur. » Tant de grandeur aurait dû logiquement imposer à mon père de reposer au Panthéon ou aux Invalides. Son enterrement villageois et sa tombe familiale expliquent mieux que toute exégèse son dédoublement de la personnalité et le genre de son orgueil.

— Il connaissait, paraît-il, des moments de tristesse infinie. Peut-on en conclure qu'il était foncièrement pessimiste ?

— Il partait souvent d'un raisonnement pessimiste afin de ne pas être déçu par la suite, car il ne se faisait pas d'illusions sur les hommes. Et puis, finalement, les choses évoluant comme il l'avait souhaité, l'optimisme reprenait le dessus. Par exemple, il se disait : « Je vais lancer la France dans l'industrie nucléaire, mais est-ce que les Français vont me suivre avec enthousiasme ? Est-ce qu'ils vont comprendre que cela engage avantageusement leur avenir ? Je me le demande. » Je l'ai souvent entendu douter ainsi à la veille de grandes décisions. Pendant quelques jours, il ruminait ses incertitudes, anxieux à l'idée que le beau château qu'il voulait construire ne s'élèverait pas aussi vite qu'il l'espérait. Ce n'était pas à proprement parler du pessimisme, car celui qui en broie est persuadé que les choses vont tourner mal, que le château ne sortira jamais de terre. Parfois, quand même, son découragement était profond et pouvait durer un certain temps. Il avait alors l'humeur morose et le regard absent, s'enfonçait dans des silences lourds de réflexion, tournait et retournait autour du jardin, solitaire, ou dans son bureau, ne cessait de scruter l'horizon comme s'il ne le connaissait pas. On comprenait la raison de son état quand on l'entendait maugréer après le déjeuner, tasse de café au bord des lèvres, contre tel ou tel homme politique à l'origine d'un grand projet tombé à l'eau.

— Par exemple, en 1946, quand il a décidé de retourner dans son village ?

— Par exemple. Il venait de quitter le pouvoir. Il était désabusé. « Les Français sont revenus aux jeux d'antan, comme s'il ne s'était rien passé, comme s'ils se réveillaient avant guerre, avec leurs partis politiques et leurs syndicats. On n'en sortira jamais ! » On l'a vu également au moment de la dissolution du RPF en 1955. Il n'avait pas de formules assez dures pour les responsables du fiasco et pour tous les Français en général. « Rien n'est dramatique, tout est sérieux », avait-il l'habitude de répéter. Pourtant, dans ces moments-là, on était en plein drame. Il grommelait à la maison, avec sa façon de forcer sur certains mots : « Je ne serai plus désormais qu'un témoin impuissant de la décadence. La France en est arrivée à sa fin. La dernière page est écrite. » Une fois (je me souviens distinctement de cet instant où, quittant la table, il se mesurait aux hautes amphores romaines qui trônent de chaque côté de la cheminée), il a soupiré d'un air définitif en laissant choir ses bras, comme désarticulés : « Quoi faire maintenant qu'il n'y a plus rien à faire ? Trimbaler mes lauriers de capitale en capitale comme Churchill, un gros cigare entre les dents ? »

— Dans ce genre de circonstances, quelle réaction avait votre mère ?

— Elle attendait la fin de ces petits drames avec philosophie, comme l'apparition des premiers perce-neige après trois mois de congères, et elle avait raison. Elle savait comme moi que l'espoir allait resurgir peu après et l'illuminer de nouveau. En janvier 1960, par exemple, alors que l'armée s'agite en Algérie (Massu est démis de ses fonctions le 22 et, le 24, la « semaine des barricades » commence), le rencontrant dans le Var lors d'un voyage privé, la proximité de Toulon et de sa flotte l'amène à évoquer avec moi l'un des événements de notre histoire maritime : la bataille de Trafalgar, le 21 octobre 1805, et son influence sur le renoncement de Napoléon à envahir l'Angleterre... En décembre 1961, lui parlant de sa vulnérabilité en cas d'attentat (trois mois auparavant, je l'ai dit, il a failli y rester avec ma mère à Pont-sur-Seine, sur la route de Colombey) et de la nécessité d'éviter de se déplacer autrement qu'en avion ou en hélicoptère, il change aussitôt de sujet et, sur un ton badin, se met à gloser sur le premier vol de l'espace du cosmonaute russe, Youri Gagarine... Il avait donc une capacité de ressource qui nous émerveillait. C'est au moment où l'on craignait de le voir abattu qu'on le trouvait parfaitement flegmatique, prêt à affronter de nouvelles tempêtes, ou guilleret, l'œil espiègle et riant d'un rien. Et puis, nous connaissions sa propension à frapper l'esprit de son interlocuteur par des prédictions catastrophiques, cela afin de jauger sa capacité de réaction, de l'aiguillonner, et en même temps, de se ressaisir lui-même. Ces mots me reviennent, enfant, quand j'avais le malheur d'avoir écopé d'une mauvaise note : « Mon pauvre garçon, qu'est-ce qu'on va bien pouvoir faire de toi ? » Et il me vouait à un avenir des plus médiocres. Tous ses ministres ont essuyé ce genre d'épreuve, à commencer par le premier d'entre tous, Pompidou, qui l'a entendu, dix fois, quinze fois lui déclarer qu'il fallait mieux tirer l'échelle plutôt que continuer à essayer de sortir les Français de leur « jus ». Mais je l'ai également vu en famille, au cours de son dernier mandat élyséen, répliquer sur un ton autoritaire à ma mère qui lui conseillait de claquer la porte au nez du pouvoir et de rentrer dans son village : « Ah ! Yvonne, ne me découragez pas ! Ne me découragez pas ! » Et finalement, c'est lui qui redonnait courage autour de lui.

— On lui a fait dire : « Le bonheur n'existe pas. » L'a-t-il dit réellement ?

— Il a dit exactement : « Le bonheur n'existe pas, sauf peut-être pour les femmes, c'est leur apanage, leur domaine. » Il voulait signifier par là que l'homme n'a jamais toutes les clefs en main, qu'il ne réussit pas toujours tout ce qu'il désire. L'insatisfaction ronge souvent la réussite. On n'accomplit qu'une partie de ce que l'on a décidé d'entreprendre, au contraire de nos compagnes quand elles deviennent mères. Il a écrit à vingt-six ans : « La première condition du bonheur pour un homme est de sortir de lui-même dans le monde d'aujourd'hui. » En se surpassant comme il l'a fait tout au long de sa vie, n'a-t-il pas bien rempli cette condition ? Certes, il n'était ni un plaisantin, ni un rigolard. Il éprouvait, redisons-le, des passages de mélancolie qui auraient pu parfois inquiéter autour de lui si nous n'avions pas connu ses capacités de résurrection, ce ressort qui finissait immanquablement par rejaillir à l'étonnement de tous.

— Vous ne pensez pas que l'endroit où il avait décidé de planter sa tente n'était pas étranger à ce genre d'humeur ?

— En effet, j'ai toujours pensé que le rude climat de la Haute-Marne avec ses hivers qui n'en finissent pas, ses brouillards tenaces, ses pluies inlassables, avait son influence sur son caractère et qu'il aurait été différent sous un ciel plus clément. On l'entendait parfois ronchonner contre « ce temps de chien ». Mais croyez-moi, il n'ignorait pas le bonheur et le goûtait pleinement quand, par exemple, il remportait un succès, telle son investiture obtenue du Parlement pour son retour au pouvoir le 1er juin 1958, alors que les politiciens ne voulaient que lui confier « le sale travail de l'Algérie » pour mieux le renier et le renvoyer ensuite. Il le vivait pareillement en famille. Il me suffit de me rappeler mon enfance et mes vacances avec lui, dans les Ardennes ou en Bretagne, et plus tard, ses moments de joie avec tous les siens réunis, petits et grands, dans sa chère maison de Colombey. Ceux qui ont prétendu que le bonheur lui était étranger cherchaient sans doute autre chose dans ce mot. Autre chose dont il n'avait nul besoin lui-même pour se sentir heureux. Il fallait le voir, par exemple, au cours d'une promenade, s'arrêter au bord de la route et s'entretenir familièrement avec le paysan du coin, lui demander ce qu'il pensait de sa récolte ou de son bétail. Ou lui poser cette question, comme je l'ai entendu une fois le faire, après que le bruit eut couru dans le village qu'il allait déménager : « Si je quittais Colombey pour aller m'installer ailleurs, qu'en penseriez-vous ? » Ou bien, interroger sur son travail cet ancien caporal du génie qui passait le rouleau compresseur sur la route principale de la commune et qui, au garde-à-vous, lui avait annoncé fièrement : « Je suis le cylindre municipal. » Ou bien encore, en 1960, dans le village, devant la route de Bar-sur-Aube, applaudissant le Tour de France dont le peloton de tête s'était arrêté pour le saluer. Il fallait le voir également, plongé dans une grande conversation avec l'un de ses petits-fils à propos de son dernier dessin rapporté de l'école, entre le chien qui dormait, pattes en rond, à ses pieds, et les regards amusés de ma mère. Oui, il fallait assister à tout cela et l'écouter ensuite rapporter pendant le dîner ces simples choses pour avoir une idée exacte de son bonheur.

14

LE DAUPHIN

> « Voilà donc que ce néophyte de forum... se voit soudain de mon fait et sans l'avoir cherché investi d'une charge illimitée. »
>
> *Mémoires de guerre.*

Le 14 avril 1962, votre père nomme à Matignon, à la place de Michel Debré démissionnaire, un homme inconnu du grand public : Georges Pompidou. L'étonnement est général. On lui a fait dire plaisamment qu'il avait trouvé en lui un normalien sachant écrire. Quelle est la véritable raison de son choix ?

— Il veut d'abord un homme neuf. Surtout pas quelqu'un qui aurait pu avoir été impliqué dans la défunte et regrettable IVe République. C'est un peu ce qui le rendait réticent à l'égard de Chaban-Delmas. Pompidou, lui, n'a jamais essayé de grenouiller, de se mêler de quoi que ce soit en politique, comme nombre d'anciens ministres de gouvernements aussi éphémères que successifs, encore que mon père l'ait engagé à le suivre au Rassemblement du peuple français. Dans les assises de ce mouvement, il n'est monté à la tribune que pour parler de questions économiques, jamais pour essayer d'en tirer quelque avantage. En 1959, j'ai entendu mon père expliquer à ma mère qui lui demandait pourquoi il avait nommé Michel Debré à ses côtés : « Quand on veut changer de régime, il faut prendre une tête nouvelle. C'est une vieille recette politique. Reprendre les autres, quelles que soient leurs qualités, c'est hériter de tout ce qu'ils trimbalent avec eux. C'est donc une entrave. » Et puis, il connaissait Georges Pompidou depuis longtemps grâce à René Brouillet, ancien normalien et ancien résistant, qui avait été à son cabinet au Gouvernement provisoire à Alger en 1944 et dirigera son cabinet à la Présidence de 1959 à 1961. En octobre 1944, mon père lui avait fait savoir, comme une boutade, c'est vrai, qu'il cherchait « quelqu'un sachant écrire ». Parce qu'il était surpris et en même temps agacé de constater que nombre de préfets étaient incapables de rédiger convenablement une lettre. Combien de fois, en effet, l'ai-je entendu bougonner : « Ils ne savent faire ni l'en-tête, ni l'appel, ni traiter le sujet, ni employer le ton qu'il convient de prendre, ni même la formule de politesse ! » Alors, René Brouillet l'informa : « J'ai un camarade de la rue d'Ulm, il est universitaire, il donne des cours, mais en réalité il cherche quelque chose. Il sait rédiger et pourra donc travailler pour vous. Je vous le propose. En plus, c'est quelqu'un de neuf, il n'est engagé dans rien. Il s'appelle Pompidou. » Chef du Gouvernement provisoire, le Général le fait donc venir, rue Saint-Dominique, à son cabinet, où il est chargé de suivre les questions de politique intérieure et d'éducation, et cela jusqu'en janvier 1946, date à laquelle il quitte le pouvoir. Il le reprend ensuite auprès de lui comme chef de cabinet, d'avril 1948 à décembre 1953, au moment du RPF. Il avait tellement d'estime à son égard qu'après la dissolution de ce mouvement, il le présenta à Guy de Rothschild qui, voulant relancer ses activités bancaires, cherchait un directeur d'envergure. C'est ainsi que Georges Pompidou est devenu fondé de pouvoir de cette grande banque privée. Quand mon père est nommé président du Conseil en juin 1958, il fait de nouveau appel à lui pour diriger son cabinet jusqu'en janvier 1959. Après, Pompidou réintégrera la banque Rothschild jusqu'au moment où, à la surprise générale, on apprend sa nomination à la tête du gouvernement, en avril 1962, à la place de Michel Debré.

— C'est donc la première fois qu'un non-parlementaire accède au poste de Premier ministre. Votre père n'a pas trouvé que c'était risqué ?

— Pas du tout. Je le répète : il cherchait avant tout un homme vierge de toute attache politique. Il lui convenait donc fort bien. Il se méfiait toujours des intellectuels à cause de leur manque d'esprit concret, mais Pompidou était d'une nature pratique et d'une intelligence rare. Sa culture était à la hauteur de toutes les idées. Il avait en plus le goût de la négociation. Il était l'homme des démarches prudentes. Par conséquent, il a pensé : « Il ne va pas faire de gaffes derrière moi. Il ne va pas m'engager de telle sorte que je serai obligé de désavouer. » Il ne lui trouvait qu'un défaut : celui d'être peut-être un peu trop temporisateur.

— Leurs relations sont vite devenues amicales, a-t-on rapporté. Véritablement amicales ?

— Oui, très amicales, très confiantes. Cela ne veut pas dire que les ménages passaient leur temps l'un chez l'autre. Aucun ménage, à part peut-être celui de mon oncle Jacques Vendroux, n'entrait chez mes parents. En réalité, mon père et ma mère n'étaient les proches amis de personne. S'ils avaient des relations plus amicales que d'autres, ils ne leur ouvraient pas leur porte pour autant. Mon père aimait parfois énoncer : « La demeure d'un Anglais, c'est son château fort. Il en sort pour nouer des relations, et le reste du temps, il lève son pont-levis pour profiter de son quant-à-soi. » De plus, il avait horreur de recevoir et, dès qu'il a pris de l'importance dans la société, il n'a plus jamais accepté d'invitation. Aussi les Pompidou ne sont-ils presque jamais venus à La Boisserie. Peut-être les y a-t-on reçus trois ou quatre fois en vingt ans, c'est tout. En famille, on aimait bien Georges Pompidou. Ma mère avait beaucoup de sympathie pour sa femme, Claude, et je pense que c'était réciproque. Leur nom amusait mon père au même titre que celui d'un personnage haut en couleur d'origine méridionale, un pilote très connu chez les Français Libres, qui était devenu préfet après la guerre et qui s'appelait Jean Pompéi. Descendu en flammes au cours de la bataille de Libye, il avait soudain réapparu sain et sauf pendant l'office que l'on célébrait à sa mémoire ! Lorsque mon père nous a annoncé son intention de nommer Pompidou Premier ministre – je venais d'être muté à l'état-major interarmées à Paris, ce qui me permettait de le voir assez souvent à

Colombey –, nous l'avons interrogé plusieurs fois à son sujet car nous n'en avions jamais vraiment entendu parler. Alors, il nous a tracé un portrait très élogieux de sa personne en ajoutant, ce qui m'a frappé, qu'il avait un caractère moins incommode que Michel Debré. Et en riant : « Bien sûr, à nous voir tous les deux, on ne va pas manquer de dire que c'est don Quichotte et Sancho Pança. On va nous croquer, moi sur mon destrier, la lance en avant, et lui freinant derrière, assis sur son âne. Nul doute que les caricaturistes vont se délecter. » C'est immédiatement ce qui s'est passé.

— Il lui arrivait, paraît-il, de se moquer de son nom. Vous l'avez entendu le faire ?

— Ce n'était pas bien méchant. C'était même, je pense, plutôt affectueux. Il disait : « Comme Pompéi, il a un nom qui sonne un peu comme une galéjade. » A l'instar d'un chansonnier, il lui arrivait donc en famille de l'appeler pour s'amuser : « Pom'pidou. » Il a éprouvé un réel attachement pour lui et sa confiance était totale. N'oublions pas que c'est à lui qu'il a confié le premier exemplaire de son testament. C'est une preuve. Je dirais même que Pompidou est sans doute l'un des hommes auxquels mon père est resté le plus attaché, même si à la fin les frottements entre eux étaient indiscutables.

— Peut-on avancer que c'est à partir des événements de mai 68 que leur belle entente a commencé à se défaire ?

— Avant Mai 68, quelques divergences d'opinion avaient déjà un peu compliqué leurs relations. Il y avait l'idée de la participation tant souhaitée par mon père, que les milieux d'affaires refusaient et à l'égard de laquelle Pompidou, qui était lié à eux, freinait des quatre fers en coulisse. Ce projet datait, on le sait, de mars 1945. Vous vous rappelez certainement ce qu'il avait lancé à l'Assemblée constituante : « Nous affirmons qu'il est équitable et salutaire d'associer par l'esprit et par le cœur aussi bien que par les mains, à ce qui est gestion, organisation et perfectionnement des entreprises, tous ceux qui y prodiguent leur peine. » Ce fut également la création des comités d'entreprise, idée chère au professeur René Capitant qui la travaillait dès Alger. Enfin, en 1967, naissait l'« intéressement du personnel aux bénéfices », première étape vers l'« association capital-travail » imaginée par Louis Vallon et appliquée par la suite. Autant d'initiatives qui mécontentaient le patronat et Pompidou. S'ajoutait à cela l'affaire de la Grande-Bretagne qui voulait adhérer au Marché commun pour pouvoir le détruire, et que mon père retenait à la porte. Si Pompidou ne contestait pas le fond du problème, il était moins d'accord sur la forme. Bref, le fossé se creusait entre les deux hommes. Et puis, il faut avouer que le général de Gaulle commençait à vieillir. J'ai droit à une longue explication avec lui en septembre 1970, deux mois donc avant sa mort, où, profitant d'une fin d'été assez clémente et de la profusion en forêt des champignons qu'il aime bien, nous nous promenons assez longuement. Il me parle de Pompidou. « Tu comprends, je lui ai trop laissé la bride sur le cou. Il avait l'Intérieur, les affaires économiques, la vie domestique des Français et il agissait à sa manière. Alors que je ne m'occupais que de la stratégie, de la Défense nationale et de la politique étrangère. Les choses ont vite dérivé et je m'en suis aperçu trop tard. Là-dessus, les événements de mai 68 éclatent et, bien sûr, il se présente comme un personnage ferme, d'autant plus ferme qu'il est temporisateur et qu'en réalité, il attend que ça se passe. Il n'a qu'une peur, c'est qu'il y ait un mort. Il n'a pas bien réagi au départ malgré les demandes des recteurs. Il a laissé filer en pensant que ça s'arrangerait. On avait dégagé la Sorbonne et il l'a rendue aux étudiants. Et puis, il a fait relâcher Cohn-Bendit et les autres. Tu connais la suite. » Je lui ai demandé : « S'il n'y avait pas eu Baden-Baden, qu'est-ce qui se serait passé ? » Il m'a répondu : « Baden a servi de catalyseur. Le régime y serait passé, Pompidou y compris. »

— Le 30 juin 1968, comme le veut la Constitution, Pompidou, qui vient de remporter haut la main les élections générales, donne sa démission, et le Général le remplace par Maurice Couve de Murville le 10 juillet. Pompidou estime alors qu'il a été congédié. Quel était le commentaire de votre père ?

— Je vais vous répondre, mais laissez-moi d'abord vous raconter cette anecdote. Georges Pompidou était épuisé et il en avait par-dessus la tête. Rentrant de cure à ce moment-là, j'allais voir mon père et traversais le hall de l'Elysée quand je l'ai aperçu. Il attendait d'être reçu par le Général, affalé dans un fauteuil, amaigri, le cou flottant dans son col, les paupières gonflées. Il m'a fait signe d'approcher. Il m'a alors donné une main lasse et m'a déclaré à brûle-pourpoint : « Ça fait pratiquement trente ans que je suis au service de votre père et six ans que je suis à Matignon. Je n'en peux plus. Je veux reprendre ma liberté. Je veux pouvoir aller aux premières, assister à des concerts, dîner en ville. J'en ai assez, je m'arrête. Qu'on se débrouille sans moi. » S'il me faisait cette confidence, c'était évidemment pour que je la répète à qui de droit. Quelques minutes après, mon père m'a expliqué : « Oui, je l'ai vu : il est au bout du rouleau. Cette campagne électorale a été épuisante et il s'y est beaucoup impliqué. Et puis il y a eu les événements de mai 68. On n'a pas toujours été d'accord. Il y a aussi l'usure du temps. » Et un peu plus tard, en famille, devant ma mère, il a ajouté : « Je crois qu'en plus, il a une maladie des os. » Mais aussitôt après, il a regretté ce qu'il venait de nous révéler : « Ah ! nous avons trop parlé de tout ça. Alors, silence total parce que lui-même ne le sait peut-être pas. En tout cas, Claude Pompidou doit probablement l'ignorer. » A la fin du déjeuner, il nous avouera encore, comme s'il y croyait dur comme fer : « Je suis sûr qu'il va récupérer. Il lui faut simplement prendre un peu de repos. Il a des années devant lui. C'est une maladie à évolution extrêmement lente. » Il pensait qu'il en avait pour une dizaine d'années. En fait, Pompidou est mort six ans après. [1] Beaucoup plus tard, il me confiera encore : « Je souhaitais vraiment que Pompidou reprenne le collier parce que je craignais que son départ, après les événements de mai 68, ne signifie un désaveu du régime. Je me suis dit aussi : changer de chef de gouvernement maintenant, ça va inquiéter les gens alors qu'il faut ramener le calme. » Et pour la première fois de sa vie, il a attendu dix jours avant de nommer un nouveau Premier ministre au lieu de vingt-quatre heures, comme il avait l'habitude de le faire. Le 5 juillet, il appelle encore une fois Pompidou. En vain. Il garde

1. D'après son épouse, Georges Pompidou avait une maladie du sang, celle de Waldenstrom, et il était soigné à la cortisone. Mais il n'est pas mort de cela. C'est une crise hémorroïdale qui, entraînant une septicémie foudroyante, l'a emporté.

l'espoir qu'il se ravisera après quelques jours de repos. Le 9 juillet, il a toujours des rapports aimables avec lui, mais ne reçoit aucune réponse de sa part. Par qui va-t-il donc devoir le remplacer ?

— Alors, il appelle Couve ?

— Non, pas encore. Il hésite. Des noms défilent : Pierre Messmer, Jacques Chaban-Delmas, Michel Debré et effectivement Maurice Couve de Murville. « J'aurais bien voulu revoir Debré à Matignon, se souvenait-il devant moi, mais je craignais qu'il ne fût pas assez souple dans cette période difficile et, tu le sais, je n'aime pas repasser les plats. J'ai pensé aussi à Robert Galley, mais je le trouvais trop jeune. » Quant à Jacques Chaban-Delmas, il s'est dit : « Chaban est très souple, mais est-ce qu'il a l'âme d'un Premier ministre ? Il est mieux fait pour le perchoir [la présidence de l'Assemblée nationale]. » Ce n'est donc que le 10 juillet qu'il nomme Couve de Murville. C'est effectif depuis deux heures quand, soudain, Georges Pompidou, qui a pu se reposer et s'est rendu aux objurgations de ses proches collaborateurs, lui annonce qu'il accepte finalement de rester. « C'est trop tard », lui répond-il alors. Il ne peut plus que le remercier de tout ce qu'il a accompli à ses côtés depuis longtemps, tout en lui conseillant de prendre du champ et de se faire connaître à l'étranger pour se « préparer à un destin national ». C'est à partir de ce moment-là que Pompidou commence à répéter autour de lui : « Le Général m'a trompé, il m'a laissé tomber en mai 68, il me demande de rester et il en prend un autre. » Il a voulu croire par la suite que mon père avait fait son choix bien avant le 10. Je puis vous affirmer qu'il m'a assuré du contraire. « Ce n'est que le 9 au soir, m'a-t-il certifié, que je me suis décidé à appeler Couve de Murville. » Voilà la vérité.

— En octobre 1968 éclate l'affaire Marcovic. Un autre gros accroc dans l'amitié entre les deux hommes. On répète alors que Pompidou accuse le Général avec fureur de ne pas l'avoir soutenu dans ces circonstances. Quelle était sa réponse ?

— Il était très attristé par cette accusation. D'abord, il n'imaginait pas que cette affaire allait prendre une telle ampleur.

Résumons-la. Le 1er octobre 1968, le corps d'un jeune Yougoslave assassiné, Stephan Marcovic, ancien garde du corps d'Alain Delon, est découvert dans une décharge. Tandis que, détenu à Fresnes, un autre Yougoslave déclare avoir pris part à une soirée spéciale où se serait trouvée une grande femme blonde qui aurait pu être l'épouse de Georges Pompidou. Les gazettes font immédiatement des romans de ces racontars. Alors, devant cette campagne de presse, l'ancien Premier ministre soupçonne certains gaullistes hostiles à sa personne de vouloir torpiller de cette façon ses espoirs de succéder au Général à l'Elysée. Intégré depuis un mois au Centre des hautes études militaires, je rejoins La Boisserie pour les vacances de Noël avec ma petite famille. Je trouve ma mère révoltée. A l'heure du thé, j'assiste à un dialogue entre mes parents. « Comment peut-on laisser accuser une femme pareillement ? s'emporte ma mère. Je connais trop Claude Pompidou, c'est une accusation mensongère. Ne peut-on pas arrêter toutes ces rumeurs scandaleuses ? » Elle semble vouloir s'adresser à mon père comme si elle lui reprochait de ne pas intervenir. Il secoue les épaules. « L'Intérieur et la Justice s'en occupent, laisse-t-il tomber. On découvrira bien vite l'inanité de ces ragots. » Elle insiste : « Mais enfin, il n'y a rien d'autre à faire ? » Il s'est énervé. Il a reposé sa tasse à thé avec agacement. « Que peut-on faire de plus si ce n'est répondre à tout ça par le mépris ? » Il ajoute à mon intention, pensant probablement que je pourrai mieux le comprendre : « Il est évident que si le président de la République paraît prêter la moindre attention à cette histoire sordide, ça lui donnera quelque importance. » Plus tard, dans la soirée, revenant sur le sujet dont la télévision vient de parler assez longuement, enfoncé dans son fauteuil club au coin de la cheminée, un livre relié ouvert à ses pieds, il me glissera en aparté afin de ne pas contrarier ma mère (alors que, je l'apprendrai plus tard, elle pense la même chose) : « A trop vouloir dîner en ville dans le Tout-Paris comme aiment le faire les Pompidou et à y fréquenter trop de monde et de demi-monde, il ne faut pas s'étonner d'y rencontrer tout et n'importe qui. » Pompidou, quant à lui, accuse l'entourage du Général d'indifférence coupable devant les soupçons portés contre son épouse. Tous, selon lui, essaient de le discréditer personnellement et politiquement.

— Le Général n'a-t-il pas pensé un moment que sa neutralité était incompréhensible pour Pompidou ?

— Qu'est-ce qu'il aurait pu faire ? Je voudrais bien qu'on me le dise. Pompidou aurait voulu que mon père se montre à la télévision et déclare *urbi et orbi* : « L'affaire Pompidou est un scandale. » Mais c'est justement, d'après lui, ce qu'il ne fallait pas faire. Alors, il a demandé à Jacques Patin, l'homme chargé de la justice à son cabinet, d'étudier avec Georges Pompidou ce qu'il y avait lieu d'entreprendre. Puis il a invité le Premier ministre et son épouse à déjeuner à l'Elysée à titre privé afin de montrer au Tout-Paris qu'il ne tenait aucun compte des bruits qui couraient, qu'il avait toujours la même considération pour ce couple d'amis. Ma mère était de ce déjeuner. Elle avait de la peine pour les Pompidou. Elle se rappelait : « Lui était fermé, hostile. On sentait qu'il en voulait beaucoup à ton père. Claude, au contraire, essayait d'être comme d'habitude, souriante, charmante. Ce déjeuner était vraiment très triste. » En famille, ma mère s'emportait : « On attaque les hommes politiques par leurs femmes ! Claude Pompidou est une brave personne, c'est une enseignante de collège, ce n'est pas une écervelée. Elle est parfaitement honnête. Tout ça n'est pas correct. » Je l'ai rarement vue si indignée. Mon père en était silencieusement étonné.

— François Mitterrand aurait eu connaissance d'un texte inédit de Pompidou rejetant la responsabilité de ce scandale sur votre père...

— J'ai lu cela, moi aussi, en effet, sous la plume d'un auteur qui assure l'avoir appris de la bouche même de Mitterrand en 1983. Mais pourquoi Georges Pompidou aurait-il préféré laisser traîner un tel document derrière lui plutôt que de s'en servir dans l'ouvrage qu'il a consacré à l'affaire ? N'est-ce pas une nouvelle occasion de maculer de boue la statue du Commandeur ?

— Le 17 janvier 1969, c'est le « coup de théâtre de Rome », la déclaration intempestive de Georges Pompidou faite dans la capitale italienne concernant sa candidature aux prochaines élections présidentielles. Le Général lui en a beaucoup voulu, n'est-ce pas ?

— Mettez-vous à sa place. Reportons-nous à ce que Pompidou a déclaré aux journalistes lors de ce voyage en Italie : « Pour succéder au général de Gaulle, il faut deux conditions : qu'il ait quitté la Présidence et que son successeur soit élu. Ce n'est, je crois, une surprise pour personne que je serai candidat à une élection à la présidence de la République lorsqu'il y en aura une. Mais je ne suis pas du tout pressé. » Le 20 janvier, à son retour à Paris, il réitère sa déclaration. Tout le monde y voit alors une démarche visant à pousser le Général dehors. Ce qui oblige ce dernier à déclarer en Conseil des ministres qu'il n'a pas l'intention d'abandonner son mandat. A quatre mois du référendum, il ne pouvait pas être content ! D'autant plus que le 13 février suivant, Pompidou persévère en répondant à la question de la télévision suisse : « J'aurai peut-être, si Dieu le veut, un destin national. » Toutes les démarches des gaullistes auprès de lui pour lui demander de s'engager à ne pas se présenter échouent. Il ne veut pas risquer de manquer le coche. La distance entre de Gaulle et son ancien Premier ministre n'a jamais été si lointaine. Il ne m'a pas montré sa colère. Ce qui ne l'a pas empêché de lui répondre, rappelez-vous, le 30 avril 1969, au lendemain de son communiqué officiel : « Après ce que je vous ai dit maintes fois naguère et ce que j'ai déclaré publiquement à votre sujet, vous êtes certainement fondé à croire que j'approuve votre candidature. Je l'approuve en effet. »

— Après son départ de l'Elysée le 25 avril 1969, jamais le Général n'a souhaité revoir son ancien Premier ministre ?

— Jamais. Le 15 juin, dès son élection à la Présidence, il lui adresse brièvement ses « bien cordiales félicitations », cela « pour toutes raisons nationales et personnelles », et le 30 décembre, dans une courte lettre, il le remercie de ses vœux et lui demande de croire à ses « sentiments les meilleurs et bien dévoués ». Ces quelques lignes seront les derniers mots qu'il lui adressera.

— Pompidou ne lui a jamais fait comprendre qu'il aurait aimé être invité à Colombey ?

— Jamais non plus. En septembre de la même année, je fais part à mon père de l'invitation qu'il m'a adressée pour que je

Lettre de Georges Pompidou au Général

Mon Général,

Vous-même, je le sais, ne mesurez pas la tristesse qui m'étreint. Quelle qu'ait pu être ma conviction que les événements me conduiraient un jour à poser ma candidature à la Présidence de la République — et vous me l'aviez confirmé en juillet dernier — je n'imaginais pas ni que l'heure viendrait si tôt ni surtout dans de telles conditions.

Je n'oublie pas, mon Général, que ma fierté depuis un quart de siècle a été d'être votre collaborateur. Puissiez-vous croire que je reste dans le même esprit.

Je vous prie, mon Général, d'agréer l'expression de mes sentiments fidèles et respectueux.

Pompidou

Réponse du Général à Georges Pompidou

LE GÉNÉRAL DE GAULLE 30 Avril 1969.

Mon cher ami,

Après ce que je vous ai dit maintes fois naguère et ce que j'ai réitéré publiquement à votre sujet, vous êtes certainement fondé à croire que j'approuve votre candidature. Je l'approuve, en effet. Sans doute eût-il mieux valu que vous ne l'ayez pas annoncée plusieurs

[...]

et occasionnels et tout à fait indiqué que vous vous présentiez.

J'espère donc sincèrement votre succès et je pense que vous l'obtiendrez.

Il va de soi, qu'au cours de la campagne, [illegible] d'aucune façon. En particulier, votre lettre du 28 Avril et ma réponse d'aujourd'hui resteront entre nous.

Le 28 avril 1969, le jour où, dans un communiqué, le Général annonce qu'il cesse d'exercer ses fonctions de président de la République, Georges Pompidou lui écrit qu'il a décidé d'être candidat aux prochaines élections présidentielles. Le 30, le Général lui répond.

Lettre de Georges Pompidou au Général

24, quai de Béthune (IVe)

Mon Général,

Vous-même, je le crains, ne mesurez pas la tristesse qui m'étreint. Quelle qu'ait pu être ma conviction que les événements me conduiraient un jour à poser ma candidature à la Présidence de la République — et vous me l'aviez confirmé en juillet dernier — je n'imaginais pas ni que l'heure viendrait si tôt ni surtout dans de telles conditions.

Que puis-je vous dire, mon Général, qui m'avez tout appris, sinon que votre image ne cessera de grandir, que rien et surtout pas l'ingratitude, ne peut lui nuire, et que celui qui sera peut-être appelé à vous succéder officiellement ne pourra qu'essayer de n'être pas trop indigne ?

J'ai fait ce que j'ai pu pour le référendum et partout où j'avais une influence personnelle cela s'est marqué. Maintenant j'entre dans une autre bataille et qu'il faut gagner. Si je la gagne, je puis vous assurer qu'aucune des grandes directions que vous avez marquées, notamment en politique extérieure et de défense nationale, ne sera abandonnée de mon fait. Je voudrais espérer que lorsque des décisions importantes seront en jeu, vous accepterez de me guider dans une tâche qui n'a pour moi de sens que dans la ligne que vous avez tracée.

Je n'oublie pas, mon Général, que ma fierté depuis un quart de siècle a été d'être votre collaborateur. Puissiez-vous croire que je reste dans le même esprit.

Je vous prie, mon Général, d'agréer l'expression de mes sentiments fidèles et respectueux.

Georges Pompidou

★

Réponse du Général à Georges Pompidou

LE GÉNÉRAL DE GAULLE

30 avril 1969.

Mon cher ami,

Après ce que je vous ai dit maintes fois naguère et ce que j'ai déclaré publiquement à votre sujet, vous êtes certainement fondé à croire que j'approuve votre candidature. Je l'approuve en effet.

Sans doute eût-il mieux valu que vous ne l'ayez pas annoncée plusieurs semaines à l'avance, ce qui a fait perdre certaines voix au « Oui », vous en fera perdre quelques-unes à vous-même et surtout pourra vous gêner enfin dans votre personnage si vous êtes élu. Mais dans les circonstances présentes il est archinaturel et tout à fait indiqué que vous vous présentiez.

J'espère donc vivement votre succès et je pense que vous l'obtiendrez.

Il va de soi qu'au cours de la « campagne », tenant compte des dimensions de tout, je ne me manifesterai d'aucune façon. En particulier votre lettre du 28 avril et ma réponse d'aujourd'hui resteront entre nous.

Veuillez, je vous prie, présenter à Madame Pompidou mes très respectueux hommages auxquels ma femme joint de tout cœur son meilleur souvenir. Pour vous, mon cher ami, l'assurance de mon très cordial et fidèle attachement.

C.G.

me joigne à la chasse présidentielle organisée à Marly à la fin d'octobre. Nous sommes en train de faire le tour du jardin à La Boisserie. Je le vois aussitôt s'arrêter et changer de visage. Le ton est ferme : « J'aimerais mieux que tu ne fréquentes pas l'Elysée, articule-t-il. Tu m'impliquerais indirectement dans le régime. Or, je n'ai plus rien à voir avec lui. De plus, tu le sais, Pompidou ou son entourage dit ou laisse dire qu'en mai 68 j'ai failli, que j'étais devenu incapable et que je l'ai abandonné, lui et ses ministres. » J'ai donc décliné poliment l'invitation présidentielle.

— On a reproché au Général de n'avoir cité Pompidou que cinq fois dans ses *Mémoires d'espoir* et jamais avec des épithètes amicales...

— Nommé cinq fois dans le premier volume d'un livre de Mémoires inachevés, ce n'est pas si mal, croyez-moi. Je puis vous affirmer qu'il y en a eu beaucoup qui ont regretté de ne pas l'avoir été une seule fois. Et puis, c'était connu, le Général n'était dithyrambique avec personne. Quand il disait à quelqu'un « c'est bien », cela voulait signifier que c'était exceptionnel. Si c'était seulement bien, il ne disait rien du tout. Je voudrais quand même rappeler deux faits significatifs. Le 8 janvier 1959, quand le Général a descendu les Champs-Elysées en voiture après avoir pris congé du président René Coty dont il allait occuper le poste à l'Elysée, la personne qui était assise à côté de lui, en l'absence du Premier ministre Michel Debré nommé ce même jour, était Georges Pompidou, son ancien directeur de cabinet. Le deuxième fait date du 10 mai 1969. Ce jour-là, mon père partait pour l'Irlande. Il m'avait donné une enveloppe fermée que je lui ai rendue intacte à son retour. Je pense que dans cette lettre, il désignait son possible successeur, et je suis presque sûr qu'il s'agissait de Georges Pompidou.

— Vous avez dîné en tête à tête avec les Pompidou après la mort de votre père. Que vous ont-ils dit de lui ?

— C'était un soir de mai 1973. Informés de mon prochain départ pour un commandement maritime à Brest, ils avaient sans doute trouvé normal de nous inviter, ma femme et moi, en un lieu que nous avions fréquenté dans un passé encore proche. Ce jour-là, nous sommes fort gentiment accueillis par Claude Pompidou dans une des pièces de l'appartement privé de l'Elysée dont la décoration Second Empire a été entièrement recouverte de voiles et de rideaux clairs. Les anciens meubles de style y ont été remplacés par des sièges « design » qui, souples et vastes, se déforment en s'adaptant aux contours du corps. Nous nous demandons si ce mobilier n'a pas été choisi davantage pour permettre à Pompidou de s'y asseoir sans souffrir. Nous sommes aussitôt frappés par son aspect physique. Le visage et le cou sont boursouflés, son teint extrêmement pâle. Il me parle de mon père à mi-voix et avec lassitude : « Nous avons beaucoup travaillé ensemble. Je lui ai conservé un attachement profond. Il était normal qu'à la longue il y eût quelques susceptibilités et quelques malentendus. En mai 1968, j'ai cru qu'il m'avait abandonné et j'ai souffert de son manque de confiance. » Il s'arrête un instant pour souffler, puis ajoute ces mots : « Je ne suis pas le général de Gaulle et je fais de mon mieux pour m'adapter et transmettre son héritage. Nous n'avons pas le même tempérament. Tant mieux d'ailleurs. Mais je continuerai son œuvre. » Claude Pompidou nous a demandé des nouvelles de ma mère. Elle s'est plu à nous assurer combien elle l'admirait pour la dignité avec laquelle elle menait sa vie et le fait qu'elle avait été très utile à mon père. A ce moment-là, elle vivait encore à Colombey. Le 18 juin 1972, le jour de l'inauguration du monument de la croix de Lorraine sur la colline du village, après son très beau discours, Pompidou lui a, en quelque sorte, présenté ses condoléances. En serrant la main qu'elle lui tendait, il se trouve qu'il l'a gardée un peu trop longtemps et ma mère a retiré la sienne avec vivacité. Alors, elle a craint avec regret qu'il ait mal interprété son geste, et elle en a été peinée, d'autant que la presse n'a pas manqué de traduire après coup cette réaction comme un désaveu. Je ne vous apprendrai rien en vous disant que la tradition chez les de Gaulle a toujours été de ne pas s'éterniser dans l'affectivité. Les épanchements publics, ma mère comme mon père trouvaient cela déplacé, je dirais même inconvenant.

— Mais il s'agissait d'une simple poignée de main...

— Peut-être, mais c'était aussi pour ma mère une question de pudeur. Elle ne devait pas laisser un homme retenir sa main plus longtemps que ne le permettent les usages.

15

DES FEMMES

> « La sensation de plaire, la plus dangereuse griserie des femmes. »
>
> *Lettres, Notes et Carnets*, 1916.

La femme dans la société a toujours beaucoup compté pour le Général. Avant lui, personne n'en avait fait autant pour elle socialement. Il appartenait pourtant à une génération qui la reléguait souvent à la seconde place. Lui la mettait sur un piédestal. Et manifestement, elle attirait son regard. Que représentait-elle pour lui ?

— Pour lui, la femme, c'était avec l'homme, comme dans le théorème comique à propos des fonctionnaires, 1 + 1 = 1. C'était un seul être humain à condition que chacun fournisse le complément de l'autre. Le problème de la parité l'a toujours agacé. « C'est une insulte à l'égard des femmes, estimait-il. Comment peut-on envisager un nombre équivalent de femmes et d'hommes dans les tâches humaines ? » J'objectais : « Mais que faites-vous de l'égalité proclamée par la Constitution ? » Il répondait : « J'en fais ce qu'en a fait à juste titre la Révolution. La fin des trois ordres, la noblesse, le clergé et le tiers état, et sa fusion en un seul dans la Loi. » Il ajoutait qu'il ne fallait pas, comme tout le monde, omettre de lire la deuxième ligne de la Déclaration des droits de l'homme et du citoyen qui stipule : « égalité à l'exception de l'âge ou du sexe et de la hiérarchie ou de la citoyenneté ». Ce qu'on a ensuite résumé par : « à l'exception des nécessités sociales ». Par contre, recommandait-il, on se doit de faire des lois spécifiques pour les vieux, les femmes et les enfants, même si aux yeux de la République et à plus forte raison en éthique ou en morale, ils sont égaux en valeur absolue. Il expliquait en plaisantant : « Les femmes sont de la même espèce que les hommes mais sont-elles de la même race ? » Il attendait donc d'elles quelque chose de complètement différent pour laquelle il avait le plus grand respect, car il considérait qu'elles étaient l'élément constant et équilibré de l'humanité, l'homme étant « l'aventurier qui passe ». Il commentait encore : « Elles, elles restent avec la famille. Non seulement il leur faut assumer l'homme, mais de plus, elles ont une lourde charge à porter : l'enfant. » Ma mère parlait souvent de la condition féminine à Colombey. Je l'ai entendue dire un jour : « La femme, c'est l'éléphante. Elle assure le troupeau, la continuation de l'espèce. » Cette comparaison l'a fait rire sans pour autant qu'il la désapprouve.

— Il avait pour la femme des indulgences que l'on n'a pas toujours comprises en temps de guerre, comme celle de refuser de la condamner à mort en cas de trahison. Quelle était son explication ?

— Il observait à ce propos : « La femme subit un monde que l'homme bâtit. C'est elle qui construit l'humanité et c'est l'homme qui construit le monde. Elle n'est pas responsable des ponts, des maisons, des avions, des autos, des combats, des guerres. Tout ça, c'est l'homme qui le fait. Par conséquent, il n'est pas juste de la punir de mort pour trahison. » Il citait souvent cette phrase de Tacite : *Inisse in femina quid divinum*, (« inhérent à la femme quelque chose de divin ») en joignant cette explication : « Il y a quelque chose de sacré chez la femme. Elle est appelée à devenir mère, et une mère, c'est beaucoup plus qu'un individu. C'est une lignée. » Il a donc gracié toutes les femmes tombées sous le coup de la peine capitale, et il était indigné et écœuré qu'on prétende les engager sur un champ de bataille. « Ce serait de la lâcheté de la part des hommes. » Durant la dernière guerre, il interdisait que l'on incorpore les femmes dans des unités combattantes. Il pensait qu'elles ne pouvaient se battre que d'une manière tout à fait accidentelle. « Si la femme combat, remarquait-il, qui soignera les blessés, qui s'occupera de nous ? Nous, les hommes, nous avons besoin d'elles de la naissance à la mort. » La vue d'une femme portant un fusil ou un pistolet le rebutait. Il se refusait à en imaginer une dans la carlingue d'un avion avec un masque à oxygène sur la figure et actionnant des mitrailleuses. En revanche, il s'exclamait : « Quel travail admirable elles peuvent faire à la radio, quand, dans l'angoisse du combat, les pilotes entendent une voix féminine qui leur donne le cap pour attaquer ou rentrer à la base, avec leur voix calme et un peu aiguë que l'on perçoit mieux que la grave dans le bruit du moteur et le tumulte de la mêlée ! »

— Pourtant, les Français Libres comptaient beaucoup de femmes en uniforme. Ce n'est pas lui qui l'avait voulu ?

— C'est lui. Mais elles assuraient seulement la logistique et le soutien, pas l'opérationnel. Dans les premiers temps de la France Libre, nous avions un amer besoin d'effectifs. Par conséquent, à l'instar des Anglais, il a effectivement décidé de faire incorporer, dès juin 1940, quatre cent cinquante Françaises volontaires que nous avons mises pour la première fois en uniforme militaire. Car si les femmes en France le revêtaient parfois, comme par exemple ma grand-mère maternelle pendant la guerre de 14, c'était seulement sous le drapeau de la Croix-Rouge. Au début, à Londres, elles ont un peu désespéré mon père car on a eu beaucoup de mal à les faire encadrer. Elles n'acceptaient que l'autorité des hommes. On a dû attendre plusieurs mois avant qu'elles ne consentissent à obéir à des officiers et des sous-officiers féminins. D'autre part, au contraire des Anglaises habituées à la discipline des collèges, les Françaises étaient des individualistes qui supportaient mal la vie collective. A la lecture des comptes rendus des responsables, mon père s'impatientait. Sarcastique, il raillait devant ma mère et ma sœur : « Comment voulez-vous que l'on arrive à les faire marcher au pas ? Les femmes ne sont faites ni pour marcher ni pour courir, mais pour se déplacer. » Cela ne l'empêcha pas, par la suite, de saluer le courage des ambulancières et d'autres volontaires intrépides qui ont été parfois parachutées en France et y ont péri. Il fut le premier à leur attribuer solennellement nos ordres nationaux. Il ne manquera pas non plus, après la guerre, de saluer les performances exceptionnelles de nos championnes sur les stades du monde entier, coureuses de fond ou de vitesse et autres disciplines du même ordre.

— On ne voit pas beaucoup de femmes parmi ses collaborateurs ou ses ministres. Il ne les estimait pas assez compétentes ?

— Je rappelle quand même qu'il a tenu à nommer Mlle Nafissa Sid Cara, secrétaire d'Etat aux Affaires sociales dans le premier gouvernement de la Ve République présidé par Michel Debré. Cela n'a pas empêché un chroniqueur d'oser soutenir qu'il se serait moqué un jour d'un de ses ministres qui lui proposait de créer un ministère de la Condition féminine en lui lançant : « Pourquoi pas un secrétaire d'Etat au Tricot ? » Ce qui est inexact. Mais il n'était pas féministe pour autant. Il pensait que, par sa sensibilité épidermique et intuitive, la femme insinuait des facteurs personnels dans les relations entre collaborateurs et dans les questions d'Etat, lesquelles exigeaient, soulignait-il, objectivité, impartialité et, pourquoi pas, froideur. Par conséquent, il recommandait de prendre certaines précautions avant de lui confier de hautes responsabilités. A l'époque, souvenons-nous, ce n'était pas non plus le souhait de nos compagnes de se mêler de politique. Là où elles se trouvaient, dans les cabinets ministériels ou les secrétariats ministériels, elles convenaient fort bien et ajoutaient leur savoir et leur intelligence.

— On lui a pourtant fait dire : « Les femmes n'ont jamais l'intelligence politique. » Vous ne pensez pas que ces paroles sont de lui ?

— Bien sûr qu'elles lui sont étrangères. Peut-on imaginer qu'il leur aurait donné le droit de vote dès Alger, en avril 1944, soit quatre mois avant la libération de Paris, s'il avait considéré que leur avis politique était sans valeur ? Il fallait l'entendre raconter l'histoire de certaines femmes célèbres du passé, chefs d'Etat, reines, régentes. Ses récits enchantaient mon enfance. Par exemple, celui qu'il faisait de Catherine de Médicis. Il l'admirait pour sa grande habileté politique « bien que, remarquait-il, elle ait été atteinte dans ses sentiments d'épouse par un mari trop volage ». Il avait la même considération pour Marie-Thérèse d'Autriche « qui a défendu avec autorité l'Autriche-Hongrie contre Louis XV ». Je me rappelle également en quels termes il nous parlait de certaines contemporaines. Ainsi, à Londres, il n'avait qu'éloges à formuler à propos de la reine Elizabeth d'Angleterre dont il avait tout de suite mesuré la dimension. « C'est une véritable femme d'Etat, jugeait-il. Dans cette période si difficile pour son pays, elle assume son rôle d'une façon exemplaire. C'est elle qui porte la couronne car George VI est un homme timide qui n'a pas une bonne santé et qui bégaie un peu. » Mon père lui était reconnaissant d'avoir toujours soutenu les Français Libres, souvent même malgré le gouvernement britannique de l'époque. « Elle a montré que sa préférence ou son choix se portait vers moi et non vers Vichy, et cela en dépit de ce que pensait le Foreign Office. » Par contre, s'agissant de la reine Victoria, il était plus réservé. Il estimait que William Gladstone d'abord et Benjamin Disraeli ensuite l'avaient haussée sur un piédestal et en avaient fait une idole représentative assez remarquable d'un Empire britannique au sommet de sa puissance et de sa richesse, mais que son action politique avait été en réalité très réduite. L'Israélienne Golda Meir lui avait laissé un souvenir marquant. Il disait de cette forte personnalité avec laquelle ses rapports n'ont pas toujours été des plus cordiaux : « C'est une maîtresse femme avec une poigne de fer. Son intelligence lui a permis de vaincre de terribles difficultés. »

— Et Jacqueline Kennedy ? Il paraît qu'elle l'avait particulièrement séduit...

— Il avait perçu qu'elle nourrissait une grande ambition : celle de la position et du palais, d'être près du pouvoir. Il l'analysait ainsi : « Elle ne prétend évidemment pas l'exercer, mais elle a la volonté constante d'en être proche. » Un jour, devant ma mère, il remarqua en l'évoquant : « Souvent les femmes, c'est normal, sont amoureuses à la fois de l'homme en tant qu'être humain, mais aussi de ce qu'il représente dans le combat que se livrent les mâles entre eux. Elles n'aiment que le vainqueur. » Ma mère cousait à côté de lui. Je l'entendis pousser un petit cri. Elle venait de se piquer avec son aiguille !

On a fait dire un jour à mon père que Jackie finirait sur le yacht d'un roi du pétrole. Il ne suivait pas la chronique mondaine au point de prévoir qu'elle se consolerait effectivement, après la mort de son mari, dans les bras d'un milliardaire (l'armateur Aristote Onassis), mais il y a une chose dont il était persuadé : qu'elle continuerait à briller « même sans le soleil Kennedy ».

— Il était sensible à son charme ?

— Il pensait qu'elle en avait beaucoup mais qu'elle en usait peut-être un peu trop. Il la trouvait jolie et toujours très élégante. La façon dont il portait le regard sur elle le prouvait. Son origine française était bien sûr pour lui un attrait supplémentaire. Ma mère était tout à fait de son avis. Mais le charme féminin n'agissait pas sur sa personne. Devant son déploiement, il restait assez impassible. Si son regard était attiré par une femme à l'aspect particulièrement piquant comme Jackie Kennedy, il n'avait pas plus de prévenance pour elle que pour les autres. Il n'en rajoutait pas, comme on dit. Aller inventer qu'il lui fit force compliments en allant jusqu'à la comparer à je ne sais quel tableau de maître est un non-sens. En règle générale, vis-à-vis de la gent féminine, il s'en tenait toujours strictement à la courtoisie de bon aloi. Cependant, il pouvait émettre en privé quelques réflexions tantôt admiratives tantôt goguenardes ou condescendantes à propos de l'une ou de l'autre, mais ce n'était jamais désobligeant. Il avait trop de respect à l'égard de nos compagnes pour leur manquer de charité en les égratignant, par exemple, d'un trait d'esprit un peu mordant.

— On disait pourtant que ses taquineries choquaient de temps en temps son entourage féminin ...

— Il était en effet assez taquin. Ma mère n'aurait pu soutenir le contraire, ni surtout ma tante Marie-Agnès. Avec cette dernière, c'était pour lui une façon de contrer ses débordements verbaux qui, inutile de le souligner, l'agaçaient assez souvent. On a raconté qu'il conseillait aux hommes de ne jamais demander leur chemin à une femme ou de ne jamais lui confier une carte routière s'ils ne voulaient pas se perdre sur la route. L'histoire est vraie. Etant enfant, je l'ai entendu plusieurs fois lancer cette boutade au volant de sa B 14. Pour se faire pardonner, il ajoutait : « Ce n'est pas de leur faute si elles ne savent pas lire les cartes. Michelin les a faites exclusivement pour l'usage des hommes. D'autre part, si les femmes ont beaucoup de qualités, elles n'ont pas le sens de l'orientation et l'esprit géométrique. Il faut savoir aussi que si elles usent du monde mécanique des hommes, elles ne le fabriquent pas. Il est donc normal qu'il leur soit étranger. » Il lui arrivait en outre de taquiner celles qui abusaient du téléphone. Avant la Seconde Guerre mondiale, lui qui aimait la concision dans le verbe, se gaussait de les voir bavarder entre elles à n'en plus finir dans les pièces de Sacha Guitry. C'était parfois l'habitude des dames autour de lui, en vacances en famille. Quand il voyait l'une d'elles, notamment Marie-Agnès, dépasser le temps qu'il estimait raisonnable, elle pouvait s'attendre à être sa cible.

— Que regardait-il chez elles en priorité ?

— Leur forme d'intelligence. Il notait : « Elles ont des antennes partout alors que l'homme fonctionne généralement dans une seule direction, celle qu'il a choisie, et reste sourd aux autres. Ces moyens de détection, les hommes ne les ont pas toujours. Leur intelligence est complémentaire de celle des hommes, et contrairement à celle-là aussi, beaucoup plus axée sur l'intuition que sur le raisonnement. » Il pensait également qu'étant moins fortes et plus sensibles que leurs compagnons, elles étaient plus influençables qu'eux et qu'il fallait donc les protéger pour la survie de l'espèce et de l'individu. Le jour de mes quinze ans, il a tenu à me faire savoir : « Elles inspirent des sentiments dans tous les sens, vers le haut et vers le bas, vers les enfants et vers les hommes. Elles assurent l'amour du début de la vie à son terme, et ce sont elles, finalement, qui gouvernent notre existence. » Il citait cette maxime de La Rochefoucauld : « Sans les femmes, les deux extrémités de la vie seraient sans secours et le milieu sans agrément. » Quand une femme disparaissait avant son mari, il était choqué. Par conséquent, il craignait beaucoup de survivre à ma mère. Il trouvait que cela n'aurait pas été « dans l'ordre des choses ».

— A part quelques flirts assez mythiques, on ne lui a jamais sérieusement prêté de femmes avant son mariage. Il ne s'intéressait pas à elles ?

— Si, bien sûr. Il n'était pas sur ce plan différent des jeunes gens de son âge. Mais il était certainement plus sérieux que la moyenne d'entre eux. Loin de moi, cependant, l'idée de le faire passer pour un saint. Comme ses camarades, il fréquentait les bals des grandes écoles, et mes grands-parents paternels se rappelaient qu'il dansait tout autant que les autres bien qu'il ne fût pas un excellent danseur. La valse avait sa préférence. Dans son carnet de notes de jeunesse, il l'analyse de cette façon : « La soumission de la femme aux impulsions de son cavalier est volontaire. Celui-ci dirige et protège sa danseuse en même temps qu'il l'enlace. » Sa taille et sa prestance attiraient, paraît-il, beaucoup de cavalières, et l'on peut imaginer qu'il a eu un certain nombre de flirts. Mais en tout bien tout honneur, car il faut se transposer dans son époque. Les jeunes gens d'alors avaient des principes que ceux d'aujourd'hui ont jetés aux orties. Ma grand-mère jurait, sans doute pour me servir de leçon, que son respect pour la femme lui interdisait de se lancer dans des aventures. En cherchant bien, il n'y a rien, en effet, avant la guerre de 14 qui me permette de supposer qu'il ait manifesté un intérêt pour une demoiselle en particulier. Mais cela ne l'empêchait pas de penser à l'amour. A l'âge de vingt-quatre ou vingt-cinq ans, il transcrivait sur ce carnet qui ne le quittait jamais cette citation qu'il attribue à Alexander Bach, homme d'Etat autrichien tout-puissant en 1855 et avocat éminent : « L'amitié ne nous emporte jamais jusqu'à l'oubli de nous-même. C'est un des privilèges de l'amour. » Ou encore, sur une autre page, à une autre date, il observait chez « deux amants... la brûlante douceur de la complicité ». Il note également cette pensée : « Jusque dans ses pires cruautés, la Vie a des saveurs qui la font désirable. » Pensée inspirée par quelque personne du sexe faible ?

— Et cet amour malheureux qu'il aurait connu à la fin de l'été 1914 et qui lui aurait inspiré sa nouvelle *le Baptême* ?

— C'est une légende. Quand il a écrit cette nouvelle, c'était pour occuper son temps. La seule ressemblance est que, blessé, son jeune héros va être hospitalisé à Lyon tout comme l'auteur lui-même au moment où il imagine cette histoire. Certains se plurent malgré tout à considérer qu'elle n'était peut-être pas aussi fictive qu'elle y paraissait. La chronique l'a vu d'autre part amoureux d'une jeune fille morte à Lille au début de la guerre de 14, tuée par un obus anglais. J'ai toujours ignoré de qui il s'agissait. Le mystère n'a jamais été élucidé. Il a en effet évoqué son existence dans une de ses lettres en ajoutant qu'elle était presque sa fiancée. Ma famille non plus n'a pu mettre un nom sur cette inconnue. Plus précise est l'attirance qu'il a eue pour Thérèse Kolb, une de ses cousines éloignées. Elle appartenait à une famille bourgeoise de la région de Calais. Avait-il vraiment envisagé la possibilité de l'épouser ? Il m'en a parlé en marge, un jour, sans me dévoiler quelles avaient été ses intentions à son égard. Dans une lettre à sa mère que j'ai retrouvée dans ses papiers, il avoue en parlant d'elle : « Je n'hésite pas à vous répondre que naguère elle m'avait produit une vive impression. » Et plus loin : « J'ai gardé d'elle un souvenir très particulier. Celui d'une jeune fille en effet charmante comme vous le dites, et dont l'intelligence réservée et la délicate finesse m'avaient frappé. » Il avait donc eu probablement pour elle le début d'un sentiment profond. Ma grand-mère Jeanne aurait bien voulu que le projet se réalisât. Elle en était à l'origine.

— Car elle voulait absolument le marier... On le voit mal se laisser faire !

— Dans son milieu, c'était la préoccupation des parents de l'époque : marier leurs enfants. Il faut dire que les gens mouraient à soixante ou soixante-cinq ans en général et que l'on n'avait pas le temps de voir ses petits-enfants et encore moins ses arrière-petits-enfants. C'est pourquoi ma grand-mère s'efforçait de trouver l'âme sœur à son fils et cela avec une insistance qui effectivement ne devait pas toujours lui plaire. A une des lettres qu'elle lui adresse en 1919 à la suite des fiançailles de son frère Xavier, il répond qu'il est bien décidé à l'imiter, mais que pour le moment rien ne presse. « Lorsque j'aurai terminé l'année de séjour en Pologne que j'ai décidé d'accomplir, écrit-il de Varsovie, alors je ne chercherai rien de mieux. » En fait, ce séjour devait durer deux ans. Chaque fois qu'elle lui fait part de quelque projet, il a cette réplique : « Tout cela, c'est très bien. Je ne demande pas mieux. Mais il faut voir et être vu. On ne peut pas en parler autrement. » Alors, dès son retour en

France, mon grand-père prend l'affaire en main. Il l'emmène rencontrer dans un château une jeune fille fortunée et dotée d'un beau nom de l'aristocratie ou de la haute bourgeoisie, mais qui a un défaut majeur : celui d'être atteinte de claudication. Mon père m'a avoué l'avoir trouvée aimable et gentille, mais en même temps, avoir ressenti pour elle quelque pitié. Il s'est dit alors que la pitié était un sentiment défavorable pour le départ d'un couple dans la vie et qu'il ne devait donc pas se risquer à aller plus loin. Il est vraisemblable que ma chère grand-mère a dû avoir d'autres idées avant qu'il ne rencontre Yvonne Vendroux en 1920, car elle travaillait fermement la question. Mais je n'en ai pas eu connaissance.

— Quel type de femme avait sa préférence ?

— Je ne l'ai jamais vu manifester d'attirance ou de répulsion pour l'un ou l'autre type. Brune ou blonde, peu lui importait. Ma mère était brune. Brune aussi, sans doute, Thérèse Kolb. C'est également une brunette qu'il chanta un jour, comme le rapporte Jean d'Escrienne, son aide de camp d'alors, qui l'entendit murmurer en voiture, à la vue d'une jeune promeneuse au bois de Boulogne, les premiers vers du poème de Musset :

Avez-vous vu dans Barcelone
Une Andalouse au sein bruni,
Pâle comme un beau soir d'automne ?

Mais il a pareillement vanté devant moi à plusieurs reprises les charmes de la blonde dans la chanson. Je me souviens encore de ses mots au sortir d'un cinéma où nous avions vu ensemble un film sentimental, alors que j'avais quinze ans : « L'amour entre chez les hommes par les yeux et chez les femmes par les oreilles. » Comme je l'ai déjà indiqué, la question physique n'intervenait pas dans son jugement sur les individus. Mais il ne pouvait souffrir du mauvais goût chez une femme : il le trouvait contraire à sa nature. D'une façon générale, il n'appréciait pas n'importe quelle tenue vestimentaire. Toujours bien mis de sa personne, il exigeait de l'autre que rien ne clochât sur lui, surtout s'il s'agissait d'une femme. Encore son horreur du désordre ! Il n'aurait pas admis qu'une invitée de l'Elysée se présentât dans une robe trop osée. Cependant, il pensait que, quelle que fût sa mise, la femme n'était jamais ridicule, alors que l'homme l'était facilement. « L'homme doit porter un uniforme ou un complet d'une certaine couleur et pas d'une autre, tandis que la femme peut se permettre des fantaisies sans provoquer la moquerie. » Il estimait qu'elle pouvait mettre n'importe quel chapeau parce qu'elle avait une tête qui convenait bien à cet accessoire, et il lui plaisait de le lui voir porter. Malheureusement, ce n'était pas la mode à son époque, sauf peut-être à la cour d'Angleterre, et il le déplorait. Il se serait gendarmé si ma mère avait eu l'idée d'aller à la messe ou dans une cérémonie en cheveux. Elle-même n'aurait jamais osé s'accorder un tel laisser-aller. Il voulait, précisait-il, « que les hommes ressemblent à des hommes et les femmes à des femmes ».

— Et Brigitte Bardot arrivant en uniforme de hussard à l'Elysée ?

— Mon père, ce n'était pas un secret, appréciait les uniformes, surtout s'ils étaient bien coupés et bien portés. Et dans son pantalon et sa tunique à brandebourgs, BB était superbe. Il nous l'a rappelé plusieurs fois en famille avec une satisfaction évidente et, je le souligne, sans que ma mère en parût agacée, car elle trouvait même la chose plutôt amusante. Après cette rencontre à l'Elysée, on lui a mis nombre de réflexions plus ou moins saugrenues dans la bouche. Je puis vous assurer que la seule qu'il prononça ce jour-là à la vue de la vedette faisant son entrée dans le grand salon du palais présidentiel fut celle qu'il nous répéta plus tard à La Boisserie : « Chic ! Un militaire ! » Il goûtait se retrouver en compagnie des femmes, et je suppose que leur beauté ajoutait à son plaisir. Je précise que c'est lui qui a créé à l'Elysée les soirées des arts et des lettres où l'on voyait se presser maintes artistes et comédiennes. Mais attention, il exécrait d'être accaparé par elles. Il leur reprochait quelquefois de se livrer au chantage du charme pour vous tenir la jambe, et cela l'insupportait. Il préférait donc les plus discrètes. D'où les piques qu'il lançait, je le répète, à sa sœur Marie-Agnès qui avait un peu au féminin le même caractère que le sien, c'est-à-dire du caractère, et la voix assez haute, ce qui l'irritait encore plus, car il détestait qu'on élevât le ton. Après son départ, on l'entendait parfois soupirer d'aise assez ostensiblement. Chez nous, les propos devaient s'échanger *mezza voce* en tenant compte du dicton de mon grand-père paternel qu'il répétait lui-même de temps en temps : « Les barbares croient chuchoter et en réalité ils mugissent. Mais ce sont des barbares. »

— Que pensait-il de la représentation de la femme dans l'art ?

— Il estimait que la beauté du corps humain était mieux servie par la femme avec la grâce de ses courbes, l'harmonie de ses formes, que par l'homme qui montre la force musculaire, la virilité. Il fallait pour lui que la représentation artistique de la femme fût réaliste et il repoussait tout ce qui pouvait être caricatural. En statuaire, il ne raffolait pas tellement de Rodin, contrairement à ce que l'on a déclaré un jour, et il admirait beaucoup le sculpteur Paul Belmondo, père du comédien. Il déplorait de ne pas avoir le temps de fréquenter les musées à sa convenance, de devoir toujours les visiter au pas de charge au cours d'inaugurations. S'il avait pu, m'a-t-il confié une fois, il aurait annoncé aux conservateurs : « Ecoutez, ne dites rien à personne, j'arrive. Et puis, quand j'aurai une question à vous poser, vous me répondrez. » Car il était exaspéré par ceux qui, dans les musées, à la télévision ou à la radio, font des commentaires interminables sur la peinture ou la musique. Il grommelait : « Je n'ai pas besoin de leur avis. Le mien compte autant que le leur, et puis ils le récitent d'une manière si péremptoire que l'on a l'impression qu'ils sont les détenteurs de toute la vérité. Quand ils me parlent d'un tableau ou d'un opéra, je puis en juger aussi bien qu'eux. » Dans sa jeunesse, il appréciait beaucoup Sarah Bernhardt, encore que son ton très emphatique ait fini par l'agacer. Peu de temps après la libération de Paris, pour relancer la vie artistique et culturelle, et pour applaudir Marguerite Moreno, il a voulu aller voir *la Folle de Chaillot* au théâtre du Trocadéro. J'étais avec lui. Je revois encore son émerveillement à la fin du spectacle, après avoir salué l'actrice. Il s'est exclamé : « Quel travail de Romain ! » Car ce qu'il admirait particulièrement, c'est l'effort humain que doit fournir un comédien pour tenir la scène.

— Comment lui est venue l'idée de donner le droit de vote aux femmes ?

— Elle a germé en lui pendant la Première Guerre mondiale. Il avait vu de près les femmes remplacer les hommes aux champs, dans l'atelier de l'artisan, dans les mines et dans les usines. La vie était très difficile pour elles, car il leur fallait assumer à la fois leur gagne-pain, leur devoir de mère et la logistique arrière. Il les avait vues à l'hôpital au milieu des blessés, dévouées au possible, toujours disponibles et courageuses. Elles l'avaient également beaucoup impressionné pendant la Seconde Guerre mondiale, en Grande-Bretagne, où elles jouaient un rôle important aussi bien dans la vie civile que dans l'armée. Et il aurait donc trouvé anormal que, dès la paix revenue, elles n'eussent pu rien dire, si ce n'était sous leur toit. Voilà pourquoi il leur a donné droit à la parole. Il a eu beaucoup de mal au départ. Lorsqu'il a signé le décret, très peu de monde y était favorable. Si aujourd'hui ce vote paraît évident, à l'époque, même les femmes, en très grande majorité, n'en voulaient pas. Elles considéraient que ce n'était pas leur affaire, que les hommes n'avaient qu'à s'en débrouiller, qu'elles avaient d'autres responsabilités et d'autres influences et n'avaient pas à perdre leur temps avec des questions politiques. Il s'en désolait : « Comment ne comprennent-elles pas qu'elles doivent exprimer leur avis au plan politique et social, et en particulier et d'abord dans la vie locale ? N'ont-elles pas d'emprise sur la ville, sur le village ? » Il pensait qu'avec leur sensibilité particulière, elles sentaient des choses que les hommes ne sentaient pas, qu'elles étaient un élément modérateur et stabilisateur dans la société, car elles mettent fin aux grèves et n'aiment ni la guerre ni le désordre. Je l'ai entendu plusieurs fois en parler avec ma mère, car, bien sûr, ce débat la passionnait.

— Quel était son avis sur cette question ?

— Elle trouvait qu'il avait eu raison de donner le droit de vote aux femmes, mais elle se refusait à les voir assumer des tâches exécutives ou matérielles, des postes où, estimait-elle, il fallait presque « des brutes ». « Ce n'est pas leur rôle, jugeait-elle contre l'avis de mon père. Maintenant, vous pouvez les nommer ministre ou secrétaire d'Etat si ça vous fait plaisir. »

Un jour, Henriette, ma femme, a eu ces mots concernant sa belle-mère : « Elle n'est pas très féminine, mais elle est assez féministe. » Je pense qu'elle avait raison. Elle avait une certaine tendance à défendre ses compagnes à toute occasion. Plusieurs mois après la signature du décret sur le vote féminin se déroulèrent les élections municipales, et, bien qu'inscrites sur les listes électorales, très peu de femmes se rendirent aux urnes. Mon père s'impatientait. Il eut encore plus de mal à trouver des femmes maires. Et celles qu'il a convaincues – disons-le, personnellement – de tenter leur chance et qui ont été élues ont été victimes de toutes sortes de plaisanteries déplacées. Nombre de télégrammes arrivaient avec ce souhait à la nouvelle élue : « Joyeuse maternité. » Tout cela l'irritait. Devant ma mère qui tricotait en silence, il ronchonnait contre ceux qui voulaient reléguer les femmes au rang de « tricoteuses professionnelles », et en cela, bien sûr, elle l'appuyait tout à fait. Rappelons enfin qu'il a voulu que les femmes soient non seulement électrices mais aussi « éligibles dans les mêmes conditions que les hommes ».

— Quand l'avez-vous entendu parler pour la première fois du problème de la limitation des naissances ?

— Il a d'abord parlé du problème de la natalité. C'était à la naissance de Pierre, mon quatrième fils, en 1963. Mes parents étaient très émus de voir arriver encore un petit-fils, et c'est à ce moment-là qu'il a abordé cette question. Elle le préoccupait grandement. Il remarquait : « Depuis la monarchie, la natalité en France n'a cessé de décliner. Si nous avons perdu notre empire colonial, c'est parce que nous n'avions plus non seulement de richesse, mais aussi la force humaine de tenir l'Afrique, l'Asie. Nous étions trop peu nombreux. C'est notre principale source de décadence. » Il a donc été très satisfait de voir le niveau de fécondité des Françaises remonter à 2,6 ou 2,2 %, je ne me souviens pas bien, grâce à la politique qu'il avait instaurée à la Libération et rétablie à son retour au pouvoir en 1958. Il m'a demandé une fois : « A combien estimes-tu la diminution du pouvoir d'achat d'un ménage qui a quatre enfants ? » Ma mère était là et participait à la conversation. J'ai répondu : « A environ 40 %. » Elle a adhéré immédiatement : « Je pense que tu as raison. » Et d'accord avec moi, elle en a conclu que quelle que soit leur condition, les femmes sont découragées d'avoir des enfants si elles savent qu'au troisième ou au quatrième elles connaîtront un tel pourcentage de diminution de leur niveau de vie. Alors, mon père a fait ce commentaire : « Vous n'avez pas à encourager de préférence les femmes riches à avoir des enfants, comme vous n'avez pas à encourager spécialement les femmes pauvres à en avoir. Il ne faut pas faire de différence entre les unes et les autres. Par conséquent, vous ne devez nuire ni aux unes, ni aux autres. C'est cela l'égalité devant la loi. Il faut donc faire la péréquation par un coefficient fiscal des revenus en proportion de l'appauvrissement que crée l'arrivée d'enfants dans la famille, quel que soit son niveau de vie. Les allocations familiales sont tout à fait autre chose : c'est un deuxième salaire de complément pour les familles les plus modestes. Le fisc doit appliquer les règles votées par le Parlement. C'est le gouvernement choisi par les suffrages qui est le seul juge de l'équité des impôts et des allocations. » J'ai vu alors ma mère lâcher son ouvrage et approuver comme moi en hochant fortement la tête.

— En 1962, François Mitterrand a reproché au Général de n'avoir jamais parlé de contraception. Il n'y avait vraiment jamais pensé ?

— La loi Neuwirth sur la contraception, ce n'est pas sous Mitterrand qu'elle a été présentée mais sous le général de Gaulle. Et il faut dire que ce n'était pas, à l'époque, une chose évidente pour tout le monde.

— Si j'en crois les journaux de l'époque, Lucien Neuwirth a quand même eu beaucoup de mal à le convaincre d'instituer cette loi...

— Beaucoup de mal, c'est-à-dire ? Il y eut une discussion entre eux, c'est vrai, mais ils ne sont même pas restés deux heures ensemble. Mon père a opiné du bonnet assez vite. Il s'en est d'ailleurs ouvert à moi car c'était une question qui nous intéressait particulièrement en famille. Il m'a confié qu'il y pensait depuis plusieurs années sans trouver la réponse adéquate. Ce qu'il craignait, c'est qu'avec la pilule l'on tombât dans l'outrance, c'est-à-dire dans ce qu'il appelait la « non-natalité ». Il a été écrit que ses réticences venaient de ses convictions religieuses. Il suivait en effet la morale catholique qui stipule que c'est à l'homme et à la femme de choisir par l'abstention ou la non-abstention le nombre d'enfants qu'ils désirent. Mais il a toujours fait la différence entre l'Etat et la religion ou la morale. Il précisait : « L'Etat n'a pas à faire de morale. C'est un garde-fou qui empêche les farfelus et les truands de faire n'importe quoi. Ce n'est pas parce qu'il enregistre des divorces qu'il conseille de divorcer. » L'Etat devait donc créer une loi pour empêcher que la contraception continue d'être l'affaire des faiseuses d'anges. Ce qui l'inquiétait, c'est que l'avortement et la pilule deviennent, selon ses mots « une culture de mort ». Il comprenait bien que la France entrait dans une ère où la chimie allait changer la condition des hommes. « Mais, s'exclamait-il, tout de même pas au point de changer fondamentalement le génie propre de chacun des deux sexes, et heureusement ! » Alors, il a pesé le pour et le contre. Il a demandé leur avis à des médecins et à des scientifiques. Il est évident que ça le tourmentait. Ma mère aurait pu en témoigner.

— Il y a eu débat sur la question entre elle et lui ?

— Ils en ont discuté ensemble, c'est certain, mais entre quatre yeux. Ma mère était de la génération qui estimait que, l'homme et la femme n'étant pas des animaux, ils choisissaient ou ne choisissaient pas d'avoir des enfants et les acceptaient sans les avoir programmés. Comme toutes les femmes de la famille, elle était encore moins favorable à la pilule que mon père. Mais avec lui, elle concevait malgré tout que la pilule puisse éviter des drames dans certains cas. La plus hostile au projet était ma tante Marie-Agnès. Elle le proclamait haut et fort. Elle avait eu beaucoup d'enfants. La connaissant, je suis sûr que sa prise de position affirmée sur le ton qui lui était habituel a dû passablement mécontenter mon père. Mais je n'ai pas été le témoin de leurs discussions. Quant à ma sœur Elisabeth, je ne l'ai jamais entendue en parler. Elle n'a eu qu'un enfant. A l'époque, il aurait été indécent d'aborder cette question autrement que dans le couple.

— Vos parents ont eu trois enfants. Ils s'étaient limités à ce nombre ?

— Je n'ai jamais abordé cette question avec eux. Mais je pense qu'ils ont décidé de s'arrêter là parce que la pauvre petite Anne était née infirme. Car, je l'ai déjà dit, on ne savait rien de la trisomie à l'époque, et ils se demandaient quelle pouvait bien être son origine. On commençait à peine à essayer d'élucider le mystère des cellules et des anomalies génétiques. En tout cas, trois enfants, pour eux, c'était un minimum. Mon père répétait : « Le couple doit avoir de quoi être remplacé avec un troisième en complément. » Ses frères et sa sœur comptaient chacun quatre ou cinq enfants. Et dans son milieu militaire il n'y avait guère de couples avec moins de trois enfants.

— Quand vous vous êtes marié, vous avez eu une conversation avec vos parents à ce sujet ?

— Ils estimaient que l'éducation qu'ils m'avaient fait donner constituait ma meilleure règle de conduite et qu'il n'était pas utile d'en rajouter. La pudeur n'était pas en cause. Je les aurais questionnés qu'ils m'auraient volontiers répondu, car, je vais sûrement vous étonner, ma mère n'avait pas peur des mots. Adolescent, je m'en suis plusieurs fois rendu compte en l'entendant notamment parler de ses compagnes. Elle n'était pas si bégueule qu'on le prétendait. Elle savait que la condition des femmes était de toute sorte et ne s'effrayait pas systématiquement au moindre écart de l'une ou de l'autre. De plus, elle ne gardait guère sa langue quand elle avait une opinion à exprimer sur la question. Parfois, pour égayer la conversation à l'heure du café, elle avait plaisir à raconter l'histoire drôle ou même osée qu'elle avait entendue à la radio ou qu'on lui avait rapportée. Celle, par exemple, de la réponse qu'aurait reçue le médecin du président Félix Faure, mort à l'Elysée, en 1899, lorsqu'il avait demandé s'il avait encore sa connaissance : « Non, elle est partie par la grille du Coq. » Un autre jour, devant elle, quelqu'un évoqua de cette façon une personne connue : « Elle est un petit peu olé-olé. Figurez-vous qu'au cours d'une soirée, elle est montée sur la table pour danser. » Alors, ma mère a laissé tomber : « Qu'est-ce que vous voulez ? Tant qu'il y aura des femmes et des tables, il y en aura qui monteront sur les tables pour danser. » Elle aimait également relater les excès moralisateurs de mon arrière-grand-mère paternelle, Julie Marie Delannoy, qui manquait rarement la messe de 7 heures et vérifiait que ses jeunes bonnes avaient bien entendu le sermon du dimanche. Passant outre à l'avis du curé qu'elle avait consulté à cet effet, elle avait fait recouvrir d'un voile pudique un magnifique cartel entouré de nymphes déshabillées. Peu diserte sur des sujets scabreux, elle parlait malgré tout sans détour. Elle déclarait que les femmes devaient « assumer les hommes » avec une affection dévouée et « leur assurer des enfants », la nature n'ayant pas toujours prévu pour elles le même agrément que pour eux. Je me souviens comme nous éclatâmes de rire avec mon père quand ma mère ajouta cette réflexion de ma si prude arrière-grand-mère : « Le Seigneur aurait quand même pu trouver une solution plus élégante pour donner des enfants aux femmes. »

16

LES TENTATIVES D'ATTENTAT

« Pourtant – hasard incroyable ! – aucun de nous n'est atteint. Que de Gaulle continue donc de suivre son chemin et sa vocation. »

Mémoires d'espoir.

Aucun homme d'Etat français, aucun président de la République ne s'est vu plus souvent menacé dans sa vie que le général de Gaulle au cours de son mandat. Les chiffres les plus variés ont couru sur les tentatives d'attentat commises contre lui par les hommes de l'OAS. Quelle était sa propre estimation ?

— Il estimait que l'on pouvait retenir pour vraies une dizaine de tentatives avec commencement d'exécution, toutes les autres n'ayant été que de simples intentions de la part de l'OAS, des bluffs ou des vantardises de certains de ses membres jouant les « gros bras », ou encore de pures inventions des échotiers en mal de copie. Mais avant de penser à l'OAS, il ne faut pas oublier – ce que les historiens n'ont pu éviter de faire – de tenir compte des menaces que faisait peser sur mon père le FLN algérien dès le départ de la rébellion. La démarche des états-majors algériens n'avait probablement pas pour objectif de faire disparaître des interlocuteurs valables possibles, dont le général de Gaulle, mais ils étaient loin de maîtriser tout le monde, surtout ceux qui se trouvaient de l'autre côté de la frontière, en Tunisie et en France. Beaucoup d'éléments incontrôlés formaient une menace potentielle. Si bien qu'on a été obligé d'avoir des gens armés autour de La Boisserie et que dans ma propre famille nous avons dû prendre certaines précautions. Des policiers surveillaient nos lieux de résidence respectifs. Lors des visites de mon père en Algérie, on l'a prévenu : « N'importe qui peut vous donner un coup de couteau quand vous êtes mêlé à la foule. En Afrique du Nord, on excelle dans ce genre de procédé. Ne vous approchez pas trop des gens. » On lui a même parlé de ce « coup du parapluie » que les services secrets bulgares avaient rendu tristement célèbre. Sa pointe pouvait cacher une seringue à poison. Décourageant ses gardes du corps et tous les gens chargés de sa sécurité, il répondait philosophiquement : « Le hasard est maître de tout. » Et à moi il faisait remarquer : « C'est rare, les types qui veulent assassiner dans une foule, car ils savent qu'ils peuvent être lynchés. La masse est donc en réalité une protection. Ce qu'il ne faut pas faire, c'est d'être trop éloigné d'elle. » Et il continuait ses bains de foule.

— On a souvent dit qu'il ne voulait pas entendre parler de la sécurité rapprochée de sa personne. Mais jusqu'à quel point ?

— Il tenait à ce que cette protection fût réduite au maximum. Par exemple, son escorte devait être la plus légère possible lors de ses déplacements en France : deux motards, une voiture suiveuse avec un commissaire de police, un « gorille » et un médecin. Pas de verre fumé pour les vitres de sa DS et pas de blindage. Trop lourde, la seule voiture blindée disponible ne dépassait pas les cinquante à l'heure ! Quand il passait en voiture, on le reconnaissait au point qu'il arrivait que des gens au volant ou sur le trottoir le saluent. Après l'attentat de Pont-sur-Seine, le 8 septembre 1961, et les deux tentatives au fusil à lunette, d'une fenêtre de la rue du Faubourg-Saint-Honoré, face à l'Elysée, et à l'Ecole militaire, lors d'une cérémonie, j'ai été convoqué par le ministre de l'Intérieur, Roger Frey, alors que j'étais en permission. Il m'a supplié : « Ecoutez, je vous en conjure, essayez de persuader votre père qu'il ne fasse pas tous ces déplacements. Il est tout le temps en route vers les départements, les usines, les réalisations du pont de la Défense. Arrêtez-le. De plus, il faut qu'on arrive à trouver un dispositif pour ses aller et retour à Colombey parce qu'il ne peut pas continuer à les effectuer par la route. Un jour, on va finir par l'avoir. » Mon père ne veut rien entendre. « Pas question de changer mon emploi du temps ! » tranche-t-il à Colombey, le week-end d'après, quand je l'informe de mon entrevue avec le ministre. Et pour faire diversion, il me montre le Spoutnik en réduction que Khrouchtchev vient de lui envoyer pour commémorer le vol dans l'espace de Gagarine. Alors, pour ses voyages incessants en province et ses déplacements à Colombey, on a essayé l'autorail. Mais il fallait aller à la gare et continuer ensuite par la route jusqu'à Bar-sur-Aube ou Chaumont. Et puis, datant de 1950, cet autorail n'avançait pas. Cela n'en finissait plus et mon père, toujours impatient d'arriver, trépignait d'irritation et trouvait ce moyen de transport archaïque. En outre, il était inconfortable et bruyant. Pour couronner le tout, il fallait le faire précéder d'une draisienne dans le cas où l'on aurait placé une charge explosive à pression sur la voie, et cela perturbait la circulation des autres trains, ce qu'il réprouvait. « Il n'y a pas de raison que j'embête la vie des gens parce que je veux me rendre chez moi », maugréait-il. Il n'a consenti à employer cet autorail que trois ou quatre fois. Un jour, j'ai fait un de ces voyages avec lui, assis à ses côtés sur la banquette de moleskine. Il a soupiré : « Là-dedans, j'ai l'impression d'être emprisonné. » Quelques kilomètres plus loin, il a raillé : « Un beau jour, tu vas voir, comme un de mes prédécesseurs [le président Paul Deschanel en 1920], je vais descendre sur la voie en pleine nuit et l'on va me retrouver en pyjama chez la garde-barrière ! »

— Pourquoi ne pas avoir pensé tout de suite à l'avion ?

— On y a bien pensé, mais il fallait encore le convaincre, car la base la plus proche de Colombey, celle de Chaumont, était américaine, et mon père refusait l'idée de se poser sur une base où les couleurs qui auraient flotté et la garde qui lui aurait présenté les armes n'auraient pas été françaises. En revanche, après une certaine réticence, il a bien voulu se poser à Saint-Dizier, au nord du département. Toutefois, il fallait prendre l'avion à Villacoublay et, arrivé à destination, faire le reste du chemin en voiture jusqu'à Colombey, et cela l'ennuyait encore au plus haut point. Et puis, ces trajets par la route étaient toujours dangereux. On l'a malheureusement constaté le 22 août 1962 au carrefour du Petit-Clamart. C'est pourquoi il a préféré l'hélicoptère à toute autre solution. Il en était enchanté. Il le prenait à Issy-les-Moulineaux, car il n'y a pas d'autre aire plus proche à Paris, contrairement à ce que l'on croit. Ceux qui ont prétendu que l'on avait pensé utiliser la pelouse de l'Elysée n'ont pas réfléchi. L'atterrissage y serait très risqué.

— Que pensait le Général de la rumeur selon laquelle des éléments hors OAS avaient téléguidé l'attentat du Petit-Clamart ?

— Il savait, bien sûr, que les gens de l'OAS n'étaient pas les seuls intéressés par sa disparition. Elle aurait arrangé nombre d'hommes politiques et même, glissait-il, « d'anciens ministres et d'anciens présidents du Conseil de la IVe République qui n'attendaient que ce jour pour pouvoir reprendre leur petite cuisine ». On lui avait rapporté qu'au lendemain de week-ends où il se rendait à Colombey, certains de ces gens-là demandaient : « Alors ? Il ne s'est rien passé ? » Mais il ne croyait pas que leur envie de le voir éliminé allait jusqu'à la complicité avec les tueurs. On a dit et redit que Jacques Soustelle avait inspiré l'attentat du Petit-Clamart. Il l'a nié. Mon père pensait qu'il n'y était pas mêlé : « Il n'a pas une telle nature qu'il eût pu se salir pareillement les mains. » D'ailleurs, il n'a pas été inquiété par la justice. Georges Bidault, qui avait accepté d'être le président d'un prétendu « Conseil national de la résistance » inventé par l'OAS, a raconté partout qu'il avait peur d'être arrêté parce qu'on lui avait fait déclarer qu'il avait souhaité l'élimination du Général. Il se serait même caché, a-t-on écrit, dans l'ancien appartement de Mme Pétain, square de Latour-Maubourg ! Je ne l'ai pas vérifié. En fait, personne ne le recherchait. Mon père a lâché à ce propos : « On l'a laissé mijoter dans sa turpitude. » D'autres noms d'anciens dirigeants ont circulé mais il n'y a pas fait attention.

— Croyait-il, comme certains en ont émis l'hypothèse, notamment votre beau-frère Alain de Boissieu, que cet attentat avait été organisé pour l'empêcher de réaliser son projet d'élection du président de la République au suffrage universel ?

— Il n'allait pas jusque-là. Certes, il était bien persuadé que ceux qui s'opposaient au projet, c'est-à-dire les nostalgiques de la IVe République, auraient pu profiter de sa mort pour le faire avorter, mais encore une fois il n'a jamais considéré comme vraisemblable leur implication dans ce complot.

— Il n'empêche que, d'après Foccart, cet attentat aurait décidé votre père à mettre ce projet de réforme en chantier le plus vite possible...

— Il est certain que cela l'a conforté dans l'idée que la réforme en question était nécessaire et qu'il fallait la faire rapidement. Sept jours après, il annonce d'ailleurs au Conseil des ministres qu'il envisage de proposer la modification de la Constitution « en vue d'assurer la continuité de l'Etat ». Mais j'estime que Foccart se trompe en pensant que c'est pour cette raison qu'il en a pris la décision. Si vous relisez les *Discours et Messages*, le général de Gaulle a parlé de l'élection au suffrage universel du président de la République peu de temps après son entrée à l'Elysée en janvier 1959, car il voulait que le chef de l'Etat ait une dimension nationale en étant l'élu de toute la nation, et surtout pas d'un collège d'élus et de notables, comme il l'avait été lui-même en 1958.

— Mais pourquoi avoir attendu 1962 pour s'y résoudre, c'est-à-dire quatre ans après avoir pris ses fonctions de président ?

— Parce que, en ce début de décennie, on en était encore aux premières expérimentations politiques et il voulait attendre les conclusions que l'on pouvait en tirer avant d'engager une autre réforme, ce qu'il jugeait quasi inévitable à terme. Car il estimait : « Si un régime politique ne peut ni ne doit varier avec l'humeur du temps, aucun ne peut se figer en l'état indéfiniment. » Il m'a expliqué à ce propos, en 1959 : « Quand on fait une Constitution, avant d'aller plus loin, il faut voir comment elle se greffe sur la nation, comment la nation l'accepte et comment elle la comprend. »

— Après l'attentat du Petit-Clamart, on a mis bien des paroles dans la bouche de votre père. Quelles sont celles qu'il a vraiment prononcées ?

— Il faut se reporter à ce sujet aux témoignages de mon beau-frère, le général Alain de Boissieu, qui était dans la voiture avec ma mère, et d'autres qui étaient présents comme le médecin militaire Laurent Degas qui se trouvait dans la voiture d'escorte. La DS dont deux pneus étaient crevés, la boîte de vitesses hors d'usage, des glaces pulvérisées, et qui était criblée de quatorze impacts de balles, parvint tout de même à l'aérodrome de Villacoublay. Après quelques mots d'appréciation pour son sang-froid au courageux conducteur, l'adjudant de gendarmerie Francis Marroux, il est allé aussitôt, comme si de rien n'était, passer en revue la garde qui l'attendait pour lui rendre les honneurs. En se dirigeant ensuite vers le salon d'honneur qu'il fallait traverser pour gagner l'avion parqué de l'autre côté, il a émis, vous vous souvenez, ces simples commentaires : « Cette fois, c'était tangent. » Puis : « Ils ont vraiment tiré comme des cochons. » Dans le salon, sans insister il a dit à ma mère : « Très bien, Yvonne, vous êtes courageuse. » Et à mon beau-frère : « Dans les grandes occasions, vous avez la voix du commandement. C'est bien. Merci, mon cher Alain. » Et il lui a donné discrètement l'accolade. Mais il a attendu d'être seul avec ma mère, assise à ses côtés dans l'avion du retour, pour lui glisser à l'oreille : « Ah ! vous êtes brave, Yvonne. »

— Et cette histoire de poulets que l'on a prêtée à votre mère ? Authentique ?

— Authentique. C'est en quittant la voiture qu'elle a fait cette réflexion : « J'espère que les poulets n'ont rien. » Elle voulait parler, c'est vrai, des deux poulets qu'elle avait achetés et placés dans le coffre arrière en prévision du déjeuner du lendemain auquel était invité Georges Pompidou. Il paraît, alors, que les deux policiers qui ont entendu cette réflexion l'ont prise pour eux... Dans l'avion, craignant que ma sœur Elisabeth, ma femme Henriette et le reste de la maison n'apprennent l'attentat par quelque commentaire éclair de la radio ou de la télévision, mon beau-frère a fait envoyer un message à la base de Saint-Dizier pour prévenir La Boisserie par téléphone. Celui-ci y est parvenu sous cette forme : « Il y a eu un attentat, mais pas de morts. » Ce qui ne fit, bien sûr, que susciter l'inquiétude des femmes qui ne s'attendaient à rien. A son arrivée à La Boisserie, mon père s'est bien gardé de toute exégèse devant elles. De toute façon, le connaissant, elles ne s'attendaient pas qu'il leur livre le fond de sa pensée. Mais elles auraient bien voulu avoir quand même quelques détails ! Par la suite, il parla aussi peu de cet attentat. Pour ma part, j'ai surtout entendu ma mère à ce sujet. Elle a laissé tomber une fois : « Nous aurions eu une mort exemplaire. » Et une autre fois : « Ton père a dit que si nous avions péri ce jour-là, nous aurions eu une belle mort et qu'après tout, c'eût été mieux que de mourir dans son lit. » Toutes autres paroles de leur part ne sont qu'inventions. Après leur arrivée à Colombey, je sais également que mon père a échangé un bref coup de téléphone avec son Premier ministre, Georges Pompidou, appelé par Boissieu. Par la suite, ma mère aura soin d'envoyer des jouets et des livres d'enfants à la famille dont la voiture, une Panhard, traversant au même moment le fameux carrefour, avait reçu des balles perdues sans autre dommage qu'une légère blessure à la main du conducteur. Sur une carte, elle a écrit : « Navrée que les enfants aient eu cette peur. Je les embrasse de tout cœur. »

— Et qu'en est-il de cette mallette d'Yvonne qui, placée sur la lunette arrière de la DS et contenant une photo de votre petite sœur Anne dans un médaillon, aurait miraculeusement empêché une des balles de frapper la nuque du Général ?

— Cette mallette était bien située sur la lunette arrière, mais elle n'a pas été touchée par un projectile, même légèrement. Si cela avait été le cas, nous aurions vu l'impact, ne serait-ce qu'une éraflure. Cependant, une balle a bien frappé l'endroit où se trouvait assise ma mère, à droite donc, mais plus bas, dans le coffre arrière, et heureusement sans traverser le dossier du siège. Enfin, ce jour-là, il n'y avait pas de photo d'Anne à l'intérieur de cette mallette dans laquelle, vous le savez, ma mère transportait, chaque week-end, ses affaires de toilette et quelques médicaments. Si médaillon il y avait, c'était celui que portait toujours mon père sur lui, au bout d'une chaînette en or, à même la peau, et contenant d'un côté la photo d'Anne et de l'autre le code de l'alerte nucléaire.

— A-t-il vraiment cru à l'existence de cette « taupe » qui, à l'Elysée, aurait indiqué aux organisateurs de l'attentat l'itinéraire que la DS allait emprunter ce jour-là ?

— Personne, je pense, n'a jamais eu son avis là-dessus. Mais, d'abord, a-t-il lui-même eu vent de quelque chose à ce sujet ? Car je ne suis pas sûr que la rumeur en question ait circulé de son vivant. Vingt ans après, un livre a évoqué cette hypothèse. Et voilà que quarante ans plus tard, un autre ouvrage, dont l'auteur était l'un des participants de l'attentat, un mercenaire stipendié d'origine hongroise, donne le nom de ce fantomatique mouchard : le contrôleur général de police Jacques Cantelaube. Le moins que l'on puisse dire, c'est que ce témoin a mûrement réfléchi avant de se décider à se mettre à table ! J'ai connu ce policier chargé de la protection de mon père au sein de son cabinet présidentiel et mort en 1993. Homme affable à l'accent chantant – il était du Sud-Ouest –, il avait beaucoup contribué au retour au pouvoir du général de Gaulle. C'est vrai qu'il ne cachait pas ses idées « Algérie française ». Mais je ne crois pas à sa culpabilité. Sa propre famille habitant la Dordogne ne semble pas y croire davantage. Pas plus que ses anciens collègues de la police, aussi scandalisés qu'elle par cette accusation. D'ailleurs, fidèle à ses convictions, ce fonctionnaire avait tenu à démissionner de son poste. Ce qui était effectif depuis huit mois au moment de l'attentat du Petit-Clamart. Les comploteurs avaient-ils vraiment besoin d'une « taupe » à l'Elysée pour connaître le numéro d'immatriculation de la DS présidentielle et l'itinéraire qu'elle allait emprunter ce jour-là pour se rendre à l'aéroport de Villacoublay ? Ne suffisait-il pas d'un simple guetteur à la hauteur du Grand Palais pour leur signaler si le cortège traversait la Seine ou pas ? Dans un cas, il aurait pris le chemin de Clamart, dans l'autre, celui de Meudon. C'est ce que l'enquête a révélé. Enfin, mon beau-frère a expliqué que le choix de Clamart avait été fixé à bord de la voiture juste au moment du départ.

— Mais ne trouvez-vous pas étrange que l'escorte présidentielle ait été si faible (une voiture suiveuse et deux motards), alors qu'il y avait eu beaucoup d'autres tentatives d'attentat auparavant dont celui de Pont-sur-Seine en septembre 1961 ?

— Le responsable de cet état de fait n'est pas la police, mais mon père. Je le répète : il ne voulait pas de cortège imposant comme ce fut le cas plus tard avec Mitterrand. Parfois, même, ce dernier en disposait de deux, l'un servant de diversion. Avec une escorte si légère, n'importe quelle voiture était capable d'approcher la DS du Général. Je m'en suis moi-même rendu compte quinze jours avant le Petit-Clamart. Je faisais alors fonction d'aide de camp. J'étais assis à côté du conducteur. Mes parents étaient derrière. Nous approchions de l'esplanade des Invalides. Tout à coup, une camionnette est venue s'interposer entre nous et la voiture de protection qui nous précédait. Le chauffeur a crié : « Il a du culot, celui-là ! » Notre capot n'était peut-être qu'à quelques mètres de l'arrière du véhicule. Une minute après, braquant à droite, la camionnette a filé par une rue transversale. Nous avons pensé que nous avions échappé à un attentat, les agresseurs ayant changé d'idée, estimant sans doute ne pas se trouver en position de tirer avec l'efficacité voulue. Nos craintes étaient justifiées. La police nous a fait savoir, après le Petit-Clamart, que l'endroit où avait eu lieu cet incident se trouvait sur un des trajets étudiés préalablement par les terroristes.

— On a dû quand même prendre des mesures supplémentaires après le Petit-Clamart ?

— On a effectivement décidé d'utiliser l'hélicoptère pour les voyages à Colombey. Il décollait d'Issy-les-Moulineaux. Un autre appareil emmenait son escorte. Pendant quelque temps, il est arrivé qu'un troisième, basé à Saint-Dizier et armé, attendît leur arrivée pour surveiller l'aire d'atterrissage, une prairie non loin de La Boisserie. Mais ce dispositif a fini par être supprimé. On a prétendu que la maison était défendue par des batteries légères de DCA au cas où un avion hostile aurait voulu l'attaquer. Elles devaient être bien camouflées, car je n'en ai jamais vu, ni près ni loin. Un chasseur F 84F de l'escadre de chasse de la région avec un délai de décollage de deux minutes devait rallier La Boisserie en cas d'alerte. Mais il n'a jamais dû intervenir. Chargé de protéger l'intérieur de La Boisserie, un inspecteur de police nommé Thomas ne mit jamais les pieds chez nous. Mon père se désintéressait de sa présence dans le village. De même un escadron d'environ quatre-vingts gendarmes qui étaient relevés tous les mois y résidait-il discrètement dans quatre baraquements situés à part dans le bas de la commune, côté route nationale. Deux gendarmes étaient postés en permanence près de la maisonnette du chauffeur située de l'autre côté de la route, en face de la grille d'entrée de la propriété, et quatre ou cinq autres patrouillaient sur un petit chemin de ronde appartenant à La Boisserie, à l'extérieur de la clôture. Mon père leur parlait parfois par-dessus la haie, mais en général, ils avaient ordre de s'éloigner lorsqu'il effectuait le tour de son jardin. La nuit, à son insu, les gendarmes faisaient des rondes à l'intérieur du parc. Ils devaient veiller à ce qu'il ne les entendît pas. Ils pénétraient à proximité de la maison, à quelques dizaines de mètres, et se retiraient avant le lever du jour. Au cours d'une nuit de Noël, l'un des gendarmes a tiré accidentellement sur un de ses camarades en maniant son pistolet-mitrailleur et l'a tué. Nous avons été réveillés par la rafale. J'ai eu peur que mes parents s'en inquiètent. Mais ni l'un ni l'autre n'ont bronché. Par la suite, mon père s'est soucié de la famille de la victime. Si un commando de terroristes avait débarqué à Colombey, nous avions, l'aide de camp, le chauffeur et moi-même, quelques armes à notre disposition. Je disposais pour ma part d'un pistolet. Mon beau-frère nous avait laissé sa carabine américaine à répétition et une mitraillette. Nous avions également quelques fusils de chasse. Mon père, lui, aurait sûrement attendu calmement la fin de la fusillade !

— Comment jugeait-il Jean-Marie Bastien-Thiry, l'organisateur de l'attentat du Petit-Clamart ?

— Il faisait d'abord remarquer qu'il n'était pas lieutenant-colonel d'aviation comme on l'a écrit à l'époque, mais ingénieur d'armement dans l'armée de l'air. Ce qui n'est pas la même chose car, expliquait-il, « s'il avait été un officier rompu au métier des armes, il aurait été probablement plus concret et plus efficace dans son opération armée. Il a agi en se fiant à ses calculs de polytechnicien sans tenir compte des réalités du terrain ». Sinon, mon père le prenait pour ce qu'il était : un exalté, un tourmenté. Plus tard, après le procès qui le condamnera à mort, il raisonna ainsi devant moi : « Que croyait-il qu'il arriverait après mon assassinat ? Que mes successeurs allaient dénoncer les accords d'Evian après la prise du pouvoir par les parachutistes, proclamer l'Algérie française et faire rentrer en Algérie les dizaines de milliers d'Européens déjà installés en France ? Non ? Alors, que voulait cet ancien "X" ? Abattre l'antéchrist ? On n'a jamais vraiment eu la réponse. » Et ironisant : « C'est à désespérer de l'Ecole polytechnique ! »

— Il a été dit que si le Général avait eu la confirmation que Jean-Marie Bastien-Thiry avait été soigné dans une clinique psychiatrique, il n'aurait pas rejeté son recours en grâce. Quelle est la vérité ?

— C'est un argument qui a si peu compté dans le procès que mon père ne semble l'avoir appris que tardivement. Bastien-Thiry avait subi une cure de sommeil dans une maison de santé pour une dépression nerveuse. Mais il a été prouvé que cet état psychique passager n'avait aucunement entamé son discernement intellectuel largement supérieur à la moyenne au cours de ses activités professionnelles. Si cela n'avait pas été, il n'aurait pu continuer son métier d'ingénieur d'armement après sa sortie de clinique. On l'aurait mis à la retraite. Son discernement et sa responsabilité étaient donc entiers. En revanche, tirer sur un président de la République et sur son épouse, sans parler d'autres choses, est d'une gravité extrême. On a également voulu suggérer que le Général aurait peut-être penché vers la clémence s'il avait pu lire la lettre que lui avait adressée le père du condamné, Jean Bastien-Thiry. Ce colonel d'artillerie en retraite était un de ses anciens camarades d'avant guerre, alors qu'ils se trouvaient tous deux en garnison à Metz. (On a prétendu que j'étais, dans cette ville, au collège Saint-Joseph avec Jean-Marie Bastien-Thiry. Je n'ai jamais fréquenté ce collège de ma vie, ayant fait toutes mes études, on s'en souvient, à Stanislas, à Paris.) Jean Bastien-Thiry a écrit à son fils pour lui signifier qu'il reniait son acte et au Général pour lui demander sa grâce. Mais sa lettre n'est parvenue à l'Elysée que le 12 mars

1963, lendemain de l'exécution. Aurait-elle réussi à influencer mon père ? Je l'ignore. Il s'est contenté de m'avouer : « Les choses n'en sont que plus pénibles pour moi. » En tout cas, il donné des instructions à Pierre Messmer, ministre des Armées, pour que la veuve et les deux enfants du condamné bénéficient de la pension de réversion d'une retraite dont il avait pourtant perdu les droits *ipso facto*.

— On a dit que Jean Bastien-Thiry qui, comme vous le soutenez, était gaulliste, avait voué par la suite une haine implacable au Général. Est-ce exact ?

— Il avait été sympathisant du RPF en 1948 et avait réitéré ses sentiments gaullistes dans sa lettre. Il ne s'est plus manifesté ensuite. La pudeur d'un père meurtri.

— Louis Vallon a affirmé que l'assassinat par l'OAS du banquier Henri Laffont, ami personnel du Général, trois jours avant le rejet du recours en grâce, avait pesé en faveur de l'exécution de Bastien-Thiry...

— Certainement. Cela a lourdement pesé dans le refus de le gracier. Le banquier Henri Laffont venait d'être assassiné trois jours avant. Comme de nombreuses personnalités, il avait reçu une lettre de condamnation à mort de l'OAS pour « collaboration avec le pouvoir ». Les réactions autour de mon père furent explicites : « Si tous ceux qui viennent voir le général de Gaulle se font assassiner, où va-t-on ? » Ce procès donna lieu, de la part des avocats de l'accusé, à des arguments excessifs pour tenter de culpabiliser la République française, et mon père les jugea préjudiciables à la défense de leur client, provoquant de sa part cette réflexion après coup : « Dans le cas où il y a risque de condamnation à mort, vous avez deux sortes d'avocats. Il y a d'abord ceux qui défendent l'accusé, quitte à diminuer sa responsabilité. Ceux-là sont de bons avocats. De vrais défenseurs. Et puis, il y a les mauvais avocats : ceux qui sans se soucier d'essayer de sauver la tête de leur client se servent de la tribune que leur offre le prétoire pour exalter leur cause. Ce sont des partisans. Ce ne sont pas des avocats. Ils ne défendent pas leur client. Ils travaillent seulement à en faire des martyrs. »

— Est-il vrai qu'un des exécutants de l'attentat du Petit-Clamart est entré dans la magistrature sous Mitterrand ?

— Tout à fait vrai. Il a fait une carrière très honorable dans ce corps. Il avait pourtant été l'un des plus actifs participants de l'attentat en question. Il a été amnistié en 1969. Je n'ai donc pas le droit de prononcer son nom. Jusqu'en 1981, il est successivement devenu juge dans différentes petites villes, puis président du tribunal d'instance d'une grande ville de l'Ouest en 1987, pour finir en 1992 comme conseiller à la cour d'appel d'une capitale régionale. Ces nominations ont provoqué des protestations qui n'ont pas ému le président Mitterrand. En 1995, Jacques Toubon, alors ministre de la Justice, m'a fait savoir qu'il avait été impossible d'intervenir lorsque la droite était revenue au pouvoir en 1986 (Mitterrand étant à l'Elysée), car rien ne pouvait plus être reproché à cet individu à la suite de son amnistie. Il a trouvé regrettable qu'au vu de son dossier, la commission d'intégration n'ait pas semblé avoir diligenté une enquête à son sujet. « C'est un grand manque à la procédure », a-t-il conclu. Lorsque mon père a amnistié le général Salan et onze autres condamnés en relation avec les événements d'Algérie, le 14 juillet 1968, comme je m'étonnais que cette mesure intervienne si tôt, il m'a expliqué en ricanant : « C'est parce que je veux enlever à mes successeurs l'occasion de le faire à ma place aussitôt que je serai parti. » Aujourd'hui, on peut dire qu'il a eu raison de considérer cette mesure avec tant de sérénité et de scepticisme, quand on sait que l'un des hommes qui ont cherché à l'assassiner est devenu un officier civil investi d'une haute autorité juridictionnelle, et cela grâce à la gauche moralisatrice.

— Comment le Général comprenait-il que l'on puisse vouloir sa mort alors qu'il avait tant fait pour la survie de la France et la vie des Français ?

— Il m'a confié bien avant cette époque, on se le rappelle, qu'il avait toujours considéré comme ni inattendu ni improbable qu'on essaie de le tuer. « C'est le risque du métier », ajoutait-il sur le ton de celui qui ne veut pas donner aux choses plus d'importance qu'elles n'en ont. Ma mère était dans une disposition d'esprit identique. Elle a toujours voulu encourir les mêmes risques que lui dans beaucoup de circonstances. Pourtant rien ne l'obligeait à l'accompagner dans ses voyages. Combien de fois l'a-t-on conseillée à ce sujet ! En vain. « C'est mon rôle », se contentait-elle de répliquer. Etre biologiquement et moralement solidaire. Voilà ce qu'elle n'a jamais voulu cesser d'être et ce que mon père attendait d'elle. Rien ni personne n'aurait donc pu la convaincre de laisser son mari partir seul. Et puis, elle comme lui se sentaient protégés par ce que beaucoup appellent la chance et que les chrétiens comme eux appellent la Providence. Quand on pense que deux ans après le Petit-Clamart, ils auraient pu être tués, et nous à leurs côtés, ma femme, mes trois fils aînés et moi-même, et cette fois d'une façon certaine, si au mont Faron, près de Toulon, un jardinier consciencieux avait, une heure avant la cérémonie prévue, pris soin d'arroser dans sa jarre l'arbuste sous lequel des terroristes avaient caché un explosif de forte puissance ! Aurait-on pu oser soutenir à Charles de Gaulle qu'il n'était pas protégé par le Ciel ? Nous retrouvant entre nous après cette journée mouvementée, au fort de Brégançon, près du cap Bénat, où mes parents passeront la nuit, je n'ai entendu de la part de mon père que ces simples mots pour tout commentaire : « Il n'arrive que ce que Dieu veut. »

17

LE DRAME ALGÉRIEN

« Pressés par l'OAS, presque tous les Français s'en vont et, souvent, en une fuite panique. »

Mémoires d'espoir.

Nombre de questions, d'objections et de critiques ont été formulées depuis près de quarante ans sur l'attitude du général de Gaulle vis-à-vis du drame algérien. Pour beaucoup, en mettant fin à la guerre d'Algérie à Evian, le 18 mars 1962, il a donné l'impression qu'il avait voulu en terminer avec cette affaire au plus vite sans tenir compte des conséquences humaines que ces accords allaient provoquer...

— C'est ce que l'on pourrait croire, en effet. Mais il faut savoir, ce que l'on tient généralement à ignorer, qu'à la suite du cessez-le-feu du 18 mars – que le Général n'a consenti qu'après avoir plusieurs fois bloqué les négociations avec le FLN –, un Etat mixte franco-algérien a été mis en place avec Christian Fouchet et Abderrahmane Farès jusqu'à l'indépendance de l'Algérie le 3 juillet 1962. Tout le monde alors a bien été prévenu que l'armée française évacuerait progressivement le pays, sauf une dizaine de milliers d'hommes à Mers el-Kébir, Oran-La Senia et au Sahara pour nos expérimentations nucléaires jusqu'en juillet 1967. Mon père expliquait à ce propos : « Le premier gouvernement algérien indépendant ne souhaitait pas le départ de tous les pieds-noirs dont il estimait les compétences technologiques et administratives nécessaires à l'Algérie pendant une dizaine d'années encore. Il avait même prévu de leur donner des postes ministériels. Hélas ! Ni les uns ni les autres n'ont été capables de se rapprocher, en particulier les pieds-noirs dont la seule chance de survie était de faire bloc avec l'Etat métropolitain. »

— On a souvent rapporté des mots très durs du Général contre eux. Vous allez sûrement me répondre qu'il n'était pas insensible à leur épreuve, mais jusqu'à quel point ?

— Croyez-moi, il fallait voir combien il était tourmenté par le devenir des pieds-noirs. Laissez-moi vous raconter cette anecdote. Au début de septembre 1959, juste avant de quitter l'état-major de la marine pour rallier la division d'escorteurs d'escadre basée à Toulon, passant par Colombey-les-Deux-Eglises, je le trouve en train de rédiger son allocution sur l'autodétermination de l'Algérie qu'il prononcera dans quelques jours à la radio et à la télévision. Après le repas pendant lequel il desserre à peine les dents, j'attends le moment du café, l'heure habituellement idéale pour avoir une conversation avec lui dans la bibliothèque. Mais, profitant de la douceur de l'automne, il va s'asseoir dans une chaise longue, à l'ombre, dans le jardin, et se contente de siroter son café à petites gorgées, perdu dans ses songes. Son mutisme cache de grandes réflexions. Assis à ses côtés, ma mère comme moi-même nous gardons bien d'ouvrir la bouche. A la fin, se doutant que ce silence nous pèse, il lâche d'une voix basse, presque intérieure : « Je pense aux Français d'Algérie. Je souhaiterais tellement qu'ils comprennent qu'il leur faut partager le pouvoir dans une Algérie différente. » Puis, après un autre silence pendant lequel, cela m'a frappé, il s'est débarrassé de sa tasse et de sa soucoupe avec une rapidité tout à fait inaccoutumée, il reprend sur un ton qui veut faire oublier son émotion : « Trêve de vaine nostalgie ! Une page est tournée. Les Européens d'Algérie l'ont écrite avec leur courage et leur savoir-faire, et grâce au soutien de la Métropole. Ils doivent maintenant en écrire une autre. » Je regarde ma mère. Son air me dit qu'elle est satisfaite de l'avoir retrouvé comme elle le connaît : volontaire. En juillet 1962, après la reconnaissance de l'indépendance de l'Algérie, il me reparle des pieds-noirs. Il vient de lire une lettre d'Alphonse Juin qui évoque ce drame. Il en est bouleversé. Il s'écrie en s'accompagnant de ce geste de la main droite largement ouverte qui veut démontrer l'évidence : « L'OAS a saboté toutes leurs chances. Ils se sont littéralement suicidés. Et l'on me dit que je les ai sacrifiés, que je voulais m'en débarrasser pour en finir avec cette affaire ! De Gaulle a-t-il jamais voulu liquider la France quelque part ? [Il s'est levé et marche de long en large dans la bibliothèque.] Qui saura combien au contraire j'ai souhaité qu'ils puissent continuer leur œuvre sur cette terre qui a tant prospéré grâce à leurs efforts ? Qui saura combien leur détresse m'atteint jusqu'au plus profond de mon être ? » Un autre jour, plus tard, il ouvre l'un des tiroirs de son bureau et me tend un papier sorti d'une enveloppe. Le voici.

— Un article de François Mauriac ?

— Dans *l'Express*. Il l'avait découpé et le gardait précieusement sous le coude. Il me l'a lu. Ecoutez : « La question n'est pas de savoir si, dans l'absolu, il eût mieux valu pour la France et s'il eût été plus agréable aux Français d'Algérie de ne pas subir l'épreuve de l'autodétermination, mais si en fait, et le monde étant ce qu'il est, la France a le choix entre cette politique et une autre, et laquelle, et s'il dépend d'un million d'Européens de pouvoir dominer une race dix fois plus nombreuse et qui le sera vingt fois plus... résolue à l'indépendance, soutenue par les Soviets et par la Chine, et par le monde arabe, et par une complicité universelle. » Il a replié le papier en deux, l'a remis dans son enveloppe et a conclu dans un soupir : « Qu'on me dise comment et qui aurait pu l'éviter. »

— On n'a jamais cessé de l'accuser d'avoir abandonné les harkis, ce qui a provoqué leur massacre après le cessez-le-feu. Pouvez-vous vraiment soutenir qu'il s'est soucié de leur sort ?

— Dans cette affaire également, on a toujours falsifié la vérité. Contrairement à ce que l'on a souvent laissé entendre, mon père a pris à cœur le sort de ces hommes. J'en ai pour preuve les nombreuses conversations que nous avons eues ensemble sur cet autre sujet au cours desquelles il m'a montré à quel point il voulait, au départ, régler au mieux la situation de tous ceux qui s'étaient battus à nos côtés. Je l'entends encore une fois en parler avec ma mère qui venait de recevoir la lettre d'une femme d'officier d'Algérie accusant ni plus ni moins le Général d'avoir prêté le couteau au FLN pour égorger ces supplétifs. « En voilà encore une qui donne dans leur "guerre psychologique" », bougonne-t-il en haussant les épaules. C'est ce qui l'a toujours irrité, longtemps après la conclusion de l'affaire algérienne : la volonté délibérée de certains historiens, journalistes et provocateurs professionnels de rejeter sur lui et sur son gouvernement la responsabilité de tous les massacres intervenus après le cessez-le-feu. C'est aussi ce plaisir malin de l'accuser d'indifférence à l'égard des victimes, et surtout, de passer sous silence les mesures qui étaient organisées pour régler au mieux le cas de ces gens entre la date du cessez-le-feu et celle de la reconnaissance de l'indépendance, cela d'un commun accord avec le FLN représenté dans le gouvernement intermédiaire franco-algérien.

— Les opposants à la politique algérienne du Général ont souvent affirmé que son gouvernement n'avait dressé aucun plan de rapatriement...

— C'est ce que l'on continue à répéter faussement aujourd'hui. Qui sait que, comme les troupiers algériens de notre armée régulière, les harkis ont eu le choix entre trois solutions : rester avec l'armée française et gagner la Métropole avec nos unités, être démobilisés en Algérie avec un important pécule, ou s'accorder six mois de réflexion soldés sur place avant de fixer leur choix ? Qui sait que, s'estimant trop engagés de notre côté, seulement vingt mille d'entre eux choisirent la première solution ? Les autres optèrent pour la deuxième et la troisième solution, généralement sous la pression de leurs familles qui souhaitaient leur retour au village pour profiter de la forte prime de démobilisation et les voir reprendre leur travail aux champs. Ils se fiaient aussi, ne l'oublions pas, à l'amnistie promise tant et plus, main sur le cœur, par le FLN, et au désir des Européens de demeurer en Algérie. Mon père avait misé beaucoup sur ce plan qu'il trouvait très humain. Mais, faute de renseignements fiables, il n'avait pas suffisamment mesuré l'impact que pourraient avoir le sabotage d'une partie de la communauté des pieds-noirs et les violations prévisibles des accords d'Evian par certains éléments du FLN, mouvement qui était loin d'être homogène. Il estimait que c'était le seul reproche que l'on pouvait lui adresser. « Hélas ! soupirait-il, les extrémistes des deux bords ont tout compliqué. D'un côté, en transgressant délibérément les accords, de l'autre, en poussant les pieds-noirs à partir tout à coup en masse et dans la panique, ce qui compromettait du même coup le sort d'autochtones qu'ils voulaient maintenir à leurs côtés. De plus, certains de ces harkis furent mal informés et laissés à eux-mêmes. » Je me rappelle sa révolte et sa tristesse devant ces conséquences dramatiques. Comment accuser le gouvernement de ne pas avoir tout fait pour éviter les représailles contre ces hommes après le départ des troupes françaises ? Ne leur avait-on pas donné la possibilité auparavant de se prononcer d'eux-mêmes sur leur avenir ? Il s'indignait : « Ah ! si les militants de l'OAS n'avaient pas choisi le suicide politique ! »

— Il n'empêche que l'on s'est empressé de fermer nos frontières à beaucoup de ces pauvres gens. Etait-ce la volonté du Général ?

— Je puis vous assurer que mon père a veillé personnellement au problème de l'accueil en France de ces anciens supplétifs et de leur famille, et qu'il ne s'est jamais opposé à ce qu'il ait lieu. Il n'y avait pas de jour, à cette époque, où il ne s'en inquiétait. Mais les rapports émanant de l'administration ou de l'armée étaient souvent contradictoires et les chiffres faux, ce qui l'empêchait parfois d'avoir une idée précise de la situation. Dans son bureau de Colombey, on le voyait particulièrement courroucé à la lecture de telle ou telle note. D'après les recensements de l'armée et des préfets, il retint comme définitives les statistiques suivantes : vingt mille militaires algériens ou harkis avaient été aussitôt repliés sur la France avec leur famille (au total cent vingt mille personnes) en 1962, puis, petit à petit, cent vingt mille de plus avec leurs proches, jusqu'en 1968, date de notre évacuation définitive de l'Algérie. Ce nombre s'ajoutait ainsi aux trois cent cinquante mille Algériens qui se trouvaient déjà en métropole sous contrat à durée déterminée et sans leur famille. En outre – ce que personne n'a jamais dit – cent mille anciens harkis se sont engagés dans la nouvelle armée algérienne du FLN. Ceux-là, bien sûr, n'ont pas eu à subir de sévices. Mon père remarqua à ce propos : « Il n'y a rien de nouveau sous le soleil si l'on se remémore les vieux régiments royaux de Kellermann à la bataille de Valmy en 1792 qui rejoignirent ensuite la Terreur et ses convulsions internes avec les massacres de Vendée et d'ailleurs. »

— Massu a reproché au Général, revenu au pouvoir en 1958, d'avoir laissé l'armée continuer à recruter les harkis, alors qu'il aurait dû au contraire la contraindre à réduire leur nombre. Quelle était sa réponse ?

— Contrairement à ce qu'a soutenu Massu avec des variantes, mon père s'était vite rendu compte que l'on dénombrait beaucoup trop de musulmans algériens sous l'uniforme français. C'est pourquoi il prescrivit dès juillet 1958 de diminuer de moitié au moins le nombre des harkis. Mais ce que l'on ignore et ce que mon père apprit bien après, c'est que les capitaines, qui s'étaient beaucoup engagés à leur égard et qui ne voulaient pas les rejeter à leur précédent chômage, voire à la misère souvent provoquée par leur repli dans les villages de regroupement, ne savaient pas comment exécuter les ordres. On se souvient qu'il retourna pour la deuxième fois en inspection en Algérie à cette époque. « Durant cette tournée, m'a-t-il confié lors d'une de mes permissions, quelle ne fut pas ma stupéfaction de constater le nombre considérable de harkis, qui dépassait au moins cinq fois leurs effectifs officiels ! » On lui en donna la raison : avec ces supplétifs, les capitaines s'étaient constitués chacun leur petite armée, au besoin en détournant une partie des moyens qui leur étaient alloués pour les multiples tâches destinées à encadrer et soutenir les populations. « Si beaucoup de ces unités étaient d'excellente valeur militaire, et même pour certaines de vrais commandos, m'a-t-il confirmé – car je le savais déjà pour l'avoir constaté sur place, moi aussi – la plupart des autres étaient composées de civils sans occupation précise et sans statut militaire, de troupes d'autodéfense revêtues de pièces d'uniforme récupérées sur l'armée et équipées de vieux fusils de chasse et de guerre très usés. En outre, nombre de ces hommes avaient des parents dans le camp adverse. » Il m'a fait également remarquer qu'à l'exemple des sectes politico-religieuses d'Indochine qui avaient chacune leur petite armée, quelques-uns de ces groupes d'autochtones recrutés par nous étaient dans une situation équivoque, ce qui était notamment le cas des trois ou quatre mille hommes d'un certain colonel local autoproclamé qui refusait tout drapeau français ou algérien dans ses rangs. Quand, en 1958, mon père eut connaissance des effectifs exacts des harkis, il fut véritablement scandalisé. Ils étaient évalués à deux cent quarante mille ! Il fallait y ajouter les soldats algériens réguliers de l'armée française et les autres fonctionnaires natifs en uniforme. Il fut donc d'autant plus furieux quand il sut beaucoup plus tard que ses ordres de cesser tout recrutement et de diminuer drastiquement ces effectifs n'avaient pas ou peu été observés.

— Pourquoi Louis Joxe, qui était chargé des Affaires algériennes et a mené les négociations en 1962, a-t-il empêché de faire évacuer le plus rapidement possible la totalité des gens qui pouvaient être éventuellement menacés ?

— A cette question, voici, d'après mes notes, sa réponse mot à mot : « Sans évaluation possible, l'Etat français ne pouvait pas organiser *a priori* et d'avance des évacuations de masse sans provoquer une incontrôlable déroute en Algérie comme en France. Nous avons quand même évacué en quelques semaines, au fur et à mesure et à la demande, près de huit cent mille pieds-noirs qui ont tout à coup décidé de quitter l'Algérie dans la panique tandis que soixante mille autres ont voulu y rester. Ces partants se sont ajoutés aux milliers de harkis qui, se sentant particulièrement menacés, avaient déjà prévu de s'en aller sans délai. Toutes nos capacités de transport en ont été accaparées à la fois. » Une autre affaire me tracassait. On prétendait que certaines de nos unités en cours d'évacuation avaient refusé d'embarquer avec elles des harkis et leur famille. Sa réponse : « On m'a rapporté quelques cas de ce genre, d'autant plus rares qu'on sait qu'il a toujours été interdit d'embarquer des éléments étrangers à l'unité pour ne pas provoquer la pagaille sur les transports militaires. »

— Sur ordre de Louis Joxe, des officiers ont été sanctionnés pour avoir embarqué des harkis clandestinement. Combien l'ont-ils été ?

— Par sa circulaire, précisons-le, Joxe interdisait les initiatives individuelles des officiers, mais il n'avait aucun droit d'intervenir chez les militaires. Cette responsabilité incombait au ministre des Armées, Pierre Messmer. Et que ce soit en Algérie ou plus tard, ce dernier n'a sanctionné personne pour ce motif. Les harkis qui se présentaient à l'embarquement en dehors des plans prévus ont tous pu monter à bord et aucun n'a jamais été refoulé à l'arrivée en France.

— Ne doit-on pas rendre les accords d'Evian responsables des séquelles de la fin de la guerre d'Algérie ?

— Cette question irritait particulièrement mon père en famille, à l'heure du café, quand ce problème était évoqué avec un visiteur ami. Il répondait : « Personne, je dis bien personne, sauf à ratiociner ici et là dans les journaux, n'a été capable de me suggérer une solution différente qui n'ait été chimérique. L'indépendance de l'Algérie était inéluctable. Des deux côtés de la Méditerranée, on ne pouvait plus attendre. Le peuple français ne l'aurait pas supporté sans ajouter encore et sans fin beaucoup plus de maux incommensurables. L'Histoire le confirmera. » Je me souviens également à ce propos qu'il tenait chaque fois à souligner les records inégalés dans les annales de nos Républiques des suffrages massifs de participation lors du référendum sur l'Algérie. Répétons-le : le 8 avril 1962, par plus de 90 % des suffrages exprimés, le peuple français approuve la conclusion des accords d'Evian. Ajoutons que, le 1er juillet suivant, les Algériens approuvent par 99,72 % des suffrages exprimés l'indépendance de leur pays, la moitié des pieds-noirs n'ayant pas voté, cela malgré les accords de cessez-le-feu survenus à Alger entre l'OAS et le GPRA une quinzaine de jours avant le scrutin. Mon père racontait en ricanant que, devant ces résultats, l'ambassadeur d'URSS qui était venu le voir peu de temps après à l'Elysée s'était exclamé : « Voilà une belle unanimité qui ressemble beaucoup à celle du peuple soviétique lors de nos élections ! »

— Pourquoi, devant les sévices subis par des harkis et leurs familles après le cessez-le-feu, nos troupes repliées dans leur caserne ont-elles reçu l'interdiction d'intervenir ?

— Mon père ne voyait pas d'autre solution. Il était impossible de faire intervenir l'armée pour empêcher les pillages, les crimes de droit commun ou de vengeance contre les harkis qui avaient refusé l'incorporation dans nos rangs. « Sinon, assurait-il avec conviction, c'était recommencer la guerre d'Algérie. La multiplication des coups de main de nos hommes pour se porter au secours de ces malheureux aurait au contraire généralisé les massacres. » Ces harkis avaient choisi, on ne pouvait plus revenir en arrière. Ou alors, tout aurait été à refaire. Toutefois, nombreux sont ceux dont on a sauvé la vie grâce à des actions armées restreintes ou à leur accueil dans les casernes. « Je regrette, ajoutait-il, que si peu aient répondu positivement à notre offre d'intégration dans notre armée. Ils auraient profité de la même sécurité dont ont bénéficié les troupiers algériens engagés sous notre drapeau. » Quant aux massacres intervenus après l'évacuation totale de nos unités, il se refusait, faute de renseignements dignes de confiance, à chiffrer le nombre des victimes.

— Certains ont avancé le chiffre de cent mille, d'autres, même, de cent cinquante mille...

— Ces chiffres ont augmenté d'année en année au gré des polémiques. Mon père affirmait qu'ils émanaient de ceux qui voulaient « culpabiliser la France avec leurs propres erreurs ». Il n'avait quant à lui aucune donnée précise. Tout ce qu'il a pu apprendre, c'est que sur les deux cent quarante mille harkis dénombrés et les trente-huit mille soldats musulmans de l'armée française, la différence entre les cent quarante mille qui sont venus en France et la centaine de milliers qui s'est intégrée à la nouvelle armée algérienne laissait apparaître quelque quarante mille disparus, soit victimes, pour la plupart, soit discrètement émigrés ailleurs pour quelques milliers. A sa connaissance, aucune statistique fiable n'existait à ce sujet à cette époque, et l'on voit mal comment il pourrait en être autrement aujourd'hui, sauf si les Algériens voulaient bien fouiller dans leurs archives, ce qu'ils ne sont sûrement pas prêts à faire ! Il ne doutait pas que des représailles aient été terribles. Il en souffrait beaucoup et se désolait de ne pouvoir rien obtenir de valable sur leurs circonstances. Pendant des années, les Algériens se sont entretués (ils continuent malheureusement à le faire aujourd'hui pour d'autres raisons) et il a toujours été difficile de savoir qui tuait qui. Parfois, les tueries avaient lieu entre nos adversaires. D'autre part, il m'a fait remarquer qu'il fallait bien être conscient que le rembarquement d'une armée, même victorieuse, d'un territoire devenu indépendant après des années de violence ne réussissait jamais à éviter des dommages. Que dire de tous ceux que nous avons laissés derrière nous en Indochine ? faisait-il remarquer. Et les Hollandais quand ils ont évacué une Indonésie qu'ils ne pouvaient plus garder après la Seconde Guerre mondiale ? Et les Anglais dont le départ des Indes, pourtant au mieux des accords entre les Indiens et les Pakistanais, et le vide laissé derrière eux ont provoqué des centaines de milliers de morts et le rapatriement en Grande-Bretagne d'un million deux cent cinquante mille de leurs soldats, fonctionnaires et commerçants ? Nous verrons bien aussi dans quelles conditions les Portugais finiront par s'en aller d'Angola et du Mozambique.

— Le 5 juillet 1962, un certain nombre d'Européens tombent sous les coups de nationalistes algériens incontrôlés à Oran et des scènes de pillage s'ensuivent. Vingt-cinq morts, ont annoncé les officiels, plusieurs centaines d'après les opposants à de Gaulle. Qu'a-t-il dit de ce drame ?

— Il n'a jamais abordé directement cette question avec moi. Mais je l'ai entendu une fois le faire longuement avec un de ses visiteurs. Je peux donc vous rapporter ce qu'il en pensait. La tâche du général Katz, qui commandait le dernier échelon de troupes françaises en cours de repli vers Mers el-Kébir, n'a certes pas été facile. Il devait prévenir la pagaille qui menace toujours l'arrière-garde de toute armée, même victorieuse comme la nôtre en Algérie. Il devait en même temps éviter de faire repartir la guerre par des retours offensifs qui auraient été interprétés comme des provocations par le FLN. Il y a eu carence de ce dernier qui n'a pas comblé assez vite la zone dont il aurait dû assumer le maintien de l'ordre après l'indépendance de l'Algérie, le 3 juillet 1962. Les consignes données au général français Joseph Katz étaient de n'intervenir « qu'en cas d'urgence et à proximité immédiate ». Il a dû le faire, mais peut-être pas assez vite. Il ne faut cependant pas le juger dans une telle situation selon les critères des commandos actuels, avec hélicoptères lourds, transmissions perfectionnées et aviation d'appui en usage trente ou quarante ans après cette époque.

— A combien le Général estimait-il le nombre de victimes à cet endroit ?

— Personne n'a jamais pu en préciser le nombre avec justesse pour la bonne raison qu'elles n'ont pu être recensées officiellement. Aussi, avancer qu'il y en a eu des centaines ou même un millier est pure spéculation. Mon père s'arrêtait au chiffre de vingt-cinq victimes dûment répertoriées au nord d'Oran, car aucune autre statistique ne lui a été fournie déterminant ce qu'étaient devenus les prisonniers « enlevés » ou « disparus ». Tout ce qu'il savait, c'est que beaucoup de ces gens s'étaient discrètement esquivés vers d'autres pays, dont l'Espagne et même la France, à bord de petits bateaux, ainsi qu'il en a été de milliers de membres de l'OAS fuyant la justice ou de harkis réputés massacrés par certains.

— N'était-ce pas faire preuve d'une certaine naïveté que de croire que le FLN allait respecter l'amnistie dès les accords signés à Evian ?

— Le contraire avait évidemment été envisagé. C'est la raison pour laquelle on a tellement incité les harkis à s'engager dans l'armée française. Ce qui aurait constitué leur meilleure protection. Et vous savez ce qui a été le choix de la majorité d'entre eux. A Pâques 1970, alors que la télévision avait marqué, peu de temps auparavant, l'anniversaire des accords d'Evian par une série d'émissions qui l'avaient quelque peu contrarié, mon père a eu encore ces mots, les derniers, sans doute, qu'il prononcera sur l'Algérie avant de nous quitter. Je pense les restituer dans leur intégralité : « Dans cette affaire, la France a fait son devoir jusqu'au bout en dépit de toutes les difficultés. Il est malheureux que les extrémistes des deux bords aient gâché toutes les chances d'une décolonisation pacifique en faisant couler le sang. Quel Français raisonnable peut dire aujourd'hui, huit ans après la fin de cette guerre, que nous avons eu tort d'accorder son indépendance à l'Algérie ? On peut seulement regretter que cette affaire se soit passée d'une façon aussi dramatique. Mais qui sait si, après tous ces malheurs et ces sacrifices, nos deux peuples ne marcheront pas un jour du même pas, fraternellement, sur la route de la civilisation ? »

— Vous connaissez l'accusation permanente : on a parqué ces pauvres harkis en France comme du bétail, on ne s'est pas occupé d'eux...

— Je vois encore l'air plaintif de ma mère quand elle les vit débarquer à la télévision : « Ces pauvres fellahs ! [Elle se souvenait de son séjour en Algérie pendant la guerre.] Que vont-ils devenir ? » Et la réponse de mon père : « Ne vous inquiétez pas, Yvonne, on va les loger, les nourrir et leur donner une formation de façon qu'ils apprennent un métier parce qu'ils n'en ont pas. » La plupart étaient en effet de braves gens de la campagne, manœuvres agricoles sans occupation précise et illettrés. Se rendant compte de leur difficulté à s'adapter à la vie métropolitaine, ils ont eux-mêmes demandé à rester entre eux avec leurs chefs coutumiers et leurs maîtres d'école (qui apprenaient le Coran par cœur plutôt qu'à lire), effrayés à l'idée de se retrouver en usine avec des coreligionnaires qui avaient adhéré au FLN. Il faut se souvenir que beaucoup de harkis ont été accueillis à coups de pierre à Marseille par des groupes de musulmans qui les traitaient de traîtres et d'assassins. Ils ont donc travaillé sur place selon leurs capacités, c'est-à-dire le plus souvent comme main-d'œuvre agricole ou dans des chantiers forestiers spécialement créés pour eux, et après une formation appropriée. Ma mère, pour qui, vous le savez, les problèmes sociaux comptaient toujours beaucoup, avait remarqué que malgré des allocations familiales adaptées, l'insertion de ces gens et de leurs enfants était plus difficile du fait de ce repli sur eux-mêmes. Depuis, malgré les primes périodiquement attribuées, une certaine surenchère s'est instaurée à l'aide de spécialistes de la revendication pour culpabiliser la France et en obtenir de nouveau quelques avantages. « Il est certain, pensait mon père, que les harkis méritent une compensation pour l'exil et le drame qu'ils ont subis bien que leur condition de vie matérielle en France soit en réalité de toute façon meilleure que celle beaucoup plus démunie qui était la leur auparavant en Algérie et qu'ils auraient eue s'ils avaient pu ou voulu y rester. »

— En mars 1964, le président algérien Ben Bella demande des réparations à la France pour les pertes subies par les Algériens dans l'armée française pendant les deux guerres mondiales. Quel était d'après le Général le pourcentage de ces pertes ?

— Cette entrevue au château de Champs avec Ben Bella, mon père s'en souviendra avec animosité. Elle avait pourtant bien commencé. Il nous avait avoué éprouver une certaine sympathie pour cet homme qu'il avait d'ailleurs décoré de la médaille militaire pendant la campagne d'Italie. « Il a du courage et des convictions, ce sont des qualités que j'apprécie. » Mais son chantage l'indigna. Il lui répondit sans s'aider d'aucune note que ces pertes avaient été moindres que celles des métropolitains proportionnellement aux unités et aux populations respectives, mobilisées à 1 % pour les Algériens contre 16 % pour les Français en Afrique du Nord. Et il lui cita ces chiffres dont la précision prouve à quel point cette question lui importait : soixante-dix mille morts pendant la guerre de 14 parmi les soldats « indigènes » appartenant à tous nos anciens territoires coloniaux, et vingt-neuf mille neuf cent vingt-huit en 39-45. Il ne manqua pas de lui rappeler également qu'en nous faisant la guerre, il avait fait tuer six fois plus d'Algériens qu'en 39-45 et qu'il nous avait fait perdre plus de vingt-cinq mille hommes en moins de huit ans. Je l'entends encore me répéter comment, pour finir, il lui avait « cloué le bec » en lui lançant : « Allons ! s'il vous plaît, monsieur Ben Bella, pas de chantage aux anciens combattants. Nous ne vous devons plus rien, d'autant que vous avez vous-même rendus caducs les accords d'Evian en saisissant unilatéralement les biens de nos compatriotes et les pécules de nos malheureux harkis. »

— Ben Bella n'était pas le premier à accuser les Français d'avoir fait pendant la guerre de la « chair à canon » avec nos troupes de couleur. Que répondait-il à cela ?

— Le jour où je l'ai interrogé à ce sujet, il a consulté un petit ouvrage qu'il conservait précieusement dans sa bibliothèque et dont j'ai hérité. Il avait été rédigé en 1924 par le colonel Thierry, de l'état-major du général Mangin, après la Première Guerre mondiale. Mon père en avait souligné quelques passages, notamment celui-ci : « Les pertes métropolitaines ont été d'un million trois cent cinquante-sept mille tués pour une mobilisation de plus de 14 % de notre population alors que les pertes de nos soldats ou travailleurs indigènes (dont près de quarante mille Chinois dont on a rarement parlé) ont été de soixante-dix mille sept cent cinquante morts pour huit cent sept mille mobilisés, soit 1,54 % de mobilisation et 0,14 % de pertes pour leurs populations de cinquante et un millions d'habitants. Ces pertes sont donc peu élevées. » Très scrupuleusement, il a voulu noter de la même façon les pertes subies par nos contingents indigènes pendant la Seconde Guerre mondiale : vingt-neuf mille deux cent vingt-huit soldats tués ou disparus. De la même façon, il souhaitait se rappeler la participation exacte de notre armée venue d'Afrique du Nord au moment du débarquement de Provence en août 1944. Ses notes indiquent : cent soixante-huit mille hommes dont dix-sept mille trois cents Marocains, Algériens, Tunisiens, Africains d'A-OF ou d'A-EF et Océaniens. J'ai de même en mémoire un souvenir qui démontre à quel point il était soucieux, pendant la guerre, de ménager les soldats de couleur. En août 1944, par exemple, le régiment de marche du Tchad, qui participa notamment à la libération de Paris, ne comprenait qu'un seul Noir, car il avait fait en sorte que les tirailleurs tchadiens, qui s'étaient beaucoup battus avec les FFL depuis 1940, ne quittent pas l'Afrique. De même, à l'approche de l'hiver 1944-1945, il a fait remplacer les Noirs et une grande partie des éléments nord-africains par des volontaires métropolitains. Je tiens à insister à ce propos sur la sollicitude particulière assez étonnante qu'il manifestait à l'égard des visiteurs africains, et notamment de leurs chefs d'Etat, lorsqu'ils venaient lui rendre visite à l'Elysée en hiver. Il s'inquiétait toujours de savoir s'ils ne souffraient pas trop de la rigueur de nos climats. Une fois, je l'ai entendu demander à Foccart, qui s'occupait des Affaires africaines et malgaches, s'il ne fallait pas veiller à augmenter le chauffage du château de Champs où ils étaient reçus et si les cheminées de cette résidence étaient bien entretenues afin qu'il fût possible d'y faire des flambées d'appoint. Raciste, le Général ? L'enfant que j'étais lorsque nous habitions le Liban a entendu cette leçon de sa part, à la sortie de l'école où il était l'un des rares élèves européens : « Dis-toi bien que seuls les qualités et les défauts, les bons et les mauvais penchants, et l'intelligence et la bêtise peuvent différencier un homme d'un autre. »

— Revenons à la guerre d'Algérie. Quelle était son opinion sur la torture ?

— Bien évidemment, il la condamnait formellement, en particulier en Algérie. Comment imaginer le contraire avec son éthique religieuse et morale, sa grande connaissance des deux guerres mondiales et de tous les autres conflits violents, son expérience tant personnelle du camp de représailles pour prisonniers de guerre, que familiale des camps de concentration ? En Grande-Bretagne, pendant notre exil, un jour, il a fait état de cette conviction : « La torture est une pratique d'autant plus inutile que le milieu sur lequel elle prétend s'exercer est plus civilisé et que l'on sait jusqu'où vont la perversité humaine et l'inconscience des soldatesques mal contrôlées. » N'oublions pas l'attitude favorable qu'il a réservée au colonel « para » Jacques Pâris de Bollardière et au colonel Roger Barberot qui condamnèrent, chacun dans un ouvrage, la torture en Algérie en provoquant une crise morale dans l'armée. Mais il fustigeait en même temps nos adversaires en soulignant que c'était la rébellion algérienne qui avait pratiqué systématiquement sur ses prisonniers les pires tortures et mutilations sans rémission, toujours jusqu'à la mort, « à la fois par cruauté naturelle mais aussi par système pour terroriser les populations surtout musulmanes ». Je me rappelle l'avoir entendu particulièrement condamner les massacres massifs entre Algériens, notamment ceux perpétrés contre les gens de Messali Hadj, coupables eux aussi de vouloir l'indépendance de l'Algérie mais par une autre organisation et dans d'autres conditions. Il m'a affirmé à cette occasion : « Les méfaits des armées françaises ont été en revanche généralement ponctuels et beaucoup plus modérés, l'exécution n'étant finalement intervenue que dans des cas très rares et pour des gens déjà convaincus de multiples crimes. »

— S'il condamnait la torture en Algérie, ont rétorqué certains opposants à la guerre, il n'a pas fait grand-chose, une fois revenu au pouvoir, pour qu'elle cesse. Que répondait-il à cette accusation ?

— Que c'était un faux procès. Dès qu'il est revenu au pouvoir en juin 1958 (la rébellion ayant commencé en 1954), il a fait établir une commission présidée par un haut magistrat, Me Maurice Patin, « pour la sauvegarde des droits individuels et des libertés » afin d'enquêter sur les mauvais traitements et les exactions commis par les soldats et harkis en Algérie. Une commission dont le rôle n'avait rien d'ambigu contrairement à ce que des magistrats de gauche ne cessent de répéter encore aujourd'hui. Il a tout de suite interdit les exécutions sommaires. Il a exigé en outre que tout individu tué ou abattu même en opérations fût l'objet d'un rapport de la gendarmerie nationale. Il a aussi proscrit les exécutions par guillotine et gracié la quasi-totalité des rebelles condamnés à mort. En 1958, il écrivait au colonel Alain de Boissieu, son gendre, alors en service en Algérie : « Je gracierai les condamnés à mort que d'ailleurs on n'exécute pas. » Il fallait voir à quel point tout cas de torture dûment prouvé le rendait triste et en même temps indigné. En 1958, encore, dans deux autres lettres publiées dans ses *Lettres, Notes et Carnets*, il exige une enquête contre une dizaine d'officiers français nommément désignés par lui, sur des tortures et des exactions dont ils sont responsables, et il s'enquiert des conditions dans lesquelles une jeune fille a été tuée en tentant de s'échapper. En 1961, il écrit à l'écrivain Jean Cassou, conservateur en chef du musée national d'Art moderne, pour lui confirmer qu'il faut empêcher « des injustices, tortures et abus commis à l'égard des musulmans ». Et il approuve l'avocat Jacques Vergès d'avoir écrit un document sur Djamila Bouhired, arrêtée et torturée en Algérie par notre armée puis condamnée à mort et graciée. Il était d'autant plus irrité et peiné par les cas de tortures commises par nos soldats qu'il ne pouvait supporter que l'on attaquât l'armée. « C'est ma famille, m'a-t-il fait souvent remarquer, c'est comme si l'on s'en prenait à quelqu'un des miens. »

— A-t-il jamais eu envie de retourner en Algérie avant son départ définitif du pouvoir en 1969 ?

— Jamais. Le régime en place ne lui plaisait pas. « Les Algériens ne respectent pas les accords d'Evian, leur reprochait-il. Ils se complaisent dans l'anticolonialisme et passent leur temps à nous mettre sur le dos tous les déboires et toutes les calamités dont ils sont eux-mêmes responsables. Quand leur régime deviendra convenable, peut-être alors pourrons-nous avoir des relations normales avec lui. Mais je ne pense pas que je connaîtrai cela de mon vivant. » L'Algérie revenait parfois dans ses conversations avec l'un ou l'autre à Colombey. J'ai surtout en mémoire celle que nous avons partagée en juin 1963. Son dernier petit-fils Pierre venait de naître et il était tout en joie. Mais après le déjeuner, revenant sur un certain nombre de sujets, ses traits se rembrunirent soudain et il montra son irritation. Il en avait contre Ben Bella, le président de la République algérienne, qui avait, un peu plus tôt, demandé la révision des accords d'Evian. « Il ne manque pas de toupet. Il en vient même à nous accuser d'un million, voire d'un million et demi de morts algériens ! » s'exclama-t-il. Une fois calmé, il me confia avec une certaine nostalgie : « J'avais rêvé d'une confédération de peuples libres en Afrique. L'Algérie y aurait occupé l'une des premières places ou la première, non de droit mais de fait. Nous aurions conservé un attachement réciproque et constitué une forme d'entente avec eux, dont notre Union française n'était qu'une première réalisation évolutive. Hélas ! sauf à bénéficier d'abondantes subventions de la France, ni les métropolitains, ni les pieds-noirs, ni les Arabes, ni les Kabyles, ni les Noirs n'en ont voulu. J'attends encore que l'on veuille bien me dire ce qu'il aurait fallu faire et que je n'ai pas fait pour arriver à ce résultat. » Sur ces dernières paroles, je le vis fixer avec mélancolie la petite toile accrochée au-dessus de la porte de son bureau. Il lui arrivait parfois de laisser son regard s'arrêter sur un des tableaux de La Boisserie tout en réfléchissant. Celui-là représente le port d'Alger. Comme je crois l'avoir déjà rapporté, il l'avait acheté au peintre lui-même, Albert Marquet, à Alger où il séjournait fréquemment, pour l'aider dans son œuvre. Peut-être à ce moment-là pensait-il à lui. Qu'avait-il bien pu devenir dans cette tourmente ?

18

DES JOURS PAISIBLES À COLOMBEY

> « Que d'heures s'écoulent, où, lisant, écrivant, rêvant, aucune illusion n'adoucit mon amère sérénité. »
>
> *Mémoires de guerre.*

A Colombey-les-Deux-Eglises, vos parents s'abritaient derrière la plus grande discrétion. Et à part quelques rares privilégiés, personne, et surtout pas les journalistes, ne franchissait cette grande grille de fer forgé de La Boisserie derrière laquelle tant d'admirateurs du Général tentaient vainement de l'apercevoir arpentant son jardin, canne à la main. Alors, pour une fois, laissez-les entrer.

— Bien volontiers. Voici donc, au bout de l'allée gravillonnée, perçant la pénombre des grands arbres qui l'encadrent, la chère maison de mon père. Elle est là, dans toute sa simplicité, devant la large cour où stationnait sa voiture. Là, à la fois accueillante et modeste, sous son manteau de vigne vierge qui semble attendre les rudes hivers de cette région où les radiateurs avaient peine à la réchauffer. Et voici, tout de suite après la porte, l'entrée, où monte l'escalier de bois vers le premier étage, à gauche la salle à manger, l'office, la cuisine, la buanderie et une autre pièce d'angle, et à droite, en enfilade, le salon, la bibliothèque et le bureau du Général. C'est dans ces deux dernières pièces qu'il passait le plus clair de ses journées. Dans son dernier carnet de notes, il citait cette pensée de La Bruyère : « Le meilleur de tous les biens – s'il y a des biens –, c'est la retraite ou un endroit qui soit son domaine. » A La Boisserie, la vie était, loin des tumultes et des brouhahas, lente et paisible Il avait là de quoi restaurer sa paix intérieure. L'écriture, la lecture, le jardin, la forêt proche, et bien sûr la famille, tout concourait à la sérénité. Et chacun d'entre nous s'efforçait de la préserver. Pas de voix plus haute l'une que l'autre, pas de bruits intempestifs, pas de cavalcades d'enfants dans les couloirs et les escaliers, pas de radio ou de télévision bêlante. Juste ce qu'il faut de fond sonore pour animer l'ambiance sans la perturber. Evidemment, mon père absent, il en allait tout autrement. Son désir de tranquillité bridait souvent l'enthousiasme naturel des enfants, mais n'allons pas croire pour autant, comme je l'ai vu écrit, que l'atmosphère respirait la tristesse.

— Le Général a quand même dit, une fois, lui-même, en parlant de Colombey, que ce n'était pas « tous les jours rigolo » !

— C'est vrai. Mais il faisait surtout allusion à la Haute-Marne et à son climat. L'un comme l'autre n'ont pas les qualités que l'on peut, par exemple, apprécier en Bretagne ou dans le Midi. Si vous nous aviez surpris vivant chez mes parents à Colombey en vacances avec nos enfants, vous auriez été étonnés de la bonne humeur, et parfois de la gaieté, dans laquelle baignaient nos journées. Et mon père n'était pas le dernier à déclencher les rires avec ses traits d'esprit et ses boutades. Mais il est vrai qu'il y avait des moments où le silence, ou ce qui pouvait, tout au moins, en tenir lieu, imposait sa loi. Lorsque, par l'un des battants laissé ouvert de la porte double de son bureau, on le voyait penché sur son travail, ou lorsque, à l'approche du journal télévisé du soir, il était plongé dans son jeu de cartes devant sa table de bridge.

— On imagine mal cet homme si actif et si préoccupé par les affaires de son pays, désœuvré au point de passer agréablement son temps à faire des patiences. Comment lui était venue cette habitude ?

— Un désœuvré est celui qui ne cherche pas à occuper son temps, et mon père n'a jamais été celui-là. En revanche, il avait parfois besoin d'observer une pause après des jours d'activités harassantes et la tension nerveuse que l'on imagine, et Colombey était l'endroit idéal où il pouvait s'accorder ce répit. Quant aux cartes, c'est après avoir décidé de s'arrêter de fumer du jour au lendemain, en novembre 1946, qu'il les aligna pour la première fois devant lui. Il voulait calmer sa mauvaise humeur et donner une activité à ses doigts autrement qu'avec des cigares et des cigarettes. Ensuite, il prit cette habitude pour tuer le temps pendant les informations souvent inintéressantes de la télévision. Il n'était pas vraiment joueur. Il aimait d'autant moins le jeu que la part du hasard y était plus grande. Il sentait que l'action implique le risque. Il respectait le Sort (avec une majuscule) qu'il disait maître de tout, mais il ne se risquait pas à le provoquer de façon gratuite comme avec le jeu. Dans la réussite à sept cartes, qui lui était familière, il distinguait son travail propre, qu'il exécutait mécaniquement et sans erreur, de la part du hasard que lui donnait la séquence des cartes dont il n'était pas le maître. S'il gagnait cette partie où il n'était en présence d'aucun autre joueur que lui-même, il le pointait sur une feuille quadrillée pour mesurer les chances que le sort lui avait accordées.

— Il ne peut pas ne pas avoir aimé jouer aux échecs...

— Evidemment. Du jeu de dames, commencé très jeune, il était effectivement passé aux échecs. Ce jeu lui plaisait beaucoup parce que l'art du stratège et le talent du joueur entrent seuls en ligne de compte. Mon grand-père Henri les lui avait appris par des règles en latin qui étaient presque des vers. Mon père me les a transmises à son tour, mais je ne me souviens que d'une seule : *« Regina regit suam colorem. »* (« La reine choisit sa propre couleur. ») En disposant les pièces au départ de la partie, la reine blanche se place sur une case blanche, la reine noire sur une noire. On définissait aussi en latin le roque des tours, les bonds des cavaliers, la course en biais des fous et l'avance modeste des pions. Mon grand-père Henri s'était cru bon joueur dans sa jeunesse jusqu'au jour où, les circonstances l'ayant placé en face d'un champion d'envergure (Alexandre Alekhine ou José Capablanca ?) au Café de la Paix près de l'Opéra, il avait été échec et mat en moins de sept minutes.

Mon père était également un excellent joueur. Il a abandonné définitivement les échecs au moment de la Seconde Guerre mondiale. Plus tard, lorsqu'il voyait disputer une partie en famille, il lui arrivait, en passant à côté de la table, de jouer, au bout de quelques secondes, une pièce ou deux, parce qu'il voyait le jeu instantanément « comme les positions de deux armées sur un champ de bataille ».

— Somme toute, il préférait les cartes ?

— Non, elles ne l'attiraient pas spécialement. Le hasard y intervenait trop à son goût. Mais avant guerre, il consentait à y jouer parfois par attention familiale ou raison sociale. A La Boisserie, il a quelquefois joué avec moi à l'écarté, qui est une sorte de belote à deux, pour marquer un peu d'affection au grand enfant ou adolescent que j'étais. Auparavant, au château de Septfontaines, durant les vacances d'été, il acceptait d'être le quatrième au bridge avec mon grand-père maternel, ses beaux-frères, des cousins ou amis venus de Charleville-Mézières ou de Paris. On ne jouait pas d'argent. Son impatience s'accommodait mal des longues parties, mais il était un partenaire excellent et redoutable car son extraordinaire mémoire visuelle lui permettait de se souvenir de toutes les cartes déjà passées.

— Il n'a jamais risqué de tenter sa chance dans une loterie ou un casino ?

— Inimaginable ! Je ne l'ai jamais vu, par exemple, jouer à la Loterie nationale, pas plus que mes grands-parents paternels qui ne la condamnaient pas mais la jugeaient comme un gaspillage d'argent inutile pas très recommandable, d'autant, remarquaient-ils comme mon père, qu'elle faisait « gagner de grosses sommes à quelques-uns sur la perte d'un grand nombre ». En revanche, il arrivait à ma mère ou à l'une de ses parentes d'acheter en riant un « dixième ». Mais je n'ai jamais entendu qu'elles aient gagné, sauf le remboursement du billet. Quant aux courses, mes parents se refusaient à y mettre les pieds. Ils considéraient le genre comme trop snob et hors de leurs modestes moyens. Je ne crois pas non plus qu'ils aient joué une seule fois à la roulette. L'entrée des salles de jeu était d'ailleurs interdite aux militaires et aux fonctionnaires. Mais dans les premières années de leur mariage, ils se prêtaient parfois à quelques jeux anodins, tel celui auquel ils avaient gagné en surgissant, à 6 heures du matin, chez leurs amis Ditte habitant à l'étage en dessous du leur, square Desaix à Paris. En mangeant des amandes lors d'un dîner chez eux, la veille, mon père avait partagé des « philippines » avec la maîtresse de maison qui lui avait parié qu'elle serait la première à lui dire bonjour à leur prochaine rencontre. Ce fut l'inverse.

— Il n'interrogeait jamais les cartes, comme on l'a si souvent prétendu, pour connaître le succès ou l'insuccès futur de telle ou telle entreprise ?

— Bien sûr que non ! Consulter les cartes eux-mêmes ou par voyante extralucide, c'était une idée que mes parents écartaient formellement. Ils ne l'ont jamais fait. Ma mère m'a raconté avoir demandé, un jour, pour rire, l'avenir à la femme d'un officier déguisée en gitane qui tirait les tarots au profit d'une vente de charité. Comme à beaucoup d'autres, on lui avait naturellement prédit que son mari deviendrait général ! C'est ce qui a donné l'idée à des chroniqueurs, plus tard, d'affirmer que mon père questionnait les cartes pour conduire les affaires de la France ! J'ai lu aussi qu'il se fiait à une de ses bonnes pour savoir comment les Français allaient voter ! Ce bruit venait de ce que Jeanne Prudhomme, la femme de chambre de ma mère à l'Elysée, qui était de Calais, annonçait parfois à sa patronne, lors d'un scrutin, comment les Calaisiens allaient, à son avis, se comporter dans l'isoloir... Combien de fois également n'a-t-on pas voulu faire croire que mon père consultait une voyante quand il souhaitait s'assurer d'une grande décision à prendre. Quelqu'un a même écrit dans un livre que le Général l'invitait à l'Elysée – à déjeuner avec sa femme, s'il vous plaît ! – pour lui demander d'exercer sur lui ses talents de magnétiseur. Ce plaisantin s'est bien gardé de publier son ouvrage de son vivant. Quant à l'astrologie, mon père en disait : « Ce n'est rien d'autre que la poésie du Zodiaque. » Non, croyez-moi, il ne recherchait qu'un délassement dans les cartes qu'il étalait devant lui, chaque soir, avant que n'arrivent les bons plats d'Honorine (« bien chauds », comme il l'exigeait), dont on sentait le fumet envahir la maison.

— Toujours à table à la même heure ?

— Toujours. Qu'il y eût des invités ou non. Il s'attablait vers 12 h 30 ou 12 h 35. Un retard n'était pas apprécié. Si c'était le cas, il s'exclamait : « Mais quel est le problème ? » Illico, ma mère partait en reconnaissance vers la cuisine. Lui grognait : « Je n'ai pas la possibilité de commencer autre chose. Alors, qu'est-ce qu'on fait ? Dois-je retourner dans mon bureau ? » Cela dérangeait son programme. Il fallait qu'il y eût en permanence la même étiquette afin de régler sa vie quotidienne sans perdre de temps. « Les repas à n'importe quelle heure, les imprévus du dernier moment, merci beaucoup, ronchonnait-il, ce sont des habitudes de bohème qui vous empêchent de travailler, de penser. » A la lourde table de chêne, mon père s'asseyait dos à la cheminée décorée de carreaux de Delft et ma mère face à lui. La conversation était cordiale, mais on s'obligeait à respecter la tradition de leur milieu qui voulait qu'à table on ne discutât jamais d'argent ni de problèmes graves. D'autre part, on évitait absolument de déblatérer sur quelqu'un de la famille. Autrement dit, on parlait de tout et de rien, de la pluie et du beau temps, des mauvaises herbes qui envahissaient le jardin, des rosiers qui poussaient bien ou mal, de l'apparition des premiers champignons en forêt ou d'un film que l'on avait pu voir à la télévision, et surtout pas de politique, ce qui aurait pu gâcher l'harmonie de ce moment convivial. On devisait agréablement, mais sans trop s'étendre. Mon père recommandait : « On traite d'un sujet, et quand c'est dit, hop ! on ferme comme le garagiste abaisse son rideau de fer [il faisait le geste en conséquence] et l'on passe à autre chose. »

— Vraiment jamais de politique ?

— Jamais, non, mais c'était peu courant. Cependant, s'il lui arrivait de lancer une remarque d'ordre politique, il ne la faisait pas suivre d'une discussion. Par exemple, il pouvait laisser tomber une réflexion du genre : « Comment ce pauvre Teitgen [leader du MRP] a-t-il pu se fourrer dans une histoire pareille ? » ou : « Bidault n'en manquera donc jamais une ! » Et puis, il passait à autre chose. Tous les membres de la famille se conformaient à ce principe : la politique étant son domaine réservé, on ne pouvait y ajouter son mot que s'il vous interrogeait. Sinon, la conversation en restait là. A La Boisserie, je le redis, il était donc rare qu'il abordât le sujet, même entre la poire et le fromage. Il attendait d'être au salon ou dans la bibliothèque, en tête à tête avec quelqu'un, la plupart du temps avec son gendre, avec moi-même ou encore avec un visiteur. Au fond, aimant bien manger, il ne souhaitait pas gâter le plaisir de la table par quelque ennui.

— C'est lui qui fixait les menus ?

— Non, c'était ma mère, mais, évidemment, en tenant compte de ses goûts. On ne lui présentait donc jamais à manger ce qu'il n'appréciait pas. Même principe pour les vins : il lui faisait confiance. Elle les choisissait et ne se trompait pas. Pas de grands crus, simplement de bons petits vins. Elle lui connaissait un goût pour les bordeaux en général et pour certains bourgognes, le rouge avec les plats un peu relevés ou le gibier, le blanc avec le poisson, les sauternes avec les huîtres ou le foie gras. Le champagne apparaissait parfois au dessert à quelque occasion spéciale. Jamais pour accompagner un repas, pas plus en apéritif. On proposait plutôt du porto, un vin cuit ou encore du muscat de Frontignan. Sûrement pas du whisky, sauf si un invité en demandait, car mon père ne raffolait pas de cette boisson. Non pour des raisons patriotiques, comme on l'a souvent écrit, mais par goût. Il tenait aussi à ce que l'on observât une règle datant de Louis XIV et que l'on a négligée, selon laquelle un verre d'eau rempli d'office doit se trouver immanquablement devant le convive, lequel ne doit jamais avoir à le réclamer. Il y avait toujours une entrée à midi et une soupe de légumes le soir. Un bon pâté en croûte trônait souvent au début des déjeuners. Mon père aimait bien les plats qu'il disait « francs du collier » et « où l'on voit ce que l'on mange ». Par exemple, le pied de porc, le bœuf bourguignon, la blanquette de veau, le lapin aux pruneaux ou, généralement réservé aux dimanches, le pot-au-feu. Il avait un faible pour le bœuf en daube, mais comme ma mère en avait horreur, elle avait déclaré une bonne fois pour toutes qu'il ne le goûtait pas. Il adorait la choucroute bien garnie mais, dans les dernières années, elle avait décidé que les saucisses n'étaient pas bonnes pour lui et tendait donc à les diminuer dans les menus. Pour son grand déplaisir.

— On ne l'entendait jamais protester ?

— Il lui arrivait de regimber. Alors, elle lui accordait un petit supplément. Il appréciait le rôti à condition qu'on ne le servît « pas cru », selon ses mots. Et il était entendu que ce qui était volaille devait toujours être blanc. Quant au poisson, il l'exigeait sans arêtes. D'autre part, il refusait qu'on le lui prépare. « Je le veux entier, comme il est naturellement. Il faut qu'il garde figure humaine ! » recommandait-il en riant. Pourtant, d'une façon générale, il lui déplaisait d'être obligé d'éplucher un aliment. Je ne l'ai pas vu une seule fois mettre les doigts dans son assiette sauf pour manger des cuisses de grenouille ou des écrevisses. Ma mère faisait généralement servir de la salade mais il ne la mangeait que du bout des dents. En revanche, elle ne manquait jamais d'offrir du fromage, mais seulement deux morceaux et de deux sortes : un mou et un dur. La mimolette et le reblochon étaient son choix habituel. Jamais de chèvre qu'ils ne prisaient guère, l'un comme l'autre. Pour le dessert, il penchait pour un entremets ou une tarte. S'il y avait des fruits, il répugnait à les peler. Ma mère savait qu'il préférait une pomme cuite au four à toute pomme au couteau ou à tout autre fruit frais à peau. Quant au café, on ne le prenait jamais à table mais dans la bibliothèque ou, l'été, dans le jardin, assis dans des fauteuils en toile ou des chaises longues. Mon père le sucrait beaucoup trop. Généralement trois morceaux de sucre et un quatrième trempé dans de l'armagnac. Une coutume héritée du Nord. On ne fumait pas pendant le repas. Il déclarait à ce propos : « Fumer en mangeant, c'est une habitude de gens mal élevés des IIIe et IVe Républiques. » On ne restait à table qu'une quarantaine de minutes, quelquefois un petit peu plus s'il y avait des invités importants. Au-delà de ce temps, on l'entendait s'impatienter : « On n'est quand même pas dans un banquet radical-socialiste ! » Je ne l'ai jamais vu faire de sieste. Je sais que même au Liban, autrefois, il n'en faisait pas davantage alors que c'était souvent l'habitude sous ce climat. Jamais non plus je ne l'ai vu assoupi dans un fauteuil, au sortir d'un repas, même à la fin de sa vie. Après le déjeuner, il refaisait plusieurs tours de jardin, seul, en famille ou avec des visiteurs, avant de se remettre à son travail d'écriture. Passant alors par la cuisine, il n'oubliait pas de féliciter Honorine quand tel ou tel mets lui avait particulièrement plu.

— Comment se comportait-il généralement avec le petit personnel ?

— Toute leur vie, mes parents ont eu la chance de tomber sur de très braves femmes qui se sont attachées à eux et les ont servis avec dévouement. C'était le cas de Philomène et de Louise puis de Charlotte et d'Honorine. Ces deux dernières ont vécu à La Boisserie à leurs côtés jusqu'au bout. L'une d'elles est même restée auprès de ma mère devenue veuve et ne l'a quittée que lorsqu'elle est entrée dans une maison de retraite. Le comportement de mon père à leur égard était bon enfant. Il considérait que, faisant partie de la maison et étant mêlées à la vie familiale, elles avaient droit à toutes les attentions. Par conséquent, il a toujours eu beaucoup de respect pour le rôle qu'elles jouaient dans son foyer. Il lui arrivait d'avoir avec elles des gestes assez touchants. Par exemple, désirant qu'elles ne fussent jamais tenues à l'écart des petites fêtes familiales, il les encourageait à venir nous rejoindre pour Noël ou quand on souhaitait l'anniversaire d'un de nos enfants. Je l'ai entendu une fois leur demander si elles se sentaient heureuses sous son toit. Un jour, il a même proposé à Honorine, la cuisinière, d'inviter les siens à venir la voir à La Boisserie. Toute confuse, la brave femme resta coite. Alors, il a insisté : « Mais si, Honorine, ça nous ferait plaisir. Téléphonez-leur. La maison est à vous. »

— Elle a obtempéré ?

— Je crois que oui. L'une des premières servantes de La Boisserie, Augustine Bastide, qui avait été engagée à Londres pendant la guerre, était une Méridionale au franc-parler. Mon père s'amusait parfois à la provoquer quand il se rendait à l'office pour saluer l'une ou l'autre. Et Augustine répondait souvent du tac au tac. En 1946, alors qu'il venait de quitter le pouvoir volontairement, il lui a lancé : « Vous voyez, Augustine, la politique, c'est plus décevant que le travail aux fourneaux. » Alors, les mains aux hanches, elle a rétorqué : « Mais, Général, pourquoi ne vous décidez-vous donc pas à rendre définitivement votre tablier ? » Mon père n'a pu se retenir de rire. Ma

1958

A l'inauguration du domicile parisien de Philippe de Gaulle en 1958, le Général avec ses trois petits-fils, Charles, Yves et Jean, entre Henriette, sa belle-fille (à sa droite) et sa fille Elisabeth. Face à lui, Mme de Montalembert encadrée de son gendre Philippe et d'Yvonne de Gaulle. © DR

1960

Des Français comme les autres

1961

Ci-dessus, en juillet 1960, à Colombey où le peloton du Tour de France s'est arrêté pour le saluer, le Général félicite le maillot jaune, l'Italien Gaston Nencini. © L'Équipe/R. Legros

Ci-contre, en 1961, *de gauche à droite*, devant la piscine démontable de La Boisserie, Yves, Jean et Charles, en compagnie de leur cousine Anne de Boissieu. © DR

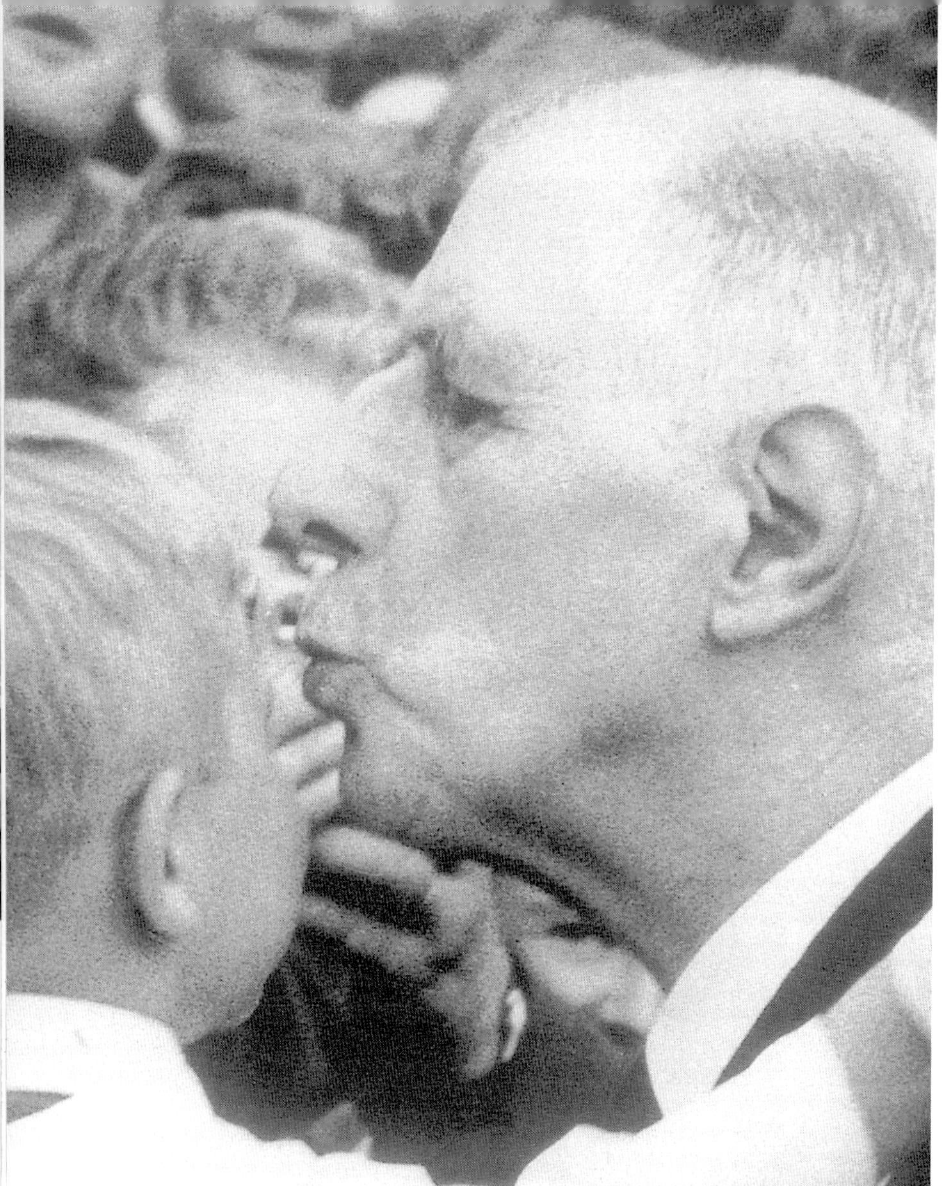

Attendri

Rien ne pouvait lui faire plus plaisir que la vue d'un jeune enfant. Il avait alors des gestes touchants.
Ci-dessus, dans San Francisco en liesse pour lui en avril 1960. © Paris Match
Ci-contre, en Pologne en septembre 1967. © DR

Séduit

Tout le monde a remarqué que le Général n'est pas resté insensible au charme de Jacqueline, l'épouse de John Fitzgerald Kennedy, lors de leur venue à Paris en 1961. © Archives Tallandier

Attentionné

Servant d'aide de camp à son père lors de sa visite en Allemagne en 1962, Philippe de Gaulle veille sur lui comme le ferait sa mère. © Paris Match

1961
Comme à Weymouth en 1943

Deux autres vues plaisaient particulièrement au Général. En novembre 1961, à Toulon, le capitaine de frégate Philippe de Gaulle le reçoit sur son escorteur rapide *Le Picard*. (En 1943, jeune enseigne de vaisseau, il l'avait accueilli à Weymouth, en Angleterre, sur sa vedette lance-torpilles.) © DR
Ci-dessous, en 1964, à La Valette, près de Toulon, Philippe pose en compagnie de ses fils pour Henriette, son épouse. Un cliché destiné aux grands-parents. © DR

1964 **« Pour grand-père et grand-mère »**

L'embuscade

Le 22 août 1962 à 20 h 06, au carrefour du Petit-Clamart, onze hommes armés de huit pistolets-mitrailleurs, de deux fusils-mitrailleurs et de grenades défensives, et commandés par Jean-Marie Bastien-Thiry, ouvrent le feu sur la DS du Général. On a relevé quatorze impacts de balles dont un (A) à hauteur de la tête du Général et un autre derrière celle de Mme de Gaulle assise à droite (B). On a retrouvé cent quatre-vingt-sept douilles sur les lieux. Les quatre passagers, dont le général de Boissieu et le chauffeur Francis Marroux, en sont sortis indemnes. © Archives Préfecture de Police

1962

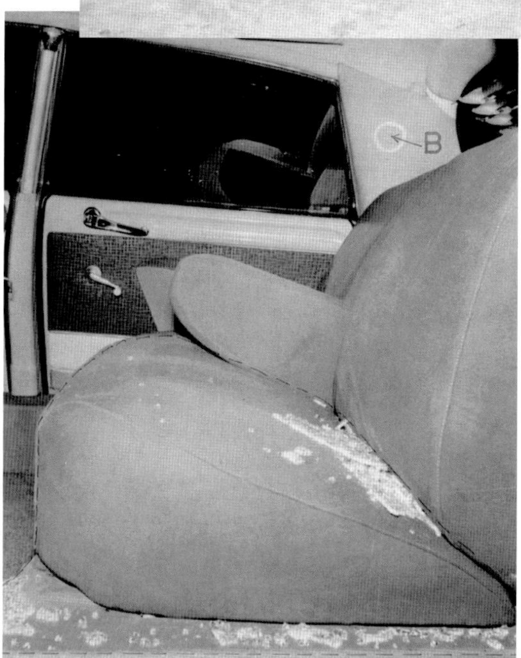

1961

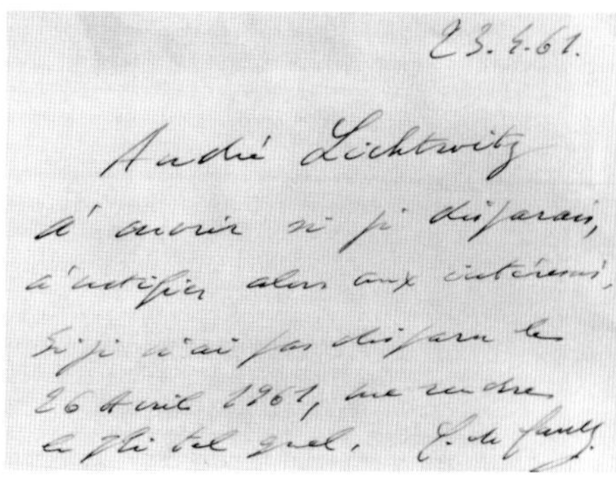

23.4.61.

André Lichtwitz

à ouvrir si je disparais,
à notifier alors aux intéressés.
Si je n'ai pas disparu le
26 Avril 1961, me rendre
ce pli tel quel. C. de Gaulle

Se sachant particulièrement menacé au moment du putsch des généraux à Alger, le Général fait parvenir cette lettre à son médecin personnel lui indiquant probablement la conduite à suivre au cas où il serait victime d'un attentat. © DR

Ils l'ont assisté jusqu'au bout

1970

Le destin a voulu que deux cœurs simples assistent le grand homme au moment de sa mort : Charlotte, la femme de chambre (*ci-dessus* avec Grigris), et *ci-contre* Honorine, la cuisinière. La première a tenté de prendre Mme de Gaulle dans ses bras, l'une et l'autre ont procédé à la toilette mortuaire du Général et l'ont revêtu de son uniforme. Le docteur Guy Lacheny a accouru de Bar-sur-Aube. © JYL

Ils ont tenu à le porter en terre

Les douze jeunes gens âgés de dix-huit à vingt ans (posant ici devant La Boisserie dans les années 90) représentaient toute la jeunesse de Colombey-les-Deux-Eglises. « Il était notre père, ont-ils dit. C'était donc à nous de le porter en terre. » © DR

Maire de Colombey, le docteur Jean Raullet souhaitait que les porteurs du cercueil soient des enfants du village plutôt que des soldats de quelque régiment. © ECPA-D

Seule 1978

Cloîtrée à La Boisserie jusqu'en septembre 1978, Yvonne de Gaulle (à la fenêtre de sa chambre) ne se console pas de la mort de son mari. Elle ne sortira que rarement de Colombey pendant huit ans. © DR
Ci-contre, presque chaque jour, elle va se recueillir sur la tombe de Charles et d'Anne. Ici, le 18 juin 1978. © Albert Chapel

La tendresse d'une arrière-grand-mère 1979

Si peu maternelle pendant toute sa vie, Yvonne n'a de cesse, à la veille de sa mort, de serrer dans ses bras Henri, le premier enfant de son petit-fils Yves et d'Annick de Gaulle que l'on voit ici en sa compagnie. © DR

La relève

Sans leur frère Charles (1948 – 1, 86 m), *de droite à gauche*, Yves (1951 – 1, 94 m), Jean (1953 – 1, 95 m), et Pierre (1963 - 1, 85 m), dans la salle d'honneur de l'ordre de la Libération, devant le portrait de leur grand-père en uniforme de saint-cyrien. « La relève », s'exclamait le Général en voyant ses petits-fils. © F. Guénet

Ci-contre, le Général avec ses frères Pierre, Jacques et Xavier à leur retour de guerre en 1919. © DR

Philippe de Gaulle (1921 - 1,86 m) sénateur de Paris, et son épouse Henriette, née de Montalembert de Cers. Pas un jour ne se passe sans qu'on leur parle du Général et qu'ils voient son nom dans le journal. © F. Guénet

mère avait avec ses servantes une attitude moins conciliante. Il faut dire qu'il lui incombait de les diriger. Elle ne tolérait aucun manquement. « Une maison comme la nôtre ne peut pas souffrir le négligé », leur répétait-elle. Elle surveillait particulièrement leur tenue. Ainsi, pendant les affaires de l'OAS, quand les gendarmes assuraient la protection de la propriété, elle leur défendait de s'enfoncer trop loin dans le jardin de peur, nous expliquait-elle, qu'elles n'engagent la conversation avec eux. Mon père, lui, se souciait des hommes de garde d'une autre façon. Lorsque l'hiver sévissait trop fort, il n'était pas rare qu'il leur fît porter quelque petit « remontant » en souvenir des heures, disait-il, qu'il avait dû passer lui-même sous l'uniforme du simple soldat, battant la semelle pour se réchauffer et attendant la relève. Prudente, ma mère chargeait alors le chauffeur de cette mission ! Henriette, ma femme, qui passait souvent de longues vacances aux côtés de sa belle-mère avec nos enfants, se rappelle qu'elle aimait commander la maison. « Il fallait qu'elle supervise tout, qu'elle veille sur les faits et gestes des uns et des autres, qu'ils fussent petits ou grands. Rien ne devait et ne pouvait lui échapper. Elle était vraiment une maîtresse de maison exemplaire. » C'est elle qui avait charge du porte-monnaie familial. Elle n'était pas mesquine dans les dépenses qu'elle comptait plutôt largement, mais elle contrôlait son budget comme le nombre et l'ordre des serviettes et des draps. C'était pour toutes ces raisons qu'elle aimait particulièrement se retrouver à Colombey. « Là, remarquait encore Henriette, elle pouvait coiffer son monde, régenter, avoir tout un chacun sous sa coupe. »

— Le Général cultivait l'art du secret. En famille également ?

— Bien sûr. Enfant, il m'a répété plusieurs fois : « Sans le secret, rien de bien ne peut se faire. » Il m'a demandé de retenir ce qu'il avait écrit à vingt-quatre ans, alors jeune officier. Je le cite textuellement : « Il faut parler peu, il le faut absolument. L'avantage d'être un causeur ne vaut pas au contraire celui d'être replié sur soi-même, même au point de vue de l'influence générale. Chez l'homme de valeur, la réflexion doit être concentrée. Autrui ne s'y trompe pas. » Quand mon père se fermait, comme s'il s'enfonçait en lui-même, nul n'aurait pu le sonder. Aussi, chez nous, répétons-le, le verbe était mesuré et la discrétion de règle. Il y avait des choses dont ma mère se refusait à lui parler. Des problèmes de la maison, par exemple. Lui-même ne lui livrait pas toutes ses affaires professionnelles ou ses inquiétudes. Leurs confidences, s'il y en avait, n'avaient lieu qu'en aparté, en tête à tête. C'était entendu comme cela entre eux. Chacun avait son domaine réservé. « Pourquoi obliger son partenaire à vous écouter, observait-il, si vous ne pouvez pas le convaincre ou s'il ne peut rien faire pour vous ? Si c'est pour s'en servir comme d'un exutoire, il vaut mieux se taire. » Pas un mot ne devait évidemment sortir de la tribu. Et comme nous nous savions écoutés et épiés par mille oreilles et mille yeux pas toujours complaisants, nous redoublions d'attention. Surtout dans le village de Colombey dont les rues étaient sillonnées nuit et jour par les journalistes et les échotiers du monde entier à la recherche du moindre commérage. Nous savions, d'autre part, que tout visiteur modeste ou important pouvait se transformer en potinier. Nous mettions donc notre langue dans notre poche dès qu'un étranger passait la porte de La Boisserie. Les rares collaborateurs directs de mon père qui fréquentaient la maison devaient bien sûr respecter les mêmes consignes, et du vivant de mon père aucun n'y manqua. Quant aux deux femmes de service, ma mère les avait prévenues sans ménagement : « A la moindre indiscrétion de votre part, vous quitterez aussitôt le Général. » Et l'une et l'autre lui étaient si attachées qu'elles n'auraient jamais voulu desserrer les dents, ne fût-ce que pour donner le nom de son dessert préféré. Lorsqu'elles devaient se rendre à Chaumont pour quelque emplette ou s'y faire coiffer, ma mère les y envoyait en taxi si le chauffeur n'était pas disponible. « Dans le car, expliquait-elle, elles pourraient rencontrer un journaliste, et on sait comment ces gens-là arrivent à faire parler même les plus muettes. » C'est elle qui veillait le plus jalousement à ce que la loi du silence fût respectée à tout instant. Il y allait, garantissait-elle, non seulement de la tranquillité de son mari et de sa santé, mais aussi de sa sécurité.

— Vous voulez parler des menaces du FLN et des attentats de l'OAS ?

— Notamment. Nous prenions garde à ce que nous disions au téléphone, d'autant plus que l'interurbain se connectait par opérateurs, et cela jusqu'au début des années soixante-dix. Cette discrétion portait ses fruits. Rares étaient les échos que l'on pouvait récolter sur le Général. Vous vous souvenez sûrement de l'étonnement de la presse et du public quand on apprit son hospitalisation au moment de son opération de la prostate, en avril 1964. Il était satisfait : selon sa volonté, jusqu'au dernier jour, le secret avait pu être respecté. Même ses collaborateurs directs à l'Elysée ne l'avaient pas partagé. On imagine facilement les mesures que nous avions dû observer pour qu'il en fût ainsi. L'information avait été limitée à trois personnes de la famille qui avaient eu pour consigne de ne pas en avertir leur conjoint, et à seulement deux médecins. Je passe sur les précautions que nous devions prendre, ma mère, ma sœur, ma femme et moi pour échapper aux photographes au cours de notre vie quotidienne. En ce qui me concerne personnellement, cela m'était plus facile dans la mesure où je vivais dans le milieu protégé de la marine. En revanche, mes enfants risquaient d'être une cible plus accessible. Ce fut un jour le cas pour Charles, mon fils aîné, alors âgé de dix-neuf ans, invité chez Johnny Hallyday. Le chanteur, dont mon père appréciait d'ailleurs le talent, ne l'avait pas convié dans une intention publicitaire et était resté discret. Toutefois, des gens mal intentionnés ont rapporté la chose au général de Gaulle qui, contrairement à la légende, ne s'en est nullement offusqué. Il a seulement donné cet avis à Charles : « Johnny Hallyday a du talent dans un genre nouveau. C'est un homme de mérite qui, quoique d'origine belge, a fait son service militaire dans l'armée française où il a terminé sergent. C'est bien de sa part de t'avoir invité chez lui et toi de t'y être rendu. Mais tu ne peux te mêler à un milieu qui est rarement équilibré du point de vue familial, que la publicité oblige à beaucoup d'artificiel, qui est presque toujours amené à dépenser trop d'argent. Tu n'as pas les moyens de le fréquenter. » Mon fils n'a pas insisté et a respecté cette sage recommandation.

— Avec toutes ces précautions, vous n'aviez pas l'impression de vivre un film d'espionnage ?

— Cette discrétion nous paraissait tout à fait naturelle. Nous avions été éduqués, ma sœur et moi, avec ces mêmes principes.

Ils ne nous embarrassaient donc jamais. Encore qu'il soit arrivé à mon père de se gendarmer contre le luxe de précautions que l'on prenait autour de lui pour écarter les importuns. Je garde, par exemple, le souvenir de la fois où, voulant semer des photographes qui le poursuivaient en voiture, lors d'un déplacement en province, son escorte fit prendre à sa DS un chemin de traverse qui aboutit... dans la cour d'une ferme. Sortant de ses réflexions, mon père vit tout à coup des poules folâtrer et des canards barboter autour de sa voiture, laquelle fit aussitôt le tour d'un tas de fumier avant de reprendre le même chemin, ce qu'il n'a pas particulièrement apprécié. Plus sérieusement, j'ai encore en mémoire la colère qui était la sienne quand un de ses projets, même minime, réussissait à parvenir aux oreilles des journalistes. Telle cette promenade sur la plage de Wissant dans le Pas-de-Calais dont le photographe d'un journal local fut imprudemment informé par un copain, fils d'un de mes cousins germains. Pris au téléobjectif, mon père dut interrompre aussitôt sa marche le long de la mer, car il ne voulait rien laisser entrevoir de ses intentions ou de sa personne avant d'en avoir décidé lui-même le moment.

— L'art de la surprise appris dans l'armée ?

— Exactement. Il taisait jalousement toutes ses intentions au point que, pendant la guerre, en Grande-Bretagne, nous n'apprenions parfois nous-mêmes qu'incidemment les décisions qu'il avait prises assez longtemps auparavant, tel son départ pour Dakar ou pour Brazzaville en 1940, ou pour Alger en 1943. Ce mutisme jetait le trouble, ou plutôt « la discorde chez l'ennemi », selon le titre de son ouvrage. C'est ainsi qu'en 1965, entre les deux tours de l'élection présidentielle, il s'interdit de dévoiler ce qu'il pense du score qu'il vient d'obtenir et qu'il trouve – chacun le devine – décevant. Ce silence est aussitôt interprété dans les journaux comme celui du mépris devant le découragement. Et il n'en faut pas plus pour supputer qu'il va se retirer de la compétition, ce qu'il a été fort près de faire. Résultat : les Français inquiets le réélisent avec 54,49 % des voix. Combien de fois nous l'avons entendu récriminer contre les diplomates du Quai d'Orsay « incapables de garder leur langue, toujours prêts à se déboutonner » quand il voyait qu'un de ses projets de visite officielle à l'étranger à peine esquissé avait transpiré dans la presse ! Sa fureur déborda le jour où il lut au cours de sa revue de presse matinale qu'il était en train d'apprendre l'espagnol en prévision de son voyage au Mexique. Non que l'information fût fausse, mais il voulait en laisser la primeur à ses hôtes mexicains. Je l'ai vu ainsi à plusieurs reprises supprimer une excursion dans la région, ou même une simple randonnée en forêt, à cause d'un écho dans la presse locale évoquant cette distraction coutumière ou de la présence de photographes rôdant près de la propriété.

— D'où lui venait son goût pour la nature ?

— De même qu'il y a des gens qui ont la passion du désert et ne peuvent s'en passer, et des marins qui ont besoin de la mer (j'en connais qui prennent le train au moins une fois dans l'année pour aller la voir et la respirer), mon père, comme beaucoup d'officiers de l'armée de terre, était amoureux de la nature. Et puis, cette attirance se mariait à ses conceptions tactiques ou stratégiques, et souvent il tirait de sa vue des conclusions militaires. Il m'est arrivé ainsi en me promenant avec lui dans la région de Colombey de l'entendre m'expliquer en pointant son doigt devant lui : « Tu vois, sur cette colline, autrefois, il y avait un camp romain construit de force par les Gaulois, car les Romains les contraignaient à cette corvée. Ils considéraient ce point comme stratégique et ils avaient raison, car aujourd'hui encore, avec quelques batteries d'artillerie, on peut tenir tout le terrain. » Je ne crois pas qu'il ait pu admirer un paysage avec moi sans émettre en même temps des réflexions tactiques, dresser des plans d'attaque ou de défense, installer des emplacements d'artillerie ou de mortiers, imaginer la progression d'une unité de blindés ou d'infanterie. Et je peux dire qu'en entendant tout cela au long des années et en étudiant les paysages de cette façon, j'ai acquis moi-même un certain sens du terrain qui m'a servi plus tard pendant la guerre, au cours des combats en Normandie et en Alsace, dans les rangs des fusiliers marins.

— De tous les paysages, il préférait encore la forêt. Pourquoi cette passion pour les arbres ?

— Parce qu'il estimait qu'ils imposaient le silence et incitaient à la réflexion. C'est d'ailleurs pour cette raison, vous vous en souvenez, qu'il avait choisi de planter sa tente à Colombey dont les environs sont couverts de forêts ancestrales à perte de vue. Il aurait pu donner les origines de la plupart des arbres européens. Il les connaissait évidemment tous par leur nom. Lors de nos promenades en forêt, il lui arrivait souvent de s'arrêter devant le plus beau d'entre eux et d'indiquer son âge ou ses particularités. Parfois, je le voyais toucher son tronc comme on pose la main sur l'épaule d'un vieux compagnon. Il avait bien sûr un penchant pour le chêne traditionnel de France, mais il prisait aussi les ormes, les beaux sapins, plutôt en groupes, et la charmille. Il en a fait planter partout dans ce jardin. Par contre, il n'aimait pas spécialement les acacias et les frênes.

— C'est pourtant des frênes que l'on aperçoit là-bas. Je me trompe ?

— Vous avez raison. Il n'appréciait ces arbres qu'à condition qu'ils fussent gigantesques, et ceux-là, vous le voyez, ont une taille extraordinaire. Dans ce jardin (vous vous rappelez sans doute qu'il se refusait à lui donner le nom de parc), il avait un rapport privilégié avec les deux peupliers centenaires que vous pouvez voir frémir plus loin, au bas de La Boisserie, et qui ont le pied dans une ancienne mare qu'il a fait combler. Ces arbres sont énormes. On ne peut en faire le tour avec les bras. Lors de ses promenades quotidiennes, il s'arrêtait souvent pour les admirer et, tendant l'oreille, il les écoutait bruire. En excursion dans la région, il n'avait qu'une hâte : quitter le paysage plat et dénudé pour entrer tout de suite dans une forêt ou dans un bois. Il ne se sentait bien qu'au milieu de la solitude peuplée des arbres et se désolait de les voir tomber sous l'effet de la tempête ou couper abusivement par les hommes. Un jour, je l'ai entendu murmurer cette pensée de Chateaubriand : « Les forêts précèdent les civilisations et les déserts les suivent. » Parfois, il disait également qu'il enviait la solitude des trappistes. Je suis sûr qu'il aurait pu vivre à certains moments dans une cabane au fond des bois, loin, très loin des autres.

— Il lui arrivait de s'aventurer seul en forêt ?

— Avant guerre, ce n'était pas rare. Et cela inquiétait souvent ma grand-mère paternelle. Alors, sur un air de reproche, elle me lançait : « Tu n'accompagnes pas ton père ? Il va dans la forêt tout seul. On ne sait pas ce qui peut se produire. » Quelquefois, il disparaissait tout l'après-midi et marchait pendant vingt kilomètres. Quand il revenait à l'heure du dîner, il ne semblait même pas fatigué. Avec moi il se contentait de parcourir dix kilomètres, mais un jour, nous poussâmes jusqu'à vingt. Nous partions tout de suite après le déjeuner et nous rentrions le soir avant le dîner. Souvent, il nous arrivait de nous arrêter pour goûter dans quelque buvette, au-delà de la forêt des Dhuits, par exemple, ou quelque part dans la vallée de la Renne. Il demandait : « Pouvez-vous nous donner un casse-croûte ? » Désolé, le brave homme répondait : « Mais Monsieur – il voyait que c'était quelqu'un qui venait de la ville –, ici, il n'y a rien. Nous n'avons que des rillettes ou du jambon. » Alors mon père, avec enthousiasme : « Mais voyons, il y a tout ce qu'il nous faut ! » Et devant le cafetier et sa femme surpris par tant de contentement de la part de cette personne si bien mise – car, on le sait, il ne sortait jamais qu'en costume trois-pièces –, nous cassions la croûte avec entrain sur le bord de la table avec du pâté de campagne ou de la confiture de groseilles étalés sur des tranches de gros pain, tout cela arrosé avec un verre de limonade ou de cidre local. En revanche, il savoura moins les pique-niques que l'on organisa plus tard, au moment de la « traversée du désert », quand, se sentant un peu enfermé, il se lançait dans une grande excursion en voiture, minutieusement préparée par lui-même sur la carte routière, en emmenant à côté du chauffeur un aide de camp. Des excursions qui l'entraînaient parfois jusqu'à deux cents kilomètres de Colombey. Alors, dans l'impossibilité de fréquenter les restaurants et les auberges où des curieux l'auraient tout de suite entouré, il acceptait de manger sur le pouce, et le plus rapidement possible, dans la forêt, dans un bois ou au bord d'une petite route, à l'écart. De même avait-il horreur de déjeuner ou de dîner dans une pièce dont la fenêtre aurait été ouverte et où il aurait senti un courant d'air. Aussi, nos repas se passaient toujours toutes fenêtres closes ou seulement entrebâillées.

— Pourquoi ? N'aimait-il pas pourtant le grand air, respirer l'odeur de la nature ?

— Si, mais il lui fallait un toit pour se restaurer, et une seule fenêtre grande ouverte lui aurait donné l'impression de ne pas en avoir au-dessus de la tête, de devoir déjeuner à tous vents. C'était psychologique. Je dois dire que j'éprouve le même sentiment. Il faisait remarquer : « J'ai trop connu, dans ma vie militaire, des repas aléatoires pris dans des conditions inconfortables pour m'obliger à en prendre aujourd'hui, à mon âge. » Il mangeait donc un sandwich à la va-vite et remontait en voiture. Ce qui était un peu pénible pour les gens qui l'accompagnaient. D'autant plus que pour lui, l'excursion parfaitement réussie était celle pendant laquelle il avait avalé plusieurs centaines de kilomètres. Or nous, et en particulier ma mère, trouvions naturellement que ce n'était pas le trajet qui comptait, mais ce que l'on pouvait voir sur place. A peine rentrés à Colombey, mon beau-frère et moi devions supputer la nouvelle expédition que l'on allait effectuer dans les quarante-huit heures, alors que notre seul désir était de pouvoir nous reposer calmement à la maison. Ma mère soupirait : « Ton père n'attend que votre arrivée pour recommencer à bouger. » Il expliquait ainsi son incapacité de rester en place : « Nous ne sommes pas pressés mais impatients d'accomplir ce qui doit l'être. » Sa devise aurait pu se résumer à ces mots : tout, tout de suite. Et évidemment, les départs et les arrivées devaient se faire sans perte de temps. C'était une caractéristique de ma famille. Le dimanche, pendant mon enfance, quand nous habitions Paris et que nous devions sortir, mon père nous annonçait : « On s'en va à 9 heures. » Et à 9 heures pile, il mettait son manteau et son chapeau, et trente secondes après, il était sur le palier en train de fermer la porte à clef. Pas question pour nous, enfants, de courir à droite et à gauche si l'on avait oublié de prendre quelque chose, ou pour ma mère de laisser une dernière recommandation à l'aide ménagère. C'était trop tard. Il lui prenait le bras et l'entraînait dehors.

— Sans résistance de sa part ?

— Je ne l'ai jamais vue le faire. Elle trouvait que c'était dans l'ordre des choses. Quand on devait prendre le train, c'était avec la même impatience. D'abord, voyager en famille agaçait beaucoup mon père. Il aurait préféré n'avoir à s'occuper de rien, emporter uniquement quelques papiers et ses affaires de toilette dans une mallette, faire abstraction de toute contingence matérielle, se retrouver seul à la gare, s'asseoir dans un coin du wagon avec ses pensées et attendre que le train s'ébranle. C'est pourquoi le voyage en famille lui paraissait pesant. Il tournait en ridicule son frère aîné, Xavier, qui au moment de partir criait autour de lui (il l'imitait dans cette situation) : « Mais où est Untel ? Mais que fait-il ? Mais pourquoi n'est-il pas déjà là ? » Jamais mon père n'a manqué un train de sa vie, ni ma mère. Et jusqu'à présent, ni ma sœur ni moi. Nous avons été à bonne école ! Quant à accompagner quelqu'un à la gare, il s'y refusait. On ne le suivait pas non plus jusqu'à la porte de l'appartement ou de la maison au moment du départ. On disait au revoir dans la pièce où l'on se trouvait, on prenait la porte et l'on sortait sans se retourner. Il n'y a qu'une seule fois, vous vous en souvenez, où l'on a dérogé à cette habitude dans la famille. Quand mon père a été nommé au Liban en 1929. Nous partions pour deux ans. Mon grand-père et ma grand-mère maternels nous ont accompagnés en taxi à la gare de Lyon. Ils étaient tristes. Etant donné son âge, mon grand-père craignait de ne pouvoir nous revoir. Je sentais mon père désireux d'en terminer. Inutile d'ajouter qu'il ne s'est pas penché à la fenêtre pour un dernier adieu. Quand il décidait de faire une promenade en forêt ou ailleurs, il ne fallait pas traîner non plus. En avant, marche !

— A part la marche à pied, il pratiquait d'autres sports ?

— Au temps de mon enfance, il a surtout monté à cheval. Au château de Septfontaines, chez ses beaux-parents, en vacances, il faisait venir à ses frais la monture qui lui était attribuée militairement ou qu'il demandait qu'on lui alloue à l'Ecole militaire. L'animal arrivait par wagon de marchandises avec l'ordonnance. Mais tout cela s'est révélé coûteux et extrêmement incommode. Par exemple, le cheval que l'on mettait à pâturer dans la prairie sautait les clôtures et il fallait le rattraper, ce qui le mécontentait fort. Si bien que très vite, il a arrêté ce sport. Il a défilé à cheval jusqu'au grade de commandant lorsqu'il était à l'armée du Rhin, dans les années 1927-1929. Et après, il a abandonné à jamais les étriers. Je ne l'ai jamais vu non plus à moto ni à bicyclette. En revanche, il nous avait appris, à ma sœur et à moi, à pédaler sur le petit vélo qu'il nous avait apporté un jour. Je le vois encore courir derrière Elisabeth en la poussant par la selle. Quand j'avais quatorze ans, il a échangé aussi quelques balles de tennis avec moi sur le terrain en ciment qui était aménagé à l'époque, à La Boisserie, car il avait un peu joué dans sa jeunesse. Mais après quelques minutes, devant son désintérêt, mon oncle Jacques Vendroux prenait le relais et il se contentait alors de servir d'arbitre. Si ma mère et les Vendroux avaient beaucoup aimé la montagne, lui ne l'appréciait que comme paysage, parce qu'il l'estimait « grandiose ». Autrement, il grognait : « Je m'y sens enfermé comme dans une vaste cour. » Et puis, grommelait-il, il ne voulait pas être, comme les passionnés d'ascension, « forcé de se déguiser », c'est-à-dire de devoir s'habiller spécialement. C'est d'ailleurs ce qui l'ennuyait le plus dans la pratique de tout sport.

— Il ne partait quand même pas toujours à la chasse en costume de ville ?

— C'était presque toujours le cas. Quand je le voyais chasser (jamais avec ma mère car il n'aurait pu l'y entraîner), il enfilait à peine une veste adéquate. Il ne voulait pas avoir à se convertir en chasseur. Pas plus qu'il n'aurait consenti à mettre des chaussures de montagne ou à s'obliger à traîner des skis. Son fusil lui avait été offert par mon grand-père maternel alors qu'il venait de se marier. C'était un Hammerless de la Manufacture de Saint-Etienne, calibre 12 à deux coups qu'on ouvrait en le cassant. Dès que sa vue a commencé à baisser, il a abandonné cette pratique. Il avait horreur des rendez-vous de chasseurs avec banquet et commentaires. Il trouvait que c'était barbant et d'un autre âge. « Je peux comprendre cela encore au XVIIIe siècle ou même au XIXe siècle entre gens qui ne pouvaient rien faire d'autre, estimait-il, mais aujourd'hui ? » Pour lui, on devait ouvrir la chasse dans une région quand, au bout d'une heure, tout seul et sans chien, on pouvait tirer une pièce de gibier. Sinon, on n'avait qu'à la fermer sur tout le département et dans toute la région jusqu'à ce que le gibier se reproduise. Ou bien, il fallait avoir recours à l'élevage. Il me faisait remarquer que les chasses du roi de France étaient en réalité des élevages. « Quand on relit l'histoire de Louis XIII ou de Louis XIV, m'exposait-il, on apprend que l'on faisait élever des cerfs dans les forêts de Marly pour les chasses royales. D'où, à l'époque, l'extrême sévérité à l'égard du braconnage. Le gibier faisait partie de la nature. Je crois qu'il faut se servir de cette leçon : on doit pouvoir le voir sans avoir forcément à tirer dessus. »

— Quel tireur était-il ?

— Comme tout homme de son âge, il avait appris à se servir d'un fusil à Saint-Cyr et pendant la guerre de 14, et personne ne l'égalait, paraît-il, autour de lui, quand on s'exerçait à la cible. Chassant le lapin pendant mon enfance, je le voyais souvent faire mouche du premier coup. Mais il allait à la chasse plus par raison sociale que par goût, car s'il appréciait le tir, il n'aimait pas tuer les animaux, encore que je l'aie vu abattre un sanglier à bout portant. C'était à Septfontaines avant la guerre. Ce jour-là, je l'accompagnais. A cette époque, les garçons suivaient leur père. Ils portaient le carnier et en même temps on leur apprenait la discipline du chasseur, celle qui lui permet d'éviter les accidents. Mon père n'était pas un chasseur forcené. Il ne fallait pas lui demander de passer des heures à poursuivre une compagnie de perdreaux ou à suivre un chien perdu. J'étais donc à ses côtés au cours de cette mémorable battue de lapins. Tout à coup, un sanglier a débuché, un vieux solitaire qu'un de nos voisins avait dû blesser. Il fonçait droit sur nous. Il allait nous heurter de plein fouet. Alors, mon père qui n'avait que du petit plomb, du 8 pour le premier coup et du 6 pour le deuxième, n'a pas perdu son sang-froid. Il a attendu que le sanglier fût à dix mètres de nous pour appuyer sur la détente. Et il l'a tiré d'une seule cartouche de plombs serrés. L'animal est tombé net, touché en pleine tête. Mon père n'a pas plus bronché que s'il avait tué un lapin. Moi, j'avais l'estomac remonté dans la gorge. Je ne pense pas avoir eu plus peur dans ma vie, même pendant la guerre ! Bien sûr, ma mère n'en a rien su. C'est une histoire qui est restée entre nous deux. Elle faisait partie des secrets entre hommes.

19

LES JUIFS ET LES ARABES

> « Une stricte modération s'imposait à Israël dans ses rapports avec ses voisins et dans ses ambitions territoriales. »
>
> *Lettres, Notes et Carnets*. 3 décembre 1967.

De Gaulle antisémite ? Des Juifs l'ont clamé en tous temps, et certains le pensent encore. Antisémite de par son éducation et ses convictions maurrassiennes, a-t-on dit. Antisémite en raison de son nationalisme intransigeant, pour obtenir l'adhésion du monde arabe... Que disait-il de ces griefs ?

— Il disait que ça n'avait pas de sens. Mon grand-père paternel, Henri de Gaulle, était contre toutes les intolérances de l'anticléricalisme comme de l'antisémitisme. Je garde le souvenir de cette affirmation paternelle : « Mon père se battait pour Dreyfus avec la même passion qu'il se battait pour l'Eglise et l'enseignement religieux. Peu de catholiques pratiquants menaient ces deux combats à la fois. Ils étaient surtout antidreyfusards. » Voilà dans quel esprit Charles de Gaulle a été éduqué. Qui a ensuite été son maître à penser en tant qu'officier ? Un israélite : le lieutenant-colonel Emile Mayer. Ecrivain, il est celui qui l'a peut-être le plus influencé dans sa vie. Mayer, je l'ai déjà dit, tenait entre les deux guerres un salon littéraire à Paris que mon père fréquentait assez assidûment. Quand il a cru souffrir de sa situation d'israélite dans l'armée, il l'a aidé moralement. Sa mort lui a causé une grande peine. Dreyfusard comme mon grand-père, mon père a défendu ses convictions avec acharnement. Ma mère se rappelait qu'un soir, il était rentré furieux d'un dîner en ville parce qu'il s'était querellé avec ses hôtes à cause de « l'affaire ». Il faut savoir aussi que je suis né des mains du professeur Edmond Lévy-Solal qui avait la chaire de gynécologie à l'hôpital Baudelocque. C'était un ami de la famille que l'on rencontrait souvent en vacances au château de Septfontaines, chez mon oncle Vendroux, avant la Seconde Guerre mondiale. Nombre des médecins de mon père étaient juifs : vous connaissez, bien sûr, André Lichtwitz, qui l'avait rejoint à Londres, qu'il a gardé jusqu'à sa mort et qui était son ami le plus proche, les professeurs Pierre Aboulker, Jean Lassner et Adolphe Steg qui l'ont opéré de la prostate à Cochin le 17 avril 1964. Il avait pour les Juifs une grande admiration. Il considérait qu'ils formaient « la communauté la plus intelligente de la terre ». Combien de fois l'ai-je entendu s'exclamer devant le talent de tel musicien, philosophe, scientifique, industriel ou artiste : « Ce n'est pas étonnant, il est israélite ! » Mais il les estimait peu en politique. Il remarquait : « Malgré leur intelligence, il n'y a qu'une chose qu'ils n'ont pas : l'habileté en politique et cela depuis qu'ils existent. Chaque fois qu'ils essaient d'en faire, ça tourne à la catastrophe, cela sans doute à cause de leur parti pris. » Il ne faut pas oublier non plus qu'il y avait beaucoup d'hommes d'origine juive à la France Libre, au Comité français de la Libération nationale et au BCRA, le service secret de la France Libre : Maurice Schumann, André Philip, Pierre Mendès France, Georges Boris, Henry Bernstein, Raymond Aron, Jean Pierre-Bloch, Joseph Kessel, Jules Moch, Maurice Rheims, Maurice Diamant-Berger dit André Gillois, Gaston Palewski qui fut longtemps son directeur de cabinet...

— On lui a reproché de n'avoir consacré qu'une ligne et demie à la souffrance des Juifs dans ses *Mémoires*...

— Pourquoi aurait-il dû s'étendre en lamentations sur la souffrance des Juifs ? Tout le monde la connaissait. Les *Mémoires de guerre*, c'est l'histoire de la France pendant la guerre, ce n'est pas l'histoire des Juifs, même s'ils ont composé la majorité des victimes de la déportation. Mais contrairement à ce qu'on lui reproche, cela ne l'a pas empêché de parler à plusieurs reprises des « honteuses horreurs des persécutions juives ». Alain Peyrefitte fait très justement état de ces citations dans *C'était de Gaulle.* Pourquoi également veut-on ignorer la lettre qu'il a envoyée le 22 août 1940, deux mois donc seulement après son arrivée à Londres, à l'écrivain Albert Cohen, délégué du Congrès juif mondial, où il assure que dès la Libération, justice sera rendue aux communautés juives « qui dans le pays momentanément soumis à l'Allemagne, sont malheureusement en butte à l'intolérance et à la persécution » ? Notons, d'ailleurs, qu'il s'est moins étendu sur la souffrance des desservants de l'Eglise chrétienne qui n'a pourtant pas été moins atroce. Il ne faisait pas de différence entre les Français. Pour lui, je ne cesserai jamais de le répéter, ni la religion ni la couleur de la peau n'était un critère de différenciation. Il fit un jour devant moi, à Londres, cette remarque à quelqu'un qui mettait sa religion en avant pour faire valoir ses bons sentiments de Français : « On ne demande pas à tous les patriotes d'avoir un certificat de baptême. » Il y a une chose aussi qui le mettait hors de lui à ce sujet. C'était quand il entendait que l'on culpabilisait les Français à cause du martyre des Juifs pendant la guerre. Quand il est allé visiter le camp de concentration du Struthof, en Alsace, des gens ont déclaré : « Il faut y élever un monument aux Juifs, comme il y en a ailleurs dans les autres camps. » Alors, il a rétorqué : « Au camp du Struthof, il n'y a eu que des militaires et des résistants – des résistants, je n'ai pas dit des victimes ethniques –, et ces combattants sont tous français. Je ne m'occupe pas de savoir s'ils sont bretons, juifs ou méridionaux. Il n'y aura qu'un monument aux combattants français. » Il soulignait aussi qu'il y avait eu beaucoup plus de Juifs qui avaient été cachés par les Français non juifs que ceux qui avaient été livrés. Encore une fois, mon père ne faisait pas de particularité entre les individus, quelles que fussent leur origine et leur façon de faire. Quand quelqu'un se mettait à rendre les Français coupables de ceci ou de cela, à cause des Juifs, il coupait court et il lui montrait la porte en proférant : « Le peuple français n'a aucune culpabilité à avoir vis-à-vis des Juifs. »

— Comment pouvait-il s'exprimer ainsi et donner la préfecture de police de Paris à Maurice Papon qui, en tant que secrétaire général de la préfecture de la Gironde pendant l'Occupation, a été accusé d'avoir joué un rôle dans le départ de plusieurs convois de Juifs vers les camps ?

— Certes, Papon aurait dû démissionner. De ce fait, il aurait été privé de son traitement et l'objet de sanctions. Il a été un instrument, comme la police et les conducteurs des cars et des trains qui ont concouru à ces transferts. Il aurait fallu alors inculper beaucoup de gens à la Libération. Mais comme Pierre Messmer, je ne crois pas que ce soit la raison fondamentale de son inculpation. Deux jurys successifs composés de résistants notoires l'ont acquitté sur cette affaire et ont même reconnu les services qu'il a pu rendre par la suite à la Résistance. Quand mon père est revenu « aux affaires » en juin 1958, il l'a trouvé en place comme préfet de Police de Paris. Il avait été nommé par un gouvernement précédent. Comme il faisait bien son métier, il n'a pas jugé nécessaire de le remplacer avant la fin normale de son affectation. Par la suite, il est devenu ministre de Valéry Giscard d'Estaing. Je suis persuadé que c'est pour les fonctions qu'il a exercées après la guerre, en particulier contre les crimes et les exactions du FLN et de l'OAS, qu'il a été inculpé. Il s'agissait en particulier de culpabiliser indirectement le général de Gaulle et le président Giscard d'Estaing à défaut de François Mitterrand, et, partant, de culpabiliser les Français pour en réclamer repentance et en obtenir des avantages. Il y a des spécialistes de cela dans certains clans.

— Alors, la fameuse déclaration du Général qui a fait tant de bruit, le 27 novembre 1967, devant la presse internationale : « Peuple d'élite, dominateur et sûr de soi. » De quelle manière a-t-il réagi devant le tollé qu'elle a déclenché ?

— Il a pris cela avec beaucoup de sérénité en remarquant que les polémistes de mauvaise foi tronquaient toujours sa déclaration de ses deux premiers mots. Pour lui, ces critiques véhémentes et ces protestations n'avaient pas de sens. Et d'ailleurs, les Juifs de son entourage le savaient très bien. Aucun de ceux qui lui étaient proches ne s'est brouillé avec lui. Ses médecins, ses amis juifs sont restés les mêmes. C'est un « lobby » qui fricotait toute cette musique dans la presse en plus d'un certain nombre de ses adversaires politiques. Il faut se souvenir que c'est lui qui a rendu aux Juifs d'Afrique du Nord, dès son arrivée à Alger en 1943, la totale citoyenneté que Vichy leur avait enlevée. C'est même une des premières choses qu'il ait faites. Il faut se souvenir de l'adresse que Romain Gary, l'écrivain célèbre d'origine israélite, gaulliste de la première heure et compagnon de la Libération, a lancée à mon père au sujet de sa fameuse déclaration. C'était en 1969. L'auteur de *la Promesse de l'aube* était triste d'avoir vu l'homme qu'il respectait le plus au monde quitter le pouvoir après le référendum perdu. Je me dois de le citer jusqu'au bout : « Votre seule faiblesse à cet égard, mon Général, est que, tout en n'étant pas le moins du monde antisémite, vous vouliez que les Juifs en soient reconnaissants et suivent vos conseils à propos du Moyen-Orient. Je suis sûr que vous vous êtes senti frustré quand ils ont interrogé les Ecritures et qu'ils en ont déduit que vous n'étiez absolument pas Moïse. Après le raid israélien contre le Liban, dont les avions de ligne français sur l'aéroport de Beyrouth ont été l'une des cibles, c'est comme si vous vous étiez senti personnellement offensé par l'action des Israéliens. » Et d'ajouter ces mots qui ont leur poids sur de pareilles lèvres : « Je ne connais pas d'homme qui soit aussi peu antisémite que vous. » Il faut se rappeler également le contexte politique au moment de ces mémorables paroles du 27 novembre qui l'ont poursuivi sa vie durant comme s'il avait commis le pire des blasphèmes à l'égard du judaïsme. Les Français avaient beaucoup aidé les Israéliens avant l'offensive de Moshe Dayan dans le Sinaï en octobre-novembre 1956. Mon père n'était pas au pouvoir à ce moment-là et n'avait donc rien à dire. On leur a fourni des hélicoptères, des Mirage III, des blindés et même secrètement des pilotes. Nos bâtiments de guerre sont même allés bombarder massivement le principal barrage devant la poche de Gaza, de sorte que les lignes égyptiennes ont été complètement enfoncées avec une seule brigade. Jamais personne n'avait autant aidé Israël que les Français.

— Votre père n'était pas d'accord ?
— Tant que c'était pour la sécurité de cet Etat, il approuvait.

Or, le 5 juin 1967, la guerre des Six Jours éclate. Il fait prendre alors à la France une distance normale vis-à-vis de l'Etat juif, comme il en avait pris à l'égard de tous autres Etats belligérants. Et aussitôt, avec provocation, estime mon père, Mme Golda Meir déclare à notre intention : « Ceux qui ne sont pas avec nous sont contre nous. » En permission à Colombey un mois et demi plus tard, j'y retrouve un père courroucé à l'évocation de cette récente guerre. Après avoir suivi à la télévision sur la deuxième chaîne – nous commencions à la recevoir à cette époque en Haute-Marne – les images de l'offensive israélienne dans le nord du Sinaï et la destruction de longues colonnes de chars par l'aviation, je le vois fermer le poste d'un geste brutal. Puis, secouant la tête avec mauvaise humeur, il s'insurge : « J'ai tenté en vain d'expliquer aux Israéliens que leur vocation est de faire la place de leur peuple petit à petit par une immigration prudente, des négociations subtiles ou appuyées et les soutiens matériels considérables dont ils disposent presque partout à l'étranger, en particulier aux Etats-Unis. Au lieu de ça, par ce "blitzkrieg", ils vont rassembler contre eux tous les Arabes, lesquels ne sont pourtant pas d'accord entre eux. Je les ai prévenus et ils ont persévéré. La situation va devenir inextricable. » Souvenez-vous de ce qu'il avait déclaré au ministre des Affaires étrangères israélien avant la guerre des Six Jours : « Comme vous êtes les plus forts, vous allez gagner cette guerre en moins d'une semaine. Vous allez prendre des territoires aux Arabes, puis vous les occuperez. Comme vous serez des occupants et qu'il y aura des occupés, une résistance surgira fatalement. Vous la réprimerez, mais cela durera longtemps. Alors, un jour viendra où vous serez noyés dans un monde hostile. » Je me souviens qu'après avoir commenté ces événements dans le Sinaï, il était si irrité qu'il avait à peine touché au déjeuner qui avait suivi, à la grande déception de ma mère et de la malheureuse Honorine qui s'étaient donné beaucoup de mal pour lui mijoter en secret je ne sais quel plat qu'il appréciait particulièrement.

— A la suite de sa conférence de presse explosive sur le « peuple d'élite », il aurait répondu à sa sœur, Marie-Agnès, qui lui demandait des explications : « Je n'ai rien fait d'autre que de répéter ce que notre père disait lorsqu'il lisait la Bible. » Votre grand-père disait ça aussi ?

— Marie-Agnès, je le répète encore, était la seule personne de la famille qui parlait beaucoup et souvent trop. Et c'est elle qui a prononcé cette phrase. Ce n'est pas lui. Il n'a jamais évoqué ce passé-là. Il n'allait jamais chercher des références chez ses parents ou ses grands-parents. Il était très actuel, très moderne. Il visait toujours l'avenir, et avec le bon côté de la lorgnette. Pour ma part, je lui ai posé cette question : « Vous avez parlé de la supériorité intellectuelle des Juifs. Est-ce pour cette raison que vous avez employé la formule “peuple d'élite, dominateur et sûr de lui” dont leur propagande hostile a volontairement oublié les deux premiers mots ? » Il m'a répondu : « Depuis le début de l'humanité, les Juifs, qui se marient entre eux et se considèrent comme “le peuple élu” de la Bible, sont peut-être les plus intelligents de la terre. Ils ont gardé leur supériorité dans le domaine des sciences, de la médecine, de la musique, des arts et lettres, de l'économie, de la finance, etc. Ces mots, comme le reste, sont des compliments. Peuple d'élite, sûr de lui et dominateur... Je voudrais bien pouvoir en dire autant des Français ! » Pour ma part, quand je vois défiler les actualités, aujourd'hui, avec leur lot de deuils, de sacrifices et de misère dans chaque camp, je mesure mieux encore combien il a eu raison de dire leur fait aux Israéliens sans s'encombrer de fioritures.

— Est-il exact qu'il s'est fâché avec le général Kœnig, compagnon de la Libération, héros de Bir Hakeim, dont les convictions proisraéliennes n'étaient pas à son goût ?

— Pierre Kœnig faisait partie de ceux qui dans l'armée française avaient ouvert leur porte un peu trop grande aux officiers israéliens à l'époque de la coopération militaire entre les deux pays, et mon père était agacé de voir que les états-majors israéliens avaient mis barre sur celui de la rue Saint- Dominique. Je m'en souviens très bien puisque j'ai travaillé pendant dix-huit mois à cet endroit. Les officiers israéliens rentraient dans l'état-major comme dans un moulin alors que les Américains et les Anglais, pour ne citer que ceux-là, devaient montrer patte blanche. Ils s'asseyaient sur les bureaux pour discuter avec leurs copains français. Ils étaient vraiment chez eux. Alors, mon père a mis le holà : « Dans l'état-major français, a-t-il rappelé fermement, il ne doit y avoir que l'état-major français. La place des officiers de liaison étrangers est dans les ambassades. » Et il leur en a fait interdire l'entrée. Tout comme Jacques Soustelle, fondateur du Comité français pour l'alliance France-Israël, Kœnig n'a pas compris l'infléchissement majeur de la politique française à l'égard de l'Etat juif. Il trouvait inconcevable que l'on ait pu interrompre toute collaboration avec les physiciens nucléaires israéliens et cesser toute livraison de matériels militaires à Tel-Aviv. Mon père regrettait son attitude. Il disait de ce compagnon des premiers jours : « Il est victime de ses amitiés. Il a eu tort de mélanger ses sentiments avec la politique. Les Israéliens ne le font pas. » En Français Libres, les deux hommes se sont expliqués franchement. Sans se fâcher.

— Si l'on en croit un biographe, le Général lui a quand même renvoyé les trophées de guerre qu'il lui avait offerts à la Libération et qu'il exposait dans son bureau, à Colombey...

— Qu'est-ce que c'est que cette histoire ? Mon père possédait en tout et pour tout deux trophées de guerre : le poignard de Hitler et l'ultimatum de Rommel aux défenseurs de Bir Hakeim. Il les conservait précieusement à La Boisserie dans une vitrine de son bureau. Je les ai remis à l'ordre de la Libération peu après sa mort. Comme je crois l'avoir déjà mentionné, les deux seuls souvenirs militaires que l'on pouvait également voir dans son bureau étaient le drapeau du 507e chars et le fanion du 19e chasseurs, deux unités qu'il avait, on s'en souvient, commandées entre les deux guerres. A côté, dans sa bibliothèque, était exposé dans une vitrine son sabre de Saint-Cyr retrouvé miraculeusement dans sa cantine laissée à Paris, à l'hôtel Lutétia, laquelle était recouverte d'affaires abandonnées par des soldats allemands ! J'ajouterai que celui qui a inventé cette histoire de trophées connaît mal mon père, car le geste qu'il lui a prêté ne lui ressemble pas. Et répétons-le, ses relations avec le héros de Bir Hakeim n'ont pas souffert de ces aléas.

— Comment a-t-il pris les reproches que lui a adressés le grand rabbin à la suite de sa fameuse déclaration sur le peuple israélien ?

— Leur rencontre a eu lieu un peu plus tard, en janvier 1968. Je revois mon père le mois d'après alors que, quelque temps auparavant, il est allé rendre hommage à Toulon aux victimes du *Minerve*, le sous-marin disparu au cours d'une plongée en Méditerranée. Mgr François Marty vient de succéder à Mgr Pierre Veuillot en tant que cardinal-archevêque de Paris, et je sens que la nouvelle de cette succession le contrarie. Contrairement aux usages séculaires, le pape Paul VI n'a pas jugé utile de le consulter avant que le Vatican ne décide de ce choix. Est-ce la raison de son irritation ? Non. Il finit par m'expliquer : « Mgr Marty est très marqué à gauche et je le vois déjà favorable aux mouvements sociaux, et être trop indulgent envers les trublions de Nanterre. » La police avait dû intervenir pour faire évacuer les locaux de cette université devant l'agitation de ses quinze mille étudiants. C'étaient les prémices du mois de mai... « Je crains, m'avoue-t-il, que mes relations avec ce cardinal ne deviennent vite difficiles. » Et aussitôt, il enchaîne sur son récent entretien avec le grand rabbin Jacob Kaplan qu'il vient de recevoir à l'Elysée. « Cette autre éminence religieuse est toujours prête à imaginer des intentions de nuire, à nous créer des problèmes. J'ai tenu à mettre les choses au point. Je n'ai pas mâché mes mots. Je lui ai déclaré : "Notre sympathie pour les Juifs est indiscutable, mais faudrait-il encore que certains ne se sentent pas plus israéliens que français. Leur prise de position en faveur de l'Etat d'Israël est inadmissible." Il m'a alors répondu que cela ne signifiait pas de leur part une double allégeance, qu'ils ne se sentaient pas moins absolument français, mais j'avoue que j'ai peine à le croire. » Ce qui l'agaçait aussi chez certains Juifs, c'est leur internationalisme entre coreligionnaires, à la différence des chrétiens et des Arabes qui ont souvent des intérêts opposés et qui se font la guerre. Il observait : « On peut être solidaires entre coreligionnaires sans pour autant abandonner sa nationalité au profit d'une autre. » En quoi d'ailleurs il regrettait qu'à Jérusalem il n'y eût pas une espèce de Vatican, c'est-à-dire un Etat juif uniquement spirituel, si l'on peut dire, où l'on aurait conservé la doctrine sans se mêler de politique.

— Michel Debré, qui avait des origines juives, aurait dit que le Général n'aimait pas les Arabes, qu'il les traitait « d'effroyables salauds ». C'est pourtant votre père qui a inventé la politique arabe de la France. Comment expliquer cette antinomie ?

— J'ai lu cela moi-même quelque part. J'ai lu également que Bernard Tricot, qui fut le secrétaire général de mon père à la Présidence, aurait rapporté qu'il méprisait les Arabes. A moins que ces deux hommes n'aient voulu parler des auteurs des exactions du FLN quelques années auparavant, il est impossible qu'ils aient pu tenir de tels propos. Mais avez-vous vu où l'on est allé chercher tout cela ? Dans les archives diplomatiques israéliennes ! Comment peut-on imaginer pareilles paroles dans la bouche de mon père et dans celle de ces deux hommes qui lui étaient si attachés ? On a même fait déclarer à Debré – après la mort de ce dernier, bien sûr – que la position du général de Gaulle à l'égard du problème israélo-arabe découlait de son psychisme « infantilo-psychologico-sénile » ! Mon père avait au contraire un grand respect pour les Arabes. Il avait aussi beaucoup d'estime pour leur courage au cours de l'Histoire. Avec quelle flamme il m'apprenait, enfant, comment ils avaient été des conquérants inégalés, comment ils avaient soumis le Maghreb, la péninsule Ibérique et même une partie de la Gaule méridionale. Je l'entends encore me conter l'histoire de Schéhérazade, d'Aladin et la lampe merveilleuse, me décrire avec force détails l'épopée de l'empire fameux des Omeyades, du khalife de Bagdad entouré de ses esclaves turcs et berbères... Je le vois, en 1930, à Beyrouth, alors qu'il est affecté à l'état-major du général commandant les troupes du Levant, essayant avec « des idées simples » de démonter le mécanisme de cet « Orient compliqué », tel qu'il le qualifie dans ses *Mémoires*. Je n'avais pas encore dix ans, mais je me souviens qu'il recevait chez nous, non pas à dîner car la vie était très sommaire, mais au cours d'une réception, des officiers libanais qui venaient, coiffés de leur keffieh, de leur tarbouche ou de leur bonnet en peau d'agneau gris – ce qui m'impressionnait beaucoup –, et discutaient avec lui de leur pays et des problèmes de la région. Et Dieu sait s'il y en avait, à les entendre ! De même que je me rappelle le jour où, à l'occasion de la distribution des prix de l'université Saint-Joseph, il s'est adressé aux jeunes Libanais en les exhortant à construire un Etat digne de ce nom. Quel enthousiasme montrait cette assistance devant de telles paroles ! Sa politique arabe, elle est née là, déjà.

— Que rétorquait-il quand on prétendait qu'il avait saisi le prétexte de la guerre des Six Jours pour renverser les alliances et devenir proarabe ?

— C'est Jean-Jacques Servan-Schreiber, l'ami inconditionnel de l'Etat hébreu, qui ne cessait de développer cette thèse de la volte-face à longueur de colonne. « JJSS », qu'il surnommait « le turlupin », avait le don de l'électriser. Il secouait ses larges épaules : « Quelle volte-face ? Ai-je jamais été proisraélien ? Suis-je aujourd'hui proarabe ? Quand comprendra-t-on que je ne suis que profrançais ? » Et plus sérieusement : « La différence entre nous, les Anglais et les Américains, c'est que lorsqu'ils se penchent sur le monde arabe, ils ont toujours une forte odeur de pétrole dans le nez et un bruit de tiroir-caisse dans les oreilles alors que nous, nous ne pensons qu'à la façon de consolider la paix de cette région et de la préserver de l'influence soviétique. » Le 28 décembre 1968, nous passons de tranquilles vacances à Colombey après le pandémonium de mai quand nous apprenons qu'un commando israélien vient de détruire sur l'aérodrome de Beyrouth deux Super Caravelle d'Air France tout en épargnant d'autres avions, en particulier américains. Je sens mon père hors de lui. Je vois que, dans son bureau, il tourne et retourne entre ses doigts la minuscule rondelle de cèdre qu'il a rapportée il y a bien longtemps du Liban, et qui, exposée avec d'autres objets, évoque pour lui son séjour dans ce pays avec ma mère et nous. Tient-il à se remémorer ce souvenir au moment où l'actualité le ramène dans cette région ? Cependant, à l'inverse de ce que je pense, il n'en a pas contre les Israéliens mais contre Washington et Londres. Nous parcourons maintenant à grandes enjambées le jardin figé sous la gelée blanche dans une quiétude que ne troublent que quelques oiseaux courageux. Il me parle, mais c'est au fond à lui-même qu'il s'adresse : « J'ai dit encore à Abba Eban quand il est venu me voir à l'Elysée : “Contentez-vous de faire des affaires avec les Arabes. Vous êtes les plus astucieux, vous avez plus de moyens. Vous ne risquez rien. Vous êtes les plus forts. Restez dans vos frontières. Ne bousculez personne, ne vous brouillez pas avec vos voisins.” Et qu'est-ce que les Israéliens ont fait ? Le contraire. En plus, ils se sont engagés dans une guerre préventive. Et aujourd'hui on s'étonne que de Gaulle ne soit pas content ! » Il donne de sa canne dans un buisson immaculé qui, d'un coup, s'ébroue.

— L'Israélien devait avoir encore sa conférence de presse de novembre 1967 en travers de la gorge !

— Qu'a-t-il déclaré dans cette conférence de presse qui reste en partie toujours d'actualité ? Aucun règlement ne peut se faire sans l'évacuation des territoires qui ont été pris de force aux Palestiniens et la reconnaissance des deux Etats, juif et palestinien, par chacun d'eux et par les autres. « A moins, a-t-il ajouté, que les Nations unies ne décrètent elles-mêmes leur propre charte. » Après quoi, stipulait-il encore, il faudra effectuer un tracé précis des frontières et attribuer à Jérusalem un statut international. « Si un tel accord voyait le jour, concluait-il, la France est d'avance disposée à prêter sur place son concours politique, économique et militaire pour que cet accord soit effectivement appliqué. » Dans le jardin tout blanc, rien ne pourra lui faire parler d'autre chose et calmer sa colère. Même pas le petit vent glacé qui nous traverse le dos. Il reprend : « Quand les Israéliens comprendront-ils où est leur véritable intérêt ? » Et après quelques pas en silence : « Tout cela, c'est parce qu'ils écoutent les Américains et les Anglais qui n'ont dans cette région que des visées mercantiles. Nous, Français, qui côtoyons la Méditerranée et connaissons ses riverains, nous sommes bien placés pour savoir que les Américains n'ont jamais rien compris aux Arabes chez qui ils ne voient que des ennemis d'Israël. Quant aux Anglais, ils ont toujours voulu découper la région en morceaux pour les recoller à leur manière sans tenir compte des populations qui les occupent, de leur race, de leur religion, de leurs traditions. Une mesure d'Irak par-ci, un lopin d'Arabie par-là, une bribe de Kurdistan, un zeste de Palestine, une pincée de Transjordanie... Le monde arabe redessiné par un épicier ! Et tout cela, bien sûr, pour contrer la tutelle ou l'influence de la France. » A la fin de notre promenade, rares étaient les buissons qui avaient conservé leur manteau de givre.

20

UNE FOI RÉFLÉCHIE

« La flamme chrétienne, celle qui répand la lumière de l'amour et de la fraternité sur la vallée des peines humaines. »

Discours et Messages. 19 février 1950.

A partir de 1959, la France a eu à sa tête un président de la République chrétien et pratiquant. C'était une première car, pour la plupart, ses prédécesseurs avaient été agnostiques. A-t-on jamais vu depuis la monarchie un chef d'Etat au catholicisme aussi zélé ? Toute la vie du Général a rayonné d'une foi ardente. D'où lui venait-elle ?

— De sa tendre enfance. Par l'éducation catholique inculquée d'abord par les femmes. Sensible, sa religion passait donc par la Vierge Marie. Dans sa famille, le culte marial était une tradition ancestrale. Ainsi, Anne Joséphine de Gaulle, qui était une arrière-grand-mère de mon père, avait envoyé un petit livre édifiant sur la Sainte Vierge, la reine du Ciel, à la comtesse de Chambord. Cela parce que la religion catholique faisait également partie du pouvoir et donc de la monarchie. Si bien que ma grand-mère paternelle était viscéralement monarchiste. C'est pourquoi elle fut désolée de constater, plus tard, que son fils, élève à Saint-Cyr, chantait le *Chant du départ*, un chant républicain par excellence. Elle se lamentait, reprochant à ses fils d'avoir répudié l'engagement familial pour devenir des partisans de la « mécréante République ». Mon grand-père paternel, lui, voyait les choses d'une manière beaucoup plus philosophique, ou disons, pragmatique. Il se voulait, ai-je déjà dit, monarchiste de cœur et républicain de raison, l'Empire procédant pour lui de la République. En tant que chef de famille, il veillait sur l'éducation religieuse de ses enfants, mais c'était surtout son épouse qui en avait la charge. Elle inculquait à mon père, comme à ses trois frères et à sa sœur, l'amour de Dieu en même temps que le patriotisme. Cela avec la discrétion dont elle entourait tous ses gestes, ce qui a pu faire croire à certains qu'elle jouait un rôle effacé auprès d'eux. Rappelez-vous la première page des *Mémoires de guerre* : « Mon père, homme de pensée, de culture, de tradition, était imprégné du sentiment de la dignité de la France. Il m'en a découvert l'Histoire. Ma mère portait à la patrie une passion intransigeante à l'égal de sa piété religieuse. » Très à cheval sur les préceptes religieux, mes grands-parents ont voulu que mon père fût baptisé le jour même de sa naissance. N'était-ce pas pour lui assurer la vie éternelle s'il était mort au premier âge ? Né à 6 heures du matin, à Lille, le 22 novembre 1890, il a donc été porté sur les fonts baptismaux à 11 heures, dans le froid de novembre de l'église Saint-André. Pas question d'attendre un jour de plus. La religion de la famille était très profonde. Il revenait de droit à l'un des frères de mon grand-père que l'on donnât son prénom au garçon qui venait de naître. Or, il y avait l'un de ses oncles, l'aîné, qui s'appelait Charles. Petit fonctionnaire de la préfecture de Paris et assez original, il était devenu bretonnant en apprenant le celte. On l'aimait bien dans la famille, et puis, il était paralysé des jambes. Peut-être ce détail explique-t-il aussi pourquoi il a été choisi comme parrain. Placé chez les jésuites, mon père reçoit de leur part un complément de formation religieuse très poussé. Après sa première communion à la chapelle de l'Immaculée-Conception de la rue de Vaugirard, on le voit servir la messe, à l'exemple de ses camarades, dans différentes institutions, et participer à des retraites. A dix-sept ans, le 31 août 1907, brancardier en pèlerinage à Lourdes, il assiste à un miracle pendant la procession du Saint Sacrement. Une jeune Italienne paralysée et tuberculeuse retrouve subitement l'usage de ses jambes. Cette scène va évidemment approfondir sa foi.

— Une foi de charbonnier, disait-on...

— Je dirais plutôt : une foi raisonnée. A l'inverse des athées qui, sans être contre Dieu et contre l'Eglise, n'admettent pas ce qu'ils ne peuvent élucider, et qui, par conséquent, considèrent que jusqu'à ce qu'ils puissent en trouver l'explication, ça n'existe pas, mon père pensait, comme son propre père, que l'intelligence de l'homme est limitée à un certain niveau, d'où son incapacité à tout comprendre. En cela, Malraux, qui était athée, avait le même avis. Il lui a confié un jour cette pensée : « L'homme est toujours à la recherche du monde et de son humanité, mais il n'arrivera jamais au bout. »

— Certains biographes ont laissé entendre que votre père avait probablement eu, à un moment, l'envie de se diriger vers le sacerdoce et que cette vocation religieuse avait été brisée par l'inconduite d'un prêtre...

— Il n'a jamais eu la moindre vocation religieuse. Jamais il ne l'a envisagée. Qu'un prêtre ait dû quitter les jésuites lorsqu'il était chez eux, c'est possible. Ce genre d'accident peut arriver depuis que l'Eglise existe. Mais je ne crois pas que cela ait pu modifier en quoi que ce soit ses convictions de chrétien ou sa propre conduite. Je ne me souviens plus si c'est à ce sujet ou à propos de l'indignation des adversaires politiques entre eux que mon père me parla un jour de Judas. Il a eu ces mots : « Il peut y avoir des gens à qui l'on attribue une trahison à tort. Le cas de Judas est un exemple. » Il ne pensait pas que Judas ait eu conscience de trahir. « Judas, m'a-t-il exposé, a suivi un prophète par lequel il a cru voir le retour de la puissance des Juifs. Et voilà que quarante-huit heures avant sa mort, Jésus-Christ déclare : “Mon royaume n'est pas de ce monde.” Alors, Judas s'écrie : “J'ai été trahi.” Il est persuadé qu'il a été trompé. Indigné, il clame aussitôt que Jésus-Christ est un traître, un agitateur. Ce n'est pas à proprement parler une trahison. Quand il s'est aperçu ensuite qu'il était dans l'erreur, il s'est suicidé. Mais sur le moment, l'indignation l'étouffait. » Mon père a conclu : « La même chose se retrouve en politique. Indignés, des gens se retournent contre vous en jurant qu'on les a trompés alors qu'ils se trompent eux-mêmes. » L'inconduite supposée de ce jésuite me fait me rappeler l'attitude de mon père au moment de l'affaire du curé d'Uruffe. Vous n'avez sûrement pas oublié l'horrible histoire de ce prêtre qui avait tué sa servante devenue enceinte de ses œuvres. Il avait été condamné à mort à juste titre et mon père l'avait gracié. Je lui ai demandé pourquoi. Il m'a répondu : « Parce qu'on n'exécute pas l'oint du Seigneur. Même s'il est indigne, il reste toujours consacré. »

— Votre père passait pour ne pas aimer parler de religion avec ses proches. Ça ne lui arrivait jamais ?

— Bien sûr, qu'il parlait de Dieu et de religion avec eux. Très nombreuses sont les lettres qu'il nous a adressées, imprégnées d'une grande spiritualité et où le nom du Créateur apparaît. C'était souvent lors de condoléances ou à l'approche du jour des Morts. Je me souviens, par exemple, de ce qu'il écrit à ma tante Marie-Agnès, le 3 novembre 1950, après avoir évoqué « nos chers disparus » dont « notre pauvre petite Anne » : « Dieu a voulu que le destin s'accomplisse plus vite pour eux que pour d'autres. Mais le terme est toujours le même. » L'annonce d'une vocation est un événement qui lui fait également célébrer le Seigneur au bout de sa plume. Celle de son neveu, François de Gaulle, devenu père blanc en 1950, l'a particulièrement ému. Dieu est présent dans presque chacune des lettres qu'il lui destine. A son ancienne secrétaire bénévole à Londres, Elisabeth de Miribel, qui l'informe, en 1949, de son entrée au Carmel, il écrit : « Vous apporterez à Dieu, en même temps que vous-même, une œuvre dont vous avez pris une large et noble part et des expériences françaises qui brûleront toujours jusque sur nos tombeaux. Vous aurez, n'est-ce pas, pour moi, pour les amis, pour les prêtres, une prière. » Et à un prêtre, auteur d'un ouvrage consacré à l'amiral Thierry d'Argenlieu, son compagnon des premiers temps de la France Libre, qui a été carmélite : « Dieu a voulu qu'un religieux, ardent serviteur de la foi et de son ministère, ait été lié de près à ce que j'ai pu tenter de faire pour la France. J'en remercie notre Père du Ciel. » Je l'ai vu discuter de religion avec de simples prêtres ou des aumôniers en Grande-Bretagne, pendant la guerre. En France, plus tard, cela se produisait généralement à la sortie d'une messe, que ce soit à Colombey ou au cours d'un déplacement officiel. Mais n'allez pas croire qu'il passait son temps avec eux et qu'il allait allumer des cierges dans toutes les églises rencontrées ! La bigoterie n'était pas son fort. Il se moquait même gentiment de ceux qui la pratiquaient. C'était surtout le travers des femmes de sa génération.

— Vous ne voulez quand même pas parler de votre mère ?

— Surtout pas de ma mère, non, surtout pas. Ils s'accordaient d'ailleurs très bien tous les deux sur ce sujet. Mes grands-parents maternels et paternels avaient la même mentalité, quoique à Calais, dans la famille de ma mère, on fût peut-être un peu plus critique, un peu plus ouvert. Mais les convictions étaient identiques. Enfant, j'entendais souvent mon père parler de Dieu. Par exemple, dès le plus jeune âge, quand nous nous rendions à la messe en famille, ma sœur et moi, que ce soit à Saint-François-Xavier ou à Notre-Dame-des-Champs, lorsque nous habitions boulevard Raspail, ou à la cathédrale Saint-Louis de Beyrouth, ou encore dans quelque église catholique d'Allemagne, il tenait à nous faire savoir : « Mes enfants, on vient là pour adorer Dieu, pour lui rendre hommage. Dieu est le maître de tout, c'est le Sort avec un grand S, le destin. [Même quand il faisait des réussites, le soir, à Colombey, je l'ai dit, il pensait que le sort intervenait.] Alors, naturellement, si on se laisse aller, le sort vous abandonne. Mais il est possible qu'il soit difficile et cruel quoi que vous fassiez. En définitive, ce n'est pas vous qui êtes le Juge suprême. » Et il parlait du Dieu des Français, le Dieu de la Victoire. Le Dieu qui vous donne la victoire à vous, pas aux autres, ce qui prouve qu'il vous a choisi et qu'il faut lui rendre grâce. Dieu est avec nous, *Gott mit uns*. Avec nous, pas avec l'ennemi. Il ne nous abandonne pas. Cette théorie le mettait un peu en litige avec les curés qui soutiennent que l'on va d'abord à l'église pour retrouver son prochain, se congratuler mutuellement, s'embrasser les uns les autres. « Bon, c'est très bien que l'on s'embrasse les uns les autres, mais il faut d'abord rendre hommage à Dieu, contestait-il. C'est pour cela que l'on va à l'église. » Comme son père, il se voulait chrétien libéral, c'est-à-dire avec l'ouverture d'esprit qui vous permet de respecter les dogmes fondamentaux et les rites établis. De même était-il hostile à tout cléricalisme.

Avec volonté, il stipulait : « Pas de subordination de l'Etat par aucune autorité religieuse. »

— Yvonne de Gaulle ne semblait pas avoir les mêmes dispositions d'esprit en ce qui concerne la morale et la religion. On l'a souvent prise pour intolérante.

— Je voudrais détruire une bonne fois pour toute cette vieille légende qui prétend qu'elle avait un caractère étriqué, fermé à tout. Ma mère vivait avec son temps. Certes, appartenant à un milieu privilégié, elle a finalement été préservée malgré les événements graves qu'elle a connus pendant la guerre. Elle n'a pas été mêlée à l'immense flot des réfugiés et n'a pas vécu dans un faubourg misérable ou, pire, dans un camp de concentration. Mais elle comprenait très bien que les femmes, surtout les femmes, pouvaient, dans ces circonstances, se trouver confrontées à toutes les conditions possibles, et cela lui donnait une largeur d'esprit insoupçonnée en dépit de l'éducation qu'elle avait reçue. Ma grand-mère paternelle, elle, n'était pas – faibles mots – des plus libérales. Par exemple, elle refusait d'avoir à sa table un protestant que son mari, mon grand-père Henri, voulait inviter à déjeuner sous son toit. Pour elle, il était une chose de faire des affaires et de fréquenter un hérétique, et une autre de lui ouvrir la porte du foyer familial. Mon père, lui, ne s'occupait pas de ce genre de problème, encore qu'il eût ses convictions. Ma mère était pareille. On a beaucoup brodé sur de prétendues exclusions à l'Elysée ou à d'autres réceptions de personnalités sous prétexte qu'elles étaient athées, divorcées ou en concubinage. Mes parents n'ont jamais tenu compte de ce genre de critère.

— Plusieurs fois, le bruit a couru qu'ils étaient devenus intégristes...

— Je l'ai entendu aussi, mais il n'y a rien de plus faux. Cela n'empêchait pas mon père d'admettre certaines réactions de ces catholiques intransigeants contre la dissolution des mœurs, le laisser-aller, le laxisme. Il estimait en même temps qu'ils exagéraient sur d'autres points. C'était le cas du latin. Il ne voulait pas que l'Eglise y revienne en condamnant le français à son profit. Ce problème linguistique à la messe était à son avis une fausse querelle, souvent entretenue d'ailleurs par toute une partie du clergé de tendance progressiste. Il expliquait à ce sujet : « Le pape a autorisé de célébrer la messe dans la langue nationale de chacun du moment que l'on respecte à la lettre les quelques passages réduits du droit canon qui ne doivent pas bouger afin d'éviter toute dérive d'interprétation. Par conséquent, on peut la dire en bantou, en arménien ou en occitan, mais il n'a jamais interdit qu'on continue à la dire en latin. » Lui la préférait en latin parce qu'il craignait beaucoup les interprétations villageoises, ici ou là, et les déformations locales. « La messe des piroguiers », ironisait-il.

— Peut-on dire qu'il fuyait toute messe qui n'était pas dite en latin ?

— Certainement pas. Toutefois, quand il y en avait une, il la préférait, même si elle n'était que partiellement dans cette langue. Le missel de ma mère était, comme celui de tous les paroissiens de l'époque, en latin sur la page de gauche et en français sur celle de droite. Il ressemblait à celui de mon père que je conserve au fond d'un coffre et que je ne l'ai jamais vu utiliser, car il n'avait pas besoin de consulter de livre. Sachant la messe par cœur en latin, il pouvait la dire en lui-même, sans rien manifester. Il suivait ainsi parfaitement tout l'office, plus quelques morceaux de vêpres. Et, souvenez-vous, il était également capable de réciter intégralement de mémoire les paroles du *Te Deum*, du *Magnificat* et du *Dies irae*. Il exigeait, comme ma mère, que les offices religieux se déroulent strictement selon le droit canon, soit qu'ils se limitent à la simple messe basse, soit qu'ils soient accompagnés d'orgue et de chœurs grégoriens. L'un comme l'autre n'aimaient pas les offices dialogués avec participation quasi permanente des fidèles et ceux où l'on chante des cantiques qui se veulent modernes, rythmés parfois comme un *negro spiritual*. Encore moins les chants religieux au son de la guitare et des tambourins... Mon père attendait des prêtres qu'ils soient des officiers de sacrement et les seuls dépositaires de la bonne parole. Les prédicateurs laïques le faisaient grincer des dents.

— Je suppose qu'il a eu pour vous et votre sœur le même souci que ses propres parents à son égard en matière d'éducation religieuse ?

— Ah ! oui. Nous avons été placés dans une institution religieuse dès la petite enfance. C'était leur volonté à tous deux. Ils considéraient que l'éducation de base essentielle, la véritable richesse, était la formation religieuse, « celle qui vous donne force et courage », m'inculquait mon père. Plus tard, je l'ai entendu confesser, et j'avoue avoir éprouvé la même chose pendant la guerre : « Si je n'avais pas été chrétien catholique, je crois que j'aurais été moins courageux au combat. J'aurais eu peur de mourir alors que je n'ai eu simplement que peur de souffrir. » Il était persuadé que dans l'au-delà, il y a un Juge suprême qui garde un œil sur les plateaux de notre balance. Pour lui, la justice des hommes visait à respecter un bon fonctionnement de la vie en société. Il ne prétendait pas que c'était tout à fait la justice. C'était celle des hommes. C'est-à-dire que l'on est obligé de suivre un ordre établi, que l'on ne peut tolérer des perturbations qui empêchent la société de marcher normalement. D'où sa thèse : « Le rôle de l'Etat est d'assurer le triomphe de l'ordre sur l'anarchie et de promouvoir les changements nécessaires. » Mais il considérait que la religion et Dieu forment une juridiction au-dessus de tout qui dépasse l'entendement humain et qui, de toute façon, nous demandera des comptes. Il proclamait encore : « Quand l'homme ne peut pas arriver à comprendre, il trace le signe mathématique de l'infini. Cela veut signifier : l'explication est trop loin de mon intelligence. Je ne peux même plus la mesurer. » Ce qui faisait qu'il était bergsonien. Parce que, la définition du génie selon Bergson, c'est d'abord la raison qui est fondée sur l'habitude du raisonnement avec un socle de culture sur lequel il n'y a pas de raisonnement équilibré, celui de Pascal ou de Descartes, par exemple. « Mais par-dessus, ajoutait-il, il y a l'intuition qui est de nature divine. Elle est d'une inspiration autre et humainement inexplicable. C'est le génie. »

— Quelle était sa propre explication de l'existence de Dieu ?

— La voici telle qu'il l'a donnée, un dimanche, à la fin de sa vie, à mon plus jeune fils alors que nous sortions d'une église des environs de Colombey et que nous rejoignions notre voiture : le monde est infini et l'homme n'arrivera jamais au bout. Mais il envoie des fusées partout, veut s'élever par tous les moyens. S'il n'essaie pas de le faire, c'est un rien du tout. Il fait partie d'un pays minable qui reste cantonné dans son petit trou. Ce n'est pas digne d'un homme. Un homme doit essayer de s'étendre à l'extérieur. C'est peut-être d'ailleurs, en plus, sa condition de survie. D'où la fusée Diamant, Concorde et tout cela. Il considérait toujours le présent en fonction du futur et en regardant le passé pour déchiffrer le présent. « On ne vit le présent que pour le futur, sinon, énonçait-il, ce n'est pas la peine d'aller plus loin. On peut s'arrêter tout de suite. » L'homme doit donc envoyer des fusées dans la stratosphère, mais même si, à la fin, il parvient à découvrir des myriades de planètes, il sera toujours incapable de comprendre. Parce qu'il a une intelligence limitée. « Il est comme la fourmi. La fourmi voit la botte de l'homme marcher sur sa fourmilière, et comme elle a des yeux de fourmi, elle ne voit rien au-delà. Je ne vois pas de Dieu puisque je ne vois rien au-delà de ma fourmilière. » Ce qui n'empêche pas l'homme d'être le seul de tous les êtres vivant sur terre à pouvoir prévoir et imaginer au-delà de lui-même et à avoir une conscience qui est le souffle de Dieu. Voilà comment il tentait d'expliquer le Créateur.

— Comment interpréter le fait qu'un homme aussi pétri de conviction religieuse et qui a donné autant de place à l'Eglise dans la vie officielle n'ait jamais été soutenu par la hiérarchie catholique et qu'il ait même été combattu par certains de ses membres ?

— C'est vrai : il a été le seul chef de l'Etat français dans l'Histoire à ne pas recevoir franchement le soutien de l'Eglise. Il était pourtant le seul catholique pratiquant depuis Mac-Mahon.

— Vous n'oubliez pas Pétain ?

— Allons ! Pétain était peut-être baptisé, mais il n'était pas catholique pratiquant. Il ne faut pas raconter d'histoires. Son peu de pratique religieuse n'était qu'ostentation. Tous les témoins de l'époque l'ont répété. En tout cas, mon père ne faisait pas une maladie d'être privé de la faveur des évêques. Je l'ai quand même entendu un jour s'exclamer : « Que moi qui suis le seul qui soutienne l'Eglise et la religion sois le seul que les détenteurs de la hiérarchie catholique et des fidèles ne soutiennent pas, quand ils ne sont pas contre moi, voilà qui est un peu fort de café ! » Pendant la guerre, les prélats qui se sont déclarés pour lui étaient minoritaires, surtout dans l'ancienne zone dite libre du gouvernement de Vichy. Quelques-uns pendant la Résistance, tels que Mgr Roque à Rennes, Mgr Petit de Julleville à Rouen et Mgr Jules Saliège à Toulouse. S'y sont ajoutés à la fin de la guerre Mgr Charles Ruch, évêque de Strasbourg, Mgr Jean Daniélou à Paris, promu cardinal en 1969. Mon père aurait compris à la rigueur cette réserve à son égard si elle avait eu pour raison d'éviter de susciter la répression contre les chrétiens de la part de l'occupant. Mais ce qu'il n'admettait pas, c'est l'exclusion et même l'hostilité que lui manifestait une partie du clergé pendant l'Occupation pour obtenir les faveurs du régime en place, tout en croyant, comme la plupart des Français, qu'on allait revenir aux principes de la vertu perdus par laxisme et par désordre révolutionnaire. Pour faire plaisir à Vichy, on répudiait les francs-maçons, les athées, les juifs, et d'une façon générale tout ce qui n'était pas catholique. Entouré de gens souvent sincères qui voulaient le redressement moral de la France, le maréchal Pétain avait très bien su exploiter ce souhait. Mon père remarquait, goguenard : « Lui qui n'a jamais été pratiquant et a régularisé en catimini sa situation matrimoniale, voilà qu'il se présente solennellement au grand portail des églises pour en sortir discrètement aussitôt par la porte de derrière ! » Il en voulait également à Vichy d'avoir discrédité certaines notions tout à fait valables sous son vocable de propagande « Travail, Famille, Patrie », et cela sous la tutelle de l'occupant nazi.

— On lui a reproché d'avoir été sans indulgence, à la Libération, à l'égard des prélats qui passaient pour avoir été pétainistes. Que répondait-il à ces critiques ?

— Il les trouvait profondément injustes. J'ai déjà fait observer que s'il n'a pas été accueilli à Notre-Dame, le 26 août 1944, par Mgr Emmanuel Suhard, l'archevêque de Paris, quand il est venu rendre grâce de la victoire que le Destin nous avait accordée, il n'y était personnellement pour rien. Comme il l'indique lui-même dans ses *Mémoires de guerre*, il comprenait très bien l'énorme pression dont le prélat avait été l'objet pendant l'Occupation. Il ne lui en a donc pas voulu et n'a donné aucune consigne pour l'écarter. L'intervention directe de Georges Bidault et du père Bruckberger en fut la cause, à la fois par conviction et pour éviter des incidents avec les résistants parisiens. Tous condamnaient l'accueil qu'il avait réservé à Pétain dans sa cathédrale, trois mois avant la Libération, et sa célébration des obsèques de l'orateur collaborationniste Philippe Henriot au milieu d'un groupe d'uniformes vert-de-gris, un mois et demi après le débarquement en Normandie. Après le 26 août, le cardinal réintégra discrètement sa cathédrale et cela valait mieux ainsi. Toutefois, mon père fut courroucé lorsque, lors d'une visite présidentielle à Lyon en 1963, le cardinal Pierre Gerlier, primat des Gaules, s'abstint de l'accueillir sur le parvis de la sienne, sans même l'en avertir. Ce prélat, qui avait beaucoup soutenu le maréchal Pétain en son temps (tout en condamnant courageusement, il faut le reconnaître, la persécution des Juifs aux côtés de Mgr Jules Saliège et du pasteur Marc Boegner, président de la Fédération protestante de France), entendait ainsi rendre au Général la monnaie de sa pièce de la part de son confrère parisien. Il publia ensuite un communiqué virulent contre sa politique depuis la Libération et l'indépendance de l'Algérie l'année précédente. Après cet affront, mon père fit cette remarque en haussant les épaules : « Il se croit encore au temps de Vichy. La France souffrait sous le joug de l'ennemi. Toute une partie de l'Eglise croyait avoir l'Etat – si l'on peut l'appeler ainsi – dans sa poche... à moins que cela n'ait été l'inverse ! »

— Si certains membres de la hiérarchie de l'Eglise ont eu cette attitude à son égard, beaucoup de simples prêtres se sont révélés, au contraire, comme ses chauds partisans. L'abbé Pierre, par exemple. Que disait-il de lui ?

— Beaucoup de prêtres, c'est vrai, ont lutté avec courage contre l'envahisseur pendant la guerre, d'autres ont rejoint les Français Libres. Quant à l'abbé Pierre, mon père lui était redevable d'avoir aidé son frère Jacques pendant l'Occupation. Il lui a fait passer la frontière suisse. Sans lui, mon pauvre oncle, qui était paralysé, aurait peut-être fini dans un camp de concentration. D'autres ecclésiastiques ont eu, en effet, une attitude héroïque, comme les pères Michel Riquet, déporté à Mauthausen, Raymond Bruckberger, Ambroise-Marie Carré, Pierre Challet, Yves de Montcheuil, aumônier du Vercors fusillé en août 1943. Les relations qu'a pu avoir mon père avec les prêtres et les religieuses après la guerre étaient très personnelles. Elles sortaient du cadre des rapports qu'il pouvait avoir officiellement avec l'Eglise. C'étaient des liens fraternels et exempts de protocole. Le prêtre qui lui était le plus proche était bien sûr François de Gaulle, fils aîné de ce même oncle Jacques, devenu, comme on s'en souvient, missionnaire au Burkina Faso où il se trouve depuis quarante ans. S'il avait auprès de mon père une place à part, il n'a jamais été, comme on l'a prétendu, son directeur de conscience et son confesseur.

— A qui alors se confessait-il ?

— Quand il voulait se confesser, il se rendait dans une maison de retraite de vieux prêtres à Maranville, à trente kilomètres de Colombey. Je l'y ai accompagné plusieurs fois. C'est une vieille maison, genre Louis XIII, pauvre et sévère, où les vieux serviteurs de Dieu finissent leurs jours. Il se confessait à ces pères dont il semble qu'il en ait connu personnellement quelques-uns. Isolé, l'endroit convenait bien à la discrétion dont il voulait entourer ce type de déplacement. Mon émotion était grande de voir le personnage qu'il représentait devenir là un humble pénitent parmi plus humbles encore. Avant guerre, quand mes parents devaient traverser des moments difficiles, ils allaient faire une retraite au monastère de Sainte-Odile, en Alsace, sur ce haut promontoire dominant la plaine du Rhin. C'était sur ce haut lieu que, au temps des Francs et des Gallo-romains, m'ont-ils appris, on allumait un feu pour donner l'alarme quand les Huns, ou plutôt les Visigoths, commençaient à envahir la région. Au début de leur installation à Colombey, mon père a invité ma mère à y séjourner pendant trois jours. Il m'a expliqué que leur arrivée en Haute-Marne leur imposait d'aller se recueillir dans ce lieu de culte ancestral qui recèle les reliques de sainte Odile. Il fallait, m'avoua-t-il, se retirer un peu du monde pour réfléchir, vérifier son parcours, se reconsidérer soi-même dans sa vie de couple et dans sa vie personnelle. Et puis, ils devaient prier pour notre pauvre sœur Anne. Ils revenaient périodiquement dans ce monastère, surtout à la veille de grands rendez-vous politiques. Mon père puisait là, chaque fois, une nouvelle provision de courage et de sérénité. C'est sur ce site qu'il aurait retrouvé le général Massu en mai 1968 si les aléas des transmissions, à vrai dire aggravés par ses propres consignes de secret au départ, ne l'avaient pas obligé à continuer sa route en hélicoptère jusqu'à Baden-Baden. Nous en reparlerons plus tard.

— Y avait-il un passage dans l'ordinaire de la messe qu'il préférait à tous ?

— Tout ce que je sais, c'est qu'il aimait beaucoup prononcer cet extrait de l'Offertoire : « Recevez, ô Père Saint, Dieu tout-puissant et éternel, cette hostie sans tache que, tout indigne que je suis, j'offre à vous, mon Dieu vivant et véritable, pour mes innombrables péchés, offenses et négligences, pour tous ceux qui sont ici présents, pour tous ceux qui nous ont précédés dans le sommeil de la paix et pour le salut du monde entier. » Quand il priait, c'était toujours pour rendre grâce à Dieu et non pour demander ou supplier. C'est ce qu'il me conseillait de faire quand j'étais enfant. Sa foi profonde était le moteur de sa vie, mais, vous ne l'ignorez pas, il ne l'étalait jamais. C'était une affaire intérieure, si intérieure, si retenue que certains – dont l'extériorisation des sentiments était la règle – ont parfois douté à tort de son existence. Comme ma mère, il suivait les offices dominicaux de Colombey, recueilli, en silence, « en son cœur », me recommandait-il encore. On a raconté que dans cette église, il tenait toujours à s'asseoir sous le vitrail représentant Jeanne d'Arc et Charlemagne. C'était en fait un simple hasard. Quand il s'est installé à La Boisserie, il a demandé au curé quelles places il pourrait occuper avec ma mère, et le prêtre lui avait proposé celles qui se trouvaient être marquées au nom des anciens propriétaires de leur demeure et qui étaient situées justement à cet endroit.

— On a aussi assuré que votre père semblait s'ennuyer pendant les offices de Colombey, qu'il ne les suivait que distraitement...

— Ces racontars doivent venir, je pense, d'un de mes cousins qui a rompu un moment avec la religion parce qu'il était devenu marxisant. Cela dit, je ne vous affirmerais pas qu'il appréciait beaucoup les sermons qui traînaient en longueur et ne lui apportaient pas grand-chose. Il remarquait à ce sujet : « Le curé donne la parole qu'il peut dire, comme il peut la dire, et à l'audience qui peut l'entendre. S'il y en a qui ne l'entendent pas ainsi, tant pis pour eux. Tout le monde n'est pas Bossuet. » Il évitait autant que possible de chanter parce que – je n'ai pas besoin d'insister – il détonnait. Alors, il se contentait de réciter les cantiques. De temps en temps, il se risquait quand même à mi-voix, sur un ton assez bas. S'il forçait le ton, rien n'allait plus. C'est ce qui arrivait lorsqu'il entonnait *la Marseillaise.* Il montait si haut dans la gamme qu'il chantait encore plus faux. Une fois, à la messe, il a attaqué bravement avec moi le *Pater Noster* de Rimski-Korsakov. Après coup, il m'a expliqué : « Je chante faux, c'est vrai, mais il me faut chanter cette prière dans cette version parce que c'était celle que l'on faisait entonner aux pauvres moujiks à la bataille d'Eylau après que les popes les avaient bénis et avant qu'ils ne soient décimés. Chaque fois que cet air s'élève au cours d'un office, je pense à ces pauvres diables qui sont là, en rang, et qui vont à la mort conduits par leurs seigneurs parce que c'est dans l'ordre des choses tout en sachant que beaucoup d'entre eux ne reviendront pas. »

— Comment pouvait-il concilier cet amour profond pour la France et son adoration de Dieu ?

— Ah ! mais pour lui, c'était la même chose. La France, c'était la madone des contes et des histoires, mais la madone, c'est aussi la Vierge Marie, celle que l'on honore. La patrie, c'est la mère de tout, celle de Péguy : « Mère, voici tes fils qui se sont tant battus... » Donc, si Dieu ne la protège pas, si la Vierge l'ignore, elle est vouée à un mauvais destin. Maudite, elle va à la dérive. C'est la chienlit, la révolution, la guerre civile. Rappelez-vous ce qu'il a écrit en pleine guerre, à Londres, en 1941 : « Ah ! mère, tels que nous sommes, nous voici pour vous servir. » Il s'adressait à la France pour qu'elle se relève, qu'elle gravisse la pente. Mais ne s'adressait-il pas en même temps à la Vierge secourable ? Je garde en mémoire ce que le cardinal Daniélou a déclaré quand il a appris sa mort : « De Gaulle est le type du laïc chrétien, à la fois dans la valeur de sa vie privée et dans cet esprit de service, de don total de soi-même qu'il a poussé à un degré héroïque, au service, non seulement de la France mais de Dieu. Cela me paraît être de l'ordre des choses qui peuvent être considérées comme relevant d'une certaine sainteté. »

— Il passait aussi pour être nietzschéen. Comment pouvait-il être nietzschéen et chrétien à la fois ?

— Il n'était pas nietzschéen. Il appréciait simplement de Nietzsche son pessimisme concernant l'homme, rejetant en même temps la négation schopenhauerienne du « vouloir vivre ». Il répétait, par exemple, la réflexion nihiliste du philosophe allemand :

Rien ne vaut rien
Il ne se passe rien
Et cependant tout arrive
Mais c'est indifférent.

Lorsque je lui faisais remarquer que cette référence ne correspondait pas à sa propre éthique, il répondait : « Nietzsche a probablement été influencé par Schopenhauer qui trouvait l'humanité si mauvaise qu'il fallait la détruire entièrement. Cette doctrine me fait penser à la révolution permanente de Trotski qui fait que l'on n'arrive jamais nulle part jusqu'au jour du désespoir où le philosophe finit par déclarer : "Dieu est mort. Signé Nietzsche", et qu'un peu plus tard quelqu'un écrive sur sa tombe : "Nietzsche est mort. Signé Dieu." » Dans ses *Discours et Messages*, mon père fait quand même état de deux références nietzschéennes, mais seulement en ce qu'elles avaient d'implacable et d'inévitable : le 18 juin 1949, rappelant la sympathie que nous témoignaient les Alliés durant la Seconde Guerre mondiale, il cite ces paroles du philosophe : « Les monstres les plus froids des monstres froids », cela afin de nous faire comprendre qu'ils dressaient également devant nous leurs intérêts nationaux. Et le 23 février 1961, dans un autre discours, il fustige « ceux qui toujours doutent, nient, et comme disait Nietzsche, clignotent et vacillent dans la compétition des peuples ». Toujours à ce propos, à mes questions, il répondait . « J'utilise Nietzsche non comme philosophie fondamentale mais dans ce qu'il a d'utile pour pouvoir s'élever au niveau supérieur, pour toujours tirer le bas vers le haut et jamais l'inverse comme le font les démagogues. » Ainsi, dès 1938, dans *la France et son armée*, il déplore que l'on enseigne Nietzsche, Kant, Fichte et Hegel en Sorbonne par personnes interposées, ce qui détourne des sources nationales les élites de la pensée. En 1924, dans *la Discorde chez l'ennemi*, il constate que les chefs allemands commirent l'erreur de magnifier le surhomme avec son caractère exceptionnel et le mépris des autres selon le prophète iranien Zarathoustra. Ils crurent appartenir à « cette formidable élite nietzschéenne » qui pensait « servir l'intérêt général en contraignant « la masse des esclaves », en la méprisant et en ne s'arrêtant pas devant la souffrance humaine. Plus tard, il me dira : « C'est la même erreur fondamentale qui a conduit les nazis à leur perte pendant la Seconde Guerre mondiale. »

— Vous dites qu'il a toujours été pratiquant, mais y a-t-il eu des périodes où il lui est arrivé de s'éloigner un peu de l'Eglise ?

— Je ne crois pas. J'ai remarqué qu'il faisait toujours en sorte de ne pas manquer l'office dominical. Même pendant la guerre. En Grande-Bretagne, rares étaient les dimanches où il n'allait pas à l'église ou à la chapelle catholique romaine la plus proche. A Berkhamsted, dans le Hertfordshire, où mes parents habitaient en septembre 1941, il me revient de m'être rendu à dix kilomètres de leur résidence, dans le château d'un lord où l'on soignait les blessés et où se trouvait un oratoire. A Londres, il fréquentait souvent la cathédrale catholique de Westminster où il rencontrait le cardinal-archevêque catholique romain Arthur Hinsley. Après l'office du dimanche, il s'entretenait parfois avec lui. A l'Elysée, la messe dominicale avait lieu dans une petite chapelle qu'en son temps le socialiste Vincent Auriol avait transformée en bar pour les chauffeurs et que René Coty avait laissée en l'état pendant sa brève présidence. Dès son arrivée dans ce palais, mon père l'a fait rétablir dans sa version première. Il a veillé personnellement à sa décoration et a fait acheter les ornements sur sa propre cassette. Quand mon cousin François, le père blanc, passait par sa maison mère, à Paris, entre deux longs séjours en Afrique, c'est lui qui célébrait la messe du dimanche à cet endroit. Sinon, c'était le curé de la Madeleine, qui était un ancien Français Libre, ou un vicaire de la même paroisse, ou bien encore, le plus souvent, un aumônier des armées. A Colombey, pour éviter la foule qui aurait pu, certains dimanches et jours de fête, perturber le déroulement de la messe à l'église du village, il est arrivé qu'un prêtre vînt officier dans le salon de La Boisserie. Dans ce cas-là, c'était généralement l'aumônier de l'abbaye de Clairvaux que mon père appelait. Bien sûr, quand François de Gaulle se trouvait en France, c'est lui qu'il invitait. Apporté par le prêtre, un petit autel était dressé au milieu de la pièce. Mais cela ne s'est peut-être produit que trois ou quatre fois entre 1946 et 1970.

— On a souvent raconté que le Général servait la messe à cette occasion. Vous l'avez vu le faire ?

— Cela peut paraître pittoresque pour un chroniqueur, mais c'est faux. De ma vie, je ne l'ai jamais vu faire office d'enfant de chœur. On a raconté aussi qu'il ne communiait jamais. Encore une inexactitude. Il communiait régulièrement comme un chrétien, faisait évidemment ses pâques, mais s'abstenait de les faire en public. Les sacrements étaient pour lui essentiels. Au point que lorsqu'il lui arrivait d'avoir à préciser dans une conversation la date à laquelle avait eu lieu son mariage, il donnait toujours celle de la cérémonie religieuse. Ma mère racontait de son côté qu'ils avaient tenu l'un et l'autre à ne pas se mettre sur leur « trente et un » pour se rendre, la veille, à la mairie, afin de montrer qu'ils considéraient ce déplacement comme une simple formalité administrative. Mon père communiait le plus souvent à Colombey-les-Deux-Eglises à condition qu'il n'y eût pas trop de monde, ou dans une paroisse des environs où il pensait pouvoir être moins entouré. Pour lui, je ne le répéterai jamais assez, manifester sa religion, c'était de l'orientalisme déplacé. Cette conduite correspondait à sa culture familiale. De la même façon, le deuil, chez nous, doit être silencieux, les femmes cachent leurs larmes, elles ne gémissent pas, elles ont sur le visage un voile qui est à la fois physique et moral. Il ne communiait donc que dans la discrétion. C'est pourquoi il évitait d'aller à la sainte table lorsqu'il se trouvait quelque part en visite officielle ou dans un office solennel où il tenait le fauteuil du chef de l'Etat. Représentant de l'Etat dans l'Eglise, il souhaitait de cette façon respecter la séparation légale de ces deux entités. Il s'efforçait de ne pas enfreindre cette règle de conduite. Ainsi, à La Boisserie ou dans ses appartements particuliers à l'Elysée, quand un prêtre était convié à sa table, par égard pour lui, il l'invitait à dire le bénédicité. Mais dans un déjeuner ou un dîner officiel à l'Elysée, même s'il y avait un cardinal, on s'abstenait de réciter cette prière. Mon père marquait là, encore une fois, sa volonté de respecter la séparation de l'Eglise et de l'Etat.

— On l'a quand même vu communier en URSS lorsqu'il a été invité par Brejnev, en juin 1966, en visite officielle. Pourquoi cette exception ?

— C'était par fraternité à l'égard des martyrs de l'Eglise russe. J'étais à ses côtés. Dès son départ de Paris, il avait exigé que son programme officiel comprenne l'office religieux dominical. Les Soviétiques n'en étaient plus à cela près avec lui. Ils ont donc fait rouvrir précipitamment l'ancienne cathédrale catholique de Leningrad fermée depuis près de cinquante ans. On voyait que les peintures en avaient été fraîchement restaurées. Il me l'a fait remarquer. On a convoqué un chœur d'opéra qui a chanté en latin une partie de la liturgie et un prêtre lituanien très pâle et tremblant pour dire l'office qui semblait bien conforme au droit canon. Mon père a alors effectivement communié de ses mains, puis il est allé le saluer après la messe et lui a remis une petite somme d'argent. Après coup, il m'a soufflé : « J'espère qu'il est bien consacré. Peut-être l'a-t-on fait sortir pour nous de quelque goulag. » Dans la cathédrale, de nombreuses vieilles femmes en fichu s'étaient mêlées aux gens des consulats étrangers. Au fond, s'entassaient les escortes des officiels soviétiques plutôt amusés par ces rites à leurs yeux d'un autre âge. Il paraissait particulièrement réjoui d'avoir contraint tous ces mécréants à lui permettre de remplir son devoir de chrétien. Il a tenu également à communier à Gdansk, lors de son voyage officiel en Pologne, en septembre 1967. Par défi au communisme, a-t-on avancé un jour. Non. Comme en URSS, il voulait faire acte de solidarité à l'égard d'une Eglise souffrante. Il communiait pour les millions de chrétiens qui l'étaient restés en dépit d'un régime totalitaire qui voulait effacer Dieu. Il est également allé à la sainte table au Québec, le 23 juillet 1967, lors de la messe célébrée par le cardinal Roy, archevêque du Québec, primat du Canada, toujours par solidarité, cette fois, à l'égard d'un peuple francophone majoritairement catholique. Cela dit, il a toujours voulu respecter les croyances ou les non-croyances des uns et des autres. On pouvait être athée et être son ami. André Malraux, qui en est le meilleur exemple, a émis un jour ce jugement en parlant du chrétien de Gaulle : « Je crois sa foi si profonde qu'il néglige tout domaine qui la mettrait en question. »

— Un chroniqueur a affirmé un jour qu'un « général de qualité » lui avait assuré que votre père était franc-maçon et que Mendès France était son patron au Grand Orient...

— Je voudrais bien rencontrer ce général, si toutefois il existe ! En tout cas, je doute fort de sa qualité. Comment, avec sa foi chrétienne si ancrée, mon père aurait-il pu appartenir à cette confrérie fermée ? Parlant justement de ses adeptes, je l'ai entendu, une fois, m'expliquer : « Moi, je ne les empêche pas de faire partie d'associations pour y débattre de philosophie, même de politique. Ils peuvent croire en autre chose, avoir des idées qui les entravent souvent, c'est leur affaire. Ce qui n'est pas admissible dans un pays développé, c'est la société secrète. On peut créer toutes les sociétés que l'on veut pourvu qu'elles soient transparentes et qu'elles ne troublent pas l'ordre public. » Et les syndicats, lui ai-je fait valoir, ne semblent-ils pas, eux aussi, faire du secret ? Il m'a répondu : « Les syndicats ne sont pas obligés de révéler publiquement les noms de leurs membres mais ils doivent être à même d'en déposer la liste à la préfecture, comme toutes les associations, ou alors ils sont dans l'illégalité. » Et il m'a rappelé que c'était le Gouvernement provisoire de la République qui avait redonné à la franc-maçonnerie et aux autres associations, dès Alger, en 1943, le droit de réunion que Vichy leur avait supprimé. « J'ai fréquenté beaucoup de francs-maçons dans ma vie, m'a-t-il dit encore. Certains avouaient leur appartenance, d'autres pas. Mais généralement je m'en doutais. Mendès France n'avait pas besoin de s'en cacher. Cela se voyait comme une truelle dans la main d'un maçon. » Quant aux sectes dominées par un leader charismatique et pratiquant l'endoctrinement intensif, il pensait qu'elles exploitaient des gens en désarroi et qu'il fallait les considérer avec prudence.

— Votre père avait composé une prière qu'il récitait pendant la guerre, à Londres. Vous la connaissez ?

— Ce n'est pas tout à fait une prière, mais plutôt une sorte d'évocation d'une grande spiritualité. Il l'avait écrite de sa main pour *le Volontaire*, un journal qui paraissait en Grande-Bretagne, en pensant à tous les Français qui, continuant la lutte, tombaient chaque jour pour la patrie. Ecoutez :

« "O mon Dieu, donne à chacun sa propre mort...", dit l'auteur du Livre de la pauvreté et de la mort[1]. *A ceux qui ont choisi de mourir pour la cause de la France, sans que nulle loi humaine ne les y contraignît,*

A ceux-là, Dieu a donné la mort qui leur était propre, la mort des martyrs. »

Sa manière de faire le signe de la croix étonnait parfois les gens. Un prêtre m'a fait remarquer un jour à ce propos qu'il suffisait de le voir le faire, lui si discret, si pudique, pour comprendre la profondeur de sa foi.

1. Rainer Maria Rilke.

21

LA FORMATION DES ESPRITS

« Allez, jeunes gens ! Le monde est à vous. Il suffit d'étendre les bras pour le saisir. »

Lettres, Notes et Carnets. 6 mai 1943.

On a souvent reproché au Général – surtout en 1968 – d'avoir une vue passéiste de l'éducation de la jeunesse. L'école de papa, c'est terminé, disait-on en s'opposant à lui, les jeunes méritent autre chose. Que pensait-il du système éducatif et du niveau d'instruction des Français ?

— On pourrait résumer sa pensée dans ces paroles attribuées à Jules Ferry : « L'instruction publique, c'est la promotion de tous et la sélection des meilleurs. » De son côté, il proférait : « Si vous n'avez pas les meilleurs avec vous, il n'y a pas de locomotives. Et par conséquent, vous ne tirez personne. Il ne peut y avoir de promotion des autres. Ils restent dans le même magma. Refuser la sélection, c'est une erreur. Il faut faire progresser tout le monde, mais en sachant que tout le monde n'arrivera pas au même niveau. Il ne s'agit pas de vitupérer contre la société, contre la nature humaine, contre l'injustice, etc. Depuis que l'humanité existe, sur dix enfants pris au hasard, il y en a un qui fait mieux que ses parents et sort de leur condition, un qui fait moins bien et descend en dessous, et les huit autres qui font la même chose. Alors, il ne faut se faire aucune illusion. Pourquoi chercher midi à quatorze heures ? » Ma mère pensait pareillement. Issue du même milieu, ayant eu la même éducation, elle protestait tout autant contre la disparition de la sélection et s'alarmait devant l'abaissement du niveau d'instruction dû au laxisme général. Souvent, quand elle se penchait sur sa correspondance – elle recevait des dizaines et des dizaines de lettres chaque semaine –, on l'entendait se plaindre : « Où est l'orthographe de notre enfance ? Où les gens ont-ils appris à écrire ? » Et elle nous montrait des feuilles et des feuilles signées de personnages importants ou même d'enseignants marquées d'erreurs orthographiques ou de fautes de français graves. Mon père accordait quand même quelque indulgence à nos concitoyens. Il considérait qu'ils avaient une assez bonne intelligence du verbe, de la dialectique et du raisonnement. Selon lui, ils n'étaient pas non plus sans connaissances historiques, bien qu'il déplorât que l'histoire qu'on leur enseignait fût trop révolutionnaire ou égalitaire. « Faibles en géographie, avait-il souvent observé de par le monde, les Français ont, en revanche, des notions sur le passé de leur pays dont la plupart des étrangers sont dépourvus. » Au contraire, il avait une mauvaise impression de leur niveau d'instruction économique et financière. Je l'ai souvent entendu s'indigner ainsi : « Vraiment, ils ne sont pas formés dans le domaine économique. Ils en sont restés à des idées du XIXe siècle et même d'avant. Et puis ils ne savent pas calculer. Ils ne voient pas leurs propres intérêts. En ce qui concerne l'Etat, ils ne comprennent rien aux finances nationales, donc à la cagnotte de leur propre collectivité. C'est véritablement leur lacune majeure. » Comme ma mère, il regrettait l'enseignement et les enseignants du temps de leur jeunesse. « A l'époque, se souvenait-il, on sortait complet de l'école, et le moindre petit instituteur de village méritait le titre de maître. »

— Il avait, je crois, une piètre opinion du corps enseignant dans son ensemble. Jusqu'à quel point ?

— Il lui en a en effet beaucoup voulu. Me revient à ce propos une conversation que nous avons eue en avril 1969, à la fin des vacances de Pâques. Il a accordé son fameux entretien radiodiffusé et télévisé à Michel Droit, avant le référendum, et il semble à présent s'en remettre sereinement au destin. Une rencontre récente avec « l'audacieux et sémillant » Edgar Faure, son ministre de l'Education après la crise de mai 68, l'amène à aborder ce sujet. Il prend ce regard vif qui l'éclairait quand il affinait sa pensée et qui me donne maintenant l'impression d'être aussi acéré que le coupe-papier marqué de la croix de Lorraine avec lequel il joue tout en me parlant. « Depuis que je suis au pouvoir, je n'ai jamais pu garder un seul ministre de l'Education nationale plus d'un an. Chaque fois, tout le corps enseignant est contre le nouveau venu et nous réclame plus de moyens et d'effectifs. C'est toujours la même chanson chez eux avec les grèves à répétition. Par conséquent, l'Education est vite devenue un vaste système complètement inefficace. Car plus on ajoute d'enseignants et moins on en sort quelque chose, et moins le peuple français fait des progrès dans son ensemble. Et à la fin – tâche plus facile que de se donner la peine d'enseigner consciencieusement –, on tient aux jeunes des discours révolutionnaires, on refait la société en la détruisant, on leur apprend à nier toutes les valeurs, à mépriser les qualités morales, intellectuelles et professionnelles. » Il me rappelle la grande confiance que l'adolescent qu'il était accordait aux enseignants, à l'exemple de toute sa génération, et il en avait la nostalgie : « Ils préparaient la nation et les individus à tout ce qui allait leur arriver, y compris à la guerre et aux deuils, mais d'abord et surtout à la bataille de la vie. Ils apprenaient à tous, quelles que fussent leurs facultés intellectuelles, à essayer de s'élever. De plus, vêtus convenablement, ils étaient bien rasés, bien peignés et ne fumaient pas pendant les cours. Comment peuvent-ils aujourd'hui être respectés par leurs élèves et leurs étudiants s'ils ne se respectent pas eux-mêmes ? A présent, l'idéologie a persuadé chacun qu'il pouvait faire tout et n'importe quoi, et certains enseignants – je ne veux pas dire tous, car je sais combien il y en a qui pensent comme moi – ont été les maîtres d'œuvre de cette doctrine irresponsable. »

— C'était sa conclusion de Mai 68 ?

— C'était sa conclusion. Il proclamait : « Nombre d'enseignants ont démissionné de leur rôle d'éducateur qui était de dresser la jeunesse à faire quelque chose. Alors, elle n'a rien fait, elle s'est laissé aller à la faiblesse, à considérer que leurs professeurs étaient des copains, qu'on pouvait discuter avec eux de choses et d'autres, que les cours étaient des réunions politiques. » Un jour où il n'était pas très content de mes études, j'ai entendu cette leçon : « Quand on a moins de dix-huit ans, on n'a rien à dire. Seul le professeur a le droit à la parole. L'élève qui a moins de dix-huit ans, que lui demande-t-on ? De montrer qu'il est capable de faire ce qu'on lui demande. S'il en est incapable, c'est qu'il n'est capable de rien. »

— Et votre mère, comment juge-t-elle alors l'enseignement que l'on dispense à ses petits-enfants ?

— Elle est horrifiée par la méthode « globale » et les diverses inventions de pédagogues en délire. Elle qui n'a pas d'autre diplôme que le brevet élémentaire et qui possède la solide culture, sans fautes de français ou de calcul, qu'on donnait aux jeunes filles de la bonne bourgeoisie d'avant la Première Guerre mondiale juge l'éducation moderne avec son réalisme habituel. « Le bac pour tous ? Et après ? s'insurge-t-elle. On veut aller trop vite. Tous les filtres sautent. Le produit va être imbuvable. »

— Mais en prolongeant l'âge d'instruction de quatorze à quinze ans à la Libération, puis à seize ans en 1959, votre père n'a-t-il pas provoqué lui-même un afflux trop rapide de lycéens et d'étudiants ?

— C'est la remarque que je lui ai faite lors de cette conversation de Pâques 1969. Il m'a répondu : « Cela ne voulait pas dire que le certificat d'études passé avant quatorze ans devait devenir caduc, ni que les deux années suivantes devaient par principe se faire au lycée et pas en apprentissage. Bien sûr, il faut faire tout son possible pour donner à chacun ses chances, et cela sans croire faussement que tous les individus ont des capacités égales. » Et il ajoutait : « On s'est aussitôt persuadé que tous les enfants étaient destinés à devenir cols blancs et les enseignants n'ont détrompé personne. En admettant tout le monde dans les classes supérieures sans avoir contrôlé l'aptitude de chacun à s'y trouver utilement, les professeurs ont, par utopie et démagogie, trahi l'enseignement et submergé les facultés d'un flot de jeunes gens prétendant y être de droit et non par capacité. Nombre de ces derniers ne seraient pas dans la rue à crier “Non aux examens ! Non à la sélection !” s’ils étaient capables de passer les uns ou d’affronter l’autre. »

— Il semblait privilégier l’enseignement libre par rapport à l’enseignement public. Vous êtes d’accord ?

— Non, on ne peut pas affirmer une telle chose. En ce qui concerne ma propre éducation, il s’est trouvé que le collège privé Stanislas était très proche géographiquement du boulevard Raspail où nous habitions. S’il avait jugé à l’époque de mes études que le lycée était mieux que Stanislas, il m’aurait envoyé au lycée, c’est clair. Mais dans mon quartier, il n’y avait pas meilleur choix. Ce collège avait en plus une excellente réputation. C’est ce qui l’a décidé à m’y placer. Je me souviens qu’il était allé vérifier par lui-même ce qu’il en était. Il apprit ainsi que l’encadrement – je dis bien : l’encadrement – était mieux organisé et que les professeurs faisaient preuve d’un dévouement exemplaire. Présents avant et après l’heure, ils étaient toujours à la disposition de leurs élèves. Et il n’y avait là aucune pesanteur morale ni religieuse. Toutes ces qualités, il le savait, étaient – moins qu’à l’époque de sa propre jeunesse où les enseignants n’avaient pas démissionné – l’apanage de l’enseignement privé. Mais il ne montrait pas à l’égard du secteur public l’hostilité qu’on lui a si souvent prêtée. Il pensait que le rapport de grandeur entre les deux secteurs, public et privé, pouvait être de 60 % pour le premier contre 40 % pour le second. Car il voulait que l’Etat conserve un devoir d’orientation et de contrôle des niveaux.

— De Gaulle ne comprend pas les jeunes. De Gaulle est contre les jeunes. Il oublie qu’il a été jeune lui-même. Mai 68 s’explique de cette façon-là aussi. Voilà ce qu’on a pu souvent lire à cette époque. Comment considérait-il la jeunesse ?

— Lorsque j’avais quinze ou seize ans, il énonçait : « La jeunesse n’est pas une catégorie à part, c’est un devenir. C’est une catégorie d’âge dans la société qui fait vivre la société et pour laquelle la société vit. Parce que finalement, on travaille toujours pour l’avenir, et donc pour les jeunes. » Ce n’est pas lui qui ne comprenait pas les jeunes. C’étaient les jeunes qui ne voulaient pas le comprendre. Il faut dire qu’on ne leur avait pas beaucoup donné les moyens de le comprendre. Au contraire, un grand nombre d'enseignants et d'éducateurs leur apprenaient à le dénoncer comme arriéré et méprisable. Je me souviens qu'il m'avait confié après la « chienlit » de 1968, alors que nous étions en famille à Colombey, quelques semaines avant son soixante-dix-huitième anniversaire : « Je ne serai sûrement plus là dans vingt ans, mais je voudrais bien savoir ce que penseront alors ceux qui braillaient sur l'air des lampions en 1968 que de Gaulle ne les comprenait pas et qui auront à ce moment-là l'âge d'être ministre. Peut-être seront-ils revenus sur leur opinion. Si ce n'est pas le cas, c'est qu'ils seront inaptes à occuper une telle fonction. »

— Quand vous étiez vous-même l'un de ces jeunes, s'intéressait-il aux gens de votre âge, à tous ceux qui étaient autour de vous ?

— Quand il me voyait avec mes camarades, il était toujours très intéressé de savoir qui ils étaient et comment ils se comportaient dans leurs études. J'en ai retrouvé un au Sénat. Emmanuel Hamel, qui vient de disparaître, était sénateur de Lyon. Il faisait philosophie pendant que je faisais math-philo. Un autre était d'origine suisse. Il s'appelait Burton. J'amenais peu de camarades chez moi. Mais quand cela m'arrivait et que mon père voyait l'un d'entre eux, il s'enquérait aussitôt de ses projets d'avenir. Parfois, on lui répondait : « Je ne sais pas ce que je vais faire. » Alors, il expliquait : « Bon, vous êtes en train de préparer tel examen. Cela vous permettra de choisir ceci ou cela. Bien sûr, plus tard, vous allez peut-être devoir changer d'avis. Mais dès maintenant, il faut que vous vous fixiez un but. Vous ne devez pas avancer sans savoir où vous allez. » Et à moi, il expliquait : « L'angoisse de l'avenir est inhérente à la jeunesse. C'est comme le trac pour les acteurs. C'est naturel. Il faut la surmonter et s'obliger à voir plus loin, malgré la rampe qui vous éblouit et vous aveugle. » Plus tard, quand je suis devenu père, il m'a déclaré en guise de conseil : « Dans le fond, les jeunes sont à plaindre. C'est pour cela qu'il faut les ménager, même si l'on doit les orienter ou les tenir pour qu'ils marchent droit. » Considérant mon fils aîné à l'âge de son adolescence, le grand-père qu'il était devenu a eu un jour ces mots alors que je m'étais peut-être un peu trop énervé devant lui à son sujet : « C'est un être qui n'est pas encore complet, qui ne s'est pas encore réalisé. Il traverse des transformations qui ne sont pas toujours agréables. Il faut donc avoir plus de compréhension affective à son égard. » Il remarquait que ses parents s'intéressaient beaucoup plus aux enfants que sa propre génération. « On était moins dispersé dans l'immédiat, la vie était plus humaine, se souvenait-il pendant mon adolescence en se reprochant de ne pas me consacrer assez de temps. Dans un même immeuble, les gens se rencontraient davantage. Aujourd'hui, ils prennent l'ascenseur. » Mais à en juger par ce qui se passait chez mes camarades, il n'était pas un père indifférent, loin de là ! Je ne dirais pas la même chose de ma mère. Elle était au contraire assez distante avec les jeunes en général. Et mes camarades aimaient moins avoir affaire à elle. Je l'ai déjà raconté, c'était toujours lui qui m'accompagnait en classe quand j'étais petit. Ma mère n'aimait pas cela. Et sur le chemin de Stanislas ou, à Beyrouth, sur celui du collège Saint-Joseph, je le voyais souvent entrer en conversation avec les parents de mes copains. Par exemple, je l'entendais constater : « Il [ou elle, parce qu'il y avait aussi des filles qui les accompagnaient] a beaucoup grandi depuis quelque temps. – Il va partir en vacances au bord de la mer. – Ah ! bon ? A quel endroit allez-vous donc ? » Le dialogue continuait ainsi jusqu'au moment où la porte du collège s'ouvrait. Mes camarades me faisaient souvent observer : « Il est chouette, ton père. Le mien n'est pas comme ça avec moi. »

— Il ne les intimidait pas trop ?

— Certes, il les intimidait beaucoup. Mais c'est justement parce qu'il les intimidait qu'ils étaient particulièrement frappés par ce qu'il leur disait et par les conseils qu'il leur donnait. L'un d'entre eux m'a confié un jour : « Avec lui, on peut parler. Il m'écoute. A la maison, on parle dans le vide. Mange ta soupe et tais-toi ! On ne s'occupe que d'une chose : le cahier de notes. » Un autre (il est devenu un P-DG d'industrie assez connu), m'a lancé au cours d'un goûter à la maison : « Ton père ressemble à un bon professeur. S'ils pouvaient tous être comme lui ! » Il essayait toujours de savoir où les jeunes en étaient et comment il fallait les orienter. Il observait : « Ils représentent l'avenir. Et si l'on ne travaille pas pour l'avenir, c'est fini, il vaut mieux mourir. » Il trouvait que l'indifférence à leur égard était regrettable. C'est pourquoi il leur témoignait de la compassion. « S'ils se replient sur eux-mêmes, ne cherchez pas plus loin : ils ont subi des épreuves dans la solitude au lieu d'être entourés comme ils auraient dû l'être. Un être abandonné est comme un animal. Il se réfugie dans son trou et montre les crocs à l'étranger qui s'approche. » C'était, d'après lui, ce qui s'était encore passé en 1968. La jeunesse n'a plus accepté aucun conseil parce que ses maîtres et ses aînés s'étaient déconsidérés, et cela depuis la déroute de 1940. Parce qu'ils appartenaient à une génération qui avait été vaincue, écrasée, occupée, et qu'ensuite ils étaient tombés dans la décolonisation où on n'a eu de cesse, encore une fois, de les culpabiliser. Leurs parents étaient donc tous coupables. Il notait également : « Les parents ne doivent jamais se laisser culpabiliser sous peine de perdre toute estime de la part de leurs enfants et toute autorité. » Et il ajoutait en se souvenant de la guerre, de Londres et d'Alger : « Quand j'étais approché par un diplomate ou un politique français qui commençait à vouloir culpabiliser la France, je l'arrêtais net et lui rétorquais : "Si vous nous culpabilisez, vous nous enfoncez un peu plus. Et les étrangers quels qu'ils soient, même ceux qui nous font des sourires, n'attendent que cela : que nous nous couvrions la tête de cendres." »

— Que pensait-il de l'influence de la littérature et des médias sur la moralité et le comportement de la jeunesse ?

— Il était très strict à ce sujet. Il décrétait : « Il y a toujours eu une certaine tradition de légèreté dans la littérature française et dans l'esprit français, mais on ne doit pas mettre entre les mains de la jeunesse une matière qui puisse la dévoyer, lui faire perdre le fil de sa vie. » Tout document ou écrit plus ou moins érotique, même léger, ne pouvait franchir notre porte. Un jour, il m'a pris en train de lire du Maupassant. J'étais très petit. Il m'a enlevé le livre des mains et m'a intimé d'un ton sec : « Tu liras ça plus tard. » Même chose avec Zola. Il tranchait : « Non, même si c'est *la Débâcle*. Il y a des turpitudes qu'il ne faut pas connaître, même si elles sont militaires. Il faut éviter d'abreuver les jeunes garçons d'écrits antimilitaristes parce que le jour où il faut se battre, ils n'en ont pas le courage et ils deviennent des vaincus, des esclaves. »

— Votre mère devait être sur la même longueur d'onde. Elle n'en rajoutait pas un peu ?

— Elle n'a jamais débordé la ligne tracée par mon père, que ce soit sur ce plan ou sur autre chose. Ils parlaient toujours, l'un et l'autre, d'une seule voix. Elle avait vu un jour un accouchement à la télévision et cela l'avait beaucoup frappée. Le lendemain matin, revenant du jardin où elle venait de planter, disait-elle, des graines potagères, elle se débarrassait de ses gants de jardinage quand cette scène s'imposa une nouvelle fois à son esprit. Son irritation lui avait rosi les joues. Je l'entendis alors s'adresser à mon père comme s'il en était responsable : « Comment peut-on oser montrer de pareilles choses ? Ne sait-on pas que des petites filles de cinq ans peuvent regarder ça ? Je ne suis pas d'accord ! »

— Quelqu'un – je crois que c'est Peyrefitte – l'a entendue se révolter contre la minijupe.

— Elle estimait que ce n'était pas pour les gamines la façon la plus appropriée de s'habiller pour se rendre à l'école. Je pense que beaucoup de mères de famille ne doivent pas avoir une opinion très différente. Non, je l'ai déjà certifié, ma mère n'était pas pudibonde du tout. Il lui arrivait même de plaisanter avec nous à propos du sexe et des mœurs. En ce qui concerne nos lectures d'enfant, elle concédait qu'il y eût à la maison quelques textes légers à condition qu'ils fussent, disons, ironiques. On savait par exemple que le chevalier d'Eon n'avait pas mené une vie de chevalier, que la Grande Catherine faisait des écarts et que le frère du roi était d'un certain genre. Mais on n'insistait pas. Elle souriait avec nous et l'on passait à autre chose. Elle pensait, comme mon père et tous les parents sérieux, que le développement harmonieux de l'organisme de l'enfant, grâce à des exercices physiques appropriés, était le garant de son bon équilibre psychologique. Elle répétait la maxime de Juvénal : « *Mens sana in corpore sano.* » (Un esprit sain dans un corps sain.)

— On n'imagine pas votre mère en train de préconiser le sport. L'éducation physique était si importante pour elle ?

— A l'exemple de mon père, elle considérait le sport comme le meilleur dérivatif pour un enfant et le complément direct de son éducation. Lui tenait le jeune pour quelqu'un de fragile. Il faut dire que son fils n'était pas physiquement très solide. J'avais grandi trop vite. Mais chez nous, vous le savez, on ne s'attendrissait pas sur ses maux ou ses fatigues. Il fallait avancer coûte que coûte en taisant ses faiblesses et ses réticences. Filiforme lui-même, rappelez-vous, il avait beaucoup souffert à Saint-Cyr avec les marches épuisantes et un uniforme peu adapté au temps. J'ai souvenir que, très petit (je devais avoir huit ans), il m'a déclaré de toute sa hauteur : « Si tu veux devenir un homme, un vrai, il faut que tu développes ton corps. » Un match de football avait lieu dans mon collège, un dimanche matin, et je ne voulais pas m'y rendre. Il m'y a conduit d'office. Il est allé se promener en attendant la fin de la partie et m'a ramené à la maison. C'était à Beyrouth. Il a parcouru avec moi trois kilomètres à pied pour m'emmener sur le terrain de sport et le même trajet pour en revenir. Il voulait que je ne me défile pas. Parce que, m'a-t-il expliqué, « si on commence à se défiler pour cela, alors on se défile pour tout. Dans la vie, il faut toujours s'obliger à se forcer un peu. Même le matin, il faut se donner des coups de pied quelque part pour quitter son lit. L'effort physique aide à l'effort mental. Hélas ! trop de Français oublient cette discipline ». Quand il a vu un jour, à la une du *Figaro*, alors qu'il était à l'Elysée, le fameux dessin de Jacques Faizant où on le voyait partir pour les jeux Olympiques à la rescousse des équipes françaises déficientes, affublé d'un survêtement et de baskets, avec cette légende : « Dans ce pays, si je ne fais pas tout moi-même !... » il a eu ce rire qui ne voulait jamais aller jusqu'au bout, pour me lancer : « La mentalité du sport, je ne l'ai jamais quittée depuis mes dix-huit ans à Saint-Cyr. Si tous les jeunes Français pouvaient suivre cet exemple ! »

— Revenons à l'éducation culturelle. On le disait très chatouilleux en ce qui concerne le respect de notre langue...

— C'est le mot. Il a été le premier, dès son retour au pouvoir en 1958, à engager la bataille pour la défense du français et son rayonnement à travers le monde en sensibilisant dans ce but nos représentations à l'étranger. Il ne tolérait aucun écart dans le langage et l'écriture des officiels. Un jour, en ma présence, à l'Elysée, il a tancé de belle manière une personne qui avait fait une faute grammaticale dans un message. S'il jugeait un livre mal écrit, même signé d'un écrivain célèbre, il le refermait illico. Mais il s'amusait des coquilles. Ayant remarqué que l'ouvrage de Paul-Marie de La Gorce, *De Gaulle entre deux mondes*, publié en 1964, en comportait une, il l'a signalée à l'auteur en le remerciant pour sa dédicace. Tout document provenant de l'OTAN ou de l'ONU qui n'était pas rédigé en français était automatiquement retourné à l'expéditeur. Les ambassadeurs étrangers à Paris savaient qu'il avait prévenu un jour l'un d'entre eux de cette façon : « Je refuse d'avoir des relations diplomatiques avec qui n'utilise pas le français, lequel est, je vous le rappelle, la langue diplomatique. » En conséquence, aucun ne s'avisait d'employer une autre langue que la sienne pour correspondre avec lui. Le Département d'Etat qui est assez coutumier du fait ne se risquait pas, à son époque, à envoyer à Paris un ambassadeur fermé à notre langue. A La Boisserie, quand il était en train de se raser en écoutant la radio, il ronchonnait souvent à l'adresse d'un éditorialiste abonné au massacre verbal. On l'entendait parfois maugréer : « Et le revoilà avec son "au jour d'aujourd'hui" ! » Ou : « Qui pourra lui apprendre un jour qu'on met un s à cent quand, multiplié par un autre nombre, il termine l'adjectif numéral ? » De même protestait-il quand on utilisait une chanson anglaise pour fêter un anniversaire. « Comme si notre folklore n'était pas assez riche ! » Son ministre de l'Information, Alain Peyrefitte, a reçu plusieurs fois, de sa part, pour mission d'intervenir auprès de la télévision à la suite de l'utilisation trop fréquente de charabia ou d'anglicismes. Il rendait les enseignants responsables de la « prostitution de la langue », c'est-à-dire de sa détérioration. « C'est notre âme qui est en jeu et ils s'en fichent ! »

— Il paraît qu'à l'Elysée, il lui arrivait de « passer un savon » à quelque ministre qui avait « trahi » notre langue. Vous savez à qui, par exemple ?

— Je pense que vous voulez parler de son vieux et fidèle

compagnon Gaston Palewski. Un dimanche d'avril 1962, alors que nous sommes conviés, Henriette et moi, à déjeuner à l'Elysée, nous le découvrons de mauvaise humeur. Il en a effectivement contre Palewski qui avait, à l'entendre, accepté que l'on désigne le Centre européen de construction et d'engins spátiaux, auquel la France participait, par les initiales de son nom en anglais : ELDO (*European launches development organization*). Il s'écrie avant de passer à table, un verre de frontignan vibrant dans son poing : « Nous donnons quarante-cinq millions à cette organisation pour nous faire cocufier et il est content. C'est quand même un peu fort ! » Combien il s'était pareillement indigné quand on avait baptisé de la même façon l'UNESCO en novembre 1946 ! Rentrant des Etats-Unis, je l'ai rejoint à La Boisserie où il vient de s'installer cinq mois auparavant. Le projet de Constitution proposé par la IVe République et contre lequel il s'est élevé a été adopté. Sa fureur ne peut que s'accentuer. « UNESCO, répète-t-il d'un air dégoûté comme s'il venait d'avaler une potion amère. Et ça va s'installer à Paris ! Avant trente ans, si nous n'y prenons garde, on ne parlera plus qu'américain dans les organisations internationales. Et nos diplomates seront les premiers à s'y plier devant les micros et les caméras ! » Qui peut dire que mon père n'avait de nez que pour les caricaturistes ? Le 27 novembre 1967, il déclare au cours d'une conférence de presse : « Le fait que la langue française perdra ou gagnera la bataille au Canada pèsera lourd dans la lutte qui est menée pour elle d'un bout à l'autre du monde. » Le « Vive le Québec libre ! » de Montréal voulait aussi signifier « Vive la langue française ! ».

— Quatre mois auparavant, le 24 juillet, une bombe éclate donc à Montréal. L'importance de son onde de choc est prévisible. Tout le monde se demande ce qui lui a pris de faire un tel esclandre. Quelle était son explication ?

— Elle est très complexe. Dès qu'il est revenu au pouvoir en 1958, si vous regardez la chronologie de ses activités, vous verrez qu'il ne s'est pas passé six mois sans que des Québécois représentant des communautés importantes commencent à défiler pour rappeler au général de Gaulle l'existence de leur pays et de ses problèmes. La francophonie jouant son rôle ainsi que les racines, la religion et l'histoire communes, ils venaient lui remettre dans l'esprit que la France les avait oubliés. Et comme leur situation n'était pas très confortable, disons inférieure dans l'ensemble du Canada fédéral, ils lui demandaient de les aider dans leur combat. Alors, il s'interrogeait : « Que puis-je faire pour le Québec et pour les Québécois ? » Mais, vous ne l'ignorez pas, cette préoccupation était en lui depuis plus longtemps. On peut même penser depuis sa jeunesse. Comme beaucoup de Français de sa génération, il avait lu *Maria Chapdelaine*, le roman fétiche de Louis Hémon paru en 1921, qui raconte l'histoire malheureuse de ce peuple poussé à l'exil après avoir été abandonné par la France. Un livre qu'il m'avait mis entre les mains dans mon enfance. Evidemment, ce n'était pas là-dessus que se fondaient sa dilection et son intérêt pour ce pays. C'étaient les aspirations de ces gens acharnés à défendre leur patrimoine linguistique, à « sauver leur âme », déclara-t-il plus tard, qui le tourmentaient. J'ai en mémoire ce que je lui ai entendu prononcer à ce sujet en avril 1965. En poste depuis quelque temps au Bourget, à la base aéronavale de Dugny, j'ai la possibilité de retrouver mes parents à Colombey lors de certains week-ends et de m'entretenir avec lui sur de nombreux thèmes. En compagnie d'un aide de camp ou visiteur parle-t-il quand j'entre, ce jour-là, dans la bibliothèque, il est en train de commenter un livre récemment reçu qu'il vient de parcourir et qu'il tient entre ses mains : *Egalité ou indépendance*. Il est signé de Daniel Johnson, l'homme qui deux ans plus tard le recevra chez lui en tant que chef du gouvernement du Québec. Je suis étonné par sa véhémence. « Ils ont raison, insiste-t-il en parlant des Québécois. On les brime, on les réduit. Ils ont le droit de s'insurger. A leur place, n'en ferions-nous pas autant ? » Et après quelques exemples de vexations subies par « ces Français d'outre-Atlantique », notamment le fait que pendant la guerre ils ne pouvaient accéder qu'à l'armée de terre dans l'armée canadienne, il se demande de nouveau, tout en étreignant cet ouvrage de ses larges mains avec une sorte de désir de possession : « Que vais-je pouvoir faire pour les conforter ? Il faut que je fasse quelque chose de moral et d'historique afin de rappeler qu'ils font partie de notre monde et de notre rayonnement. »

— On a dit qu'il avait été incité à intervenir au Québec par un petit groupe de militants français acquis à la cause québécoise...

— Je vous assure qu'il n'a été poussé par personne. Ni par les Québécois qui venaient le voir à l'Elysée, ni par les fervents patriotes et militants de la francophonie dont vous parlez, tels que Philippe Rossillon, Xavier Deniau, René Lucien ou Pierre Louis Mallen. Ces gens-là n'ont fait que de le conforter dans son idée. Je vous le répète : il avait cette idée dans la tête depuis très longtemps. On le sentait quand on l'entendait aborder la question. Je me souviens qu'il remarquait, ce livre encore dans les mains : « Cette sympathie que nous avons pour eux, elle est viscérale. C'est notre mauvaise conscience qui nous tire par la manche et c'est la solidarité à l'égard de frères dans le besoin. Regardez un peu ce qui se passe chez les Juifs vis-à-vis des Israéliens. Même ceux qui n'ont jamais mis les pieds en Israël et qui n'ont jamais eu autre chose qu'une Bible comme bien commun se sentent en communauté de pensée avec eux. Alors, comment oublier nos affinités avec des gens de notre sang que nous avons abandonnés à leur sort et qui parlent français avec l'accent de Normandie et du Poitou ? » Ce peuple a donc toujours été dans son esprit. Chaque fois qu'il a été invité aux Etats-Unis, en 1944, 1945 et 1960, par exemple, il n'a jamais manqué de faire un détour par le Canada avant de rentrer chez lui. Avec quelle sympathie il évoquait la participation des Canadiens à la guerre de 14 et également l'arrivée des Canadiens français en Grande-Bretagne en 1941 et 1942 ! Il m'a raconté que lorsque William Lyon Mackenzie King, leur Premier ministre (il avait d'excellents rapports avec lui), est allé les rencontrer sur un champ de manœuvre, chose extraordinaire, il a été hué par eux. Ils lui ont crié : « Nous ne sommes pas ici pour visiter l'Angleterre, mais pour libérer la France, et nous attendons depuis dix-huit mois. Alors, si ce n'est pas pour débarquer en France, renvoyez-nous chez nous ! » Aussitôt après, sur les six mille hommes (dont un bataillon de Français Libres, on l'oublie souvent) qui ont débarqué à Bruneval, près de Dieppe, le 18 août 1942, plus de la moitié étaient des Canadiens français. Ce sont eux qui ont eu les plus fortes pertes.

— Mais qu'est-ce qui l'a déterminé à agir ainsi en 1967 alors qu'il y avait tant de problèmes plus importants qui l'accaparaient en France ?

— C'est justement parce qu'il pouvait au contraire avoir enfin les coudées franches. Depuis neuf ans qu'il était au pouvoir, il n'avait pas manqué d'occupations : remise en marche du pays, décolonisation de l'Afrique, affaire algérienne, etc. Le moment était donc bien choisi d'aller voir ce qui se passait au Québec. Sinon, bien sûr, il ne se serait pas déplacé seulement pour honorer l'invitation des Québécois à inaugurer l'Exposition internationale de Montréal. Invitation qui lui avait d'ailleurs été faite sans tenir compte de l'avis du gouvernement fédéral d'Ottawa ! Et puis, la situation politique de ce pays, il faut le dire, même s'il ne l'avouait pas lui-même, n'était pas pour lui déplaire. La lutte pour l'émancipation était un sport qu'il ne détestait pas !

— Pourquoi a-t-il voulu faire ce voyage en bateau ? C'est lui ou vous qui en avait eu l'idée ?

— C'est lui. Car, s'il avait pris l'avion, il eût été forcé de se rendre d'abord dans la capitale fédérale. L'idée du bateau lui permettait d'arriver au Canada en passant par le Québec. Il refusait d'être accueilli par les « Anglais » à Ottawa alors qu'il était invité par les « Français ». Il avait déjà utilisé plusieurs fois ce même croiseur, en Algérie, dans le Pacifique à l'occasion d'essais nucléaires, et pendant presque un mois durant son voyage en Amérique du Sud en 1964. Etablir sa résidence à bord d'un grand bâtiment de guerre est une suggestion que lui feront à plusieurs reprises les marins de son cabinet militaire, et moi-même évidemment. En dehors des raisons politiques que je viens d'expliquer, elle lui donnait l'occasion de se libérer des servitudes et de l'obligation de changer de résidences tout en conservant la sécurité et les moyens de transmission du pouvoir. Et puis, outre que cette façon de voyager le reposait après tant de mêlées et de démêlés politiques, elle avait l'avantage de le faire aborder la « Belle Province » par l'estuaire du Saint-Laurent, comme Jacques Cartier et ses compagnons, en 1541, au temps de François Ier. Enfin, il pensait qu'il disposerait de cette manière, avec ma mère, à leur arrivée, d'une résidence personnelle à un endroit où, l'avait-on prévenu, il n'existait pas de maison d'hôte. Voilà pourquoi ils embarquèrent en rade de Brest, le 15 juillet 1967, sur le croiseur *Colbert*, un bâtiment que l'on peut visiter aujourd'hui à Bordeaux où il est ancré à demeure. Ils étaient installés dans un « appartement de chef d'escadre », appartement et fonction que le sort m'attribuera quelque six années après sa mort. Pendant les cinq jours de traversée, me rapportera ma mère, elle ne le vit guère se reposer. Il fut surtout absorbé par la rédaction des différents discours qu'il devait prononcer pendant son séjour officiel. Accepta-t-il d'aller à la table du commandant ? Peut-être une fois par bienséance. Il faut savoir qu'ayant juré fidélité au maréchal Pétain pendant l'Occupation, comme tous les officiers de marine de sa génération, il arrivait à ce capitaine de vaisseau, néanmoins toujours courtois et déférent parce que bien élevé, de se répandre dans les coursives en propos ironiques sur mes parents. Il est vrai aussi que c'était la première fois depuis longtemps qu'un président de la République voyageait avec son épouse à bord d'un navire de la Royale et que cette dernière n'a pas toujours eu la fibre très républicaine...

— Alors, ce cri de « Vive le Québec libre ! » ? Il y pensait déjà avant de partir ?

— Faisons tout de suite cette mise au point : non. Il n'y a pas pensé un seul instant avant de s'embarquer à Brest. Je puis vous l'assurer. Il n'est pas allé sur place avec l'idée de provoquer un scandale dans la politique du Québec, comme il n'a jamais eu l'intention de déstabiliser le pouvoir fédéral canadien et d'insulter la couronne britannique. (Bien qu'il eût en travers de la gorge le refus d'Ottawa de vendre de l'uranium à la France alors que les Etats-Unis et la Grande-Bretagne avaient pu s'en faire livrer.) Il trouvait seulement normal que la situation fédérale du Québec soit modifiée au bénéfice des Québécois qui réclamaient légitimement le respect de leurs droits. Il se demandait : « Je voudrais que le Québec traite librement de ses affaires, comme les autres parties du Canada. Comment vais-je pouvoir m'y prendre sans me mêler aux affaires politiques des Québécois et des fédéraux ? » Et puis, quand il a vu devant lui, du haut du balcon de l'Hôtel de Ville, toute cette foule agiter des drapeaux français (et pas un seul britannique), quand il l'a entendue gronder pendant le *God Save the Queen* et entonner *la Marseillaise* en brandissant des panneaux « Vive la France Libre ! » qui rappelaient sa légendaire épopée, il s'est dit, il m'a dit : « C'est comme si je me voyais débarquer en Afrique française en 1940 quand on me criait la même chose à pleine gorge : "Vive la France Libre !" J'ai cru aussi revivre l'enthousiasme de la Libération en 1944 quand je me suis retrouvé au milieu de tous les Français. » C'est là et à ce moment-là seulement que cette formule est née dans son esprit et a fleuri sur ses lèvres.

— Alors, il a pris le micro et il a parlé ?

— Pas si vite. Il n'était pas prévu qu'il prît la parole en ce lieu. Le maire de Montréal, Jean Drapeau, n'y tenait surtout pas. Il voulait éviter toute histoire avec Ottawa. Pour cette raison, avant l'arrivée du Général à l'Hôtel de Ville, il avait fait dévisser le micro sur pied qui avait été installé en bordure du balcon prolongeant le salon. Son installation avait pour auteur Pierre Louis Mallen, l'homme que Peyrefitte, ministre de l'Information, avait envoyé au Canada, sur l'ordre de mon père qui cherchait, pour promouvoir son action dans les médias de ce pays, « un type à la coule », selon son expression. Aussi, quand, arrivant sur le balcon, le Général a manifesté son intention de saluer au micro cette foule enthousiaste qui réclamait un discours, le maire a objecté : « Il n'y a pas de micro. Venez plutôt dans mon cabinet. » C'est à ce moment-là que, poussé en avant par Mallen, un technicien de la RTF (Radio télévision française) s'est exclamé, le micro dans la main : « Mais si, il y a un micro. Tenez, le voilà ! » Le maire a rétorqué : « Il ne marche pas ! » Mais, sans l'écouter, l'homme est allé aussitôt le revisser au bout de son fil. Voilà comment mon père a pu s'écrier : « Vive Montréal ! Vive le Québec ! Vive le Québec libre ! Vive le Canada français et vive la France ! » C'est alors que la foule s'est déchaînée dans la joie après quelques secondes de silence traduisant à quel point elle avait eu le souffle coupé.

— L'un des militants dont nous avons évoqué le nom a soutenu que c'était lui qui lui avait soufflé sa fameuse déclaration...

— Je le sais, mais croyez-moi, ce n'est pas exact. S'il est vrai que cette personne a vraiment avancé qu'elle l'avait inspirée, elle a simplement voulu se donner le beau rôle, et elle n'a pas été la seule dans ce cas au cours de la vie du général de Gaulle ! Je remarque d'autre part que ces dires sont nés après sa mort. Je le répète avec force : personne ne lui a suggéré quoi que ce soit. Nous avons tout simplement assisté ce jour-là à une des improvisations dont il avait le secret.

— Avant de lancer cette bombe, on a dit qu'il avait quand même attendu que soit signé l'accord économique et commercial passé avec le gouvernement fédéral à Ottawa le matin même...

— Attendu ? Il est vrai qu'à quelques heures près, cette intervention au micro de Montréal aurait risqué de faire des vagues. Mais jusqu'à voir les Canadiens refuser de parapher un traité qui les intéressait au plus haut point ? Je ne le pense pas. En tout cas, je suis sûr qu'il n'a pas consulté sa montre avant de clamer ce que l'on sait. Dans l'avion du retour vers Paris, le Général convoqua dans sa cabine le directeur d'Amérique, Jean-Daniel Jurgensen, qui lui dit : « Vous avez payé la dette de Louis XV. » De Gaulle répondit : « Oui, je savais que je devais faire quelque chose... Mais quoi, quand, ou ?... après cet accueil inouï (*sic*) je l'ai fait. Je n'aurais plus été de Gaulle si je ne l'avais pas fait. »

— Qu'a-t-il pensé après coup des critiques acerbes qui se sont élevées dans les milieux politiques français et dans la presse ?

— Il en a ricané. « Comme quelqu'un qui a fait une bonne blague », dira-t-on chez nous quand nous le retrouverons en vacances à La Boisserie courant août. Le choc est pourtant énorme. Le monde entier le blâme, souvent violemment. En France, Valéry Giscard d'Estaing a pris la tête des détracteurs en le fustigeant dans une déclaration, avec son « exercice solitaire du pouvoir », son « verbalisme dérisoire ». Tandis que le fidèle acolyte de ce dernier, l'ancien ambassadeur André François-Poncet, trouve « humiliante » la « mésaventure » dont le chef de l'Etat français s'est rendu responsable. Autour du Général, ça renâcle également : Edgar Faure a refusé de se joindre aux autres ministres qui attendaient son retour au grand complet à Orly à 4 heures du matin. Pompidou, raconte-t-on, aurait bien voulu faire la même chose... Il paraît qu'il répète partout : « Il est fatigué, le déclin approche. » Tout cela, mon père s'en moque. « J'ai fait ce qu'il fallait faire, me lance-t-il en jetant avec mépris *le Monde* dans sa corbeille à papiers. (Pierre Viansson-Ponté y écrit qu'il n'est plus « maître de sa pensée ».) J'ai secoué le cocotier et tous les babouins grouillent et se tortillent à qui mieux mieux. » Et plus sérieusement : « Ne peut-on pas comprendre que le Québec doit être libre de choisir son destin et la nature de ses rapports avec la capitale fédérale ? Se séparer complètement d'Ottawa constituerait une erreur économique grave dont ce pays ne se remettrait pas. Mais il pourrait sans danger obtenir une autonomie administrative au sein d'une fédération équilibrée. » Il ne peut cependant pas cacher qu'il est heurté au fond de lui-même par les critiques acerbes qu'on lui a adressées, « orchestrées, bien sûr, par les *lobbies* anglo-saxons en coulisse ». Et comme il se refuse, comme de coutume, à parler à la table familiale d'affaires ou de politique, il prolonge d'autant ses commentaires au-delà de l'heure du déjeuner, retard tout à fait inhabituel chez lui qui contrarie beaucoup ma mère. Il grommelle entre autres : « Tous ceux qui me critiquent aujourd'hui en seront demain pour leurs frais. Ils verront bien que j'ai eu raison. » En s'asseyant à table, le Québec revient quand même sur les lèvres de ma mère. Il est notamment question de la localité de Trois-Rivières où, rapporte-t-elle avec plaisir, l'enthousiasme de la foule a été encore plus délirant qu'à Montréal et où on leur a servi du bison au déjeuner, ce qu'elle a trouvé fort à son goût. « Tout compte fait, conclut mon père au dessert, avec un petit air mutin, ce fut un beau voyage. Chez six millions de descendants directs des Français, ce qui n'est quand même pas rien ! » Ma mère renchérit alors : « Et en plus, ils se feraient tuer pour défendre leur langue. Ce n'est pas comme chez nous. »

22

UNE SANTÉ NÉGLIGÉE

> « Si à chaque blessé qui tombe, trois ou quatre hommes se précipitent pour le ramasser et le conduire à l'ambulance, il ne restera bientôt plus personne au feu. »
>
> *Lettres, Notes et Carnets.* Octobre 1913.

Que n'a-t-on pas glosé au sujet de son état physique ! Lui ne semblait pas s'en soucier outre mesure. Il passait pour quelqu'un qui n'aimait pas perdre son temps avec les médecins et envoyait promener tous ceux qui voulaient lui parler de sa santé. Mais était-ce la réalité ?

— Chez mon grand-père paternel, lorsque tous les enfants, cousins et arrière-cousins se retrouvaient autour de la table et que l'un d'entre eux se plaignait soudain de s'être cogné et fait mal, il déclarait d'un ton qu'il souhaitait le plus sévère possible : « Mes enfants, vous avez cinq minutes pour dire vos maux, après c'est fini, nous sommes à table, on n'en parle plus. » Et jamais dans ma famille, chez les grands-parents comme chez les parents, on ne se plaignait de quoi que ce fût ou on n'écoutait les doléances des uns et des autres. S'il arrivait que l'on tombât vraiment malade, on ne confiait rien aux autres, à plus forte raison s'ils n'y pouvaient rien. Cela ne veut pas dire, bien sûr, que mon père ne se souciait pas de notre sort. La fatigue de ma mère ou la maladie de ma sœur Anne, ou des autres enfants, l'inquiétait d'autant plus qu'il appartenait à une génération où les moyens de soigner étaient réduits.

— Quand a-t-il été vraiment malade pour la première fois ?

— En 1942. Je m'en souviens d'autant mieux que j'ai souffert moi-même, à cette époque, d'une double pleurésie sur une corvette en convoi en Atlantique Nord. On m'a débarqué et on m'a hospitalisé à Londres. On soupçonnait aussi une tuberculose, ce qui n'était pas le cas. Et c'est par hasard, au cours de ma convalescence, que j'ai appris qu'il avait été également transporté en urgence dans un hôpital anglais, probablement en même temps que moi, pour une crise de paludisme aiguë, maladie qu'il avait contractée en Afrique équatoriale. Nous sûmes par la suite que si on ne l'avait pas soigné sur-le-champ, il n'aurait peut-être pas survécu. Sans doute n'avait-il pas pris des médicaments préventifs C'est possible étant donné son aversion pour toute drogue. Pendant plusieurs jours, il a été très mal. Je n'en ai pas été avisé sur le moment par ma mère. Elle ne voulait sans doute pas m'inquiéter davantage. Elle ne me l'a avoué que longtemps, après avec ces simples mots : « Nous avons été inquiets pour ton père. Il a fallu l'hospitaliser pendant quelque temps. » On n'aimait pas épiloguer sur ce genre de problème. L'affaire était close. Rien ne servait d'en rajouter. Lui ne m'en a jamais parlé. L'interroger à ce sujet l'aurait sûrement contrarié. Quant à la presse britannique, elle a gardé le même silence. Probablement pour des raison stratégiques. L'ennemi aurait certainement été trop content d'apprendre la nouvelle et d'empirer l'état du malade à plaisir. Cela faisait partie des bobards lancés par Vichy et par les Allemands, ou même parfois par nos Alliés rendus furieux par l'esprit d'indépendance bien connu de l'auteur de mes jours. La même chose s'est produite en janvier 1944, avant le débarquement en Normandie, quand on a annoncé à Alger que le général de Gaulle était atteint d'une « mystérieuse maladie » et qu'il était à l'article de la mort. Il avait eu une simple rechute de paludisme sans gravité. Là encore, ce racontar alarmiste avait sans doute pour origine ceux qui ne souhaitaient pas le voir retrouver Paris. En 1960, en pleine crise, à Alger, on l'a également frappé d'une hémorragie soudaine qui aurait ensanglanté le siège de sa voiture... et qui n'était en tout cas pas la sienne. Fort heureusement, ma mère gardait son calme devant ce genre de nouvelles. Il l'avait immunisée contre tout bobard touchant sa personne en la prévenant en ces termes plutôt directs : « De toute façon, on ne peut pas admettre que je ne sois jamais hors de combat. Si je l'étais vraiment un jour, on ne manquerait pas de vous en avertir de manière qualifiée et pas par les journaux ou des bruits de couloir. »

— Il refusait vraiment de se soigner quand c'était nécessaire ?

— Il acceptait de se soigner mais il ne voulait pas que l'on soit tout le temps sur son dos. Il pensait que le docteur Lichtwitz agissait comme il convenait et que ma mère n'avait donc rien de plus à faire. Quand elle montrait un peu trop d'inquiétude, énervé, il lâchait : « Ecoutez, Yvonne, Lichtwitz me fait suivre un traitement adéquat et je le suis. Alors, ça va, n'en rajoutez pas. Je comprends que vous vous en souciiez, mais laissez-moi tranquille. Merci beaucoup. » Et elle n'insistait pas. Elle ne se précipitait donc pas sur lui avec une boîte de pilules ou un flacon de sirop chaque fois qu'il se mettait à tousser. Je n'ai d'ailleurs jamais vu mon père prendre des cachets ni quelque autre médicament. S'il avait un rhume, par exemple, il attendait que ça se passe. Sans doute lui arrivait-il d'avaler une aspirine, mais il le faisait discrètement, hors de notre vue. Ma mère aussi. En général, on ne prenait rien devant les tiers. Il y avait bien une petite armoire à pharmacie à La Boisserie, mais elle ne contenait que quelques drogues, genre teinture d'iode ou eau oxygénée pour les coudes et les genoux des petits-enfants. Ma mère n'avait pas pour habitude d'accumuler les médicaments comme certaines maîtresses de maison. Cela lui arriva, mais très tard, quand elle tomba gravement malade. Elle avait une inquiétude autrement plus profonde à l'égard de mon père : celle de voir la vie politique miner sa santé sans qu'il s'en rendît compte. Elle voulait donc qu'il décroche. Cela a toujours été son éternel souci. Pendant la guerre, elle comprenait bien qu'il dût tenir le coup jusqu'à la libération de la France, mais après, elle estimait que ce n'était plus son affaire. « Que les autres s'en débouillent, s'exclamait-elle, nous avons déjà donné ! » Combien de fois cette réflexion s'est échappée de sa bouche en famille !

— Il n'arrivait jamais à votre père de consulter quelque praticien, ne serait-ce que pour s'assurer de sa bonne santé ?

— Il n'en éprouvait jamais le besoin. Une conversation de temps en temps avec son ami médecin lui suffisait. Encore était-elle rare. Je ne l'ai vu, pour ma part, accepter de se soumettre à une consultation que le jour où j'ai cru comprendre qu'il souffrait des dents. Il n'a jamais eu besoin de porter le moindre appareil mais il n'avait pas une très bonne dentition. Il faut dire que la guerre de 14-18 et sa captivité n'avaient rien arrangé. Toute sa génération était logée à la même enseigne. Lui avait plutôt de meilleures dents que ses contemporains, mais nous l'avons vu, en particulier après la Seconde Guerre mondiale où il n'avait pas le temps de se soigner, souffrir d'abcès qu'il était obligé de faire ouvrir en urgence. Dans ces cas-là, il se laissait transporter en maugréant jusqu'à Chaumont pour visiter le premier dentiste. Après la Libération, je lui ai trouvé, boulevard Malesherbes, un excellent praticien, le docteur Poisson, visité par de nombreux marins en service au ministère de la rue Royale. C'était un homme extrêmement discret qui n'a jamais fait état de sa présence dans son cabinet. Il s'arrangeait toujours pour qu'aucun patient ne soit dans sa salle d'attente au moment où il le recevait. Cette attitude a certainement contribué à le convaincre de continuer à le fréquenter. Malgré ces précautions, une brave dame l'a croisé un jour dans l'entrée de l'immeuble. Frappée de stupeur, elle s'est demandée si l'anesthésie qu'elle venait de subir ne lui avait pas donné de visions ! Finalement, il choisissait toujours de se soigner selon sa propre idée, généralement après avoir pris conseil de son médecin habituel. C'est ainsi qu'il s'est fait opérer de la prostate et de la cataracte. Personne d'autre, à part ma mère ou moi, dans le cas de cette affaire de dents, n'aurait pu se mêler de sa santé.

— Elle a quand même réussi à le faire s'arrêter de fumer. Comment s'y est-elle prise ?

— Elle ne lui a pas fait la guerre car il ne l'aurait pas supporté. Elle se serait fait carrément envoyer promener. Mais elle osait quand même lui dire parfois qu'il fumait trop, et à moi qui étais également fumeur à l'époque, de ne pas le tenter en lui tendant mon paquet de cigarettes après un repas. Insidieusement, elle faisait passer ce message autour de lui tout en essayant de l'encourager à se défaire de son habitude. Il répondait toujours avec une patience contrainte : « Oui, oui, c'est entendu, Yvonne, on verra. » Nous savons déjà qu'il fumait énormément, surtout depuis la dernière guerre. Des Players d'abord, des Craven A ensuite – souvenir de Londres – parce qu'elles étaient munies d'un bout en liège et qu'il n'aimait pas avoir de tabac sur les lèvres. Pendant la guerre, il passait souvent une partie de la nuit avec une cigarette à la bouche parce qu'il lui arrivait de travailler jusqu'aux premières heures du jour. Il rendait grâce au tabac de l'avoir aidé à tenir le coup à certains moments cruciaux de sa vie. A ce propos, il m'a raconté : « Quand j'ai connu mon baptême du feu en 1914, j'ai allumé une cigarette pour ne pas perdre contenance. J'en avais terriblement besoin. Les obus commençaient à tomber et les mitrailleuses à cracher, et je sentais que mes hommes me fixaient intensément. Il fallait que je maîtrise mon énervement. Ces quelques bouffées me l'ont fait passer. » J'ai d'autant mieux compris ce qu'il voulait exprimer que j'ai éprouvé souvent la même chose au cours des combats. Dans ces circonstances, la cigarette est comme une amie. Ma mère se désolait de voir les cendriers pleins sur son bureau. Elle nous soufflait en catimini : « Le tabac l'use. Comment le décider à s'arrêter ? » Elle cachait les paquets de cigarettes qui pouvaient traîner dans la maison et nous demandait d'éviter de fumer devant lui. Mais elle ne pouvait l'empêcher d'offrir des cigarettes aux visiteurs... afin de se servir au passage ! Cependant, elle se rendait compte que sa manie lui permettait de faire face en dépit d'une tension continuelle.

— Il s'est déterminé à en finir avec les cigarettes parce qu'il a eu peur, un jour, d'être atteint d'un cancer de la gorge. C'est ce que Claude Guy, son aide de camp à l'époque, a soutenu dans ses *Mémoires*. Vous y croyez ?

— C'est une pure invention. Il n'a jamais eu peur d'avoir un cancer. Si cela avait été le cas, vous pensez que nous l'aurions su. Il ne nous l'aurait pas caché. Son médecin non plus. Or, jamais il n'a été question chez nous d'une chose pareille. C'est un bruit qui a couru dans Paris, et vous savez à quelle vitesse un bruit peut se répandre et s'enfler quand une personnalité de cette envergure est en cause. On a également assuré qu'il avait décidé d'abandonner le tabac après la mort du général Leclerc parce qu'il le considérait comme son successeur et qu'il voulait préserver sa santé pour l'avenir. Quelle fadaise ! Il craignait seulement pour sa voix. Je l'ai seulement entendu plusieurs fois donner raison à ma mère assez tardivement en avouant, un peu las : « Oui, c'est vrai, je fume trop, alors j'en arrive à perdre ma voix, elle n'a plus le même timbre. » Ma mère, évidemment, se gardait bien de lui dire le contraire ! Il toussait un peu, une petite toux sèche, et sa voix était en effet légèrement atténuée. C'est le 22 novembre 1946, jour de son cinquante-sixième anniversaire, qu'il décide d'en finir pour toujours avec le tabac. Tout l'y invite : la relative sérénité retrouvée à La Boisserie après les années de tension intense de la guerre et de la Libération, le besoin de se ménager alors que l'âge commence à venir, le désir de profiter désormais d'une vie à la campagne en accord avec l'air pur et la nature. Il en avertit un jour tout le monde, sa famille, ses aides de camp et ses proches visiteurs qui doivent être les Debré. Ainsi ne peut-il plus reculer sans perdre la face. Il leur déclare solennellement : « Je vous annonce que j'arrête de fumer dans quatre jours. » La veille au soir, après le dîner, il a fumé un dernier cigare. Le jour dit, il a arrêté net. Plus rien, c'était terminé.

— Ensuite, paraît-il, ça ne s'est pas passé tout seul...

— En effet. Pendant une dizaine de jours, il a été très irritable. Il mâchait des boules de gomme, grognonnait tout le temps, envoyait promener les gens. Plus ils étaient proches de lui, plus il les rabrouait. Il était malheureux. A tel point qu'il s'est demandé s'il n'avait pas fait finalement une mauvaise opération. Car il estimait avoir besoin de tabac pour stimuler son mécanisme intellectuel. Au début, il avait du mal à travailler sans fumer. Mais il n'a jamais regretté d'avoir pris cette décision radicale. Certes, quelquefois, on l'entendait glisser après un déjeuner : « Après tout, j'ai peut-être eu tort de me priver d'une satisfaction de l'existence. Je ne vivrai peut-être pas assez pour en tirer bénéfice. J'ai sans doute fait un marché de dupes.» Mais cela était toujours lancé sur le ton de la plaisanterie. Il avait gardé un briquet sur lui et offrait du feu aux dames pendant les réceptions. Une manière de leur signifier : «Vous voyez, ça ne me gêne pas que vous fumiez. Au contraire, j'aime sentir la fumée du tabac, c'est très agréable.» Il veillait à ce qu'il y ait toujours des cigarettes pour les visiteurs et, ouvert à la demande, le coffre à cigares se tenait à leur disposition, de même que le coupe-cigare en argent et en ivoire qu'il aimait tellement manier à l'époque de sa tabagie. A table, on ne fumait jamais chez mes parents. On attendait de passer au salon. Je crois que ma mère avait essayé, un jour, de tirer sur une cigarette, avant la guerre, mais avait stoppé aussitôt. Ma sœur Elisabeth était donc la seule fumeuse de la maison. Moi, j'ai abandonné le tabac d'un coup lorsque j'ai quitté la marine à soixante et un ans, fin décembre 1982. L'exemple de mon père m'a beaucoup aidé.

— Tout le monde a été surpris quand il a dû se faire opérer de la prostate. Comment l'avez-vous appris vous-même ?

— Dans la famille on ne savait rien. On n'avait pas remarqué d'indice. Par exemple, on ne l'avait jamais vu obligé de quitter précipitamment la table de La Boisserie ou de l'Elysée, ou quelque réunion publique. C'est pourquoi nous avons été surpris le jour où il m'a annoncé à Colombey, un dimanche d'avril 1964 : «Je vais me faire opérer parce que ça commence à me gêner la nuit, et plus particulièrement au cours des grandes manifestations ou cérémonies qui durent parfois trois ou quatre heures et des déplacements en province. Alors, plutôt que d'y être conduit en urgence, je vais programmer cette intervention entre deux voyages à l'étranger.» Il s'est donc fait opérer le 17 avril, à Cochin, entre son voyage en mars au Mexique, aux Antilles françaises et en Guyane, et celui de près d'un mois, en septembre, de nouveau aux Antilles françaises et en Amérique du Sud. On a beaucoup commenté cette affaire dans les médias. Que n'avons-nous pas entendu sur les inconvénients dont il aurait souffert avant et après cette intervention chirurgicale ! Evidemment, on a tout de suite inventé un cancer, c'était inévitable. Mais tout s'est passé le plus naturellement du monde. Il n'a rien connu de plus que ce que connaissent ceux qui subissent ce genre de problème. « Si j'avais été atteint d'un cancer, j'aurais quitté mes fonctions sans attendre d'être inapte à les assurer plus longtemps », a-t-il déclaré après coup. Tous les présidents de la République n'auront pas eu cette loyauté. Pour cette opération comme pour celle de la cataracte en 1952, les médecins n'ont pas voulu se faire payer. Mais lui-même a tenu à régler les frais annexes, et bien sûr, chacune de ses hospitalisations.

— De toute façon, il a été remboursé par la Sécurité sociale...

— Jamais ! Il refusait tout remboursement de la caisse d'assurance maladie. C'est lui qui l'avait créée. Il estimait donc qu'il ne pouvait décemment pas en être le bénéficiaire. Ses aides de camp ne l'ont pour cette raison vu remplir la moindre feuille de maladie, ni pour lui ni pour ma mère.

— Il aurait eu un malaise subit au cours d'une de ses opérations chirurgicales. Faux bruit ?

— Il a eu en effet un petit collapsus dans la nuit qui a suivi son intervention du deuxième œil à la clinique Bizet, à Paris, en février 1953, par le professeur Louis Guillaumat. Il s'est senti mal. On a appelé Lichtwitz. Il était absent. On s'est souvenu alors qu'il connaissait bien le professeur Paul Milliez qui faisait partie du Rassemblement du peuple français. On lui a donc demandé de venir sur-le-champ. Quand il est arrivé, il n'a pas trouvé un de Gaulle en si mauvaise forme que cela puisqu'il lui a tenu, peut-être un peu sous l'effet de calmants, des discours sur l'avenir de la France et sur la philosophie... Milliez a cru bon par la suite d'en rajouter sur son état de santé, et les interprétations les plus fantaisistes se sont mises une nouvelle fois à galoper dans les rues de Paris. Après les deux opérations, il était obligé de rester dans l'obscurité. Et évidemment, il lui était impossible de lire et d'écrire, ce qui le gênait horriblement. Il avait la vision d'un œil complètement obérée et celle de l'autre était très faible, faute de pouvoir être appareillé de lunettes avant la deuxième opération. Pendant un mois, cela a été très pénible. Il suçait des bonbons, tournait en rond, se promenait dans le jardin comme il le pouvait car il refusait qu'on lui tienne le bras. Il n'allait pas partout, seulement aux endroits dont il connaissait le chemin par cœur. Il avait trop peur de buter et de tomber. Son aide de camp lui lisait la presse. Il répugnait à infliger ce pensum à ma mère, d'autant que, la connaissant, il craignait qu'elle ne lui cachât certaines nouvelles qui lui auraient déplu. Car il lui arrivait de s'arranger un peu avec la vérité pour créer autour de lui une atmosphère préservée. Autant que possible, les difficultés et les drames ne devaient pas franchir la porte. Mais c'était compter sans la radio qu'il écoutait en ronchonnant parfois. Après ces opérations, pour pouvoir rétablir sa vision binoculaire, il dut porter des verres épais afin de remplacer les cristallins. De cette façon, il obtiendra dix sur dix d'acuité visuelle pour lire, mais, cela étant fort inesthétique, il s'obligera à améliorer encore son aptitude à parler sans papier. En public, s'opposant tout autant à porter des lunettes, il les conservait dans la main ou dans la poche pour le cas où on lui aurait présenté quelque document à lire, et se déplacera avec une vision convenable au loin sans possibilité de l'accommoder à la proximité. Il sera donc forcé de régler son pas sur celui de son accompagnateur afin de pouvoir distinguer clairement ses proches interlocuteurs et de franchir sans accident les marches d'escalier. De même sera-t-il contraint de fermer presque entièrement les paupières sous un soleil trop fort, comme en Afrique, par exemple. Tous ces handicaps ont compliqué son existence plus qu'on ne l'a imaginé.

— Quelle était son opinion sur les greffes d'organes ?

— Ça le choquait. Il admettait le prélèvement de la moelle épinière, mais pas la greffe d'un organe. Pour lui, c'était mutiler quelqu'un au profit d'un autre, et cela le révulsait. Il n'aurait jamais voulu qu'on lui donnât l'organe d'un être vivant, ni ma mère, d'ailleurs. En revanche, il admettait le prélèvement sur un mort.

— Et ses sentiments sur l'euthanasie ?

— Il disait qu'elle n'était pas admissible. En revanche, il trouvait à la limite acceptable que l'on accompagne la mort, ou que, dans certaines conditions ultimes, on l'aide à venir pour éviter la trop grande souffrance. Mais qu'on la provoque artificiellement lui paraissait la pire des inhumanités. Je l'entends dire à ce propos : « Tu imagines un malade dans son lit d'hôpital qui voit s'approcher un médecin et qui se demande, alors qu'il a encore l'espoir de vivre : "Est-ce lui qui va me tuer ?" »

— En 1924, à trente-quatre ans, sur son carnet personnel, il écrit cette phrase extraite d'un quatrain de la comtesse Anna de Noailles : « Un jour de moi tu t'en iras, jeunesse. » Il pensait déjà à la vieillesse à cet âge ?

— De tout temps, il y pensait. Il répétait sans s'en formaliser outre mesure : « Cela fait partie de l'existence qui coule comme la vie et aboutit à la mort. » Certes, pendant la guerre, avec la vie trépidante, harassante, et sans jamais de trêve, dans le flot des tragédies, des événements et des responsabilités qui affluaient sans cesse, il n'avait pas le temps de songer à quelque vacance, même très courte, ni de s'attarder sur le nombre de ses années. Tous les hommes importants auxquels il était confronté de près ou de loin étaient sensiblement plus âgés que lui : Winston Churchill, Franklin Roosevelt, Joseph Staline, Tchang Kai-chek, le maréchal sud-africain Jan Christiaan Smuts... Mais ils disposait de beaucoup plus de gens et de moyens pour faire face à leurs tâches. Dans le feu de l'action, les jours et les mois vous filent entre les doigts et l'on ne s'en aperçoit pas. Durant ces années terribles, depuis 1940, il ne nous a jamais fait part d'une lassitude quelconque, ni au cours de nos rencontres fortuites, ni dans ses lettres. Mais au lendemain de la guerre, quand il a quitté le pouvoir fin janvier 1946, vous vous souvenez, il a éprouvé une grande lassitude, d'autant plus qu'il était seul à tout assumer au milieu de politiques qui, après la Libération, ne le soutenaient pas quand ils ne le combattaient pas. Les Français l'avaient déçu. Un jour, il a soupiré devant moi : « J'en ai assez de déplacer pour eux des montagnes. Maintenant, qu'ils se prennent par la main ! » Par conséquent, il eut le désir de souffler un peu, et cela d'autant qu'il ne se sentait plus porté par une politique qui, une fois la victoire acquise, était revenue en France, avec tout ce qu'elle avait de décourageant. Et puis, il considérait que sa gloire était derrière lui, qu'il n'avait plus rien à accomplir de glorieux, d'extraordinaire.

— Il n'a que cinquante-cinq ans et il estime qu'il n'a plus d'avenir politique ?

— C'est un fait : nous le sentons désabusé. Et s'il est apparemment en bonne santé, il n'est quand même pas dans la meilleure forme. Qui le serait après tout ce qu'il a connu pendant la guerre ? Ces années pèsent lourdement sur ses épaules. Retiré d'abord, comme on le sait, dans le pavillon de chasse de Marly loué à l'Etat, puis à La Boisserie quand les travaux pour la rendre à nouveau habitable ont été à peu près terminés, le 30 mai 1946, il s'est mis véritablement en retraite, ne songeant plus qu'à s'expliquer devant l'Histoire, c'est-à-dire écrire ses Mémoires. Ses plus proches l'en ont approuvé tout à fait. N'avait-il pas le droit de prendre enfin quelque repos ? Mais ce n'était pas l'avis de toute sa parenté et encore moins celui de ses anciens collaborateurs qui, répétons-le encore, le conjuraient de revenir aux affaires. De même son aide de camp Claude Guy qui ne se voyait pas enterré à Colombey-les-Deux-Eglises pour le restant de sa vie. A tous ceux qui, malgré les filtrages familiaux, venaient lui présenter leurs objurgations à mettre fin à cet exil volontaire, il répondait en ricanant : « Patience, vous verrez qu'un de ces jours on viendra me chercher. » Mais à nous, ses plus proches, il ne dissimulait pas qu'il s'en faudrait encore de plusieurs années. Ma mère était bien sûr secrètement satisfaite. Enfin elle allait pouvoir le garder sous son regard jaloux, surveiller sa santé au jour le jour.

— Elle devait avoir aussi une part de responsabilité dans ce désir de retraite ?

— Certainement. Elle ne se cachait pas de tenir à distance tous ceux qui tentaient de venir le relancer. C'est d'ailleurs sans doute à ce stade que l'idée de se laisser vieillir s'est imposée à lui. Mais, on le verra bientôt, ce désir de tranquillité ne va pas durer. Les menaces internationales et les carences gouvernementales françaises vont petit à petit mettre à mal sa sérénité et ressusciter ses indignations et ses impatiences. Le ressort n'était pas cassé. Un an après son départ de Matignon, le voilà prêt à reprendre le harnais. Le 30 mars 1947, à l'occasion de cette grande réunion d'anciens combattants à Bruneval qui sonne le « Rassemblement », il entre de nouveau en ligne pour réformer le régime. Rappelons-le : il a cinquante-six ans. Il est donc faux de dire ou d'écrire, comme je l'ai entendu ou lu, qu'il ait connu, dès cette époque, durant ce séjour dans son village, des moments de dépérissement, de diminution de ses capacités physiques et intellectuelles au point d'envisager une retraite définitive des affaires. Si cela avait été le cas, et malgré une « traversée du désert » de 1954 à 1958, comme la presse et ses partisans ont appelé le retrait politique qu'il s'était fixé faute de pouvoir agir efficacement, il n'aurait pas accepté de revenir au pouvoir en 1958, avec quel dynamisme, et de le prendre en main, avec quelle maîtrise ! Il aurait tiré l'échelle une bonne fois pour toutes.

— Est-il vrai qu'il avait demandé à plusieurs de ses proches et cela à diverses reprises de le prévenir quand ils verraient ses facultés faiblir ?

— Plusieurs de ses proches ? Il faut croire que je n'en faisais pas partie, car jamais il ne m'a demandé une chose semblable. Ma mère non plus n'a rien entendu de pareil. Et à qui voulez-vous qu'il eût adressé cette requête s'il en avait réellement éprouvé le besoin ? Non, croyez-moi, il n'a jamais craint pendant sa présidence de connaître ce naufrage dont il a baptisé la vieillesse. Ne nous a-t-il pas donné assez de preuves du contraire tout au long de son séjour élyséen ? Faut-il rappeler son étonnante mémoire, tous ces discours qu'il apprenait par cœur et qu'il débitait ensuite d'une seule traite sans commettre la moindre faute ? Après en avoir écrit le texte, il le mettait dans sa poche par mesure de sécurité, au cas où il aurait pu faillir, mais on ne lui a jamais vu le ressortir entre deux phrases. On sait aussi qu'il avait une mémoire visuelle hors du commun. « Tout ce que j'ai à dire se déroule dans ma tête comme si j'étais en train de le lire », m'expliquait-il. Le roi du Maroc Hassan II a raconté en 1963, je crois, qu'ayant eu entre les mains le discours que mon père venait de prononcer devant lui quelques instants auparavant, il avait eu la stupéfaction de constater qu'il avait été respecté à la lettre près par l'orateur, jusqu'à la moindre virgule indiquée par une légère suspension. Ce que l'on sait peut-être moins, c'est qu'il agissait de la même manière avec ses conférences de presse qui duraient généralement une heure et demie ou plus. Il apprenait par cœur les réponses aux questions qu'on ne manquerait pas de lui poser. Tout était inscrit dans son esprit. Au moment voulu, il n'avait plus qu'à appuyer sur un bouton. Cela aussi était le résultat d'un travail acharné. Combien de fois l'ai-je vu penché sur son texte, le stylo à la main, dans son bureau de La Boisserie, à la veille d'un de ces grands rendez-vous politiques ! Personne ne se serait douté après coup de cette longue préparation écrite, surchargée de ratures et de renvois, tellement ses paroles coulaient de source. Une fois, pendant un déjeuner, nous l'avons entendu se réjouir, comme s'il avait joué un bon tour, de l'étonnement éprouvé par les journalistes devant l'apparente facilité qu'il venait d'étaler devant eux. Et d'ajouter en riant : « S'ils savaient ! »

— Jamais vous ne vous êtes rendu compte d'une perte de mémoire à un moment ou à un autre ?

— Jamais. Certes, il arrivait bien qu'on l'entendît parfois lâcher d'un air un peu agacé : « Tiens, je viens de rencontrer celui qui est à tel ou tel poste, ou à telle ou telle fonction, mais comment s'appelle-t-il donc déjà ? » Il cherchait ce nom et ne le trouvait pas. Mais tout le monde en est là. Ce n'est pas l'effet de l'âge, plutôt celui d'une saturation de la mémoire. On a prétendu qu'il aurait pu constater que son vieillissement avait atteint un point critique lorsqu'il n'aurait plus été capable de se souvenir de ses discours appris par cœur. Ayant lu cela quelque part, il avait lancé devant moi d'un air sarcastique : « Le jour où je serai trop âgé, je ne pourrai plus dire de discours du tout. Voilà. D'ailleurs, il ne conviendra plus que j'en dise, ce qui m'évitera de me donner la peine d'en faire. » Quant aux exercices auxquels il se serait livré pour endiguer je ne sais quelle faillite mentale, il en faisait assez quotidiennement avec ses déclarations en tous genres et ses discours pour s'en abstenir par ailleurs. Jusqu'à la fin, je le confirme, sa mémoire est demeurée intacte et phénoménale. A Colombey, par exemple, nous l'avons applaudi plusieurs fois après l'avoir entendu déclamer des vers de Racine ou de Corneille qu'il reprenait à l'envers et ensuite en latin ! Simplement pour plaisanter au cours d'une promenade ou à table, et à la grande joie de ses petits-enfants.

— A partir de quel moment avez-vous senti que la vieillesse était là ?

— Seulement après son départ définitif du pouvoir en 1969. Il avait à ce moment-là des périodes de réflexion pendant lesquelles la parole devenait rare. La fatigue accumulée lui pesait. Et quand il est revenu de son voyage en Irlande, il se déplaçait plus difficilement. En revanche, sa voix n'avait pas changé, le jugement demeurait ferme, son audition parfaite. Il avait la même vue excessivement mauvaise depuis les années cinquante malgré ses opérations de la cataracte et le port de gros verres. Lui qui n'avait jamais été vraiment sensible au froid, il commençait à se couvrir davantage. Il faisait plus attention car il savait qu'une maladie était plus malaisée à surmonter à son âge. Aux repas, ma mère essayait d'alléger les menus parce qu'elle trouvait qu'il mangeait trop. Il en était d'accord. On l'entendait rarement broncher à ce sujet en dépit de son solide appétit qu'il conservait depuis sa jeunesse. Mais il n'aurait pas apprécié pour autant de quitter la table en ayant encore faim ou de jouer au végétarien. Point trop de légumes verts. Et les salades, je le répète, très peu pour lui ! Ce qui faisait le désespoir d'Honorine qui savait si bien les préparer. Il dormait toujours comme un loir. S'il ne craignait pas de se coucher à des heures souvent tardives, il avait horreur de se lever « avec les poules », c'est-à-dire avant 7 h 30 ou 8 heures, parfois plus tard.

— Le bruit a couru, à un moment, qu'il suivait un traitement contre le vieillissement...

— Quel traitement ? Imagine-t-on mon père se prêter à de telles simagrées ? Jamais il n'a absorbé je ne sais quelle recette de bonne femme ou lotion miraculeuse telle que le sérum d'Alexandre Bogomoletz ou les fioles de la doctoresse Anna Aslan, comme le bruit en a couru au cours de sa visite officielle en Roumanie en 1968. Pourquoi d'ailleurs aurait-il eu besoin de faire appel à la médecine empirique ou scientifique ? Fléchissait-il à ce point ? Il se plaignait seulement de ne plus écrire à la même vitesse. Sortant de son bureau après quelques pages d'écriture, il soupirait, comme s'il se le reprochait : « Moi qui ne rédige pas facilement d'habitude, je suis encore plus lent. Il faut dire aussi que ce que j'ai à exprimer est beaucoup plus complexe. Par conséquent, j'ai du mal à me faire comprendre de mon lecteur. C'est moins simple que lorsque je devais affronter un ennemi ou un allié déterminé et bien net. Au fur et à mesure que la Ve République s'est bâtie, tout est devenu compliqué, plus scientifique, plus technologique, et résumer cela en quelques lignes est une tâche autrement plus ardue. » Intellectuellement, il n'avait rien perdu. Il savait toujours par cœur les mêmes poésies, les mêmes tirades littéraires, les mêmes citations historiques et, encore une fois, nous éblouissait en les récitant. Il lançait toujours les mêmes réflexions à la volée, les mêmes boutades, et revenait en arrière, très longtemps en arrière dans son passé, sur certains de ses mots d'esprit à propos d'hommes qu'il avait connus, comme par exemple « ce pauvre Bidault » ou « ce pauvre Schuman » (Robert, pas Maurice). S'il prenait plus de temps à réfléchir, il ne se murait pas dans d'interminables silences comme on l'a prétendu. Mais ses propos étaient surtout des monologues pendant lesquels on n'avait rien à dire, simplement à poser une courte question si l'on n'avait pas compris. Il fallait mieux l'écouter que l'interrompre ou ratiociner, sinon on le voyait se rembrunir, et chacun voulait le voir heureux.

— En 1967, à soixante-dix-sept ans, il trace sur son carnet une liste d'hommes célèbres, tels que Goethe, Voltaire ou Mauriac, qui ont continué une œuvre admirable tout en étant octogénaires. Il voulait poursuivre sa vie politique jusqu'à cet âge ?

— Non. Il m'a répété à plusieurs reprises après le référendum perdu en 1969 : « A quatre-vingts ans, de toute façon, je me serais retiré, comme je vous l'ai annoncé depuis longtemps. Je n'aurais pas été au-delà même si j'en avais eu la possibilité parce que je considère qu'à partir de cet âge-là on n'a plus toutes les facultés nécessaires pour gouverner. » C'est pour cette raison qu'il désapprouvait grandement Churchill que l'on voyait se montrer, coupe de champagne à la main, sur la Côte d'Azur avec Onassis, ou poussé dans une petite voiture, mordant son cigare et faisant le V de la victoire avec ses deux doigts à l'inauguration de sa propre statue. La déchéance de Pétain l'avait navré tout autant. Il pensait que le Maréchal avait été victime de sa vanité « comme un vieux don Juan [il avait eu même tardivement beaucoup de succès auprès des femmes] qui continue à croire qu'il est irrésistible ». Une autre histoire l'avait marqué en juillet 1944. C'était au cours de sa première visite aux Etats-Unis comme chef du Gouvernement provisoire de la République. Il avait cru alors convenable d'aller saluer à l'hôpital le général Pershing, l'homme qui avait débarqué en France en 1917 en s'écriant : « La Fayette, nous voilà ! » Très heureux de rencontrer ce général français, confondant les deux guerres mondiales et les événements dans l'intervalle, le vieillard lui avait demandé aussitôt des nouvelles du maréchal Pétain et de l'armée qu'il commandait. Il s'était étendu ensuite, sans arriver à conclure, sur les excellents canons que les Français avaient mis à sa disposition... Revoyant ces vieux messieurs tombés dans la sénilité, souvent accrochés à leur gloire d'antan et incapables de s'arrêter de paraître, mon père nous avait confié un jour : « Jamais je n'arriverai à ce stade-là. Soyez-en certains. » Non, il n'a jamais eu vraiment la crainte de sa déchéance. Ce qui l'inquiétait pendant les derniers jours de sa vie, ce n'était pas son propre déclin mais celui de son « cher et vieux pays ».

— Il a fait plusieurs fois le tour de la terre avec un anévrisme important de l'aorte qui a fini par l'emporter. Il n'était pas spécialement surveillé ?

— Le docteur Lichtwitz lui prenait la tension de temps en temps, une fois par an peut-être, et encore ! Une tension normale pour son âge. Mais il n'était pas surveillé plus que cela. D'ailleurs, il ne s'était jamais plaint du cœur. Je ne suis pas sûr qu'il ait même subi un seul examen cardiaque à l'exception de ceux qu'il a dû subir à l'occasion de ses différentes interventions chirurgicales. Et puis, il faut dire qu'à l'époque, on ne pouvait rien contre ce genre d'accident. Mon père avait conscience qu'il pouvait en être menacé parce que c'était une maladie de famille. Son frère Pierre en est mort. On a bien essayé d'intervenir mais il a été emporté quarante-huit heures après. Son frère aîné Xavier a fini de la même façon. Et jamais rien n'a été détecté, ni chez l'un ni chez l'autre. Rien donc non plus n'a indiqué à mon père qu'il était atteint de ce mal et qu'il risquait d'en mourir.

— Jean Mauriac a fait état d'une alerte de caractère circulatoire qu'il aurait connue en 1967, ajoutant qu'il aurait alors annoncé autour de lui qu'il savait ses jours comptés.

— C'est peut-être la conviction de cet excellent journaliste mais ce n'est pas la mienne. Personne chez nous n'a jamais eu vent d'une telle alerte.

— Après son court voyage en Irlande, en mai-juin 1969, vous avez dit avoir remarqué vous-même que par moments ses chevilles étaient un peu enflées...

— C'est vrai. C'est en effet le signe d'une mauvaise circulation sanguine. Mais qui aurait pu se douter de la gravité de son état ? Tous ceux qui ont avancé par la suite qu'on ne l'avait pas assez surveillé médicalement et que son médecin aurait dû le forcer à subir des examens plus approfondis ne le connaissaient vraiment pas. « Pourrait-on faire fléchir un homme de son âge qui a tenu tête au monde entier pendant toute sa vie ? » s'est demandé un jour ma mère devant moi. Et, encore une fois, qu'aurait-il été possible de faire ? Nous avions, l'un et l'autre, un sang de même composition. Nous étions tous deux « O positif ». On m'avait donc averti : « S'il arrive quelque chose à votre père, vous pourrez lui donner votre sang. » A Brest, j'étais malheureusement loin de lui, le 9 novembre 1970. Je sais que, dans son cas, aucune transfusion, même immédiate, n'aurait pu le garder en vie, mais comment se débarrasser d'un sentiment de regret qui ressemble à du remords ?

23

LA CHIENLIT

> « J'en venais à me demander si parmi tous ceux-là qui parlaient de révolution, je n'étais pas, en vérité, le seul révolutionnaire. »
>
> *Mémoires de guerre.*

Mai 68 a été une des plus grandes épreuves du général de Gaulle. Ces événements ont suscité – et continuent de susciter – nombre de commentaires contradictoires et de questions sans réponse. La première qui vient à l'esprit est celle-ci : pourquoi lui qui était connu pour sa prescience n'a-t-il pas mesuré à temps la nature de la révolte estudiantine, d'autant qu'il en avait été averti par son entourage et les services de police ?

— Il était mortifié de s'être laissé dépasser par les événements. Un jour, il m'a expliqué en détail comment il avait pu en arriver là. Je m'en souviens avec une précision minutieuse. C'était fin avril 1969 à La Boisserie, à quelques jours du référendum sur la régionalisation et la réforme du Sénat, une consultation qu'il va perdre. Après le café pris dans la bibliothèque, il quitte subitement son fauteuil : « Allez, vieux garçon, la forêt nous attend. » Le temps n'incite pourtant pas à la promenade. Le ciel est bas et assez menaçant. Ma mère nous voit partir sans plaisir. Et nous voilà dans ce chemin forestier de la Malochère qu'il a arpenté déjà des centaines et des centaines de fois. Mai 68 vient de lui revenir à l'esprit à cause d'un livre, celui du journaliste Philippe Alexandre, qu'on lui a adressé la veille et qui relate ces événements. Sans doute tient-il également à s'occuper l'esprit autrement qu'avec la prochaine consultation. Alors, un long monologue accompagnera nos pas au cours de cette randonnée qui va durer plus d'une heure. Il m'explique d'abord qu'il a cru que l'abondance, la protection sociale et les facilités technologiques qui s'étaient beaucoup développées, comme l'enseignement lui-même, amortiraient inévitablement les crises de croissance universitaires qui en étaient souvent la conséquence en France comme aux Etats-Unis, et partout dans le monde où, selon lui, proliféraient les intellectuels et les philosophes qui prétendaient refaire le monde. D'autre part, on l'a déjà noté, il se reprochait d'avoir trop laissé les affaires intérieures et l'Education nationale aux bons soins de son gouvernement pour se consacrer lui-même aux grandes orientations de politique étrangère, au social, à la décolonisation, à la défense, au développement industriel et à la recherche. Ce qui fait qu'il ne s'était pas rendu compte, et son gouvernement pas davantage, de l'incendie qui était en train de s'allumer en janvier de cette année-là à Nanterre, avant de se propager à la Sorbonne où doyen et recteur avaient été obligés de demander l'intervention de la police. « C'est alors, continua-t-il, que des équipes de révolutionnaires patentés ont, comme c'est leur véritable profession, exploité l'éternelle et naturelle inquiétude de la jeunesse pour son devenir, et cela d'autant plus facilement que, chez nous, les étudiants sont trop nombreux, trop âgés en moyenne et trop concentrés dans des établissements trop grands. » Je garde le souvenir qu'à cet instant il arrêta brusquement sa marche. Puis, se tournant vers moi, et droit dans les yeux, il conclut : « Personne n'y a rien vu, mais n'allons pas chercher d'excuses. Le seul responsable, c'est moi. Plus le trouble est grand, plus il faut gouverner, ai-je écrit dans mes *Mémoires de guerre*, et je n'ai pas gouverné comme je devais le faire. »

— Mais comment, s'est-on demandé, celui que l'on a surnommé l'homme des tempêtes, cet homme si solide, si lucide, a-t-il pu devenir tout à coup si hésitant, si flottant ?

— Devant une situation qu'il qualifiait lui-même d'insaisissable et qui l'était devenue sans qu'il l'ait prévu, il est normal qu'il ait hésité sur les solutions à prendre, même si l'âge et l'expérience l'ont amené à y réfléchir d'autant plus. Mais son désarroi n'a jamais été tel qu'il n'y aurait plus eu chez lui ni calcul, ni intention de manœuvre. Je l'entends s'écrier : « Qui me reproche le plus d'avoir cherché une solution un peu à tâtons à Paris et du côté de Baden-Baden ? Ceux-là mêmes qui n'avaient d'autre solution à proposer que celle que j'étais bien obligé de trouver moi-même. » Une solution selon la recommandation qu'il a rappelée dans *le Fil de l'épée* : « Garder pardevers soi quelque secret de surprise qui risque à toute heure d'intervenir. »

— Pompidou a dit : « Les révolutionnaires sont financés par l'étranger, j'ai des sources. » Etait-ce également l'opinion du Général ?

— Mon père n'ignorait pas que les services secrets étrangers de certains pays tels que les Etats-Unis, la Grande-Bretagne et Israël travaillaient à favoriser son départ, leurs dirigeants préférant voir aux commandes de la France quelqu'un de plus maniable et de plus compréhensif à leur égard. « Il est assez remarquable, notait-il à ce sujet, que dans la centaine d'agitateurs à l'origine des incidents de Nanterre, plus de la moitié n'étaient pas français ou ne l'étaient que de fraîche date. » La Sécurité du territoire l'avait d'ailleurs averti que s'étaient infiltrés en France à cette époque des éléments de la RDA (Allemagne de l'Est), à l'origine de beaucoup de troubles en Europe et en Afrique, notamment des membres de la Ligue socialiste et révolutionnaire des étudiants allemands qui avait eu à sa tête Rudi Dutschke, dit « Rudi le Rouge », agitateur tristement célèbre pour ses sanglantes exactions dans son pays. Etablis à Paris dans un immeuble vétuste de la rue de l'Estrapade, en plein Quartier latin, ces derniers initieront à leur technique de combat de rue des gauchistes français auxquels s'est joint comme par hasard un Allemand, étudiant à Nanterre, aussi expert en échauffourées qu'en études académiques – et qui n'a pas voulu devenir français comme il en avait la possibilité pour ne pas faire de service militaire –, le dénommé Daniel Cohn-Bendit que l'on retrouvera à la tête de toutes les manifestations parisiennes. Une proposition de la DST d'arrêter tous ces étrangers en flagrant délit, puis de les expulser de notre territoire selon les méthodes discrètes alors banales dans tous les pays, a été refusée par le préfet de Police et le gouvernement qui craignaient que cette opération ne fût prise pour une provocation. Mon père m'a confirmé que certains de ces agitateurs venus d'au-delà de nos frontières étaient manipulés par les services secrets étrangers, souvent sans qu'ils s'en fussent rendu compte eux-mêmes. Le contre-espionnage français lui avait transmis assez de renseignements précis dans ce sens pour qu'il en eût la conviction.

— Recours à l'armée ? Pompidou aurait envisagé un rappel des réservistes. Quant à votre père, il aurait donné son accord pour que l'on emploie les armes contre les émeutiers. Qu'en a-t-il dit ?

— Aucun rappel de réservistes n'a été envisagé ni à l'Elysée ni par le gouvernement, si ce n'est celui des gendarmes. Compte tenu de leur expérience, ni mon père ni Pierre Messmer, son ministre des Armées, en qui il avait une confiance absolue, ne l'ont projeté malgré certaines demandes, notamment celle de Christian Fouchet, ministre de l'Intérieur, car ils savaient mieux que personne que l'armée ne peut faire que ce pour quoi elle est faite : tirer. Et l'on n'en a jamais été à ce stade. Il faut se souvenir que durant ces événements, il n'y a eu qu'un seul mort : un commissaire de police écrasé contre un parapet de pont, à Lyon, par un camion lancé par les émeutiers. Il est possible de réquisitionner l'armée en dehors d'un état de guerre ou de siège proclamé par décret gouvernemental, mais cela n'a jamais été le cas en mai 68. Prudent, Pierre Messmer avait fait venir au camp de Frileuse, près de Versailles, deux régiments de parachutistes commandés par le colonel Edouard Cortadellas, un ancien FFL. Plusieurs fois, Christian Fouchet a demandé qu'ils soient mis à sa disposition, mais, en accord avec le Premier ministre et le ministre des Armées, le Général lui a catégoriquement opposé son refus. Jamais aucune unité militaire n'a été placée sous réquisition, a toujours affirmé Pierre Messmer. Seules la gendarmerie et la police pouvaient donc avoir à tirer contre les émeutiers pour se défendre. Je pense que le faux argument contre mon père d'avoir voulu que l'on emploie les armes a surtout été utilisé par ceux qui ont tenu à justifier leur propre faiblesse. Cet argument se retourne d'ailleurs contre ce qu'ils avancent, comme quoi il est alors effondré et en déroute. Il n'aurait pas pu donner un ordre aussi dur à assumer s'il avait été aussi absent que ces gens le prétendent en même temps.

— Le Général a accusé la presse et plus particulièrement la radio d'avoir excité les manifestants. Pensait-il réellement que les journalistes avaient une responsabilité dans le développement des émeutes ?

— Il croyait en effet que la presse écrite, la radio et la télévision, dont deux chaînes avaient été mises en service pendant les années précédentes, avaient joué un rôle majeur dans l'origine et le développement des manifestations dont certaines ont dégénéré. Je l'ai souvent entendu proférer ces griefs contre le monde des médias, de la littérature et des spectacles : « En France, tout ce qui informe, tout ce qui écrit, tout ce qui fait du théâtre et du cinéma, et tout ce qui est technicien intellectualise, critique et conteste. Pire, les mêmes découvrant les injustices et les inégalités du monde sortent de leur rôle qui est de jouer dans la tragédie ou de distraire dans la comédie pour se croire, en France du moins, investis d'une mission politique et humanitaire. A moins que pour plaire au public mal informé, ils n'utilisent la démagogie. » Lors de notre promenade en forêt, en avril 1969, revenant sur le livre de Philippe Alexandre, qui professait à cette époque sur les antennes de RTL, il enchaîna sur le rôle qu'avaient pu jouer les radios et les télévisions, même celles d'Etat. Je me souviens que nous nous étions assis, un moment, au pied d'un chêne majestueux, pour souffler un peu. C'était toujours sous cet arbre qu'il voulait s'offrir une pause, car autour de lui la végétation formait un abri naturel protégeant du vent et de la pluie. Il me demanda à brûle-pourpoint : « Quel réflexe le plus usuel crois-tu que le journaliste français puisse avoir, dans un pays qui connaît un formidable développement, quand il tend le micro à un politique ou à un citoyen ? Eh bien ! il lui pose cette question : “Alors, qu'est-ce qui ne marche pas ? ” ou alors : “Dites-moi pourquoi vous êtes mécontent.” Et d'amplifier sur leurs antennes tous les malheurs de la France.

Naturellement, depuis Trotski, il y a des professionnels de l'Agit-prop qui savent bien saisir toute occasion d'allumer la bombe que personne n'attendait. Tel fut le cas en mai 68 dans une "France qui s'ennuie ", comme disaient les journaux, parce que les plus graves problèmes comme le chômage et l'Algérie avaient pris fin. » Il fallait que ce sujet lui tienne à cœur pour qu'il m'en parle à cet endroit où habituellement il recherchait le silence. Une autre chose l'irritait profondément au moment de ces événements : voir que ceux qui se trouvaient à la tête de la grève paralysant la radio et la télévision d'Etat, dont on avait même parfois saboté ou emporté des pièces essentielles à leur fonctionnement, étaient directement influencés par des dirigeants socialistes, lesquels, il faut le rappeler, l'avaient interdit d'antenne pendant onze ans, de février 1947 à mai 1958. Les mêmes qui criaient à tue-tête : « Il est interdit d'interdire ! »

— Contre qui en avait-il particulièrement ?

— Contre les médias nationaux. Il leur réservait toute sa colère. Il fallait le voir après un repas, pester contre eux en balançant les bras, poings fermés, comme s'il voulait envoyer tout balader, ou, au cours de cette promenade champêtre, donner des coups de canne dans les fougères et les genêts qui bordaient le sentier en grondant tant et plus contre l'ORTF. « C'est une espèce de fief livré aux syndicats, aux coteries et à des éléments incontrôlés. Ces gens critiquent tout ce qui est officiel et national et exaltent tout ce qui est contre l'ordre établi et l'action des pouvoirs publics. Ils n'expriment que le scepticisme, l'individualisme, l'indulgence à la bêtise, le goût pour le pittoresque et l'anecdote. Leur état d'esprit permanent est l'irresponsabilité, du moins la leur, car pour ce qui est celle des autres, ils appliquent la consigne de Lénine : "Il faut toujours donner mauvaise conscience au bourgeois parce que lui, il en a une !" » Après cette algarade, il observa un temps d'arrêt avant d'ajouter quelque chose de ce style : « Ah ! les Français, peuple de gueulards, toujours prêts à tout casser et à mettre le feu partout quand on contrarie leur petit intérêt personnel ! » Et lui revint pour conclure cette citation de son écrivain préféré, Chateaubriand : « La malveillance et le dénigrement sont les deux caractères de l'esprit français. » Je me rappelle que c'est le passage subit et gracieux de deux chevreuils devant nous qui mit fin à ce petit moment d'animosité. Ensuite, il évoqua avec plaisir des souvenirs de battues à Septfontaines, cette époque de mon enfance où je l'accompagnais en portant fièrement sa gibecière et où j'admirais son talent de tireur.

— Mais que pensait-il au juste de cette jeunesse soixante-huitarde et de ses revendications alors qu'il n'y avait ni chômage ni crise économique en France, et au contraire un développement culturel et industriel comme on n'en avait jamais connu auparavant ?

— Il ne croyait guère à la reconnaissance des peuples et encore moins à celle des Français. Il ne croyait pas non plus que, selon la boutade de Voltaire, tout allait bien « dans le meilleur des mondes ». Mais quand même ! Il était écœuré des revendications de cette jeunesse. Ecœuré est bien un terme qui désigne son état d'esprit quasi permanent à cette époque, mais pas résigné pour autant. Il avait connu des difficultés beaucoup plus considérables. « Ils se disent en grève, constatait-il, mais n'étant pas producteurs, ils sont simplement absents. Ils se disent étudiants, mais beaucoup ne sont en réalité que des collégiens ou des lycéens dont certains ont un peu trop grandi pour demeurer si longtemps dans les établissements scolaires. » Quand je lui ai fait observer que l'on aurait pu penser à un début de révolution, il m'a répondu : « Tu te trompes. La révolution est armée. Ces fauteurs de troubles n'ont pas d'arme. C'est une sinistre comédie, l'éclatement d'une société d'abondance. Ils braillent "Non à la société de consommation !" mais ce n'est qu'un alibi. Ils veulent en réalité jouir, bambocher et faire la chienlit sans contrainte. » Puis il soupira : « Et dire que ce sont les lycéens et les étudiants pour lesquels j'ai fait le plus qui sont les plus ingrats ! » Il me fit remarquer que si les ouvriers étaient également en grève, ils se fichaient pas mal de ces mauvais potaches que *l'Humanité* qualifiait d'ailleurs de « fils de grands bourgeois ». Et il conclut par cette réflexion : « Les ouvriers ont pris le train en marche pour obtenir des augmentations, effrayés d'être débordés à gauche selon l'éternelle illusion du "pouvoir ouvrier" qui ne vient jamais nulle part que sous la forme d'apparences mythiques récupérées par des oligarchies despotiques. »

— Vous êtes allé plusieurs fois rencontrer votre père à l'Elysée pendant ces événements. Comment se comportait-on autour de lui à cet endroit ? Et votre mère, sa réaction ?

— Autour de lui, l'atmosphère est lourde. Je le ressens à l'occasion du déjeuner auquel mes parents nous ont conviés le dimanche 26 mai. Dans l'entrée de l'Elysée, des officiels rencontrés me serrent la main à distance en détournant le regard. En revanche, les aides de camp de service, en particulier mon camarade François Flohic, sont d'un flegme parfait. Ils m'informent avec indignation du lâchage de certains ministres, de hauts fonctionnaires (il est vrai que la plupart de leurs personnels sont en grève) ou même de conseillers du président. Ils ont quitté leur poste et ne peuvent même plus être contactés au téléphone. Avant que mon père nous rejoigne, ma femme et moi, ma mère m'entretient à part. Elle se soucie de notre sécurité. Je lui rapporte ma satisfaction d'avoir vu Henriette et mes enfants sortir sans encombre de chez nous. Le piquet de grève qui bloquait notre porte d'entrée (des ouvriers d'une entreprise d'engins de travaux publics dont le siège est situé dans notre immeuble) s'est absenté pour aller casser la croûte... Nous retrouverons ces grévistes dans l'après-midi. Certains pousseront des cris hostiles. Quelques-uns monteront même sur un des toits d'en face pour faire à notre intention des gestes de dérision, voire obscènes. Nous n'avons pas l'impression que ma mère s'inquiète de tous ces incidents.

— C'est quand même étonnant. Ne voulait-elle pas donner le change ?

— Sans doute. Elle me raconte : « Ce matin, ton cousin François est venu dire la messe comme d'habitude quand il est à Paris. Mais il a dû rejoindre la procure des pères blancs avant le déjeuner. Ton père et moi, nous considérons tous ces remous avec calme. Nous en avons vu bien d'autres et de bien pires. Mais je ne te cacherai pas que nous dormons mal. Nous ne sommes bien qu'à Colombey. » Elle est attristée d'avoir appris qu'un petit-neveu a défilé dans la rue avec des étudiants qui criaient : « A mort, de Gaulle ! » ou « La chienlit, c'est lui ! » Mon père, lui, ne s'en formalise pas outre mesure. « Il fréquente beaucoup les milieux artistiques, tempère-t-il. C'est donc plus de l'amusement que de la hargne. Il fait partie de cette génération à laquelle on a tout donné sans rien lui avoir demandé. » Ce déjeuner intime, où chacun s'est efforcé d'épargner à ses interlocuteurs des développements sur des ennuis quotidiens d'existence ou sur une conjoncture politique préoccupante, m'a laissé sur ma faim, si je puis dire. Dans la soirée du lendemain 27 mai, je demande donc par téléphone à mes parents de revenir seul à l'Elysée pour le dîner. Sans doute le souci d'épargner certains commentaires à ma femme et à mes enfants les a-t-il laissés tout autant insatisfaits de notre visite. Ils me font envoyer une première voiture qui doit faire demi-tour devant la porte de mon immeuble en raison du piquet de grève. Le dîner se passe donc sans moi. J'arrive finalement à l'Elysée vers 21 heures, après avoir donné la consigne par téléphone au chauffeur, un civil peu soucieux d'être pris à partie, de m'attendre dans la descente d'un garage, deux cents mètres plus loin, sur l'arrière du pâté de maisons, que j'ai pu atteindre en traversant les cours intérieures. A l'Elysée, je souhaite alors pouvoir parler à mon père en tête à tête afin de ne pas aggraver le trouble que doit ressentir ma mère malgré son apparente tranquillité.

— Vous estimiez qu'elle ne pouvait pas tout entendre de ce qui concernait son mari ?

— Je pensais que nous serions mieux entre hommes pour en parler. Je le retrouve donc dans son bureau, assis dans son fauteuil. Il paraît fatigué et parle d'abord avec détachement, comme absent, mais parfois une lueur d'irritation passe dans son regard. Il me donne l'impression d'un sanglier prêt à charger. Notre entretien sera orageux. J'aborde aussitôt le sujet qui me préoccupe en priorité. J'ai remarqué l'insuffisance de sécurité du palais présidentiel. Je lui suggère notamment qu'on fasse cantonner à proximité du ministère de la Marine, rue Royale, trois des quatre unités de fusiliers marins commandos, soit environ deux cent cinquante hommes, pour le cas où l'Elysée serait directement pris à partie. L'expérience de ces derniers jours où l'on a vu deux manifestations menaçantes s'approcher non loin du palais lui inspire sans doute la même idée. Elle transparaît dans sa réflexion. Il convient : « Après tout, ce n'est qu'une résidence bien vulnérable avec ses jardins accessibles de tous côtés. » Mais je le sens s'impatienter. L'orage gronde et soudain éclate. Pointé, son index traverse l'air devant lui : « Mais quoi ! Tu n'es quand même pas venu ici pour me parler d'une histoire de garde de palais ! Il y a quand même aujourd'hui des choses plus importantes dont nous pourrions discuter, non ? » Puis, radouci, mains à plat sur les bras du fauteuil : « Dis-moi plutôt ce que tu penses de cette sinistre comédie. » Je lui fais part de mon inquiétude. La France ressemble à un navire sans gouvernail en pleine tempête. Il acquiesce d'une voix sans ressort, comme lassée de devoir s'extraire de lui : « A part deux ou trois ministres, et encore ! le gouvernement ne suit plus mes directives. Je n'ai plus barre sur personne. J'ai pratiquement perdu le contrôle de l'exécutif. Pompidou laisse pourrir. Jusqu'à quand ? » Je le dévisage. Où est l'homme du 18 Juin, le premier résistant de France, celui qui a dit non à la capitulation, au compromis avec l'ennemi, qui a tenu tête à Churchill, à Roosevelt, à Staline, celui que le monde entier a admiré, même quand on n'était pas d'accord avec lui ? Où est le fondateur de la Ve République ? Dans ce fauteuil, face à moi, je vois maintenant un père meurtri et désabusé, sans doute un peu irrité mais surtout lassé du spectacle combien décevant que montre notre pays, comme devenu indifférent et résigné, sans réaction. Alors, après avoir soufflé un bon coup, je prends mon courage à deux mains et lui lâche le plus doucement possible, sur le ton le plus respectueux qui soit, ce que j'avais mûrement réfléchi pendant des heures. « Papa, lui dis-je, il faut bien voir qu'à terme votre règne est fini. Après les avoir une fois de plus tirés d'un mauvais pas, les Français ne veulent plus de vous. Ils ne veulent d'ailleurs rien, si ce n'est profiter de ce que vous leur avez apporté. » Silence. Je le dévisage de nouveau. Subitement, le sanglier est revenu en lui. Je sens qu'il va bondir, foncer. Je mesure mon impudence. Ce n'est pas mon père que je viens d'interpeller de la sorte, mais le plus haut personnage de l'Etat. Plus encore : Charles de Gaulle.

— Vous regrettez d'être allé trop loin. Vous saviez pourtant à quoi vous vous exposiez ?

— Je le savais, mais il fallait que ça sorte, qu'il se rende bien compte. C'était la première fois que je me permettais de lui parler de cette façon. La première fois que je lui jetais la vérité à la tête. Mais qui d'autre que moi, à part ma mère, peut-être, aurait pu avoir cette audace ? Ses traits se figent. Ses yeux sont enfoncés dans les orbites. Il s'efforce de comprimer sa colère. Il se lève, dresse ses bras au-dessus de lui, les fait retomber dans le même élan brutal et s'écrie : « Je ne peux tout de même pas laisser la France à un Mitterrand ou à un Cohn-Bendit ! » Enhardi, j'insiste. Je lui explique que pour que la France se ressaisisse, il faut créer un choc et qu'il ne peut plus compter que sur lui-même pour le faire car personne n'en est capable. Mais d'abord, il doit quitter Paris qui est devenu un piège. Il lui faut s'en dégager sans attendre. Pourquoi, par exemple, n'embarquerait-il pas sur un croiseur ou sur un porte-avions à Brest ? Il aurait là tous les moyens de se déplacer et de communiquer. Qu'il laisse donc cuire tout ce monde dans son jus pendant quelque temps, et si cela ne marche pas, qu'il l'abandonne à sa petitesse et à sa veulerie. Il a retrouvé son fauteuil et le sanglier est rentré dans sa bauge. Jambes croisées. Immobile. Seul l'un de ses pieds bouge avec nervosité. Il m'arrête dans mon discours. Et après un long soupir, j'entends cet aveu de faiblesse qui ne lui est pas coutumier : « Ne me décourage pas ! » Tout de suite après, il me fait part de son intention de se retirer un ou deux jours à Colombey « quand ce ne serait que pour sortir de cette chaudière ». Je l'interromps : « Si vous allez à Colombey, tout le monde dira : "Il est parti en week-end comme d'habitude." Cela n'aura aucun effet sur l'opinion. Au contraire ! » Après un temps de mutisme, son regard se détourne, ses mains étreignent les bras du fauteuil. Il me répond sèchement, en frappant du pied avec impatience : « C'est à moi d'en juger ! » Je l'importune. Malgré la fatigue qui marque ses traits, il se veut impassible et se renferme dans sa cuirasse sans laisser transparaître la perplexité et l'écœurement que je perçois. Après lui avoir débité des vérités qui l'ont sans doute atteint, je voudrais bien lui manifester mon affection et mon dévouement filial, mais comment ?

— C'est donc vous qui lui avez donné l'idée de Baden-Baden ?

— C'est moi, oui et non. Vous allez comprendre comment j'ai servi malgré moi d'argument dans sa simulation de retraite à l'étranger. A la fin de mars 1968, alors que je venais de terminer le commandement du *Suffren*, notre première frégate informatisée et lance-missiles, je fus atteint de violentes crises néphrétiques. On en prêta la raison aux restrictions de liquide auxquelles j'avais cru devoir me plier durant nos croisières au Brésil et en Afrique noire pour ne pas être perpétuellement taché de sueur. A moins, supposa-t-on également, que les fortes radiations d'antennes radar auxquelles le commandant d'un tel navire prototype était plus que tout autre soumis à l'extérieur de la passerelle n'y aient contribué. Mis en disponibilité à l'état-major à Paris et en permission, je devais donc partir en traitement à Contrexéville, non loin de Colombey. Cependant, à cause des grèves dans les usines d'eau locales, je fus l'objet de démarches successives de la part du préfet de la région et du commandant de la gendarmerie pour me dissuader de m'y rendre. De plus, les clients et la direction de l'hôtel où je devais descendre avaient considéré ma présence comme une provocation à l'égard des grévistes qui défilaient dans la rue. Répondant aux questions de mon père qui voulait connaître ma situation exacte au cours de la même soirée du 27, il me fit alors cette suggestion : « Puisqu'on ne veut pas de toi à Contrexéville, pourquoi ne te rendrais-tu pas à Baden-Baden chez Massu, à la 1re armée ? C'est une ville d'eaux où l'on ne t'embêtera pas. Nous y sommes chez nous depuis 1945 en vertu de nos accords avec les Allemands. Et puis, comme tu es actuellement sans affectation, tu t'y trouveras beaucoup mieux avec les tiens qu'à Paris avec ces grévistes qui vous empoisonnent la vie et où tes fils ne peuvent même plus faire leurs études. » Voilà donc comment Baden-Baden lui est arrivé à l'esprit. Tout de suite après, je l'entends joindre ces mots, écoutez bien : « Tiens ! Et si j'allais moi-même voir Massu à Strasbourg ou au mont Sainte-Odile, à mi-chemin de Colombey, sans prévenir personne ? Cela ferait sensation. La CGT, qui prépare une grande manifestation pour après-demain, en serait pour ses frais. » Nous sommes, comme je l'ai déjà dit, dans la droite ligne du

Fil de l'épée : pour préserver son prestige, le chef doit conserver le mystère sur ses intentions. Il a l'air ravi de son idée. Il me raccompagne, détendu, presque euphorique. « Surtout, pas un mot à quiconque, me recommande-t-il au moment de nous séparer. L'effet de surprise doit être total. Fais tes valises et attends mes instructions. » Avant de quitter l'Elysée, je vais saluer ma mère.

— Toujours sereine ?

— Apparemment. Elle me donne ce conseil : « N'écoute pas les gens qui sont accrochés à ton père et qui ont tout intérêt à ce qu'il reste. » Persuadé que l'on va sortir de l'impasse, je la tranquillise gentiment en évitant de lui montrer que je sens son inquiétude malgré les efforts qu'elle déploie pour la dissimuler. Plus tard, je constaterai que mon père a suivi mon avis de prendre du recul hors de Paris. Sa rencontre, le lendemain 28 mai, avec mon beau-frère, le général Alain de Boissieu, commandant la 7e division blindée à Mulhouse, venu lui apporter les messages de soutien des généraux Hublot, commandant le 1er corps d'armée à Nancy, et Beauvallet, commandant la 6e région militaire à Metz, renforceront sans doute son réflexe naturel de s'appuyer sur l'armée et vers l'est plutôt que sur la marine vers l'ouest ou le sud. La manœuvre se cristallise dans son esprit et se construit, élément par élément, aucun ne pouvant prétendre être celui qui a fait arrêter sa décision.

— Ce qui est extraordinaire dans cette affaire, c'est que le secret de son départ ait été préservé jusqu'au bout. De Gaulle n'était quand même pas un citoyen comme les autres et il était très entouré. Comment expliquer cela ?

— Il a vraiment tout fait pour que ce mouvement inattendu demeure inaperçu. Sa consigne est stricte. Aucune transmission radio ne doit être utilisée et personne ne doit être averti de son mouvement. « Pas même Foccart ? » demande mon beau-frère qui a rencontré ce dernier rôdant dans l'antichambre de l'Elysée pour se renseigner. « Pas même lui, répond mon père. Secret absolu avant la liaison téléphonique que vous aurez avec Massu depuis Colombey où vous allez vous arrêter lors de votre retour en hélicoptère vers Mulhouse. Je serai à ce moment-là en route vers l'Est. » Il le charge en outre de prévenir au passage le personnel de La Boisserie, Charlotte et Honorine, de l'attendre dans la soirée du même jour, le mercredi 29 mai, pour le dîner. Il y fait d'ailleurs envoyer son chauffeur avec sa voiture habituelle.

— Il était donc décidé à n'être absent de France que pendant une seule journée ?

— Absolument. Il n'exclut cependant pas de devoir faire une courte étape chez Alain de Boissieu à Mulhouse avant de rejoindre La Boisserie, selon les circonstances. Mon beau-frère se rappelle qu'il lui a dit : « En conséquence, prenez telle et telle chose dans mon armoire et dans mon bureau pour me permettre d'y travailler. Voici deux lettres au cas où... Vous en connaissez une, je vous l'ai déjà confiée peu avant mes voyages à l'étranger. L'autre contient des directives pour M. Pompidou au cas où il m'arriverait quelque chose de grave m'empêchant d'assumer ma charge... ou la mort. » Il lui prescrit ensuite de convoquer Massu au mont Sainte-Odile, dans les Vosges, sinon à l'aéroport de Strasbourg-Entzheim, Sainte-Odile étant un endroit mythique et sentimental pour mes parents qui s'y rendaient, vous vous souvenez, en pèlerinage privé dès avant guerre. Il l'est aussi pour Massu qui s'est illustré non loin de là, au col du Dabo, en novembre 1944, avant la ruée sur Strasbourg. « Ce haut lieu frappera les esprits et ce choix fera plaisir aux Alsaciens », remarque-t-il. Et il ajoute : « Je veux plonger les Français, y compris le gouvernement, dans le doute et dans l'inquiétude afin de ressaisir la situation. » La discrétion initiale recherchée aura des effets inattendus bien au-delà de ce qui était escompté, car, parvenu en hélicoptère en fin de matinée du 29 mai à Colombey, Alain de Boissieu ne réussira pas à prendre contact téléphoniquement avec Massu, les interurbains étant toujours bloqués par les grévistes. Il ne parviendra pas davantage à le joindre par sa radio d'hélicoptère et devra se poser à Mulhouse peu après l'arrivée du Général chez Massu, vers 14 h 50. Décollés d'Issy-les-Moulineaux à 11 h 30, les deux hélicoptères Alouette III, celui transportant mon père, ma mère et le capitaine de vaisseau Flohic, suivi de celui où ont pris place les policiers d'escorte et le médecin de service, reçoivent l'ordre d'aller se ravitailler en essence à Saint-Dizier où ils ont l'habitude de le faire lorsqu'ils volent vers Colombey-les-Deux-Eglises. De là, ils se dirigent vers les Vosges puis vers Strasbourg. Interrogée, la tour militaire de cet aérodrome – la tour civile étant en grève – répond n'avoir aucun message à transmettre. Ce qui signifie que le général Massu n'a pas encore été averti. Très détendu et récitant des poèmes de jeunesse au survol du Rhin, mon père donne l'ordre d'aller vers ce fleuve. Flohic croit alors qu'il veut se rendre à Mulhouse, mais les appareils poursuivent leur chemin jusqu'à l'aérodrome international de Baden-Oos, au-delà du Rhin, où ils se posent vers 14 h 30, et gagnent l'aire de stationnement où sont déjà parqués d'autres hélicoptères et avions légers de l'armée française. Personne ne descend à terre, sauf l'aide de camp qui va téléphoner à Massu pour l'avertir de l'arrivée du Général qui entend gagner sans attendre la zone d'atterrissage située derrière sa résidence.

— Georges Pompidou fera part de sa fureur de ne pas avoir été prévenu de la « disparition » du chef de l'Etat. Votre père croyait-il vraiment qu'il était dans l'ignorance ?

— D'après ce que m'en a rapporté ma mère quelque temps après sa mort, il ne pouvait pas croire que Pompidou et le gouvernement n'aient pas été renseignés sur cette absence. En fait, avec le ravitaillement à Saint-Dizier et les crochets touristiques au goût de mon père désirant savourer de nouveau quelques vues de la France vue du ciel, comme dans *le Ballon rouge* (le film qu'il avait montré à Harold MacMillan en décembre 1959), cela n'avait pas pris beaucoup plus de temps que ce qu'il fallait pour se rendre, le week-end, à Colombey-les-Deux-Eglises. La présence des deux hélicoptères a, de toute façon, été enregistrée successivement par l'armée de l'air à Issy-les-Moulineaux, Saint-Dizier, Strasbourg-Entzheim et Baden-Oos. Probablement s'est-on seulement étonné de ne pas avoir été averti de leur atterrissage à Colombey, trois heures après le départ de Paris. Se souvenant plus tard de ces moments-là, mon père me confia qu'il avait trouvé « amusant » – je l'ai même vu esquisser un petit ricanement à cette occasion – d'entendre François Mitterrand commettre une des gaffes de sa vie en se déclarant prêt, le 28 mai, à prendre la présidence de la République devant la « vacance du pouvoir »...

— Et vous, que devenez-vous vous-même à ce moment-là ? Dans quelles circonstances avez-vous rejoint Baden-Baden avec votre famille ?

— Le 29 mai, vers 11 h 45, le colonel Pierre Tallon, l'un des aides de camp du Général, se présente à mon domicile parisien. Il m'annonce qu'il vient nous chercher pour nous emmener à l'aéroport de Villacoublay où nous devons emprunter l'avion du général André Lalande pour Baden-Baden. Il ajoute : « Le Général et Mme de Gaulle sont partis il y a moins d'une demi-heure avec François Flohic à l'aéroport d'Issy-les-Moulineaux où ils doivent prendre l'hélicoptère pour Colombey. » Et il me remet de sa part une enveloppe contenant dix mille francs pour aider à mes frais de séjour à Baden-Baden et une note manuscrite ainsi rédigée : « Mon cher Philippe, le général Lalande se rend en mission en Allemagne par avion du GLAM (départ vers 13 heures), je t'autorise ainsi que les tiens à profiter de l'occasion pour aller voir tes amis sur place durant les vacances. A bientôt et affectueusement à toi. Ton père. C. G. » C'est à la fois un titre de transport et une autorisation d'aller en permission en zone française d'Allemagne. Je ne me doute pas, à ce moment-là, que je reverrai mes parents à Baden-Baden. A mon arrivée à cet endroit, je lui rendrai ce message écrit.

— « Pour aller voir tes amis. » De quels amis s'agissait-il ?

— Des amis que ma femme et moi comptions à Baden-Baden, tels le général Georges Buis et son épouse, et dans notre zone d'occupation. Ce simple mot, avouons-le, aurait dû suffire à clouer le bec de tous ceux qui sont allés raconter que de Gaulle avait décidé de s'exiler à l'étranger et qu'il voulait que son fils l'y rejoigne. Notre venue à Baden-Baden, programmée donc bien avant qu'il n'ait finalement choisi de s'y rendre lui-même, pouvait en effet le laisser supposer. Telle était la menace à terme qu'il voulait faire peser sur les esprits. Nous nous rendons alors à Villacoublay. Mais le petit Beechcraft du général Lalande, un bimoteur ancien et sommaire, ne peut pas nous contenir tous. Il faut donc lui adjoindre l'appareil de remplacement identique. A peine posés à Baden-Oos vers 15 heures, nous apprenons avec surprise que mes parents nous ont précédés d'une demi-heure chez Massu où mon père m'avait suggéré de me rendre. Nous parvenons à notre tour à la résidence du commandant de la 1re armée où Mme Massu nous reçoit dans son petit salon. Elle paraît mal remise de la lourde réception qu'elle et son mari ont réservée à une délégation d'officiers soviétiques la veille au soir et elle semble contrariée par notre visite impromptue. Jugeant la situation politique, elle nous fait part de son pessimisme, disant notamment, complètement désorientée, à ma mère avec son franc-parler habituel : « Que voulez-vous, on ne peut pas recommencer l'appel du 18 juin à l'âge du Général ! » Ce qui lui vaut un regard peu amène de notre part. On conduit aussitôt ma femme et mes fils dans une villa voisine qui est une des deux dépendances destinées aux personnalités et où l'on termine le ménage après le passage des Russes. Nous apprenons que Jacques Massu est sorti de sa sieste peu avant que mon père ne descende de l'hélicoptère. En civil, à côté de François Flohic en uniforme, lequel nous rapportera cette scène, le Général est allé d'un pas ferme au-devant du commandant en chef en Allemagne qui l'accueillait devant sa porte. C'est alors qu'il l'aurait interpellé de la manière provocante qui a été souvent rapportée : « Massu, tout est foutu. Je ne commande plus rien. Ils veulent que je m'en aille. Qu'ils se débrouillent sans moi ! » Puis, les deux hommes se sont enfermés dans le bureau du rez-de-chaussée.

— Vous arrivez donc vous-même alors qu'ils sont enfermés dans ce bureau. Rien ne filtre de leur entretien ?

— Je ne suis arrivé qu'à la fin, mais je sais que rien n'en a effectivement filtré si ce n'est une bruyante sortie de Massu au moment où l'on apportait la collation qu'il avait commandée, et cela devant plusieurs subordonnés de son état-major, dont le général Edouard Mathon, qui attendaient assis dans l'entrée. Entre autres commentaires truffés de quelques exclamations irritées que je n'ai pas personnellement entendues, non plus que Suzanne Massu, assise dans le petit salon suivant avec ma mère et Flohic, il aurait crié à la cantonade : « Il ne peut tout de même pas tout plaquer ! » Si rien de ce personnage pittoresque ne pouvait encore étonner qui que ce fût, cette sortie théâtrale ne laissa pas de m'indigner. Comment était-il possible de perdre pareillement son calme et de violer la discrétion qu'imposait un tel entretien ? Un entretien qui, d'ailleurs, n'a duré qu'une trentaine de minutes et non pas le temps d'une discussion digne d'une tragédie grecque comme certains ont voulu le faire croire pour accroître leur mérite et diminuer celui de De Gaulle. Si le secret a été bien gardé, il est certain que la menace répétée par mon père, vigoureusement contrée par le « coup de gueule » de Massu, en a été l'argument principal.

— Un avertissement qui allait se répandre aussitôt à une vitesse folle à travers la France...

— Et comment ! C'était bien le but recherché par le Général. Il fallait le voir quitter le bureau de Massu. Où est l'homme meurtri que j'ai rencontré à l'Elysée, l'autre jour, et qui m'a rendu si triste ? Dressé dans sa silhouette imposante, impassible et hiératique, il demande à rencontrer tout le personnel civil et militaire de l'état-major et de la maison du commandant en chef en Allemagne, et je le vois adresser à chacun quelques mots d'attentions. L'atmosphère est à ce point détendue que je l'entends ironiser : « Et si le Conseil constitutionnel, au lieu de constater que l'Etat est présent là où je suis, déclarait la présidence de la République vacante ? Vous voyez l'effet ! » Ce qui fait rire tout le monde à son exemple. Au même moment, chargé de la sécurité du chef de l'Etat, le commissaire André Ducret, qui est arrivé avec les policiers dans le second hélicoptère et qui a profité du lever du secret des communications pour contacter par radio ses collègues de la DST, vient rendre compte que la grande manifestation en marche vers l'Elysée, organisée de façon unitaire par la CGT et les autres syndicats, n'a pas réuni vingt mille personnes au lieu des deux cent mille prévues. Elle est tombée à plat. Mon père me glisse alors, assez satisfait : « Les gens sont las de ces manifestations. Tout le monde en a assez. C'était le moment de venir ici. » Son départ est annoncé. On entend les hélicoptères ronronner au point fixe derrière la résidence. Avant de quitter Mme Massu, il tient à lui présenter mes enfants qui viennent de retrouver le salon avec mon épouse. Le dernier d'entre eux, Pierre, n'a que cinq ans.

Mme Massu a droit, de la part de mon père, à une petite description de chacun, et mes garçons à quelques mots affectueux. C'est alors qu'on le prévient que les appareils sont prêts à décoller.

— Est-il vrai qu'il a demandé à Massu dans quelles conditions les forces françaises présentes en Allemagne pourraient rétablir l'ordre en France si les choses se gâtaient davantage ?

— Faux, archifaux. Mon père a été très catégorique à ce sujet : « Jamais cette idée ne m'est venue à l'esprit et jamais Massu ne m'a fait une telle suggestion. » Sur les trois brigades composant la 1re armée en Allemagne, deux étaient effectivement disposées à marcher sur Paris pour rétablir l'ordre de leur propre initiative. La troisième, commandée par le général Georges Buis, compagnon de la Libération, trouvait, au contraire, qu'une telle action n'était pas indiquée, qu'elle allait mettre le Général dans une position difficile. Malgré la pression, les têtes demeurèrent donc froides à l'exemple de celle de mon père.

— Finalement, combien de temps votre père est-il resté à Baden-Baden ?

— Entre son arrivée et son départ, environ une heure trente. Lorsque, regardant le sol à cause de sa très mauvaise vue, il va rejoindre son hélicoptère à l'intérieur duquel ma mère est déjà installée, je lui demande en aparté d'une minute – le seul que nous ayons eu, juste avant qu'il n'embarque – de m'emmener avec lui dans l'un de ces deux appareils, car je me sens un peu frustré de rester ici avec les miens, comme si nous n'avions servi que de caution à sa manœuvre. Sa réponse est sans réplique : « Non, tu vois bien qu'il n'y a pas de place pour toi dans les hélicoptères. Je t'appellerai si j'ai besoin de toi. » Et il me tend une enveloppe. « Tiens, je te la confie. » Je lis : « Me rendre intacte d'ici une quinzaine de jours s'il ne m'est rien arrivé. Sinon, l'ouvrir et faire le nécessaire. » Il me répète : « Je t'appellerai si j'ai besoin de toi. Pour le moment, tu restes ici. Toi et les tiens, vous n'avez rien à faire à Paris. En attendant mon coup de téléphone, soigne-toi bien pour en finir avec tes problèmes de santé à Baden, en attendant Contrexéville. C'est essentiel. Et pas de commentaires et d'explications aux éventuels interlocuteurs. Au revoir et à bientôt. » Pour couper court aux questions importunes – car ces affaires personnelles ne devaient regarder personne – je choisirai donc de répondre à tous ceux qui m'interrogeront dans l'entourage de Massu et chez les Français de Baden-Baden : « Je ne sais pas ce que je suis venu faire ici. » Ou bien : « C'est le général de Gaulle ou le chaos. » Au centre thermal où je me présente, impossible de me faire inscrire. Il n'y a plus de place. A cause des grèves en France, les curistes français ont envahi la station. Souffrant toujours de crises néphrétiques, je suis obligé de me faire soigner par les militaires français jusqu'à notre départ, après le retour à la normale de la SNCF. Ma famille rentrera à Paris tandis que je prendrai enfin le chemin de Contrexéville où l'on me réservera un accueil gêné pendant un mois. Partis de Baden-Baden vers 16 h 30, mes parents atterrissent à Colombey, comme prévu depuis le matin, près de La Boisserie où les attend un solide pot-au-feu préparé par Honorine. Après un tour de jardin d'un pas alerte avec ma mère et François Flohic, pendant lequel il parle de tout, des fleurs, des arbres, du temps, et surtout pas de Baden-Baden, il retrouve son bureau. Il écrit sans doute alors le texte de sa prochaine déclaration. Le lendemain 30 mai, c'est reposé et presque jubilant du bon coup dont il a stupéfié tout le monde qu'il repart en hélicoptère avec ma mère pour l'Elysée où il arrive vers 12 h 30. A 15 heures, il préside le Conseil des ministres en suspens, puis confirmé depuis Colombey, la veille au soir. Ensuite, vers 16 h 30, il prononce son allocution à la radio et à la télévision : « Dans les circonstances présentes, je ne me retirerai pas. J'ai un mandat du peuple, je le remplirai. » Il annonce l'ajournement du référendum, la dissolution de l'Assemblée nationale, le remaniement du gouvernement, et appelle les Français à l'action civique. Une immense manifestation se déroule ensuite sur les Champs-Elysées pour soutenir son action à la tête de l'Etat.

— Cette enveloppe qu'il vous a remise, avez-vous une idée de ce qu'elle contenait ?

— Aucune, car je ne l'ai pas ouverte. Je l'ai conservée dans mon portefeuille et n'ai pas osé l'en sortir jusqu'au moment où je l'ai rendue à mon père, à Colombey, au retour de ma cure à Contrexéville. Elle était toujours secrète mais probablement périmée.

— Les quatre-vingt-dix minutes passées par le Général à Baden-Baden avec Massu continuent de susciter quantité d'exégèses. Vous demeurez aujourd'hui le plus proche témoin vivant de votre père en ces circonstances. Ne pensez-vous pas qu'il est le premier responsable de cet imbroglio dans lequel pataugent tous les historiens depuis ce jour-là ?

— Imbroglio est bien le mot. Le contraire eût été étonnant quand on sait comment mon père a géré cette affaire et, qui plus est, à une époque où n'importe qui avait la liberté de dire n'importe quoi sur la place publique. Dès lors, en attendant que les véritables historiens aient pu disposer du recul suffisant pour décanter le vrai du faux, on est passé de la chronique insidieuse à la déclaration vantarde, à la diffamation ou au ragot. Comment magnifier de Gaulle ou comment chercher à diminuer le personnage, c'est ce qui paraît en ce moment l'obsession de certains écrivains sous couvert d'en montrer les aspects les plus humains. De Gaulle a-t-il voulu fuir ? Prendre du recul ? Tromper son monde ? Faire un « scoop » ? A-t-il « perdu les pédales », comme l'a dit encore Massu ? La réponse est fonction de la perspicacité, de la ruse ou de l'aveuglement de ceux qui posent la question. Elle est souvent d'autant plus défavorable à de Gaulle que l'auteur s'est lui-même le plus médiocrement conduit dans la crise de lâcheté et d'hystérie de mai 68.

— Un personnage tranche sur les autres dans ces événements : Jacques Massu. Hôte imprévu sinon forcé du général de Gaulle, ce héros de la France Libre est certainement un témoin authentique et fondamentalement scrupuleux. Admettez-vous ces qualificatifs ?

— Authentique jusqu'à la naïveté, certainement. Scrupuleux ? Moins que d'habitude, à mon avis, dans la mesure où il a fait partie de ces nombreux seconds qui s'attribuent les succès du patron. « Ah ! si je n'avais pas été là », etc. Pour mieux décrypter Massu, il faut mettre plusieurs éléments ensemble dans le même flacon et bien agiter. Il y a d'abord le fait de voir tout à coup surgir de Gaulle chez lui au lendemain d'une réception chaleureuse au maréchal soviétique Kochevoï. Il y a les paroles provocantes que mon père lui a lancées. Je ne les ai pas personnellement entendues, mais elles sont vraisemblables car il les a souvent utilisées vis-à-vis d'autres interlocuteurs dans d'autres circonstances. Il y a de la part de Massu encore une certaine rancune et un désir de revanche après son limogeage de janvier 1960 provoqué par ses propos intempestifs, en pleine affaire algérienne, dans un journal munichois, mettant en cause l'autorité du président de la République et l'obéissance de l'armée. Enfin, il y a le nouvel intérêt de la presse à son égard et son remords de constater que ses déclarations exagérées pour se rendre intéressant risquent de le faire passer pour déloyal envers un homme à qui il doit tout et qui avait en lui une confiance marquée. Dès lors, sous peine de passer pour un vantard, il ne peut pas revenir sur ce qu'il a dit d'excessif de prime abord et que la presse n'a pas manqué d'amplifier. Il donnera donc, au fil du temps, plusieurs versions de son entrevue de Baden-Baden avec mon père, qui fondamentalement tournent autour du même thème : « J'ai sauvé le général de Gaulle. Lui et la France me doivent une fière chandelle. »

— N'êtes-vous pas un peu dur à l'égard d'un homme qui se serait fait tuer pour votre père ?

— Je suis seulement lucide. D'autre part, je ne fais que rapporter les sentiments qu'éprouvait le Général à son égard. Il avait un grand respect pour le soldat qu'il était et il le considérait comme un homme de cœur, malgré sa rugosité, ce qu'il lui reconnaissait en public avec l'exagération courtoise qui lui était coutumière dans ses lettres. N'ai-je pas moi-même bénéficié ainsi d'encouragements sans conséquence à prendre sa suite à la tête de l'Etat ? Mais il jugeait aussi qu'il manquait de finesse et que, par gloriole, il se livrait parfois trop aux journalistes qui n'hésitaient pas « à le gonfler outre mesure » pour mieux le dénigrer ensuite.

— Le 8 novembre, cinq mois après Baden-Baden, le Général dira à Massu qu'il a invité avec sa femme à l'Elysée : « D'homme à homme, je veux vous dire combien votre action a été, le 29 mai, déterminante sur mon comportement et sur le redressement national qui en a résulté. » Cette déclaration rapportée par Massu dans l'ouvrage qu'il a consacré à l'affaire de Baden ne confirme-t-elle pas officiellement le rôle qu'il s'est lui-même attribué ?

— Quand Massu a-t-il écrit cela ? En 1983, soit treize ans après la mort de mon père, et une nouvelle fois en 1998. Il est certain qu'il a déployé toute son énergie à conforter le général de Gaulle en tenant le discours que ce dernier était en réalité venu chercher, mais je ne crois pas que ses objurgations eussent pu faire changer d'avis un homme comme mon père s'il s'était résolu à quitter définitivement le pouvoir. Encore une fois, je ne crois pas non plus que Massu ait eu raison de répéter à tout le monde que le Général avait « perdu les pédales ». L'homme que j'ai vu dans ces circonstances avait la tête bien plantée sur les épaules. C'était le même qui écrivait dans *le Fil de l'épée* : « La difficulté attire l'homme de caractère, car c'est en l'étreignant qu'il va se réaliser lui-même. Mais qu'il l'ait ou non vaincue, c'est affaire entre elle et lui. Amant jaloux, il ne partage rien de ce qu'elle lui donne, ni de ce qu'elle lui coûte. Il y cherche, quoi qu'il arrive, l'âpre joie d'être responsable. » Non, croyez-moi, j'ai bien examiné mon père après son entretien avec Massu, au moment où il a demandé que lui soient présentés les personnels de l'état-major particulier. Son attitude était alors imposante, calme et impérative. Il a adressé un mot à chacun. Ce qui n'était pas le fait de quelqu'un qui n'aurait plus été lui-même.

— Amiral, permettez-moi d'insister : Massu l'a quand même vu « effondré » avant son entretien avec lui.

— Parmi les témoins véritables, il a été le seul à l'avoir vu ainsi. Personne d'autre n'a constaté pareille chose autour de lui, ni à Baden-Baden ni à Paris au moment de son départ. Personne non plus n'aurait pu le convaincre d'adopter une solution plutôt qu'une autre. En fait, au cours de cette rencontre, Massu lui a fourni la réponse qu'il attendait et qui confortait l'idée qu'il se faisait déjà lui-même de l'action à mener depuis quelques jours. La sérénité du trajet en hélicoptère vers Baden-Baden et l'autre monde qu'il a découvert loin de la « chaudière parisienne » – c'étaient ses mots – lui ont permis de récupérer hors de l'atmosphère délétère de tension et de doute qui l'environnait jusque dans son propre gouvernement, et de confirmer sa volonté d'inventer un stratagème exceptionnel à la mesure d'une crise qui l'était aussi. Ce déplacement en zone française de l'étranger, faute d'avoir pu s'arrêter avant dans les Vosges ou en Alsace, devait apparaître, répétons-le, comme un coup imprévu pouvant faire basculer l'opinion hors de son marasme. Il semble même qu'au cours du trajet, au travers de quelques boutades qu'il a faites devant Flohic, son aide de camp, il était aussi en train de méditer sur les termes de sa prochaine déclaration gouvernementale pour reprendre les choses en main. En tout cas, le rôle historique hors du commun que le destin lui réservait depuis 1940, quelles que fussent les circonstances, était une constante essentielle de son arrière-pensée.

— J'insiste : on l'a soupçonné d'avoir voulu s'exiler à l'étranger. Pensez-vous vraiment que l'idée ne l'a jamais effleuré ?

— Invraisemblable ! S'il avait voulu fuir à l'étranger, c'était très facile. Il y serait parti directement et discrètement comme il l'a fait plus tard pour l'Irlande après le référendum d'avril 1969. Qu'avait-il besoin de se rendre à Baden-Baden chez le plus fracassant de nos chefs militaires, au milieu de notre plus grande armée dont la majorité des états-majors lui en voulait d'avoir abandonné l'Algérie ? C'était le dernier endroit où aller, à moins justement de vouloir faire un coup d'éclat. Pour étayer cette thèse, on est allé jusqu'à écrire qu'un trésorier de la Banque de France rapportait avoir délivré sur ordre une cantine pleine d'espèces à des gendarmes venus de l'Elysée avant le départ de mon père pour l'Allemagne. De là à prétendre que le général de Gaulle emmenait la caisse à l'étranger, il n'y a qu'un pas à franchir pour la presse à ragots ! En fait, les banques étant en grève, les ministères et les administrations n'avaient pas d'autre moyen pour se procurer l'argent nécessaire aux traitements et soldes des fonctionnaires au travail. Ajoutons que la présence dans ce voyage du capitaine de vaisseau Flohic, auquel on avait prescrit l'uniforme, et celle des trois ou quatre policiers, montrait bien que mon père n'avait aucune intention de rester à l'étranger mais de disposer d'une escorte lui permettant d'atterrir et d'agir partout en France ou en zone française en

Allemagne. Précisons enfin qu'aussitôt posés derrière la résidence de Massu à Baden-Baden, les deux Alouette ont reçu l'ordre d'aller se ravitailler en essence sur le terrain d'aviation de Baden-Oos et d'en revenir immédiatement pour se tenir prêts à repartir au premier signal voulu avec leurs passagers précédents. Si mes parents avaient eu la moindre intention de séjourner à cet endroit, ces appareils seraient retournés à leur base de départ en France.

— Mais cette « quantité importante de valises » emportées par vos parents et par vous-même que plusieurs témoins dont Mme Massu ont pu constater ?

— Cet argument aurait pu être d'autant plus valable qu'il a été propagé par quelques personnes de la maison du général Massu qui ont, de cette façon, voulu démontrer qu'« ils y étaient bien ». Ces témoins se sont même un peu multipliés au fur et à mesure que l'on a parlé de cette question de bagages, au point que Massu lui-même, qui ne l'avait pas vérifiée, en a été intoxiqué. Pour ma part, j'ai personnellement indiqué, plus tard, à ce dernier plusieurs détails qu'il n'avait pas remarqués sur le moment, notamment le fait que, le 29 mai, étaient arrivés chez lui deux hélicoptères et non pas uniquement celui de mes parents. Seulement muni d'une petite soute pour les bagages à main de l'équipage et pour un outillage très réduit, ce type d'appareil ne pouvait pas permettre de transporter autre chose que des personnes. Dans le premier aéronef, sur les trois sièges de front : le pilote et son copilote ainsi que Flohic. Sur la banquette arrière : mes parents, et entre eux, deux valises peu volumineuses et deux serviettes de cuir contenant les papiers de mon père. Dans la seconde Alouette : le pilote, le radio mécanicien et le commissaire de police. Derrière eux, le jeune médecin militaire de service avec la valise habituelle de première urgence et de transfusion de sang, et deux policiers. Aujourd'hui, le garde du corps Roger Tessier, que je n'avais pas compté, y revendique aussi une place. Alors, où aurait-on pu caser en plus des « nombreuses valises » ? En revanche, des témoins de bonne foi ont pu confondre les bagages réduits de mes parents avec les six valises que ma femme, mes quatre fils et moi, qui sommes arrivés, je le redis, un peu plus d'une demi-heure après les deux hélicoptères par une autre voie aérienne, emmenions avec nous.

— Si le Général n'avait pas pris de dispositions pour se réfugier à l'étranger, n'avait-il pas néanmoins le désir de séjourner quelque temps à Baden-Baden ?

— Prendre du recul à Baden-Baden, cela aurait pu être en effet l'intention, d'autant que cette ville était dans la zone d'occupation française depuis 1945 et que notre armée y jouissait de l'extraterritorialité. Les Allemands eux-mêmes avaient confirmé leur accord à ce statut particulier contre quelques compensations financières en 1959, dès le retour du général de Gaulle au pouvoir. De fait et de droit, nous y étions donc chez nous. Dans ces conditions, mon père, dont ce n'était certes pas le premier séjour dans cette ville d'eaux allemande, aurait pu choisir d'y rester un peu plus longtemps. Mais même si son séjour, plus court que ceux qu'il y avait déjà faits, voulait se présenter comme une menace, telle n'était pas son intention. J'en veux pour preuve que lorsque je lui ai appris que le général Mathon, chef d'état-major de Massu, m'avait informé qu'il valait mieux avertir Pierre Messmer, ministre des Armées, et François Seydoux, ambassadeur de France à Bade-Godesberg, près de Bonn, de la présence à Baden-Baden du président de la République, il m'a rabroué en me notifiant : « De toute façon, Messmer a certainement été informé à chaque étape avant que mon arrivée ici ne rende caduc le secret des transmissions. Quant à notre ambassadeur, je l'aurais convoqué si j'en avais eu besoin, ce qui n'est pas le cas. Qu'il prévienne officiellement par courtoisie le gouvernement allemand de mon passage ici, car nous sommes, je le rappelle, en zone française. » Je sus plus tard en effet que l'armée de l'air avait bel et bien renseigné Pierre Messmer, qui avait eu également confirmation de l'arrivée de l'hélicoptère à Baden et de sa destination finale à Colombey, par Massu lui-même sur la ligne directe qui le reliait au ministère de la Défense.

— Et que penser aussi du fait que votre mère, a-t-on cru savoir, n'a pas oublié d'emporter ses bijoux ?

— La belle affaire ! J'ai déjà indiqué que l'Elysée n'était pour elle qu'un lieu de passage. Les quelques bijoux précieux qu'elle sortait parfois de son coffre pour une soirée officielle y demeuraient rarement plus d'une nuit. Elle les rapportait le plus vite possible à la Banque de France de Chaumont. Ne la suivaient que ceux qu'elle portait couramment. Ce jour-là, elle les rangeait dans sa petite mallette de cuir, mallette qui, c'est bien connu, ne la quittait jamais en voyage. Elle la plaça avec la valise contenant ses effets, dans la chambre dont elle avait demandé à disposer lors de son arrivée à Baden-Baden, car c'était la coutume des femmes de son milieu à Paris et dans le Nord, je le rappelle, de pouvoir se recoiffer et se rafraîchir à l'écart avant de déjeuner ou de dîner. Cela lui donnait en outre la possibilité de prendre des médicaments en toute discrétion, car elle était malade et le cachait. Ajoutons qu'elle ne voulait rien laisser de précieux à l'Elysée dans ces circonstances. « Quand tant de monde est dans la rue, m'a-t-elle glissé, il vaut mieux ne rien laisser derrière soi. »

— Comment l'avez-vous trouvée pendant toutes ces péripéties ?

— Egale à elle-même. La femme du soldat. Prête à affronter toutes les situations avec courage et obstination, et non défaite et affolée comme on s'est plu à le rapporter après l'avoir entendue raconter qu'elle avait été insultée quelques jours auparavant dans un grand magasin, ce qui était d'ailleurs exact. J'ai toujours été admiratif de ma mère dans les moments où il fallait faire face.

— Vous avez revu vos parents quelques jours après leur retour de Baden-Baden. Votre père vous a-t-il alors laissé entendre ce qu'il aurait fait si cette ruse tactique n'avait pas réussi ?

— Oui. Ces circonstances me reviennent avec précision. Ce jour-là, à Colombey où je l'ai rejoint pour le week-end, la pluie a mis un terme à son projet de promenade en forêt. Nous restons donc dans la bibliothèque avec ma mère, occupée à écrire sur son secrétaire à quelques-uns de ses nombreux filleuls. Je ne l'ai pas revu depuis Baden-Baden et ma cure à Contrexéville, et il est alors question entre nous de « la fuite à Baden », comme on se plaira à l'appeler dans la presse d'opposition. Au bout d'un moment, la conversation tourne un peu à l'impatience. Sous la lourde paupière, l'œil s'est aiguisé. Buriné de multiples rides, le visage a changé de couleur, comme baigné soudainement d'une lueur feu. Et le ton s'est élevé au point que ma mère a quitté sa correspondance. J'ai osé lui faire remarquer que certains de ceux qui, dans son entourage, ont manqué à leur devoir s'abritent aujourd'hui derrière lui en répétant qu'il a été le premier à avoir failli et qu'il le leur a lui-même avoué. Il est excédé. Il pousse un rire léonin, l'un de ses poings se ferme avec férocité et il s'exclame : « C'est vrai que j'ai failli, failli de ne pas prévoir, mais il ne faudrait quand même pas attribuer cette faiblesse à mon personnage comme voudraient le faire accroire ces bons apôtres ! » Je lui demande alors quelle aurait été son attitude si sa manœuvre avait échoué. Se laissant tomber dans son fauteuil, il regarde un instant la pluie rayer les vitres, puis, apaisé, le regard perdu, comme racontant un rêve dont il viendrait de sortir : « Si les gens n'avaient pas compris, alors j'aurais pu tout plaquer et les laisser se débrouiller par eux-mêmes. Je me serais très bien vu en vacances en Irlande, par exemple. Là, je me serais débarrassé du poids des Français auxquels je ne dois plus rien. J'y aurais traîné ma mélancolie, mon dégoût, mon spleen, sans être importuné par un luxe dont je ne disposerais pas ou par les importunités des politiques ou des journalistes. » Je me risque à lui signifier de nouveau que ces événements sont tout de même les signes de la fin de son règne, même si cette constatation est profondément injuste. J'insiste en le priant de me croire, car je suis là pour lui dire ce que personne n'osera jamais lui dire. Maintenant, le silence pèse lourdement et les minutes s'égrènent. La pluie s'est arrêtée et le soleil a envahi la pièce. Je l'observe. Alors, ses traits se détendent peu à peu et quelque chose comme un sourire commence à les éclairer. Et soudain je l'entends, calme et presque attendri, prononcer ces mots : « Je ne me fais pas d'illusions, vieux garçon. Mais les choses étant reparties, il me faut les rétablir. Encore une fois, ne me décourage pas. » Ma mère a hoché la tête et s'est remise à sa correspondance.

24

LE RÉFÉRENDUM PERDU

« Votre réponse va engager le destin de la France, parce que, si je suis désavoué... je cesserai aussitôt d'exercer mes fonctions. »

Discours et Messages. 25 avril 1969.

Le 27 avril 1969, le projet référendaire sur la réforme du Sénat et des régions est repoussé par 52,41 % des suffrages exprimés. Le lendemain, par un communiqué, le Général annonce qu'il cesse ses fonctions de président de la République. Suicide politique, a cru pouvoir expliquer Malraux. D'autres ont estimé que le Général a voulu se ménager une porte de sortie. Qu'en pensait-il lui-même ?

— Suicide politique, je n'en crois rien. Pour le romancier Malraux, il fallait que cet événement eût un caractère tragique. Cela faisait mieux dans son récit. Mais, croyez-moi, mon père n'a pas cherché à causer volontairement son départ de la vie politique. S'il avait été convaincu qu'il échouerait au référendum, il ne l'aurait pas lancé. Une grande enquête sur le thème de la régionalisation, organisée par Olivier Guichard, ministre chargé du Plan et de l'Aménagement du territoire, lui avait indiqué que les organismes décentralisés attendaient cette réforme avec intérêt. Certes, les sondages étaient mauvais au départ. Ils le donnaient perdant à 55 %. Mais, au fur et à mesure que le temps passait, la différence se réduisait. Et dix jours avant l'échéance, elle était à moins de 2 %. Mon père, je vous l'assure, a espéré jusqu'au dernier moment. « Ça va être difficile, mais je pense que ça devrait passer », me confie-t-il, une dizaine de jours avant le vote, à Colombey où nous l'avons rejoint pour les vacances de Pâques. Moi, j'estime comme ma mère que les Français sont lassés du général de Gaulle. Elle ne m'avoue pas ses sentiments, mais je les devine. Je la vois souvent secouer la tête derrière lui quand il apparaît trop optimiste dans ses commentaires en famille. Je demande à mon père : « Si ça passe juste, est-ce que ça ne va pas diminuer votre pouvoir ? » Il me répond : « Non, en démocratie, on gagne ou on perd. Même s'il n'y a qu'une voix de majorité, on a la majorité. C'est ainsi que Churchill l'a obtenue le 10 mai 1940 et c'est ainsi que Paul Reynaud l'a eue de son côté le 20 mars de la même année. C'est ça, la démocratie. Et puis, à partir du moment où j'aurai gagné, les gens n'y penseront plus et la question ne se posera plus. J'aurai fait passer la dernière réforme avant de me retirer définitivement, c'est-à-dire la création d'un Conseil régional qui complétera le préfet de région et le Conseil de développement économique régional [ou CODER] que j'ai déjà mis en place, et celle d'un nouveau Sénat économique et social incontournable branché directement sur les collectivités locales. Et cet ensemble créera un terrain propice à la participation. Naturellement, le Conseil économique et social, héritage de la IVe et terrain de la lutte des classes, sera supprimé, et notre Etat beaucoup trop centralisé actuellement sera mieux réparti aux échelons convenables. » Tout cela, il l'avait déjà précisé par écrit neuf mois auparavant, le 30 juillet 1968, au Conseil des ministres et en avait émis l'idée publiquement dès le début de son septennat.

— Je vous vois sourire, Amiral...

— Oui, je ne peux me retenir de sourire avec amertume et même de ricaner en pensant qu'on a empêché mon père de faire ces réformes hier pour voir aujourd'hui certains de ses adversaires se précipiter sur la décentralisation et la régionalisation dont personne ne voulait alors entendre parler.

— Quelle analyse faisait-il de cet échec ?

— Ce qui me reste d'abord en mémoire, c'est la réflexion que je lui ai entendu faire tout de suite après le vote perdu : « Si le référendum avait eu lieu quinze jours plus tard, nous l'aurions gagné. Les gens auraient réfléchi davantage, car la date qui a été retenue n'était pas favorable. A la fin de l'hiver, les élections ne sont jamais faciles, même pour les municipales. » Il observait aussi que le texte de présentation du référendum était trop compliqué à lire. Bien plus tard, je me suis aperçu que presque tous les sénateurs qui étaient contre ne l'avaient même pas lu. Il faut dire qu'il comprenait quelque quatre-vingt-dix pages ! Mon père avait pensé que deux conditions seraient nécessaires pour gagner à coup sûr. D'abord, que Georges Pompidou déclarât qu'il ne serait pas candidat, même si le référendum était perdu, mais on sait qu'il a refusé d'écouter les collaborateurs du Général à l'Elysée et qu'il n'a pas voulu renoncer *a priori* à courir la chance qu'il attendait. La deuxième condition était que Valéry Giscard d'Estaing ne décidât pas de soutenir le « non ». Or, on l'a tous vu, il a fait le contraire. Mon père avait donc bien conscience que l'affaire était risquée.

— Risquée mais jouable ?

— Jouable, oui, bien sûr. En aucun cas il ne la voyait perdue d'avance. Il faut savoir qu'il a toujours considéré qu'un contrat le liait aux Français. Ce contrat spécifiait : « Ou vous m'acceptez ou vous me refusez. Si vous répondez oui à mes solutions, je marche. Si c'est non, je m'en vais. » On pourra encore le soutenir contre vents et marées à longueur de biographie : il n'a jamais essayé de s'accrocher au pouvoir. D'ailleurs, constitutionnellement, il n'était pas obligé de rendre son tablier en cas d'échec. Au point que certains opposants, tel le journaliste de gauche Jean Daniel, du *Nouvel Observateur,* l'accusaient de jouer à faire peur en menaçant de partir.

— Lui qui refusait toute interview particulière accepte, à la surprise générale, un entretien à la télévision avec Michel Droit, le 10 avril, soit dix-sept jours avant le scrutin. N'était-ce pas un signe d'inquiétude ?

— On lui avait fait savoir que cette interview aurait un

impact certain sur l'opinion. Il s'y est donc prêté. Je ne vois pas pourquoi il n'aurait pas voulu mettre toutes les chances de son côté. Ses adversaires ne s'en privaient pas. N'avaient-ils pas d'ailleurs l'ensemble des médias à leur disposition ? Et puis, il avait une grande confiance en Michel Droit qui avait toujours été avec lui, comme son ami Maurice Druon, d'une loyauté parfaite. C'est au cours de cet entretien, vous vous en souvenez, qu'il déclara que si « par aventure » les Français disaient « non », il tirerait « sans délai les conséquences d'une aussi profonde rupture ».

— Ne pensez-vous pas quand même qu'il a trouvé cette porte de sortie sachant que son âge lui imposait de partir ?

— Sûrement pas. Je le répète : il voulait décrocher à quatre-vingts ans. « A ce moment-là, m'avait-il confié, j'aurai un excellent prétexte. Et puis, il me faut quelques années, quatre ou cinq, pour finir mes *Mémoires*. C'est important. » Vous savez déjà combien il eût détesté se montrer en public comme Churchill, diminué, impotent. « Il y a un âge où il vaut mieux rester chez soi », estimait-il sans amertume. Je me suis souvent révolté contre ceux qui ont donné pour certain qu'il sentait le « naufrage » le circonvenir. L'âge, bien sûr, le préoccupait...

— Soixante-dix-huit ans, n'était-ce pas un âge pour rester chez soi ?

— L'âge le préoccupait, mais pas au point de se sentir incapable de continuer sa tâche. Rappelez-vous ce que Jean d'Escrienne, l'un de ses derniers aides de camp, a rapporté un jour. Rentrant dans son bureau à l'Elysée, il l'a entendu lui demander s'il savait que Victor Hugo et Goethe continuaient gaillardement leur œuvre à quatre-vingt-trois ans et que Titien tenait encore sa palette à quatre-vingt-six ans. A soixante-dix-huit ans, mon père faisait encore ses trois ou quatre kilomètres à pied quasi quotidiens en forêt. Pour quelqu'un qui n'avait pas son entraînement, je vous garantis qu'il n'était pas si commode à suivre. Et il a toujours eu ce tonus qui étonnait les foules quand elles l'approchaient. Elles ont pu le constater de nouveau lors de la tournée qu'il a tenu à effectuer en Bretagne juste avant le référendum. Ma mère l'accompagnait, comme d'habitude, et elle était sidérée par son allant. « Il m'épuise ! » protestait-elle parfois gentiment. On a déclaré que ce déplacement avait été un échec. En tout cas, malgré quelques manifestations hostiles à sa personne, il est revenu de Quimper assez requinqué. Je l'entends s'exclamer à son retour : « Cette région a compris la régionalisation. Je suis optimiste. » Et il nous a montré un sondage que lui avait signalé Roger Frey, son ministre chargé des Relations avec le Parlement, qui, lui, était personnellement un peu plus pessimiste : plus d'un Français sur deux souhaitaient qu'il restât au pouvoir. Il fallait le voir également un mois auparavant, le 30 mars, à Washington, lors des obsèques de son vieux camarade de guerre, Dwight Eisenhower. Comme nous sommes fiers de lui et en même temps heureux quand il apparaît en uniforme sur le petit écran, au cimetière d'Arlington, dominant les autres de sa taille imposante ! Est-ce l'image d'un homme fini ? Il sera encore vêtu de la sorte pour recevoir à Paris, le 2 avril, le roi Hussein de Jordanie et, le 18 du même mois, le cheik Jaber al-Ahmed al-Jaber al-Sabah, Premier ministre et prince héritier du Koweït. Après quoi, volontairement retiré dans son village à partir du 27 avril, il décidera de ne plus le porter que pour l'ultime cérémonie de sa vie

— Quel homme était-il quand il vous a reçu à déjeuner à l'Elysée avec votre famille, le 20 avril, soit dix jours après l'interview avec Michel Droit et une semaine avant le vote ?

— Il paraissait toujours en forme. Et ma femme et moi l'avons même trouvé plutôt serein. Il était disert, parlait de choses et d'autres. Voulait-il nous donner le change ? Je ne crois pas. A le voir ainsi, n'importe qui aurait pu l'imaginer des années encore à l'Elysée, dans ce fauteuil, sirotant son café. On a raconté que, lors du dernier Conseil des ministres, il avait fait des adieux qualifiés de déchirants. Pourquoi inventer de telles choses ? Faut-il répéter que ce n'était pas dans ses habitudes de répandre ses sentiments ? Il ne s'est pas montré catastrophé. Il a simplement dit, comme de tradition, au revoir à tous les ministres et secrétaires d'Etat présents avant d'ajouter ces quelques mots : « A bientôt, si le référendum est gagné, bien que les sondages ne soient pas favorables pour le moment. »

Alors, Foccart prétend avoir rassuré ma mère qui, affolée, m'aurait conseillé de me préparer à partir avec mes enfants, muni d'une mallette « contenant nos biens les plus précieux ». Et il lui aurait promis de veiller lui-même à protéger notre famille en cas d'agitation violente si le référendum était perdu. Vous savez déjà, je crois, ce que je pense des *Mémoires* de Foccart, du moins de la partie qui a été rédigée après sa mort. Si Foccart avait vraiment fait cette proposition, ma mère l'aurait envoyé promener – et moi aussi du reste –, parce que, comme mon père, elle ne voulait surtout pas que l'on se mêlât de nos affaires. Et puis, quelle agitation violente ? En cas d'échec électoral, c'était le régime qui continuait avec un Pompidou ou un Giscard. Après ce dernier déjeuner familial à l'Elysée, alors que je me préparais à le quitter, mon père m'a glissé tranquillement : « Les sondages ne sont pas très bons, mais peut-être que les Français réfléchiront un peu. » Puis il a mis tout son fatalisme et peut-être aussi son dédain dans un petit haussement d'épaules qui signifiait : « Advienne que pourra ! »

— Le 28 avril au matin, donc, il annonce dans un communiqué de Colombey où il s'est retiré qu'il cesse d'exercer ses fonctions de président. Un proche le décrit « blessé au fond de l'âme ». Etait-ce votre propre impression ?

— Quand je rejoins Colombey au début de mai après un voyage d'instruction que le Centre des hautes études militaires m'a fait faire en Turquie, ma surprise est totale : c'est un homme serein et détendu qui m'accueille. Quel contraste avec ce que je viens de lire dans la presse ! Je le vois à son bureau absorbé dans son texte, la tête penchée à l'extrême sur son papier à cause de sa mauvaise vue. Il se retourne, m'aperçoit, me sourit : « Eh bien ! me voilà », lance-t-il en ouvrant les bras, comme s'il revenait lui-même d'un long voyage, satisfait d'être rentré en possession de son toit, de ses meubles. Une lettre est posée près de sa main gauche, celle que Maurice Couve de Murville lui a adressée en réponse à la sienne, le 28 avril. Je lis entre deux autres phrases : « Rien n'est jamais terminé aussi longtemps que l'on vit, mais rien ne sera plus jamais comme avant. » Un moment plus tard, il me permet de découvrir, d'une voix affermie, quelques pages d'un chapitre de ses Mémoires d'espoir fraîchement rédigées, tout heureux de pouvoir m'en offrir la primeur.

— Pas un mot sur cet échec ? Pas de récrimination contre Pompidou ? Pas d'amertume ?

— Je vous le rapporte comme je l'ai vécu. Il donnait vraiment l'impression de quelqu'un qui débarque au port après une traversée à n'en plus finir et qui est heureux de retrouver la terre ferme. Oh ! évidemment, quand il passe en revue les événements écoulés, sa voix ne peut dissimuler quelques relents de déception et d'amertume. Avoir tant œuvré pour son pays et être remercié de la sorte ! Il pose ses lunettes et son regard s'illumine de franchise et de lucidité. Il engage alors un long monologue que je reconstitue ici presque mot à mot : « Qui se souviendra de ce que j'ai fait ? Sûrement pas ceux qui ont contresigné à contrecœur mon ordonnance de 1945 sur la Sécurité sociale. Sans moi, on en serait encore à discuter et à se battre. Récemment, j'ai dû imposer le nucléaire contre l'avis de tous, même de tes sous-mariniers qui le refusaient ! Or, nous n'avons plus de charbon et nous sommes entièrement dépendants de l'étranger pour le pétrole. Sans autre source d'énergie, comment pourrions-nous fournir le courant électrique destiné à nos foyers, à nos usines et à nos trains ? Et toutes ces recherches technologiques en matière d'aéronautique et d'espace que j'ai souhaitées et qui ont hissé la France au premier rang des meilleurs ? Et ce « plan calcul » que j'ai instauré afin que nous puissions fabriquer les ordinateurs à grande puissance nécessaires à la réalisation de nos grands projets d'avenir ? Les Américains, qui ne veulent pas de concurrence, ne nous en proposent que lorsqu'ils savent que nous sommes déjà capables de les sortir de nos usines. » Puis, après un court silence, soulevant légèrement les bras, mains ouvertes, comme pour faire comprendre qu'il n'a plus rien à porter : « A Pompidou et aux autres de continuer l'œuvre entreprise ! » L'heure du déjeuner est arrivée et, comme d'habitude, la politique demeure indésirable à table. Place aux sujets plus plaisants. A ce moment-là, la conversation s'engage sur la personnalité de la reine Mouna de Jordanie, à la suite de plusieurs questions de ma mère. Son mari, le souverain hachémite, est le dernier chef d'Etat que mon père a reçu avant son départ de l'Elysée. Très décontractés, mes parents nous disent combien ils ont trouvé cette jeune femme charmante.

— Alors, fini avec le référendum, plus un mot là-dessus ?

— Mon père reviendra de lui-même à m'en parler après le déjeuner, à l'occasion d'un tour de jardin. Il marche d'un pas alerte. L'air est exceptionnellement doux pour la saison et les lilas en fleur répandent leur senteur. Il parle avec mélancolie : « Mon départ des affaires m'a soulagé d'un grand poids, mais ses conditions m'ont attristé. Pourtant, certains comme Malraux affirment que j'ai réussi ma sortie. » Je remarque : « On réussit sa sortie quand on choisit son départ, ou à la rigueur quand on se considère comme ayant atteint la limite d'âge, mais pas quand on vous a fait partir. » Il soupire profondément, puis lâche : « Que veux-tu ! Les Français sont ainsi. Ils ne peuvent supporter qu'un succès soit complet. Lorsqu'ils atteignent le centre de la cible, ils disent plus volontiers : "J'ai eu de la chance" que "J'ai bien visé". Consciemment ou non, ils mettent au dernier moment le grain de sable qui empêchera la roue de tourner comme elle le devrait. » J'aperçois, non loin, avec ma mère, Henriette tenant par la main notre petit dernier, Pierre, qui n'a que six ans. Ma mère a des fleurs dans les bras et sourit. Le chien Rase-mottes vient vers nous en frétillant. Un instant après, mon père reprend moins sereinement, et c'est là où je sens que l'échec lui est pénible en dépit de ce qu'il veut bien montrer : « Réflexion faite, ils m'ont mis dehors. Ils ont fait la même chose avec Churchill. Et Roosevelt ne serait pas mort subitement avant la fin de son mandat que les Américains lui auraient fait subir un sort identique. C'est l'ingratitude habituelle des peuples. Souviens-toi du *Voyage de Monsieur Perrichon* que tu as lu au cours de ta jeunesse. » (Dans cette comédie de Labiche, le dénommé Perrichon en excursion dans un glacier accorde moins de reconnaissance à l'homme qui vient de le tirer d'une crevasse dans laquelle il était tombé qu'à celui qu'il vient lui-même d'aider.) Je lui demande comment ma mère a supporté tous ces événements. Il me répond en la regardant ajouter quelques tulipes à sa gerbe : « Tu sais, elle n'a jamais été heureuse que je retourne aux affaires étant donné ce que nous avons vécu pendant la guerre. Aussi, de me retrouver ici définitivement, loin des soucis, exauce ses vœux. Mais elle a été chagrinée de la perte du référendum. Elle a souffert d'avoir vu son mari congédié pareillement. [Il a un léger mouvement des épaules.] C'est l'expression qu'elle emploie. » Il la voit venir vers nous et se tait. Il attend qu'elle s'éloigne de nouveau pour ajouter avec une certaine jouissance : « En tout cas, crois-moi, elle ne regrette pas l'Elysée. Tu as vu comme le sourire lui est revenu ? »

— Dans le fond, elle ne pouvait pas être plus heureuse ?

— Heureuse, oui, qu'il se retire définitivement et qu'ils se retrouvent tous les deux, enfin, débarrassés des tourments, à l'abri des mauvais coups et des tempêtes. Mais triste pour la France. Triste de constater qu'elle a encore une fois raté sa chance. Car, comme lui, même si elle ne le montrait pas, elle vivait toujours mal les saccades qui secouaient son pays.

— Elle a donc refait le barrage à la porte de La Boisserie pour préserver sa tranquillité. Qui échappait à sa vigilance ?

— Elle tolérait l'entrée de la maison à mon oncle Jacques Vendroux car elle savait qu'il évitait de parler de politique. Son gendre Alain de Boissieu s'abstenait lui aussi d'aborder les sujets difficiles. Mais elle fermait hermétiquement la porte à toutes les tantes et cousins qui voulaient se précipiter chez nous pour savoir ce qui se passait, ce qu'on allait faire après le Général et quelle attitude ils devraient adopter vis-à-vis d'un pouvoir dont il était désormais absent. Rares sont les politiques qui pourront franchir la grille gardée par deux gendarmes débonnaires. N'y sont pas invités les membres du nouveau gouvernement et parcimonieusement admis ceux que Georges Pompidou n'a pas retenus et qui risquent de se répandre en complaintes ou critiques. Mon père entend faire comprendre clairement qu'il a complètement rompu avec les affaires publiques et que tout cela ne l'intéresse donc plus. Evidemment, de vieux amis échappent au filtrage, tels les fidèles des premiers jours : Geoffroy de Courcel, Pierre Messmer, Maurice Couve de Murville, Jean-Marcel Jeanneney, Michel Droit, Léon Noël, ancien président du Conseil constitutionnel, Pierre

Lefranc, Marcel Jullian, son éditeur, Pierre-Louis Blanc, chargé de sa documentation...

— Et Malraux...

— Et André Malraux, bien sûr, que Geoffroy de Courcel ne vit passer qu'une heure avec mon père à la suite du déjeuner qu'ils firent ensemble. L'écrivain prétendra plus tard être resté quatre heures avec lui. Après la mort du Général, il tiendra d'ailleurs à me faire remarquer : « On m'a accusé d'avoir fait un livre après quatre heures d'entretien, mais je me permets de rappeler que j'étais avec le Général depuis des décennies. » C'est vrai. Ma mère protestait contre le fait qu'elle n'arrivait pas à repousser tous les visiteurs. Chaque fois que je me rendais à La Boisserie, je l'entendais ronchonner à ce propos : « Ils le retardent dans son travail. Ils ne peuvent pas le laisser tranquille. Tu devrais lui conseiller d'ouvrir moins sa porte. » Le dimanche, elle envoyait Charlotte ou Honorine en reconnaissance à l'église de Colombey afin de vérifier s'il n'y avait pas trop de curieux guettant leur venue à la messe. Si c'était le cas, elle proposait à mon père d'aller plutôt dans une des églises des environs. Il leur est même arrivé de pousser jusqu'à Bar-sur-Aube pour semer les curieux et surtout la meute des photographes de presse. Les journaux que l'on continuait à livrer chaque matin à La Boisserie semblaient moins intéresser mon père. Il jetait un œil sur les titres et ne s'appesantissait que rarement sur un article.

— On parlait pourtant encore beaucoup de lui. Il s'en moquait ?

— Ça lui était indifférent. Seuls les articles sur l'état de la France pouvaient attirer son regard pendant quelques minutes. Il faut dire que les commentaires politiques ne volaient pas haut. Telles ces paroles impérissables qu'un de nos plus brillants intellectuels – Jean-Jacques Servan-Schreiber pour ne pas le nommer – a confiées au *Monde,* le 30 avril de cette année-là, pour se féliciter qu'il ait dû quitter la Présidence sous la pression d'un certain nombre de Français : « Pour la première fois dans la vie de ma génération, on peut être fier de son pays. » Ce qui n'empêchera pas le même « plumitif » de proclamer six ans plus tard, le 19 juin 1975, dans *le Figaro,* avec autant d'enthousiasme : « Je suis prêt à reprendre dans l'héritage du général de Gaulle sa pensée politique ! » Je me suis souvent demandé comment ce penseur émérite aurait considéré ses billevesées – que mon père aurait qualifiées de « ragoût » – si on les lui avait remises sous les yeux quelques années plus tard. Dès le retour définitif de mes parents à Colombey, il y eut aussi l'invasion du courrier. Mon père ne répondait qu'aux lettres très personnelles. Son secrétariat, avenue de Breteuil, où on ne l'a jamais vu, était chargé des autres. On a mis des mois et des mois à écluser le contenu des sacs de la Poste qui s'entassaient chaque jour à La Boisserie. Plus rares, les cadeaux étaient souvent touchants. Ils émanaient de gens simples et de vieux fidèles des temps héroïques profondément peinés par la mise à l'écart du « Grand Charles ». L'un d'eux, Victor Quéma, un ancien marin de la France Libre, ostréiculteur à Cancale, dont le nom figurera aux côtés de deux autres sur la liste de dédicaces que le Général se promettait d'écrire environ trois quarts d'heure avant de mourir, le 9 novembre 1970, se faisait un devoir de lui offrir une bourriche de belons, chaque année, pour Noël. C'étaient ses huîtres préférées. Cela a duré toute la vie de mon père et même plusieurs années après sa mort. Le 22 ou le 23 décembre, quand la camionnette de la SNCF venait déposer l'envoi traditionnel de Bretagne à la grille de la propriété, on voyait Honorine accourir du jardin et annoncer avec joie à ma mère : « Madame, la bourriche du Général est arrivée ! »

25

UN GRAND-PÈRE INTIMIDANT

« Pour les examens de Charles et d'Yves, je ne formule aucun souhait – comme pour la chasse –, mais je n'y pense pas moins. »

Lettres, Notes et Carnets. 16 mai 1969.

Votre père a eu la joie d'être cinq fois grand-père avec vos quatre fils et la fille de votre sœur[1]. Quelle attitude avait-il à l'égard de ses petits-enfants ? On a souvent dit qu'il ne prenait pas son rôle de grand-père aussi à cœur que certaines photos pouvaient le faire croire. Alors, la vérité ?

— Il n'était ni trop proche ni trop lointain de ses petits-enfants. Disons que les grands-pères modernes ont certainement plus d'attentions pour leurs petits-enfants que n'en avaient ceux de son époque. Mais cela ne l'empêchait pas d'être un grand-père affectueux. A sa manière, bien sûr, et quand son emploi du temps lui permettait d'avoir un peu de loisir. Alors, c'étaient des vacances ou un simple week-end à Colombey, ou un dimanche à l'Elysée. Quand je dis qu'il était affectueux à sa manière, c'est parce qu'il n'avait pas de réelle familiarité avec eux. Tout petits, il les embrassait rapidement et les cajolait même un peu. Parfois, il se penchait sur leur berceau et les

1. Charles (1948), Yves (1951), Jean (1953), Anne (1959), Pierre (1963).

prenait brièvement dans ses bras. Lorsque Charles est né, par exemple, il n'a pu s'empêcher de le serrer contre lui dans un élan irrépressible. Il est arrivé aussi qu'il en asseye un sur ses genoux. Je crois qu'une des rares photos où on le voit ainsi avec Pierre, mon dernier fils, remonte à 1963. L'enfant devait donc avoir six mois. Il n'a consenti à le garder de cette façon que pendant deux minutes.

— Pourquoi pas davantage ? Il n'en éprouvait pas de plaisir ?

— C'était par pudeur qu'il évitait de prolonger ce geste. Nous étions les seuls à pouvoir assister à ce genre de scène. Selon lui, la place d'un enfant n'était pas sur les genoux d'un homme. Ne l'imaginons pas davantage couché sur le tapis avec mes garçons ou marchant à quatre pattes avec eux comme le fait aujourd'hui un grand-père. Il leur montrait comment mettre en marche un jouet mécanique, monter un réseau de chemin de fer électrique, manier des cartes ou des dés, ou encore ranger des soldats de plomb en bataille, mais dès qu'ils avaient compris, c'était fini. Il n'a pas plus joué avec eux qu'avec nous à leur âge. Quelquefois, quand il partait faire un tour de jardin, il proposait à Jean qui avait quatre ans : « Tu viens avec moi ? » Alors, l'enfant allait ramasser des marrons pendant qu'il marchait à ses côtés avec sa canne. Ou il le prenait par la main, mais pas longtemps. De même l'a-t-on vu promener l'un de nos fils dans sa poussette et donner de l'élan à Anne, la fille d'Elisabeth, assise sur la balançoire qu'il avait fait installer dans le jardin, ou bien encore, traîner l'un ou l'autre, pendant quelques minutes, dans le chariot en bois dont une petite ville d'Alsace lui avait fait cadeau. Souvent, il leur contait une historiette extraite du florilège dont j'avais pu bénéficier moi-même à leur âge. Il a toujours aimé enchanter les enfants avec des histoires. On l'entendait aussi essayer de leur chanter de sa voix de fausset quelques-unes des chansons qu'il me fredonnait à cinq ans. L'une revenait souvent, mais seulement dans ses couplets convenables : « Quand un gendarme rit dans la gendarmerie... Quand un sapeur a peur... » Il les faisait rire en entonnant, avec l'accent des tirailleurs indigènes, l'une des chansons de marche faites pour leur apprendre le règlement militaire : « *Li fousil mitraillour* est *oun* arme *outoumâtique*... » Ou il leur posait cette devinette : « De quelle couleur sont les petits pois ? » Pour leur répondre en mêlant son rire aux leurs : « Les petits poissons rouges ! »

— Il devait également leur raconter sa propre enfance dans le Nord avec sa sœur et ses trois frères ?

— Cela lui arrivait en effet. Il leur décrivait notamment les friandises qui faisaient la joie de ses frères et de sa sœur, les gaufres à la crème vanillée, la tarte au sucre caramélisé (que parfois Honorine imitait sur sa commande) et les spéculoos, les petits bonshommes en pain d'épice découpés à l'emporte-pièce à la Saint-Nicolas, le 6 décembre. Car c'était ce jour-là que l'on fêtait les enfants chez les de Gaulle, dans le Nord, et non à Noël. Je me souviens aussi l'avoir vu applaudir nos garçons qui, dans la cuisine, à la Chandeleur, lançaient des crêpes en l'air sous la conduite de la cuisinière. Parfois, il leur expliquait avec force détails l'origine de certains souvenirs exposés à La Boisserie, comme le magnifique album relié rassemblant les photos de son voyage officiel en Iran qu'il conservait derrière lui, dans son bureau, ou bien la maquette du paquebot *France* trônant dans la salle à manger. Il fallait admirer quelle attention appliquée et quelle patience il leur réservait. Il s'inquiétait quand un petit enfant se mettait à pleurer. Il demandait alors à ma femme : « Mais qu'est-ce qu'il a, cet enfant ? Est-ce qu'il n'a pas soif ? Est-ce qu'il est découvert ? Il faut monter voir, Henriette. » Alors, ma femme s'exécutait, surtout pour le tranquilliser lui-même.

— Il aurait souffert de ne pas avoir de petits-enfants ou d'être privé de leur présence ?

— Certainement. Il y avait un lien affectif très affirmé avec eux. Il se refusait à en être séparé trop longtemps. Parfois, il glissait à ma mère : « Depuis combien de temps ne les a-t-on pas vus ? Vous ne pouvez pas demander aux Philippe [c'est ainsi qu'il avait l'habitude de nous appeler] de les faire venir ? » Et ma mère lui répliquait : « Mais voyons, Charles, ils étaient là encore la semaine dernière ! » Alors, feignant un instant de l'avoir oublié, il répondait : « Ah ! vous croyez vraiment ? » Après chaque voyage officiel à l'étranger qui les éloignait de nous, souvent durant une ou deux semaines, il les réclamait à ma mère par quelque question du genre : « Que devient Pierre ? Ce n'est pas le 20 juin qu'arrive son anniversaire ? » Il ne s'ennuyait jamais avec mes fils, et jamais il ne se plaignait de leur présence même si parfois elle n'était pas assez discrète malgré les recommandations que l'on renouvelait. Quand ils étaient absents, ma mère le sentait, il lui manquait quelque chose. Et quand, toujours soucieuse, elle tentait de les écarter de lui, taquin, il la rabrouait gentiment : « Laissez donc, Yvonne, on dirait que vous n'avez jamais eu d'enfant. »

— Comment pouvait-il supporter la présence d'autant d'enfants à la fois dans la maison alors qu'il recherchait tellement le calme pour pouvoir se consacrer à ses *Mémoires* ?

— Oh ! mais entre eux et lui, il y avait un *modus vivendi*. Dressés en conséquence, ils savaient que chez grand-père, ils n'étaient pas dans une cour de récréation. Il ne voulait pas les entendre crier. Sinon, il intervenait et tout rentrait dans l'ordre immédiatement. Je l'entends encore me glisser à mi-voix alors que j'ai sept ou huit ans, au sortir de notre appartement, l'index barrant ses lèvres : « Sur le palier et dans l'escalier, pas un mot, pas un bruit. » Nos voisins ne devaient rien percevoir de ce qui se passait chez nous. Tout bruit, quelle qu'en fût l'origine, l'agaçait. Une fois, à Noël, mon beau-frère avait placé dans les assiettes, au moment du dîner, selon une mode anglo-saxonne, une sorte de petits pétards qui crépitent en tous sens. Il a peu apprécié et l'on n'a pas recommencé l'essai. Les petits-enfants évitaient donc tout boucan. A La Boisserie, nous leur avions donné une pièce d'angle au rez-de-chaussée, loin du bureau de mon père, que nous avions surnommée « le hurloir à enfants ».

— Passé la trentaine, votre sœur Elisabeth n'avait toujours pas d'enfant. Il en était paraît-il assez peiné...

— Certainement, si l'on se souvient qu'il déclarait que l'enfant était « la plus belle production humaine au monde. » A la venue d'un nouveau-né dans la famille, il s'émerveillait : « Chaque naissance est un miracle en soi. » Il savait donc que la présence de ses petits-fils à Paris ou à Colombey et l'affection qu'on leur témoignait ne pouvaient qu'aggraver le sentiment de frustration que ma sœur éprouvait. Pour cette raison, lui comme ma mère redoublaient de prévenance à son égard. Très souvent, à Colombey en week-end, ma femme remarquait qu'ils essayaient en permanence, chacun de leur côté, de compenser par mille petites attentions – y compris même une plus grande indulgence pour son chien ! – ce manque d'enfant profondément ressenti et qui les inquiétait au fur et à mesure que le temps passait. Mon père lui écrit un jour : « Si la Providence ne vous a pas encore accordé ce que vous lui demandez instamment, je veux vous dire que j'ai grande confiance dans l'avenir. » Aussi, quel bonheur quand, en juillet 1959, treize longues années après son mariage, elle annonce la grande et belle nouvelle, la venue d'Anne ! Grande et belle nouvelle comme celle qu'il éprouvait discrètement, très discrètement, toujours à cause de ma sœur, chaque fois qu'un nouveau garçon arrivait chez nous. Des garçons ! C'était son propre prolongement. Tous les hommes ont cela en tête. Il pensait alors à son père qui était le dernier de Gaulle. « S'il avait été tué en 1870, faisait-il remarquer, ou ne s'était pas marié, ou encore n'avait pas eu d'enfant, notre nom se serait éteint. » Pendant la Grande Guerre, ma tante Marie-Agnès, qui avait pris le nom de Cailliau, décida un jour qu'elle allait se faire appeler Cailliau-de Gaulle ou tout simplement de Gaulle, expliquant que si ses frères disparaissaient, elle assurerait ainsi la survie du nom. Mon père le premier et ses frères ensuite s'y sont farouchement opposés. Ils ont aussitôt décrété : « Non, si le nom s'éteint, eh bien ! il s'éteint. C'est naturel. Mais on ne reprend pas le nom d'une manière collatérale. » Le 20 juin 1963, quand naît notre dernier fils, Pierre, dix ans après le troisième, Jean – ce que l'on appelle dans la famille un « petit ravisé » –, mon père évite comme ma mère de trop en parler devant Elisabeth et surtout de manifester leur joie ouvertement de crainte de faire briller à ses yeux l'avantage que le sort m'accorde sur elle qui n'a qu'un enfant. Et ce qui est bien naturel et aussi le privilège de son sexe, Anne se voit particulièrement gâtée le jour de son anniversaire et à Noël.

— Pas un Noël sans doute sans que votre père veuille tous ses petits-enfants autour de lui ?

— Il résistait en effet difficilement au déplaisir de passer sans eux cette fête familiale par excellence. Il lui fallait une famille réunie autour de lui, ne pas rester tout seul avec ma mère et ses deux servantes. « Les fêtes sont faites pour les enfants, répétait-il, pas pour les grandes personnes. » Alors, en plus de la crèche symbolique de la Nativité, Charlotte et Honorine dressaient un petit sapin décoré sur une table, loin du passage car, rappelons-le, mon père exigeait d'avoir le champ libre quand il allait et venait dans la maison. Regardant les chaussures alignées devant la cheminée parce que ça l'amusait, on l'entendait demander : « Est-ce que tout le monde est bien servi ? » Parce qu'il n'eût pas voulu que le chagrin ou la « rouspétance » ternît ce si beau jour. Il clamait : « Noël, c'est le jour de la paix ! » Mes parents ne recevaient jamais rien de leurs petits-enfants. Car il interdisait que les cadeaux remontent les générations. Par conséquent, ni ma sœur ni moi ne leur en faisions. Quand nous devînmes adultes, ils cessèrent à leur tour de nous en offrir. Mon père n'admettait de recevoir que les dessins que ses petits-enfants rapportaient pour lui de l'école. Il les gardait soigneusement dans un classeur. On y voyait, par exemple, La Boisserie avec le grand-père marchant la canne à la main et à ses côtés le chien Rase-mottes, ou bien le général de Gaulle en Afrique – ils avaient vu cela à la télévision – avec une pirogue, une case et des joueurs de tam-tam. Celui-là, il le préférait à tous les autres.

— Il se mêlait du choix du prénom lorsqu'un enfant naissait chez vous ?

— Il n'aurait pas voulu interférer. Ma mère non plus. On lui demandait par exemple : « Verriez-vous un inconvénient à ce que l'on prenne ce prénom ? » Il n'a jamais fait d'objection. Nous savions qu'il aimait les prénoms courts. Parce que, je l'ai déjà dit, il estimait que quand le prénom est long, on lui cherche un diminutif, et vous vous souvenez également qu'il détestait cette façon de déformer le nom de baptême. Et puis, il faisait remarquer qu'un prénom bref est appelé aux suffrages plus facilement que d'autres. Bien sûr, quand nous avons donné celui de Charles à notre premier fils, il a montré un certain plaisir, mais pas la surprise que nous escomptions car il s'y attendait et l'espérait sûrement. Cependant, en même temps, il a marqué de l'hésitation. Sur le moment, je ne m'en suis pas moi-même rendu compte. Il a placé ces mots un peu plus tard : « Peut-être que cela ne l'aidera pas. Je ne sais pas. » Il était sans doute conscient que ce prénom pourrait plus desservir mon fils que représenter un avantage. Mais, je l'ai su ensuite par ma mère, ce choix l'a rempli de joie. En 1951, alors que nous attendions au Maroc la naissance de notre deuxième garçon, il a tenu à exprimer un souhait que nous ne pouvions que satisfaire, en nous écrivant : « S'il naît un garçon, ni le nom de René ni celui d'Alain ne me paraîtraient convenir puisqu'il y a déjà René et Alain de Gaulle, presque contemporains de votre futur bébé, car à une douzaine d'années près, on n'est pas bien loin l'un de l'autre dans la vie. Si votre deuxième fils s'appelait Yves, je crois que ce serait bien pour ta Maman certes, mais aussi pour la Bretagne où il fut "imaginé". Naturellement et quoi qu'il en soit, ce que vous choisirez sera très justifié. Le nom qu'on porte a son importance, mais l'essentiel est d'être en vie et gaillard pour le porter. S'il vient une fille, nous serions heureux qu'elle s'appelle Anne. » C'est un petit Yves qui est arrivé.

— Il n'avait pas une préférence pour Charles ?

— Au départ, c'est à lui qu'il parlait le plus volontiers, puisqu'il était l'aîné. Mais son prénom n'intervenait pas. Ce n'est que beaucoup plus tard que nous nous sommes aperçus de l'importance qu'il lui attribuait. Quant à savoir quel était de mes quatre fils, à son avis, celui qui se rapprochait le plus de lui, de son caractère, il n'a jamais manifesté le moindre jugement. Cependant, il m'a avoué, une fois, en les voyant tous les quatre : « Selon la répartition biologique, il en est un qui ressemble plus à toi [sous-entendu "à moi, physiquement"], un qui ressemble plus à sa mère et puis deux qui sont les deux à la fois, peut-être un peu plus l'un, un peu plus l'autre, mais les deux à la fois. »

— Et d'après vous et votre épouse ?

— C'était bien aussi notre sentiment, sachant que les enfants sont à la fois leur père et leur mère, encore que différents de toute façon.

— Vous m'avez dit qu'il était plus paternel qu'Yvonne n'était maternelle. Peut-on dire la même chose quand on les considère dans leur rôle de grand-père et de grand-mère ?

— Mon père était certainement plus affectueux que ma mère avec leurs petits-enfants. Henriette se rappelle que sa belle-mère n'embrassait nos fils que rarement et en se contentant de poser ses lèvres sur leur front. Elle aimait plus les bébés que les enfants, mais par pudeur ou par principe d'hygiène, et pour respecter leur personne, elle ne voulait pas qu'on leur fasse des papouilles. De plus, elle craignait d'avoir l'air de les accaparer, ce que la mère ressent toujours plus ou moins. Elle s'est finalement penchée davantage sur leur confort et leur santé, et cela dès leur naissance et avec beaucoup d'application. Pour mon père, c'était latent, tandis que pour elle, c'était quasi quotidien. Sans nous assommer de coups de téléphone, elle était pleine d'attentions à leur propos. Par exemple, elle s'inquiétait de savoir s'ils étaient bien couverts. Mon père également. On l'entendait lancer : « Vous avez vu comme il pleut ? Ils vont revenir trempés. » Ou : « On devrait changer leurs chaussures. Ils ont les pieds mouillés. » Si elle apprenait que l'un avait la grippe ou une autre maladie, alors là, le téléphone sonnait. Mais en évitant d'être importune à l'égard de mon épouse qui trouvait cependant que mon père était encore plus prévenant. A La Boisserie, elle suivait nos garçons, même si c'était en coulisse, et je peux ajouter qu'elle surveillait tout autant ceux qui les surveillaient. Il fallait voir comment elle se souciait, par exemple, de leur habillement et de leur alimentation. Il lui est arrivé de nous faire porter pour eux à Paris des œufs frais de son poulailler et elle n'oubliait pas de nous en apporter elle-même en nous rendant visite. De temps à temps, elle courait les magasins – c'était une de ses distractions – à la recherche d'un vêtement dont parfois, ils n'avaient nul besoin, ou se mettait à tricoter pour eux. Mon père disait en riant qu'elle tricotait pour la terre entière. Ce que l'on connaît moins, c'est son talent de brodeuse. Tout mouchoir ou toute chemise acheté pour mon père était immédiatement brodé par elle à ses initiales. De même qu'elle cousait la marque « de Gaulle » sur les draps qu'elle envoyait chez le blanchisseur. C'était une tradition de famille

— Comment réagissaient vos garçons lorsqu'ils voyaient leur grand-père à la télévision ?

— Ils sont nés dans ce contexte. Ils ont vu leur grand-père de cette façon dès l'instant où ils ont été en âge de comprendre et où la télévision est arrivée au foyer. Pour eux, il était normal que, de temps en temps, il se montrât sur le petit écran. Cela faisait partie de la vie courante des Français et des affaires dont on parlait et dont eux, enfants, n'avaient pas à se mêler. Par conséquent, ils n'accouraient pas devant le poste dès qu'ils entendaient sa voix. Je dirais même qu'ils ont été plus étonnés quand il a cessé d'apparaître. A ce moment-là, ils ont trouvé que quelque chose manquait à leur décor familier. Sinon, quand ils l'apercevaient devant les micros et les caméras, ils le regardaient un moment avec curiosité, l'écoutaient d'une oreille distraite, puis, soudain, vaquaient à d'autres occupations. Encore une fois, il constituait une partie de leur environnement normal. Aujourd'hui, bien sûr, toutes ces images leur reviennent parmi leurs plus beaux souvenirs d'enfance.

— Et dans la vie courante, il les intimidait autant que vos petits camarades pendant votre enfance ?

— Assurément. Ils voyaient un homme assez gigantesque et cette masse les dominait. Ils s'approchaient toujours de lui avec, comment dirais-je...

— Une certaine crainte ?

— Non, plutôt avec précaution. On leur recommandait : « Ne posez pas de questions à grand-père. Mais s'il vous interroge, vous répondez. » Parfois, ils étaient obligés d'attendre tranquillement à la porte du bureau avant de pouvoir aller jusqu'à son fauteuil pour l'embrasser. Dans le fond, ils avaient avec lui la même attitude que j'ai eue à leur âge. Ils doivent donc conserver comme moi l'image d'un être qui, à la fois, les subjuguait et les intriguait. Intimidé, je l'étais tout autant, mais pas au point de ressentir quelque gêne, et je pense qu'ils n'en gardent pas un souvenir différent.

— Ils ne devaient quand même pas trop aimer se retrouver devant lui ?

— Il est évident qu'ils devaient se comporter autrement avec lui qu'avec moi, et cela, ils le comprenaient assez difficilement. Mais aujourd'hui, si vous leur demandez ce qu'ils pensaient de leur grand-père quand ils étaient petits, vous verrez qu'ils n'en pensaient que du bien. Evidemment, il est rare que des enfants ne disent pas que leur grand-père est formidable. Mais tout comme j'ai moi-même perçu que mon père avait quelque chose « au-dessus » de ceux de mes camarades, ils estimaient qu'ils avaient un grand-père vraiment exceptionnel. Surtout qu'on leur répétait : « C'est le président de la République, c'est le général de Gaulle. » Et les échos qu'ils en récoltaient, les images qu'ils en voyaient, tout leur montrait que le personnage dépassait les normes. Et malgré les consignes, les « pourquoi » arrivaient souvent sur leurs lèvres. Le petit Charles lui demandait : « Mais pourquoi est-ce qu'il y a des gendarmes qui sont là ? » ou : « Pourquoi vous n'allez pas vous promener dans la rue ? » Ou encore : « Mais pourquoi est-ce que vous levez les bras tout le temps ? » Alors, lâchant son travail un instant, mon père répondait gentiment. « Et pourquoi, risquait Charles de nouveau, est-ce que les garçons ne sont pas avec les filles en classe ? » Il expliquait patiemment : « Parce que ce sont des garçons et des filles. Ils ont donc des occupations différentes, même s'ils apprennent les mêmes choses. » Au bout d'un moment, quand il trouvait que les questions étaient trop nombreuses et oiseuses, il terminait l'entretien en répondant à la énième : « Ça, on ne l'a jamais su et on ne le saura jamais. »

— Plus tard, s'est-il penché sur leurs études comme il l'a fait avec vous et avec votre sœur ?

— Il n'aurait jamais voulu se substituer à leurs parents. Parfois, seulement, il posait la question rituelle de tout grand-père : « Alors, Charles, comment ça va au collège ? » Quand nous étions loin, il avait parfois un mot dans sa lettre pour nous conseiller à propos de leurs études. Alors que nous sommes à Oran en 1952, il nous écrit : « Voilà le petit Charles en classe. J'en suis bien content. Rien, en effet, n'est plus important que de le mettre en avance pour ses études et, en tout cas, de ne lui laisser aucun retard. D'autre part, la "qualité" de l'enseignement qu'il reçoit et le "milieu" dans lequel il s'instruit ont une extrême importance. Il faut toujours choisir le meilleur cours puis le meilleur collège, quelles que soient les difficultés. Nous nous félicitons, Maman et moi, de l'avoir fait naguère pour toi et pour Elisabeth. » Et il ajoute que la photo de Charles est sur son bureau accompagnée de l'insigne de la 6F, la flottille d'aviation de porte-avions que je commandais. En 1955, il tient à me signifier combien il considère que l'année qui commence va être décisive pour Charles : « C'est celle où il démarrera ou ne démarrera pas. » Et en me recommandant de le mettre dans le meilleur des collèges, même si ce n'est pas le plus commode pour l'existence familiale, il s'offre, si je le souhaite, à m'aider financièrement, ce que je ne lui ai jamais demandé. D'une façon générale, dans ce domaine son soutien n'a toujours été qu'assez symbolique. En revanche, je le rappelle, peu de temps avant sa mort, il nous a permis, à ma sœur Elisabeth et à moi-même, d'acheter un terrain au bord de la mer afin que ses petits-enfants puissent aller à la plage, loin du climat peu aimable de Colombey. Nous voyions déjà avec joie nos parents nous rejoindre à Agay. Mais ma mère préférera toujours Colombey à tout autre endroit de villégiature prolongée. Quand on offre à mon père la possibilité d'aller passer des vacances au fort de Brégançon, résidence des présidents de la République sur la Côte d'Azur, il est séduit par la vue, le site et la tranquillité des lieux. Par contre, sujette au vertige sauf en avion ou en hélicoptère, ma mère s'oppose avec énergie à s'y rendre. Elle déclare péremptoirement : « Et puis, les parois à pic sont trop dangereuses pour y recevoir nos petits-enfants, même avec quelques aménagements. » En réalité, elle est fondamentalement hostile à tout projet qui pourrait détourner son mari et sa famille de La Boisserie. Les « parois à pic » décideront donc mon père à bouder Brégançon. Mes parents n'y passeront qu'une seule nuit « pour voir », le 15 août 1964, après une cérémonie au mont Faron, dans des conditions très inconfortables pour les quelques personnes qui les accompagnaient et dont j'étais.

— A-t-il jamais espéré voir l'un de ses petits-fils suivre la carrière militaire ?

— Il n'aurait pas été contre, mais il m'a répété plusieurs fois ce qu'il m'a recommandé quand j'ai choisi moi-même d'entrer dans la marine : « Il ne faut pas trop de militaires dans une famille parce qu'on est décimé et vite ruiné. Il vaut mieux qu'une famille se reconstitue de temps en temps, et être militaire ce n'est pas y contribuer. » Et pour servir d'exemple, il m'a cité le cas d'une famille de l'aristocratie qu'il connaissait dont aucun des garçons n'avait pu atteindre l'âge de vingt-cinq ans, et où, dans le même château, il y avait quatre générations de veuves. Le dernier petit-enfant n'était pas encore adulte et les trois précédents avaient été tués à la guerre. De toute façon, aucun de mes fils n'a été tenté par la carrière des armes bien qu'ils aient tous été très respectueux et fiers du passé militaire de leur grand-père et de leur père, et très intéressés par les souvenirs qu'en gardait la famille. Je me souviens, par exemple, du grand plaisir que prit Yves, notre deuxième, lorsque mon père lui fit visiter, trois mois seulement avant sa mort, les sites de Cirey-sur-Vezouze et du col du Dabo dans les Vosges où je m'étais battu en novembre 1944 avec la division Leclerc. Comme son frère Jean, il gardera aussi le souvenir – et quel souvenir ! – de ces moments où, assis sagement à côté de son grand-père, dans son bureau de La Boisserie, il l'écoutait lire un passage de ses *Mémoires* et où il lui demandait après coup de lui donner son impression.

— Il n'a jamais inspiré la profession de l'un ou de l'autre ?

— Il leur a laissé le choix. Il suivait seulement la progression de leurs études et parfois réclamait leur visite à Colombey pour pouvoir mieux se rendre compte du stade de leur épanouissement. Un jour, il voit que Jean est « presque un jeune homme » et lui fait l'effet de « se révéler peu à peu d'une manière satisfaisante, notamment au point de vue de la curiosité d'esprit et de jugement ». Un autre jour, il m'avoue avoir été heureux de constater que la personnalité de Charles continuait de s'affirmer, ajoutant : « Je lui ai donné à lire ce qui est déjà écrit dans mon livre et je tiendrai compte de ses jugements. » Quand Charles entre à Sciences Po et que Yves l'y suit, un peu plus tard, mon père ne cesse chaque fois de se réjouir. Mais il s'inquiète de voir Charles partir en stage aux Etats-Unis. « Pourvu, se soucie-t-il, que les Américains ne se l'annexent pas ! » Ce sera la dernière attention qu'il portera à l'un de ses petits-enfants. Quand Charles a prêté son serment d'avocat, ma mère était seule au Palais de Justice avec nous. Mon père était mort un an auparavant. Il n'a pas vu non plus, hélas ! Yves entrer à l'ENA. Il n'a donc jamais connu l'établissement d'aucun de nos garçons.

— Que font aujourd'hui les quatre petits-fils du général de Gaulle ?

— Charles, l'aîné, est avocat d'affaires. Il a deux enfants, Philippe et Edouard. Il est devenu député européen en 1993, après avoir piétiné plusieurs années en rang inéligible sur une liste souverainiste qui s'est dissociée et dont une partie a adhéré au Front national. Voilà comment il a défrayé la chronique. Je ne peux pas dire – on s'en doutera – que cela nous a fait plaisir. Ce n'est pas vraiment l'orientation que je lui aurais conseillée. Mais bon ! Vous ne contrôlez pas un fils qui a l'âge des ministres. Alors, il est parti de son côté parce qu'il voulait se débrouiller seul.

— Vous voulez dire qu'il a rompu avec vous ?

— Il a sans doute eu conscience qu'il pouvait nous gêner. Alors on ne l'a plus vu. Ses frères le rencontrent, mais occasionnellement. Manifestant son indépendance, il s'est marié en Ecosse sans aviser personne, ni sa mère ni moi. Nous ne connaissions pas alors son épouse Sandra qui avait déjà une charmante petite fille d'un premier mariage en Angleterre. Nous n'avions cependant rien contre elle ni contre lui, mais nous ne correspondions pas à leur mode de vie et ils ont tenu à mener leur existence à part. Ils ont ensuite divorcé. Charles est aujourd'hui à Bruxelles ou à Strasbourg et il n'y a plus eu de réunion de famille avec lui. Seuls ses deux fils viennent très fréquemment chez moi, ce qui est pour nous une belle et bonne consolation. Nous souffririons d'être privés de leur présence. Nos petits-enfants comptent énormément dans notre bonheur familial. Mais tout cela n'est évidemment pas satisfaisant.

— Le temps peut peut-être arranger les choses...

— Peut-être. Il faut l'espérer. Je n'aime pas beaucoup évoquer tout cela. Ma femme non plus. Je sais que nous ne sommes pas les seuls à connaître ce genre de différends familiaux, qu'il arrive aussi que des familles soient dramatiquement déchirées, mais quand même !

— Je vous comprends. Mais parlez-moi maintenant de vos trois autres fils.

— Yves est d'abord entré à la Cour des comptes comme conseiller référendaire et, ensuite, dans les affaires. Il a été l'un des directeurs d'une très grande compagnie d'assurances. Annick, sa femme, est médecin. Elle dirige bénévolement la fondation Anne-de-Gaulle qui accueille de jeunes trisomiques. Ils ont deux enfants : Henri et Nathalie. Jean, mon troisième fils, est expert-comptable et associé d'un cabinet d'audit et d'expertise comptable. Puis, pris par le virus de la politique, il a accédé à deux reprises à la députation dans les Deux-Sèvres, avant de devenir député de Paris depuis trois mandatures sur une liste UMP. Sa femme, Isabelle, est elle aussi médecin. Mon quatrième fils, Pierre, après de très bonnes études en économie, est entré dans plusieurs banques privées avant de s'établir en Grande-Bretagne. Anne, la fille de ma sœur Elisabeth et d'Alain de Boissieu, est mariée avec Etienne de Laroullière et a cinq enfants.

— Quelle incidence le nom du général de Gaulle a-t-il eue sur la vie et la carrière de ses petits-enfants ?

— Avoir un grand nom oblige les gens à vous prêter attention, même s'ils ne vous aiment pas. C'est une réalité. Ceux qui sont pour vous vous entrouvrent la porte, mais pas complètement, parce que c'est gênant. C'est ce qui est arrivé à Charles qui, le premier, est entré dans la vie professionnelle. D'abord quand, à Sciences Po, au moment de la mort de mon père, il a dû faire un stage en entreprise, personne ne voulait du petit-fils de Charles de Gaulle, parce que ce n'était pas bon pour les affaires. Cela pouvait être ennuyeux vis-à-vis des clients d'avoir un collaborateur portant le nom de ce président qui avait été si controversé. Plus tard, quand il s'est agi pour Charles d'être avocat stagiaire, alors qu'il avait très bien passé son inscription au barreau, aucun avocat parmi ceux qui lui étaient les plus favorables n'a accepté de le prendre dans son cabinet, sauf un. Ensuite, il a monté ses propres affaires, notamment en Afrique et dans les Etats arabes. Mais quand la gauche est arrivée au pouvoir en 1981, il a vu tous ses contrats s'évanouir. Le Général était mort depuis sept ans quand mon second fils, Yves, est entré à son tour dans la vie active. Tout compte fait, nous pouvons remercier le Ciel. Il nous a donné quatre enfants à la tête bien faite. Ils sont dignes de porter le nom du grand Français qu'était leur grand-père. Quand, dans mes pensées, je les vois côte à côte, l'image des quatre fils de Henri et Jeanne de Gaulle sanglés dans leur uniforme, au retour de la grande bataille, me revient avec nostalgie. Comme eux, nos garçons sont armés pour la vie. Leur mérite respectif et leur expérience les prémunissent contre les coups du sort. Et puis, ils sont caparaçonnés en conséquence. Ils ont de qui tenir !

26

DE SIMPLES TOURISTES

« Ici, c'est le repos, le calme absolus. »

Lettres, Notes et Carnets.
Irlande, 16 mai 1969.

Le 18 juin 1969, le Général est à l'étranger depuis le 10 mai. C'est la première fois qu'un tel fait survient depuis la Libération. Il ne voulait pas non plus être en France le 15 juin, jour de l'élection du président de la République, Georges Pompidou. Il séjourne en Irlande. Pourquoi avoir choisi ce pays ? Est-ce à cause de son sang irlandais par les O'Flemming et les MacCartan du côté maternel ?

— Cet aspect a joué, évidemment. Mais c'est aussi parce que l'Irlande est un pays romantique et discret. Il disait : « Ce n'est pas un pays d'argent. C'est un pays catholique et traditionnel qui a conservé son caractère en dépit de beaucoup de contrariétés de l'Histoire. Son côté tragique est un élément important de sa séduction. » Vous savez qu'il disait également : « C'est là que je me serais retiré quelque temps si j'avais dû le faire en mai 1968. Tu ne me vois quand même pas aller en Suisse. Le bruit aurait couru que j'y allais pour planquer de l'argent ! En Irlande, ce n'est pas cher. La vie y est simple. Les journalistes, les curieux et les cosmopolites ne s'y accumulent pas en foule. » Le fait que notre ambassadeur à Dublin, Emmanuel d'Harcourt, était compagnon de la Libération – ancien de la

France Libre, il était mutilé d'une jambe – a certainement aussi pesé dans le choix de cette destination. Il pouvait compter sur lui pour que son séjour soit organisé le mieux possible et dans la plus grande discrétion. Avec cet homme de confiance, il savait que le secret serait bien gardé. Car mes parents auraient certainement abandonné ce projet de voyage s'il avait été éventé.

— Il ne l'a pas été. Comment s'y sont-ils pris pour qu'il en soit ainsi ?

— Le 10 mai, à 7 heures du matin, arrive tout à coup une camionnette à La Boisserie. Ma mère qui est déjà debout depuis une heure commande alors à Charlotte et à Honorine : « Allez, on embarque les bagages. Nous partons en Irlande. » Stupéfaction de ces deux femmes qui n'étaient au courant de rien. Certes, elles l'avaient vue occupée avec du linge et des vêtements, mais c'était l'habitude de ma mère. Elle passait beaucoup de temps dans ses placards, ses armoires et ses malles. Elle avait dû faire cela toute sa vie : ranger, placer, déplacer, emballer à cause des pérégrinations incessantes de mon père Et même installée à La Boisserie, dans son fief, elle était toujours prête à partir sur les chapeaux de roue. Elle répétait souvent : « Avec Charles, quand on s'en va, c'est tout de suite. Il n'y a pas une minute à perdre. » Il arrivait un soir et il annonçait au débotté : « Yvonne, on part demain pour le Mexique. » Et le lendemain matin, bouclées, les malles attendaient dans l'entrée. A 8 heures, mes parents s'en vont donc vers la base militaire de Saint-Dizier, en Haute-Marne, qui, placée sur la route avant la ville, a l'avantage de ne pas la traverser. A l'aérodrome les attend en bout de piste le Mystère 20 du GLAM (Groupe de liaisons aériennes ministérielles) que le Premier ministre, Couve de Murville, a mis à leur disposition. Par mesure de discrétion, le plan de vol de l'appareil a été dressé au dernier moment. A 9 heures, mes parents décollent accompagnés de François Flohic, l'aide de camp, et du chauffeur Paul Fontenil. Sur la côte sud de l'Irlande de l'Ouest, tout a été prévu pour que leur arrivée passe inaperçue. A 11 h 50, ils atterrissent à Cork sous un petit crachin et sont accueillis à part et sans cérémonie par le Premier ministre et le ministre des Affaires étrangères d'Irlande. C'est dans une voiture de louage qu'ils gagnent aussitôt le village de Sneem dans le Kerry, non loin duquel se trouve leur résidence, le Heron Cove (la Crique du Héron), un modeste hôtel perché sur un éperon rocheux qui s'avance dans la baie de Kenmare.

— C'est votre père qui a choisi cet hôtel ? Il le connaissait déjà ?

— Non. C'est Xavier de la Chevalerie, son directeur de cabinet, qui le lui a proposé. Mon père lui avait demandé de lui trouver « quelque chose qui soit vidé de tous les touristes ». Alors, il a cherché et il s'est finalement arrêté sur cet endroit isolé et facile à surveiller. On n'y accède que par un seul chemin à travers un paysage accidenté qu'une abondante végétation masque au regard des curieux. Comme Emmanuel d'Harcourt a indiqué à l'aubergiste que le Général ne voulait partager son séjour avec personne, on a prié les quelques clients qui étaient là en villégiature d'aller loger ailleurs. Le secret était si bien observé que l'hôtelier s'attendait d'abord à recevoir une haute personnalité ecclésiastique, peut-être un cardinal ! Il a vite fait remplacer un lavabo qu'il trouvait trop vieux et compléter son argenterie. L'ambassadeur avait envoyé un descriptif et quelques photos du site à mon père qui s'est décidé très rapidement. Ce qui a plu à ma mère, c'est d'apprendre que cette région de l'Irlande était couverte d'une végétation presque méditerranéenne grâce à son climat très doux, qu'il y avait des rhododendrons, des fougères arborescentes et des palmiers, même s'ils n'arrivaient jamais à maturité. Mon père, quant à lui, a surtout été conquis par la solitude qui se dégage de ces lieux et par son caractère romantique. Il s'est plu aussi à savoir que jadis la baie de Kenmare servit de refuge aux marins français quand ils essayèrent de retourner les Irlandais ou les Ecossais contre la Grande-Bretagne en diverses expéditions. Le 23 mai, changement de résidence à cause des journalistes par trop présents et pressants. Mes parents se réfugient dans l'auberge de Cashel Bay, sur la côte rocheuse et aride du Connemarra. Kay MacEvilly, le propriétaire, a bien voulu, pour l'occasion, condamner sa porte aux touristes. Ils occupent les plus belles chambres, la 15 et la 16 donnant sur la crique. La seconde est immédiatement transformée en bureau par mon père. De la fenêtre, ma mère observe le paysage traditionnel de l'Irlande qu'elle décrit dans une de ses lettres : des maisons blanches, une église de granit, la mer grise, des moutons, pas un chat... Puis, du 3 au 17 juin, ils séjournent au Dairy Cottage, dans le Kenmare, la propriété d'une petite-fille du duc de Westminster et du comte de Kenmare.

— Emmanuel d'Harcourt a trouvé le Général triste. Quant à votre mère, elle avait, d'après lui, souvent les larmes aux yeux...

— L'ambassadeur en a un peu rajouté. A moins que les journalistes n'aient déformé ses propos. Ce qui est plus probable. En tout cas, ce n'était pas l'impression de François Flohic qui voyait mes parents chaque jour. Le mois suivant, pendant les vacances à Colombey, j'ai entendu mon père répondre à cet écho : « Les journalistes ne voudraient quand même pas que je danse la java parce que j'ai perdu le référendum ! » Mais il n'était pas triste pour autant. S'il a quitté le pouvoir, on ne l'a pas oublié, c'est volontairement. Rien ne l'y forçait. De toute façon, il avait décidé de s'en aller. Sans doute avez-vous en mémoire ce qu'il m'a confié alors : « Il faut partir puisque le peuple français s'est lassé de moi et que, de mon côté, je suis lassé du peuple français. Je ne lui dois plus rien. » Quant aux « larmes » de ma mère, il faut savoir qu'elle souffrait d'hyperthyroïdie, ce qui explique qu'elle avait les globes oculaires un peu exorbités et anormalement brillants. Elle pouvait même les avoir parfois légèrement mouillés. Pendant nos vacances, en juillet, elle a nous a d'ailleurs lancé en soupirant, et presque joyeuse : « Enfin, nous voici allégés de ce fardeau ! Maintenant, nous sommes tranquilles. » Cependant, il est vrai que l'Irlande ne prêtait pas à la rigolade. La photo prise au téléobjectif où mon père, tête nue et canne à la main, et ma mère en chaussures blanches, sont surpris avec Flohic au cours d'une promenade, n'a pas pour décor Saint-Tropez ou Copacabana mais une lande sauvage sous un ciel peu clément. Elle ne pouvait donc pas refléter la gaieté. Mon père n'a pas détesté ce cliché, au contraire de beaucoup d'autres captés à l'improviste. Ma mère l'a même trouvé à son goût. « On dirait un tableau », a-t-elle estimé en le découvrant dans un journal à son retour. Lors de ce séjour irlandais, elle a profité de la tranquillité pour en finir avec les réponses à apporter au monceau de lettres qui s'était accumulé. « Sans ses centaines de filleuls, se moquait gentiment mon père, ma femme se sentirait bien seule ! » Le jour de ses soixante-neuf ans, le 22 mai, elle nous écrit : « Enfin, je n'ai plus rien à faire d'autre que ce que je veux. A mon âge, il était temps ! » Dans une autre lettre, elle se livre à un véritable reportage sur l'agriculture irlandaise grâce aux renseignements recueillis çà et là avec mon père, lors de leurs rencontres avec des gens du pays. C'est ainsi qu'ils apprennent que, malgré leurs troupeaux de vaches laitières, « grises, aux poils assez longs », les Irlandais ne font du beurre que pour leur propre consommation et n'ont, « malheureusement pour nous qui l'aimons tant », aucun fromage. En revanche, ils ont une viande de bœuf de qualité qu'ils taillent « à l'ancienne », des saumons et des truites saumonées « qu'ils pourraient exporter à grande échelle comme les Ecossais s'ils étaient mieux organisés ». Dans une carte à sa cuisinière, la fidèle Honorine, elle fait ce portait des Irlandais : « Ils sont souriants et aimables, avec un joli teint rose dû à la bière brune qu'ils boivent. » Mais son plus beau souvenir reste d'avoir vu mon père « enfin décontracté, libre de son temps et à l'abri des empoisonneurs qui sonnent aux portes à toute heure ».

— La lecture du *Mémorial de Sainte-Hélène* pendant ce séjour n'a quand même pas dû lui remonter le moral ?

— Je pense que le journaliste Jean Mauriac, qui a rapporté ce fait, a été mal renseigné. (Il faut dire qu'il n'a pu rencontrer mes parents malgré ses méritoires efforts.) Ce n'est pas l'œuvre de Las Cases, l'ancien secrétaire de Napoléon, pour lequel il avait d'ailleurs la plus grande estime, que mon père avait emportée avec lui en Irlande, mais les *Mémoires d'outre-tombe* de Chateaubriand. Il avait, comme cela a été dit maintes fois, de l'admiration pour ce monument de la littérature française et tenait à s'en imprégner au moment où il était en train d'écrire ses propres *Mémoires*, ce qu'il faisait chaque matin, réservant l'après-midi à la promenade.

— On lui a également prêté l'envie de visiter la Chine. Il n'y était jamais allé. Avait-il une réelle attirance pour ce pays ?

— De même qu'il ne voulait pas mourir sans avoir vu l'Espagne, il serait sans aucun doute allé découvrir ce grand pays si le destin n'en avait décidé autrement. Il n'aimait pas avoir de carences culturelles. C'est pourquoi il se posait beaucoup de questions sur la civilisation chinoise. Il aurait souhaité la connaître mieux. Je me souviens, par exemple, d'une discussion qu'il a eue sur ce pays avec un visiteur (qui n'était pas Malraux) à Colombey, particulièrement sur la culture, l'art militaire et l'architecture, ainsi que sur la manière de gouverner, l'isolement de Pékin et sa position à l'égard de la France. C'était en 1957. J'étais rentré d'Indochine où j'avais servi à bord du porte-avions *La Fayette*. Nous avions vu, ce jour-là, arriver à La Boisserie une délégation de Sud-Vietnamiens que nous n'attendions pas. Ils venaient offrir à mon père, de la part de leur Premier ministre, le tableau de laque représentant un paysage cochinchinois que l'on peut voir aujourd'hui dans la bibliothèque. Ces gens voulaient discuter avec le général de Gaulle de l'avenir de leur patrie. Il leur a fait gentiment comprendre que les Français n'avaient plus leur mot à dire à Saigon à partir du moment où ils en avaient été chassés par Ngô Ðình Diêm et ses conseillers américains. Un peu plus tard, dans l'après-midi, il a embrayé sur l'aide chinoise apportée à nos adversaires nord-vietnamiens, notamment en 1954, à Diên Biên Phu, puis sur la Chine en général. Malgré l'hostilité montrée par ce pays, on sentait chez lui le désir profond de percer sa nature. Pendant la Seconde Guerre mondiale, ses rapports officiels ou personnels avec les Chinois se bornaient, au départ, à la mission militaire commandée par le général Pechkoff, fils naturel de Maxime Gorki, qu'il avait envoyée à Tchong-King, chez Tchang Kai-chek, lequel était un allié de la France Libre. Quant à la Chine communiste, étant donné que nous avions été submergés en Indochine en partie à cause d'elle et que son influence se faisait sentir contre nous en Afrique du Nord et en Afrique noire, nous n'avions pas de raison d'entretenir avec elle des relations privilégiées ou amicales. Cela dit, le temps passant et, selon sa formule familière, « les choses étant ce qu'elles sont », il pensait que de toute façon il faudrait compter avec elle, qu'on le veuille ou non, « même si, m'avait-il confié, je me fiche à dos tous les partis réunis et l'Amérique ». Et, il ne faut pas l'oublier, c'est lui qui le premier, a reconnu la Chine en janvier 1964, déchaînant la colère de la Maison-Blanche et de la presse occidentale. Il l'a reconnue officiellement, de puissance à puissance, et non en sous-main, comme les Anglais l'avaient fait pour des raisons commerciales.

— Est-il vrai que l'idée de cette reconnaissance lui a été inspirée par Edgar Faure, notamment par le livre que ce dernier a écrit en 1957 après son propre voyage à Pékin ?

— Je m'inscris en faux contre cette assertion. Dès 1950, à l'époque où justement les Anglais ont proposé aux Chinois d'échanger des chargés d'affaires, mon père évoquait déjà ce grand projet qui allait, quatorze ans plus tard, en 1964, faire accourir Charles Bohlen, le très antigaulliste ambassadeur américain, à l'Elysée. Il le vit arriver, nous a-t-il raconté, « blanc de rage et frémissant de tous ses membres ». En juin 1950, les Coréens du Nord ont attaqué leurs compatriotes du Sud avec l'aide des Chinois. A la fin du mois de mars suivant, je passe quelques jours chez mes parents à Colombey où je vais bientôt laisser ma famille pour rejoindre ma nouvelle affectation au Maroc. Le déroulement de la guerre de Corée et l'intervention des Chinois préoccupent mon père. La curiosité qu'il manifeste à l'égard de la Chine est pour nous une découverte. Nous n'imaginions pas combien ce pays suscitait son intérêt. A un moment, nous l'entendons lancer : « Comment ignorer plus longtemps ce peuple dont les origines sont plus anciennes que l'Histoire elle-même ? Ne joue-t-il pas un grand rôle dans l'histoire du monde ? » Vous savez ce qui s'est passé ensuite : cinq ans après son retour « aux affaires », en 1963, il envoyait Edgar Faure porter une lettre à Mao Zedong, et l'année suivante, c'était cette reconnaissance officielle qui fit tant parler d'elle dans le landerneau. Mais il n'était pas question pour lui, à cette époque, de tenter un voyage vers Pékin. Les événements étaient tels, en Afrique du Nord, en Europe et en France, qu'il était pris à la gorge. Il faut se souvenir qu'il n'a même pas eu le temps, avant de quitter le pouvoir en 1969, de lancer les dernières réformes qui lui tenaient à cœur. Cela ne l'a cependant pas empêché d'étudier ce pays avec conscience comme s'il allait devoir s'y rendre du jour au lendemain. Il essayait d'approfondir ses connaissances avec les livres qu'on lui avait conseillé de se procurer et il demandait à diverses personnes de le renseigner sur le régime chinois et sur la situation politique. Etienne Manac'h, notre ambassadeur à Pékin, a été, bien sûr, de ceux qu'il a le plus consultés. Diplomate, sa propre nièce, Marie-Thérèse de Corbie, lui a également été utile. Collaboratrice pendant huit ans d'Etienne Manac'h à la direction d'Asie au Quai d'Orsay, elle était devenue consul à Singapour et s'apprêtait à prendre le poste de conseiller à l'ambassade de France à Pékin. Avant son départ, elle a passé un long moment avec le Général à Colombey, et ma mère n'a pas été la moins intéressée.

— Et Malraux ne s'en est pas non plus mêlé ?

— Il est certain que les conversations que mon père a entretenues avec lui sur ce pays, comme d'ailleurs sur l'Inde et la personnalité de Nehru, ont amplifié son attirance pour cette région. Mais je ne dirais pas que c'est lui qui a déterminé son souhait d'aller rendre visite un jour à Mao à son exemple. Le Général avait parcouru tous les continents et visité toutes les grandes capitales du monde, et seuls la Chine, l'Inde et le Japon manquaient à la liste de ses découvertes. Avec ou sans Malraux, ce voyage dans l'empire du Milieu était donc programmé depuis longtemps dans sa tête.

— Amie de Mao Zedong, la romancière Han Suyin a affirmé avoir fait connaître à votre père le désir du gouvernement chinois de l'inviter à Pékin. Est-ce exact ?

— Cette dame est une romancière de talent, certes, mais elle prend ses désirs pour des réalités. Je n'ai pas eu connaissance que le général de Gaulle ait jamais reçu d'invitation du gouvernement chinois, de Zhou Enlai ou de Mao Zedong. Je suis d'autre part certain qu'il nous l'aurait mentionné en privé si tel avait été le cas. Comme d'ailleurs il n'a jamais rencontré cette dame à l'Elysée ni ailleurs malgré ce qui a été raconté. Tous ces bruits sont nés, je crois, à la suite d'un dîner qu'elle a fait chez l'économiste Jacques Rueff. Il n'est pas sûr, du reste, que les Chinois tenaient tellement à voir le général de Gaulle sur la place Tiananmen. La preuve en est que lorsque Maurice Couve de Murville est allé leur rendre visite à Pékin en octobre 1970, un mois avant le décès de mon père, on ne lui a fait transmettre aucun message de ce genre. Si, comme le prétendait Mme Han Suyin, son « grand timonier » n'attendait que le jour où il pourrait parler au libérateur de la France, il l'aurait certainement signifié à son messager. Cependant, cette visite aux Chinois à titre privé de l'ancien ministre des Affaires étrangères et ancien Premier ministre du général de Gaulle n'a sans doute pas été tout à fait innocente. Mon père a bien eu l'intention de se rendre en Chine, et probablement en simple touriste comme pour l'Irlande et pour l'Espagne. On peut alors supposer que le chef de l'Etat chinois l'aurait reçu à titre personnel comme l'a fait celui de Dublin, et le fera un an plus tard celui de Madrid.

— Qu'aurait-il dit à Mao s'il l'avait rencontré ? Il vous l'a laissé entendre ?

— Je ne pense pas qu'il ait jamais fait de telles confidences à qui que ce soit, même à Etienne Manac'h. Je l'ai seulement entendu déclarer un jour que, bien que ne partageant pas du tout leur point de vue doctrinaire, il respectait les dirigeants chinois qui avaient su « remonter leur pays et en refaire une puissance qui compte ». Maintenant, on a écrit aussi (ne serait-ce pas Han Suyin elle-même ?) que Mao Zedong craignait peut-être de voir mon père répéter à Pékin ce qu'il avait fait au Québec, en criant par exemple au micro : « Vive la Chine libre ! » Cela n'a pas de sens, et d'autant moins que ces deux pays ne sont aucunement identiques. Je me souviens à ce propos qu'on lui avait un jour conté l'histoire de je ne sais quel amiral anglais qui, reçu jadis par l'empereur de Chine, avait refusé de s'incliner devant lui. Mon père le trouvait complètement grotesque. « S'incliner devant l'empereur de Chine, c'est un geste de simple courtoisie, remarquait-il, cela ne signifie pas qu'on lui accorde tout ce qu'il exige de vous. Et cet amiral a perdu beaucoup de temps et a fait preuve de bêtise. Il est normal que l'empereur de Chine n'ait vu en lui qu'un grossier personnage. Quand on va chez la reine d'Angleterre, on se plie à l'étiquette, on n'y va pas pour lui dire ses quatre vérités. » Mon père rêvait donc de connaître la Chine. La distance ne l'effrayait pas, même à la fin de sa vie. Il avait toujours eu des fourmis dans les jambes et aucun voyage un peu long ne l'avait vraiment fatigué. Et puis, l'exploration d'un pays demeuré pour lui en partie inconnu l'aurait – on le sentait sans qu'il l'avoue – détourné pour un moment de l'atmosphère de grisaille dans laquelle l'échec du référendum avait plongé ses jours. Bien sûr, il avait pris en compte que ce voyage lointain et un peu compliqué aurait arrêté son travail d'écriture pendant deux semaines au moins. Mais cet inconvénient n'était pas comparable à cette acquisition de la connaissance du monde.

— Votre mère, a-t-on écrit, rechignait devant ce voyage lointain qui risquait de fatiguer son mari...

— Non. Son envie de la Chine était égale. Ma mère était toujours prête à partir, même au bout du monde, ne serait-ce que parce qu'elle se refusait à quitter mon père d'une semelle. Raison de plus à l'occasion d'un grand voyage qui risquait effectivement d'être éprouvant pour l'un et l'autre. Je la vois encore, un soir, après le dîner, contempler avec des yeux attentifs un album où, sur une double page, la Grande Muraille s'étirait jusqu'à l'horizon.

— Un an après l'Irlande, en 1970, la dernière année de sa vie, voici votre père en Espagne. Encore une fois, il n'a pas voulu être en France un 18 juin. Est-ce la raison de ce voyage ? Comment cette idée lui est-elle venue ?

— Il m'en fait part à Pâques de cette année-là alors qu'il me charge de déposer un certain nombre de ses documents aux Archives de France et à la Bibliothèque nationale. Certains ont à faire aux relations avec les Espagnols. Alors, il m'annonce à brûle-pourpoint : « Nous allons faire un petit tour en Espagne le mois prochain. Nous partons le 3 juin. Nous y passerons une vingtaine de jours. » Je m'étonne. Il m'a parlé plusieurs fois de son désir de faire suivre sa découverte de l'Irlande par celle de l'Autriche, et puis peut-être, après, par celle de la Chine, mais jamais de franchir les Pyrénées. Un moment plus tard, à table, revenant sur son projet, il me confie : « Je ne veux pas mourir avant d'avoir vu le pays de Charles Quint. » Pour la même raison, il aurait voulu connaître l'Autriche mieux que par les livres.

— Un désir qu'il pensait pouvoir également matérialiser ?

— S'il en avait eu le temps, il n'aurait sûrement pas manqué d'aller retrouver en Autriche les traces de ce fils de Jeanne la Folle et de Philippe le Beau, petit-fils de Maximilien, qui concentrera sur sa tête les héritages de diverses dynasties dont il était issu. Ce grand empereur était pour lui un personnage extraordinaire qui le subjuguait. « Rival de François Ier, m'apprenait-il, enfant, il incarnait l'idée de la monarchie universelle contre le roi de France qui défendait la cause des monarchies nationales, première ébauche des nationalités modernes. » Comment, s'interrogeait-il, avait-il réussi à ranger sous son autorité Flamands, Espagnols, Allemands et Italiens ? Il souhaitait donc aller à Vienne, et d'abord au-delà des Pyrénées. Je me rappelle avec quelle même précision il me racontait l'histoire d'Espagne quand j'avais une dizaine d'années. Il me décrivait notamment la bataille de Pavie à l'issue de laquelle François Ier est fait prisonnier – ce qui m'attristait beaucoup – et celle de Provence où l'armée impériale est décimée par la famine. Et pour moi, rêvant de marine, il évoquait la puissance espagnole au temps de la grande Armada : « C'est un pays qui a marqué l'histoire du monde. Quand tu penses que l'Espagne a tenu le quart de la terre sous sa dépendance ! » Il pensait que l'Invincible Armada, qui comprenait beaucoup de Calaisiens et de Flamands d'ailleurs, n'avait été battue que par le mauvais temps. « Les galions de l'époque, remarquait-il justement, étaient de trop piètres voiliers pour faire le tour de la Grande-Bretagne à la mauvaise saison sans avoir l'abri des ports. » Il avait une grande estime pour les marins et les soldats espagnols. A ce sujet, il me citait Bossuet qui, après la mort de Condé, déclamait dans son oraison funèbre, en parlant de la bataille de Rocroi : « ...cette redoutable infanterie de l'armée d'Espagne !... » Et combien de fois l'ai-je entendu réciter à haute voix *Au jardin de l'infante*, le poème dans lequel Albert Samain chante si joliment l'Espagne :

Mon âme est une infante en robe de parade,
Dont l'exil se reflète, éternel et royal,
Aux grands miroirs déserts d'un vieil Escurial
Ainsi qu'une galère oubliée en la rade...

Il connaissait aussi les principales œuvres de Cervantes, d'autres d'Antonio de Guevara et de Vicente Blasco Ibañez et, beaucoup plus près de nous, celles de Miguel Delibes, de Carmen Laforet et de Juan Goytisolo. Autant de livres que je retrouverai plus tard dans ses affaires. Les pages de l'histoire de l'Espagne qui l'intéressaient particulièrement étaient, bien entendu, celles où la France a eu un rôle. Ce qui d'ailleurs lui a fait émettre cette réflexion au cours de ce déjeuner de Pâques à La Boisserie : « Trop de choses nous lient et nous ont opposés chacun derrière notre barrière naturelle. Pourquoi oublions-nous si souvent que les Espagnols sont si près de nous ? J'ai vu l'Allemagne, l'Italie. Il me manquait d'aller à la découverte de cette voisine-là. » Je lui demande si une visite à Franco est prévue. Il me répond positivement en me précisant que ce n'est pas à son initiative, et il a un haussement d'épaules suivi d'un petit ricanement qui veut signifier : « Ça va jaser dans les salons parisiens, mais qu'en ai-je à faire ? »

— Il voulait se rendre en Espagne avant tout pour rencontrer Franco parce qu'il lui avait envoyé une très belle lettre au moment de son départ du pouvoir, en avril 1969. C'est du moins ce qu'a affirmé à la presse l'ambassadeur de France à Madrid, Robert Gillet, qui l'en aurait dissuadé à cause des réactions éventuelles. Il vous l'a confirmé ?

— Non seulement il m'a confirmé qu'il n'avait pas sollicité cette visite, mais encore qu'il eût préféré traverser l'Espagne en simple touriste. Que M. Gillet ait redouté les conséquences d'une telle rencontre et qu'il se soit permis d'en discuter avec le Général est vraisemblable. Mais prétendre que le Général n'avait qu'une idée, celle d'aller donner l'accolade au Caudillo, n'est que pure spéculation. S'il est vrai que la lettre de Franco était noble, comment croire que quelques mots aimables eussent suffi à décider mon père à rencontrer leur auteur ? Il n'imaginait cependant pas pouvoir franchir les Pyrénées sans que Franco se manifestât. Il était, d'autre part, obligatoire que ce diplomate en poste à Madrid, qui était gaulliste, fût obligé de se mêler de ce voyage dûment préparé par le colonel Emmanuel Desgrées du Loû, responsable des déplacements du Général durant sa Présidence. Le repérage sur le terrain avait pu être effectué grâce aux conseils de l'ambassadeur Santiago Tabanera, directeur du protocole espagnol, qui veillera ensuite au bon déroulement du séjour du couple présidentiel. Les deux impératifs indiqués par le Général étaient la visite au tombeau de l'apôtre saint Jacques le Majeur, à Saint-Jacques-de-Compostelle, et celle du château où vécut Charles Quint en Castille. Mis à part ces deux points, il souhaitait que l'ensemble du séjour fût partagé entre la découverte de quelques hauts lieux tels que l'Escurial et l'Alhambra, et des endroits de villégiature propices au repos et à l'écriture, et surtout loin des foules touristiques. Ainsi a été établi un programme qui, d'étape en étape, allait faire parcourir à mes parents quelque dix mille kilomètres dans leur DS 21 noire conduite par Fontenil et Marroux. Un programme qui demeurera secret et fut donc complété par un entretien et un déjeuner avec le général Franco, le 8 juin, dans sa résidence du Pardo, après une visite à l'Escurial. Cette rencontre, je le répète, a été proposée par le Caudillo lui-même dès l'annonce de ce projet de voyage.

— On a dit le Général très curieux de le voir. Quelle impression en a-t-il retirée ?

— Il était surtout très curieux de découvrir l'Espagne. Il l'était aussi d'avoir l'avis de Franco sur son refus de laisser passer l'armée allemande en 1940. Il a fait peu de commentaires après coup en famille sur cette rencontre. Elle avait été organisée avec minutie par l'ambassadeur Tabanera qui s'est présenté au Général dès le 4 juin, à la frontière de son pays, avec un fonctionnaire du consulat général de France à Saint-Sébastien. Ce dernier a remis à l'aide de camp une enveloppe contenant des devises espagnoles puisées sur le compte bancaire paternel au Crédit Lyonnais de Madrid pour ses frais de séjour. Le Général tenait à les assumer jusqu'à la dernière peseta et, fidèle à son habitude, s'attachera à remettre, sous forme de pourboire au personnel, l'équivalent du montant des notes qu'on lui refusera dans les différents *paradores* où il descendra. Selon le bref récit qu'il m'en fit, son entretien privé avec le Caudillo, qui eut lieu avant le déjeuner, ne dura que trois quarts d'heure. C'est Lopez Bravo, le ministre des Affaires étrangères, qui l'introduisit dans son bureau. Franco l'attendait debout au milieu de la pièce dans un costume gris anthracite. Le monceau de dossiers encombrant sa table de bureau intrigua mon père. Que pouvait-il bien faire de tout cela alors qu'il était pratiquement retiré des affaires ? Mais il fut davantage frappé par son aspect physique. Il lui arrivait à l'épaule et il jugea son âge bien avancé. Il remarqua qu'il marchait à pas comptés et que son langage n'était pas très assuré. Il conservait toutefois l'esprit assez vif. « Dans la soirée, ajouta-t-il avec une satisfaction évidente, ta mère m'a fait remarquer que j'apparaissais plus jeune que lui bien que je sois son aîné de deux ans. C'était également mon opinion. » Elle me confirma cette impression : « Il fait vraiment beaucoup plus vieux que ton père. En plus, il a une petite voix fatiguée difficilement audible. » A ce propos, mon père précisa : « Je comprends un peu l'espagnol et je l'aurais sûrement compris s'il s'était exprimé plus clairement. Heureusement, l'interprète était là. On m'avait donné quelques indications sur son état de santé avant de partir de France et je n'ai donc pas été surpris. Je me suis dit seulement en le voyant que j'avais bien fait de quitter le pouvoir à temps. » Voilà ce qu'il a rapporté de cette rencontre qui lui a paru d'un intérêt essentiellement historique.

— Il vous a confié ce qu'ils s'étaient dit ?

— Ils ont parlé de la décolonisation, de leur politique coloniale, de l'ONU. Dans ce domaine, mon père a reconnu que les Espagnols avaient toujours voté avec les Français ou s'étaient abstenus. Mais, je le répète, il était surtout curieux d'entendre le témoignage de son hôte au sujet de Hitler, quand celui-ci s'est présenté à la frontière espagnole, en juin 1940, avec la division Das Reich, et qu'il lui a barré le passage. Ils ont levé le bras chacun de leur côté et Franco lui a fait comprendre que s'il essayait d'aller plus loin avec son armée, les Espagnols ouvriraient le feu. Ainsi l'Espagne a-t-elle été préservée d'une entrée dans la Seconde Guerre mondiale, mis à part l'envoi d'une division sur le front de l'Est pendant la bataille de Russie, et seulement pendant la première année, à un moment où les Allemands n'en avaient pas vraiment besoin. Comme je l'ai déjà conté, le Général a été heureux d'entendre Franco lui confirmer le calcul opérationnel qu'il avait fait lui-même à l'époque, selon lequel, même s'ils avaient pu traverser l'Espagne, les Allemands n'auraient pas été capables, à ce moment-là, de franchir le détroit de Gibraltar à cause de la Royal Navy et aussi de notre marine qui se serait alors probablement retournée contre eux. De toute façon, s'ils étaient parvenus à s'implanter en Afrique du Nord, ils auraient dû affronter une véritable « guerre du Rif » contre les Français. « Toute la suprême astuce des Allemands de nous neutraliser par Vichy serait alors tombée », conclut mon père. A propos de son tête-à-tête au Pardo, il se souvenait encore : « Pour pouvoir mieux me parler et m'entendre, Franco m'a fait asseoir sur le canapé à côté de lui et a tenu à ce que personne d'autre que l'interprète n'assiste à notre conversation. Je pensais qu'il aurait pu faire venir le jeune prince d'Espagne Juan Carlos, que j'aurais eu plaisir à rencontrer, mais il n'en fut pas question. J'en ai été un peu chagriné. Ta mère également, qui le trouve très beau. »

— Et cette fameuse réflexion du Général qui a fait jaser : « Voici le général Franco, c'est beaucoup. Et voilà le général de Gaulle, c'est encore quelque chose. » L'a-t-il réellement prononcée ?

— C'est effectivement la façon dont il a abordé Franco qui lui tendait la main. Il ne m'a pas paru étonné par la réaction que cette réflexion a suscitée. Elle lui paraissait sans doute très naturelle. Au déjeuner qui a suivi se sont joints, avec ma mère qui était allée visiter la vallée de Los Caidos pendant l'entretien, l'épouse et la fille du Caudillo, la marquise de Villaverde, et son gendre. Un déjeuner qu'il ne détailla point. Seule ma mère me rapporta pour s'amuser ce détail du menu en forçant son accent dans la prononciation : *la pieza de ternera de Avila al Oporto* (la tranche de veau d'Avila au porto), un plat qu'elle trouva succulent. J'ai déjà indiqué que mon père n'aimait pas s'éterniser parmi les vieilles pierres et dans les musées. Au grand désespoir de ses hôtes espagnols qui voulaient au contraire lui montrer tous leurs trésors historiques. Mais un programme avait été fixé dès le départ et il tenait à ne pas le déborder. Alors, comme d'habitude, pas une minute à perdre ! Sitôt arrivé, sitôt reparti !

— Pourquoi cette impatience ? N'était-il pas en quelque sorte en vacances ?

— Il désirait avant tout pouvoir continuer à travailler sur le deuxième tome de ses *Mémoires d'espoir* et il voulait en avoir le temps pendant le voyage. Dans ce but, il avait emporté avec lui les quelques documents dont il avait besoin pour poursuivre sa rédaction. Ma mère regrettait d'avoir dû visiter l'Escurial au pas de charge, le matin même de la rencontre avec Franco. A 12 h 10, ils entraient dans le monastère, parcouraient bon train la basilique, le panthéon des rois et les appartements de Philippe II et de l'Infante Isabelle, et à 12 h 35, hop ! ils remontaient en voiture. La visite du musée du Prado sous la conduite de son conservateur, parfait francophone, ne dura pas beaucoup plus : trente-cinq minutes. Juste le temps d'admirer quelques tableaux de Goya et de Vélasquez et, bien sûr, la fameuse collection de Charles Quint. Ma mère aurait bien aimé rester plus longtemps, mais mon père l'entraîna dehors. Quant aux cathédrales de Tolède, de Séville et de Burgos, elles n'eurent droit, de la part de mon père, qu'à quelques prières. Elles lui firent cependant grande impression par « leur caractère monumental et leur puissance ». A Tolède, il fut intéressé d'apprendre que la propriété de Los Dolorès, où ils passèrent la nuit, avait eu jadis comme hôtes Paul Reynaud, Maurice Couve de Murville et Eve Curie. Mais c'est surtout l'hôtellerie de Garandilla de la Vera, sur la route de Séville, qui retint son attention. Car dans ce château restauré vécut Charles Quint après sa retraite, en 1555. Au sixième jour du voyage, à Jaen, en Andalousie, il visita la cathédrale de la même façon que les autres, à grandes enjambées, et ne s'arrêta même pas au musée et à la maison du Greco, trop pressé d'aller se réfugier entre Cordoue et Grenade, dans le parador de Santa Catalina de Jaen, une forteresse arabe du XIIIe siècle, véritable nid d'aigle où il passa quatre jours. Après un bref coup d'œil sur Cordoue et l'Alhambra de Grenade, il séjournera onze jours à Ojen, à vingt kilomètres de Marbella, dans un refuge isolé, en altitude, que fréquentent l'hiver les chasseurs de mouflon, et d'où l'on aperçoit l'aride sierra Bianca. Là, comme chaque fois qu'il le put, il se remit à son travail d'écriture pendant que ma mère lisait ou tricotait quand elle ne réussissait pas à l'arracher à son stylo pour une promenade dans les sentiers bordés d'orangers et d'oliviers. De cette étape, elle se rappelait avec effroi la route en lacet qui y menait : « Cent quatre-vingt-sept virages et pas un de moins, soupira-t-elle, sans compter les cailloux et les cassis ! »

— On a affirmé que le Général refusa obstinément de visiter l'Alcazar de Tolède dont parle Malraux dans son roman *l'Espoir*, haut lieu du franquisme où sont honorés tous les combattants de la guerre civile. Pourquoi ?

— Il n'a pas eu à refuser cette visite pour la bonne raison qu'on ne lui a pas proposé de la faire. De toute façon, il n'était pas dans ses intentions de se mêler d'un des plus grands drames qui ont divisé les Espagnols. Or, s'il y avait un endroit qui risquait de le réveiller, c'était bien celui-là. Touriste il voulait être et touriste il est resté jusqu'au bout. « Si Franco ne s'était pas manifesté, m'a-t-il répété à deux reprises, nous aurions traversé l'Espagne sans rencontrer un seul officiel. » Il estimait donc que ce monument ne méritait d'être aperçu qu'en passant. De l'Alcazar, il gardait toujours le souvenir de sa défense héroïque. Je l'entends encore, alors que j'étais adolescent, à Metz, rue de la Vacquinière, où nous habitions et où il était colonel, me raconter l'histoire de ce palais fortifié qui résista pendant trois longs mois, en 1936, aux troupes républicaines en faisant l'admiration des Français, et notamment comment les républicains s'étaient conduits d'une manière indigne en capturant en ville le fils du colonel qui le commandait. Emmenant le jeune homme âgé de seize ans devant les remparts, ils avaient crié en le désignant aux assiégés (mon père forçait le ton) : « On le fusille si vous ne vous rendez pas ! » Puis ils lui avaient permis de téléphoner à son père afin de lui faire savoir : « Ils veulent me fusiller si tu ne te rends pas. » Et le colonel avait répondu simplement : « Fais ta prière, mon fils. » Alors, les « rouges » l'avaient fusillé sous ses yeux. Je n'ai jamais oublié avec quelle flamme mon père me relatait cette scène. De me la remémorer aujourd'hui me fait le revoir en uniforme de colonel lançant d'une voix à la fois autoritaire et douloureusement résignée, comme si ce commandement s'adressait à moi : « Fais ta prière, mon fils ! » Maintenant, vous vous en doutez, ce n'est évidemment pas ce seul souvenir qui l'a fait se détourner de la visite de l'Alcazar.

— De retour en France, le Général adresse à Franco une lettre chaleureuse où il exprime notamment qu'il est « l'homme qui assure, au plan le plus illustre, l'unité, le progrès et la grandeur de l'Espagne ». Voilà de quoi faire bondir Malraux qui s'est battu dans les rangs républicains pendant la guerre civile ! Le Général a-t-il su comment il avait réagi ?

— La lettre à laquelle vous faites allusion n'a été publiée qu'après la mort de mon père et celle de l'écrivain, dans les *Lettres, Notes et Carnets*. Mais je ne sache pas que ce dernier ait vraiment protesté contre cette rencontre avec Franco. Je n'ai rien lu en tout cas à ce sujet dans *Les chênes qu'on abat* qui a été rédigé, il faut le rappeler, à la suite d'une visite de l'auteur à Colombey dans la foulée du voyage espagnol, et édité tout de suite après la disparition du Général. Malraux a fait une guerre courageuse avec les républicains espagnols et mon père ne l'en a pas blâmé. Et n'oublions pas qu'au sein du Rassemblement du peuple français, il était celui qui pourfendait le plus les communistes. C'est lui qui s'est écrié un jour à la tribune : « Entre les communistes et nous [les gaullistes], il n'y a rien ! » C'est dire à quel point il les tenait pour nos adversaires numéro un à l'époque où le PC, souvenez-vous, menait des guerres coloniales contre nous par personnes interposées. Quant à la lettre de mon père à Franco, je ne vois pas ce qu'il pouvait y avoir d'infamant à constater que l'Espagne avait retrouvé l'unité et le progrès. C'était l'évidence même en 1970 où six millions de Français s'y rendaient déjà en vacances. Cela dit, le Général émettait bien évidemment des réserves sur l'action passée du régime franquiste à l'égard de la France. Il n'oubliait pas, par exemple, avec quelle rigueur souvent impitoyable les Espagnols avaient, pendant la guerre, incarcéré dans des conditions déplorables ceux des nôtres qui voulaient rejoindre la France Libre en passant par la péninsule Ibérique. Il remarquait toutefois que, dans le dos de leurs alliés, ils en avaient laissé partir un certain nombre en faisant semblant de les considérer comme des Canadiens français, cela en échange, ajoutons-le également, de pétrole et de vivres dont ils avaient le plus grand besoin. Quand j'ai revu mes parents deux mois plus tard, en août, donc, à Colombey, leur séjour en Espagne n'est revenu qu'une fois dans la conversation et plus spécialement dans la bouche de ma mère. Pour parler des grandes chaleurs qu'ils avaient connues – le thermomètre dépassait parfois les trente degrés et mon père refusait de quitter veste et gilet – et des kilomètres jonchés de caillasses qu'ils avaient dû affronter en voiture dans la sierra de Rosa parsemée de cactus et de lauriers-roses. Après ce voyage, mon père nous a paru en excellente forme. Mon épouse et moi en étions heureusement surpris. En dépit des températures torrides et en l'absence de toute surveillance médicale, il avait supporté ces quelque dix milliers de kilomètres en voiture comme un jeune homme. Ce qui n'était pas le cas des chauffeurs. Les malheureux n'en pouvaient plus ! Nous ne l'avons entendu ajouter qu'un mot à ceux de ma mère, pour rapporter qu'il avait appris un jour par la presse espagnole que le célèbre pianiste Arthur Rubinstein séjournait à Marbella, non loin d'une de leurs étapes, et qu'il y écrivait ses Mémoires à quatre-vingt-neuf ans. Ce qui lui a fait remarquer en riant : « En voilà un qui pense qu'il ne sert à rien de se presser ! »

27

LE GRAND VOYAGE

« Immobile au fond des ténèbres, je pressens le merveilleux retour de la lumière et de la vie. »

Mémoires de guerre.

« Il a neigé ce matin sur les Vosges, trois ou quatre bons centimètres. On ne tardera certainement pas à rouvrir les stations de sports d'hiver. » Le présentateur du journal télévisé ne savait pas que ces mots ordinaires, ceux qu'il prononçait à la seconde même, allaient être parmi les derniers qu'un homme hors du commun entendrait dans sa vie. Que c'était sa voix, sans doute, sa voix prosaïquement professionnelle que Charles de Gaulle emporterait avec lui dans son grand voyage après s'être écroulé devant son poste de télévision. Il était un peu plus de 19 heures en ce soir pluvieux et venteux de novembre 1970, à Colombey-les-Deux-Eglises. Et vous étiez loin de votre père, Amiral. Vous n'étiez pas là pour lui fermer les yeux. C'est le regret de votre vie, n'est-ce pas ?

— C'est le grand, l'immense regret de ma vie. Car je m'étais toujours promis d'être à ses côtés dans ces circonstances pour pouvoir faire l'ultime geste du fils pieux après avoir tenu sa main jusqu'à la dernière seconde. Comme je m'étais promis de ne pas laisser ma mère seule avec son chagrin. Or, en ce 9 novembre, j'étais à Brest où, capitaine de vaisseau, je commandais l'aviation de patrouille maritime des forces aéronautiques navales en Atlantique. Et comment aurais-je pu être inquiet au sujet de mon père ? Je l'avais quitté en bonne forme la dernière fois que je l'avais vu à Colombey.

— Longtemps auparavant ?

— Trop longtemps à mon goût. Normalement, j'aurais dû le voir quelques jours avant qu'il ne nous quitte. Car au début de ce mois, rentrant de Brest, je me trouve à Paris. De là, il a été prévu que nous passerions, comme de tradition, trois jours à Colombey pour la Toussaint. Malheureusement, Henriette se casse un pied, peu de temps auparavant, ce qui m'oblige à rester avec les miens. Curieusement, mon père me téléphone lui-même de La Boisserie. Je dis curieusement car, on le sait, il se refusait toujours à se servir du téléphone, que ce fût pour appeler ou pour répondre. Vous devinez alors ce que j'ai pu penser rétrospectivement quand j'ai appris la triste nouvelle... Il m'exprime sa déception de ne pouvoir nous voir et me demande si je ne pourrais pas venir seul quand même. Il a sans doute un certain nombre de choses à me dire. Je suppose qu'il s'agit d'indications concernant ses travaux d'écriture ou ses papiers. Je suis désolé de ne pouvoir lui donner satisfaction. Je n'ai que quelques jours de libres avant de reprendre le chemin de Brest. On a prétendu qu'il aurait voulu nous avoir pour son anniversaire, le 22 novembre. Non. On n'aurait pas plus célébré cet événement ce jour-là que les autres fois, car, je l'ai déjà dit, la coutume dans la famille était de ne pas souhaiter les anniversaires des adultes. Je lui explique que nous nous verrons de toute façon dans un peu plus d'un mois, en décembre, pour les vacances de Noël. Il comprend la situation. Nous envoyons néanmoins Jean, notre troisième fils, à Colombey afin que mes parents puisse profiter un peu de notre présence en ces jours où ils vont fêter ceux qui ne sont plus. Jean devait donc être le dernier d'entre nous à voir mon père vivant. Le jour des Morts, en sa compagnie et en celle des Boissieu et de leur fille Anne, onze ans, mes parents auraient voulu aller, comme d'habitude, prier sur la tombe de ma plus jeune sœur infirme. Mais ce jour-là, la foule qui veut entrer au cimetière par l'unique porte depuis la place de l'église, empêche de sortir celle qui s'y agglomère déjà. Ce qui les conduit à remettre leur visite au lendemain. Avec un peu d'ironie, mon père lance alors en désignant cette porte : « Il faudra en ouvrir une seconde dans le mur, près de l'endroit où je serai, car il y aura peut-être encore quelques visiteurs. » Travaux que mon beau-frère Alain commande immédiatement au maire qui, par une diligence prémonitoire, les fait exécuter sans perdre lui-même une minute. En conséquence, quelques jours avant le jour fatal, la seconde porte sera ouverte. L'après-midi du 3 novembre, mon père invite mon beau-frère à le suivre dans la forêt des Dhuits pendant plus d'une heure et lui parle principalement de la sortie du premier tome des *Mémoires d'espoir* et de l'accueil qu'en fait la presse, vitupère contre les critiques et se méfie des chiffres de ventes annoncés par son éditeur, car ils lui paraissent bien exagérés. De retour à La Boisserie, une surprise l'attend dans le salon : ma mère a rassemblé tout le monde, y compris Honorine, Charlotte et le chauffeur Francis Marroux, pour célébrer, avec des fleurs, la Saint-Charles qui tombe le lendemain et qu'on souhaite toujours la veille, comme toutes les fêtes, chez les de Gaulle.

— Quand donc aviez-vous vu votre père pour la dernière fois ?

— Le 27 septembre. Nous étions allés passer le week-end à La Boisserie avec ma petite famille comme cela nous arrivait souvent. Nous n'avions pas revu mes parents depuis nos vacances auprès d'eux en d'août. Mon père est d'humeur joyeuse. Il l'était toujours quand il retrouvait les siens réunis autour de lui. Le temps plutôt clément nous permet de longues promenades. Je me rappelle en particulier l'une d'entre elles en forêt. Ce jour-là, il a entraîné avec nous mon beau-frère et deux ou trois de mes fils. Je l'entends leur proposer : « Venez, les champignons sont arrivés. Il paraît que la forêt en est couverte. » Il voyait déjà la bonne omelette qu'Honorine allait pouvoir nous servir le soir même. Au cours de notre promenade, avançant en éclaireur, l'un de nous découvre un banc de girolles qui vient de pousser, mais pour l'atteindre, il faut franchir un petit fossé. Alors, mon père lui crie : « Bon, on y va ! » Et, à notre étonnement et à notre grand plaisir, nous le voyons sauter – certes, assez lourdement –, mais sauter ce fossé rempli d'eau et de feuilles mortes. A un autre moment, nous ayant dépassés, il se retourne pour nous demander si nous ne trouvons pas que son train est trop rapide pour une promenade de détente. C'est vous dire à quel point il avait la forme. Et puis, ces randonnées n'étaient pas des balades de vieilles dames. C'étaient quand même trois ou quatre kilomètres en marchant assez vite. Je ne dirais pas à bride abattue, mais à une bonne allure. Après un tel effort, il reprenait son souffle un instant, ce qui était bien normal, mais il ne se plaignait de rien. Il n'avait aucune faiblesse. A son retour de promenade, on ne le surprenait jamais épuisé, affalé dans un fauteuil, dès la porte du salon franchie, alors que c'était parfois le spectacle que nous donnions nous-mêmes. Et vous n'ignorez pas qu'il ne somnolait pas dans son fauteuil et qu'il bannissait la sieste après le déjeuner. La seule chose que j'ai remarquée dans les derniers temps, c'est qu'il avait les chevilles un peu enflées, ce qui était nouveau. J'ai pensé qu'il devait avoir des problèmes circulatoires. En tout cas, fin septembre, quand nous l'avons quitté, ma femme et moi, nous considérions qu'il était en meilleur état physique que ma mère. C'était visible. Elle avait le visage fatigué par la maladie qui devait l'emporter neuf ans plus tard.

— On a dit plusieurs fois que, dans les derniers temps, il avouait avoir plus de difficulté à écrire. L'avez-vous constaté vous-même ?

— Ma mère me l'a fait également observer à deux ou trois reprises. Lors d'un week-end du début de septembre que nous avons passé à ses côtés, me parlant du deuxième tome de ses *Mémoires d'espoir* qu'il était en train de rédiger, il est revenu sur ce problème avec cette exclamation : « Comme j'aimerais pouvoir écrire plus vite, au même rythme qu'avant ! » En fait, il n'avait jamais écrit facilement, mais peut-être ressentait-il davantage la lassitude au bout de ses journées studieuses. Il ne remplissait pourtant que trois ou quatre feuillets par jour, maintes fois raturés ou même recommencés. C'est au cours de ce week-end qu'il m'a décrit les différents thèmes du troisième chapitre dont il s'apprêtait à commencer la rédaction quand la mort est survenue. Auparavant, il a tenu à me lire le deuxième chapitre qui était presque terminé. Je garde encore dans l'oreille la musique de sa voix avec cette phrase qui me revient particulièrement dès que le souvenir de cet instant s'impose à moi : « Cependant, après avoir gouverné l'esquif à travers des flots agités, je pense pouvoir, pour quelque temps, le conduire sur une mer plus calme. »

— Vous rappelez-vous ses derniers mots au moment où vous l'avez quitté ?

— C'étaient des paroles conventionnelles. Mais ce qui m'a frappé, c'est qu'il m'a semblé assez chagrin, peut-être plus que d'habitude, de devoir nous dire au revoir au pied de notre voiture. Il faut savoir que depuis qu'il avait abandonné le pouvoir, chaque fois que nous le quittions, il nous donnait l'impression de nous regarder partir pour la dernière fois.

— Jean Mauriac a fait dire à André Malraux : « J'ai été frappé de la manière dont le Général parlait de la mort, donc de sa mort. Il a dû avoir une alerte. » Votre mère ne vous a-t-elle rien laissé supposer de ce genre ?

— Ma mère ne m'a jamais parlé de la moindre alerte. Je pense que c'était une simple impression de romancier.

— Ne pensez-vous pas qu'elle aurait pu vous le cacher ?

— Non. D'autant plus qu'elle était la première à me demander de lui conseiller de se ménager. Car, je l'ai assez dit, sa santé était son premier souci. Mais comment aurais-je pu intervenir pour qu'il travaille moins, par exemple ? Vous connaissez la réflexion qu'il faisait quand, enfant, je me plaignais de telle ou telle petite douleur : « On ne passe pas son temps à se tâter ! » Non, son état physique n'avait rien d'inquiétant. Parlait-il cependant de la mort plus souvent que d'autres ? Peut-être. Pour ma part, il m'est souvent arrivé de l'entendre l'aborder. Souvenez-vous des citations dont il était coutumier : « Si Dieu me prête vie – Si la mort ou la maladie viennent y mettre un terme – Après l'événement dont je parle... » La mort est tellement passée près de lui au cours de sa vie ! Je ne veux pas seulement évoquer les attentats qui ont bien failli réussir, mais les fois où, pendant la guerre, il a risqué de la trouver à bord d'un avion solitaire et non armé dans ses multiples liaisons entre la Grande-Bretagne et l'Afrique. Après le Petit-Clamart, me retrouvant quelques jours plus tard à Colombey, il me prend à part pour me glisser : « Tu sais, vieux garçon, on peut disparaître à tout moment, ça fait partie de l'existence. » Et à la fin de sa vie : « Si le Tout-Puissant rappelle le plus tôt ceux qu'Il aime le mieux, alors moi qui suis un vieil homme, Il ne doit pas m'aimer beaucoup. Le tout-petit qui est rappelé instantanément, c'est celui que le Seigneur préfère. Ceux qui sont vieux, Il n'est pas pressé de les voir. » Sur un de ses carnets de notes de 1946, j'ai retrouvé ces mots de Chateaubriand : « Pour mourir beau, il faut mourir jeune. » Il parlait de la mort comme un chrétien. « Le chrétien a toujours la mort présente dans son existence à partir du moment où il est né. » Je le revois encore en 1947, le jour où l'on exhume à Paimpont la dépouille de ma grand-mère pour la transférer à Sainte-Adresse à côté de celle de son mari. D'une voix calme, il donne cet avis à l'adolescent remué que je suis à la vue de cette scène : « Pour un chrétien, la mort est l'accomplissement final de l'homme. Un triomphe. C'est pour cela qu'il ne faut pas en avoir peur. » Mais j'ai également souvenance qu'il n'aimait pas passer devant l'hôpital militaire du Val-de-Grâce. « C'est là où nous finissons tous », me souffla-t-il un jour en voiture avec ce sourire particulier qui voulait signifier avec fatalisme : « Les choses étant ce qu'elles sont, il n'y a pas à les changer. » Il était allé visiter là, rappelez-vous, son vieux compagnon de Saint-Cyr, le maréchal Juin, en janvier 1967, quelques jours avant sa mort.

— C'est cette année-là qu'il vous a raconté l'histoire du maréchal Paul von Hindenburg que vous avez rapportée plus tard à Jacqueline Baudrier-Perriard à la télévision ?

— Egalement en janvier 1967, à Colombey, juste avant que je ne quitte Paris pour Lorient où je vais prendre le commandement du premier de la série la plus moderne de nos bâtiments de guerre, la frégate lance-missiles *Suffren*. C'est pour moi un souvenir marquant. A la fin d'un tour de jardin, redescendant vers la maison, il me lance à brûle-pourpoint alors que rien ne pouvait me laisser prévoir que j'allais entendre de telles paroles : « A propos, connais-tu l'histoire de Hindenburg et de son fils ? » Je réponds non. Il me raconte : « Sentant sa mort prochaine, le vieux maréchal dit à son fils : “Tu me diras quand Asraël, qui est l’ange de la mort, entre dans la maison.” Et un peu plus tard, Hindenburg s’alita. Alors son fils lui dit : “Père, il n’est pas dans la maison, il n’est pas à la porte, mais il est dans le jardin.” » Par cette allusion, mon père voulait me faire comprendre comment, un jour, le fils est normalement confronté à la mort de son père, et comment le père doit lui en parler naturellement. A la fin de son récit, s’arrêtant tout à coup de marcher et se tournant vers moi, il m’avisa : « Un jour, je te poserai la même question. » Toujours en 1967, il écrit sur le petit carnet de notes qui ne le quitte jamais quelques citations inspirées par la mort. Celle de Fénelon : « Les heures sont longues et la vie est courte. » De Ségur, général de la Grande Armée et historien : « [Il] parle de “l’air impassible ou sardonique avec lequel, sans daigner implorer ou se plaindre, les anciens soldats blessés attendaient la mort sur le champ de bataille de la Moskova.” » Il retranscrit aussi le poème qu’il a composé à dix-huit ans – à l’époque où, précise-t-il, il échangeait des poésies avec ses cousins Corbie – poème qui a été souvent reproduit. Il y déclame la façon dont il voudrait que la mort le prenne :

Quand je devrai mourir [...]
J’aimerais que ce soit le soir. Le jour mourant
Donne à celui qui part un adieu moins pesant
Et lui fait un linceul de voiles ;
Le soir !... Avec la nuit la paix viendrait des cieux,
Et j’aurais en mourant dans le cœur et les yeux
Le calme apaisant des étoiles.
J’aimerais que ce soit, pour mourir sans regret,
Un soir où je verrais la Gloire à mon chevet
Me montrer la patrie en fête,
Un soir où je pourrais écraser sous l’effort,
Sentir passer avec le frisson de la Mort,
Son baiser brûlant sur ma tête.

En 1967 encore, il évoque la mort qui arrive à la fin du jour en citant un poème de Marie Noël dans lequel une femme parle à son enfant :

Ta mort d'homme, un soir noir, abandonnée
Mon petit, c'est moi qui te l'ai donnée.

— Comment expliquer que toutes ces réflexions et citations datent curieusement de cette année 1967 ?

— Je m'en suis souvent demandé la raison. Est-ce parce qu'il a été frappé, cette année-là, par la disparition de ses amis, Alphonse Juin, le 27 janvier, et Konrad Adenauer, le 19 avril, deux mois après l'avoir reçu à Paris ? Le 31 mai de cette même année, on notera qu'il termine son allocution devant la colonie ecclésiastique française de Rome, après sa visite au pape à la cité du Vatican : « Nous allons, même quand nous mourons, vers la Vie. » Alors, on a cru savoir qu'un mois avant son voyage à Moscou, en 1966, – au cours duquel, je le rappelle, je l'ai accompagné – il avait eu, dans la nuit du 13 au 14 mai, une attaque d'origine circulatoire et qu'il avait dû rester alité toute la journée du lendemain. Or, le 13 mai, il a reçu à l'Elysée le Polonais Kliszko, vice-président de la Diète polonaise, et, toute la matinée du 14, il a visité successivement l'Hôtel de Ville de Paris, l'échangeur de la porte de la Chapelle, l'hôpital Saint-Antoine et enfin l'hôtel d'Aumont dans le 13e arrondissement. Ce marathon n'était quand même pas la performance d'un homme malade toute une nuit ! Les rumeurs sans fondement de ce genre n'ont jamais manqué à son propos, ce qui l'a fait ironiser, vous vous en souvenez, au début d'une certaine conférence de presse à propos de ceux qui, parmi les hommes politiques, spéculaient sur sa fin prochaine. Aurait-il voulu me dissimuler qu'il avait un anévrisme de l'aorte ? Je pense vraiment que s'il avait jugé possible d'en être atteint après le décès de deux de ses frères frappés d'une cause similaire, il n'avait aucun moyen de le savoir, comme je l'ai déjà souligné, dans l'état où en était la médecine il y a un demi-siècle. Flohic raconte que pendant son voyage en Russie, en juin 1966, le médecin français qui l'avait suivi avait été obligé de lui faire des infiltrations dans l'une de ses chevilles atteinte d'un œdème. Information exacte, mais ce n'était que pour pallier une légère foulure de la cheville qui ne l'a aucunement gêné – j'en ai été le témoin – lorsqu'il est passé au pas de charge devant les bataillons d'honneur russes et qu'il a piétiné pendant toutes les réceptions de la journée jusque tard dans la soirée. Quelque temps après, il doute devant le même Flohic de la possibilité d'accomplir le voyage prévu, l'année suivante, à Madagascar, et pose cette question : « Serai-je seulement encore en vie ? » C'était une boutade qui lui était fréquente pour signifier : « Je n'en sais rien. Ne m'ennuyez pas maintenant avec cette question. »

— On a supposé que la souffrance morale qu'il avait endurée au lendemain de son échec au référendum avait hâté sa fin. Vous le pensez vous aussi ?

— Il est certain que moralement cela ne lui a pas été indifférent. Après tout ce temps de labeur, c'était un peu normal. C'est dur, comme disent les braves gens, de constater que l'on en a assez de vous après tout ce que l'on a fait. Ma mère aurait déclaré au moment de sa mort : « Il a tant souffert depuis deux ans. » C'étaient bien ses termes. Elle a sans doute voulu signifier par là ce qu'il avait ressenti après le référendum. De toute façon, je l'ai déjà rapporté, il n'avait aucune intention de prolonger sa présence à la tête de l'Etat au-delà de quatre-vingts ans. Il se proposait de se retirer le 22 novembre, date de son anniversaire. Et comme j'avais relevé que c'était une mauvaise date pour une élection présidentielle, il avait opté pour le 15 janvier suivant tout en annonçant son départ, soit le 22 novembre, soit avec les vœux du 31 décembre.

— Quand vous a-t-il fait part des conditions dans lesquelles il voulait que se déroulent ses obsèques ?

— A Pâques 1952, juste avant mon départ pour Oran, où ma petite famille ne pourra me rejoindre que six mois plus tard faute de logement. Je devais y prendre le commandement d'une flottille embarquée sur porte-avions.

— Il a alors soixante-deux ans et il pense déjà à son enterrement ?

— Vous savez, dans sa génération, beaucoup périssaient aux environs de soixante-cinq ans. Dans son carnet de notes, il écrira d'ailleurs, l'année d'après : « J'ai soixante-trois ans. Désormais, tout ce qui se rapporte à moi s'organise en fonction de ma mort. » Et puis, c'est l'époque où il se pose de graves questions sur sa vue qui baisse de plus en plus.

— Si graves que cela ? On le voit pourtant aller et venir sans trop de difficulté.

— C'est vrai. Mais il fait des efforts considérables pour pallier son handicap. Il craint même de devenir aveugle. Pendant nos promenades, j'observe que son pas est devenu hésitant. Il a souvent peur de tomber. En plus, son travail d'écriture est devenu plus malaisé. Il est obligé de se servir d'une grosse loupe. Ne risque-t-il pas de devoir bientôt cesser toute activité à cause de ses yeux ? (Il a été opéré de la cataracte en 1952.) Son moral n'est pas bon. La désagrégation en cours du RPF n'arrange rien. Surgit également la même année un fait déterminant : la mort du général Jean de Lattre de Tassigny. Le 15 janvier, il se rend aux Invalides pour saluer sans cérémonie sa dépouille mortelle. Le lendemain sont célébrées les obsèques nationales du grand soldat que l'Assemblée nationale va élever à la dignité de maréchal de France. Certains ont essayé en vain de décider mon père à y assister. Or, c'est du jour même de ce déploiement de pompe, mercredi 16 janvier, qu'est daté son testament. J'avoue n'avoir pas fait ce rapprochement sur le moment. Ce n'est que plus tard, au cours d'une conversation avec Louis Terrenoire – mon père l'aimait beaucoup –, que l'idée m'est venue que le spectacle du grand appareil des Invalides avait été le moteur de son initiative. Terrenoire était convaincu qu'il avait mis au point ses dispositions testamentaires pendant le week-end, le lendemain ou le surlendemain de l'annonce de la mort de De Lattre, car, à son retour de Colombey, il lui avait confié : « En tout cas, j'ai pris mes précautions pour qu'à mon enterrement je ne sois pas le jouet de l'histrionisme du régime et pour que je sois délivré de la présence des politiciens. » Je me souviens que son horreur de l'ostentation et des honneurs outrés lui faisait hausser les épaules devant le maréchalat de De Lattre. Il lâchait : « Foch commandait, lui, quand il fut fait maréchal. De Lattre ne commandait plus. Il n'aurait tenu qu'à moi qu'il ne le serait pas devenu, car son éminente notoriété n'avait nul besoin de cette dignité antique. »

— Racontez-moi comment il vous a remis son testament ?

— C'était donc à Pâques 1952, le jour où j'arrivai à Colombey pour saluer mes parents avant mon départ pour l'Algérie. Mon père me demande alors de le rejoindre un instant dans son bureau. Il me paraît très handicapé par sa vue. Il ne voit presque plus rien de son œil gauche et l'autre n'est guère valide. Il me tend une feuille de papier et me dit simplement : « Voici mon testament[1]. Je t'en remets l'exemplaire numéro trois. » Interloqué, je reste quelques secondes sans voix, puis finis par lui demander : « Pourquoi ne me remettez-vous pas le numéro un ou tout au moins le numéro deux, après ma mère ? Je suis votre seul fils et en même temps l'aîné. N'est-ce pas à moi d'organiser les obsèques ? » Sans me répondre, il reprend : « L'exemplaire numéro un est déjà entre les mains de Georges Pompidou. [Son secrétaire à cette époque.] Non seulement il ne pourra pas se vexer de ne pas avoir eu le premier, mais ce numéro un lui marque bien le caractère impératif du document. » Il ajoute ensuite cette explication : « Toi, tu es mon

1. « Je veux que mes obsèques aient lieu à Colombey-les-Deux-Eglises. Si je meurs ailleurs, il faudra transporter mon corps chez moi, sans la moindre cérémonie publique.

Ma tombe sera celle où repose déjà ma fille Anne et où reposera ma femme. Inscription : "Charles de Gaulle, 1890..."

Rien d'autre. La cérémonie sera réglée par mon fils, ma fille, mon gendre, ma belle-fille, aidés par mon cabinet, de telle sorte qu'elle soit extrêmement simple. Je ne veux pas d'obsèques nationales. Ni président, ni ministre, ni bureau d'Assemblée, ni corps constitués. Seules les armées françaises pourront participer officiellement, en tant que telles ; mais leur participation devra être de dimensions très modestes, sans musique, ni fanfare, ni sonnerie.

Aucun discours ne devra être prononcé, ni à l'église ni ailleurs. Pas d'oraison funèbre au Parlement. Aucun emplacement réservé pendant la cérémonie, sinon à ma famille, à mes compagnons membres de l'ordre de la Libération, au conseil municipal de Colombey.

Les hommes et les femmes de France et d'autres pays pourront, s'ils le désirent, faire à ma mémoire l'hommage d'accompagner mon corps jusqu'à sa dernière demeure. Mais c'est dans le silence que je souhaite qu'il y soit conduit.

Je déclare refuser d'avance toute distinction, promotion, dignité, citation, décoration, qu'elle soit française ou étrangère. Si l'une quelconque m'était décernée, ce serait en violation de mes dernières volontés. »

fils. Tu ne te formaliseras donc pas de recevoir n'importe quel exemplaire. Quant à l'exemplaire numéro deux, c'est le même pour ta mère et pour ta sœur. D'autre part, c'est par précaution que j'ai voulu que mon testament soit reproduit en trois exemplaires, car tu peux très bien disparaître et ces dispositions doivent être exécutées sans attendre. » Deux fois de suite, après coup, à l'intervalle de quelques années, j'ai tenu à m'assurer de la validité de ces dispositions au cours d'une promenade avec lui ou à une autre occasion. A Pâques 1970, six mois avant son décès, je renouvelle ma question. Ce jour-là, alors que je l'accompagne dans sa promenade matinale et que nous remontons l'allée des charmilles vers le crucifix de pierre en haut du mur qui nous sépare de la route, entre une double haie de lilas, il évoque tout à coup l'éventualité de sa mort. « Ton grand-père est décédé à quatre-vingt-quatre ans. Je vais en avoir quatre-vingts. J'ai donc cette échéance à envisager. » L'anniversaire de la mort de mon grand-père, le 3 mai, approchait, et j'ai supposé que c'était pour cette raison qu'il abordait ce sujet. Je lui ai demandé : « Ces dispositions testamentaires sont-elles toujours valables ? » Il me les avait confirmées chaque fois, en particulier après avoir été élu président de la République en décembre 1958, et en 1968, au moment des événements que vous savez. Cette fois-là, il en fait autant : « Elles sont arrêtées une fois pour toutes. Pas un mot et aucune disposition ne sont à changer. Pas d'obsèques nationales et pas d'officiels à mes obsèques à Colombey. Je le confirme. Tu me fermeras les yeux après m'avoir rendu le même service que Hindenburg a demandé à son fils. »

— « Suprême orgueil ! » se sont écriés certains quand ces dispositions ont été connues. Comment expliquait-il cette volonté de renoncement aux solennités, de grand dépouillement ?

— « Dans la liturgie romaine, faisait-il remarquer, la pompe est très belle, elle convient parfaitement au triomphe qu'est la mort pour un chrétien. » Il estimait donc que cela suffisait. Point besoin d'y ajouter des corps constitués, d'anciens présidents ou de futurs « qui ne viennent que pour eux-mêmes ». Il voulait aussi éviter les manifestations politiques déplacées. Quand on disait qu'il serait un jour au Panthéon, il répliquait : « Mais qu'est-ce que vous voulez que j'aille faire là-dedans ? Vous me voyez à la place de Marat pour en être expulsé un an après ? » De la même façon, il avait écarté la suggestion des compagnons de la Libération qui l'auraient bien vu inhumé parmi eux au mont Valérien.

— Certains ont voulu voir de l'amertume dans sa volonté de priver les officiels de ses obsèques. Il se serait dit : « Ils ne m'ont plus voulu, eh bien ! ils ne m'auront plus. »

— Non, je crois l'avoir bien expliqué : ces dispositions d'obsèques étaient tout à fait indépendantes de la conjoncture du moment. Il les avait décidées des années auparavant et il entendait qu'on les respectât une fois pour toutes, quels que fussent les gens en place, le régime ou les circonstances.

— On l'aurait trouvé particulièrement fatigué la veille de sa mort, le dimanche, à la messe de Colombey. Qu'en disait votre mère ?

— C'est le curé qui l'a trouvé ainsi. Peut-être, ce jour-là, l'était-il vraiment, mais peut-être pensait-il aussi que l'office durait un petit peu trop longtemps ou était-il agacé par trop de monde dans l'église. Parce qu'il avait vis-à-vis des offices religieux la même opinion que pour tout le reste : il ne fallait pas que ça traîne. Ainsi, depuis longtemps, il avait demandé que la grand-messe dominicale ne dure jamais plus d'une heure. Dans la soirée du 3 novembre, veille de sa fête, j'avais fait ce que je ne faisais jamais à cause de sa détestation bien connue du téléphone : à l'incitation de ma mère, je l'avais appelé pour me joindre aux vœux de tous et sa voix m'avait paru un peu altérée. J'avais mis cela sur la contrariété due à mon absence et sur une journée où il avait été un peu trop accaparé par ses visiteurs. Si ma mère avait ressenti quelque inquiétude à son sujet, elle me l'aurait signifié à ce moment-là ou elle me l'aurait laissé entendre. Elle m'a raconté que ce même jour, il avait voulu recevoir à déjeuner un de ses vieux fidèles, le général Louis Renouard, ancien commandant du camp des Français Libres de Camberley en Grande-Bretagne, pendant la guerre. Avant de passer à table, il l'avait convié à venir s'asseoir un instant dans son bureau, sans doute pour lui parler de ses *Mémoires*. Et le repas terminé, ils avaient fait ensemble une courte promenade dans le jardin. Quelques années après la mort de mon père, la veuve de ce vieux général m'a confié à quel point elle n'en revenait pas de la forme que montrait son hôte à cette occasion. « Quel coup de fourchette ! » s'émerveillait-elle en le revoyant à table. Et se rappelant sa promenade avec son mari : « Il y avait bien longtemps que Louis ne marchait plus à cette allure-là ! » Et elle se souvenait avec émotion de l'attitude qu'il avait eue devant elle à l'égard de mon fils Jean, qui avait dix-sept ans à l'époque. Au moment où ce dernier s'apprêtait à quitter La Boisserie pour reprendre le train de Paris après quelques jours de vacances, elle avait vu son grand-père l'embrasser puis, attrapant ses cheveux sur sa nuque, lui lancer · « Bon, ça va, tu ne les as pas encore trop longs ! »

— Ce général et sa femme ont donc été les derniers étrangers à fréquenter sa table ?

— Après cette visite, il n'a effectivement plus reçu personne à part un agriculteur de Colombey, le jour même de sa mort. Je vais vous en parler. Mais je voudrais dire d'abord que, poussé peut-être par un pressentiment, il activait la rédaction de ses *Mémoires*, et curieusement aussi, celle de sa correspondance. J'ai compté qu'il a écrit quelque cent soixante-dix lettres au cours de l'année 1970, soit environ une tous les deux jours en omettant la multitude des mots brefs ou banals que je n'ai pas voulu retenir lors de la publication des *Lettres, Notes et Carnets*. Le vendredi 6 novembre, il écrit l'avant-dernière lettre qu'il me destine. Comme d'habitude, il s'est mis à son courrier après son travail sur ses *Mémoires* et la courte cérémonie du thé avec ma mère vers 17 heures. Dans cette lettre, il me parle des dispositions notariales d'achat d'un terrain dans le Midi sur lequel j'avais l'intention de faire construire ma villa d'Agay. Car, en me léguant La Boisserie, il savait – il ne me l'avait pas caché – que sans le vouloir, il me laissait un cadeau empoisonné, que j'en aurais beaucoup d'inconvénients et pas beaucoup l'usage. Il espérait probablement pouvoir profiter également de cette future maison afin de changer de climat. J'en avais d'ailleurs tenu compte tant dans le choix que dans le projet de construction. J'avais ainsi préparé une chambre pour eux deux. Elle est un peu située en pigeonnier, séparée du reste. Ils auraient pu être tranquilles, hors du flot de la famille et des petits-enfants, et face à la mer. Finalement, seule ma mère a pu y venir. Bien qu'elle préférât la Bretagne, chez ma sœur, et d'abord Colombey à tout autre endroit. Le jour même de sa mort, le 9, sa dernière lettre à mon intention s'est croisée avec la mienne qui lui réitérait mes vœux pour sa fête. Abordant de nouveau ce projet de construction, il me demandait de lui envoyer « un devis raisonnable » dès que j'en aurais un « pour une salle de séjour et six chambres ».

— Lettre postée le soir même ?

— Postée dans la soirée, juste avant sa mort. Il est très émouvant de penser qu'il se préoccupait de notre sort, une heure ou une heure et demie à peine avant qu'il ne nous quitte. Pour officialiser la donation qu'il voulait m'accorder, il me proposait d'aller prochainement devant notaire avec lui, « dès Noël, suggérait-il, si tu passes ici à ce moment-là, Elisabeth devant y être aussi ». Le samedi 7, il entraîne ma mère, aussitôt le déjeuner terminé, dans une randonnée en voiture. Une cinquantaine de kilomètres à travers les environs de Colombey, de village en village : Cirey-les-Mareilles, Andelot, Juzennecourt, Neufchâteau... Deux heures de route sous un ciel maussade. Elle m'a rapporté plus tard que c'est la pluie qui l'avait décidé à rentrer, sinon il aurait bien voulu pousser plus loin la balade. Le dimanche 8, grand'messe à Colombey au milieu d'une certaine foule qui l'agace, puis travail à ses *Mémoires d'espoir* et tours de jardin habituels. C'est dire encore qu'il semblait toujours bien se porter l'avant-veille et la veille de son dernier jour.

— Dernier jour qui, a-t-on relaté, a ressemblé aux précédents. Le récit en a souvent été fait, mais parfois avec des inexactitudes ou des omissions. J'aimerais vous l'entendre raconter par le menu.

— Il avait bien dormi. Ce n'était pas toujours le cas dans la dernière année. Par conséquent, juste avant de se coucher, pour faciliter son sommeil, ma mère lui préparait un verre d'eau sucrée parfumée à la fleur d'oranger. Une vieille recette de famille sans doute confirmée depuis leur séjour au Liban en

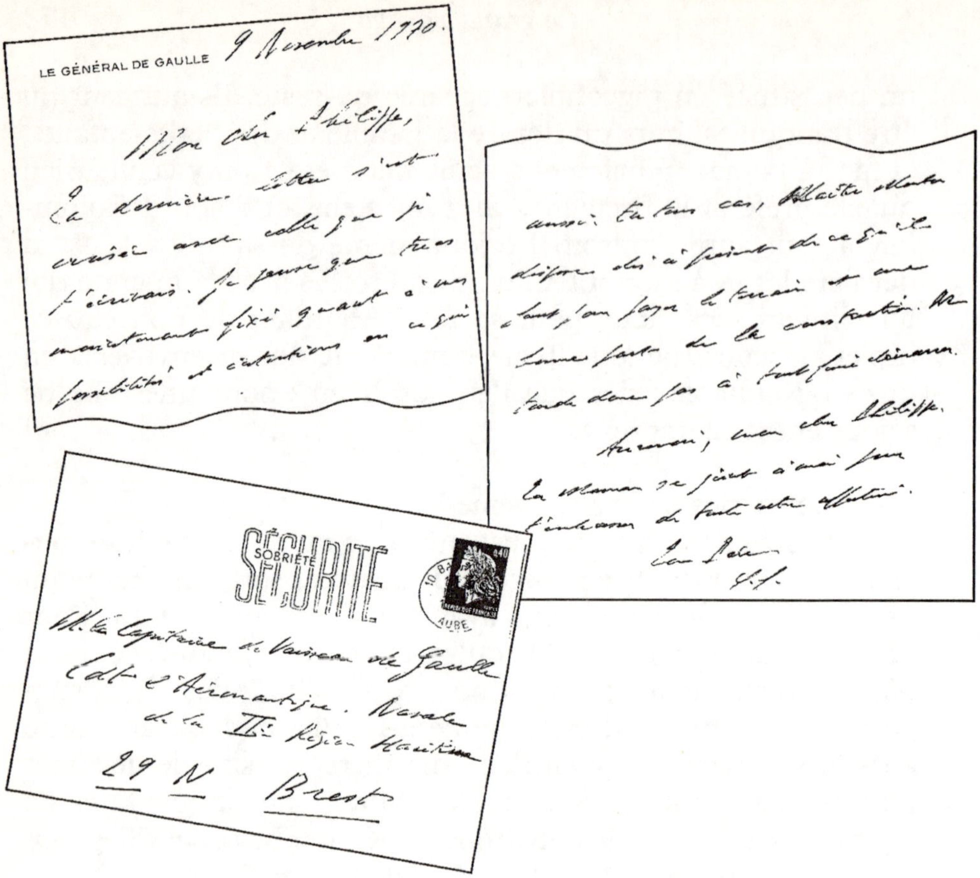

La dernière lettre d'un père à son fils

LE GÉNÉRAL DE GAULLE

9 novembre 1970

Mon cher Philippe,

Ta dernière lettre s'est croisée avec celle que je t'écrivais. Je pense que tu es maintenant fixé quant à mes possibilités et intentions en ce qui concerne ta " construction ". Dès que tu auras un devis raisonnable à cet égard (une salle de séjour, six chambres et les annexes me semblant une contenance normale) envoie-le-moi. Je ne doute pas que cela doive dépasser quatre cent mille francs. Mais je pourrais alors en connaissance approximative de cause ajouter le nécessaire à la donation. Au point de vue juridique, c'est-à-dire devant le notaire, cela pourrait se faire dès Noël si tu passes ici à ce moment, Elisabeth devant y être aussi. En tout cas, Me Mouton dispose dès à présent de ce qu'il faut pour payer le terrain et une bonne part de la construction. Ne tarde donc pas à tout faire démarrer.

Au revoir, mon cher Philippe.

Ta maman se joint à moi pour t'embrasser de toute notre affection.

Ton Père
C.G.

1929. Selon une tradition bien établie, après le petit déjeuner avec ma mère, il consulte la presse, mais ce matin-là « en grognant un peu, se souvenait-elle, à cause d'un article sur le premier tome de ses *Mémoires d'espoir* ». Et vers 9 heures, il descend faire plusieurs tours de jardin, vêtu d'un complet trois-pièces gris foncé, d'une chemise blanche à col non empesé avec cravate neutre et coiffé d'un chapeau bordé de couleur sombre. Le temps pluvieux l'a contraint à mettre un manteau. Ma mère ne s'est pas plus intéressée à cette promenade que d'habitude. Elle a seulement vérifié si le ciel permettait de sortir. Elle l'accompagne un moment mais l'abandonne vite, découragée par un vent assez fort qui déplume les arbres. Ce matin-là, il prolonge sa marche jusqu'à la grille d'entrée afin d'y rencontrer son voisin Raymond Consigny avec lequel il entretient d'excellents rapports. Il connaissait bien son père, invalide de la guerre de 14-18. Il allait d'ailleurs le voir fréquemment. Après sa mort, il avait reporté sa bienveillante attention sur son fils. C'est ainsi qu'il lui avait fait obtenir un tracteur agricole en un temps où cet équipement était encore rare. Ce lundi 9 novembre, soucieux d'éviter, une nouvelle fois, d'éventuels malentendus, il lui rappelle qu'en vertu d'un acte notarié, il ne doit pas couper les branches de l'allée de La Boisserie qui surplombent la cour de sa ferme, ni appuyer son poulailler sur le mur mitoyen qui lui appartient. Et il propose de nouveau à cet agriculteur qui n'est pas riche de l'aider à déplacer son étable un peu plus loin, de l'autre côté de la route, à cause des odeurs qui s'en dégagent et incommodent tout le monde.

— D'après les gens du village, c'était votre mère qui s'en plaignait. Il paraît qu'elle avait eu des altercations avec ce voisin à ce sujet...

— C'est vrai qu'elle s'en plaignait. Mais sans plus. Elle se souvenait : « On lui avait demandé bien des fois d'en terminer avec ce problème, mais craignant un surcroît de travail, il n'arrivait toujours pas à se décider, et cela nous agaçait. » Après cette rencontre, mon père se consacre à son écriture dans son bureau avant de rejoindre la table pour le déjeuner. Ma mère n'avait pas gardé le souvenir d'un menu particulier. Il mangeait toujours de bon appétit, et ce jour-là, il en fut de même. A 14 h 30,

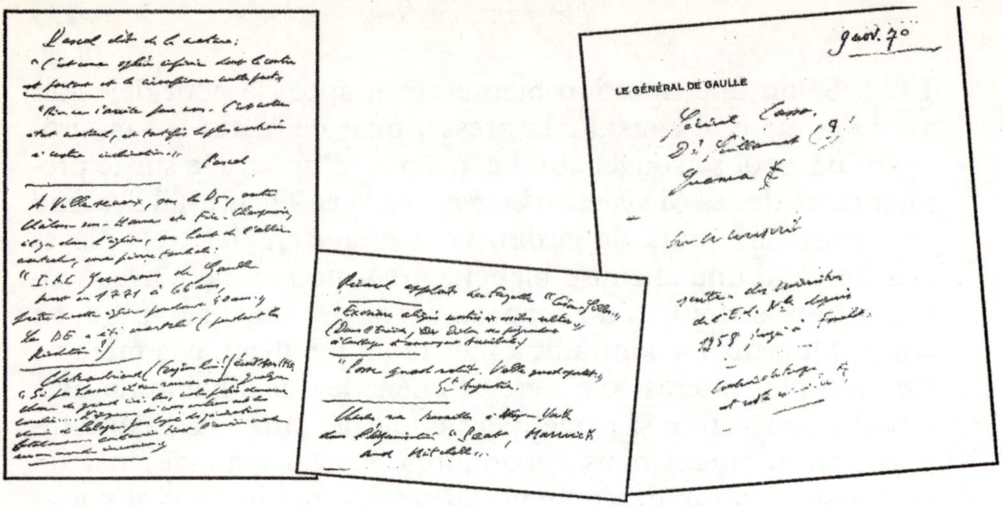

Les deux dernières pages de son carnet de notes

Pascal dit de la nature :
« C'est une sphère infinie dont le centre est partout et la circonférence nulle part. »
« Rien ne s'arrête pour nous. C'est notre état naturel, et toutefois le plus contraire à notre inclination. » Pascal.

A Villeseneux, sur la D5, entre Châlons-sur-Marne et Fère-Champenoise, il y a dans l'église, au bout de l'allée centrale, une pierre tombale :
« I.A.C. Germanus de Gaulle
mort en 1771 à 66 ans, prêtre de cette église pendant 40 ans. »

Le DE a été martelé (pendant la Révolution ?).

Chateaubriand (toujours lui !) écrit vers 1840 :
« Si par hasard il se remue encore quelque chose de grand ici-bas, notre patrie demeurera couchée… L'époque où nous entrons est le chemin de halage par lequel des générations fatalement condamnées tirent l'ancien monde vers un monde inconnu. »

Rivarol appelait La Fayette « César-Gilles ».

« Exorare aliquis nostris ex ossibus ultor. »
[*Prier pour qu'un vengeur surgisse du plus profond de nous-mêmes.*]
(Dans l'*Enéide*, Didon se poignardant à Carthage et annonçant Annibal.)

« Posse quod velit. Velle quod oportet. »
[*Pouvoir ce que l'on veut. Vouloir ce qui convient.*] Saint-Augustin.

Charles va travailler à New York dans l'organisation « Peat, Marwick and Mitchell ».

★

Le dernier écrit[1] du Général

environ trois quarts d'heure avant sa mort

Général Casso — 9 novembre 1970
Dr Guillaumat (?)
Quéma[2]

Manuscrit ?
Suite des ministres de l'Education nationale depuis 1958 jusqu'à Fouchet[3].
Combien de temps est resté celui-ci ?

[1] Vers 18h45 à La Boisserie.
[2] Il s'agit d'une liste de dédicaces à faire au général Casso, commandant de la brigade des sapeurs pompiers de Paris, au professeur Louis Guillaumat qui avait opéré le Général de la cataracte en 1952-1953, et à Victor Quéma, ostréiculteur à Cancale, fidèle de longue date.
[3] Christian Fouchet, ancien Français Libre, ancien minisre.

après le café et une courte promenade, il reçoit René Piot, un autre jeune cultivateur de Colombey qu'il a fait dépêcher par le chauffeur Francis Marroux. Il lui a envoyé une lettre quatre jours auparavant et elle est restée sans réponse. Il l'a donc invité à venir le voir pour mettre fin à la pâture de ses vaches sur la prairie qu'il venait d'acquérir libre de tout bail et de toute servitude, du fait du récent remembrement communal. C'était par commodité occasionnelle que les vaches en question y avaient été mises en attendant le changement de propriétaire. Ce terrain mitoyen au jardin de La Boisserie va lui permettre de planter des pins de Hongrie et surtout de reporter plus loin en bas de la colline la grande haie qui en barre le sommet. Ce réaménagement qui vise à accroître sensiblement le tour de ses promenades quotidiennes n'est pas le projet d'un homme qui se sentirait au bout de sa vie. L'affaire est tout de suite réglée. Il questionne alors René Piot sur sa famille et sur le travail à la ferme. L'agriculteur racontera par la suite que mon père était de fort bonne humeur. « Il m'a raccompagné gentiment jusqu'au perron, et avant de me serrer la main, comme je lui avais appris que j'étais en train de construire un hangar en lui garantissant qu'il serait de toute façon hors de sa vue, il a eu cette réflexion : "En effet, j'y tiens. Mais cela doit vous coûter fort cher. Si vous le voulez je puis vous faciliter l'obtention des prêts agricoles." » Le lendemain, avec la nouvelle de sa mort, René Piot reçoit la lettre qu'il lui avait écrite après leur entretien pour avaliser leur accord avec un chèque qu'il n'a pas sollicité mais que le Général lui demande d'accepter pour en tenir compte. L'enveloppe porte l'écriture de ma mère.

— Pourquoi ? N'écrivait-il pas toujours les adresses de sa main ? Peut-être n'en a-t-il pas eu le temps cette fois ?

— Si, mais ça l'ennuyait de courir après les adresses. Il arrivait donc à ma mère de s'en charger. Elle lui fournissait le renseignement ou remplissait l'enveloppe elle-même. La simplicité fondamentale que mon père recherchait se retrouve donc ici, dans ces derniers gestes et ces derniers mots. Le destin a voulu que l'homme qui laissera son nom dans l'Histoire aux côtés des plus grands occupe avec des gens modestes, des hommes de notre bonne terre de France, les ultimes instants de son esprit de ces humbles considérations. Ensuite, vers 15 h 30, il téléphone lui-même à Xavier de Beaulaincourt, qui est toujours chargé de son secrétariat particulier, lequel se trouve installé avenue de Breteuil. Cet appel vise à régler des demandes d'archives ou de références et à se mettre d'accord sur l'heure d'arrivée de « la valise », c'est-à-dire de la liaison que Xavier de Beaulaincourt et son dernier aide de camp assurent de Paris, chaque mardi, avec La Boisserie. Il est convenu que Beaulaincourt arrivera à Colombey, le lendemain, vers midi moins le quart, avec notamment la réponse à la question qu'il lui a posée pour ses *Mémoires* : celle de savoir si Christian Fouchet a vraiment été le ministre de l'Education qui est demeuré le plus longtemps en place. Ma mère l'entend raccrocher après avoir prononcé ces mots : « Eh bien ! au revoir, à demain, Beaulaincourt. »

— Peut-on penser que c'est la dernière personne avec laquelle il a eu une conversation suivie ?

— Ma mère ne se souvenait pas d'une conversation suivie avec lui, mais seulement d'avoir échangé quelques mots au moment du thé, à 17 heures. Petit interlude à l'occasion duquel il a tenu à la rejoindre dans leur chambre, pendant qu'elle finissait de faire sécher ses cheveux sous le casque. Il avait pris des mains de Charlotte le plateau chargé du service à thé qu'elle leur avait monté. Vers 18 h 30, il retrouve ma mère à la cuisine. Occupé avec sa correspondance, il lui manquait une adresse. Selon son habitude, il vient donc s'en enquérir auprès d'elle alors qu'elle est en train de mettre au point avec Honorine les menus de la semaine. Ce soir-là, il écrira trois lettres en plus de celles qu'il m'a adressée : à Jules Maillot, son cousin germain et maire de Lambersart, à Louis Watrigant, également son parent, ancien combattant de 39-45, exproprié de sa ferme à l'indépendance du Maroc, et enfin à René Piot. Sa correspondance terminée, il ferme les volets de son bureau, comme chaque soir, et va s'installer devant sa table de bridge, dans la bibliothèque, la pièce voisine. C'est là que ma mère vient s'asseoir à son tour, un instant après, devant son secrétaire Empire, dans un fauteuil plus petit que le sien qui est du genre Haute Epoque, dos et siège garnis de tapisserie. Le téléviseur vient d'être allumé. On le sait, il n'aurait pas regardé le journal sans avoir étalé machinalement sur le tapis vert cette réussite à sept cartes, sept fois sept, qui était pour lui une manière d'occuper ses doigts et de réfléchir, ce qui ne l'empêchait pas de suivre les images et la parole. C'est donc au moment même où le présentateur commence à donner des nouvelles météorologiques que ma mère qui est en train d'écrire l'entend soudain se plaindre en lançant cette phrase si souvent reproduite : « Oh ! j'ai mal, là, dans le dos. » Il est un peu plus de 19 heures, peut-être passées de deux ou trois minutes.

— Ses dernières paroles ? Votre mère aurait confié à Jean Mauriac qu'il en avait prononcé d'autres avant d'expirer mais qu'elle ne voulait pas les communiquer...

— Je suis formel, mon père n'a rien dit d'autre. Elle me l'a garanti. Il en était bien incapable car il souffrait terriblement. Elle s'est précipitée vers lui en abandonnant tricot et aiguilles sur son fauteuil, chose que mon père n'aimait pas, pensa-t-elle après coup, et raison pour laquelle il avait tenu à ce qu'il lui soit offert une travailleuse. Il portait sa main à son dos, du côté droit. Elle l'a vu s'affaisser, tête en avant. Ses lunettes avaient chuté. Elle lui a pris le pouls. Il était très faible. « C'est là, s'est-elle souvenu plus tard, que j'ai compris que c'était très grave. » Sans perdre son sang-froid, elle s'est élancée vers la salle à manger où Charlotte était en train de mettre le couvert. « Venez vite, s'est-elle écriée, le Général vient d'avoir un malaise. » Puis elle a demandé à Honorine d'appeler le docteur Guy Lacheny à Bar-sur-Aube et le curé de Colombey, l'abbé Claude Jaugey, et à Charlotte de prévenir le chauffeur Francis Marroux par la ligne téléphonique directe. Habitant la petite maison face à la grille d'entrée, il est arrivé immédiatement. Par la suite, ma mère m'a rapporté combien son personnel lui avait été dévoué. Les deux servantes l'ont aidée à faire glisser mon père de son fauteuil sur le tapis et à lui rehausser la tête avec un des coussins du canapé, puis, avec Marroux, à le coucher sur un matelas qu'il était allé prendre à l'étage, sur le lit divan d'une chambre d'enfant. Le médecin avait reconnu immédiatement la voix d'Honorine pour l'avoir entendue à l'occasion d'une grippe et d'autres petits maux. Il racontera plus tard qu'il avait abandonné le patient qu'il était en train d'examiner pour sauter dans sa petite Peugeot et qu'il n'avait jamais conduit aussi vite. Il n'a mis que dix minutes pour faire les quinze kilomètres qui nous séparent de Bar-sur-Aube. Il faisait nuit et il bruinait. La route était mouillée et il a failli déraper à l'entrée d'un village où il y avait des travaux. Pendant qu'il conduisait, il imaginait tous les diagnostics possibles, car Honorine lui avait seulement dit : « Venez vite, c'est pour le Général, il est mal. » A tout hasard, il avait pris sa trousse à perfusion contre l'infarctus. Il pensait aussi à une hémorragie cérébrale et à une rupture d'anévrisme. Et c'est cette dernière qu'il a constatée sur place sans pouvoir rien y faire. Il est arrivé en même temps que le curé du village. Il l'a laissé seul avec lui pendant quelques minutes avant d'intervenir par une piqûre de morphine afin d'atténuer la douleur. Yeux toujours ouverts, mon père respirait avec difficulté, le corps secoué de violentes contractions.

— Il était encore conscient ?

— Quand le prêtre est entré dans la pièce pour s'agenouiller à côté de lui et lui administrer immédiatement les derniers sacrements, il lui a semblé l'être encore, mais sans savoir à quel degré au juste, car il souffrait atrocement en gémissant un peu sans rien articuler. Son cœur a cessé de battre à 19 h 35. Alors, le docteur Lacheny l'a signifié à ma mère sans un mot, d'un simple clignement de paupières. Charlotte a voulu prendre sa patronne dans ses bras, car elle avait peur qu'elle tombe. Et Marroux avait déjà avancé un fauteuil vers elle. Mais la précaution de l'une et de l'autre a été inutile. Ma mère n'était pas femme à se laisser aller. Stoïque, presque impassible, c'est elle qui a brisé le silence de l'assistance agenouillée autour de mon père en soufflant au médecin, comme on l'a répété : « Il a tant souffert au cours de ces dernières années. C'était un roc. »

— « Il a tant souffert... » Qu'a-t-elle voulu dire par là ? Souffert moralement ou physiquement ?

— Les dernières années de sa présidence ont été éprouvantes moralement et physiquement. Et son départ volontaire, après le référendum perdu de 1969, ne l'a pas soulagé pour autant car il a éprouvé une grande déception de n'avoir pu terminer son mandat comme il le souhaitait.

— Le médecin a précisé qu'il ne s'était probablement pas vu mourir. C'est votre propre conviction ?

— Qui peut le savoir ? Mais je pense qu'il s'est rendu compte de quoi il était en train de mourir, car ses deux frères, Pierre, l'ancien président du Conseil municipal de Paris et sénateur, et Xavier, l'aîné, étaient morts, je le redis, de la même affection. Lui-même ne pouvait donc pas ne pas craindre – il me l'a d'ailleurs avoué – d'être menacé d'une fin similaire. A tout prendre, il préférait cela plutôt que de terminer malade, à plus forte raison invalide. Me reparlant du drame de la vieillesse de Pétain qui était, vous le savez, gravé dans son esprit, il a eu un jour ces mots : « Si le Maréchal avait été un peu plus jeune, les choses n'auraient pas été ce qu'elles ont malheureusement été. Il n'aurait pas subi cette espèce d'enlisement progressif, ce coma qui précède la mort et qui était le coma de l'Etat. » Une autre image le hantait : celle de terminer sa vie en fauteuil roulant. De son côté, ma mère était loin de se douter du mal qui couvait en lui. Elle n'avait jamais montré d'inquiétude à ce sujet. Elle l'imaginait en particulier à l'abri de problèmes cardiaques.

— Pourtant, le professeur Paul Milliez aurait affirmé qu'il avait diagnostiqué en 1953 l'anévrisme qui l'a emporté et que ses médecins en avaient connaissance. Pourquoi alors n'a-t-on pas essayé de l'opérer ?

— Cet excellent professeur s'avançait beaucoup. Il n'a ausculté mon père qu'occasionnellement, cette année-là, à la suite d'un malaise qui l'a pris après sa deuxième intervention de la cataracte. Il n'était pas son médecin traitant. D'autre part, à cette époque, répétons-le, il n'existait pas d'écho doppler permettant de déceler des anévrismes. Le lendemain des obsèques, 13 novembre, dans l'après-midi, le docteur Lacheny m'a demandé un entretien en tête à tête. Nous nous sommes retrouvés dans le jardin de La Boisserie. Il m'a alors appris que mon père avait perdu conscience à 19 h 25, au moment où il lui faisait une piqûre de morphine. Il m'a en outre précisé qu'ayant pris son poste moins de deux ans auparavant à Bar-sur-Aube, il n'avait jamais soigné ni ausculté le Général qui ne suivait, redisons-le, aucun traitement. Il n'était venu que deux ou trois fois auparavant à La Boisserie pour quelques maux grippaux d'Honorine ou de Charlotte.

— Votre mère a-t-elle fait allusion au mal qui l'a tué ?

— Elle a simplement donné la nouvelle de sa mort sans aucun autre détail. Toujours très maîtresse d'elle-même, elle a d'abord téléphoné à Alain de Boissieu, mon beau-frère, qui était à Paris. Ce dernier en a alors informé mon épouse qui s'y trouvait également avec nos enfants afin qu'elle m'avertisse, car ma mère ne savait pas comment me joindre à Brest, à l'état-major de la marine. Henriette se souvenait que, par mesure de discrétion, au cas où la ligne aurait pu être écoutée, Alain lui avait annoncé : « Il est arrivé quelque chose à Monsieur Père », au lieu de « mon beau-père », et qu'elle avait mis un temps avant de comprendre, se remémorant tout à coup que le Général avait demandé à son gendre de l'appeler « mon père ». Alors, elle a tenu à prévenir ses enfants sans tarder. Elle n'eût pas aimé qu'ils apprennent la nouvelle par la radio. Tout de suite après, le médecin, le curé et le chauffeur ont procédé devant elle à la toilette mortuaire assistés par Charlotte et Honorine, cette dernière s'occupant aussi de ses cheveux avec quelques coups de brosse. Charlotte nous a rapporté que mon père avait le visage très reposé, « comme s'il avait rajeuni de vingt ans ». Les deux braves femmes ne pouvaient se retenir de verser force sanglots assez bruyants.

— Sans doute au contraire de votre mère ?

— Au contraire de ma mère, en effet, qui, retenant ses larmes avec énergie, continuait à donner des ordres. Elle a ensuite chargé Honorine d'aller prendre dans la penderie du premier étage l'un des deux plus beaux uniformes de mon père, et l'a priée de l'aider à l'en vêtir à la place de son costume gris anthracite. Elle a aussi pensé aux fleurs. Charlotte avait habituellement la mission de pourvoir à celles qui devaient orner en permanence la tombe d'Anne. « Toujours fraîches », lui recommandait ma mère qui vérifiait souvent que la consigne fût bien observée. C'est donc la femme de chambre qui a dû s'empresser de cueillir une brassée de dahlias et de chrysanthèmes dans le jardin. C'est elle également qui s'est appliquée à enlever à mon père son bracelet-montre et son alliance. Puis, sur l'ordre de ma mère, le médecin, le prêtre et le chauffeur ont transporté la dépouille dans la pièce voisine. A Charlotte qui s'apprêtait à apporter un drap, elle a objecté : « Non, pas de drap, le drapeau. » Au premier étage, dans le tiroir d'une commode, bien plié, le drapeau d'étamine que l'on hissait à La Boisserie, le 14 juillet, recouvrira donc le corps du Général jusqu'à la poitrine, alors qu'il était maintenant allongé sur le divan, au milieu du salon, en attendant l'arrivée de son cercueil. Après le départ de l'abbé Jaugey et du médecin, ma mère et ses deux servantes se partagèrent la veillée mortuaire jusqu'à l'apparition de mon beau-frère, de ma sœur et de leur fille, peu avant 1 heure du matin. Ce dernier appela aussitôt Xavier de Beaulaincourt qui se souvint après coup mot à mot de la conversation qui s'engagea et qui a été maintes fois décrites : « "Je suis à la campagne et il est arrivé quelque chose de très grave, entendit-il, vous me comprenez." Je ne voulais pas comprendre. "Si, si, très grave, insistait Boissieu, c'est mon beau-père. Vous deviez venir demain, venez quand même, vous et Desgrées du Loû [l'aide de camp], vous aurez beaucoup de choses à faire, je compte sur vous." » (C'était une erreur, car ils auraient été bien plus utiles à Paris, comme on va le voir.) Lorsque Beaulaincourt réveilla le colonel Desgrées du Loû à son tour, celui-ci lui répondit : « Il faut vérifier par un contre-coup de fil. » Cinq minutes plus tard, il lui confirmait : « C'est exact, le Général est mort. »

— Vous-même, à quelle heure avez-vous été averti ?

— Vers 20 heures. Je suis alors en train de dîner seul au Cercle naval de Brest quand l'officier de garde de la préfecture maritime m'apprend par téléphone qu'on cherche à me joindre d'urgence depuis Paris. C'est ma femme. Je pense à quelque difficulté survenue chez moi. Mais dès que je décroche l'appareil, Henriette lâche dans un sanglot : « Ton pauvre papa ! » Alors, je me dis : il a dû tomber malade. Et puis, elle ajoute ces mots terribles : « Il vient de mourir. » Quel choc ! Pendant quelques secondes, je reste assommé. Comment aurais-je pu me douter d'une telle nouvelle ? Je cours immédiatement chercher quelques affaires chez moi, à proximité, puis me précipite à la gare où je prends le train de nuit pour Paris qui part à 21 h 40 et dont l'arrivée est prévue, si je me souviens bien, à 6 h 18. Vous imaginez facilement les pensées qui me traversent l'esprit pendant le voyage. J'essaie d'encaisser le contrecoup du drame. Cent images défilent devant les yeux. Je vois surtout celle de notre adieu sans formalités à la fin des vacances de septembre. Comme je regrette de n'avoir pu le retrouver à la Toussaint ! Me revient aussi cette promenade dans la forêt des Dhuits, lui marchant devant nous d'un pas ferme au rythme de sa canne sur le sol jonché de feuilles mortes, puis franchissant ce fossé qui nous sépare d'un banc de champignons. Dès mon arrivée à Paris, j'appelle ma mère. Elle me prescrit aussitôt : « Il faut conserver la plus grande discrétion. Je voudrais que M. Pompidou, qui détient un exemplaire du testament de ton père, le publie avant toute chose. Rends-toi immédiatement à l'Elysée. » C'est la première fois que je l'entends depuis la triste nouvelle. La connaissant, je sais d'avance qu'elle ne va pas s'étendre sur les circonstances.

— Elle n'ajoute vraiment rien d'autre ?

— Rien d'autre. Elle sait que je sais. Elle juge donc inutile d'ajouter quelque commentaire. Elle m'a dit seulement dès les premiers mots : « Tu es arrivé, c'est bien. On t'attend à Colombey. » Sa voix n'est pas celle que l'on s'apprête à entendre d'une veuve, sanglotante et presque inaudible, mais celle chez une femme décidée, d'une femme d'officier, armée contre toutes les épreuves. Elle est bien digne de mon père. Mais que va-t-elle devenir sans lui qui comptait pour elle plus que tout au monde ? Elle me recommande de ne rallier La Boisserie que lorsque j'aurai obtenu qu'on publiât le testament de mon père. Elle craint que le gouvernement qui a suivi celui du général de Gaulle ne rechigne devant les dispositions qu'il a souhaitées : les véritables obsèques dans la discrétion à Colombey, dont les officiels seront exclus, et la cérémonie officielle à Paris que, de toute façon, le gouvernement est obligé de faire. Par conséquent, il est possible que Georges Pompidou essaie de gagner du temps afin de confondre les deux cérémonies en une seule. Je débarque gare Montparnasse à l'heure prévue, le mardi 10 novembre, et décide de me rendre directement à l'Elysée. Je ne veux pas perdre une minute. Je sais que la mort du général de Gaulle ne manquera pas de provoquer nombre de problèmes, parmi lesquels il me faudra distinguer la part de la famille et celle de l'Etat. Vers 7 h 30, je me présente donc au poste des gardes républicains de la Présidence. Ces derniers doivent me trouver un air égaré. Il faut dire que j'ai mal dormi et que je ne suis pas très bien rasé. Ce n'est pas non plus une heure très convenable pour déranger, sinon le président, du moins son cabinet. Mais il faut agir avant que la nouvelle ne se propage. Au bout d'un moment, les gardes me permettent de prendre un contact téléphonique avec le cabinet du président, en la personne de Denis Baudouin, l'homme chargé de sa communication. Il vient de prendre ses fonctions quelques jours auparavant. Je sais qu'il a la réputation de ne jamais avoir été favorable au général de Gaulle. Il a d'ailleurs été l'organisateur de la campagne de Jean Lecanuet aux élections présidentielles et à celle du référendum d'avril 1969 en faveur du « non ». Il me répond au téléphone que le président n'est pas accessible à une heure aussi matinale et qu'il ne peut donc pas me donner satisfaction.

— Il a répliqué par la suite que vous aviez refusé d'entrer en contact avec lui...

— C'est en effet ce qu'il a prétendu, mais je soutiens que c'est bien ce qu'il m'a répondu au téléphone. Percevant son embarras, je commence à m'inquiéter. Qui sait si l'Elysée n'a pas été déjà mis secrètement au courant de la mort du Général et si la Présidence ne projette pas, en conséquence, d'organiser des obsèques nationales ? Voici donc que mon intrusion est en train de perturber ces beaux projets ! J'apprendrai d'ailleurs plus tard qu'Alain de Boissieu a fait prévenir Georges Pompidou à 7 h 20 par l'intermédiaire de l'attaché militaire à l'Elysée. Ce qui ultérieurement aggravera d'autant mon mécontentement d'avoir été éconduit.

— Pourtant, Pompidou assurera après coup qu'il ne savait rien encore quand vous vous êtes présenté à 7 h 30 à l'Elysée...

— Il m'affirmera lui-même, plus tard, qu'il ignorait tout avant 9 heures. Vous voyez donc comment tout cela était compliqué ! Ce n'est pourtant pas faute de m'expliquer au téléphone avec Baudouin en l'absence de quelqu'un d'autre, comme Pierre Juillet, par exemple, à qui j'aurais préféré avoir à faire. Je lui indique que je suis porteur d'un exemplaire du testament olographe de mon père et lui en donne la teneur. Il s'indigne : « Vous ne prétendez tout de même pas empêcher le président de la République d'organiser et de présider des obsèques nationales pour le général de Gaulle ! Personne ne comprendrait. C'est invraisemblable ! » Je propose alors de venir présenter l'exemplaire du document que je détiens en demandant qu'il soit communiqué à la presse pour annoncer à tout le monde ce qu'il en est. Mais aucune bonne volonté ne s'offre à l'autre bout du fil. Sur un ton sans réplique, on se contente d'ajouter : « Le président n'est pas visible maintenant, il est en train de s'habiller. Il faudrait que vous repassiez plus tard. » Je rétorque : « J'ai pourtant quelque chose d'important à lui dire. » On me répond : « Sûrement, mais veuillez repasser plus tard. » Et l'on raccroche.

— De toute façon, Georges Pompidou avait en sa possession l'exemplaire numéro un du testament. Il connaissait donc les dernières volontés du Général...

— Oui, mais il pouvait très bien ne pas en tenir compte en alléguant ultérieurement, par exemple, qu'il l'avait égaré et qu'il ne l'avait retrouvé qu'après les cérémonies dont mon père ne voulait pas. De son côté, ma sœur affirmait ne plus avoir le sien, c'est-à-dire le numéro deux, depuis un déménagement. Quant à ma mère, elle était censée posséder le même. Restaient le numéro un, celui de Pompidou, qu'on ne retrouvait pas, et heureusement le numéro trois, le mien. Je suis persuadé que si je ne lui avais pas survécu, on aurait certainement fait des obsèques nationales en contradiction formelle avec les souhaits du Général. Mon exemplaire, je le prenais avec moi partout où j'allais, en France, en Algérie, au Maroc. Je l'avais même emporté pendant la guerre d'Indochine, sur mon porte-avions, avec mes papiers personnels enfermés dans le petit coffre de ma chambre d'officier. En plus, j'en possédais plusieurs photocopies. Je pouvais ainsi le produire à tout moment. Ce matin-là, après avoir quitté l'Elysée, j'ai téléphoné avenue de Breteuil, au bureau du secrétariat de mon père. En vain. J'ignorais que Beaulaincourt et Desgrées du Loû étaient partis pour Colombey à la demande de mon beau-frère. Alors, je suis rentré chez moi, bien décidé à ne pas retourner à l'Elysée. Tout cela m'était désagréable. J'avais beaucoup de peine et ne me sentais pas le courage d'entrer plus loin dans cette affaire. J'étais assez surpris de ce qui venait de se passer à l'Elysée. Je m'imaginais, puisque j'avais fait savoir que j'étais à Paris, qu'au moins un officiel adéquat aurait cherché à prendre contact avec moi. En 1966, quand l'ancien président Vincent Auriol est mort, la Caravelle présidentielle a été mise à la disposition de son fils Paul et un membre du cabinet de mon père l'a invité à venir à l'Elysée. Je pense que, dans le désarroi de la mort du Général et devant la dimension de l'événement, on a dû tout simplement oublier qu'il avait une famille et un fils. Je me sens donc assez désemparé. Comment franchir cette barrière qui m'empêche d'accomplir mon dernier devoir filial ? C'est à ce moment-là que j'ai beaucoup regretté l'absence du secrétaire particulier et de l'aide de camp de mon père.

— Et c'est à ce moment-là aussi que vous pensez à Pierre Lefranc qui connaît bien les rouages de l'Elysée pour y avoir servi ?

— En effet. Il a été le chef de cabinet de mon père à la Présidence. C'est un homme fidèle en qui je peux avoir confiance. Je décide de lui téléphoner pour lui annoncer la triste nouvelle et lui faire part des difficultés que je viens de rencontrer à l'Elysée. Il arrive tout de suite à mon domicile. Il est évidemment très ému. Il me propose : « Je vais aller à Colombey le plus vite possible pour aider votre mère. » Mais ce qui presse davantage, c'est le problème des dispositions d'obsèques. Alors, je lui dis : « Si vous voulez nous prêter main-forte, rendez-vous plutôt sans tarder à l'Elysée avec l'exemplaire numéro trois que voici et insistez pour être reçu par Pompidou en lui demandant d'appliquer les dispositions voulues par le général de Gaulle. » Ce qu'il fait immédiatement. Un peu plus tard, il m'informe de l'Elysée que le président n'a pas encore retrouvé l'exemplaire numéro un du testament. Pompidou lui a expliqué : « On le cherche, mais depuis 1952, c'est quelque part dans un coffre, on ne sait où. » Puis il m'avertit que le secrétariat général de la Présidence souhaiterait que le communiqué ne soit pas donné à la presse avant la réunion du Conseil des ministres exceptionnel qui doit avoir lieu à 12 h 30. Je spécifie alors à Lefranc que ce document ne concerne pas les affaires de l'Etat et que s'il n'est pas publié avant midi, eh bien ! il devra le faire connaître lui-même à la presse après l'avoir convoquée rue de Solferino où se trouve l'ancien bureau paternel. C'est ce que m'a prescrit ma mère. Elle m'a commandé d'une voix ferme : « C'est impératif. S'il le faut, passe-toi de l'Elysée et va devant les journalistes. » Finalement, l'exemplaire de la présidence de la République a paru dans l'édition de midi de *France-Soir*. Pompidou a tenu d'ailleurs à faire savoir qu'il s'agissait de cet exemplaire-là et non du mien... Tout de suite après, il a fait annoncer qu'une cérémonie de requiem aurait lieu le 12 novembre à Notre-Dame. Ma mère a alors proféré du même ton péremptoire : « On ne nous y verra pas ! »

— Le Général est mort le 9 novembre à 19 h 35 et la France n'a connu la nouvelle que le lendemain à 9 h 06. Pourquoi avez-vous tenu à garder le secret si longtemps ?

— Il n'y a aucun mystère là-dessous. Nous nous rendions bien compte que tout aurait été bloqué en France dès la publication de la dépêche de l'agence France-Presse. Les journalistes seraient venus assiéger La Boisserie, des voitures et des trains auraient amené des visiteurs à Colombey et finalement les obsèques familiales se seraient transformées en un vaste mouvement de foule. Quand elle vient à se produire, la mort, pensions-nous, est une affaire privée. Elle appartient à la famille. Elle n'appartient à tout le monde, pour un homme public, estimaient mes parents et mon père en particulier, qu'à partir du moment où l'inhumation a eu lieu. Tout cela avait été décidé depuis longtemps. C'était bien explicite pour chacun de nous.

— Quand avez-vous pu quitter Paris avec votre famille pour Colombey ?

— Aussitôt après m'être assuré de la publication du document. C'est-à-dire à midi. Entre-temps, Pierre Lefranc est venu me rendre mon exemplaire. J'embarque alors ma famille au complet dans ma voiture, à l'exception de Charles qui est en stage aux Etats-Unis. Et en prenant le volant, je pense curieusement, cette fois, à mon pauvre père qui avait été contrarié d'apprendre que je n'avais pas acheté une voiture française. J'avais été obligé de prendre une Mercedes car depuis la disparition de la Frégate Renault, aucune voiture fabriquée en France ne pouvait satisfaire une famille nombreuse comme la mienne. Evitant tout embouteillage, nous arrivons vers 16 heures à La Boisserie. La porte de la maison n'est pas fermée à clef. J'entre seul dans le salon plongé dans la pénombre. On a tiré les rideaux. Recouvert en partie par le drapeau tricolore, le corps de mon père repose dans le cercueil ouvert au milieu du grand tapis décoré de roses masquant le carrelage de mosaïque. On vient de l'y déposer. A côté de lui, sur une petite table, deux bougies éclairent faiblement un crucifix, une soucoupe d'eau bénite et une branchette de buis. A ses pieds, le gros livre revêtu d'argent et décoré d'une croix de Lorraine qui contient les noms de tous les compagnons de la Libération. Bien qu'il ait le même tour de tête et la même taille que moi, tout en étant plus massif, il paraît beaucoup plus grand. J'ai aussitôt la sensation physique qu'une immense présence emplit la pièce : même mort mon père est toujours là ! Couché, il fait face à ceux qui entrent. Il est revêtu de son uniforme kaki avec le seul petit insigne en émail de la France Libre. Ses mains sont jointes sur sa poitrine. Ma mère a glissé entre ses doigts un petit chapelet blanc en nacre qu'elle est allée chercher dans sa chambre.

— Celui, a-t-on raconté, que le pape Jean XXIII avait remis à votre père lors de sa visite au Vatican...

— Non. Mes parents l'avaient acheté à Jérusalem en 1929, au cours de leur séjour au Liban. Laissé à Paris pendant la guerre, ils l'ont retrouvé dans leurs affaires confiées au garde-meuble en revenant à la Libération. Ils le conservaient dans un des tiroirs de leur table de nuit. Le drapeau dont les plis retombent jusqu'au sol recouvre le corps à partir de la ceinture. C'est ma mère qui a tenu à ce qu'on lui laisse le visage à découvert.

Il est reposé, presque serein et rajeuni. Aucune trace de souffrance apparente, pas de ride, pas de rictus. Je m'approche, lui touche les mains, puis pour la première fois de ma vie le sommet arrière de la tête où je reconnais le même méplat, la même ossature que la mienne. Son corps est moins froid que je ne m'y attendais. Une tristesse poignante me serre le cœur avec, encore une fois, le regret profond d'avoir manqué notre rendez-vous de la Toussaint. Peut-être avait-il des consignes à me laisser ou des confidences à me faire en particulier ? Je me dis : voici donc le départ vers une autre vie d'un des plus grands hommes de France et voici mon adieu à un père qui m'a souvent donné l'impression qu'il aurait aussi bien sacrifié son fils que lui-même à son destin historique. Je me dis cela sans que ce sentiment provoque de révolte en moi parce que c'est tout à fait dans l'ordre des choses. Parce que c'est écrit dans le livre de notre destin. Je lui embrasse le front. Figé, son visage est devenu étranger au monde qui l'entoure. Je suis seul avec lui, ou plutôt, nous sommes seuls, en tête à tête, comme cela nous arrivait parfois, assis côte à côte contre un arbre dans la forêt des Dhuits, silencieux l'un et l'autre, plongés dans un songe, mais en communion de pensée.

— Et votre mère, où se trouve-t-elle ?

— Dans la bibliothèque, la pièce voisine, avec ma sœur et mon beau-frère. Ma femme et mes enfants sont montés dans leur chambre au moment de notre arrivée. Je leur ai soufflé : « Je viendrai vous chercher. » Ma femme a très bien compris. Elle est la pièce rapportée. Elle m'a quitté sans un mot avec nos garçons. Dans la famille, c'est la règle. On laisse le fils seul avec son père défunt. Ce n'est qu'après quelques instants de prière et de méditation que je la fais entrer avec mes fils à l'exception du dernier, Pierre, qui n'a que sept ans et demi et qui est donc trop petit pour voir un mort.

— C'est votre père qui avait manifesté ce souhait ?

— Comme notre famille, il préférait en effet que le plus jeune de ses petits-enfants, qui ne pouvait conserver de lui que peu de souvenirs, garde au moins celui d'un homme debout et vivant, et non pas d'une dépouille mortelle. Charles partira de New York le lendemain matin dans l'avion du président Richard Nixon qui a eu la délicate attention de le faire chercher à l'endroit où il suivait son stage avant de s'envoler lui-même pour Paris. Laissant mes proches devant le cercueil, je rejoins, à côté, ma mère, ma sœur et mon beau-frère. Malgré leur chagrin, il n'y a là, selon la coutume familiale, ni plainte ni sanglot. Les femmes sont maîtresses d'elles-mêmes. Tout le monde parle d'une voix calme. Ma mère m'attend assise à l'endroit où elle a coutume de se tenir, face à son secrétaire, derrière le fauteuil paternel. Vers 20 heures a lieu la mise en bière, c'est-à-dire la fermeture du cercueil que ma mère a fait apporter par l'artisan du village qui a fabriqué celui de ma sœur Anne, un brave homme nommé Robert Merger, avec l'aide de son collègue de Juzencourt, Louis Mouton. Ce menuisier a prévenu ma mère, comme pour s'excuser : « Vous savez, Madame, j'ai bien un cercueil déjà prêt, mais c'est celui de tout le monde. » Et elle lui a répondu : « C'est tout ce qu'il faut. »

— Un cercueil de pauvre, a-t-on dit dans la presse...

— C'était la tradition familiale à laquelle mon père adhérait. On n'avait pas du tout l'idée de choisir des cercueils luxueux. Ça n'avait pas de sens pour nous. Il fallait seulement que le cercueil fût digne et rien de plus. Quand un homme va en terre, à quoi rime de l'envelopper de fioritures, de métaux précieux et de bois extraordinaires ? On fait un cercueil de chêne et on met des poignées de métal, le nom dessus, une croix, et c'est tout. En silence, nous regardons donc les deux hommes visser le couvercle de chêne clair. Voilà. Il faut que je m'y habitue : mon père vient d'échapper à jamais à mes yeux. Je ne pourrai plus désormais le voir que dans le souvenir.

— Pourquoi votre mère a-t-elle passé outre à votre propre désir qui était que l'on puisse voir votre père plus longtemps ?

— Personnellement, j'aurais préféré en effet qu'on attendît au moins la matinée du lendemain pour permettre à d'autres personnes de le voir une dernière fois, en particulier à sa sœur Marie-Agnès qui devait venir du Havre. Mais ma mère n'y tenait pas. Elle était hantée par la crainte que des journalistes ne réussissent à s'introduire à La Boisserie pour y prendre des photos. Son empressement était conforme à ce que mon père avait souhaité. Il avait demandé que son corps fût mis en bière dès que celle-ci aurait été prête pour éviter la fatigue à ceux qui voudraient rester près de sa dépouille. Concevant la mort comme l'affaire de Dieu et de la famille, il ne souhaitait pas que l'on défile devant son cercueil. Il n'y a donc pas eu de longue veille du corps. Seulement des moments de recueillement. Ma mère n'a pas récité de prières autres que celles que chacun fait en soi dans une telle situation.

— Comment se déroulent le déjeuner puis le dîner qui a lieu après la mise en bière ?

— Au déjeuner auquel, je le rappelle, je n'étais pas, chacun prend sa place habituelle à table. Celle de mon père demeure vide. C'est alors que ma mère, ma sœur et son mari entendent l'allocution de Georges Pompidou et sa fameuse phrase : « La France est veuve. » Au dîner, au moment de nous mettre à table, ma mère m'invite à m'asseoir à la place que mon père occupait traditionnellement, dos à la cheminée, c'est-à-dire face à elle. En occupant ce siège, j'assure la continuité. Chez les de Gaulle, la tradition est ainsi. La vie et la mort ont la même trame. Les jeunes vivent avec le souvenir des morts et les morts se prolongent dans le souvenir des vivants. Devant moi, droite, réservée, ma mère est envahie par le chagrin, mais elle assume, stoïque, imperturbable. Elle tient à ce que rien ne change dans notre vie familiale, laquelle doit se poursuivre selon les mêmes coutumes qu'au temps de l'absent. On ne parle pas beaucoup pendant ce repas. On échange seulement quelques réflexions sur des dispositions à prendre, puisque tout le monde est réuni. En particulier, ma mère précise encore une fois qu'elle ne veut voir aux obsèques que des très proches. Une fois le dîner terminé, le cercueil de mon père a été laissé seul dans le salon fermé à clef après que j'ai passé une heure, assis à ses côtés, plongé dans la méditation.

— On aurait fait un masque mortuaire de votre père. Vous êtes au courant ?

— J'ai effectivement entendu cette rumeur. Je ne vois pas comment ce masque aurait pu être fait. Comme je viens de vous le rapporter, la dépouille mortelle de mon père n'a été laissée seule qu'une nuit avant sa mise en bière, et ma mère, croyez-moi, a monté une garde sans faille. Mon père s'était formellement opposé à toute initiative de ce genre et ma mère réitérera ce refus à Pierre Lefranc qui lui demandait si elle désirait que l'on s'y prêtât. Elle s'est opposée tout autant à ce que l'on prît un moulage de ses mains et que l'on gardât une mèche de ses cheveux.

— Pendant la nuit qui a suivi sa mort, celle du lundi 9 au mardi 10 novembre, le cercueil est demeuré ouvert, puisque, comme vous l'avez affirmé, on attendait, pour le refermer, votre arrivée en fin d'après-midi du lendemain. Vous ne pensez pas que quelqu'un aurait pu profiter de ce moment-là pour...

— Qui, quelqu'un ? L'un de ceux qui se sont succédé auprès du corps toute la nuit ? Ma mère ? Ma sœur ? Mon beau-frère ? Le curé du village ? Une des aides ménagères ? Allons donc ! La porte du salon était fermée à double tour, celle de la maison pareillement, et la propriété particulièrement surveillée.

— Et si ce moulage avait eu lieu à l'insu de votre père, pendant qu'il était endormi, après son opération de la prostate, à l'hôpital Cochin, en avril 1964 ?

— Vous rêvez ! Personne ne pouvait approcher de la chambre du président de la République. N'oubliez pas non plus qu'à cette époque, les gens de l'OAS menaçaient sa vie. Le 15 août de cette année-là, soit deux ans presque jour pour jour après l'attentat du Petit-Clamart, on essayait encore de l'assassiner au mont Faron. C'est dire à quel point les services de sécurité étaient en alerte.

— Ce masque du visage de votre père existerait pourtant bel et bien, d'après ce que l'on dit...

— S'il existe, je pense que ce ne peut être qu'un faux. L'œuvre d'un artiste quelconque comme on en a connu beaucoup.

— C'est votre mère qui a refusé que l'on utilise le corbillard du village ?

— C'est elle. Elle a repoussé la proposition de la mairie en expliquant : « Le Général qui a tant fait pour les chars, ne peut qu'être transporté par l'un d'eux jusqu'à sa dernière demeure. » Et c'est ainsi que mon beau-frère a demandé au 5e régiment de hussards basé non loin de là, en Champagne, d'amener à Colombey un engin blindé de reconnaissance (EBR) dont on a retiré la tourelle pour y transporter la bière.

— Georges Pompidou aurait voulu se rendre à Colombey dès le lendemain de la mort du Général, et Mme de Gaulle s'y serait opposée. Vrai ?

— Ma mère ne désirait pas de visite avant que j'aie pu faire moi-même la première, celle du fils au père défunt. Or, on l'a vu, je n'ai pu rejoindre Colombey qu'assez tard dans l'après-midi du 10 novembre, avec ma famille. La nuit étant tombée, les trajets d'hélicoptère n'étaient plus possibles. Aussi le souhait de Georges Pompidou de venir le soir même n'a-t-il pu être exaucé. Il fut donc convenu que sa visite se ferait le lendemain après-midi, mercredi 11 novembre, vers 16 heures, et qu'il serait accompagné de Jacques Chaban-Delmas, son Premier ministre. Il est possible que Georges Pompidou n'ait pas trouvé à son goût d'avoir été devancé de quelques heures par Michel Debré qui arriva le premier avec le général Michel Fourquet, chef d'état-major de l'armée, et le général Massu.

— On a rapporté qu'il avait été offensé par l'attitude de votre mère qui aurait refusé de lui serrer la main devant le cercueil fermé alors qu'elle aurait pris celle de Chaban-Delmas avec chaleur en lui adressant quelques mots.

— Elle a été effectivement plus chaleureuse avec Chaban. Elle lui a dit dans le bureau de mon père où il était entré à la suite de Georges Pompidou : « Le Général vous aimait bien. Vous le savez d'ailleurs. » Quant à Pompidou, il est vrai qu'elle n'était pas très contente de son attitude à l'égard de mon père. A partir de Mai 68, elle a bien perçu, à travers les commentaires paternels, qu'une brèche avait entamé les relations des deux hommes. Elle reprochait surtout à Pompidou de s'être présenté comme son successeur avant le déroulement du référendum. Mais, je m'en porte garant, elle l'a accueilli très correctement.

Elle lui a bien sûr serré la main et, en le remerciant de ses condoléances, lui a dit combien le Général avait prisé de l'avoir eu comme collaborateur pendant si longtemps. Je ne sais pas ce qu'elle aurait pu faire de plus à son égard. Elle a fait preuve aussi de beaucoup de gentillesse à l'égard de son épouse, Claude, lui relatant, par exemple, dans le détail, les circonstances de la mort de mon père. Je la revois notamment en train de lui montrer l'endroit où il s'était effondré, dans la bibliothèque. Le matin même, ce sont ma tante Marie-Agnès Cailliau, la sœur de mon père et seule survivante de la fratrie, et quelques-uns des siens qui viennent prier au pied du cercueil. Ma tante, qui a quatre-vingt-trois ans, nous reproche vivement de n'avoir pas attendu son arrivée avant de le refermer. L'après-midi, après la cérémonie officielle aux morts des guerres qui a eu lieu le matin même à l'Arc de triomphe, et malgré les réticences de ma mère, nous ne pouvons empêcher un certain nombre de gens de rallier La Boisserie. Mon beau-frère et moi passons la journée à les accueillir et à faire en sorte qu'ils ne s'attardent pas, à l'exception de mon oncle et de ma tante Jacques Vendroux, frère et belle-sœur de ma mère, qui nous y aident. Ainsi défilent Couve de Murville, Jacques Foccart, Geoffroy de Courcel, Pierre Lefranc, René Brouillet, Gaston Palewski, Pierre-Louis Blanc, Etienne Burin des Roziers... Quoique sensible à leur venue, ma mère m'exprime son irritation : « Voilà maintenant que les ministres débarquent ! Ton père avait dit : "Ni ministre, ni officiel." »

— Elle devait être aussi effrayée par tous ces inconnus qui rappliquaient d'un peu partout, même de l'étranger, et convergeaient vers le cimetière...

— Comme nous tous, elle s'en soucie en effet beaucoup. Comment, avec tout cela, les obsèques vont-elles pouvoir se dérouler dans la dignité ? J'ai beau essayer de la tranquilliser, je suis moi-même assez tourmenté. Malgré la surveillance établie autour de la propriété, nous sommes à la merci des curieux et surtout des reporters photographes que nous savons hardis et que nous imaginons prêts à violer notre intimité. Cependant, c'est surtout maman qui est l'objet de mon inquiétude. Elle ne doit pas avoir dormi beaucoup et je la sais malade. Pendant le bref déjeuner que nous partageons presque en silence, j'ai peine à la quitter du regard. Mais si elle est marquée par le chagrin, elle a toujours cette volonté de fer qui l'empêche de fléchir. Jusqu'au bout, j'en suis sûr, elle restera cette femme qui a toujours fait honneur à Charles de Gaulle. Dans l'après-midi, alors qu'un ciel couvert attriste un peu plus Colombey-les-Deux-Eglises, nous apprenons que trente ou quarante mille personnes venues de toute la France ont réussi à contourner les nombreux barrages de police établis sur tous les accès pour empêcher que ce village de trois cent quatre-vingts habitants ne soit submergé. Des milliers n'ont pas craint de passer à travers champs et certains ont dormi avec leurs enfants dans leur voiture ou même sur le sol humide de novembre. Ils sont là, qui se pressent dans le calme et s'agglutinent même sur les toits. Tous les autres, les millions d'autres, sont devant leur poste de télévision, en France, dans nos départements d'outre-mer, à l'étranger, et, pour cette raison, peut-être n'est-ce pas utile de m'étendre sur ce sujet. Ils gardent sûrement un souvenir indélébile de cette journée du 12 novembre 1970.

— Vous oubliez ceux qui sont trop jeunes pour avoir connu tout ça.

— C'est vrai. Alors, peu avant 15 heures, on charge le cercueil de mon père sur l'engin blindé stationné devant La Boisserie. Ne doivent l'accompagner que les très proches : ma mère, ma femme et moi, nos quatre fils, ma sœur, son mari et leur fille. Mais pour accéder au désir de la télévision qui voulait filmer l'automitrailleuse remontant seule jusqu'à la grille de la propriété, nous devons attendre, pour la suivre, qu'elle ait quitté La Boisserie. J'entendrai toujours le grondement sourd de son moteur dans le silence. Ma tante Marie-Agnès et les siens ont déjà gagné l'église avec les autres parents. Le catafalque est placé dans l'allée centrale, face au chœur. Le même drapeau le recouvre jusqu'au sol. Au-dessus, rien n'est posé. Autour, ni fleurs ni couronnes. Quatre grands candélabres en fer forgé avec leur cierge de chaque côté et quatre saint-cyriens l'encadrent, sabre au clair. La messe est concélébrée par le curé de Colombey, l'abbé Jaugey, mon cousin François de Gaulle, missionnaire au Niger, et Mgr Alfred Atton (que ma mère avait voulu écarter car le malheureux évêque de Langres avait engagé les catholiques à voter « non » au référendum). L'office est traditionnel et accompagné de chants grégoriens en latin et des cantiques en français. Aucune oraison funèbre.

— C'était le vœu de votre père ?

— C'était son vœu. Aucun sermon ne devait être prononcé mais la simple mention du nom de celui qu'on prie le Juge suprême d'accueillir avec indulgence auprès de Lui. Les cantiques sont chantés par une chorale d'adultes de la Haute-Marne que l'évêque a fait venir. Des cantiques très simples, ceux qui résonnent souvent le dimanche dans les églises de campagne et de quartier, et dont le choix, je le précise, n'a pas été fait par ma mère ni par quelqu'un des miens. Je me souviens avoir entendu ainsi, au début de l'office : « Je mets mon espoir dans le Seigneur, je suis sûr de sa parole », et à la fin, « J'ai trouvé le Dieu vivant, et mon cœur est plein de joie ». Après la messe qui a duré environ quarante-cinq minutes, la procession jusqu'au cimetière se fait avec les paroles de cet autre chant : « Dieu est amour, Dieu est lumière, Dieu notre père ». Le cercueil est porté sur les épaules de douze jeunes gens de Colombey. Ce sont eux qui ont demandé à être chargés de cette mission d'honneur. Il passe devant une garde de cinq sections : saint-cyriens, gendarmes, fusiliers marins, soldats des armées de terre et de l'air. Tous présentent les armes, comme mon père l'a prescrit, sans musique ni sonnerie de clairon. Au cimetière se regroupent avec ma mère, qui paraît impassible sous son voile de tulle noir, tous ses proches devant la tombe blanche surmontée d'une croix de la même pierre où elle devra être inhumée, un jour, au côté de ma sœur Anne morte en 1948. Au-dessous du nom de cette dernière, une deuxième inscription est gravée en lettres dorées : « Charles de Gaulle 1890-1970. » En face, à droite de la dalle, l'espace est laissé pour le nom de son épouse. Il n'est pas tout à fait 16 heures. Je viens de voir le cercueil disparaître dans le caveau. Je ne peux m'empêcher de regarder ma mère sous son voile. Quelle douleur, mais quelle dignité !

— Il est quand même surprenant qu'elle ait voulu se débarrasser après coup de tout ce qui avait appartenu à son mari. Elle n'a vraiment rien voulu garder ?

— On n'avait pas l'habitude chez nous de conserver les effets d'un mort. Ce qui était en bon état, on le donnait aux œuvres de charité. Mais elle a préféré tout détruire par le feu. Elle craignait que l'on en fasse des reliques. Le soir même, sans attendre, elle a brûlé le costume gris qu'il portait ce jour-là, tout ce qu'il avait sur lui et le contenu de sa penderie et de son armoire à linge. Elle a mis au feu jusqu'au matelas sur lequel on l'avait couché dans le salon ainsi que son lit divan, jumeau du sien, dans leur chambre à coucher, son traversin, son oreiller, son pyjama. Elle a fait disparaître de la même façon ses affaires de toilette et a cassé en morceaux le service en porcelaine du petit déjeuner qu'ils utilisaient chaque matin. Tout ce qui avait pu appartenir à mon père a été réduit en cendres après avoir été jeté dans l'incinérateur qui se trouvait dans le jardin, près du poulailler. De plus petites choses ont fini dans la cuisinière. Cet autodafé dégageait une telle fumée que des villageois se sont inquiétés en imaginant qu'un incendie s'était déclaré à La Boisserie. Mon beau-frère et moi n'avons pu sauver que quelques effets : un uniforme de soirée, cette tenue d'apparat dont le Général est revêtu sur sa photo officielle de président de la République, avec tous ses ordres, un manteau et une veste d'uniforme, l'un et l'autre kaki. Je les ai légués à l'ordre de la Libération avec deux képis, celui à feuilles de chêne avec lequel on le voit en 1940, en Grande-Bretagne, et le kaki uni qu'il a adopté par la suite. Le casque de char et la veste de cuir qu'il avait rapportés de la bataille de France sont allés au musée des Invalides. Pour ma part, j'ai pu conserver deux cannes, dont celle qu'il prenait pour ses promenades, notamment en Irlande, et les différents stylos qu'il utilisait habituellement pour la rédaction de ses *Mémoires*, des Parker ou Waterman de type courant. Je les ai offerts à mes quatre fils. Ma sœur en a également hérité d'un. J'ai aussi gardé son alliance et son bracelet-montre, une montre automatique, car il ne voulait pas avoir la préoccupation de la remonter.

— Votre mère aurait brûlé des papiers, peut-être même des manuscrits...

— Légende. Elle n'a détruit aucun document, aucun manuscrit ni aucune correspondance de mon père. De toute façon, il ne laissait rien traîner et il répondait, chaque soir, à ses lettres au fur et à mesure de leur arrivée. Nous n'en avons retrouvé aucune sur son bureau. Le courrier, même quand il était adressé à La Boisserie, était envoyé, comme on l'a dit, avenue de Breteuil, au secrétariat que tenait Xavier de Beaulaincourt avec ses secrétaires, dont Mlle Andrée Valentin. Le 10 novembre étant un mardi, Xavier de Beaulaincourt a donc apporté, comme d'habitude, à Colombey, des lettres qui devaient être soumises à la signature du Général dont il avait pourtant été prévenu de la mort. Il y en avait dix. Il nous a également remis le courrier qui avait été adressé à mon père pour le remercier de l'envoi du *Renouveau.* Figuraient notamment une lettre du chah d'Iran en français, une du pape, une de Mme François Mauriac, de Lady Churchill, d'Anouar al-Sadate... En ce qui concerne les objets historiques de valeur, j'ai décidé de leur faire prendre le chemin de l'ordre de la Libération. Ce fut notamment le cas de la maquette du *Surcouf* et de la statue de Bourdelle, symbole de la France Libre.

— Pourquoi avez-vous refusé d'assister vous-même à la messe de requiem à Notre-Dame en présence du président de la République, des souverains et chefs d'Etat étrangers ?

— Ce requiem solennel a eu lieu le même jour que les obsèques à Colombey, le 12 novembre. Il est vrai que j'aurais pu à la rigueur assister aux deux cérémonies successivement en rejoignant l'une et l'autre par un moyen aérien, étant donné que celle de Paris avait lieu le matin. Mais je ne l'ai même pas demandé, de façon à me conformer aux dernières volontés de mon père. Le soir, nous avons suivi la retransmission de cette cérémonie à la télévision. Evidemment, un cœur de fils ne peut rester indifférent à un tel témoignage de respect et de reconnaissance national et international. Imaginez : tout ce que le monde compte de souverains, de chefs d'Etat et de gouvernement rassemblé là dans le silence pour dire adieu à votre père ! Car c'est bien de votre père qu'il s'agit. De cet homme que vous voyiez encore l'autre jour cueillir des champignons avec vous dans la forêt des Dhuits. Mais j'ai été certainement plus ému de l'hommage très simple et très beau qui a été rendu dans notre village, notamment par ces douze jeunes gens qui avaient voulu porter le cercueil. Ils étaient les continuateurs du général de Gaulle Quand il discutait avec ses petits-fils, mon père essayait de leur faire comprendre quelle perpétuation ils devaient assumer avec les générations précédentes. Il leur disait textuellement : « Les vivants ont les pieds sur les ossements des morts et les jeunes générations doivent apporter leur pierre à l'édifice pour le continuer. » Il leur disait également qu'avec de la volonté, de la ténacité et en dépit des épreuves, un peuple peut progresser et prospérer. C'est dans ce sens qu'il a écrit que, toute sa vie, il avait été éclairé par « la lueur de l'espérance ». Le lendemain, 13 novembre, j'ai accueilli l'émouvante délégation des chefs d'Etat africains qui ont tenu spécialement à se rendre à La Boisserie après leur visite au cimetière, et le jour suivant, Mgr Meletios, patriarche de l'Eglise orthodoxe. Je suis rentré le 15 à Brest où j'ai repris mon commandement dans la marine. Si j'avais pu imaginer alors à quel point la succession morale et matérielle de mon père allait peser sur moi ! Tant de tâches à accomplir en même temps dans tous les domaines, tant de soins à prendre, tant de dispositions à observer dans le respect des volontés paternelles. A commencer par le rassemblement de ses lettres, notes et carnets en vue de leur édition et la publication très prochaine des deux chapitres de *l'Effort*, le second tome des *Mémoires d'espoir*... On sait que mon père avait à peine ébauché le troisième quand il a disparu. D'après le plan qu'il avait soumis à Pierre-Louis Blanc en mai 1970, ce chapitre devait être suivi de quatre autres.

— Plus de deux mille auteurs à travers le monde ont tenté de révéler ce grand Français qui a marqué si fortement son pays et son siècle, et dont on parle encore presque chaque jour, trente-quatre ans après. Comment jugez-vous leur travail ?

— Je ne peux évidemment qu'adresser des compliments à la plupart de ceux qui, parmi ses compagnons de la France Combattante et ses collaborateurs à l'Elysée, nous ont livré leur témoignage. Ils ont chacun ajouté à son portrait la juste touche qui lui manquait. Une œuvre comme celle de mon ami Alain Peyrefitte, par exemple, ne mérite que des éloges à quelques paragraphes près à propos de l'Algérie et du Sénat qu'il a vus à sa manière. Jean-Luc Barré a le droit lui aussi à des compliments. Certains, tel Jean Lacouture, ne partageaient pas toujours les points de vue de mon père, mais, passionnés par le personnage, ils ont su faire œuvre historique. Je ne dirais pas la même chose de tous. Je suis frappé du peu d'idées qu'ils ont déployées. Ils peuvent être académiciens, se targuer d'être historiens, sinon d'appartenir à l'intelligentsia universitaire, ou même tenir la barre d'un journal ou d'un hebdomadaire, beaucoup sont passés à côté de mon père. Malgré leur plume souvent excellente et leur esprit brillant, ils ne le trouvent pas, ne le discernent pas, ne l'« inventent » pas dans le sens de la découverte réelle. Et quand ils le découvrent, c'est d'une manière fictive qui en fait un personnage déformé. Le « de Gaulle dictateur » ou celui de « l'intendance suivra », leurs poncifs habituels, appartient à ces mythes sortis d'esprits spéculatifs dont les analyses et les jugements sont plus ou moins erronés pour des fins parfois polémiques ou pour tenter tout simplement de diminuer l'homme dont la dimension les étonne ou les contrarie. Vous le verrez, toutes les rectifications que nous pouvons apporter aujourd'hui et tous nos démentis aux assertions captieuses n'empêcheront pas certains magazines d'appeler ces détracteurs pour noircir leurs colonnes. Qui pourrait dresser avec plus de véracité et de vérité que moi le portrait d'un être aussi complexe que de Gaulle et rapporter avec plus de fidélité le fruit de son intelligence ? Et qui serait plus capable de séparer le bon grain de l'ivraie parmi tout ce qui a été dit ou écrit à son propos ?

— Vous ne vous estimez pas un peu trop sévère ? Nombre d'écrivains et de journalistes ont fait leur travail avec conscience et honnêteté. Ils ont même montré beaucoup de talent.

— C'est vrai, mais ceux-là sont d'espèce rare. Ils s'ajoutent aux quelques proches collaborateurs de mon père dont je viens de parler qui ont témoigné avec le souci du devoir de mémoire et de la vérité. Beaucoup d'autres, je le répète, sont passés à côté du personnage sans le dépeindre tel qu'il était, volontairement ou inconsciemment. Ils n'ont pas vu ou pas voulu voir le grand homme d'Etat de culture chrétienne, l'un des très rares qui fut à la fois homme de plume, homme de pensée et homme d'action, et qui a dominé de son vivant l'histoire de son pays

C'est pourtant indéniable. Il est étonnant en effet de constater que de Gaulle est toujours présent, aujourd'hui, dans les esprits, et peut-être même davantage qu'au temps où il était le chef de la France. Pourquoi ? Parce que, vous ne l'ignorez pas, cet homme hors série savait prendre du recul par rapport à l'événement et voir loin, très loin. Les grandes décisions qu'il a prises pour son pays, c'est seulement maintenant que nous pouvons en évaluer l'ampleur et l'importance, alors qu'au moment où il nous les a révélées, les esprits les plus subtils n'ont pas toujours su juger leur véritable raison d'être. C'est parce qu'il a été toute sa vie un homme d'avenir, préparant la France du XXe siècle aux échéances du XXIe, que nous nous sentons liés à présent par sa politique dans les conséquences lointaines que celle-ci a eues sur nous. C'est en effet un miracle de la Providence qu'au milieu des tempêtes qui, plusieurs fois, ont failli faire sombrer la patrie, ils aient su trouver cet homme exceptionnel pour la relever, la libérer, lui rendre l'espérance et lui donner les moyens de sa grandeur, c'est-à-dire de sa prospérité. Les Français n'ont pas fini d'être gaullistes. Nous pouvons être sûrs que ceux qui ne le sont pas aujourd'hui le seront demain. Souvenez-vous de ce qu'a écrit François Mauriac : « Quand de Gaulle ne sera plus là, il sera là encore. »

— Pensez-vous que votre père pourrait être satisfait du souvenir que l'on garde de lui et du culte que l'on entretient à son égard ?

— Le souci du général de Gaulle était d'entrer dans l'Histoire, et il y est bien entré. Il est venu en crédit au peuple français. Et c'est pourquoi tant de gens essaient depuis sa mort de bénéficier un peu de ce crédit. La France aurait eu un sens complètement différent s'il n'y avait pas eu de Gaulle depuis 1940. Nous n'aurions pas été le même peuple, mais celui qui aurait tout subi, qui aurait été libéré par les autres, qui n'aurait rien apporté de lui-même. Il nous a placés dans le camp des vainqueurs. Il nous a laissé une philosophie politique et une méthode de gouvernement, en même temps, il ne faut pas l'oublier, qu'un développement économique, technique et social qui nous a longtemps servi de tremplin et perdure aujourd'hui. De tout cela, il ne peut manquer d'être satisfait. Son seul regret aurait certainement été celui de n'avoir pu finir ses *Mémoires*, c'est-à-dire d'achever de s'expliquer. Quand on voit les légendes qui circulent ! S'il a souvent dû souffrir des avanies de ses compatriotes et, d'une façon générale, de leur ingratitude, il est finalement mort content d'avoir été français. Un grand Français qui a bien servi son pays.

— Vous m'avez dit, un jour, qu'il vous arrivait d'entendre votre père vous parler à certaines occasions. De quoi pourrait-il vous entretenir au moment où ce portrait s'achève et où vous êtes au soir de votre vie ?

— Je crois qu'il me parlerait de la lumière. Il me lirait ce qu'il a écrit à la fin de ses *Mémoires de guerre* et que j'ai entendu un jour de sa bouche alors qu'il m'avait demandé ce que j'en pensais : « Le destin est-il donc scellé ? Est-ce, pour toujours, la victoire de la mort ? Non ! Déjà, sous mon sol inerte, un sourd travail s'accomplit. Immobile au fond des ténèbres, je pressens le merveilleux retour de la lumière et de la vie. »

28

ELLE SANS LUI

« Dans le veuvage et dans la douleur, la plus grande gloire appartient à celle qui fait le moins de bruit parmi les hommes. »

Lettres, Notes et Carnets. Août 1916.

Le 12 novembre 1970 au soir, le portail vert de La Boisserie s'est refermé sur les derniers visiteurs attristés. Après cinquante-trois ans de mariage, Yvonne de Gaulle se retrouve seule. Demain, ses proches dont vous-même la quitteront pour reprendre leurs occupations. Le silence régnera dans la maison. Comment votre mère envisage-t-elle cette nouvelle vie ?

— Mon père a toujours compté dans son cœur plus que nous, ses enfants. C'était la personne qu'elle aimait le plus au monde. En m'expliquant ainsi, croyez-moi, je pèse bien mes mots. Je ne peux pas dire qu'elle ne nous aimait pas. Non. Elle nous aimait certainement, mais pas avec la même passion. Quand mon père nous a quittés, ce fut comme si une partie d'elle-même s'en était allée avec lui. Mais n'allez pas croire pour autant qu'elle s'abandonne à son deuil. Il faut la voir, ce soir-là, au retour des obsèques, pendant le dîner qui nous rassemble. Droite et digne, se prenant par la main, elle veut continuer à être ce qu'elle a toujours été aux côtés du maître de maison : la femme du centurion vouée à toutes les abnégations jusqu'au sacrifice. Après avoir attendu que je m'asseye à la place de l'absent, elle décrète : « Nous devons faire comme si votre père était encore là, comme si rien ici n'avait changé. La vie doit reprendre son cours. » Je lui demande si elle veut demeurer à Colombey, si elle ne préférerait pas venir habiter près de nous à Paris. Elle me répond, catégorique : « Non, je reste ici. C'est notre demeure. Je ne puis la quitter. Je vais essayer d'y rester le plus longtemps possible. »

— Ne trouvait-elle pas injuste qu'il soit parti le premier ?

— Ah ! non, pas du tout. Dans la famille, c'était dans l'ordre des choses. Elle avait dix ans de moins que lui, et je crois que si elle s'était vue mourir avant lui, elle aurait été choquée autant que lui-même. Pour elle, l'homme devait toujours mourir le premier. Je l'ai entendue dire un jour : « C'est toujours la femme qui reste la dernière pour pouvoir veiller sur son mari jusqu'au bout. » Ce à quoi mon père a ajouté : « C'est la femme qui est la permanence de l'humanité. A la guerre, la principale victime n'est pas l'homme qui est tué, mais la femme, car elle, elle demeure. » Comment n'aurait-elle pas pu s'attendre à se retrouver seule ? Pas un jour ne se passait – combien de fois l'ai-je répété ? – sans qu'elle s'inquiétât pour lui. Mais la solitude n'était pas une épreuve comme elle peut l'être pour beaucoup d'entre nous. Mon père remarquait à ce propos : « Il faut être capable de travailler et de se distraire seul, sinon on chute comme une faible plante sans tuteur. » Et comme lui, elle avait appris à vivre normalement sans sa présence. Souvenez-vous des longues périodes qu'elle a dû affronter seule, en exil, en Grande-Bretagne, pendant la guerre, de tous ces jours et de toutes ces nuits où elle guettait le retour de mon père alors qu'il était en Afrique ou ailleurs, ma sœur Elisabeth en pension chez les sœurs et moi en mer. Seule au milieu d'étrangers, avec pour unique compagnie Anne, ma sœur infirme, et Marguerite Potel qui la gardait. Quand il m'arrivait de la retrouver au hasard d'une permission, elle offrait toujours la même maîtrise d'elle-même. Jamais le moindre regret ni la moindre récrimination. A l'exemple de mon père, elle avait pris aussi pour habitude de faire « comme si ». Alors, quand nous sommes revenus du cimetière, en ce 12 novembre, elle s'est assise à table d'une manière tout à fait naturelle, comme s'il était toujours là. Bon, il y avait un vide, il nous manquait terriblement, mais redisons-le, il fallait que nous fassions tous ensemble avec elle comme si sa présence continuait. Plus tard, elle me signifiera à telle ou telle occasion et pour telle ou telle raison : « Ton père n'aurait pas aimé. » Et jamais : « Ton père aurait aimé », car dans ce cas, ce n'était pas la peine d'en parler, ça allait de soi. Sinon, elle préférait ne pas revenir sur le passé. Devant les autres, elle n'était surtout pas cette veuve que l'on voit, les yeux éternellement fixés sur le portrait du mari disparu. Elle voulait de toute façon garder sa dignité. Les larmes, s'il y en avait, étaient réservées au secret de sa chambre.

— Quand vous l'avez laissée seule à Colombey, après l'enterrement, vous n'avez pas quand même été un peu inquiet ?

— Pas le moins du monde. Le 13 novembre au matin, mon beau-frère, ma sœur et moi, sommes partis tranquilles de La Boisserie. Nous savions qu'elle reprendrait sa vie antérieure sans modifier en quoi que ce soit ses occupations quotidiennes,

Le souvenir d'un grand jour

Retrouvé dans les affaires d'Yvonne après sa mort, le menu du baptême de son dernier petit-fils Pierre, rédigé de la main même du Général et par Philippe.

⋆

Les nouvelles d'une mère solitaire

Après la mort de son mari, préférant la plume au téléphone, Yvonne de Gaulle s'attacha à écrire chaque semaine à son fils Philippe et à sa fille Elisabeth. Dans cette lettre, elle parle pour une fois d'elle-même en plus de sa chère maison de Colombey.

11 juin 1973

Mon cher Philippe,

[...] Ton Père me disait : “la plus grande gloire revient à celles qui vivent discrètement, n'en font pas état...” à propos des veuves des guerriers ; je croyais que c'était une citation de l'antiquité — mais finalement je me demande si ce n'est pas Napoléon. Enfin peu importe.

[...] On a fini par retrouver des petits carreaux pour réparer la mosaïque salle à manger et bibliothèque, mais si cela ne tenait pas, il faudrait se résoudre à refaire tout le dallage en carreaux plus grands et plus solides (c'est ce que j'aurais voulu, mais ton père trouvait les mosaïques plus jolies).

Le maçon va venir aussi pour remplacer les tuiles fendues. [...] Il passe du monde à Colombey ces jours-ci, un peu moins tout de même que l'année dernière.

Je te dis au revoir, mon cher Philippe, et t'embrasse de tout cœur.

Y

Lettre d'une mère à son fils

Mon cher Philippe,

Ton Père me disait "la plus grande gloire revient à celles ... ~~quelque chose~~ qui vivent discrètement, n'en font pas état ... à propos des veuves des guerriers ; je croyais que c'était une citation ~~d'un~~ de l'antiquité – mais finalement je me demande si ce n'est pas Napoléon. Enfin peu importe.

On a fini par retrouver des petits carreaux pour réparer la mosaïque salle à manger et bibliothèque,

mais si cela ne tenait pas, il faudrait se résoudre à refaire tout le dallage en carreaux plus grands et plus solides c'est ce que j'aurais voulu, mais ton Père trouvait les mosaïques plus jolies !

Le maçon va venir aussi pour remplacer les tuiles fendues.

Il passe du monde à Colombey ces jours ci, un peu moins tout de même que l'année dernière.

Je te dis au revoir, mon cher Philippe, et t'embrasse de tout cœur

Y

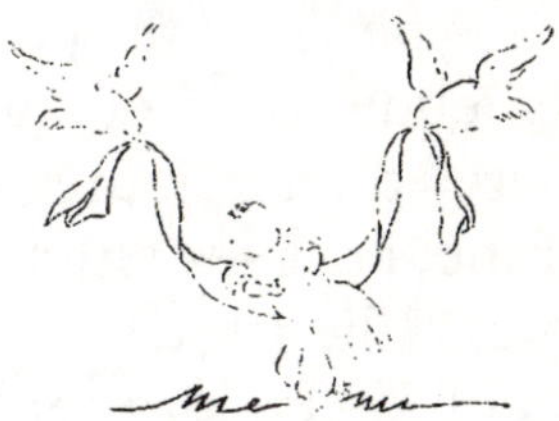

Baptême de Pierre
3 juillet 1963.

3 Juillet 1963

Foie Gras en gelée

Pintadeaux rôtis

Petits Pois

Glace Avenir

Dom Perignon

Menu du baptême de Pierre

aidée, il ne faut pas l'oublier, par ses deux fidèles servantes, Honorine et Charlotte qui n'auraient jamais voulu « laisser Madame seule avec le chien et le chat ». (Façon de parler, car toutes les deux s'étaient appropriées, l'une le chien et l'autre le chat.) Et puis, il y avait les membres de sa proche famille qui, au téléphone, se succédaient sans toutefois trop prolonger leur conversation, pas plus que pour mon père car, vous le savez, elle n'aimait pas cela, tout comme appeler elle-même. C'était, vous ne l'ignorez pas non plus, le travers de Suzanne Vendroux, sa jeune sœur, et surtout celui de Marie-Agnès, la sœur de mon père, d'en rajouter quand on pensait qu'elles en avaient terminé, et, à les entendre, ma mère soupirait souvent d'exaspération. Elle préférait mes appels hebdomadaires ou celui de ma sœur, ou encore ceux de son frère Jacques et de sa femme Cada. Bien sûr, Elisabeth et moi nous efforcions de nous relayer auprès d'elle. Comme auparavant, nous la retrouvions autant que possible au cours d'un week-end et à l'occasion des différentes fêtes religieuses, particulièrement à Pâques, à la Toussaint et à Noël.

— Et je suppose le 9 novembre ?

— Nous sommes évidemment toujours en sa compagnie lors de cet anniversaire, aux exigences professionnelles près, de même que le 2 novembre, jour des Morts. Nous allons tous au cimetière avec elle en dépit de la foule des pèlerins qui se pressent nombreux en ces jours du souvenir. En cours de semaine, il n'est pas rare qu'elle se rende sur la tombe avec Charlotte ou Honorine pour remplacer les fleurs et parfois y enlever quelque objet insolite déposé par un admirateur du Général. A plusieurs reprises, elle sera obligée de faire nettoyer le marbre maculé par des inscriptions offensantes. Le dimanche, quand on lui signale que l'église de Colombey déborde de monde, elle agit comme au temps de mon père : elle va, en voiture, à la recherche d'une messe dans un village voisin. Cinq ou six mois après s'être retrouvée seule, elle a vendu sa DS 21 pour acheter une petite 6 CV Citroën noire. Elle la conduira elle-même jusqu'en 1976. Après, c'est le gendarme en retraite Francis Marroux qui prendra sa succession au volant. Il s'occupera également du jardin. Sans cela, elle ne sort plus guère de La Boisserie sauf pour aller rejoindre ses petits-enfants pendant un ou deux mois chez Elisabeth et son mari, Alain de Boissieu, qui possèdent une villa près de La Trinité-sur-Mer. Il lui arrive aussi, à l'instigation de son frère Jacques Vendroux et de sa belle-sœur Cada, d'entreprendre de brèves escapades en quelques lieux connus d'elle : Lanslebourg, dans les Alpes, lieu de vacances de leur enfance, le château-hôtel de Rigny, en Haute-Saône, où elle était déjà passée avec mon père en 1970, et Menton où ils descendent traditionnellement à l'hôtel Napoléon. Sinon, elle décidera de séjourner quelque temps chez nous, à Agay, dans le Var. D'abord en 1974, puis pour le mariage de mon deuxième fils, Yves, en septembre 1977, à Cannes. C'est alors en voiture et en ma compagnie qu'elle fait le trajet à partir de Colombey, avec étape à Grenoble chez sa belle-sœur Jeanne, veuve de Jacques de Gaulle. Durant le voyage, je remarque combien elle est fatiguée. Je ne soupçonne pas encore la gravité du mal dont elle souffre. Nous la reverrons à Agay une dernière fois, à Pâques 1979, après la naissance de son arrière-petit-fils Henri. Comme je l'ai déjà rapporté, elle redoute la chaleur du climat. Et puis, notre villa à flanc de coteau et son jardin en pente ne lui plaisent que modérément. Seul lui convient son éloignement de la foule.

— Cette foule qu'elle a dû fuir toute sa vie durant et qui continue à la poursuivre même veuve...

— Même veuve, en effet, malgré tous ses efforts pour s'en tenir à l'écart. Car ses déplacements attirent les photographes et les anciens admirateurs du Général. Dès le départ de Colombey des derniers visiteurs officiels, tout de suite après les obsèques, elle m'a bien recommandé : « A partir de maintenant, plus de visiteur à la maison. Ton père ouvrait rarement sa porte. Moi, il n'y a pas de raison que l'on vienne me voir en dehors des membres de la famille. Le Général parti, je ne suis plus rien. » Alors, je me le suis tenu pour dit. Rares sont ceux parmi les anciens ministres ou collaborateurs de mon père à qui je dois répéter la consigne. Dans le milieu gaulliste, on sait que « Tante Yvonne » veut la paix et l'on n'insiste pas. Il en est autrement des étrangers. Ainsi, en 1972, un coup de téléphone à mon bureau de l'état-major des armées m'avertit que le négus

Hailé Sélassié va se rendre à Colombey sur la tombe du général de Gaulle et visiter le mémorial de la croix de Lorraine. Ma mère me fait aussitôt savoir qu'elle se refuse à le recevoir à La Boisserie, non qu'elle ait quelque chose à reprocher au souverain éthiopien qu'elle connaît pour avoir été reçue par lui à Addis-Abeba avec le Général, mais parce qu'elle ne veut pas créer de précédent susceptible d'entraîner un défilé ininterrompu de personnalités étrangères. Par égard spécial pour ce combattant plus qu'octogénaire, exilé et allié de la Seconde Guerre mondiale, mais aussi pour le détourner de se rendre à La Boisserie, je viens sur place l'accueillir et l'accompagne sur la tombe de mon père, à l'église, au mémorial et à son hélicoptère. A la même époque, on nous avertit que le roi Baudouin de Belgique souhaite passer à La Boisserie. Son but est uniquement de manifester son attachement à la mémoire du Général et à son épouse auxquels il a toujours témoigné une déférente bienveillance, en particulier depuis son mariage avec la reine Fabiola. Celle-ci, souffrante, ne viendra pas. Touchée par l'attention du souverain belge, ma mère, qui a commencé par refuser, consent finalement à faire une exception. Le roi reste une vingtaine de minutes au salon. Gêné par sa vue, il paraît souffrant, timide et triste. Après quelques mots sur le deuil éprouvé par ma mère, notre famille et la France, refusant la tasse de thé qu'on lui offre, il remonte en ma compagnie l'allée vers la grille jusqu'à sa voiture qui l'attend à quelques mètres de l'autre côté de la route. Personne ne l'a remarqué. Trois ans plus tard, ma mère échappera à la visite de l'ancien président des Etats-Unis Richard Nixon, grand admirateur de mon père, qui se contentera de la visite du bureau qu'il occupait rue de Solferino, où il voudra me rencontrer à titre strictement privé. Je lui dirai combien sa présence à Notre-Dame de Paris nous a touchés et combien nous lui sommes reconnaissants d'avoir invité notre fils Charles à le suivre à Paris. Quant aux invitations que recevra ma mère à l'occasion d'une cérémonie quelconque, elle y répondra automatiquement par la négative. Elle ne quittera guère son refuge. Si elle le fait, ce sera très brièvement.

— Et toujours dans sa petite robe noire ?
— Toujours. Cette tenue n'a d'ailleurs rien à voir avec son

deuil. A ce sujet, ma femme m'a fait remarquer un jour que même du temps de mon père, on la voyait rarement porter de la couleur. Les dernières années qu'elle passera seule à Colombey seront, en dehors des moments où elle nous retrouve, assez moroses. Charlotte nous a raconté par la suite qu'il lui arrivait souvent de connaître des passages difficiles. Certaines nuits, elle la surprenait debout devant la fenêtre du couloir menant à sa chambre, regardant fixement dans la direction du petit cimetière et de la croix de Lorraine illuminée. Elle n'a consenti à assister à une cérémonie officielle qu'à trois reprises : en 1971, pour le triomphe, à Saint-Cyr-Coëtquidan, de la promotion « Charles de Gaulle », à la remise de la plaque de grand officier de la Légion d'honneur à Alain de Boissieu, aux Invalides, en 1975, et d'abord, bien sûr, à l'inauguration du mémorial de Colombey-les-Deux-Eglises, le 18 juin 1972.

— Mémorial à la construction duquel elle s'opposait. Du moins, au début...

— Oui. D'abord tout à fait braquée, elle protestait : « Ton père n'a jamais demandé de monument et moi je n'en veux pas. » Elle ne voulait pas plus de croix que d'autre chose. Au bout d'un certain temps, j'ai répliqué : « Vous savez, c'est difficile qu'on ne fasse rien. D'ailleurs, si l'on dit non à tout, après vous, après moi, après nous, ils vont inventer quelque chose de farfelu. Alors, il vaut mieux verrouiller un projet dès maintenant afin qu'il soit satisfaisant pour l'ensemble des Français. » Mais elle s'obstinait dans son refus. Car, après la mort de mon père, toutes sortes d'idées invraisemblables ont jailli. A ce moment-là, on est tombé dans une espèce de vénération outrancière de De Gaulle telle que peu d'hommes l'ont connue dans l'Histoire, les plus dévots des artistes et des architectes souhaitant dans leur cœur le monument le plus magnifique, et leur inspiration ressemblant la plupart du temps à celle du facteur Cheval ! Le projet à la fois le plus ambitieux et le plus irréalisable était certainement celui de Malraux. Emporté par son lyrisme, il voulait araser la colline de Colombey pour la transformer en une vaste plate-forme avec une crypte, à la manière du grand souterrain des morts de la guerre civile espagnole, dans laquelle on aurait pu graver tous les noms des anciens combattants et tenir des offices. Et puis est venu le projet de l'ordre de la Libération que présidait Hettier de Boislambert : une croix de Lorraine toute simple dressée sur la colline de Colombey, assez haute pour que l'on puisse l'apercevoir de très loin. J'ai alors fait valoir à ma mère : « Voilà, je pense, une bonne idée qui ne changera pas le paysage. On y mettra une petite esplanade parce que les gens y viendront nombreux. On pourra peut-être aussi en profiter pour reboiser la colline qui pendant la guerre a un peu souffert. » J'ai encore dû la prier, puis finalement elle a donné son accord. Alors, les Bretons ont offert le granit rose et les Auvergnats le gris, et l'on a construit la croix en un temps record. En dix mois. Elle mesure quarante-trois mètres et demi et pèse mille cinq cents tonnes. Le poids d'un contre-torpilleur ! Ma mère a bien voulu assister à son inauguration que présidait Georges Pompidou, mais, je l'ai dit, on ne la verra pas ailleurs malgré les centaines d'invitations qu'elle recevra jusqu'à sa mort. Car, en France et à l'étranger, fleuriront des baptêmes de rues, d'écoles, de plaques et bien sûr de monuments. Pour éviter d'être impliqués dans des rivalités locales ou personnelles, ou même dans des erreurs d'évaluation financières, nous ne cautionnerons aucune collecte de fonds pour aucun monument Et afin d'éviter des représentations plus ou moins heureuses du Général, nous refuserons toute œuvre figurative au bénéfice de réalisations purement symboliques. Par la suite, nous accepterons la création de médaillons, puis de bustes et enfin de quelques statues.

— Pourquoi cette volonté de votre père de ne pas être statufié après sa mort ?

— Encore une fable ! C'est de son vivant que mon père ne voulait pas être statufié. Il avait vu aux actualités, je le redis, Winston Churchill inaugurer dans une petite voiture d'infirme sa propre statue qu'on avait édifiée à Londres, et il avait trouvé cette scène du dernier ridicule. Mais il ne s'est jamais préoccupé de savoir comment on le représenterait une fois disparu. La vérité est tout autre. Peu après son décès, quand sont arrivés divers projets de multiples sculpteurs qui, sans talent, proposaient des monstruosités où par exemple mon père figurait en boîtes de conserve soudées à la manière de César, mon beau-frère, ma sœur et moi avons opposé immédiatement une fin de non-recevoir en vertu du droit moral qui empêche toute statue représentative d'une personne sans l'autorisation de ses héritiers. C'est la loi. Elle n'a jamais été modifiée. Car contrairement à ce que croient certains, toujours prêts à s'accaparer le général de Gaulle, ses propriétaires sont ses héritiers directs. Ce sont eux qui ont le corps du général de Gaulle. Ce n'est ni le Panthéon ni les Invalides. On ne pourrait pas, par exemple, comme on l'a fait avec Alexandre Dumas, exhumer la dépouille du général de Gaulle sans nous demander notre avis. Alors, avant que ne se déclarent des sculpteurs sérieux, nous avons décrété : « Si vous voulez le célébrer par un monument, faites-le avec des croix de Lorraine ou des sculptures non figuratives. » Cependant, les années passant, on a vu se dresser quelques statues et quelques bustes. C'était inévitable. Quant à savoir comment le général de Gaulle aurait souhaité être représenté, il n'a jamais émis aucune opinion à ce propos.

— Qu'aurait-il pensé de cette statue des Champs-Elysées inaugurée en 2001 ?

— Je suis sûr qu'il aurait dit ce qu'il a répondu à beaucoup d'écrivains qui l'avaient portraituré et qu'il aimait bien : « Vous m'avez dépeint comme vous me voyez. Je vous laisse juge. Ne me demandez pas mon jugement sur la manière dont vous me considérez. » Il ne se faisait pas d'illusions sur ce qui se passerait après sa mort. Un jour, il a fait cette réflexion : « Le meilleur moyen des sculpteurs pour devenir célèbres, c'est de statufier une célébrité. Attends-toi à me voir à tous les coins de rue. » J'ai rétorqué : « Encore faut-il en avoir le talent du niveau correspondant au sujet. » Un de ses anciens officiers d'avant guerre lui avait offert une statuette en terre glaise qu'il s'était amusé à modeler en le prenant pour modèle. On le voyait marcher fièrement en uniforme, un peu dans le style de la statue parisienne. Elle n'est pas restée visible plus de deux jours. Il ne trouvait pas convenable de voir sa propre représentation chez lui. Plus tard, c'est non sans réticence qu'il acquiescera quand même au désir de ma mère d'accrocher sur le mur de leur chambre la fameuse tapisserie persane reproduisant sa photo officielle de président de la République.

— Je suppose que votre mère était submergée de courrier. Comment faisait-elle pour s'en sortir ?

— Submergée est bien le mot. Au début, les sacs de courrier se succèdent chaque jour à La Boisserie. Certaines lettres de l'étranger portent parfois ce simple libellé : « Madame de Gaulle. France. » Comment y répondre ? Je devrai m'atteler à cette charge. Mon beau-frère Alain de Boissieu en prendra une bonne part, ma sœur Elisabeth moins volontiers. Ma mère se refusera absolument à y prêter la main. Dès les premiers jours de son veuvage, elle m'annonce d'ailleurs sans ambages : « Je ne veux plus entendre parler de quoi que ce soit. Tout s'est achevé pour moi avec la mort de ton père. Tu t'occupes de la correspondance et de toute la comptabilité. » Elle me remet les livres de comptes sauf les fiches de Sécurité sociale de ses aides ménagères qu'elle estime de sa responsabilité personnelle. A moi de me débrouiller ! Elle ne veut même plus s'occuper de la fondation Anne-de-Gaulle. Je me retrouve alors devant des monceaux de lettres officielles. Presque tous les chefs des missions diplomatiques ont exprimé leurs condoléances auxquelles s'ajoutent environ quatre-vingts missives adressées à ma famille par des chefs d'Etat étrangers. Comprenant qu'il me sera impossible de traiter à mon domicile personnel tout ce courrier et de m'occuper en plus des archives laissées par mon père, l'ordre de la Libération me laisse alors l'usage d'un petit bureau aux Invalides. Je n'imaginais pas à ce moment-là que j'aurais à y travailler, même occasionnellement, durant des décennies.

— Après la mort du maître de maison, on a raconté que votre mère vivait petitement faute de moyens, qu'elle était même privée de chauffage. Vous avez certainement lu cela comme moi. Alors ?

— Que n'a-t-on pas raconté en effet à ce sujet ! J'ai même lu qu'elle vivait blottie dans une pièce, grelottante, enveloppée dans son manteau, et que des amis avaient dû se cotiser pour payer sa note de fioul ! Le général de Gaulle n'a pas laissé une grande fortune derrière lui, mais de là à imaginer qu'il ait pu abandonner sa femme à la misère, on ne recule vraiment devant rien pour faire pleurer dans les chaumières ! Comme je l'ai déjà expliqué, mon père a refusé toute espèce de retraite, et au lendemain de sa mort, son compte courant ne contient guère que de quoi payer les dépenses à court terme. En revanche, il reste environ deux cent soixante mille francs de droits d'auteur qu'il devait percevoir à la fin de l'année et qui seront partagés entre ma mère pour une moitié, ma sœur et moi pour l'autre. Certes, il nous a laissé La Boisserie et les sept hectares non exploités qui l'entourent. Ma mère en possède la moitié. Mais l'estimation est quasi impossible, selon qu'on la considère comme invendable, ce qui est le cas dans l'immédiat, ou d'un prix relativement élevé, ce que le fisc n'a pas manqué de noter. Les impositions locales sont sensiblement plus importantes que pour les immeubles similaires de la région. Et tout le monde connaît le prix des réparations quand il faut en faire, ce qui doit se produire d'ailleurs dans un court délai. Sans être précaire, la situation est donc préoccupante. C'est alors que, cherchant à éviter une vente éventuelle de La Boisserie et pensant qu'on devait bien cette compensation à un homme désintéressé qui avait rendu des services incomparables à son pays, Georges Pompidou et son Premier ministre, Jacques Chaban-Delmas, promulguent un décret affranchissant ses biens de droits de succession. Ils mettent ainsi en application le vote de l'Assemblée nationale proclamant à son départ volontaire de 1946 qu'il avait « bien mérité de la patrie », motion qui devait faire bénéficier de cette exemption ceux, très rares, qui en étaient l'objet. Ils font attribuer d'office à ma mère les réversions normalement prévues pour la veuve d'un général et d'un conseiller d'Etat. De la sorte, elle pourra conserver son mode de vie.

— Et se chauffer normalement !

— Que les âmes sensibles se rassurent ! Si elle a décidé de fermer les radiateurs de quelques pièces qu'elle n'habite plus, ce que l'on fait généralement dans ces cas-là, elle chauffe convenablement le reste de la maison, ne serait-ce que pour protéger l'ameublement et les murs de l'humidité et du gel. De plus, sa générosité coutumière ne cesse pas pour autant. Asiles de vieillards, nécessiteux et filleuls – ceux-ci se comptant par centaines, car s'y ajoutent ceux de mon père – peuvent tous en témoigner. Mon fils Charles également. En 1977, par exemple, j'ai dû intervenir en lui conseillant : « Ne lui donnez pas trop d'argent. Ce n'est pas la peine, il n'en a pas besoin. » Alors, elle a répliqué : « De toute façon, ça ne durera pas très longtemps. » Surpris, je lui ai demandé : « Pourquoi me dites-vous ça ? » Pour ne pas me répondre, elle a changé de sujet.

— Depuis combien de temps saviez-vous qu'elle était gravement malade ?

— Nous le soupçonnions depuis assez longtemps. Mais il ne nous était pas permis de poser de questions. Vous n'ignorez pas que, dans la famille, on tait ces choses-là. Elle faisait donc tout pour cacher son état.

— Votre père devait quand même le savoir ?

— Sans doute. Mais jusqu'à quel point ? Il n'en parlait pas. Parfois, en catimini, il me glissait en secouant la tête : « Ta mère est fatiguée. » Et c'était tout. Il n'est pas sûr qu'elle lui ait jamais avoué la gravité de son mal. Mais il devait certainement se douter de quelque chose. Par exemple, elle montait dans sa chambre après les repas, en cachette, pour y retrouver sa petite pharmacie, et il avait dû s'en rendre compte. Peut-être même avait-il pu déchiffrer une ordonnance. Elle avait également, vous vous en souvenez, des ennuis thyroïdiens qui faisaient légèrement saillir ses yeux de leurs orbites. Sans doute souffrait-elle également d'insomnie, encore qu'elle se couchât toujours à la même heure et se levât la première comme d'habitude. J'ai essayé d'obtenir des renseignements sur sa santé, mais sans succès. Je suis certain en revanche qu'elle voyait des médecins à l'hôpital de Chaumont sous prétexte d'y conduire Charlotte qui d'ailleurs s'y est fait opérer d'un cancer intestinal. Nous en sommes donc toujours restés aux suppositions. Se savait-elle atteinte elle-même du même mal que sa servante ? Lui avait-on conseillé de se faire opérer et avait-on conclu, bien avant que ce fût le cas, que son mal était trop avancé et que cette intervention ne servirait à rien ? Ou n'avait-on rien décelé qui eût pu motiver une cure de chimiothérapie ou une intervention chirurgicale, et, pour cette raison, s'était-on contenté de lui administrer des palliatifs ? Autant de questions qui demeureront sans réponse. Il est probable qu'elle a connu une première alerte sérieuse, peut-être une occlusion intestinale, juste avant qu'elle m'ait dit que « ça ne durerait pas », c'est-à-dire en 1977, un an avant son départ de Colombey. Cette alerte a été précédée d'une petite attaque cérébrale survenue à La Boisserie, trois ans auparavant, dans le froid d'un soir où elle avait attendu un peu trop longtemps dehors, au bout de son jardin, l'illumination nouvellement installée de la grande croix de Lorraine sur la colline de Colombey. Le côté droit de son visage et une partie de son bras sont restés figés durant deux ou trois mois.

— Elle ne peut quand même pas ne pas être passée entre les mains de médecins. Elle n'a jamais été hospitalisée ?

— Non. Figurez-vous que, le lendemain même de cet accident, poussée par son aide ménagère, elle est venue chez nous, à Paris, conduite par Marroux, dans sa voiture. J'étais en escadre à Brest. Ma femme l'a installée tant bien que mal pour une semaine sur un lit canapé, dans notre coin salon où un petit cabinet de toilette est attenant. Ce n'est qu'à ce moment-là que, sur les conseils d'Henriette, elle est allée consulter le docteur Gilles Pellerin, le cardiologue de ma belle-mère. Par la suite, elle séjournera chez nous dans les mêmes conditions ou dans une chambre laissée libre par l'un de nos fils, pendant quelques jours, une ou deux fois, pour un suivi médical et aussi pour nous voir. On lui prescrit alors un régime alimentaire, mais le suit-elle fidèlement ? On en doute, car elle dissimule ses boîtes de médicaments et ne donne pas l'apparence de quelqu'un qui se prive à table. Lorsqu'elle décidera de quitter définitivement La Boisserie, nous en déduirons plus tard, au vu de ce que nous apprendrons par la suite, que c'est parce qu'elle se sentait de plus en plus atteinte.

— On imagine sa peine à abandonner une maison où elle vivait depuis plus de trente ans. Comment s'est déroulé ce départ ?

— Il fallait la connaître. En cela, elle ressemblait à mon père. D'abord, vous le savez, beaucoup de réflexion. « J'aime bien les plats qui se mangent froids », répétait-il. Puis, dès qu'il avait décidé quelque chose, il ne tergiversait pas. Il passait immédiatement à l'exécution. A la fin de septembre 1978, donc, par un bref coup de téléphone, elle me demande de venir à Colombey sans délai et m'annonce tout de go en quelques mots qu'elle a décidé de mettre la clef sous la porte. Pour aller où ? « Je t'expliquerai. Viens me chercher tout de suite. » Et elle raccroche. Vous imaginez notre étonnement. Nous venions de partager quelques vacances sous son toit peu de temps auparavant et elle ne nous avait rien confié de tel ni laissé subodorer quoi que ce fût. A mon arrivée à La Boisserie, je la trouve dans l'entrée, en manteau et chapeautée, prête à partir. Valise à ses pieds et volets clos. Elle m'apprend qu'elle vient de procéder au licenciement de Charlotte et que cela ne s'est pas déroulé sans larmes. Son aide ménagère refusait de la quitter. De son côté, Honorine, la cuisinière, avait quitté La Boisserie sans histoire, en août 1973, après sept ans de bons et loyaux services, pour aller se marier en Suisse trois ans plus tard. Elle avait soixante-trois ans et ma mère avait eu peur qu'elle fasse une erreur. Elle lui avait conseillé de bien réfléchir avant de prendre époux. En cadeau de mariage, elle lui a offert le coffret à cigares rapporté de Madagascar par mon père. Elle s'est très vite fait une autre existence. Charlotte, elle, s'est accrochée. Elle a même envisagé de loger chez une retraitée de la Poste à Colombey afin de demeurer quand même « dans le village de Madame ». Finalement, elle a bien voulu accepter de retourner dans sa ville natale, Sarrebourg. Généreuse, ma mère a fait à cette brave personne une petite donation en complément de sa retraite. Après m'avoir conté toute cette histoire, elle me tend une grosse enveloppe et me signifie sans ambages : « Voici les factures de téléphone et d'électricité, les avis d'imposition et les contrats d'assurances. A toi de t'en charger. La Boisserie, c'est fini pour moi. Il faut savoir tourner la page. » Et en me remettant les clefs, elle ajoute : « Ferme bien derrière nous. » Je la vois alors saisir sa valise et passer le seuil le plus naturellement du monde, comme si elle retournait à l'Elysée avec mon père à la fin d'un week-end.

— Une simple valise ? Pas autre chose ?

— Une simple valise, celle qu'elle prenait autrefois pour faire ses aller et retour de week-end. Je l'ai placée dans le coffre arrière de sa petite Citroën, puis je suis allé fermer la porte de la maison à double tour. Placide comme d'habitude, Francis

Marroux patientait à son volant. Il avait ouvert la portière arrière. Elle est montée, s'est assise calmement derrière lui et a attendu que je m'installe à côté d'elle pour lancer d'une voix neutre : « On y va ! » Et nous avons démarré.

— Pas un dernier regard pour sa maison ?

— Pas un regard. Quand nous sommes arrivés à la grille qui était ouverte au bout de l'allée sous les arbres, j'ai pensé qu'elle allait quand même se retourner. Cette demeure qu'elle aimait tant, ce jardin qu'elle couvrait de fleurs et que parcourait mon père... Non, même pas. L'homme de sa vie était mort et tout cela appartenait à un passé révolu. Je l'ai dévisagée. Rien n'apparaissait chez elle qui aurait pu laisser deviner que ce moment lui était douloureux. En ce qui me concerne, je l'avoue, j'avais le cœur serré. Elle a traversé le village sans jeter un seul coup d'œil à droite ou à gauche. Tête immobile, l'air indifférent, silencieuse. Sur la route de Paris, encore une surprise : elle m'apprend qu'elle s'est fait inscrire sur la liste d'attente d'une maison de retraite parisienne depuis la mort de mon père et que l'on vient de lui donner satisfaction. Il s'agit de la maison des sœurs de l'Immaculée-Conception de Notre-Dame de Lourdes, avenue de La Bourdonnais, un quartier qu'elle connaît bien pour y avoir vécu avec mon père dans les années qui ont suivi leur mariage, celui de l'Ecole de guerre et du Champ-de-Mars, non loin des Invalides. Si elle a choisi un ordre religieux, ce n'est naturellement pas parce qu'elle espère quelque guérison miraculeuse, mais parce qu'elle se sent proche de la mort et que ces sœurs ont vocation à s'occuper des malades de son genre. Quand la petite 6 CV s'arrête devant cette institution, elle ne veut pas que je descende avec elle. Je lui propose : « Laissez-moi monter au moins votre valise dans votre chambre. » Elle me repousse. « Non, non, va-t-en. Ici, on s'occupera de moi. Rentre chez toi, ta femme et tes enfants t'attendent. » J'irai lui rendre visite quand elle aura convenablement aménagé sa chambre.

— Avec ses propres meubles ?

— Non, je vous le répète : elle n'a rien voulu emporter de Colombey. Avec quelques meubles très simples achetés au Bon

Marché par ma sœur qui habite alors rue de Grenelle, pas très loin de cette maison de retraite. Eclairée par une fenêtre donnant sur l'avenue et située au cinquième étage, sa chambre a la dimension d'une cellule : environ quatre mètres sur deux et demi. A gauche, en entrant, un simple lit divan séparé de la porte par une table de nuit et, derrière un rideau, un cabinet de toilette exigu. A droite, un téléviseur visible du lit, une armoire, une petite table et son fauteuil. Les sanitaires sont au bout du couloir. L'escalier est assez raide et sombre, mais un étroit ascenseur joue son office. A l'entresol, se trouve une modeste chapelle où ma mère se joint souvent aux religieuses pour prier, une salle à manger et une entrée faisant salon. Quand j'entre pour la première fois dans cette pièce, j'ai de nouveau le cœur serré. Voilà donc, me dis-je avec tristesse, où l'épouse de Charles de Gaulle, qui a demeuré sous les lambris dorés de l'Elysée et qui a été reçue dans les palais des plus grands de ce monde, a décidé de finir son existence. Pourquoi tant de confinement et d'abnégation ? Je ne lui poserai jamais la question. De toute façon, je connais la réponse. Maintenant que l'homme qu'elle aimait tant n'est plus, elle n'est plus là elle-même que pour se préparer à entrer dans la maison du Seigneur. Alors, quelle importance peut revêtir aujourd'hui, ici-bas, le décor d'une simple chambre ?

— Aucun souvenir dans cette chambre de votre père ou de votre famille ?

— Je ne me rappelle pas y avoir vu la moindre photo. Comme je vous l'ai déjà dit, ce n'était pas son habitude d'en exposer en dehors de leur chambre à Colombey, et là sans doute ne se sentait-elle pas chez elle. Au début, nous l'invitons à déjeuner une fois par semaine à la maison. Elle nous donne alors l'impression de ne pas se porter trop mal malgré sa pâleur et ses cheveux grisonnants. Elle sort même dans Paris avec ma femme à droite ou à gauche, principalement pour faire des courses, ou passe la journée à bavarder avec elle. Le 5 mars 1979, mon petit-fils Henri voit le jour. Elle ne peut pas éprouver plus grande joie. Elle attendait cette naissance avec une secrète impatience. Tout de suite, elle vient contempler le bébé en silence dans le petit berceau transparent où il a été déposé, pelotonné sur le ventre et la joue. C'est la première fois que nous la voyons aussi attendrie devant un nourrisson. Sans doute s'ajoute-t-il pour elle la satisfaction d'avoir eu le temps de voir la quatrième génération avant de disparaître. Nous la retrouvons de nouveau au baptême de l'enfant en l'église Notre-Dame de l'Assomption. Elle nous étonne encore par le bonheur qui imprègne son visage. Jamais elle ne s'est montrée à nous si heureuse, surtout à cause d'un enfant. On ne la verra bientôt plus ainsi. Sa santé commence à décliner très vite. Mais que savoir d'elle qu'elle voudrait bien nous livrer ? Quand nous lui demandons comment elle se sent, elle répond invariablement avec un petit sourire navré : « Ça va, ça va. » Mon père encore et toujours, dans cette habitude de ne rien laisser deviner de lui. Jusqu'au jour où nous apprenons qu'elle vient d'être hospitalisée.

— Personne ne vous en a prévenus ?

— J'apprends la nouvelle le 4 juillet en rentrant de Brest où j'ai assisté aux essais d'endurance d'une frégate. Elle a été conduite à l'hôpital du Val-de-Grâce. Elle souffre d'une occlusion intestinale. Ma sœur et mon beau-frère, qui s'en sont chargés, connaissent personnellement le médecin général qui dirige cet hôpital militaire. J'estime qu'il est dommage qu'elle soit là. Je l'aurais plutôt placée à Cochin où mon père, vous le savez, avait déjà été opéré. Je considérais cet établissement comme mieux adapté à l'accueil et aux traitements des « malades civils ». Cependant, pour pénible qu'il soit, son état ne nous inspire pas d'abord trop d'inquiétude. Quand nous apprenons plus tard qu'elle a demandé l'extrême onction dès le 5 juillet... Opérée le lendemain sans problème apparent, elle restera hospitalisée jusqu'au 24 juillet sans que sa présence soit révélée à l'extérieur, ce qui est une performance dans ce grand caravansérail. Mais peu après son opération survient un incident désagréable. Un individu fait irruption dans sa chambre, tard dans la soirée, et, après avoir arraché la sonnette à son chevet et écarté le bras avec lequel elle se cache le visage, réussit à prendre quelques photos d'elle avec un appareil d'amateur. Il tentera ensuite de vendre ses mauvais clichés à *Paris Match*. Mais, indigné par le procédé, Roger Thérond, le directeur de cet hebdomadaire, me fera parvenir leurs négatifs et leurs tirages sans rien publier. On changera alors ma mère de chambre et deux gendarmes veilleront désormais sur elle dans une pièce voisine jusqu'à son départ, le 4 août, après un mois environ d'hospitalisation.

— Rétablie ?

— Oh ! non, pas du tout. Elle est vraiment mal en point. A chaque visite que nous lui rendons chez les sœurs de l'avenue de La Bourdonnais, Henriette et moi, souvent accompagnés d'Annick, notre belle-fille qui est médecin, nous la voyons baisser un peu plus. Elle va maintenant péniblement de son lit à son fauteuil. Sa faiblesse nous afflige. Nous apprenons que c'est elle qui a demandé à réintégrer sa maison de retraite. Car les jeunes enfants ne sont pas admis à visiter les malades d'un hôpital pour adultes. Cette raison a plus motivé sa décision que l'agression dont elle a été victime et à laquelle elle n'a pas attaché plus d'importance qu'à une désagréable péripétie. Sans trop se plaindre, elle ne cache cependant pas son regret de ne pouvoir voir grandir son arrière-petit-fils maintenant âgé de six mois. Je n'oublierai jamais le jour où nous lui avons amené l'enfant dans sa petite chambre. Son pauvre visage s'illumine à notre arrivée. Je la revois encore plongée dans la contemplation muette et heureuse du petit Henri assis sur son lit tout près d'elle et jouant avec le collier qu'elle a mis pour la circonstance. Ma pauvre sœur Anne en faisait autant avec le sautoir en grosses perles artificielles qu'on lui avait offert pour lui apprendre à se servir de ses doigts. Si peu maternelle auparavant, comme je l'ai déjà décrite, ma mère le devient vraiment pour un tout-petit qui, de plus, est de sa descendance. Lorsque nous évoquons devant elle des projets de convalescence et même de vacances, elle ne paraît pas trop y croire. Quand je mentionne son retour à La Boisserie, elle me répond d'une voix douce : « Tu es bien gentil de m'en parler, mais je n'y remettrai jamais les pieds. Je ne retournerai à Colombey que pour y être enterrée à côté de ton père. » Un autre jour, elle me conseillera : « Après ma disparition, crois-moi, vends La Boisserie et tout de suite. Tout le monde voudra s'en mêler et tu n'auras que des ennuis. » Mais le nouveau responsable que je suis ne voit pas les choses aussi succinctement.

— Que devient la propriété en son absence ?

— Elle est sous la garde du chauffeur Francis Marroux en attendant que je trouve une solution qui me permettra de financer un gardiennage approprié par un couple à demeure. Fin septembre, l'état de ma mère s'est aggravé. Elle ne mange pratiquement plus et maigrit à vue d'œil. Elle pèse peut-être quarante kilos. Elle n'a plus la force de quitter son lit. Non médicalisée, la maison de retraite ne peut la garder plus longtemps. Les sœurs sont désolées. Elles nous avouent leur incapacité à faire mieux. Une nouvelle hospitalisation est la seule solution. Ma mère retrouve donc le Val-de-Grâce le 10 octobre.

— Pour une nouvelle intervention ?

— Huit jours plus tard, en effet, après consultation d'un de leurs collègues civils, professeur à l'hôpital Cochin, les chirurgiens décident de l'opérer pour la seconde fois. Plusieurs tumeurs cancéreuses obligent à l'ablation presque complète de l'intestin et à son appareillage. Les métastases se sont répandues dans tout le corps et ma mère refuse toute espèce de traitement. Elle n'admet pas de survivre en invalide. N'ayant plus le courage de lire, elle prête une oreille discrète au petit poste de radio qu'on lui a apporté. Un jour, le commentaire d'un journaliste déclarant que « l'état de santé de Mme de Gaulle est préoccupant » achève de la décourager. Lors de nos visites quotidiennes, nous ne pouvons que constater le déclin inexorable d'un corps qui n'est désormais alimenté que par perfusion. Avec une grande sérénité, ma pauvre mère semble avoir abandonné la lutte et s'être résignée à la mort. Chaque jour, avant d'entrer dans sa chambre, nous appréhendons d'arriver trop tard. Or, voilà que le 7 novembre, je dois me rendre à Cherbourg pour la réception avant départ en croisière immédiate d'un aviso escorteur, le *Lieutenant de vaisseau Le Henaff*. Je suis donc obligé de m'absenter de Paris pour la journée.

— Impossible de vous faire remplacer ?

— Impossible. Ma signature au bas du procès-verbal est

indispensable, car c'est moi qui préside la commission de recette du bâtiment. Mais avant de prendre le train au début de la matinée, je vais embrasser ma mère. Ma sœur et mon beau-frère Alain viennent d'arriver. Lorsqu'elle me voit entrer en uniforme, ma casquette sous le bras, une lueur de désarroi passe dans son regard. Elle craint de ne plus me revoir et murmure avec insistance : « Reste, reste avec moi ! » Et plusieurs fois, elle me demande : « Quel jour sommes-nous ? » Sans doute espère-t-elle survivre jusqu'au 9 novembre afin de rejoindre mon père le jour même de l'anniversaire de son départ. Le visage est calme mais les yeux sont humides, elle déglutit avec peine et respire difficilement. Tandis qu'on lui met un masque à oxygène, je lui fais comprendre la raison pour laquelle je ne puis remettre mon voyage à plus tard. Et je lui assure : « Je ne serai absent que pour la journée. Ce soir, je reviens vous voir. » Le médecin qui s'occupe d'elle me tranquillise. Il pense que la fin est peu probable avant vingt-quatre heures. « Vous avez encore le temps de faire l'aller et le retour », m'affirme-t-il. Je reviens au Val-de-Grâce à la tombée de la nuit et me presse vers sa chambre, frémissant d'appréhension. Elle est étendue dans une pénombre qui me frappe, immobile sur son lit, les bras étendus le long du corps. Sur le bas de son visage, le masque respiratoire paraît énorme. La respiration artificielle s'en exhale bruyamment mais la poitrine ne bouge pas. Ses cheveux blancs sont en désordre. Ses yeux sont clos. La main sur laquelle je pose la mienne et son front que j'embrasse sont étrangement froids. Je l'appelle, lui parle fort à l'oreille. Sans résultat. Je tâte la veine carotide : pas le moindre signe de vie. Etreint par le chagrin, je reste un moment à son chevet, espérant encore un miracle. Mais rien. Je cherche à rencontrer quelqu'un, son médecin, une infirmière. Personne. Quand est-elle morte ? Ne serait-ce pas peu de temps avant mon retour ? N'a-t-on pas organisé une certaine mise en scène pour me laisser croire à un coma profond ? Dans la pièce voisine, les gendarmes en faction ne savent que me répondre. Alors, au bout d'une demi-heure environ, je me résous à la quitter après m'être efforcé de me fixer en mémoire l'image de son corps devenu si frêle dont la forme modèle à peine le drap qui le recouvre. De retour chez moi, un coup de téléphone m'annonce officiellement son décès. Il est environ 1 heure du matin. Nous sommes le jeudi 8 novembre. Elle allait avoir quatre-vingts ans le 22 mai. Elle sera enterrée le 12 novembre.

— A-t-elle laissé des dispositions d'obsèques à l'exemple de votre père ?

— Rien d'écrit. Simplement ces mots : « Pas d'officiels. » A l'exception du préfet, du docteur Jean Raullet, maire de Colombey-les-Deux-Eglises, de M. et Mme Chirac, et de Mme Pompidou, les officiels ont donc été tous récusés. Des barrages de gendarmerie ne laisseront passer qu'un millier de personnes. L'office à l'église est identique à celui, simple mais classique, qui accompagna le départ de mon père. Le curé, l'abbé Lambert, et deux autres prêtres, mais sans l'évêque cette fois, célèbrent la messe. Le corps est ensuite porté au cimetière sur la charrette de la commune poussée par six conseillers municipaux. En face du nom de mon père, on a inscrit sur la pierre : « Yvonne de Gaulle – née Vendroux – 1900-1979. » Le soir du 9 novembre, en l'église Saint-Louis des Invalides, un service solennel autour de ma famille associera la mémoire du général de Gaulle à celle de son épouse en présence du Premier ministre Raymond Barre et d'une partie du gouvernement.

— Vous rentrez à La Boisserie après l'enterrement de votre mère. Qu'avez-vous fait ? Vous avez fermé définitivement la maison ?

— Nous avons laissé passer la nuit, et le lendemain matin, je l'ai fermée et nous avons pris la route de Paris. Je n'ai pas besoin de vous dire combien nous étions en proie à l'émotion. Je me revois montant dans ma voiture, silencieux, remuant tant de pensées mélancoliques. Tôt le matin, j'ai fait un dernier tour de la maison pour vérifier que tout était en ordre. Ma mère agissait de la même façon à la fin de chaque week-end, avant de monter dans la DS noire de l'Elysée au côté de mon père. Un dernier tour de la maison... Comment l'imaginer sans la présence de mes parents ? Chaque pièce, chaque chose a conservé leur empreinte. La voix de ma mère est partout. Donnant des ordres à la cuisine, à mi-voix, sur le ton de l'évidence :

« C'est comme ça parce que ce n'est pas autrement ! » Ou : « Il n'y a pas trente-six manières de faire, mais une seule. Celle-là. » Ou grondant un enfant qui a marché sur la plate-bande de fleurs rouges en forme de croix de Lorraine, ou encore évoquant son « pauvre mari toujours à la tâche et en butte aux critiques ». Et j'aperçois mon père de dos, dans son bureau, assis dans son fauteuil de cuir, penché sur son travail, sa grosse loupe à la main, ou fixant la forêt lointaine d'un air pensif. Se rappellent à moi ses boutades à table, son rire étouffé, ses injonctions au chien ou au chat, ses discussions sur la dernière pluie ou l'arrivée des champignons avec M. Nauman, le coiffeur de Chaumont qui lui fait une coupe alors qu'il est assis dans un fauteuil, une serviette sur les épaules, dans la salle à manger, près de la fenêtre. Et ressurgissent cent autres scènes. Ma mère refusant que l'on serve de la mirabelle à mon père, et lui, incitant malicieusement son invité à en prendre pour s'en servir lui-même un fond. Et ma mère, encore, époussetant dans la vitrine du salon le voile de tulle dont elle s'était couvert la tête pour aller rendre visite à Jean XXIII. J'entends dans la bibliothèque le petit poste de radio ronronner à l'heure des informations, à gauche de la cheminée, son aiguille figée sur France-Inter, avec interdiction de l'en déloger. Et mon père s'écrier après avoir refermé son livre d'un coup sec et passé lentement la main sur son visage : « D'un écrivain, rien à attendre, sauf le talent. » Ou citant cette phrase de Gustave Lanson sur Rabelais : « Le style est l'orchestration des idées. » A présent, tout s'est éteint dans cette demeure. Plus de bruits, plus de voix, plus de pas dans l'escalier ou au premier étage, plus rien. La Boisserie est devenue la maison du silence. Que vais-je en faire ?

— Votre mère vous avait conseillé de la vendre. L'idée ne vous en est jamais venue ?

— Jamais. Ma mère se serait retrouvée complètement seule, sans enfants, après la mort de mon père, qu'elle aurait certainement décidé de le faire. Ça n'aurait pas traîné. Un mois après, l'affaire aurait été conclue. En me la laissant, elle savait que j'aurais des difficultés sinon à l'utiliser du moins à l'entretenir. Et en me conseillant de la vendre, sans doute appréhendait-elle de l'imaginer transformée en un musée. Elle craignait peut-être aussi qu'elle ne me serve de socle pour assurer une quelconque continuité politique de mon père. Elle s'était toujours efforcée avec ténacité d'écarter de moi, porteur du nom, toute possibilité de prendre la suite, même limitée, d'un rôle public qu'elle avait certes supporté stoïquement à ses côtés, mais qu'elle jugeait par avance exécrable pour le reste des siens. En ce qui me concerne, il m'est viscéralement impossible de « liquider La Boisserie ». L'idée même m'insupporte. Comment arracher ce bien de nos cœurs et abandonner le village où mes parents dorment en paix ? Et à supposer que je me résolve à une telle solution, dans quelles mains pourrait tomber cette maison ? Une exploitation abusive ne risquerait-elle pas d'en être entreprise ? Me voilà donc héritier de la demeure familiale, sauf d'une partie des meubles que ma mère a désiré léguer à ma sœur, l'autre partie, la plus inamovible et la plus caractéristique du lieu, m'étant laissée à titre d'aîné, tenant du nom et d'une quadruple descendance de ce nom. Ma sœur l'a tout à fait compris, d'autant que mes parents, de leur vivant, l'ont aidée, vous le savez, à se construire une villa en Bretagne. Pourtant, personne chez moi ne veut ni ne peut habiter La Boisserie. On désire seulement pouvoir y passer de temps en temps. Je suis bien incapable de faire face aux frais qui en incombent. Les assurances refusent de couvrir une résidence inhabitée la plus grande partie de l'année et située à plus de cent mètres de tout autre logis. D'autre part, des réparations importantes s'imposent sans délai. Les caves sont inondées, la toiture fuit, les circuits électriques datant de l'après-guerre sont à refaire complètement et la chaudière est à remplacer. Tout cela est hors de mes moyens. Je demande alors à l'un de nos amis gaullistes, commissaire-priseur, de bien vouloir venir procéder à l'inventaire exigé par les assurances. Il en établit le catalogue et propose à la vente un certain nombre de choses.

— C'est à ce moment-là que le bruit court que vous mettez tout à l'encan !

— En fait, je ne mets en vente qu'une partie de ce qui s'entasse essentiellement dans les appentis et les greniers, sans toucher au mobilier afin de ne pas changer l'aspect d'un lieu devenu historique. L'occasion est en effet aussitôt donnée à certains chroniqueurs de lancer une campagne de dénigrement. Un grand journal du soir titre, par exemple : « Dix ans après la mort du Général, les meubles de La Boisserie sont bradés ! » Après mûre réflexion, je me résigne alors à demander à l'Institut Charles-de-Gaulle de prendre en charge, moyennant l'ouverture au public (du rez-de-chaussée seulement), le gardiennage et l'entretien quotidien de la maison dont je conserverai la pleine propriété. Le chauffeur Francis Marroux restera encore quelques mois avant que n'arrivent Christian Paul, un ancien de la brigade des sapeurs-pompiers de Paris, et son épouse qui lui garantiront une surveillance permanente. Et cela jusqu'en 2003. Il était temps. Des malfaiteurs ont tenté de crocheter la porte. Et le mur bordant la propriété en façade a perdu ses tuiles faîtières sur une centaine de mètres et a été en partie démantelé pierre par pierre par des chasseurs de souvenirs, soucieux de ne pas quitter Colombey les mains vides... Il faut savoir que plus d'un million de personnes ont visité La Boisserie et le mémorial pendant les deux années qui ont suivi la mort du Général.

— Vous arrive-t-il quand même d'y retourner vivre en famille ?

— Uniquement pour de courtes vacances. Ma femme y passe généralement l'Ascension et la Toussaint avec un de nos enfants et certains de nos petits-enfants. Mais, comme on l'imagine, ce n'est pas très commode. Les visites ne peuvent être interrompues. On est donc obligé de s'éclipser par l'office dès l'arrivée des premiers pèlerins, de prendre nos déjeuners à l'auberge du village et de dîner à la cuisine. Je n'y vais pour ma part que de temps en temps parce que j'y suis obligé, et pour une journée seulement, par exemple le 9 novembre. C'est à cette occasion, en 1995, que l'hélicoptère du nouveau président de la République, Jacques Chirac, et de son épouse, venus saluer la tombe de mon père à l'occasion du vingt-cinquième anniversaire de sa mort, reste inopinément bloqué sur place à 15 heures dans un épais brouillard. M. et Mme Chirac s'apprêtent à se faire héberger dans le département, quand ma femme et moi leur proposons d'accepter notre hospitalité improvisée pour le dîner et la nuit. Ils acceptent notre invitation avec beaucoup de gentillesse, de simplicité et de discrétion, en faisant écarter la presse qui n'en donnera qu'une brève information, le lendemain, dans les journaux locaux. Nous leur donnons la chambre où a couché Konrad Adenauer en septembre 1958 dans la tourelle d'angle, juste au-dessus du bureau de mon père. Jacques Chirac nous exprimera toute l'émotion qu'il a éprouvée d'avoir pu passer une nuit sous le toit d'un des hommes qu'il vénère le plus au monde. Un honneur qu'il a d'autant plus apprécié qu'il fut le seul à l'avoir partagé avec le chancelier allemand. Aujourd'hui, cette maison, faute d'être régulièrement habitée et dégagée des objets familiers correspondants dont nous avions l'habitude pour y vivre, est devenue pour nous vide et impersonnelle quoique toujours chargée de souvenirs. Et puis, vous le savez, ma mère a fait la chasse à tout ce qui aurait pu constituer une relique du passé, tout a fini au feu ou entre des mains étrangères, jusqu'aux cadeaux que mon père avait reçus et dont elle a fait don à ceux, nombreux, qui quémandaient un souvenir de lui. Je le répète, elle n'a rien gardé pour elle, rien emporté. Qu'un strict nécessaire en plus du drap qui devait lui servir de linceul, du crucifix qu'on devrait mettre sur sa poitrine et du chapelet entre ses doigts. Car elle avait tout prévu. C'était son habitude de ne rien laisser au hasard. Mon père n'eût pas aimé qu'elle fût différente. Elle a aussi emporté une serviette en cuir noir et un sous-main qu'elle m'a remis au moment d'entrer dans sa maison de retraite. Ils contenaient ses papiers personnels. Elle m'a dit : « Tiens. Garde tout ça. Moi, je n'en ai plus besoin. »

— Quel genre de papiers ? Des lettres ?

— Oh ! seulement l'essentiel : son livret de famille, ses pièces d'identité, son permis de conduire, son carnet de chèques et d'autres papiers dont j'ai oublié la teneur. Il y avait aussi quelques lettres qui lui étaient particulièrement chères.

— Des lettres de votre père ?

— Une seule était de lui. Elle était glissée dans une enveloppe de carte de visite. Il s'agit plutôt d'un simple billet manuscrit. Il avait été porté à ma mère par un officier de son état-major en juin 1943, en Grande-Bretagne où elle était restée avec mes deux sœurs alors qu'il venait d'arriver lui-même à Alger où, comme vous le savez, il allait définitivement s'installer avec le Gouvernement provisoire de la République. C'est délibérément qu'elle a tenu à me laisser ce mot parmi les quelques documents personnels qu'elle m'a confiés avant de fermer sa porte à la vie. Il en dit long sur l'amour que mon père éprouvait pour elle. Je vous le livre :

> *Il est là qui écrit à son bureau. Il a devant lui le portrait de sa chère petite femme chérie qu'il admire et qu'il aime tant ! Et voilà que, du coup, tout son amour lui remonte au cœur et il se dépêche de le dire à Yvonne. Tous les deux, bien appuyés sur l'autre physiquement et moralement nous irons très loin sur la mer et dans la vie pour le meilleur et pour le pire.*
>
> *Charles*

— Pourquoi votre mère, qui était, comme vous l'avez si souvent souligné, d'une pudeur excessive en ce qui la concernait personnellement, au point de ne jamais révéler la moindre de ses pensées intimes, même aux siens, a-t-elle tout à coup résolu de vous laisser entrer dans son jardin secret ?

— Cette lettre était la seule qu'elle gardait avec elle, et la seule, je dirais, que j'ai retrouvée intacte, exempte de toute morsure de ciseau, de toute censure. Je suppose qu'elle devait parfois la relire quand elle ouvrait son coffre à la Banque de France de Chaumont. Car elle y était déposée avec le manuscrit original de l'appel du 18 juin, comme un trésor. Pour quelle raison ne l'a-t-elle pas détruite avec le reste, alors qu'elle s'est tellement efforcée d'éliminer toute relique ? Et pour quelle raison a-t-elle tenu à me la remettre en main propre alors qu'elle a abandonné les autres derrière elle ? Je suppose que, par ce geste, elle a éprouvé le besoin, à la veille de rejoindre mon père, de proclamer encore et encore combien elle avait compté pour lui et combien leur amour était exceptionnel. Pour ma part, en décidant de dévoiler à mon tour ce message si confidentiel, j'ai cru de mon devoir de démontrer que si le général de Gaulle était un personnage

« que le destin jetait hors de toutes les séries », inaccessible à la plupart, il savait aussi être Charles, un homme comme les autres, profondément amoureux de « sa chère petite femme chérie », de cette épouse qu'il lui fallait et sans laquelle, peut-être, il n'aurait pu accomplir son destin.

CHRONOLOGIE DE LA VIE DU GÉNÉRAL DE GAULLE

1890, 22 novembre. Naissance à Lille de Charles, André, Joseph-Marie de Gaulle, troisième enfant de Henri, Charles, Alexandre de Gaulle, professeur de lettres, et de Jeanne, Caroline, Marie Maillot. Ils auront cinq enfants.

Octobre 1900 à juin 1909. Etudes secondaires à l'Immaculée-Conception de Paris-Vaugirard en section latin-grec et au collège d'Anthoing (Belgique). Préparation au concours de l'Ecole spéciale militaire de Saint-Cyr au collège Stanislas à Paris.

Octobre 1909 à octobre 1910. Reçu à l'Ecole spéciale militaire de Saint-Cyr, il effectue l'année préalable de service obligatoire au 33e régiment d'infanterie à Arras.

Octobre 1910 à septembre 1912. Ecole spéciale militaire de Saint-Cyr. Octobre 1912, promu sous-lieutenant, il est affecté de nouveau au 33e régiment d'infanterie.

Août 1914-novembre 1918. Blessé à trois reprises, la dernière fois devant le village de Douaumont, et fait prisonnier, le capitaine de Gaulle tente plusieurs évasions. Il est envoyé en représailles au fort IX d'Ingolstadt, sur le Danube.

Avril 1919 à janvier 1921. Détaché comme chef de bataillon par intérim à l'armée polonaise, il fait campagne contre l'armée Rouge, principalement sur la Vistule.

1921, 6 avril. Mariage avec Mlle Yvonne Vendroux à Calais.
28 décembre. Naissance à Paris de son fils aîné Philippe.

Mai 1922 à octobre 1923. Ecole supérieure de guerre.

1924, 1er mars. Publication de son premier livre, *la Discorde chez l'ennemi* (éditions Berger-Levrault).
15 mai. Naissance à Paris de sa fille Elisabeth.

1925, 1er juillet. Détaché à l'état-major du maréchal Pétain, alors vice-président du Conseil supérieur de la guerre.

1926, 5 octobre. Affectation à l'état-major de l'armée française du Rhin, à Mayence.

1927. Il prend le commandement du 19e bataillon de chasseurs de l'armée française du Rhin, à Trèves.

1928, 1er janvier. Naissance de son troisième enfant, Anne, qui sera infirme.

1929, octobre. Mis à la disposition du général commandant les troupes du Levant à Beyrouth (Liban) comme chef du 2e bureau (Renseignement) et du 3e bureau (Opérations).

1931, novembre. Nomination à la 3e section du secrétariat général de la Défense nationale à Paris.

1932, 22 juillet. Publication aux éditions Berger-Levrault du *Fil de l'épée* qui reprend quatre de ses conférences prononcées précédemment à l'Ecole supérieure de guerre en 1927.

1933, 25 décembre. Promu au grade de lieutenant-colonel.

1934, 5 mai. Publication de *Vers l'armée de métier* (éditions Berger-Levrault) qui préconise la constitution d'un « corps de manœuvre cuirassé » et qui reprend son article du même titre, paru dans la *Revue politique et parlementaire* un an auparavant.
9 juin. Acquisition de La Boisserie, propriété située à Colombey-les-Deux-Eglises (Haute-Marne).
19 décembre. Promu officier de la Légion d'honneur.

1936, 7 mars. Réoccupation par les troupes de Hitler de la zone démilitarisée de la Rhénanie.
16 avril. Fonctions au secrétariat général de la Défense nationale et chargé de cours au Centre des hautes études militaires pour la période 1936-1937.

1937, 13 juillet. Affectation au 507e régiment de chars dont il prend le commandement, promu au grade de colonel le 25 décembre.

1938, 11 mars. Entrée des troupes allemandes en Autriche.
27 septembre. Publication de *la France et son armée* (éditions Berger-Levrault).

1939, 2 septembre. Nommé commandant des chars de la 5e armée dans la région Lorraine-Alsace.
3 septembre. La Grande-Bretagne et la France déclarent la guerre à l'Allemagne qui vient d'envahir la Pologne.

1940, 10 mai. Offensive générale des armées allemandes contre la Hollande, la Belgique et la France.
17 mai au 30 mai. Il prend le commandement de la 4e division cuirassée en formation depuis le 26 avril, puis contre-attaque l'ennemi avec succès à Montcornet près de Laon et le refoule à Abbeville.
1er juin. Promotion au grade de général.
5 juin. Nommé sous-secrétaire d'Etat à la Défense nationale et à la Guerre, à Paris.
16 juin. Formation à Bordeaux du gouvernement du maréchal Pétain.
17 juin. Il gagne l'Angleterre.
18 juin. Premier appel radiodiffusé du général de Gaulle sur les ondes de la BBC.
28 juin. Le gouvernement britannique le reconnaît comme « chef des Français Libres ».
3 août. Condamnation à mort par un tribunal militaire relevant de Vichy pour atteinte à la sûreté de l'Etat et désertion.
Août-septembre. Ralliement à la France Libre des Nouvelles-Hébrides, de la Polynésie, des Etablissements français de l'Inde, de la Nouvelle-Calédonie, du Tchad, du Cameroun, du Moyen-Congo et du Gabon. Du 23 au 25 septembre, il participe à l'opération franco-britannique pour tenter de rallier Dakar à la France Libre.
8 octobre. Il arrive à Douala (Cameroun).
27 octobre. Il crée, à Brazzaville, le Conseil de défense de l'Empire, reconnu par les Britanniques le 24 décembre.
17 novembre. Il regagne l'Angleterre.

1941, 14 mars. Il quitte Londres pour l'Afrique.
7 juin. Déclenchement de l'opération franco-britannique en Syrie.
7 juillet. Damas est occupé par les troupes de la France Libre et Beyrouth par les forces britanniques.
24 septembre. Il constitue le Comité national français et réorganise le Conseil de défense de l'Empire.

21-22 octobre. En représailles à des attentats, exécution par les Allemands de 16 otages à Nantes, 27 à Châteaubriant et 5 à Paris.

1942, 1er janvier. Jean Moulin est parachuté en France comme délégué du Général avec mission de réorganiser les mouvements de résistance de la zone sud.
26 mai. Déclenchement d'une offensive de Rommel en direction de l'Egypte. Retranchée à Bir Hakeim, la 1re division légère de la France Libre repousse les assauts allemands du 27 mai au 10 juin.
14 juillet. La France Libre prend le nom de France Combattante. La Résistance intérieure reconnaît l'autorité du général de Gaulle et du Comité national.
Août-septembre. Voyage du général de Gaulle au Proche-Orient et en Afrique noire.
28 septembre. Suivant la Grande-Bretagne et les Etats-Unis, l'URSS reconnaît le Comité national français.
8 novembre. Débarquement allié au Maroc et en Algérie.

1943, 15 mai. Constitué à Paris, sous la présidence de Jean Moulin, le Conseil national de la Résistance demande la formation d'un gouvernement provisoire à Alger.
3 juin. Constitution à Alger du Comité français de la libération nationale (CFLN) sous la double présidence du général de Gaulle et du général Giraud.
21 juin. Arrestation de Jean Moulin par les Allemands.
3 octobre. Le CFLN décide que le général de Gaulle sera désormais son seul président.

1944, 30 janvier. Conférence de Brazzaville. Le Général déclare que le devoir national consiste à aider les peuples de l'Empire « à s'élever peu à peu jusqu'au niveau où ils seront capables de participer chez eux à la gestion de leurs propres affaires ».
3 juin. Le CFLN prend le titre de Gouvernement provisoire de la République française. Le général de Gaulle en est le président.
4 juin. Les troupes américaines, britanniques et françaises entrent à Rome.
6 juin. Débarquement allié en Normandie. Dans un discours radiodiffusé, le Général annonce que la « bataille de France » est engagée et exhorte le peuple français à aider à la progression des troupes alliées.
14 juin. Le général de Gaulle revient en France et prononce à Bayeux son premier discours en terre française.
25 août. Libération de Paris. Le général de Gaulle entre dans Paris

à 16 heures et s'installe au ministère de la Guerre, rue Saint-Dominique. Le Conseil national de la Résistance est dissous.
31 août. Transfert du siège du Gouvernement provisoire d'Alger à Paris.
9 septembre. Des représentants des mouvements de la Résistance entrent au Gouvernement provisoire.
25 novembre. Les troupes françaises reprennent Strasbourg.

1945, 4 février. Ouverture de la conférence de Yalta entre Staline, Churchill et Roosevelt. La France n'a pas été invitée.
2 avril. Le droit de vote et d'éligibilité est accordé aux femmes.
7 mai. Les Allemands signent leur capitulation à Reims.
2 septembre. Capitulation du Japon.
19 octobre. Le général de Gaulle institue la Sécurité sociale par ordonnance.
13 novembre. A l'unanimité, l'Assemblée nationale constituante élit Charles de Gaulle président du Gouvernement de la République.

1946, 20 janvier. Dans l'impossibilité d'agir face aux querelles et au « régime exclusif des partis », le général de Gaulle renonce à ses fonctions de président du Gouvernement provisoire.
5 mai. Comme il l'avait souhaité, le projet de Constitution voté par l'Assemblée est rejeté par le peuple français par voie de référendum.
16 juin. A Bayeux, le général de Gaulle prononce un important discours où il définit les institutions qui lui semblent indispensables à la France.
13 octobre. Adoption par référendum de la Constitution de la IVe République malgré l'opposition du Général et l'abstention d'un tiers des électeurs.

1947, 16 janvier. Vincent Auriol est élu président de la République par les deux Assemblées.
14 avril. Dans une déclaration à la presse, le général de Gaulle annonce la création du Rassemblement du peuple français (RPF) et il invite « toutes les Françaises et tous les Français qui veulent s'unir pour le salut commun » à se joindre à lui.

1948-1953. Le Général continue à combattre le « régime des partis » et la politique d'effacement de la France. Il effectue de nombreux voyages en province où il lance des appels au redressement du pays

1954, 16 janvier. Vincent Auriol transmet ses pouvoirs à René Coty, nouveau président de la République élu par les deux Assemblées · Assemblee nationale et Conseil de la République.

26 août. Déclaration dans laquelle le général de Gaulle critique le traité instituant une Communauté européenne de défense.
22 octobre. Publication de *l'Appel (1940-1942)*, premier tome des *Mémoires de guerre* (éditions Plon).

1955. Retiré à Colombey, le Général ne prend plus part à la vie publique.

1956, 8 juin. Publication de *l'Unité (1942-1944)*, deuxième tome des *Mémoires de guerre* (éditions Plon).
8 août-18 septembre. Voyage privé aux Antilles françaises et dans les territoires français du Pacifique.

1957, 10 au 14 mars. Voyage privé au Sahara.

1958, 12 mai. Formation du gouvernement de Pierre Pflimlin.
13 mai. Soulèvement à Alger, occupation du Gouvernement général et création d'un Comité de salut public local.
28 mai. Les présidents des Assemblées et les chefs des partis, sauf les communistes, demandent un entretien au général de Gaulle. Pierre Pflimlin donne sa démission.
1er juin. Appelé par René Coty, président de la République, et par l'opinion dans sa quasi-totalité, Charles de Gaulle est investi président du Conseil par 329 voix sur 553 votants à l'Assemblée nationale qui le charge d'une réforme constitutionnelle soumise à référendum avant la fin de l'année.
Du 3 au 7 juin et du 1er au 3 juillet. Voyages en Algérie.
Du 20 au 29 août. Voyages en Algérie, en Afrique noire et à Madagascar.
3 septembre. Il fait approuver par son gouvernement le projet de Constitution qui sera soumis à référendum.
14 septembre. Il reçoit chez lui à Colombey-les-Deux-Eglises Konrad Adenauer, chancelier de la République fédérale d'Allemagne.
28 septembre. Le projet de Constitution est approuvé par 79,2 % des suffrage exprimés en Métropole, plus de 96 % en Algérie, 93 % dans les départements et territoires d'outre-mer, sauf en Guinée qui a voté « non ».
2 et 3 octobre. Voyage en Algérie.
5 octobre. Promulgation de la Constitution de la Ve République.
3 au 7 décembre. Voyage en Algérie.
21 décembre. Il est élu président de la République et de la Communauté.

1959, 1er janvier. Entrée en vigueur du Marché commun dont l'application avait été suspendue depuis le 25 mars 1957.
7 janvier. Il instaure par ordonnance les assurances chômage (Assedic).
8 janvier. Il prend ses fonctions de président de la République et nomme Michel Debré Premier ministre. La démission de Guy Mollet, ministre d'Etat du gouvernement, est acceptée.
Juin-juillet. Voyages en Italie, en Côte française des Somalis, à Madagascar, aux Comores et à la Réunion.
Du 27 au 30 août. Voyage en Algérie.
28 octobre. Message à l'armée d'Algérie dans lequel il explique la nécessité de l'autodétermination.
Publication du troisième tome des *Mémoires de guerre, le Salut (1944-1946)*, (éditions Plon).
Du 9 au 14 décembre. Voyage en Mauritanie et au Sénégal.

1960, 22 janvier. Le général Massu est relevé de ses fonctions de commandant du corps d'armée d'Alger.
24 janvier-2 février. Semaine des barricades à Alger en faveur de l'« Algérie française ».
29 janvier. Dans un discours télévisé, le général de Gaulle condamne le « mauvais coup » porté à la France par les insurgés d'Alger et s'engage à rétablir l'ordre public à Alger.
13 février. Première explosion atomique française à Reggane (Sahara)
Du 3 au 7 mars. Voyage en Algérie.
Du 5 au 8 avril. Voyage en Grande-Bretagne.
Du 18 avril au 4 mai. Voyage au Canada, aux Etats-Unis, en Guyane et aux Antilles françaises.
Du 9 au 12 décembre. Voyage en Algérie.

1961, 8 janvier. Référendum sur l'autodétermination de l'Algérie : 75,26 % de votes favorables.
16 janvier. Le Front de libération nationale algérien (FLNA) se déclare prêt à ouvrir des négociations avec le gouvernement français.
22 avril. Refusant le référendum du 8 janvier, les généraux Challe, Salan, Jouhaud et Zeller prennent le pouvoir à Alger. Ils doivent y renoncer au bout de quatre jours.
Naissance de l'Organisation armée secrète (OAS), regroupant les partisans d'une action violente contre l'indépendance de l'Algérie.
Attentats quotidiens en Métropole et en Algérie qui seront particulièrement nombreux en avril et en août.
19 juillet. L'armée tunisienne tente sans succès de s'emparer de Bizerte, importante base de transit des Français.

8 septembre. Le général de Gaulle échappe, à Pont-sur-Seine, à un des nombreux attentats montés contre lui par l'OAS.
Du 24 au 26 novembre. Voyage en Grande-Bretagne.
8 décembre. Généralisation des régimes de retraites complémentaires.

1962, 18 mars. Accords d'Evian et cessez-le-feu en Algérie entre les représentants du gouvernement français et le GPRA (Gouvernement provisoire de la république algérienne).
27 mars. Constitution à Alger d'un exécutif provisoire algérien.
8 avril. Le peuple français approuve par référendum les accords d'Evian, par une majorité de plus de 90 % des suffrages exprimés.
Du 17 au 26 juin. Accords d'Alger pour un cessez-le-feu entre l'OAS et le GPRA.
3 juillet. Le général de Gaulle préside à l'Elysée le Conseil supérieur de la magistrature. La France reconnaît l'indépendance de l'Algérie et le GPRA.
Du 4 au 9 septembre. Voyage officiel en Allemagne fédérale.
22 août. Le général et Mme de Gaulle échappent de justesse à un attentat sur la route du Petit-Clamart.
22 octobre. Crise de Cuba.
28 octobre. Adoption par 62 % des suffrages exprimés du projet de loi constitutionnelle sur l'élection du président de la République au suffrage universel proposé par le général de Gaulle.

1963, 22 janvier. Signature à Paris d'un traité de coopération entre la France et la République fédérale d'Allemagne.
16-19 mai. Voyage en Grèce.
21 juin. La France retire sa flotte de l'OTAN.
16-20 octobre. Voyage en Iran.

1964, 27 janvier. Reconnaissance de la République populaire de Chine et établissement des relations diplomatiques avec ce pays.
15-24 mai. Voyage aux Antilles françaises, en Guyane et au Mexique.
25-26 mai. Inauguration du canal de la Moselle d'Apach à Trèves par le général de Gaulle, la grande-duchesse du Luxembourg et le président de la République fédérale d'Allemagne.
15 juin. L'armée française achève l'évacuation de l'Algérie. Seuls dix mille hommes resteront à Mers el-Kébir, grand port militaire près d'Oran, et au Sahara jusqu'en 1967.
15 août. Le Général et sa famille échappent à un dernier attentat au mont Faron, près de Toulon.

20 septembre-16 octobre. Voyage en Amérique du Sud.
30 octobre. Conclusion d'un traité commercial franco-soviétique.

1965, 7 janvier. La France convertit 150 millions de dollars en or. Le chômage est nul, sauf un minimum technique incompressible.
29-30 janvier. Le général de Gaulle se rend à Londres pour les obsèques de Sir Winston Churchill, ainsi que pour des entretiens avec le Premier Ministre britannique, Harold Wilson.
27 avril. Entretiens à l'Elysée avec Andreï Gromyko, ministre soviétique des Affaires étrangères. Le général de Gaulle exprime sa réprobation devant la guerre menée au Vietnam par les Etats-Unis.
25 novembre. La fusée française Diamant met sur orbite le premier satellite français, Astérix.
19 décembre. Première élection du président de la République au suffrage universel en France. Le général de Gaulle est réélu président.

1966, 7 mars. Le général de Gaulle fait connaître au président des Etats-Unis que la France retire ses forces du commandement intégré de l'OTAN, tout en demeurant dans le Pacte atlantique.
20 juin-1er juillet. Voyage officiel en URSS.
25 août-12 septembre. Voyage en Côte française des Somalis, Ethiopie, Cambodge, Nouvelle-Calédonie, Nouvelles-Hébrides, Polynésie française et Guadeloupe.
1er septembre. Important discours à Phnom Penh où il demande le retrait des troupes américaines et la neutralisation de la péninsule.

1967, 5 et 12 mars. Les élections législatives ne donnent qu'une voix de majorité au gouvernement du général de Gaulle.
19 mars. En Côte française des Somalis, référendum favorable au maintien du territoire dans la République française, avec un statut rénové.
29 mars. Il préside à Cherbourg au lancement du premier sous-marin atomique français, le *Redoutable*.
6 avril. Il nomme à nouveau Georges Pompidou Premier ministre à la suite des élections législatives.
24 mai. Entretien avec M. Aba Ebban, ministre des Affaires étrangères d'Israël. La France condamnera Israël si ce pays déclenche la guerre.
29 mai. Voyage officiel en Italie et au Vatican.
2 juin. Il condamne en Conseil des ministres tout pays coupable d'agression au Proche-Orient. La France suspend les livraisons d'armes à sept pays arabes et à Israël.

5-10 juin. Guerre des Six Jours entre les forces armées israéliennes et les pays arabes voisins.
21-27 juillet. Voyage à Saint-Pierre-et-Miquelon et au Québec où il prononce un discours retentissant : « Vive le Québec libre ! »
18 août. Il rend obligatoire la participation des salariés aux bénéfices de l'entreprise.
6-12 septembre. Voyage officiel en Pologne.

1968, 23 avril. Sanglantes bagarres entre étudiants à la faculté de Nanterre.
Du 2 au 30 mai. Troubles universitaires, émeutes étudiantes à Nanterre ainsi qu'à Paris.
Du 13 au 20 mai. Grève générale en France avec occupation des locaux dans les entreprises et les services publics. Voyage officiel en Roumanie.
24 mai. Le général de Gaulle annonce un référendum sur la participation. De nouvelles émeutes ont lieu à Paris.
25-27 mai. Négociations entre les syndicats, le gouvernement et le CNPF, et signature d'un protocole d'accord, au ministère des Affaires sociales, rue de Grenelle à Paris.
29 mai. Il rencontre le général Massu au quartier général de l'armée française en Allemagne, à Baden-Baden.
30 mai. A Paris, il annonce l'ajournement du référendum, la dissolution de l'Assemblée nationale et le remaniement du gouvernement. Il appelle les citoyens à l'action civique. Manifestation en faveur du Général sur les Champs-Elysées.
11 juin. Dernière émeute des étudiants. Fin de la grève générale.
23-30 juin. Premier et second tours des élections législatives, défaite complète des partis d'opposition.
10 juillet. La démission du gouvernement de Georges Pompidou est acceptée. Le général de Gaulle nomme Maurice Couve de Murville Premier ministre.
17 juillet. Maurice Couve de Murville annonce un projet de réforme des régions et du Sénat.
25 au 30 octobre. Voyage officiel en Turquie.

1969, 3 janvier. A la suite d'un raid israélien qui détruit des avions civils français sur l'aéroport de Beyrouth, le général de Gaulle décide l'embargo général sur les livraisons de matériel militaire français à Israël.
25 avril. Allocution radiodiffusée et télévisée où il expose la nécessité des réformes du Sénat et des régions qui seront soumises au vote des Français.

27 avril. Le projet de loi sur la réforme du Sénat et des régions soumis à référendum est repoussé par 52,41 % des votes.
28 avril. Le général de Gaulle annonce qu'il cesse d'exercer ses fonctions de président de la République à partir de midi. Alain Poher, président du Sénat, prend l'intérim de la Présidence.

1970, 21 avril. Publication du premier tome, *Pendant la guerre*, des *Discours et Messages* qui rassemblent les principaux discours prononcés du 18 juin 1940 au 20 janvier 1946 (éditions Plon).
21 mai. Publication du deuxième tome, *Dans l'attente*, des *Discours et Messages* de janvier 1946 à mai 1958 (éditions Plon).
3-27 juin. Voyage privé en Espagne.
18 juin. Publication du troisième tome, *Avec le renouveau*, des *Discours et Messages* de mai 1958 à juillet 1962 (éditions Plon).
3 juillet. Publication du quatrième tome, *Vers l'effort*, des *Discours et Messages* d'août 1962 à décembre 1965 (éditions Plon).
18 septembre. Publication du cinquième tome, *Vers le terme*, des *Discours et Messages* de janvier 1966 à avril 1969 (éditions Plon).
23 octobre. Publication du premier tome des *Mémoires d'espoir*, *Vers le renouveau (1958-1962)*, (éditions Plon).
9 novembre. A 19 h 35, mort du général de Gaulle dans sa propriété de La Boisserie à Colombey-les-Deux-Eglises.

1971, 19 mars. Publication posthume des deux chapitres déjà rédigés du tome II des *Mémoires d'espoir*, *l'Effort (1962-...)*, (éditions Plon).

1972, 18 juin. Inauguration à Colombey du Mémorial de Gaulle par le président de la République, Georges Pompidou.

1980, 9 septembre. Publication du premier volume des *Lettres, Notes et Carnets* (éditions Plon).

1997, octobre. Parution du treizième et dernier volume des *Lettres, Notes et Carnets* (éditions Plon).

2000, 9 novembre. Inauguration sur les Champs-Elysées de la statue du général de Gaulle, œuvre de Jean Cardot, membre de l'Institut, par Jacques Chirac, président de la République, le général d'armée Jean Simon, chancelier de l'ordre de la Libération, président de la Fondation de la France Libre, et Jean Tibéri, maire de Paris.

INDEX
DES PERSONNAGES CONTEMPORAINS

REMERCIEMENTS

Nous tenons à remercier notre éditeur Olivier Orban pour l'enthousiasme avec lequel il a accueilli notre projet et l'amicale stimulation qu'il nous a insufflée tout au long de la réalisation de cet ouvrage. Merci également aux membres de son équipe qui ont pris soin de sa fabrication, de son lancement et de sa commercialisation. Nous exprimons aussi notre gratitude à l'Institut Charles de Gaulle, présidé par Yves Guéna, pour son aide dans la recherche de l'iconographie, en particulier à Me Alain Lebougre, ancien secrétaire général, à Sharon Elbaz et à Catherine Trouiller. Nous n'oublions pas non plus, bien sûr, Joëlle Tauriac pour son efficace contribution.

TABLE

Photocomposition Nord Compo à Villeneuve-d'Ascq

Cet ouvrage a été imprimé par

FIRMIN DIDOT

GROUPE CPI

Mesnil-sur-l'Estrée

pour le compte de France Loisirs
en février 2004

Imprimé en France
Dépôt légal : février 2004
N° d'édition : 40156 - N° d'impression : 67267